本书的出版获得国家社科基金（项目编号：15AZX003）、
上海财经大学中央高校"双一流"引导专项资金、中央高校基本科研业务费资助

Intellectual
History
of
the
Critique
of

政治经济学
批判
思想史
研究

张雄 等 著

Political

Economy

社会科学文献出版社
SOCIAL SCIENCES ACADEMIC PRESS (CHINA)

作者简介

张　雄　南京大学哲学系硕士、复旦大学哲学系博士、复旦大学经济系博士后。全国经济哲学研究会会长，享受国务院政府特殊津贴专家，上海市哲学学会副会长，上海市习近平新时代中国特色社会主义思想研究中心特聘研究员。上海财经大学中国式现代化研究院经济哲学重大理论问题研究团队首席专家，原上海财经大学学术委员会副主任委员，上海财经大学资深教授，上海财经大学"郭秉文奖"获得者。曾担任中国人民解放军全军十五大报告宣讲团成员，上海市十七大报告讲师团成员，总政宣传部理论研究室副主任（局级、大校军衔），全军哲学社会科学专业高级职称评审委员会委员。曾获"空军首批拔尖人才""上海市优秀教育工作者"等称号。先后获中宣部"五个一工程"奖，上海市哲学社会科学优秀学术成果一、二等奖若干。

主持国家重大、重点、一般基金课题若干。先后在《中国社会科学》发表论文 12 篇（含英文），在《哲学研究》《哲学动态》《学术月刊》等权威期刊发表论文 15 篇，在《人民日报》《光明日报》《文汇报》《解放日报》等理论版发表重要报刊论文 23 篇，《新华文摘》全文转载 15 篇。出版个人专著《历史转折论》、《市场经济中的非理性世界》、《经济哲学：从历史哲学向经济哲学的跨越》、《创新：在历史与未来之间》、《文明：充满生死搏斗的神秘剧——汤因比的〈历史研究〉》（作者 2 人）、《当代中国马克思主义经济哲学探索》等。

研究领域涉及经济哲学、历史哲学、文化哲学等。经济哲学研究的主题包括货币哲学、资本哲学、财富哲学、金融化世界、经济正义、马克思政治经济学批判等。主要创新性观点有忧患意识论、历史转折论、非理性与经济理论、经济学的哲学传统、现代性逻辑预设的查审、货币化生存世界的哲学批判、金融危机的精神现象学解读、金融化世界与精神世界的二律背反、政治经济学批判——追求经济发展的政治与哲学的实现等。

前　言

　　本书旨在从经济哲学的角度，分析我们较为熟悉的叙事，由此在感性及表象事实的基础上，将其再次翻转为新的反思对象，通过对一种"在场形而上学"的文本解构，使马克思政治经济学批判在思想的预设和内容上得到显现，为当下中国改革实践的理路创新提供必要的思想明证和价值导向，为当下中国哲学社会科学进一步获得全面深化改革的话语支撑，提供学科交叉发展的重要思路。

　　众所周知，政治经济学是关于社会财富的学问，政治经济学批判是以政治经济学作为反思对象的哲学批判程式，它既是思辨的政治经济学，也是一种更为深刻的社会存在论追问，其要义是追求经济社会发展的"政治与哲学的实现"。马克思曾把"政治经济学"表述为关于"市民社会的解剖学"，而把"政治经济学批判"直接作为《资本论》的副题。政治经济学批判之所以具有强大的思想穿透力和实践变革力，其独特优势在于：政治经济学批判始终坚持哲学、政治学与经济学互动的传统，对经济所关涉的思想维度、政治维度以及历史价值维度的偏重，使其单一的经济学分析视角，直接转入综合系统分析的哲学社会科学的优势学术资源中，从而使思想家、理论家、政治家在考量物质生产力发展和社会财富运动的同时，对追求历史进步和人类解放亦给予高度关注。

　　本书第一章主要探讨苏格兰启蒙运动与西方现代性逻辑预设的勾连关系。苏格兰启蒙运动时期是政治经济学批判对象早期思想生成的摇篮时期。作者认为，18 世纪苏格兰启蒙运动率先讨论现代文明社会如何走向"世俗生活"，主要思考以什么样的政治经济学、社会哲学和伦理学建构当时正在孕育的现代文明思想体系，框定了西方现代性发育所关涉的三个逻辑命题的预设，而这些问题，事实上已成为后来包括马克思在内的学者们研究政治经济学批判的焦点问题。

第二章内容涉及对英国古典政治经济学的哲学查审，它是对早期政治经济学批判对象"发生认识论"的考察。古典政治经济学的诞生，标志着人类从古代社会单纯的感性需要及其满足方式过渡到有思想地认知人类"需要体系"并自觉组织生产与交换形式，这是人类文明的一大进步。17～18世纪古典政治经济学的生成，给了我们如下重要启示。①政治经济学的诞生，是人类思想史上一个重大事件。它由人类集体无意识的欲望驱动时代，转向具有自我意识的欲望驱动时代，琼·罗宾逊等指出："政治经济理论的发展是十七世纪科学革命以后理性认识中自我意识不断发展中的一个要素。"① ②英国古典政治经济学在一定程度上揭示了人性中私向化与社会化、利己与利他的矛盾，并上升到规律与学说的领域，使近代人类有了激活人的欲望发展的理性工具。② ③政治经济学起源与西方现代性发育和发展相伴随，它是现代性打造世俗化社会的观念形态。现代性生成从两个方面提出了政治经济学的诉求。

第三章内容主要论述 19 世纪政治经济学批判时代到来的背景情况。研究报告指出，政治经济学的自我革命，就是从追求自然和谐的个人经济学，转向与思辨哲学、"高等政治"相融合的政治经济学批判。这种忧患意识的产生，与西方现代性发展模式受到 19 世纪初人与自然、人与人、人与社会之间矛盾激化不无关系。

第四章重点讨论了 19 世纪初政治经济学批判先驱人物西斯蒙第的思想。他的政治经济学批判命题：政治经济学是以财富为目的，还是以人为目的？西斯蒙第是法国 19 世纪政治经济学批判最具思想个性的理论家。马克思指出："如果说在李嘉图那里，政治经济学无情地作出了自己的最后结论并以此结束，那么，西斯蒙第则表现了政治经济学对自身的怀疑，从而对这个结束作了补充。"③ 西斯蒙第的批判意识形成有如下背景："工业化消极后果"

---

① 琼·罗宾逊，约翰·伊特韦尔．现代经济学导论［M］．陈彪如，译．北京：商务印书馆，2009：3．

② 黑格尔．法哲学原理［M］．范扬，张企泰，译．北京：商务印书馆，2009：232-233．

③ 马克思恩格斯全集：第 31 卷［M］．北京：人民出版社，1998：455．

深层次地暴露了古典政治经济学的种种谬误。① 迅速发展的资本主义生产方式，自身制度所拥有的"资本支配一切""只关心物的进步，不关心人类的进步"的属性，导致社会两极分化加剧，导致生产与消费背离，导致劳资关系极端对立。这些深刻的社会矛盾自然都会在 19 世纪政治经济学批判意识中得到反映。被认为与传统政治经济学彻底决裂的西斯蒙第，深深感到古典政治经济学构筑了一个与现实世界极为不符的学说体系，为此他在颇具影响力的批判性著作《政治经济学新原理》《政治经济学研究》中，专门针对古典理论预设的两个严重错误进行了批判。

　　第五章重点讨论了 19 世纪另一位早期政治经济学批判学者李斯特的思想。他倡导的政治经济学批判理论预设：经济分析是从现状出发，还是从乌托邦式的遐想出发？李斯特的批判，重点揭示了传统政治经济学理论预设的三个重大缺陷，"第一是无边无际的世界主义，它不承认国家原则，也不考虑如何满足国家利益。第二是死板的唯物主义，它处处只是顾到事物的单纯交换价值，没有考虑到国家的精神和政治利益，眼前和长远的利益以及国家的生产力。第三是支离破碎的狭隘的本位主义和个人主义，对于社会劳动的本质和特征以及力量联合在更大关系中的作用一概不顾，只是把人类想象成处于没有分裂为各个国家的情况下与社会（即全人类）进行着自由交换，只是在这样情况下来考虑自然而然发展起来的私人事业"②。

　　第六章重点讨论了马克思政治经济学批判思想核心要义。关注德国现代性发育、发展之命运，成为青年马克思早期学术思想兴奋点之一。青年马克思告别自我意识哲学后，特别注重德国现实批判的逻辑。关涉到观念论还是实践论的选择。它首先反映在国家和经济这两个最具活力的核心领域，市民社会是现代性关注的焦点。现代性的所有创构，都聚焦于创造一种新的经济共同体以及与之相适应的政治哲学模式：展现自由个体性、倡导普遍的理性化制度，尤其是拥有以劳动、土地、所有制、资本为基础的现代市场体系，这是市民社会的本质。它正冲击当时普鲁士王朝封建割据的德国落后体系。一个世界已经死亡，一个世界尚无力诞生。青年马克思为德国现代性发育而激动，因批判西欧以英国工业革命为特征的现代性发展模式的抽象教条

---

　①　参见皮埃尔·罗桑瓦隆. 乌托邦资本主义——市场观念史［M］. 杨祖功，等译. 北京：社会科学文献出版社，2004：256.

　②　弗里德里希·李斯特. 政治经济学的国民体系［M］. 陈万煦，译. 北京：商务印书馆，2009：171.

（古典政治经济学传统）而成熟。

马克思政治经济学批判思想发展主要经历了六个阶段。第一阶段受黑格尔晚年著作《法哲学原理》的启示，青年马克思在 1843 年 3 月中至 9 月底，撰写了第一部政治经济学批判著作《黑格尔法哲学批判》。在这部著作中，马克思政治经济学批判的核心命题是：不是国家决定市民社会，而是市民社会决定国家。第二阶段是 1843 年 10 月中至 12 月中，马克思政治经济学批判的无产阶级立场的确立时期。这一时期马克思政治经济学批判的核心命题是：思想闪电必须击中人民园地。为唯物史观的产生找到应有的价值坐标点。重要经典文献是马克思在其间撰写的《〈黑格尔法哲学批判〉导言》。第三阶段是 1844 年马克思对异化劳动深度研究及批判时期。该时期马克思政治经济学批判的核心命题是"劳动与资本对立"的异化本质。这种批判为唯物史观的产生，提供了理论分析的逻辑通道——关注市民社会，深究生产关系的本质。主要文献是《1844 年经济学哲学手稿》。第四阶段是 1845年至 1846 年，建立在唯物史观基础上的马克思政治经济学批判理论走向成熟期。恩格斯在《卡尔·马克思〈政治经济学批判〉第一分册》书评中指出，马克思政治经济学批判"本质上是建立在唯物主义历史观的基础上的"。① 唯物主义历史观是无产阶级政党的理论基础和科学世界观。第五阶段是 1857 年至 1859 年，马克思政治经济学批判的方法论中逻辑方法和历史方法相互关系原理阐发时期，其中的政治经济学批判核心原理是：从抽象上升到具体的辩证分析方法。第六阶段是 1867 年至 1883 年，《资本论》问世及其进一步研究时期。在《资本论》中，马克思政治经济学批判最重要的主题应当是资本与精神的对立关系问题，其旨在客观思考资本运动规律，尤其在价值判断上，澄清资本的历史积极作用和反人性的消极作用。

从第七章开始到第十一章结束，主要论述 20 世纪以来西方马克思主义学者，诸如卢卡奇、马尔库塞、阿尔都塞、鲍德里亚、哈贝马斯等人的政治经济学批判思想叙述，本前言不再一一赘述。

笔者以为，这项研究成果有着重要的理论意义和学术价值。首先，政治经济学批判思想史研究填补了学术界的空白。虽然政治经济学批判研究国内学界有着诸多有价值的论文和著作，但以学术思想史的角度来梳理政治经济学批判脉络，实不多见。其次，本书有助于加深对马克思政治经济

---

① 马克思恩格斯全集：第 2 卷［M］. 北京：人民出版社，2009：597.

学批判思想研究，进一步丰富了对历史唯物主义实质性原理的理解。从而提出了哲学、政治经济学、马克思主义理论等相关学科深度发展问题。再次，为当下中国改革实践的理路创新，提供必要的思想明证和价值导向，为当下中国哲学社会科学进一步获得全面深化改革的话语权，提供学科交叉的重要思路。

目　　录

导　论　政治经济学批判：追求经济发展的政治与哲学的实现

一　政治经济学批判范畴释义

政治经济学是关于社会财富的学问，① 政治经济学批判从 19 世纪发展至今已有 200 余年的历史，它与古典政治经济学有着深厚的"家族谱系关系"。可以断言，17、18 世纪古典政治经济学的诞生与发展，主要与资本主义工业革命高涨期相呼应，其巅峰成果是英国古典政治经济学的集大成。19 世纪政治经济学批判是在政治经济学发展进入自我反思阶段应运而生的，主要与资本主义现代性矛盾的尖锐化相呼应，其巅峰成果是马克思的《资本论》问世。20 世纪 50 年代兴起的西方马克思主义"政治经济学批判"，主要与战后发达资本主义国家向后工业社会转型相呼应，突出成果是 20 世纪下半叶西方马克思主义政治经济学批判思想群的出现。

本文旨在从经济哲学的角度，分析我们较为熟悉的叙事，由此在感性及表象的基础上，再次翻转为新的反思对象，通过对一种"在场形而上学"的文本解构，使马克思政治经济学批判原在思想的预设得到显现，为当下中国改革实践的理路创新提供必要的思想明证和价值导向，为当下中国哲学社会科学进一步获得全面深化改革的话语支撑，提供学科交叉的重要思路。

---

① 参见萨伊. 政治经济学概论——财富的生产、分配和消费［M］. 陈福生，等译. 北京：商务印书馆，2009：12.

二 古典政治经济学的哲学寓意

古典政治经济学的诞生，标志着人类从古代社会单纯的感性需要及其满足方式，过渡到有思想地认知人类"需要体系"并自觉组织生产与交换的形式，这是人类文明的一大进步。

"econom"一词源于希腊语，"eco"的意思是"家务"，"nom"的意思是"规则"，"economics"的传统含义是"家政管理"。根据文献记载①，在古代社会，公共财富往往被少数人掌管，立法者习惯于把这部分财富视为掌管者自身的个人利益，人身依附关系决定了古代社会立法根本不可能关注到普遍的经济利益。法学家们十分注意给财产维护带来的种种困难，特别关注如何使财产永远保存在家庭中的方法，而哲学家们只关注财富会给人类幸福带来何种恶果，并热衷于帮助政府制定妨碍财富增长的各种法律。最早的"经济学"概念出现在色诺芬的《经济学》一书中，他把经济学定义为改善家庭的艺术，显然与我们今天所讨论的政治经济学无关。亚里士多德在《论共和国》第一部中，以多章篇幅论述政治经济学问题，他把这门科学命名为"理财学"，并给财富下了经典定义：财富是属于家庭和国家的经过加工的丰富的物资。但在《论经济学》著作中，他对财富管理的理解只是更偏重在感性的直观罗列上，如大量非法税收事件的真实记录，但没有任何分析与评价，政治经济学似乎还处在萌芽状态。

到了近代社会，人类形成社会团体以后，用公共财产来满足公共需要，管理由自身的财产所产生的共同利益成为必要。因此，如何征收和管理属于公共所有的国民收入，就成为政治家们的一门重要科学知识，于是最早的财政范畴、政治经济学范畴应运而生。首先是 16 世纪查理五世的大臣们用积极的国家财政管理行动，框定了政治经济学认识论原理：关注国家财产增值，以公共利益作为行政方针。西斯蒙第称他们是实现政治经济学第一次革命的功臣。其次是 17 世纪亨利四世时期的法国，随着国家机构的发展和公共行政管理范围的扩大，"政治经济学"一词被法国学者蒙克莱蒂安首先提出，其含义是管理、控制和自然法则。再次是英国的威廉·配第开始使用

---

① 主要参见约翰·伊特韦尔，等编．新帕尔格雷夫经济学大辞典：第三卷［M］．陈岱孙，等译．北京：经济科学出版社，1996：968—969；西斯蒙第．政治经济学新原理［M］．何钦，译．北京：商务印书馆，1964：24—29.

"政治经济学"一词，似乎更强调"政治"二字，并用"政治解剖"一词来描述他对爱尔兰经济的分析。同时他为了更精确地反映国家的政治经济状况，比较国家间的相对优势而使用了"政治算术"一词。17世纪的欧洲很不自由，各国财政管理实行严格保密制度，使得最初的政治经济学家们被限定在职业或行业内部，既不能公开发表见解，也不能相互交换信息。18世纪是西欧资产阶级革命和资本主义制度确立的时代，尤其是该世纪初的法国思想启蒙运动和世纪末的法国政治大革命，推动了社会转型与国家管理活动中作为哲学和政治学体现的政治经济学确立。18世纪政治经济学的出现，集中回应了17、18世纪最具决定性的问题——社会转型和社会调节问题。它的核心理念是利益需要比利益感觉更重要，经济乃是社会的坚实基础，唯有它才能考虑和实现社会的协调性。率先从科学的经济学组织的角度，表达政治经济学的学科寓意乃是18世纪重农学派的贡献。魁奈概括了对财富的性质和再生产与分配的讨论，并在《经济表》中赋予政治经济学的学科含义，被米拉波表述为政治经济学"似乎由关于农业和公共管理与财富性质和取得财富的方法的论文构成"①。到了18世纪70年代，政治经济学几乎专指与国家资源相联系的财富的生产与分配。英国经济学家詹姆斯·斯图亚特第一个把"政治经济学"用于书名中，并把它解释为关于"如何保证所有的居民得到维持生存的必需资金，消除可能引起生活不稳定的各种因素，提供满足社会需求的一切必需品以及居民就业"②的知识。学界公认，亚当·斯密是近代西方政治经济学最具影响力的创始人，他在《国富论》一书中把政治经济学定义为"政治家或立法家的一门科学"，并提出双重目标："为人民提供充足的收入或生计……以及给国家和社会提供充分的收入，使公务得以进行。"此外，斯密还将政治经济学直接表述为：一门研究国民财富性质和原因的学问③。应当说，斯密对政治经济学创立所做的贡献是巨大的：其一，他从哲学的宏大思想中构建了系统而又科学的政治经济学庞大体系，贯通了其后西方经济学的整个传统；其二，他为西方经济学开创

① 约翰·伊特韦尔，等编. 新帕尔格雷夫经济学大辞典：第三卷［M］. 陈岱孙，等译. 北京：经济科学出版社，1996：969.
② 约翰·伊特韦尔，等编. 新帕尔格雷夫经济学大辞典：第三卷［M］. 陈岱孙，等译. 北京：经济科学出版社，1996：969.
③ 约翰·伊特韦尔，等编. 新帕尔格雷夫经济学大辞典：第三卷［M］. 陈岱孙，等译. 北京：经济科学出版社，1996：969.

了集经济学、政治学、伦理学、社会学于一体的学科交叉研究的方法论，事实上构成了后来经济学理论研究方法拨乱反正的真理界碑；其三，他标定了政治经济学研究的双重价值目标：为国家造福，为人民理财。尽管表述存在一定的抽象性和虚假性，但比起今天的西方经济学过于偏重工具理性的倾向，似乎要清醒得多。

17~18 世纪古典政治经济学的生成，给了我们如下重要启示。①政治经济学的诞生，是人类思想史上一个重大事件。它由人类集体无意识的欲望驱动时代，转向具有自我意识的欲望驱动时代，琼·罗宾逊等指出："政治经济理论的发展是十七世纪科学革命以后理性认识中自我意识不断发展中的一个要素。"① 从古代社会单纯的感性需要及其满足方式，过渡到有思想地认知人类"需要体系"并自觉组织生产与交换形式，这是人类文明的一大进步。②英国古典政治经济学在一定程度上揭示了人性中私向化与社会化、利己与利他的矛盾，并上升到规律与学说的领域，使近代人类有了激活人的欲望发展的理性工具。正因为这一点，黑格尔对政治经济学的诞生作了较高评价："这是在现代世界基础上所产生的若干门科学的一门。它的发展是很有趣的，可以从中见到思想（见斯密、塞伊、李嘉图）是怎样从最初摆在它面前的无数个别事实中，找出事物简单的原理，即找出在事物中发生作用并调节着事物的理智。"② ③政治经济学起源与西方现代性发育和发展相伴随，它是现代性打造世俗化社会的观念形态。现代性生成从两个方面提出了政治经济学的诉求。首先，从神性的人向俗性的人转变，它需要解读"世俗化"的宏大叙事。其次，现代性的经济共同体构建——市民社会，承载着历史特殊性与普遍性的辩证运动，而政治经济学能够提供"受到普遍性限制的特殊性是衡量一切特殊性是否促进它的福利的唯一尺度"。③ 斯密似乎是第一个而且远远早于黑格尔在经济上理解市民社会的人，只不过在他看来，市民社会是近一个世纪以来整个英国哲学界已经彻底解决的问题，因此国家可以使市民社会从一种法律、政治含义过渡到一种经济含义。在斯密的《国富论》中，历史特殊性与普遍性的辩证运动更多地体现在：追求每个个人主观特殊性的满足必须与"别人的需要"发生交换关系，唯有这样才能

① 琼·罗宾逊，约翰·伊特韦尔.现代经济学导论［M］.陈彪如，译.北京：商务印书馆，2009：3.
② 黑格尔.法哲学原理［M］.范扬，张企泰，译.北京：商务印书馆，2009：232-233.
③ 黑格尔.法哲学原理［M］.范扬，张企泰，译.北京：商务印书馆，2009：225.

实现市民社会中的普遍性。黑格尔认为，市民社会里"主观的利己心转化为对其他一切人的需要得到满足是有帮助的东西，即通过普遍物而转化为特殊物的中介。这是一种辩证运动"①。被打开的市民社会，"一切癖性、一切秉赋、一切有关出生和幸运的偶然性都自由地活跃着；又在这基地上一切激情的巨浪，汹涌澎湃，它们仅仅受到向它们放射光芒的理性的节制"②。显然，古代的自然本性不能指导人类的自然进化，而反映经济共同体的市民社会有着相对的指导意义。④经济学的问世从一开始就与哲学相关联。政治经济学虽然研究经济现象，但并不局限于此，而是努力集中在阐述一种从自然状态的任性的特殊性，上升到从家政管理进入国家公共行政和事务管理、从人的单纯生活需要和私欲上升到具有一定道德情操观念的个人财富动力学。说它是政治哲学，是因为它彻底颠覆了"朕即国家"模式治理国家的理念。政治经济学本质上既是一门科学，又是一种治理术。作为一门科学，政治经济学是"需要和理智的国家"的知识体系，③ 在这个体系与制度的基础上，个人的生活和福利及其权利，与众人的生活、福利和权利交织在一起。⑤政治经济学诞生于资产阶级上升期，其理论观点有一定的革命性和先进性，但阶级属性毕竟带有资产阶级经济意识形态的烙印，理论的乌托邦和价值观的虚伪性不可忽视。斯密曾入木三分地说，国家的职能允许富人安安静静地睡在他们的床上。所以，英国古典政治经济学说与资本主义早期发展的历史事实之间的距离是可想而知的。马克思在《1857—1858 年经济学手稿》中指出："17 世纪经济学家无形中是这样接受国民财富这个概念的，即认为财富的创造仅仅是为了国家，而国家的实力是与这种财富成比例的，——这种观念在 18 世纪的经济学家中还部分地保留着。这是一种还不自觉的伪善形式，通过这种形式，财富本身和财富的生产被宣布为现代国家的目的，而现代国家被看成只是生产财富的手段。"④ 马克思所说的伪善形式，实际上揭示了资产阶级政治经济学从诞生那天起，就以抽象的国家概念隐蔽了它与资产阶级利益和属性捆绑在一起的实质。

①　黑格尔．法哲学原理［M］．范扬，张企泰，译．北京：商务印书馆，2009：239.
②　黑格尔．法哲学原理［M］．范扬，张企泰，译．北京：商务印书馆，2009：225.
③　参见黑格尔．法哲学原理［M］．范扬，张企泰，译．北京：商务印书馆，2009：225.
④　马克思恩格斯文集：第 8 卷［M］．北京：人民出版社，2009：32.

三 19 世纪政治经济学批判时代的到来

政治经济学的自我革命，就是从追求自然和谐的个人经济学，转向与思辨哲学、"高等政治"相融合的政治经济学批判。

19 世纪政治经济学发展的最鲜明的理论特征是：注重反思，追求自我批判，倡导学术创新。最敏感的话题是：政治经济学是走向"自然和谐的个人经济学"，还是通过批判转身走向与思辨哲学、"高等政治"相融合的政治经济学批判。这种批判重点是通过对传统的英国古典政治经济学范畴及体系的批判，进而追问经济学原在性价值预设。实质是对西方现代性发展导致的资本危机、生态危机的第一次理论反思与检讨。其哲学诉求旨在按照人类当下经济活动实践特征，甄别传统的理论学说，剔除陈旧教条与原理。整个学术反思过程就是创建意义的过程，真正的意义应当是真实而不容置疑的，同时也是追求可以服从的新规则。

应当说，19 世纪政治经济学之所以走向"我思故我在"的反思形态，这里有三个历史背景事件值得提及。一是 19 世纪初西方资本主义发展处于重大社会转型期。资本主义生产方式已逐渐完成由工场手工业向机器大工业过渡，无产阶级与资产阶级的劳资关系对立越来越尖锐化。尤其是 1825 年爆发的经济危机，使资本主义制度的内在矛盾日益显露出来。二是现代性发展进入了凸显"二律背反"阶段。如果说，16~18 世纪西方现代性发育、社会革命和社会结构重组较明显的优势、机器生产力神奇的效率，使人们沉浸在"财富倍增效应"的遐想中，那么，由 19 世纪近代的对旧实践、旧学说的脱离和反抗引起的社会体内部的分裂十分深刻、极为广泛。近代启蒙观念被 19 世纪工业化意志和主体性资本的"理性狡计"逐步证伪，一切存在似乎都被"困于矛盾性陷阱"之中：理性的崇拜及其缺憾，自然的开发及其失衡，主体的高扬及其"他者"的遭遇，人的解放及其异化等。工业以至于整个财富领域对政治领域的关系，更是现代性主要问题之一。三是随着自由放任的市场制度深入推进，尤其是"工业化消极后果"的大量涌现，古典政治经济学原理开始受到普遍质疑，有来自政治经济学阵营内部的学者的批判，也有来自一批德国古典哲学思想者的追问。

19 世纪政治经济学批判有两位先驱人物值得提及：李斯特和西斯蒙第。

李斯特倡导的政治经济学批判的理论预设：经济分析是从现状出发，还是从乌托邦式的遐想出发？

　　李斯特是德国政治经济学历史学派的先驱者，也是 19 世纪较早从事政治经济学批判的经济学家。他在对传统理论反思与批判的动力来自德国正在兴起的政治新制度的种种方略的大讨论，深深感到在强势的英法国家经济理论和工业实践压力下，德国难以做到既合理利用英法的经验模式，又走出自身经济发展的创新路径，显然，没有以英国《国富论》的辩证否定为基础，就难以创建自己的政治经济学的国民体系。李斯特的批判，重点揭示了传统政治经济学理论预设的三个重大缺陷，"第一是无边无际的世界主义，它不承认国家原则，也不考虑如何满足国家利益。第二是死板的唯物主义，它处处只是顾到事物的单纯交换价值，没有考虑到国家的精神和政治利益，眼前和长远的利益以及国家的生产力。第三是支离破碎的狭隘的本位主义和个人主义，对于社会劳动的本质和特征以及力量联合在更大关系中的作用一概不顾，只是把人类想象成处于没有分裂为各个国家的情况下与社会（即全人类）进行着自由交换，只是在这样情况下来考虑自然而然发展起来的私人事业"①。这三个缺陷关涉到两个历史认识论问题。第一，认识论前提的真伪问题：经济分析是从现状出发，还是从乌托邦式的遐想出发？李斯特在 1841 年出版的《政治经济学的国民体系》一书的自序中谈道："我对于一般流行的政治经济学理论的真实性曾有所怀疑，对于在我看来的错误以及发生这类错误的根本原因拟加以探讨。"②"亚当·斯密的理论中乌托邦成分多于错误，因为这些理论仅仅属于一种与现实状况毫无关系的对世界和社会的设想。"③ 第二，是个人主义的经济学至上，还是世界范围的国民经济学至上？它关涉到民族历史的发展与世界历史进程的关系。在他看来，斯密的"天赋自由权"和商业自由的原则是一种世界主义教条，它错误地将英国的情况推广到世界各地。在《美国政治经济学大纲》中，他将斯密的个人和人类经济与"国家经济"作了比较研究，指出了斯密的另一重大错误：以个人欲望满足为目标的经济增长，能满足整个人类的需要及增进生活的舒适。李斯特认为，通向人类经济的发展道路并不靠抽象的个人劳作，它应当是国

① 弗里德里希·李斯特．政治经济学的国民体系 ［M］．陈万煦，译．北京：商务印书馆，2009：171．

② 弗里德里希·李斯特．政治经济学的国民体系 ［M］．陈万煦，译．北京：商务印书馆，2009：4．

③ 皮埃尔·罗桑瓦隆．乌托邦资本主义——市场观念史 ［M］．杨祖功，等译．北京：社会科学文献出版社，2004：256．

民的经济，即它适合于现实情况和条件的大尺度经济。

政治经济学应当拥有世界历史眼光。李斯特明确提出："必须以'世界主义或世界范围的经济学'来代替'政治的'或国家的经济学。"① 李斯特的政治经济学批判，着重在"国家"概念上进行反思。他把斯密《国富论》中的国家寓意，解释为全人类中所有的国家，从哲学意义上，他将古典经济学研究较为狭隘的时空观，放大为世界历史进程中的"国家观"，从而在理论上率先打开了政治经济学批判的国际视野。

李斯特的政治经济学批判给了我们如下启示。首先，国家经济的发展与世界经济的发展密切关联。政治经济学是这样一种科学：它正确地了解各国的当前利益和特有环境，它教导的是怎样推动各国上升到较发达的工业发展阶段，怎样同其他处于同样发展阶段的国家结成联盟，从而使实行自由贸易成为可能，并从中获得利益。其次，注重生产力的世界性的发展趋势。不能以单纯的世界主义原则为依据，来衡量不同国家的情况，而仅仅由于政治上的理由，忽视生产力的世界性发展趋势。

西斯蒙第的政治经济学批判导入：政治经济学是以财富为目的，还是以人为目的？

西斯蒙第是法国 19 世纪政治经济学批判最具思想个性的理论家。马克思指出："如果说在李嘉图那里，政治经济学无情地作出了自己的最后结论并以此结束，那么，西斯蒙第则表现了政治经济学对自身的怀疑，从而对这个结束作了补充。"② 西斯蒙第的批判意识形成有如下背景："工业化消极后果"深层次地暴露了古典政治经济学的种种谬误。③ 迅速发展的资本主义生产方式，自身制度所拥有的"资本支配一切""只关心物的进步，不关心人类的进步"的属性，导致社会两极分化加剧、生产与消费背离、劳资关系极端对立。这些深刻的社会矛盾自然都会在 19 世纪政治经济学批判意识中得到反映。被认为与传统政治经济学彻底决裂的西斯蒙第，深深感到古典政治经济学构筑了一个与现实世界极为不符的学说体系，为此他在颇具影响力的批判性著作《政治经济学新原理》《政治经济学研究》中，专门针对古典

① 弗里德里希·李斯特. 政治经济学的国民体系 [M]. 陈万煦，译. 北京：商务印书馆，2009：120.

② 马克思恩格斯全集：第 31 卷 [M]. 北京：人民出版社，1998：455.

③ 皮埃尔·罗桑瓦隆. 乌托邦资本主义——市场观念史 [M]. 杨祖功，等译. 北京：社会科学文献出版社，2004：256.

理论预设的两个严重错误进行了批判。其一，政治经济学研究对象的预设，存在着本末倒置的错误。西斯蒙第指出，财富不应当作为目的而推进，它只能是手段，而"人"才是目的。新政治经济学的研究要"寻求人类的最大利益，……包含提高道德品质与获得幸福"①。古典学派只关心资本，不关心人，"当亚当·斯密发现并向全世界揭示政治经济学的真正原理时，资本同所需要的生产活动，还是那么不相称，因此，他认为一个国家最想做到的事情就是积累资本，而最有利可图的活动就是使资本更快地周转"②。"这就使我们把人遗忘了，而财富正是属于人而且为人所享受的。"③ 实际上，"政体学的研究对象，是汇集全体人民的意志，而政治经济学的研究对象是人人分享物质财富"。④ 经济学倘若丢弃了以人为本，该理论就会带来实际灾难。"英国的例子格外令人注目，因为它是一个自由的、文明的、管理得很好的国家，它的一切灾难的产生只是由于它遵循了错误的经济方针。"⑤ 其二，政治经济学理论预设存在着"忽视穷人的地位，丢弃穷人的利益"的根本错误。政治经济学的政治学目的是什么？他明确指出："政治学的目的是，或者应当是为组成社会的人类谋求幸福。它寻求使人类得到符合他们本性的最大福利的手段；同时，它也要寻求尽可能使更多的人共享这种福利的方法。"⑥ 在现实社会中，他呼吁要对古典政治经济学进行价值寓意的根本"颠覆"，一切祸根都来自政治经济学越来越把这门学科变为单纯追求财富增长的学科，越来越脱离其他门类的知识，越来越失去传统的道德哲学之根本。政治经济学应当重返道德的"伊甸园"，并要回到一种政治观念上来：政府应当保护弱者对付强者，保护那些无力自我保护的人，成为所有人的经常性、稳定性的代表。西斯蒙第推出的新政治经济学原理基本预设是：经济学的科学性不可以变异为少数人利益的投机性，市场自由放任原则离不开政府的必要调控。方法论上注重抽象的斯密将科学变成自然和谐论，其错误实质在于将"科学"与"现实实践"相分离。而实际的当下实践，存在着多数人与少数人财富的悬殊和对立。因此，新政治经济学应当捍卫"政治学

① 西斯蒙第. 政治经济学研究：第一卷 [M]. 胡尧步，等译. 北京：商务印书馆，2009：6.
② 西斯蒙第. 政治经济学研究：第一卷 [M]. 胡尧步，等译. 北京：商务印书馆，2009：41.
③ 西斯蒙第. 政治经济学新原理 [M]. 何钦，译. 北京：商务印书馆，1983：37.
④ 西斯蒙第. 政治经济学研究：第一卷 [M]. 胡尧步，等译. 北京：商务印书馆，2009：6.
⑤ 西斯蒙第. 政治经济学新原理 [M]. 何钦，译. 北京：商务印书馆，1964：9.
⑥ 西斯蒙第. 政治经济学新原理 [M]. 何钦，译. 北京：商务印书馆，1983：19.

目的"，把自己变成保障社会福利的政治经济学。

西斯蒙第的政治经济学批判给了我们如此启示：他的批判是经济思想史上对工业化后果的第一次社会批判。① 尽管他的著作中掺杂着诸多属于庸俗经济学的观点和思想，但是，我们从反思的政治经济学批判中可以获得一些有益的思想。①他对政治经济学见"物"不见人的批判，对后来马克思的政治经济学批判的价值观形成有一定的影响作用。②他对经济学应当坚持"政治学的双重目的"的观点，较为准确地揭示了资本主义工业化后果暴露的制度弊端，与18世纪以来西方政治经济学越来越背离科学性发展的实质相对应的事实。③他对社会两极分化中劳苦大众的政治与经济地位的悲惨状况的揭示和社会批判，特别是对政府相应功能与对策的考量，在一定程度上显示了政治经济学担当的社会责任意识。④他是第一个和经济自由主义传统决裂的经济学家。他认为，经济自由主义给社会带来了灾难，私人利益的无节制发展必然会损害公共利益。他要求依靠国家政策来调节社会经济生活，以代替经济自由主义。我们不可因为他的分析较为浅显而责备这位远离我们近200年的经济学家。

四　马克思政治经济学批判学说诞生及其意义

马克思是19世纪政治经济学批判最具影响的人物，他在政治经济学批判领域做出了巨大贡献，从根本上改变了20世纪世界历史的进程。

如果说，李斯特的政治经济学批判使得经济学思考空间，由传统的民族地域意识转向"世界政治经济关系中的国家意识"，西斯蒙第的政治经济学批判使对资本主义持乐观态度的政治经济学变为忧患意识的政治经济学，那么，马克思的政治经济学批判，既敲响了资本主义必然灭亡的丧钟，又带来了20世纪人类历史出现资本主义与社会主义并存的时代。正如罗森塔尔指出的："'资本论'的巨大意义也就在此：它彻底摧毁了资本主义制度万古永恒的陈腐观念，并以绝对的准确性预言了人类发展的必然进程。"② 在这里，政治经济学批判之所以是追求经济的"政治实现"的，是因为马克思透过以货币财富为制度轴心的现代性政治幻象，深刻地揭示了"现代"资

---

① 皮埃尔·罗桑瓦隆. 乌托邦资本主义——市场观念史 [M]. 杨祖功，等译. 北京：社会科学文献出版社，2004：256.
② 罗森塔尔. 马克思"资本论"中的辩证法问题 [M]. 冯维静，译. 北京：生活·读书·新知三联书店，1957：13.

本主义制度本质，旨在拒绝一切剥削和限制人类全面自由发展的社会，从资本主义生产关系批判上升为资本主义政治制度批判，最终宣布了一个新政治制度诞生的必然性。这深刻地反映了马克思对西方现代性的批判，大大超越了他那个时代所有批判家的思想。政治经济学批判之所以是追求经济的"哲学实现"的，是因为马克思运用唯物史观的分析方法，通过对国家与市民社会关系的解剖，由对政治异化的批判上升到对劳动异化的批判，进而对私有制展开全面批判，把长期被资产阶级经济学家遮蔽的社会存在论本质加以澄明，用历史的普遍性去提升历史特殊性的存在意义和价值，在关注和求解现代人生命被物化、异化和幻化的深层原因的同时，去揭示当代风谲云诡的货币化生活世界背后的深层本质，旨在矫正人类世俗化历史发展的方向，从而实现历史进步的规律与趋势。

马克思的政治经济学批判，是一种历史理论，一种哲学辩证法，更是导引先进的无产阶级革命与建设的行动法宝。

首先，马克思的政治经济学批判是一种历史理论。这是因为它具有如下重要特征。一是马克思的政治经济学批判是追溯观念发生的谱系关系的批判，注重从范畴史批判过渡到对历史偏斜运动背后的自由本质的澄明。对现代性批判必然关涉到前现代，正是在历史的隧道中，马克思发现了前现代和现代性的根本区别，有助于揭示现代性的本质。从最早的《博士论文》注重原子的偏斜运动（追求自由的偏好）开始，到《资本论》对资本运动引发的物化与异化本质的揭示和批判，最后到晚期《人类学笔记》对历史偏斜运动的社会存在论的深刻追问，马克思一生所从事的政治经济学批判，为后人提供了十分重要的对历史哲学最具解释力的原理与方法论，集中体现在政治经济学批判所指向的历史理论，有着唯物史观历史哲学的深度，它不是用一种经济学去批判另一种经济学，而是用现代最好的历史理论来说明社会经济现象。它把对特定时代经济结构产生及运行的分析，放在大尺度的历史规律的空间中去观察审视，更侧重思想维度、制度维度、历史衍化维度的追问。因此，在历史宏大规律的追问下，任何经济学范畴都会消解概念自身的凝固性、绝对性和永恒性，都会显现其流变性和过程性，都会汇聚到更高的历史整体性。所以，"资本永恒""私有制不朽"等资本主义教条符咒都将被证伪。只有当经济价值的公式符合世界历史进化的公式，它的理论逻辑才有可能作出对实践的科学解释与指导。马克思不是从经济学回到哲学，而是从哲学的批判进入经济学批判，然后回溯到历史大尺度审视，这样，经济现象必然成为局部问题，经济只不过是历史的质料，经济特有的某种范式或迟或早都会被历史扬弃。二是马克思的政治经济学批判不驻足于对经济事件发生的原在性历史图像的描述，而是对特定的经济事件、结构和环境进行必要的哲学思辨，通过历史与逻辑的上升运动，进而揭示事件内在的矛盾本质，经济分析的单元被转变为具有"过去—现在—未来"历史时空坐标指向的属人的进化论意义的批判。如马克思对"劳动"范畴的分析，若仅仅作为简单的经济学范畴去理解，劳动不过是人所具有的能够被使用于一切的素质，可是在政治经济学批判的框架中，劳动范畴的内涵绝非如此浅显，马克思指出："比较简单的范畴，虽然在历史上可以在比较具体的范畴之前存在，但是，它在深度和广度上的充分发展恰恰只能属于一个复杂的社会形式。"① 换言之，劳动范畴在历史上只有在最发达的社会状态下才表现出它的充分的力量。所以，"劳动这个例子令人信服地表明，哪怕是最抽象的范畴，虽然正是由于它们的抽象而适用于一切时代，但是就这个抽象的规定性本身来说，同样是历史条件的产物，而且只有对于这些条件并在这些条件之内才具有充分的适用性"②。对劳动范畴的政治经济学批判，使马克思从一般意义上的劳动——劳动作为一种人类活动的普遍素质，过渡到对劳动的一种历史哲学思辨——在资本主义社会，对象化劳动既是反映一种不平等的经济关系和社会关系的社会组织形式，更是劳动力商品存有形式必将导致现代性"二律背反"发生的深刻根据。从资本的观点看来，劳动"表现为资本本身的再生产。实质上这是劳动本身的不断再生产"③。资产阶级国民经济学家恐怕难以理解如此深刻的结论。

其次，马克思政治经济学批判是一种崭新的哲学辩证法。它有两个方面重要特征。其一，深刻地展现着唯物辩证法"生成"范畴的哲理。在《资本论》中，求"真"就是对资本主义发展的经济规律的揭示，对资本主义存在的历史过程实质的揭示。"真"的内在根据关联着"过程"范畴的批判，政治经济学批判所理解的"过程"，不是一般的"既成"，而是"生成"。"生成"是历史辩证法的重要范畴，从生成中可以找到社会存在发生认识论原理，找到经济范畴演进的谱系关系，找到经济规律生长的条件与根

① 马克思恩格斯文集：第8卷 ［M］．北京：人民出版社，2009：27．
② 马克思恩格斯文集：第8卷 ［M］．北京：人民出版社，2009：29．
③ 马克思恩格斯全集：第31卷 ［M］．北京：人民出版社，1998：142．

据，找到不断挫败乃至成功的历史否定主义美学原理，找到哲学存在论最深刻、最有意义的向生存转变的内在规定性。马克思通常在三种情况下使用辩证的"生成"范畴：一是指具有历史进化意义的实践生长点的绵延与集聚；二是指充满着历史内在否定性的精神自觉反思的逻辑运动；三是指由人类感性的、实践的、工业的、对象化劳动所驱动的人与自然进化关系的哲学考量。马克思在《资本论》中，正是运用辩证的"生成"范畴对资本主义总体性特征予以考察和揭示，生成意味着过程与目的性的勾连，资本的生产过程与资本占有剩余的目的环环相扣；生成贯通着资本的生命周期律，由于资本的内在否定性构成的矛盾运动，资本主义的发展贯穿着繁荣、危机直至衰亡的铁律；生成乃是辩证逻辑的上升运动，在《1857—1858 年经济学手稿》中，马克思从感性的商品交换中抽象出货币范畴，并由此向资本范畴生成，得出了最具震撼力的政治经济学批判原理："使货币变成资本的交换，不可能是货币同［普通］商品的交换，而只能是货币同它的概念上特定的对立物，即同那种与它本身处于概念上特定的对立之中的商品进行的交换——这种商品就是劳动。""货币作为可能性上的资本，它可以交换的使用价值，只能是生成、生产和增殖交换价值本身的那种使用价值。而这种使用价值只能是劳动。"① 这段原理讲述的不是货币和资本本身，而是一种去蔽的资本哲学，从这里出发，一种被颠倒的国民经济学教条（"只有劳动是生产的，而资本不是生产的"）被彻底解构了——资本，它本质上不是一种简单的"生产预付金"，而是对一种特殊的使用价值（劳动）的占有；是劳动力这个特殊商品生产了资本，而不是资本公平地交换了劳动力商品本身。从形式上看，资本是物质实体，而从本质上看，资本是被异化了的生产关系的反映。由此推论，资本主义社会存在着严重的劳动与资本的对立。生成还反映在观念的自觉反思领域，对资本主义经济规律认识包含着曲折、退步乃至前进的生成过程。马克思在《资本论》中详细查审了对于剩余价值起源的看法的历史认识图式，并对其加以批判，实际上揭示了资本主义政治经济学发展的认识逻辑问题。如，马克思认为，经济思想史是从关于现象的外部方面和外部形式的知识到关于它们的内在本质的知识的运动，其间认识的过程极为复杂和曲折。生成还体现在发展过程充满着矛盾运动的属性。马克思在《资本论》中指出："一种历史生产形式的矛盾的发展，是这种形式瓦解和

---

① 马克思恩格斯全集：第 31 卷［M］. 北京：人民出版社，1998：396，397.

新形式形成的唯一的历史道路。"① 在马克思看来，发展是矛盾运动的结果，矛盾是推动事物发展的动力。通过剩余价值学说的提出，马克思深刻解剖了与资本主义生产关系相联结的商品、价值、劳动、货币、资本等内在矛盾运动的规律，正是有了这些关于矛盾规律的学说，政治经济学批判才会走向科学。其二，马克思的政治经济学批判，十分注重"从最简单上升到复杂这个抽象思维的"② 逻辑辩证法。在《1857—1858 年经济学手稿》中，马克思对此有专门的论述："在第一条道路上，完整的表象蒸发为抽象的规定；在第二条道路上，抽象的规定在思维行程中导致具体的再现。"③ 这里有三层意思。①揭示资本世界的深层本质，我们不应当从感性的杂多出发，如从人口或商品价格出发，这种感性的罗列必然会把我们引入"关于整体的一个混沌的表象"④ 中，应当从"完整的表象蒸发为抽象的规定"开始，只有从分析中找出有决定意义的抽象的一般关系，政治经济学批判才会由此及彼，由表及里，去粗取精，去伪存真。②从抽象上升到具体的方法，只是思维用来掌握具体、把它当作一个精神上的具体再现出来的方式，但绝不是具体本身产生的过程。事实上它是把直观和表象加工成概念这一过程的产物。③具体之所以是具体，是因为它是许多规定的综合，因而是多样性的统一。毋庸置疑，马克思的政治经济学批判旨在通过对资本主义社会混沌表象的穿透，对最发达的和最多样性的历史的生产组织背后的社会关系本质的揭示，对国民经济学家们把经济范畴按它们在历史上起决定作用的先后次序来排列的错误教条的批判，以形成科学地解释资本主义社会内部结构、生产关系、基本阶级构成、经济危机等范畴体系，从而系统地回答了现代性历史遭遇的深层社会存在论问题，回答了货币化生存世界的资本座架问题，以便正确地阐明人类历史是从何处来，应往何处去的真理。所有这些，如果没有独特的"从最简单上升到复杂这个抽象思维的"逻辑辩证法，我们无法获得人类历史进化图式中"人体解剖与猴体解剖"的钥匙。

再次，马克思政治经济学批判是指导无产阶级革命与建设实践活动的先进学说。马克思在《资本论》第 1 卷第二版跋中指出："德国社会特殊的历史发展，排除了'资产阶级'经济学在德国取得任何独创的成就的可能性，

---

① 马克思恩格斯文集：第 5 卷［M］．北京：人民出版社，2009：562.
② 马克思恩格斯文集：第 8 卷［M］．北京：人民出版社，2009：26.
③ 马克思恩格斯文集：第 8 卷［M］．北京：人民出版社，2009：25.
④ 马克思恩格斯文集：第 8 卷［M］．北京：人民出版社，2009：24.

但是没有排除对它进行批判的可能性。就这种批判代表一个阶级而论，它能代表的只是这样一个阶级，这个阶级的历史使命是推翻资本主义生产方式和最后消灭阶级。这个阶级就是无产阶级。"① 马克思学说包含着两种判断：作为对人类历史发展客观规律揭示的事实判断，以及作为面对历史规律我们应当如何行动的价值判断。政治经济学批判乃是追求"政治与哲学"的实现。早在 1843 年马克思就明确指出："德国人的解放就是人的解放。这个解放的头脑是哲学，它的心脏是无产阶级。"② 马克思是肩负着无产阶级伟大使命的共产主义理论家和革命领袖，其政治经济学批判有着鲜明的科学性与阶级性相统一的特质。如，他深刻揭示了资本主义生产关系中价值范畴的本质："活劳动同对象化劳动的交换，即社会劳动确立为资本和雇佣劳动这二者对立的形式，是价值关系和以价值为基础的生产的最后发展。"③ 显然，私有制、贪欲与劳动、资本分离之间的本质联系，构成了劳动者的价值与劳动者的贬值之间的异化劳动属性。因此，对资本的批判，就是对阶级的批判；对政治经济学的批判，就是对资产阶级意识形态的批判；对劳动范畴的批判，就是对无产阶级异化本质的批判。通过批判，马克思把非科学的、被颠倒的资产阶级经济学价值理论的核心命题进行了再颠倒："不是资本家养活工人，而是工人养活资本家"，从而使价值规律在资本的社会化层面上带来的神力被破解了，生产劳动范畴被革命阶级所替代，生产过程的矛盾变成了作为无产阶级社会个体的基础和建构过程的生产流通及其矛盾，变成了不可调和的对抗性阶级矛盾，由此马克思导出了实现全人类解放的无产阶级革命运动的动力论。

在学术界，有关马克思的唯物史观与他的政治经济学批判是何种关系的讨论，是近几年较为前沿的学术问题。享有盛誉的马克思学家伊林·费彻尔指出："马克思的目的始终是'政治经济学批判'，这既意味着对资本主义生产方式批判，又意味着对它在资产阶级国民经济学说中的理论反映进行批判。"④ 实际上，从马克思的学术思想发展的轴心原理来说，费彻尔的观点是正确的。从马克思到马克思主义，单从哲学范式革命的图式中寻求动因是

---

① 马克思恩格斯文集：第 5 卷［M］. 北京：人民出版社，2009：18.
② 马克思恩格斯文集：第 1 卷［M］. 北京：人民出版社，2009：18.
③ 马克思恩格斯文集：第 8 卷［M］. 北京：人民出版社，2009：195.
④ 费彻尔. 马克思与马克思主义：从经济学批判到世界观［M］. 赵玉兰，译. 北京：北京师范大学出版社，2009：51.

失败的，应当从现实的物质利益、经济关系及资本与精神的对立矛盾中寻求答案。"政治经济学批判"既不是单纯的经济学，也不是单纯的哲学，而是哲学和政治学在经济学中的实现，在这里它显现了经济学研究的质料因、形式因、动力因和目的因的上升运动，智慧地将斯密的世俗时间与黑格尔的精神时间综合在一种代表无产阶级先进意识的历史哲学的思想体系中；它不属于工具论上的技术问题，而属于关涉解剖"市民社会"与提升历史进步的重大历史哲学问题。因此，马克思的政治经济学批判本质上与唯物史观是一回事。没有唯物史观，政治经济学批判就会误入庸俗经济学的窠臼。唯物史观只有在鲜活的政治经济学批判的理论与实践中，才能回答"为什么资产阶级革命没有达到它所宣布的理想目标，为什么在现代基于分工的、被市场机制所统治的社会中，个人尽管有法律上的自由，却仍然陷入到对独立于他们、妨碍他们（每个个人）发展自己人性的种种规律性的依赖之中"。显然，"马克思的核心认识在于，这种新的依赖性并不是个人或者个别社会群体的险恶用心所造成的结果，而是特定经济结构不可避免的后果"[①]。政治经济学批判的对象正是这种"特定的经济结构"。毫无疑问，马克思的著作中一以贯之的根本问题就是：通过不断唤醒的政治经济学批判，来获得不断成熟的无产阶级世界观。

因此，诠释马克思早期思想两度转变的动因，如若仅从唯心主义与唯物主义的流变坐标出发，忽视现代性背景下的深厚而又复杂的政治与经济的关系，忽视哲学的批判与现实经济关系、政治关系批判在当时西欧（尤其是德国）的精神诉求方面的重要性，我们很难得出客观准确的答案。从政治经济学批判这一维度，回溯马克思早期世界观的两次重大转变，我们似乎更接近马克思学说中的轴心原理。马克思对黑格尔哲学的实质性批判，最关键点是从黑格尔的市民社会与国家的思辨程式中发现了通向唯物史观的政治经济分析的重要维度。马克思曾把政治经济学表述为关于市民社会的解剖学，他在黑格尔诸多重要的历史哲学命题中为什么如此看重"市民社会与国家"这个命题，与青年时代的马克思告别自我意识哲学的青年黑格尔派后，坚持注重行动、注重现实批判的实践哲学原则一致。青年马克思为现代性发育而激动，因批判现代性而成熟。马克思对费尔巴哈哲学的实质性批判最关键点

---

① 费彻尔.马克思与马克思主义：从经济学批判到世界观［M］.赵玉兰，译.北京：北京师范大学出版社，2009：35-36.

是，通过对李斯特的《政治经济学的国民体系》一书的批判，获得了生产关系（经济制度）一定要适应生产力发展的历史规律的启示，从而以现实的生产关系（经济关系）来定义"个人"及人的本质关系，以此批判费尔巴哈的抽象人性论和抽象自然主义哲学，从而为创立唯物史观的历史前提——"个人"概念理解的方法，实现了根本性变革。总之，马克思的学术思想转变，经历了《黑格尔法哲学批判》《〈黑格尔法哲学批判〉导言》《1844 年经济学哲学手稿》《德意志意识形态》《政治经济学批判大纲》《资本论》等系统发展的全过程。

马克思的政治经济学批判有着独树一帜的价值贡献，《资本论》的副题——政治经济学批判的在场性原本不是单纯的对当下经济生活的范畴批判，而是一个与人类的生存境况、与国民财富相关联的经济解放运动，它承载着对政治经济学现代性诊断与批判的"揭秘性事件"①，追求着经济的"政治与哲学的实现"。《资本论》之所以被直接表述为政治经济学批判，是因为它从头至尾都贯通着对资本主义生产关系的揭示，对资产阶级市民社会的解剖，对古典政治经济学关于资本主义"货币—资本—财富"的生产、流通、交换和分配原理体系的批判。其"政治"含义有着鲜明的内涵：一方面，它提出了基于社会矛盾的政治的经济周期的理论，另一方面，它把资本的批判自觉上升为一种政治哲学的批判。国家首先是一种机构，其功能是维持和保护资本主义经济制度的统治和剥削；以资本为轴心的社会制度，贯通着政治与经济、权力与资本、虚假公证与无偿剥夺、阶级对立与虚假意识形态等政治预设的内在否定性。正因为有了百余年的解读历程和历史事件的证明，《资本论》的精神遗产才有可能为我们所深知。

《资本论》的理论最重要的意义在于，它事实上掌握了解释资本主义"利润"的钥匙。"资本"的概念是研究资本主义经济中生产与分配规律的中心工具。在经济思想史上，对资本的解读可分为三个主要类别：一类来源于自亚当·斯密到李嘉图这些古典经济学家的剩余学说，另一类则来源于早期边际主义经济学家的供需学说，还有一类来自马克思《资本论》的剩余价值学说。在《资本论》研究的学术视野中，有五种解构方法值得关注：一是辩证唯物主义的方法论解构，二是以布巴维克为代表的马克思主义经济

---

① 海德格尔语。大卫·库尔珀.纯粹现代性批判——黑格尔、海德格尔及其以后 [M]. 臧佩洪，译. 北京：商务印书馆，2004：235.

学的方法论解构，三是以罗默为代表的理性选择马克思主义的方法论解构，四是以卡弗为代表的日常语言分析的方法论解构，① 五是以费彻尔为代表的政治经济学批判的方法论解构。笔者以为，后一种解构更有特色，更具有深刻性。实际上，《资本论》留给后人的精神财富，最有价值的是马克思的思考方式，这甚至比他思考的结果更重要。这种最具原创性的思考方式集中体现在他的政治经济学批判中。该批判所内含的"存在之链"，与我们现实的创造历史活动的精神批判工具紧密关联。所谓"存在之链"，意指不断被思想追问的货币化生存世界的逻辑根据。它不是表象的质料或其他任何形式的物性化存在本身，而是始终保持着具有普遍性特质的自在自为的真理。概括地说，至少有两个方面的内容值得提及。

①关于资本与精神关系的批判。马克思在《资本论》第 1 卷第一版序言中深刻指出："在政治经济学领域内，自由的科学研究遇到的敌人，不只是它在一切其他领域内遇到的敌人。政治经济学所研究的材料的特殊性质，把人们心中最激烈、最卑鄙、最恶劣的感情，把代表私人利益的复仇女神召唤到战场上来反对自由的科学研究。"② 古典政治经济学最大的弊端，是对"物质化"、"物品化"和"货币化"的执着追求，从而弱化了经济学域外的人本意义。而马克思的政治经济学批判，正是从人的精神世界来反思这种极端物象化的弊端学说。有两点很关键。第一，资本与精神的关系，实际上反映的是劳动者与其劳动对象的异化关系。通过劳动，人与对象世界的关系不但没有趋近和谐，反而越来越紧张和对立，作为"利益"的资本不断伤害着作为人与人之间关系和谐的"精神"。如西美尔所说，"经济价值作为主观价值的客观化，对于直接享有［生活］的主体和对象之间的距离化有影响"③。马克思在《1857—1858 年经济学手稿》中指出，资本主义生产过程就是"劳动本身的力量变成对工人来说的异己力量的必然过程"。④ 生产力离不开工人活劳动的使用，通过这一使用它又成为与劳动力相脱离的资本的生产力，于是，工人的活劳动"变成失去实体的、完全贫穷的劳动能力而同与劳动相异化的、不属于劳动而属于他人的这种实在相对立；劳动不是

① 参见卡弗.政治性写作：后现代视野中的马克思形象［M］.张秀琴，译.北京：北京师范大学出版社，2009：25-28.
② 马克思恩格斯文集：第 5 卷［M］.北京：人民出版社，2009：10.
③ 西美尔.货币哲学［M］.陈戎女，等译.北京：华夏出版社，2003：9.
④ 马克思恩格斯全集：第 30 卷［M］.北京：人民出版社，1995：268.

把它本身的现实性变成自为的存在，而是把它变成单纯为他的存在，因而也是变成单纯的他在，或同自身相对立的他物的存在"①。马克思在《巴黎手稿》中深刻指出："他（此处'他'指劳动者——引者注）在自己的劳动中不是肯定自己，而是否定自己，不是感到幸福，而是感到不幸，不是自由地发挥自己的体力和智力，而是使自己的肉体受折磨、精神遭摧残。"② 这种劳苦大众的精神悲剧的产生根源在哪里？马克思认为："我们现在必须弄清楚私有制、贪欲以及劳动、资本、地产三者的分离之间，交换和竞争之间、人的价值和人的贬值之间、垄断和竞争等等之间以及这全部异化和货币制度之间的本质联系。"③ 显然，资本与精神之间的深刻对立，原因在于私有制。第二，只有从精神的高度分析资本，才能获得资本的真理，才能获得人类尊严和理性权威的确认。黑格尔曾在《耶拿现实哲学》一书中，对货币与精神进行分析："商人的劳动是纯粹的交换……交换是运动，是精神，是中介，是摆脱使用与需求、劳动与直接性的解放。这一运动……在这里就是物与活动；物分化为特殊的商品和抽象物、货币……于是，精神作为无私的内在性而在它的抽象中变成了对象。"④ 马克思借助黑格尔的"精神—资本"的分析观念，有改造地将它运用在整个《资本论》的分析图式中。马克思对资本的精神解读，有着三方面的思想要义：一是资本并不来自观念的想象，它是现实人类实践活动的产物，是一种被现代性加以定义的特定生产关系和社会关系发展的结果，同时它又是关联世俗社会一切的精神关系；二是作为精神反思对象的资本，它是一个导致现代性矛盾发生的重要根据；三是资本实存着价值判断，积极与负面、自由与限制、向往与异化兼而有之。因此，资本只有通过不断地经受精神的积极批判，才能扬弃自身并不断融入历史进步的趋势中。

②关于货币财富与权力关系的批判。权力是迫使他人按照权力拥有者的意愿行事的能力。但在《资本论》中，马克思更多地关注在资本制度的宰制下由物权和人格权的交换所产生的实质性社会关系及社会制度异化现象。马克思在系统分析货币流通以及流通中货币的供给和需求规律的基础上，从

① 马克思恩格斯文集：第 8 卷［M］. 北京：人民出版社，2009：102.
② 马克思恩格斯文集：第 1 卷［M］. 北京：人民出版社，2009：159.
③ 马克思恩格斯文集：第 1 卷［M］. 北京：人民出版社，2009：156.
④ 转引自费彻尔. 马克思与马克思主义：从经济学批判到世界观［M］. 赵玉兰，译. 北京：北京师范大学出版社，2009：18-19.

历史哲学维度深刻地批判了货币财富与权力的互渗问题。货币与权力尽管是两个不同范畴，但失去经济关系背后的社会关系的透视，它们之间似乎没有实质性关联。正是政治经济学批判的特有思考方式，使得马克思从三个方面揭示了货币财富与权力互渗的机制。首先，在特定的社会关系制约下，货币权力的产生来自货币作为流通的代表，其控制力往往出现在幻象的荒谬形式中。它在固守中淡化了自身，同时又以符号的形式复活了自己，并且以图像所传递的权力攻击了事物，其造物的力量正在于运用符号来控制现实。这一切都离不开物与物交换关系的背后，受人与人社会关系运作的"狡计"。其次，作为一般财富的个体化，货币行使了对于社会、对于整个享乐和劳动等世界的普遍支配权。货币实质上是以特有的价值通约形式兑换着现实的社会关系。再次，作为一种普遍权力，货币既被表现为"雇佣劳动和资本的真正普遍的实质"，同时也展示了使财富扩大到具有普遍性的秉性。显然，被货币化了的权力，拥有着通约一切存在的意志和冲动，在货币化生存世界里，货币如此的脱域性导致的现代性内在悖论，再次证明了马克思政治经济学批判具有的当下意义和价值：今天，在拥有货币财富的同时，千万不可忘却对货币财富本身的忧患与批判。① 货币的任性会导致人性的物化和异化，货币的任性会带来文明制度的腐蚀与摧毁，货币的任性会引发人与自然、人与社会、人与人之间的对立和冲突。

政治经济学批判在历史上的不断唤醒，有着重大的历史变迁根据，也有着人类在不同时期为自觉推进社会转型、矫正社会发展观念、守护人道内涵的实践诉求。进入 21 世纪以来，马克思政治经济学批判精神被再度唤醒，它直接导源于当代货币化生存世界发展的历史本质：信息化、数字化、网络化的互渗，创意和智能工具的叠加，神化般地向传统的财富创造原理提出了严峻挑战。人类精神世界在资本逻辑的压迫下，变得更加具有自虐性。"物化—异化—幻化"的生存格律，加速了精神与资本的冲突，深层次地提出了人类心智进化的精神现象学问题。从人的精神世界来反思被极端物象化、虚拟化的生活世界，需要再度唤醒马克思的政治经济学批判精神。首要的是如何对当代西方主流经济学理论研究范式进行反思与批判。毋庸置疑，随着资本对整个感性世界的渗透，经济学理论触角已逐步伸延到整个哲学社会科

---

① 关于货币财富与权力关系的批判，还可以参见厄内斯特·曼德尔. 权力与货币——马克思主义的官僚理论 [M]. 孟捷，李民骐，译. 北京：中央编译出版社，2002.

学理论价值的核心层，影响并支配着当下人类的生存意识和精神信仰。2008年爆发的国际金融危机，为何整个经济学界未能预见，也未能提出任何重要的预警，显然，西方经济学过于依赖理想化和专门化的计量模型，以至于看不到宏大的图景，无法对正在发展的危机做出预警。从深层次考察，西方主流经济学是否已经实质上丢弃了绵延百年的政治经济学批判传统——"关注国计民生、关注民族精神、关注与人类进步相关联的异化与祛魅"等问题。近几年，伴随着金融危机爆发生成的各种经济学解释难题，证明了一点，那就是经济学研究的完善和深化，需要跨学科、跨专业的学术互动。金融危机的发生，促使也鞭挞着经济学研究迈入更为广阔的学科视域。笔者以为，马克思的政治经济学批判传统的当代唤醒，有助于西方经济学从较为狭隘的个人主义价值观的窠臼中走出来。随着当代人类生存世界的货币化、智能化以及异质化的深度发展，实践领域不断呈现出更为复杂、不确定和矛盾的性状。它深刻地提出了科学研究的整体性和交叉性诉求，自然科学的重大发现和技术创新，离不开跨学科互动，人文社会科学的社会责任的担当，更离不开跨学科的联动，尤其是作为牵引学科——哲学、经济学和政治学的聚合，这彰显了政治经济学批判的优势。

　　当代中国改革的深度推进与创新，呼唤着政治经济学批判精神。今天，在中国进一步确立《资本论》唤醒的政治经济学批判的重要性主要表现在：一方面对社会科学的发展和重新定位，政治经济学批判的复活是这一过程的一部分，哲学、政治学与经济学互动的牵引，旨在寻求全面深化改革的话语权；另一方面中国的经济改革进入攻坚期和深水区，利益多元化、诉求多元化引起的诸多深层次矛盾凸显，更为复杂的问题被提出，经济社会发展的各种不确定性超常规显现。用什么样的思想观念来导入如此重大的历史变革实践？用什么样的哲学社会科学来支撑如此重大的市场制度创新？用什么样的中国学术、中国文化精神来提升整个国家经济社会发展的平台？这关涉的不是某一学科学理的运用，而是诉求哲学、经济学和政治学的联盟与互动，诉求中国特色的新"政治经济学的批判"精神。在未来15～20年全球经济竞争的格局中，中国的经济实力、企业精神、国际影响力的实质性提升，依然任重道远。未来的市场竞争伴随着信息化、智能化和虚拟化的深度推进，精神对物质的反作用之大史无前例，配置精神资源比配置物质资源更紧要，尤其是决策智慧、战略思维、知变应变策变能力、思辨认知和理性判断水平、文化创新和精神资源开发的自觉度等哲学素养，都将起到十分重要的作用。

联系当下中国道路、中国精神的反思与实践，马克思主义政治经济学批判的中国化推进势在必行、意义久远。

追求经济的"政治与哲学的实现"首先需要哲学与经济学双向互动。哲学的在场性体现在追求市场的真理，扬弃事物的感性外在性，深入事物的内在本质。哲学的首要目标是获得存在或"实在"的知识，获得关于永恒的、内在的、必然的事物的知识。这种知识是如此首要和如此终极，能赋予任何形式的认识以思想性和真理性把握。哲学以特有的思想追问形式，能赋予经济世界一种特殊逻辑与思辨，可以使交换价值构成的市场空间，不再是一个简单依靠价格制动的物欲流转的平面世界，而是一个多向度、全方位、充满着多种不确定性的精神与物质相互贯通的立体世界；不再是一个单靠计量模型来精算或叠加的价值通约的物像世界，而是一个具有历史文化时空隧道，并充满着理性与非理性、制度选择与精神意向相互贯通的利益博弈的世界；不再是一个纯粹地靠自然法的尺度和达尔文进化论的规则能加以定义的商品世界，而是一个被不断接受精神的启蒙、公理的批判、理性的怀疑、人性的追问的精神反思的货币化生存世界。同样，经济学以它特有的实证与精算的形式，赋予精神世界一种存在的原欲和物质动力。在彰显人性欲望、利益和需要的背景下，经济学赋予精神世界赖以存在的表象经验及感性根据。在物欲横流的"霍布斯丛林"中，在现代性工业文明构成的人与自然、人与人之间的对立中，在被资本定义的"他者世界"里，哲学的抽象空间为商品流转所充实、所经验、所证实，已不是一个单靠逻辑演绎的思辨主体，而是一个离不开现实性和历史性相统一的真实可感的世俗世界；已不是一个完全虚幻的，凭借个人意志任意想象、任意创造的意向性世界，而是一个可通约、可精算、可生计、可积累的属人的感性生活世界；已不是一个黑格尔式的头足倒立的绝对精神的世界，而是一个马克思所表达的"从直接生活的物质生产出发阐述现实的生产过程，把同这种生产方式相联系的、它所产生的交往形式即各个不同阶段上的市民社会理解为整个历史的基础"① 的现实世界。"决不是国家制约和决定市民社会，而是市民社会制约和决定国家"②，只有解答了社会存在的奥秘，才能解答社会意识的奥秘，如果撇开人类物质生产的历史过程，用纯抽象的哲学范畴来解释一切存在的内涵，就

---

① 马克思恩格斯文集：第 1 卷 ［M］．北京：人民出版社，2009：544．
② 马克思恩格斯文集：第 4 卷 ［M］．北京：人民出版社，2009：232．

会把产生精神世界的真实性、深刻性和具体性的物质基础都抽象地否定掉了。在经济学的匡时下，哲学如果能够自觉吸纳经济分析的原理和学术精华，便可通向深刻的历史哲学观。当下国内哲学发展离不开对重大现实经济问题的穿透，更需要我们像马克思那样，自觉运用政治经济学批判形式，认真研读经济学学术经典，深刻回答当下因生产关系、财产关系、经济关系而出现的重大社会问题。

第一章　苏格兰启蒙运动
与西方现代性逻辑预设

　　"苏格兰启蒙运动'发明'了现代世界"①，美国学者阿瑟·赫尔曼的这一观点为我们理解现代性及政治经济学批判打开了一条新的路径。他指出，苏格兰启蒙运动不仅创造了现代性观念，而且为人类擘画了新的文明蓝图。苏格兰启蒙学者在古典价值与现实需求之间进行了创新性联结，使自由与民主在市民社会焕发新的生机，遂使市民社会与国家关系成为西方现代性逻辑的轴心。古典政治经济学的自由市场教条与个人资本动力学原理更是使西方现代性逻辑预设实体化，大大提升了市民社会的现代意义。西方现代性创造了丰富的物质文明，先进的城市文明、工业文明，等等，但也导致了贫富对立、物质丰裕与精神匮乏并存②等失衡现象，尤其是造成了无产阶级的"全面丧失"，这更加说明西方现代性逻辑的历史性展开亦伴随着合法性危机。马克思的政治经济学批判正是在西方现代性逻辑与历史的辩证运动中开启的，苏格兰启蒙运动是西方现代性逻辑的理论起点。

---

① 阿瑟·赫尔曼. 苏格兰：现代世界文明的起点［M］. 启蒙编译所，译. 上海：上海社会科学院出版社，2016：ⅱ（中文版序言）.
② 张雄，刘倩. 马尔库塞的政治经济学批判思想探析［J］. 马克思主义与现实，2020（2）：114-116.

第一节　苏格兰启蒙运动的历史回溯

一　苏格兰启蒙运动的时代背景

1700 年，苏格兰算得上欧洲最贫穷的独立国家，1707 年《联合法案》的签署使苏格兰成为大不列颠王国的一部分，苏格兰作为主权国家的历史结束了。与此同时，苏格兰人却在思想文化领域开启了一场观念变革，使其在一个世纪内跃升为推动西方现代化进程的主导性力量。理解这一进程需要深入宗教、政治、经济、教育文化等具体向度。苏格兰启蒙运动是多种因素相互作用的历史必然，也是苏格兰启蒙学者致力于摆脱贫困，运用经济、科学、教育等手段来推进社会进步的思想运动和实践运动。

（一）宗教在与政治的较量中日益世俗化

与法国启蒙运动截然不同，苏格兰启蒙运动包含一群博学而虔诚的教士。他们坚决地相信，宗教使人类文明化。[①] "自由、开放而成熟的文化与稳定坚实的道德和宗教是可以并存的，甚至要建立在道德和宗教的基础上。"罗伯逊认为，"基督教的教义正是现代精神的核心"，"基督教不仅净化我们灵魂的罪孽，而且完善我们的行为修养"。文明的改良或进化是一个历史进程，在这个进程中，"社会的整体文化构架——包括政治、道德以及文学和艺术——反映了通过相互作用和激发而释放相同的力量"[②]。因此，现代社会不仅使人类更加自由地发挥潜能，也增强了人类行善的能力，所谓文明正是此义。苏格兰启蒙运动中呈现的宗教与思想启蒙的协同特征需要从苏格兰的宗教与政治博弈中理解。

16 世纪，由约翰·诺克斯推动的苏格兰宗教革命使基督教新教（加尔文教派）与传统天主教之间经历了长达百年的腥风血雨，最终新教获得了胜利，苏格兰长老会的信仰得以维护。在此过程中，苏格兰的世俗统治影响力日渐削弱，诺克斯的宗教改革借助上帝和人民的力量与君主对抗，使教会与君主间形成了一种微妙的平衡，民主政治思想在苏格兰埋下了种子。与英

---

① 以下观点参考阿瑟·赫尔曼. 苏格兰：现代世界文明的起点 [M]. 启蒙编译所，译. 上海：上海社会科学院出版社，2016：181-182.

② 阿瑟·赫尔曼. 苏格兰：现代世界文明的起点 [M]. 启蒙编译所，译. 上海：上海社会科学院出版社，2016：181.

格兰圣公会相比，苏格兰长老会相对保守、严苛，圣公会的自由教义使苏格兰加尔文教义受到外来挑战，前者不仅被视为异端邪说，而且对异教徒的惩处毫无宽容。例如，1696 年苏格兰长老会以亵渎上帝的罪名处决了年仅 19 岁的学生托马斯·艾肯海德。1707 年《联合法案》签订，两国合并削弱了苏格兰政治上的权力（传统议会被解除），但肯定了苏格兰教会的地位，甚至提升了教会的地位。这种地位的提升受到了政治上的关注，苏格兰长老会需竭力维持与政治间的互利互惠，以确保继续在苏格兰生活中占有核心地位。因此，出于实用的考虑，苏格兰长老会不得不以某些代价换取其地位的认可，这种世俗化倾向使苏格兰长老会的温和、理性派占据上风，他们关注社会现实并强调社会责任，共同的社会视角为苏格兰教会与启蒙运动之间建立友善关系奠定了基础。

（二）政治独立在经济发展的迫切需求中日渐丧失

苏格兰与英格兰之间爱恨交织的微妙关系是苏格兰启蒙运动的重要历史背景。苏格兰和英格兰在历史、地理等方面有着高度的紧密性，地理上相连，且统治者属于同一血统。但长期以来，因领土和财富之争等两国经常陷入战争，这加深了彼此间的猜疑和敌视。苏格兰的地理环境较差（尤其是高地地区），历史上长期贫穷，英格兰的傲慢在苏格兰贵族眼中颇为扎眼。1603 年，苏格兰国王继承了英格兰的王位，即詹姆士一世，两国由同一人统治的时代开启。政治、宗教、文化、生活习惯上的分歧使英格兰贵族对詹姆士一世有颇多不满之处，而苏格兰贵族进入英国上流社会的粗俗表现，更加深了英格兰人对苏格兰人的恶劣印象。虽由一主共治，但苏格兰与英格兰之间冲突不断，直到光荣革命之后两国关系才有所缓和。

1689 年光荣革命后，经济逐渐成为两国关系的新焦点，为两国合并准备了条件。随着海外扩张，英格兰更加富裕、政治稳定、人口增长，成为新型的超级大国，尤其是其对外贸易获得了成倍的增长，并受到国家力量的保护，伦敦的经济越发繁荣，金融行业欣欣向荣。与之相反，苏格兰一直处于传统经济状态，并因长期自然灾害面临绝境；虽然拥有对外贸易，但长期停留于低级阶段，主要运输"未经加工的原材料和食物等初级商品，如谷物、牲畜、羊毛"① 等低附加值产品。为摆脱困境，苏格兰统治阶层开始寻求经

---

① 阿瑟·赫尔曼.苏格兰：现代世界文明的起点［M］.启蒙编译所，译.上海：上海社会科学院出版社，2016：30.

济振兴，通过立法创建一套全新的经济制度，包括苏格兰银行、公营企业以及开辟海上贸易运输线路等。① 但是，集全国之力却遭遇失败的达连恩计划使苏格兰财政陷入绝境，凸显了苏格兰与英格兰之间的竞争关系。英格兰不希望苏格兰转化为潜在的竞争对手，对其独立发展尽力压制；苏格兰人逐渐认清了现实：只有依靠英格兰的帮助才能真正参与到大西洋经贸体系，才能真正获准进入英国的海外市场。如果说苏格兰人的经济考量推动了两国由竞争向结盟的转向，那么对英格兰来说，政治考量是促进两国合并的主要原因。斯图亚特王朝的阴影、詹姆士党人的威胁如鲠在喉，苏格兰不仅是一个需要拉拢的对象，还是一个重要的反攻基地。出于各自的需要，苏格兰和英格兰于 1707 年实现合并，苏格兰以政治权力的丧失换取经济利益的补偿，自此经济上的振兴愿望基本上为苏格兰启蒙运动定下了方向和基调。

（三） 经济在与传统生产方式的对比中确定了现代化道路

1707 年，苏格兰与英格兰的合并推动了苏格兰经济的爆炸式发展，苏格兰从三流国家逐渐跃入现代社会。《联合法案》的签订将苏格兰人卷入一场深刻的变革，不仅经济上的繁荣使苏格兰人对现代发展方式推崇备至，而且亲身感受到曾经珍视的自由与民主获得了更大的实践意义，从文化和社会层面开展了思想、观念革命。结盟后的苏格兰享有了强大的不列颠行政机构带来的和平秩序与自由发展、革新的空间，苏格兰人不仅在日常生活的观察中注意到自由放任政策对经济发展的益处，个人获得了发展机会，而且进一步确证了自由、民主、财产等权利的现实性。相比于法国启蒙学者卢梭等，苏格兰人（尤其是低地苏格兰人或城市中的苏格兰人）对野蛮人以及原始、传统的生活方式没有任何幻想。因为他们不仅能看到苏格兰高地游牧部族的生活，也能看到苏格兰西部岛屿和北部最偏远部落的原始狩猎生活，发展阶段的落后、赤贫与愚昧无知与英格兰的经济繁荣、富裕与文明、优雅形成鲜明对比，这种切身的对比使苏格兰人更倾向于现代商业贸易引领的新世界。

商业贸易的确帮助苏格兰人打开了通向新世界以及不列颠其余地区的大门。从具体史实看，经过十余年的过渡与适应，自 18 世纪 20 年代起，苏格兰的经济开始恢复并逐渐有富余、剩余，人们开始从事商业活动，并很快进入英格兰垄断的美洲殖民地市场。烟草、蔗糖、蜂蜜、棉花、茶叶等是其海

---

① 阿瑟·赫尔曼. 苏格兰：现代世界文明的起点 [M]. 启蒙编译所，译. 上海：上海社会科学院出版社，2016：29-30.

外贸易的主要内容。这不仅使苏格兰经济开始繁荣，在大不列颠经济格局中占有一席之地，而且使格拉斯哥等港口城市成为连接大西洋两岸的重要贸易枢纽，现代城市的发展使国家焕然一新。下面以格拉斯哥为例说明苏格兰经济的飞速发展。1740年，格拉斯哥作为最大的烟草商在英国海外贸易体系中逐渐得到认可，海外贸易赚到的财富使这座城市的面貌发生巨变。格拉斯哥商业区到处都是仓库和会计所，业务范围不但向西越过大西洋，而且向东、向南扩展，商人们将美国的烟草货物加工后再出口至法国、斯堪的纳维亚半岛、沙皇俄国以及地中海沿岸的港口。格拉斯哥成了苏格兰的商业中心、大西洋东岸繁荣的国际港口城市，掌控着通往东方和南方的海上航路。18世纪60年代，格拉斯哥以及烟草贸易的"黄金时代"到来，造就了一批靠烟草致富的暴发户。1771年，烟草贸易总量达到4100万磅，占了苏格兰进口总量的1/3以上，并且几乎是出口总量的2/3。在纽约、费城、巴尔的摩、亚历山大和弗吉尼亚等港口城市，苏格兰商人是不可忽视的存在。美国的烟草贸易几乎有一半是通过苏格兰人进行的。18世纪80年代，格拉斯哥是世界舞台上的显眼角色。①

经济上的繁荣给苏格兰启蒙运动准备了条件。结盟所带来的巨变使苏格兰启蒙学者体会到，一切变化都是一种交换或平衡，短期的代价可以从长远利益中得到补偿，政治代价可以从经济利益中获得补偿。因此，从长远、整体、全局等角度思考、把握现代社会的复杂性是苏格兰启蒙学者的普遍看法。②"看不见的手"就是典型的证明。

（四）教育上的重视使大学和俱乐部成为西方现代文明逻辑重地

对教育的重视和普及为苏格兰启蒙运动绘制现代文明蓝图奠定了基础。1696年苏格兰议会通过"兴学法案"，规定苏格兰各地教区至少设立一所学校。重视教育的最初动因是为了更好地传播新教，但对于现代文明的构建和传播却有着十分深远的影响。1750年，男子的识字率已经达到75%，③这是当时很多欧洲国家都难以达到的高水平。从教育和文化普及层面来说，"苏

① 以上数据参考阿瑟·赫尔曼.苏格兰：现代世界文明的起点［M］.启蒙编译所，译.上海：上海社会科学院出版社，2016：152.
② 阿瑟·赫尔曼.苏格兰：现代世界文明的起点［M］.启蒙编译所，译.上海：上海社会科学院出版社，2016：54-55.
③ 阿瑟·赫尔曼.苏格兰：现代世界文明的起点［M］.启蒙编译所，译.上海：上海社会科学院出版社，2016：22.

格兰是欧洲第一个现代意义上的文明社会", 到 1750 年, 所有城镇都设有图书馆, 很多家庭都拥有自己的藏书, 而社会各阶层人士都有机会、有能力阅读书籍。"重视阅读、学习和教育的观念已植根于苏格兰文化"①, 阅读的风气、知识的爆炸式传播开创了文化的多重面向, 为后来的苏格兰启蒙运动奠定了社会基础、积累了文化底蕴。

苏格兰不仅在教育层面实现了文化普及, 而且造就了高等学府, 如格拉斯哥大学、爱丁堡大学等, 苏格兰的大学在当时成为重要的国际学术交流中心, 为苏格兰启蒙思想的诞生提供了平台。进入 18 世纪以后, 旧式加尔文派神学在教育界占据的垄断地位逐渐被打破, 有头脑、有抱负的年轻苏格兰人开始对神学敬而远之, 而转向数学、医学、法律等自然科学方向。苏格兰大学就是这种新思想诞生及传播的主要阵地, 其中格肖姆·卡迈格尔与哈奇森是典型代表。卡迈格尔是哈奇森的老师, 算得上苏格兰启蒙运动的鼻祖。他作为道德哲学的教授, 不仅传播牛顿的自然科学理论, 而且向学生介绍格劳修斯和普芬道夫的自然法思想, 这深深地影响了哈奇森以及后来的斯密等启蒙学者。对于苏格兰的中产阶级来说, "教育不仅能提高职业能力和社会地位, 还成为一种生活方式", "1740 年至 1830 年间, 格拉斯哥大学半数以上的学生来自中产阶级"②。苏格兰的教育观念、教育体系已经为进入现代世界做好了准备。

与大学中的知识传播同向而行的是俱乐部和各种协会的繁荣, 其成员多是大学教授、律师、哲学家等。关于西方现代性逻辑的设想与辩论很多是在俱乐部中进行的。例如, 关于商业与美德、正义问题的辩论, 关于自由贸易与殖民地问题的辩论, 关于民兵与正规军的辩论, 等等。斯密在格拉斯哥大学阐发的观点在各个俱乐部和协会中成为人们争论的话题。对文雅、文明礼貌和合宜性的关注也体现在俱乐部和辩论协会的萌芽中, 各种协会及其人员的交织是苏格兰启蒙运动中一个至关重要的"社会"现实。最负盛名的是1754 年成立的"精英协会", 又名"鼓励艺术、科学、制造业和农业的爱丁堡协会", 协会成员都是重要的社会理论家, 斯密、休谟、弗格森等都是这一协会成员。此外, 还有城市商人组成的俱乐部, 每周都会讨论"商业中所有分

---

① 阿瑟·赫尔曼. 苏格兰: 现代世界文明的起点 [M]. 启蒙编译所, 译. 上海: 上海社会科学院出版社, 2016: 24.

② 阿瑟·赫尔曼. 苏格兰: 现代世界文明的起点 [M]. 启蒙编译所, 译. 上海: 上海社会科学院出版社, 2016: 25.

支的性质和原理，交换彼此的知识和观点"，斯密曾被吸纳为会员。① 确切地说，大学和俱乐部在整个启蒙运动中是观念传播和辩论的中心。苏格兰启蒙学者以人性为基础对新文明的内在逻辑有了初步的设想。就连英国前首相霍勒斯·沃波尔也承认："苏格兰是全欧洲最有才华和潜力的民族。" 对此，伏尔泰也曾表示："我们要向苏格兰寻求对于文明社会的理想。"②

的确，1745 年詹姆士党人叛乱平息后，苏格兰的文化和经济获得飞速发展，但苏格兰人并没有沉迷于享受发展成果，而是致力于认识其中的规律或原理，探究经济增长何以使社会转型，并全面促进了社会进步。苏格兰人开始为世界开拓资本主义的新未来绘制蓝图。当然，苏格兰人注重实用技术（例如瓦特），但他们也立志将实用技术艺术化、精神化，为建设文明社会发挥重要而有意义的作用。例如，苏格兰建筑艺术家所提倡的新设计风格就不仅适合现代的生活，而且重视提供美好的视觉环境，让现代人回想起祖先的长处。他们相信"通过汲取古代艺术的精华，与既有的元素融合并重组"，"能让家庭建筑转化成促进文明的工具"，这不仅将古希腊和古罗马人的精神力量传递给了现代人，同时给人们带来了"多样化的风格和乐趣"。③

二 苏格兰启蒙运动的代表人物及其核心思想

18 世纪的苏格兰启蒙运动是指活跃在苏格兰地区的知识分子群体掀起的一场关于现代文明模式的思想争鸣。主要代表人物有哈奇森、休谟、弗格森、斯密等。追根溯源，18 世纪的苏格兰启蒙运动与 17 世纪的英格兰启蒙运动在核心思想上存在着继承、批判与发展关系，尤其是与霍布斯、洛克等人的思想紧密相连。两者的区别在于后者以国家为重，倾向于从政治维度思考现代文明的构建，而前者则以市民社会为主，侧重从经济维度构建现代文明模式。英国境内前后相继的两场启蒙运动恰恰呈现了西方对现代文明的探讨在逐渐展开与深化，探讨的中心从政治国家向经济社会的转变意味着现代文明的世俗性、经济性特征日益凸显，学者们对现实问题的思考也逐渐从其

① 克里斯托弗·贝里. 苏格兰启蒙运动中的商业社会观念［M］. 张正萍，译. 杭州：浙江大学出版社，2018：17.
② 转引自阿瑟·赫尔曼. 苏格兰：现代世界文明的起点［M］. 启蒙编译所，译. 上海：上海社会科学院出版社，2016：113.
③ 阿瑟·赫尔曼. 苏格兰：现代世界文明的起点［M］. 启蒙编译所，译. 上海：上海社会科学院出版社，2016：171.

表现形式走向本质规定。

（一）苏格兰启蒙运动之父——弗朗西斯·哈奇森

1694 年，弗朗西斯·哈奇森（也作弗兰西斯·哈奇森）出生于乌尔斯特的德玛利格小镇的一个牧师家庭。1710 年，哈奇森前往格拉斯哥大学求学，在这里接触到了敢于挑战加尔文教条、强调用理性眼光看待人和上帝的激进派教授罗伯特·西蒙森；被格肖姆·卡迈格尔的课程吸引，关注人的本质，关注格劳修斯和普芬道夫的自然法思想。1718 年，他回到乌尔斯特做了很短一段时间的长老会牧师，并逐渐向温和、具有独立思想的牧师靠拢。他不仅持开放自由的神学观，而且认同沙夫茨伯里的"仁爱是人之本性"。1720 年前后，他应邀到爱尔兰首都都柏林协助建立一所大学形式的长老会派学院并任校长，在此期间加入莫尔斯沃思子爵的知识分子圈，结识了伦敦和都柏林的精英知识分子，强调宗教宽容的重要性以及沙夫茨伯里的仁爱哲学。爱与奉献是沙夫茨伯里伯爵的座右铭，帮助别人（包括陌生人）的行为会让我们内心充满安宁、快乐和满足。与人为善是社会公德的基本要求，也是沙夫茨伯里道德的精髓。1725 年，哈奇森出版了《论美与德性观念的根源》（英国最早的美学专著），将沙夫茨伯里的"道德感"理论系统化，并试图将算术计算引入伦理学主题，哈奇森成为情感主义伦理学发展史上的重要人物。1728 年出版《论激情和感情的本性与表现，以及对道德感官的阐明》，不仅将感觉进行了具体分类，而且指出道德感是与生俱来的。哈奇森的"德"在于普遍的仁爱之心以及对社会和公共利益的追求；"恶"则与之相反。

1729 年，哈奇森接替格肖姆·卡迈格尔当选格拉斯哥大学的道德哲学教授，并一直担任至 1746 年。哈奇森是一位出色的教师，申请听课的人数远超课堂限额。"长相英俊，表情沉着而有吸引力……口才很好，风度翩翩，嗓音和态度都让人愉快，总是能吸引听众的全部注意力。"[①] 哈奇森的出色不仅在于其师德师风、丰富且符合时代的选题，还在于他敢于打破古老惯例，用英语讲授道德哲学，大大扩展了受众，尤其是很多来自中产阶级甚至底层贫民阶层的学生也有机会接受其教育。在这一时期，他还致力于改变苏格兰神学研究的面貌，引导教士同行们转变观念，将精力投入日常生活道德问题。温和、仁爱的哈奇森深受神学教授、牧师们的尊崇，被奉为精神领

---

① 转引自阿瑟·赫尔曼. 苏格兰：现代世界文明的起点［M］. 启蒙编译所，译. 上海：上海社会科学院出版社，2016：74.

袖。所有人都信奉他的观点——"来自基督的信息首先是道德信息"①，劝人上进、与人为善是神学的应有之义。由此教会成为仁爱、文雅文化的重要试验场，教会与启蒙运动之间成为天生的盟友，共同成为西方现代文明的构建者。

弗朗西斯·哈奇森和凯姆斯勋爵（即亨利·侯姆）被视为苏格兰启蒙运动的奠基者。作为律师兼法官的凯姆斯勋爵是典型的现实主义者，而哈奇森专注于道德哲学，则具有明显的理想主义色彩。哈奇森认为人类天生具有追求自由的渴望，坚定不移地信奉政治自由和经济自由理念。他在伦理学、政治学、法学方面的思想不仅开启了关注日常生活的苏格兰启蒙运动，而且深深影响了休谟和斯密等苏格兰启蒙运动的核心人物。道德感是人类固有的能力，通过感觉和情绪来呈现；爱，尤其是对他人的爱，是一切道德的原点。哈奇森提出了与霍布斯截然相反的世界观，而这种世界观将成为苏格兰启蒙学者绘制现代文明逻辑的起点。

（二）在精神科学中采用实验推理方法的第一人——大卫·休谟

1711 年，大卫·休谟出生于苏格兰爱丁堡郡，其父母皆来自名门望族。对此，休谟曾在自传中自豪地提及，"我的家世不论在父系方面或母系方面都系出名门。我父亲的家系是霍姆伯爵家系的一支；我的母亲是法尔康诺爵士的女儿"。休谟家族诞生了大量的法律人才，其族人大多精力充沛、英勇强悍。与从事的职业相关，他们注重现世的俗务，而且见多识广。休谟生活在各种观念和社会力量风起云涌的启蒙时代，而这些观念和社会力量恰恰是西方现代性的源头。苏格兰启蒙运动的全面性及独创性在于抓住了"人性"和"历史"两个主题。一方面，人是历史的产物、环境的产物，人性也是不断演变和发展的；另一方面，人性的变化是有某些可依循的原则和演化模式的，因此对人性的研究是一门科学。作为苏格兰启蒙运动的代表性人物，休谟在这两个主题上分别有代表性作品：《人性论》和《英国史》，其中《人性论》直接奠定了休谟在西方思想史上不可动摇的地位。

受牛顿物理学的影响，休谟希望通过一些简单的原理照亮人类的整个精神领域。他提出，关于人的科学是其他一切科学唯一牢固的基础，而休谟就是要尝试建立人性的科学，而其唯一可靠的方法就是建立在经验和观察之

---

① 阿瑟·赫尔曼. 苏格兰：现代世界文明的起点 [M]. 启蒙编译所，译. 上海：上海社会科学院出版社，2016：75.

上。他指出，正是借助精确的实验，并仔细观察各种特殊结果，心灵才得以形成概念。而通过运用自然科学的实验推理方法，揭示道德存在物的本性及其规律以说明整个人类精神领域，以此构建一个普遍而完整的关于人的科学体系是休谟的夙愿。当然，休谟也清醒地认识到：即使我们努力将实验推溯到底，并"以最少的和最简单的原因来说明所有的结果，借以使我们的全部原则达到最大可能的普遍程度"[1]，我们也不能超越经验。

"理性是且应当是激情的奴隶"，休谟对崇尚理性传统的反叛既是西方哲学史上的重要转折点，也是西方现代文明逻辑得以展开的重要起点。休谟的哲学是西方哲学由传统向现代转变的中间环节中的最初一环。他以温和的"不可知论"否定了万物存在的本原，使康德从"独断论的迷梦"中惊醒，并成为康德哲学的基础，为西方哲学的发展指明了新的方向；又以经验和观察为依据，指出在人性中起根本作用的是激情或情感，从而否定了理性主义传统。罗素曾有言："整个十九世纪内以及二十世纪到此为止的非理性的发展，是休谟破坏经验主义的当然后果。"[2] 休谟将人视为情感动物，为了满足需要，谋求自身的利益，我们学会了控制破坏的冲动，学会了制定规则、服从规则，建立了政府等人类组织。因此，指引人类行动的压倒性力量不是理性，更不是对社会的责任感或先天的道德感，而是人类最根本的激情——自我满足的欲望。欲望是人之共性，亦是所有道德体系、政府体制必备的起点，更是西方现代文明的最根本动力。

(三) 现代市民社会的首个描绘者——亚当·弗格森

1723 年，亚当·弗格森出生于苏格兰珀斯郡的洛吉莱特村，其父是一位长老会牧师，母亲是阿盖尔公爵的远亲。早期教育使弗格森熟练掌握希腊语和拉丁语，并对古典文献颇感兴趣，这在其代表作《文明社会史论》中有所体现。弗格森的出生地位于苏格兰高地与低地的交界处，这使其对苏格兰高地社会相对熟悉，后来做苏格兰高地警卫团的随军牧师期间直接与高地人接触，发现他们虽然习惯粗野、不讲礼貌、喜好争斗，但他们的勇敢无畏、强烈荣誉感与忠诚度令人印象深刻。弗格森经常将他们誉为荷马史诗中的勇士，其纪律就像斯巴达战士和古罗马军团，这种经历使弗格森成为一位与众不同的启蒙思想家。

---

① 休谟．人性论 [M]．关文运，译．北京：商务印书馆，2016：5.
② 罗素．西方哲学史（下卷）[M]．马元德，译．北京：商务印书馆，1976：211.

为了担任牧师，1742 年弗格森在圣安德鲁斯大学获得硕士学位后便前往爱丁堡大学学习。在这里，他参加了由年轻神学生组成的、相对温和的文人团体，此后这些年轻人成为苏格兰启蒙运动中"爱丁堡核心"的一部分。弗格森较早从事实际事务，担任过密尔顿勋爵的私人秘书，协助过艾拉伯爵处理事务。在 1745~1746 年詹姆士党人叛乱期间，他正好被派往法国的弗兰德斯担任苏格兰高地警卫团的随军牧师（1746 年升任首席随军牧师），并开始了长达九年的军旅生涯。长年的军旅生活与他作为男人和苏格兰人的自我形象产生了强烈的共鸣，弗格森深以为傲，并将勇敢视作公民道德的基石。总体来说，弗格森的思想与他所从事的活动密切相关，军旅生活使其既推崇勇敢与忠诚的精神风貌，又重视公共生活与政治自由。他将苏格兰高地战士视为古希腊人和古罗马人的精神传承者，摧毁苏格兰高地的生活方式就意味着某种珍贵精神、价值观念的逝去。弗格森的一生都在为改善商业社会带来的人之软弱怯懦而奔走，民兵组织构想就是例证。

1754 年，弗格森离开了军队和教会，在欧洲大陆做了一年多的私人教师后于 1756 年返回爱丁堡。他不仅目睹了高地人的长期衰败以及低地地区经济和文化的迅速增长，而且注意到其时的休谟和斯密等正在尝试基于法律、商业和改良创建一套新的发展理论。弗格森参加了精英协会，成为核心成员，并于 1757 年建立以一个旨在推动民兵组织议题的俱乐部，即拨火棍俱乐部，斯密也是俱乐部成员。他们都意识到了劳动分工导致的人性扭曲，工人被束缚在生产线上，没有扩充知识提升精神的富余，即后来马克思关注的"劳动异化"问题。针对资本主义的精神代价，斯密主张以教育缓解这一倾向，而弗格森则更注重公民的政治参与，培养公共精神，强调通过战争培养公民的勇敢精神、荣誉感及爱国心等，这是弗格森整个思想体系的底色。

1757 年，弗格森接任大卫·休谟担任过一年多的苏格兰律师图书馆管理员，1759 年，被任命为爱丁堡大学的自然哲学系主任，1764 年被任命为爱丁堡大学的逻辑学和道德哲学系主任。此后其代表作《文明社会史论》（1767 年）和《道德哲学原理》（1769 年）相继出版，并在 18 世纪 80 年代成为苏格兰皇家学会的创始会员。《文明社会史论》集中体现了弗格森的启蒙思想，代表苏格兰人在经济发展与公民道德关系问题上的另一种思考。一个国家的经济发展与公民德性是否兼容的问题是当时苏格兰人普遍关心的问题。休谟、斯密虽然认同商业化并非总是有益的，但仍坚信商业社会是人类文明的高级阶段。弗格森从人性出发，强调人性中的竞争与分歧以及对真正自由的意义，展开了关于文明社会本身性质和历史的叙述。该书的价值有二：一方面，从历史的角度分析了"文明"的真正内涵；另一方面，从现实的角度向大家描绘了现代文明社会的全貌，包括经济、政治、精神文化等层面，将文明社会（亦即现代"市民社会"）作为现代性的同义词。《文明社会史论》不仅使弗格森与斯密齐名，而且在欧洲大陆影响甚广，尤其影响到德国思想家赫尔德、席勒、黑格尔、马克思等。

（四）古典政治经济学体系的创建者——亚当·斯密

1723 年，斯密出生于柯卡尔迪的一户较为富裕的家庭，是一名遗腹子。父亲曾是一名海关官员，其母亲玛格丽特·道格拉斯是一位持有坚定宗教信仰的杰出女性。他的母亲不仅使斯密享有一种安稳的家庭生活，而且鼓励他成为一位杰出的学者。斯密在柯卡尔迪市立学校接受早期教育，不仅打下了坚实的英语写作基础，而且通过古典文献的学习打开了研究罗马历史的大门，拉丁文和古典文献的造诣使其在格拉斯哥大学直接进入三年级。在社会领域，家乡福斯河流域内陆地区工业和农业的改良也非常有利于斯密观察、了解社会实际事务。

1737 年，斯密进入格拉斯哥大学学习，与苏格兰启蒙运动的领军人物有直接的接触。他不仅对牛顿物理学、数学以及斯多葛学派的哲学有强烈的兴趣，而且深受哈奇森学说的影响。在一定意义上说，哈奇森学说是斯密道德哲学以及政治经济学体系的基础，而格拉斯哥作为新兴经济体，更为斯密观察现代社会环境提供了最佳视角。他见证了苏格兰跨大西洋贸易市场规模的日益壮大，见证了财富的不断积累，深刻认识到更为广阔的自由市场是商人和制造业者梦寐以求的目标。1740 年，斯密转入牛津大学学习，牛津大学枯燥的课堂、教师的敷衍与格拉斯哥大学形成鲜明对比，他借机进行了广泛而深入的阅读，对经典巨著有了更为精进的掌握，斯密的注意力转向对现代语言作品的研读。牛津大学缺乏学术竞争和学术动力的校园环境使斯密深刻感受到竞争的积极作用，并在《国富论》中有所体现。

1748 年，斯密在爱丁堡大学开启教师生涯。在这里，斯密遇见了休谟，并与其维持了终生的友谊，两者的思想在互相影响中走向稳定。在爱丁堡大学，斯密就哲学或科学的历史做了演讲，以天文学史为代表，核心部分是关于理论化的学说。受休谟哲学思想的影响，斯密指出理论化来自人们的吃惊、好奇、惊叹等情感的相互作用，而想象的创造性赋予了先后出现在我们头脑中的思想以秩序。① 这一秩序以体系的形式表达，而体系则被定义为一种被发明的"想象机器"，通过一个起链接作用的原则，将纷繁复杂的现象具有解释力地联系在一起，为不同现象间的因果关系提供一个连贯的解释模式。斯密认为体系成功与否的评判标准，不应以它们的预测能力为基础，而应该看它们能否成功地抚慰我们的想象，使其获得一致的连贯性，并强化我们对体系涉及的体系对象所做出的反应，这也成为最受 18 世纪苏格兰哲学家青睐的写作方式。在斯密的伦理学中这一原则就是想象性的同情共感，在经济学中就是劳动分工。

1751 年，斯密当选为格拉斯哥大学的逻辑学教授，用英语讲授关于修辞和文学评论的课程。次年被任命为道德哲学教授，其课程主要由四部分构成：自然神学、伦理学、政治学、经济学。斯密的主要思想基本在这一时期形成，斯密将这一时期称为其职业生涯中"收获最大，因而，也最为快乐和最为荣耀的"时期。斯密在伦理学课堂上所持的观点，即同情共感机制，是通过当事人将自己的情感调节到与他人更为克制的情感相协调，以及通过激起旁观者的感情来实现，主要内容在其代表作《道德情操论》中呈现。《道德情操论》的出版使斯密获得第一次成功，并成为欧洲启蒙运动的重要推动者之一。1764~1766 年，斯密作为游学导师、私人教师陪同巴克勒公爵游历法国、瑞士，在法国期间斯密研究了经济学，并受到重农学派代表人物的欢迎。重农学派以及杜尔哥的很多思想都在其代表作《国富论》中有所体现。斯密回到英国后开始忙于构思和撰写《国富论》，格拉斯哥大学讲义中有关经济体系的阐述，游历中的思想汇聚以及对现实经济活动，尤其是对北美殖民地的关注，共同构筑了《国富论》的逻辑架构。斯密是最早对商业社会、市场经济进行深入评论的学者之一，以"明显的和简单的自然自由体系"为市场经济的运行建立了一个模式。《国富论》的核心就是关于这一体系的阐述，自由竞争和自然和谐的市场观念至今深入人心，这也体现了其哲学式历史的叙述特色及成效。

三 苏格兰启蒙运动的历史性评价

1900 年，威廉·罗伯特·斯考特首次提出"苏格兰启蒙运动"这一概念，并在其研究中将弗朗西斯·哈奇森奉为"苏格兰启蒙运动之父"，认为

---

① 伊安·罗斯. 亚当·斯密传［M］. 张亚萍，译. 杭州：浙江大学出版社，2013：14.

他"体现了苏格兰启蒙运动的典型特征，即在苏格兰广泛传播哲学思想并鼓励后世文人培养思考的兴趣"①。20 世纪 70 年代，历史学家波考克、罗伊·波特等开始强调"苏格兰启蒙运动"的价值；20 世纪 80 年代以来，"苏格兰启蒙运动"日益受到国际学术界的关注，并逐渐成为研究热点。其中格拉斯哥大学是研究重镇，亚历山大·布罗迪、安德鲁·斯金纳以及克里斯托弗·贝瑞（也译作克里斯托弗·贝里）等三位著名学者起了重要推动作用。

　　布罗迪指出："苏格兰启蒙运动是 18 世纪的一场思想盛宴，对西方文化具有重大意义。"② 在启蒙运动时期，苏格兰的科学、经济、哲学、历史学、工程学以及其他诸多领域都有了长足的发展，对欧洲、美洲以及世界其他地区都产生了深远的影响。正如《图书馆杂志》对《苏格兰：现代世界文明的起点》一书的书评中指出的，苏格兰在教育、科学、历史和政治思想方面已经做出了巨大的贡献。时至今日，这种影响依然清晰可辨，以至于在讨论当代问题时，各领域的学者依然会乐此不疲地追溯到哈奇森、休谟、斯密等启蒙思想家。苏格兰启蒙学者在诸多领域的杰出贡献是一个整体性存在，因此不论是关注某一领域的思想学说，还是关注苏格兰启蒙运动本身，都一定要从整体上把握这一运动才能真正理解之。

　　探寻现代社会的进步机制是学术界对苏格兰启蒙运动贡献的总概括。受困于苏格兰自身的地理条件，长期贫穷的历史、不间断的自然灾害使苏格兰人认识到要想实现国家的兴旺发达，就必须培训国民、发展经济，并运用科学来解决现实问题。探索国家进步的新社会机制一直是苏格兰所迫切面临的问题，正如克里斯托弗·贝瑞指出的"殚精竭虑的'改良'统治着苏格兰的转型"。在社会科学领域，道德哲学、历史学和政治经济学是苏格兰启蒙运动的三座基石（约翰·罗伯森语），但在分析与推动社会进步的贡献方面，政治经济学更为核心。与此同时，自然科学也是苏格兰启蒙运动的关键性领域，如詹姆斯·瓦特等欲改善苏格兰贫困落后现状，积极投身于科技领域，其研究成果成为经济繁荣与工业革命的重要基础。约翰·克里斯蒂指出，对自然知识的不断求索"构成苏格兰启蒙运动文化内核的几个主要因素"之一。对此，理查德·舍尔指出，苏格兰启蒙运动是"文人之文化"，

---

① 转引自亚历山大·布罗迪，编. 苏格兰启蒙运动 [M]. 贾宁，译. 杭州：浙江大学出版社，2010：3.

② 亚历山大·布罗迪，编. 苏格兰启蒙运动 [M]. 贾宁，译. 杭州：浙江大学出版社，2010：1.

"这些苏格兰学者格外珍视优雅的学识和人道与人文主义价值观，如世界主义、宗教宽容、社交欢愉和道德与经济进步"①。

苏格兰启蒙思想的文化传播影响了整个西方现代文明进程。阿瑟·赫尔曼在《苏格兰：现代世界文明的起点》的封面上表示要向读者叙述一个真实的故事，即西方最贫穷的民族（国家）——苏格兰如何在方方面面为我们缔造了一个新世界，即现代世界。他指出苏格兰人创造了现代性的基本理念，为现代社会绘制了蓝图，并教我们怎样评价最终的产品。当代世界是由科学技术、资本主义和现代民主构成的，但当我们审视这个世界并试图自我定位时，实际上是透过苏格兰人的视角去观察的。②《苏格兰人杂志》在赫尔曼的书评中也指出，苏格兰人在 18 世纪末独一无二地发明了"现代性"理念，并通过 19 世纪的移民大潮将之传到世界各地。因而苏格兰范式成为西方模式——个人主义、资本主义、技术崇拜、代议制民主的基础……换言之，如今我们所有人都是"苏格兰人"。对此，复旦学者李宏图指出，苏格兰启蒙运动是一场伟大的具有世界性广度的思想和文化运动，引领了苏格兰以及欧洲走向现代化；陈正国在译著《苏格兰：现代世界文明的起点》一书导读中指出，如果以主权国家的观点来写作历史，苏格兰史到了 17 世纪就画下了休止符，但是如果以民族或社会观点来看，苏格兰的历史则绵延至今。钢铁大王安德鲁·卡内基曾有言：没有苏格兰人的美国将黯然失色。的确，苏格兰对美国最主要的输出品就是启蒙思想，从 18 世纪中期开始，很多深受启蒙影响的人漂洋过海到北美大陆，他们不仅设坛讲学，更是亲自参与大学的筹建与运作。苏格兰启蒙思想全面融入美国教育体系，最终在北美生根发芽，不仅成就了一批名校，而且从文化上、心理上塑造了真正的美国人。

第二节　西方现代性逻辑预设的哲学大讨论

不同于 17 世纪欧洲社会以自然法与自然权利视角展开对新文明的探讨，18 世纪的苏格兰启蒙运动率先讨论现代文明社会如何走向"世俗生活"，开

---

① 转引自亚历山大·布罗迪，编. 苏格兰启蒙运动［M］. 贾宁，译. 杭州：浙江大学出版社，2010：4.

② 阿瑟·赫尔曼. 苏格兰：现代世界文明的起点［M］. 启蒙编译所，译. 上海：上海社会科学院出版社，2016：2.

始思考以什么样的政治经济学、社会哲学和伦理学来建构当时正在孕育的现代文明体系。苏格兰启蒙学者以人性为基础，框定了西方现代性发育所关涉的三个重要逻辑命题的预设，而这些问题亦成为后来包括马克思在内的学者们现代性批判、政治经济学批判的焦点问题。

一　西方现代性的逻辑预设之一："市民社会"是未来文明社会的经济共同体形式

弗格森率先提出了现代意义上的"市民社会"概念，并对未来社会逻辑进行了构想；斯密则以"人人皆商人，社会即市场"描述了市民社会的现代特征，重点突出了经济共同体属性，并冠之以"商业社会"。后来，德国古典哲学家黑格尔沿用了弗格森、斯密关于市民社会（经济属性）的用法，将其视为现代性的一个重要特征；马克思也正是在现代性意义上展开了对市民社会（即资产阶级社会）的剖析与批判。

（一）"自由""民主"是未来文明社会的价值支撑

苏格兰启蒙运动在西方现代文明中的开创性、主导性源于苏格兰人的历史感，源于他们在古典价值与现实需求之间找到了继承与创新的突破口，使西方古典文明精髓得以在现代社会焕发生机。从古希腊时代起，城邦就是市民社会的代表，以政治共同体、道德共同体的形式存在于文明的传承中，承载着西方人对自由与民主的向往。虽时移世易，核心精神依然在历史中得以传承。文艺复兴运动以来，关于西方现代文明的讨论涉及方方面面，直到18世纪的苏格兰启蒙运动逐渐将这一精神紧扣在市民社会与国家领域，西方现代性逻辑通过这一对关系渐次展开。

黑格尔曾将古希腊比作西方人的"精神家园"，其精神实质即自由与民主。自古希腊起，西方人对自由精神的追求始终未变。古典时代的自由多以感觉形式呈现在世人面前，例如，古希腊的艺术（包括雕塑、史诗等）处处展现了内在的自由精神，追求自由的感觉与自由的审美。除此之外，反抗任何外部奴役的"共同体自由"是希腊自由精神的另一种表达。据考证，"自由"的大量出现是在希波战争的宣传之中，波斯的专制、奴役与希腊的自主、自由之间的对比，在希罗多德的《历史》中反复出现。希波战争期间"自由"就是希腊联军引以为傲的精神共识。历史上的苏格兰与英格兰长期不睦、混战不断，苏格兰人对自由精神固守着特有的执着，苏格兰历史上的传奇人物威廉·华莱士是典型代表。民主在古典时代以直接民主的形式呈现，尤以雅典最为典型，赋予了后世学者对古希腊政治制度的美好想象。古典民主是城邦整体主义精神主宰下的民主，城邦（国家）是古典文明逻辑中的唯一核心。在整个西方文明史中，即使国家呈现出多种样态，民主始终是重要元素，对民主的价值认同从未间断过。例如：古罗马的共和制度，中世纪国王的合法性也需要体现神意和民意（或贵族的同意）的认可。相比于古典文明中自由精神、民主精神，苏格兰启蒙运动贵在为这种精神找到了实践基地，使自由精神、民主精神得以在经济共同体中被对象化、被现实地感知。正如黑格尔的精神成长逻辑，对象化实存是精神成长、完满的必然步骤，因此自由、民主精神只有经过现代性逻辑的洗礼，其真谛才能为人们所真正地把握。

（二）弗格森的"市民社会"——自由、民主的现代载体

"Civil Society"可被译作"市民社会"、"文明社会"或"公民社会"，不同的时代有不同的内在逻辑。在西方古典文明中，"市民社会"被视为政治共同体和道德共同体，向善是"文明"的主要表现形式。随着现代文明的展开，"市民社会"内涵日益丰富，"个人"、"所有权"、"财富"与"自由"、"民主"等理念共同成为现代市民社会的基础，权力与权利、政治与经济的互动使"市民社会"逐渐被赋予政治和经济双重属性、双重目标。弗格森的"市民社会"在承前启后、从传统向现代认知转型方面具有关键意义。在理论渊源上他既重视古典政治哲学的道统，又强调现代政治哲学的世俗基础与权利诉求，真正开启了市民社会的现代逻辑。

何为真正的自由？在休谟、斯密等看来，人们脱离奴役关系，用自己的方式去追求自己的利益，由平等的法律保障所有者的权利，即为自由。对此，弗格森承认公民权利受到法律保护是自由的体现，排除奴役是现代自由积极的一面，但以斯巴达、古罗马为代表的古典自由在现代社会中也应有一席之地，并将其视为"自由的真正价值"所在。专注于个人利益的公民很难使公共自由保持在其内心的秉性中，被动地遵守规则、政治冷漠必然造成公共精神的丧失，专门性行政机构反而成为专制、邪恶滋生的温床。弗格森指出，忙于私人事务，毫无公共精神的国度是"拥有无价值的自由的国度"[①]。为此，他的市民社会构想暗含以下三条原则。其一，法律对公民财

---

① 克里斯托弗·J. 贝瑞. 苏格兰启蒙运动的社会理论 [M]. 马庆，译. 杭州：浙江大学出版社，2013：156.

产权、自由权的保障必不可少。他认为权利（尤其是财产权）的确证、法治的保障，是自由的体现，是个人潜能发挥的前提。"财产是一种进步"，正是对财产的渴求使人们克服安逸享乐，勤劳且"有远见"①，使人类由蒙昧走向文明。其二，以经济属性为核心的现代市民生活范式是自由民主精神落地的重要实践场域。随着世俗化、市场化的展开，弗格森明确意识到曾处于哲学想象阶段的自由、民主精神在现代社会具备了现实载体，理性的完善进入新的历史阶段。因此，弗格森的市民社会不仅是自由、民主精神的对象化平台，而且是依托世俗经济生活来实现的。弗格森虽然对工商业文明心存忧患，但他也指出"商业包含了每一种可能营利的技巧"②，当财富、商业、知识等被人们适当运用时，既是自我保存的手段，也是力量的基础。经济生活、公共生活在弗格森看来都是自由、民主精神的现代实践场域。其三，参政议政、培育公共精神是现代自由不可缺少的一部分。在弗格森看来，"能否让更多人参与公共事务？"是国家（政府）优劣的重要标准。现代社会的"腐化"危险根源于个人主义倾向与经济优先，这不仅使公民的公共精神日益衰减，而且片面的经济自由日益遮蔽自由的真正价值。只有经常性地参与国家公共事务，公民才能维系和培养真正的自由精神。

（三）斯密的经济共同体形式——商业社会

斯密则首次将现代文明社会描述为经济共同体形式③，即"商业社会"，用一句话表述就是"人人皆商人、社会即市场"。在斯密生活的时代，经济生活开始从社会生活中分离出来。生产和分配过程，不再模糊地混合在宗教、社会和政治的习俗及惯例中，而是形成它们自己截然不同的生活领域。正是基于对社会现实的细致观察，斯密将有力而又广泛的探索，从道德哲学转向了对"完全自由"社会（自由签约主体的社会）的理解。在斯密看来，现代市民社会本质上是一个具有经济属性的大市场，在这里，人是完全自由的主体，但因分工的细化，一切人都要依赖交换而生活。每个人通过施展自己的才能生产出各种不同产物，"结成一个共同的资源，各个人都可从这个

---

① 亚当·弗格森. 文明社会史论［M］. 林本椿，王绍祥，译. 杭州：浙江大学出版社，2010：92.

② 亚当·弗格森. 文明社会史论［M］. 林本椿，王绍祥，译. 杭州：浙江大学出版社，2010：63.

③ 斐迪南·滕尼斯指出，市民社会或交换社会是斯密想象的一种共同体形式。在这里，原始的、自然的关系被利益关系所取代、填充。参见斐迪南·滕尼斯. 共同体与社会［M］. 张巍卓，译. 北京：商务印书馆，2019：148-150.

资源随意购取自己需要的别人生产的物品"①。每个人都有需要，也都有能力为他人提供效用，经济活动日益独立化，经济逻辑主导社会逻辑。在斯密看来，市民社会更像以"交换"为纽带的利益共同体，个人在相互需要、相互满足的交往中又始终保持着分离。分离的个体以追逐个人利益为出发点，但从整体上看，自由竞争促进了社会的普遍利益。

在《国富论》中，斯密描述了这种社会的两种属性。一是增长趋势。劳动分工的细化，导致劳动生产率的提高。"劳动生产力上最大的增进，以及运用劳动时所表现的更大的熟练、技巧和判断力，似乎都是分工的结果。"②"有了分工，同数劳动者就能完成比过去多得多的工作量"③，"在一个政治修明的社会里，造成普及到最下层人民的那种普遍富裕情况的，是各行各业的产量由于分工而大增"④。分工概念是经济理论体系的轴心概念，而专业化和分工会带来生产技术的巨大提升。二是市场机制。在这种机制中，竞争起着关键性作用。市场主体会根据商品需求变化来改变相应的商品生产，主要靠现代市场体系来维系。相比于古代社会市场交换的自发性、集体无意识等特征，现代商业社会的商品交换是自觉的、以完整的市场体系为基础的。这种自觉、有意识的完整市场体系是以自由、自主的现代个人为基础的，其欲望、自利原则是商业社会的动力。"我们每天所需的食料和饮料，不是出自屠户、酿酒家或烙面师的恩惠，而是出于他们自利的打算。"⑤受"看不见的手"的支配，市场具有较强的自组织性，实现利益的自发和谐。一切经济问题——生产和分配——通过买卖双方大量交换来解决，劳动效率得以提升，人们生活的舒适和便利需求得以实现，社会利益在个人利益实现的同时得以增进。"由于每个个人都努力把他的资本尽可能用来支持国内产业，都努力管理国内产业，使其生产物的价值能达到最高程度，他就必然竭力使社会的年收入尽量增大起来。确实，他通常既不打算促进公共的利

---

①　亚当·斯密. 国民财富的性质和原因的研究（上）[M]. 郭大力，王亚南，译. 北京：商务印书馆，2011：14.

②　亚当·斯密. 国民财富的性质和原因的研究（上）[M]. 郭大力，王亚南，译. 北京：商务印书馆，2011：3.

③　亚当·斯密. 国民财富的性质和原因的研究（上）[M]. 郭大力，王亚南，译. 北京：商务印书馆，2011：6.

④　亚当·斯密. 国民财富的性质和原因的研究（上）[M]. 郭大力，王亚南，译. 北京：商务印书馆，2011：9.

⑤　亚当·斯密. 国民财富的性质和原因的研究（上）[M]. 郭大力，王亚南，译. 北京：商务印书馆，2011：12.

益，也不知道他自己是在什么程度上促进那种利益。由于宁愿投资支持国内产业而不支持国外产业，他只是盘算他自己的安全；由于他管理产业的方式目的在于使其生产物的价值能达到最大程度，他所盘算的也只是他自己的利益。"①

二　西方现代性的逻辑预设之二：国家治理是政治哲学的现代艺术

关于未来文明社会治理的核心力量，苏格兰启蒙学者（尤其是哈奇森）与英国主流思想家（如霍布斯、洛克等）的观点存在分歧。历史地看，学术界关于现代国家权力的界限的论证与批判始终同市民社会的发展密不可分。

（一）政治统治是技术问题，马基雅维里开启了现代政治学

文艺复兴运动以来，马基雅维里（也译作马基雅维利）"将道德问题与政治问题还原为技术问题"②，开启了现代政治学。在他看来，古典政治哲学的失败在于其政治目标过高、道德色彩过重，即致力于追求建立至善的城邦以及城邦公民享受至善生活，寻求最高的政治秩序或政治制度以指导德性实践。君主最应该关注的不是"人们应当如何生活"，而是"人们事实上如何生活"。马基雅维里指出，人的行为是受利益、欲望的驱动，因此君主的治理应该是利用利益来管理、统治。在马基雅维里看来，一方面，人性是恶劣的，"他们是忘恩负义、容易变心的……是逃避危难，追逐利益的"③；另一方面，人是质料，即使糟糕的质料也是可以被改造为良好的质料的。理想政治社会的建立并非依赖机运，而是要把政治问题看成技术问题来处理。"所需要的东西并非圣恩、道德性，也不是品格塑造，而是细密精巧的制度。"④ 凭借精巧制度与统治技术，我们不仅可以把糟糕的质料改造为良好的，而且可以创造机运、掌握机运，即"一切真理与意义均出于人"⑤。

---

① 亚当·斯密. 国民财富的性质和原因的研究（下）[M]. 郭大力，王亚南，译. 北京：商务印书馆，2011：30.
② 利奥·施特劳斯. 现代性的三次浪潮 [A]. 汪民安，陈永国，张云鹏，编. 现代性基本读本（上）[M]. 开封：河南大学出版社，2005：161-162.
③ 尼科洛·马基雅维里. 君主论 [M]. 潘汉典，译. 北京：商务印书馆，2017：80.
④ 利奥·施特劳斯. 现代性的三次浪潮 [A]. 汪民安，陈永国，张云鹏，编. 现代性基本读本（上）[M]. 开封：河南大学出版社，2005：160.
⑤ 利奥·施特劳斯. 现代性的三次浪潮 [A]. 汪民安，陈永国，张云鹏，编. 现代性基本读本（上）[M]. 开封：河南大学出版社，2005：161.

马基雅维里开启的现代政治学不仅把"人"看作出发点，而且认为人的权柄如此之大已超出前人的想象，对自然（自然亦是质料）实现最大限度的控制和利用。现代政治不仅把国家看成一种人工制品，而且把政治统治看作一种技术，通过窥其纹理就能深谙此道。在关注人的世俗欲求、关注君主统治艺术方面，马基雅维里的政治学是具有开创性的，通达政治事务的现实主义途径从根本上扭转了政治哲学的现代走向。他最大的问题在于隔断政治与道德之间联系的同时，也割裂了政治与自然法之间的联系，使政治权力的合法性及其力量大打折扣。直到 17 世纪的英国学者霍布斯重新将两者的联系恢复，"马基雅维里式的革命才获得其全部力量"①。

（二）绝对国家（利维坦）成为霍布斯文明社会治理的核心

人性是霍布斯政治学研究的基础，他用人的自我保存来理解自然法（自我保存是第一自然法），而其发展结果必然是人的权利取代自然法，即"人取代自然、权利取代法"②。关于人的认识，霍布斯摆脱了古典政治哲学的"至善"目标，试图从人类的激情中推演出自然法与自然权利，并从自然人性中说明构建国家的必要性。霍布斯指出，动物有两种特有的运动，一是生命运动，属于自然生理活动；二是动物运动，即自觉运动，人类会按照心中所想去行事。人类自觉运动的内在开端即激情（构想映象），例如欲望、爱憎、快乐与悲伤等都属于人类最基本的激情。欲望、爱憎等激情是自然给人类的真理，即本能，如果人们试图超乎自然限度去寻求所谓的真理，往往就会在这些真理上摔跤。③ 霍布斯不仅承认人的欲望本能，而且认为相比于动物对客体的欲望有穷尽，人的欲望是无止境的，欲望终止的人根本无法生存。

对暴力死亡的恐惧是人类最强烈的激情，理性指导人类发现自然律。自我保存是霍布斯自然状态下的人最为关注之事，但自然使人在身心两方面的能力基本相等，从而引起人与人之间的竞争与疑惧。财富欲、权力欲、荣誉欲等无止境的欲望使人陷入人人为战的零和博弈，最好的自保方式就是先发制人，用武力或机诈来控制一切他所能控制的人。在人人为敌的战争状态，

---

① 利奥·施特劳斯. 现代性的三次浪潮［A］. 汪民安，陈永国，张云鹏，编. 现代性基本读本（上）［M］. 开封：河南大学出版社，2005：161.

② 利奥·施特劳斯. 现代性的三次浪潮［A］. 汪民安，陈永国，张云鹏，编. 现代性基本读本（上）［M］. 开封：河南大学出版社，2005：161.

③ 霍布斯. 利维坦［M］. 黎思复，黎廷弼，译. 北京：商务印书馆，1985：35–36.

不仅产业、技术、艺术和知识都无法存在，而且人的生活孤独、贫困、卑污、残忍而短寿，人们始终处于暴力死亡的危险和恐惧中。"人性竟然会使人们如此彼此互相离异、易于互相侵犯摧毁"①，这是霍布斯根据激情（欲望）的运动做出的自然状态的推论。不过霍布斯也指出人的理性会指导人类摆脱各自为战的混战局面，"使人们倾向于和平的激情是对死亡的畏惧，对舒适生活所必需的事物的欲望，以及通过自己的勤劳取得这一切的希望"②。畏惧、欲望与希望使人们运用理智去发现自然律，即人类为了自我保存而基于理性的指导所发现的"约束自身"的戒条或法则。

　　但是，单凭自然律能保障人的自然权利（即自我保存）吗？霍布斯显然不这样认为。动物之间的协同一致是基于本能，是自然的；而人类的协议则是根据人为的信约，人类的欲望、自负等随时可以撕毁或违背信约。因此在信约之外，人类还需要某种其他的东西来确保协议，即"使大家畏服并指导其行动以谋求共同利益的共同权力"③。霍布斯设想大家将所有的权力和力量委托于这一唯一人格——利维坦，即"活的上帝"④。"在霍布斯本人那里，自身保存之自然正当已经包含了'身体自由'的正当以及人的舒适生活状况的正当。"⑤ 后者则是洛克所重点强调的，从而引发人们对经济生活的日益关注。不论是"身体自由"的正当还是舒适地自我保存之正当，霍布斯、洛克等近代早期政治学者均倾向于人性需要国家（政府）的外在规制。在霍布斯看来，"旧道德哲学家所说的那种极终的目的和最高的善根本不存在"⑥，人类总是受着自私激情和自我利益的支配，人的极端自利必然导致"一切人反对一切人的战争"的丛林状态。只有形成国家绝对权力强力控制，人类才能限制或控制自私的激情，实现和平，促进公共利益。因此，霍布斯倾向于认为，人性需要国家绝对权力的鞭策，道德理念是人为建构的，国家应始终处于第一位。其实，较为温和的洛克（辉格党哲学家）也明确指出自由、平等、不放任的自然状态也存在内在的紧张，如缺乏明文法、缺乏权威的裁判、缺乏提供救济的合法权力等，从而使人类时刻处于战

①　霍布斯．利维坦［M］．黎思复，黎廷弼，译．北京：商务印书馆，1985：95.
②　霍布斯．利维坦［M］．黎思复，黎廷弼，译．北京：商务印书馆，1985：97.
③　霍布斯．利维坦［M］．黎思复，黎廷弼，译．北京：商务印书馆，1985：131.
④　霍布斯．利维坦［M］．黎思复，黎廷弼，译．北京：商务印书馆，1985：132.
⑤　利奥·施特劳斯．现代性的三次浪潮［A］．汪民安，陈永国，张云鹏，编．现代性基本读本（上）［M］．开封：河南大学出版社，2005：161.
⑥　霍布斯．利维坦［M］．黎思复，黎廷弼，译．北京：商务印书馆，1985：72.

争边缘，使政府的产生成为必要。①

（三） 哈奇森以"道德感"否定国家第一位

关于人性的讨论亦是苏格兰启蒙运动关于西方现代性逻辑预设的前提和基础。与霍布斯相反，苏格兰启蒙学者（以沙夫茨伯里、哈奇森为代表）旗帜鲜明地提出，人有天生的道德感，体现了人的仁爱天性，这是道德情操的唯一源泉。道德感是每个人与生俱来的，是上帝赋予他的造物的能力，犹如外部感官具有的天赋知觉（视觉、味觉、听觉等）一样。但不同于外在感觉的是，道德感属于人的内在情感能力，与人的外在利害无关。正如内在感官本能关注事物的内在"秩序、和谐、规律"一样，道德感官使"我们对理性主体的友善感情中的美或杰出之处拥有一种明晰的知觉，我们由此而受到规定去钦佩并爱这种性格与人格"②。这种天生的辨别是非善恶的能力，无关乎年龄、性别、种族以及受教育程度等，因此道德感是普遍存在于人性中的，后天的教育和习俗等不能产生道德感，只能影响（加强或减弱）道德感的存在状态。

基于人的道德感预设，哈奇森开启了苏格兰启蒙运动的"市民社会"转向。"人为他人欲求幸福的仁慈感情是原始的，并且常常是唯一的。"③ 人天生有行善的倾向，天然地会因他人或整个社会的幸福而感到快乐，因他人的痛苦而具怜悯同情之心，这种道德直觉是一种本能。正是人之本性的奇妙规定会驱使我们自在地去寻求社会生活，这种社会生活才是真正的、本能感官意义上的自然。因此，市民社会是本能的产物，是第一位的，人类可以依靠内在的道德力量实现社会的调节。相反，"国家政权的必要性肯定或者来自人们的缺点，或者来自人们的堕落"④，人的恶意并不是直接的存在，常常是由于无知或偶然性而被引发的，因此国家只能算第二位意义上的存在。虽然人类并非绝对的聪明善良，也不能看清一切并就促进普遍福祉的适当方式达成共识，但人们天生信任诸如勇气、智慧、仁慈、公正、热心为公这样的精神品质，自愿将管理社会共同事务的权力赋予具有上述品质的人。

---

① 洛克．政府论（下）［M］．叶启芳，瞿菊农，译．北京：商务印书馆，1964：11-14.
② 弗兰西斯·哈奇森．论美与德性观念的根源［M］．高乐田，黄文红，杨海军，译．杭州：浙江大学出版社，2009：86.
③ 弗兰西斯·哈奇森．逻辑学、形而上学和人类的社会本性［M］．强以华，译．杭州：浙江大学出版社，2010：227.
④ 弗兰西斯·哈奇森．道德哲学体系（下）［M］．江畅，舒红跃，宋伟，译．杭州：浙江大学出版社，2010：200.

人性是理解西方现代文明的前提和基础，对人性善恶问题的任何回答都指向了西方现代性的核心逻辑——市民社会与国家，当然有关市民社会与国家关系的讨论亦是对人性问题的最深刻回答。不管是哈奇森期望靠道德的力量构建现代文明，还是如休谟、斯密等借助于国家的力量实现对人性的约束建立现代社会，苏格兰启蒙运动都给出了不同于霍布斯、洛克的答案。其特色在于，他们给予现代市民社会以充分的发展空间，从而使现代市民社会与国家关系呈现出新的时代特征。从西方现代性发育历程可以看出，"弗格森的'市民社会'概念与霍布斯的'国家'概念，构成了近代以来西方现代性发育发展的两根较为敏感的学术神经，也是政治经济学批判的经典命题来源"①。

三　西方现代性的逻辑预设之三：同情或怜悯是解决贫富对立矛盾的心理平衡器

欲望是现代经济共同体的动力源，利己的人性必然加剧竞争态势；市场竞争促进社会分工、要素循环，人与人之间以不同的才能、资源"交相为用"。贫穷者依靠出卖自己的劳动力维持生存，富有者通过资本来获取高额利润，但这必然导致社会财富的两极分化。如何使利己心不致威胁道德秩序？如何缓解两极分化的潜在威胁，保障富有者安享生活？由此，他们将同情或怜悯视为调节人与人之间关系、确保市民社会和谐运转的另一人性基础。"欲望驱动世界，同情调节贫富"② 成为西方现代性发展及其缓解内在矛盾的重要模式。

（一）同情或怜悯是人之天性

哈奇森、卢梭、斯密等人将同情或怜悯视为人之天性，就连霍布斯、曼德维尔等"性恶论"者也深以为是。霍布斯在《利维坦》中对人性的分析曾有如此表述："为他人的苦难而悲伤谓之怜悯，这是想象类似的困难可能降临在自己身上而引起的，因之便也称为共感，用现代的话来说便是同情。"③ 由此可知，同情的涵义：一方面表示对他人在市场竞争中因财富和地位等造成苦难而悲伤的怜悯之情；另一方面表示在极度私向化的市场竞争

---

①　张雄 . 马克思政治经济学批判思想缘起及其发展逻辑［J］. 哲学研究，2021（6）：6.

②　张雄，孙洪钧 . 同情与良知：两种市场经济人性论预设的范畴分析［J］. 伦理学研究，2019（6）：105.

③　霍布斯 . 利维坦［M］. 黎思复，黎廷弼，译 . 北京：商务印书馆，1985：42.

中，同情或怜悯是调节人与人之间冲突的纽带。如何从自私的自我过渡到他人？只有通过同情和怜悯才能加以沟通，这是人性论预设的重要发现。但需要注意的是，霍布斯对同情或怜悯的理解是以利己主义的人性论为前提的。"对于巨恶元凶所遭受的灾祸，最贤良的人对它最少怜悯。同样，那些认为自己最少可能遭受这种灾难的人，对之也最少怜悯。"① 因此，同情或怜悯是以想象的同感为基础的，如果两类人或事之间难以架起同感的桥梁，同情或怜悯也就少之又少了。

曼德维尔作为"性恶论"者，关于人性的认识与马基雅维里和霍布斯一脉相承。即使如此，他也承认人有怜悯或同情，其表现为"对他人的不幸和灾难感同身受，悲之悯之"②。在我们的一切激情中，怜悯最为可亲。人人都有这种激情，或多或少，但最软弱者通常表现最甚。其他生灵的苦难和不幸，若给我们留下了强烈的印象，同情便会在我们心中升起，使我们不安。同情或来自目睹，或来自耳闻，或来自两者。同情的对象离我们越近，对我们的感官刺激越强，对我们的干扰就越大，并常使我们痛苦不堪，焦虑无比。曼德维尔把怜悯或同情视为人天生的一种激情，像恐惧和愤怒一样，但是怜悯的程度因人而异，想象力强烈而活跃者，头脑中会形成事物表象，如同那些事物历历在目，他们自会产生类似"同情"的情感。不过曼德维尔在这里明确指出，慈善是一种美德，怜悯或同情是一种激情，后者经常假冒前者，或者被误认为前者。社会中存在的慈善之举（如建立慈善学校），大多不是真正的善举，而是出于同情。慈善之举可以缓解和释放人们见到别人受苦时心中感到的不安，也可能是为了亲友或者为了博取美名或众人的尊重而施加的行为，从根本上来说，这不符合美德。在他们看来，同情或怜悯是以想象的共感为基础的，虽然其本身并非美德，但是可以敦促人类采取某些"善意的行动"。

（二）哈奇森的"同情"与"仁爱"

苏格兰启蒙学者放大了同情或怜悯的积极作用，认为"天生的仁爱就是同情"③，是上帝赋予人的先天能力。哈奇森深受沙夫茨伯里的影响，并将其"道德感"体系化，成为苏格兰启蒙运动具有代表性的道德情感主义

① 霍布斯. 利维坦 [M]. 黎思复，黎廷弼，译. 北京：商务印书馆，1985：42.
② B. 曼德维尔. 蜜蜂的寓言（第一卷）[M]. 肖聿，译. 北京：商务印书馆，2016：212.
③ 弗兰西斯·哈奇森. 论美与德性观念的根源 [M]. 高乐田，黄文红，杨海军，译. 杭州：浙江大学出版社，2009：169.

者。沙夫茨伯里认为仁慈、同情、自我约束和幽默感是现代文明的重要表现。他指出，我们帮助别人不是因为人类"别无选择"，而是因为帮助别人使我们快乐，让我们内心充满安宁和满足。受沙夫茨伯里的影响，哈奇森认为人性中有本能的仁爱的心理倾向，同情是仁爱感情的一种。"正是依循人类天性的框架，我们注定会由于道德的行为感觉到快乐，并且赞同自己或别人的善行。"① 当然，道德感需要通过外在的感觉和情绪来呈现，最重要的表现方式就是爱——利他的仁爱。仁爱是纯正的感情，任何以自爱或自利视角理解的仁爱都是不恰当的。当然，哈奇森并未因对仁爱的推崇而否定自爱，而是强调自爱的边界。哈奇森将自爱与仁爱放在一个道德整体中分析，用"整体善"（即整体利益）来划定自爱的边界。

　　"对我们而言，天生的仁爱就是同情，同情使我们倾向于研究他人的利益，但却丝毫不关心私人的益处。这几乎不需要什么论证。"② 哈奇森指出，每个凡人看待另一个人深陷苦难都会感到不悦，即使这个人被道德感官认定为恶，我们也很难不受触动。有时候，利益（或益处）会促使人们做某些残忍之事，或战胜怜悯，但它很少会使怜悯消失殆尽。当欲望或骤起的愤激之情等结束后，怜悯往往会复归。由此，哈奇森感叹"人类本性的构造多么奇妙地适于产生同情"③，这也为残酷的竞争性社会提供了道德秩序的可能性。同情或怜悯的人性预设为市民社会的道德建构提供了理论可能，为市场竞争所引致的贫富对抗提供了缓释通道。

（三）休谟的"同情"与效用

　　休谟和斯密均致力于在同情人性论与社会道德规范之间搭起坚实的桥梁。他们将同情从两个层面来理解：一是将同情视为一种天生的情感，与"怜悯""体恤"相同，用来表示对别人的悲伤有同感；二是将同情（或同感）作为一种心理机制——使我们分享每一个与我们接近的人的快乐或痛苦。除此之外，休谟还指出："同情是人性中一种强有力的原则"④，而怜悯是基于同情产生的一种次生情感，是调节人与人关系的重要情感。他尝试将

① 阿瑟·赫尔曼. 苏格兰：现代世界文明的起点 [M]. 启蒙编译所，译. 上海：上海社会科学院出版社，2016：70.
② 弗兰西斯·哈奇森. 论美与德性观念的根源 [M]. 高乐田，黄文红，杨海军，译. 杭州：浙江大学出版社，2009：169.
③ 弗兰西斯·哈奇森. 论美与德性观念的根源 [M]. 高乐田，黄文红，杨海军，译. 杭州：浙江大学出版社，2009：169.
④ 休谟. 人性论 [M]. 关文运，译. 北京：商务印书馆，2016：657.

同情或怜悯分开来理解。不论是怜悯还是同感，都是基于人与人之间的类似关系和接近关系，借助想象而产生的。

休谟天才般地猜测了同情人性论预设与效用之间的关系，在同情与道德之间，他指出效用是唯一实在的桥梁。效用不仅是同情的基础，也是道德的基础。"大多数人都容易承认，心灵的有用的性质之所以是善良的，乃是由于它们的效用……这一点一经承认，同情的力量也就必须加以承认。德被认为是达到目的的一个手段。"① 例如：正义就被视为人为的道德，某一行为得到赞许往往是因它有促进公益的倾向，而对公益的关切则基于同情，否则正义无从谈起。因此，没有效用（公益）的存在，就没有同情的基础。只有在与他人发生关系并与效用（公益）密切相关时，同情才会起作用，有效用的行为会得到赞许，不利于公益的行为会得到反对。相比于哈奇森来说，休谟的观点更具有经济学价值：同情不仅是心理机制发生的联想，而且是经济学效用原则的启示。

（四）斯密的"同情"与财富再流转

斯密认为人性有自私和"同情或怜悯"的心理倾向。他在《道德情操论》开篇即对此做了说明："无论人们会认为某人怎样自私，这个人的天赋中总是明显地存在着这样一些本性，这些本性使他关心别人的命运，把别人的幸福看成是自己的事情，虽然他除了看到别人幸福而感到高兴以外，一无所得。这种本性就是怜悯或同情，就是当我们看到或逼真地想象到他人的不幸遭遇时所产生的感情。"② 斯密将这种情感视为一种原始情感，人人都有，而这种情感借助想象得以被激发。斯密是在两种意蕴下使用"同情"一词的：一种是与"怜悯""体恤"相同，用来表示对别人的悲伤有同感；另一种就是表示对任何一种激情的同感，如骄傲、愤怒、喜悦等。从哲学视角分析，斯密的"同情"主要包括两点：其一，同情是人性所包含的重要内容；其二，同情的心理运作的根源在于由自我向他人的比较和想象力。

斯密对同情与社会运转问题的思考更加深邃。一方面，同情是财富兑换、利益实现的基础。在《国富论》中，斯密通过一个经典表述表达了同情与财富转换之间的关系，即"我们每天所需要的食料和饮料，不是出自屠户、酿酒家或烙面师的恩惠，而是出于他们自利的打算"。"我们不说自

---

① 休谟．人性论 ［M］．关文运，译．北京：商务印书馆，2016：658.
② 亚当·斯密．道德情操论 ［M］．蒋自强，等译．北京：商务印书馆，1997：5.

己有需要，而说对他们有利。"① 通过自由交换，实现了利己与利他的内在统一。我们需要注意的是，利己与利他之间的统一关系不仅是以利益为中介，亦是以"同情"为基础。只有"屠户"或"面包师"设身处地为消费者着想，才能真正地实现利己，实现财富的兑换。另一方面，同情是财富再转移、重塑社会心理平衡的人性基础。不同于休谟的效用原则，斯密把"旁观者的同情或相应的感情"②，作为衡量合宜程度的自然的和根本的尺度，合宜感是道德认同的基础。由合宜感要求的自我控制是斯密非常认可的美德，而这种自我控制不仅表现在情感上，同样也是对日常行为的要求。"悲伤和怨恨这两种令人苦恼和痛心的情绪则强烈地需要用同情来平息和安稳。"③ "人类不幸的减轻和慰藉完全建立在我们怜悯后一种人（贫穷而又可怜的、不幸的人——引者注）的基础上。"④ "正是这种多同情别人和少同情自己的感情，正是这种抑制自私和乐善好施的感情，构成尽善尽美的人性。"⑤ 斯密以同情为基础，指出富人的自我控制与乐善好施是人与人走向平等与和谐的重要社会心理机制，通过财富的再转移使社会分配更加公平合理。由此，利己与同情共同构成了丰富的、多层次的人性预设，欲望、竞争与自我控制、乐善好施构成了市民社会的辩证运动，这里既有竞争的活力，也有和谐的基础，始终处于多种动机推动的动态平衡中。从西方现代性发展历程看，同情或怜悯并未从根本上解决资本主义社会的内在矛盾：贫富分化、资本主导、阶级对立、人的丧失等，均成为马克思政治经济学批判的反思对象。

　　斯密的同情理论对西方经济社会产生了很大影响，美国学者帕特里夏·沃哈恩认为："同情是《道德情操论》中的关键概念……同情是赞同的源泉，因此，得到赞同的——因而也就是说，道德规则是从某个特定社会断定应该被赞同的东西中发展出来的。"⑥ 沃哈恩把斯密的同情看成西方社会道德秩序的一种手段和工具，这道出了同情概念的实质。正如斯密在书信中所

① 亚当·斯密.国民财富的性质和原因的研究（上）[M].郭大力，王亚南，译.北京：商务印书馆，2011：12.
② 亚当·斯密.道德情操论 [M].蒋自强，等译.北京：商务印书馆，1997：403.
③ 亚当·斯密.道德情操论 [M].蒋自强，等译.北京：商务印书馆，1997：13.
④ 亚当·斯密.道德情操论 [M].蒋自强，等译.北京：商务印书馆，1997：293.
⑤ 亚当·斯密.道德情操论 [M].蒋自强，等译.北京：商务印书馆，1997：25.
⑥ 帕特里夏·沃哈恩.亚当·斯密及其留给现代资本主义的遗产 [M].夏镇平，译.上海：上海译文出版社，2006：57.

说："我想，我已经清楚地说明，我们对别人行为的评价，是以同情为基础的。"① 自私的激情是人的行动动机，但斯密既批判了从自我利益引出道德判断基础的道德理论，也批判了把仁慈作为道德唯一目的的道德理论。人类的动机并非仅由自私激情或自我利益驱动，谨慎和仁慈都是美德，而这与同情密切相关。《道德情操论》为斯密制定一种政治经济制度奠定了基础，这种政治经济制度并非仅仅受到自我利益的驱动，相反谨慎、合作、公正的制度框架为有效的经济制度提供了必要的条件。

① 欧内斯特·莫斯纳，伊恩·辛普森·罗斯，编. 亚当·斯密全集：第 7 卷 ［M］. 林国夫，等译. 北京：商务印书馆，2014：93.

第二章 17~18世纪英国古典政治经济学对市民社会与国家的诠释

如果说苏格兰启蒙运动提出了西方现代性逻辑预设，那么英国古典政治经济学则是第一个演绎、诠释现代性逻辑并使其充盈的理论体系。苏格兰启蒙运动与古典政治经济学派存在核心人物、核心理念的重合，例如，斯密既是苏格兰启蒙运动的重要人物，也是古典政治经济学的开创者。基于现代文明的经济属性，古典政治经济学对西方现代性发育的贡献需单独列出予以研究。

第一节 自由放任的市场经济教条

17~18世纪是神性社会向俗性社会的转变时期，亦是英国古典政治经济学发展成型并逐渐走向成熟的时期。在此期间，一批主要来自英国的经济学家，以亚当·斯密的《国富论》为出发点，分析了资本主义经济共同体——"市民社会"的生产、分配以及商品和服务的交换问题。黑格尔曾将政治经济学视为阐明现代市民社会内在关系和运动的一门科学。英国古典政治经济学最大的贡献就是重新定义市民社会，重新界定现代国家与市民社会关系，不仅放大了市民社会的认知，而且详细诠释了西方现代性发育的四项重要教条。

一 人人皆商人，社会即市场

（一）现代市民社会本质上是一个具有经济属性的大市场

斯密在《国富论》之"论货币的起源及其效用"章节中清晰地表达了

他对未来文明社会的想象，即人人皆商人，社会即市场。"分工一经完全确立，一个人自己劳动的生产物，便只能满足自己欲望的极小部分。他的大部分欲望，须用自己消费不了的剩余劳动生产物，交换自己所需要的别人劳动生产物的剩余部分来满足。于是，一切人都要依赖交换而生活，或者说，在一定程度上，一切人都成为商人，而社会本身，严格地说，也成为商业社会。"① 斯密所描述的市民社会并非自给自足的社会，而是以货币为中介、以交换为形式的社会，每个人需用自己消费不了的劳动剩余，交换自己所需要的他人劳动剩余。他认为，当分工发展到了某种阶段时，一切人的生存与发展都愈加依赖交换；随着货币中介的发展，市场交换会更加自由，人类生活会更加便捷、舒适。因此，古典政治经济学逻辑中的市民社会就是以市场为主导的社会，人人都需要通过交换来维系生存与发展，即使乞丐也不例外。"商人""市场"是斯密对现代"人"及"社会"的重新定义，对物的共同关系成为首要的问题。在此原则下，货币拜物教、商品拜物教、资本拜物教是其逻辑必然。

"人人皆商人，社会即市场"，这是对现代市民社会特点的深刻表达。从历史上看，经过狩猎阶段、畜牧阶段、农耕阶段，商业社会的出现是人类文明史上的巨大进步。人类的认知能力和感情能力得到了很大发展，尤其是在财产权观念和自我意识方面。在最初的人类观念中，财产即占有，可感觉的拥有是他们能认识的程度。到畜牧阶段，人类开始出现了超越物理占有的财产观念，运用记号等符号表示拥有，开始表现出对财产的抽象认知。到商业社会阶段，财产开始具有流动性、可转让等特征，甚至可以用建立在一系列信念基础之上的信用票据和汇票等表示。随着人对财产的认知越来越抽象，人对自由的认知也越来越具体，财产权成为自由人格的外在表现。随着财产观念的提升，经济活动与经济问题日益成为人们生活的重心，使现代社会与古代传统社会的区别也日益明显。例如：在现代社会，经济问题——生产和分配——通过买卖双方大量交换来解决，市场在资源配置中起决定性作用；古代社会也有市场，但它们没有组织社会的活动和力量，权力是配置资源的决定性力量。在古代社会，财富追随权力，但在现代社会则是权力追随财富。古代社会的城市是寄生性的消费中心，而现代社会的城市是积极性的

---

① 亚当·斯密. 国民财富的性质和原因的研究（上）[M]. 郭大力，王亚南，译. 北京：商务印书馆，2011：19.

生产中心。古代社会的市场交换是自发的集体无意识行为，而现代社会的商品交换是自觉的、以完整的市场体系为基础的。

（二）现代市场发育过程中的市场精神①

伴随商品交换、自由贸易，在现代市场发育过程中也诞生了市场精神的概念。翻开"市场精神"的认识史，经济学家和哲学家都有过相关论述。苏格兰启蒙运动最先发起有关现代市场精神问题的讨论。英国的工业革命催动了欧洲现代性发育和发展，亚当·弗格森认为，新商业社会的文明市场，要摒弃野蛮愚昧状态，必须重视民族精神和商业艺术的进步。亚当·斯密把"交往、物品交换和交易"的倾向与"思考和言语"的天赋联系在一起，把市场交换看作某种形式的思想交流沟通。他在《道德情操论》中天才地预设并论述了市场交换与道德情操的关系，从利己与利他相契合的人性角度，论述经济人与道德人相统一的市场精神伦理原则。可以说，这是一部有关"市场精神"道德版的学术力作。

何谓市场精神？市场是一个充满着商品关系、经济关系、社会关系交换的物质空间，它有着精神内在驱动的原理。市场主体是人，人是能思想的芦苇，精神必将充盈于市场的"原子与虚空"中。所谓市场精神，是市场主体实践活动遵循并固守的价值观的总抽象，受市场价值规律的制约，更由生产力发展水平、文化特质、民族信仰及社会政治法律制度决定。市场精神深层次关涉市场性质、面貌、发展方向，以及人类的生存境遇。市场精神主要有五个方面特点。

（1）崇尚市场自由的精神。经济活动的自由就是对个人经济活动权利的确认。亚当·斯密说，市场自由不是人类主观设计的结果，它是人类的集体无意识行为。当然，市场自由既是客观的无意识行为，也包含着主观评价过程。理性化市场自由，应当如康德所说，只有使每个人自由的程度未超出可以与其他一切人的同等自由和谐共存的范围，才能够使所有人都享有自由。因此，市场自由必然是一种法治的自由，它限制每个人的自由，以便保障一切人享有同样的自由权利。市场行为者在价值规律以及法规和伦理道德的约束下，拥有对自己自由选择一切市场活动的权利。

（2）追求平等的精神。在日常经济活动中，如果一种状态既是平等的，又具有帕累托效率，它就被描述为"经济正义"的。平等是合理协调不同

---

①　本部分内容摘自张雄．从经济哲学视角看市场精神［N］．光明日报，2019-05-13（15）.

利益群体之间关系的行为准则。它意味着在确保每个市场行为者的人格、人权不受侵犯的前提下，努力戒除一切性别、国籍、年龄、肤色、认知能力、社会等级以及身份等差异而导致的分配、交易、财产占有、市场准入等方面的不平等待遇。

（3）守护契约精神。市场经济的基础是契约精神。休谟指出，市场遵循三个原则：财产的稳定占有，经同意的合法转移，遵守契约精神。契约精神是市场秩序的基石。产权让渡都要以契约为根本，重要的不是契约文本的外在形式，而是履行契约的意志和德性。自觉履行契约，意味着预设无所不在的市场"监督者"成为道德自我约束力的重要显现。提倡彼此遵守约定规则的诚信精神，其本质就是契约精神。

（4）遵循经济理性的精神。在一个成熟的市场中，除了公共产品，其他的都要追求利润最大化，没有追求利润最大化的经济理性精神，就难以使企业做到极致、产品做到极致。

（5）倡导企业家的"创造性破坏"精神。这是经济学家熊彼特提出的企业创新与自我革命的辩证哲学理念。这不是资本主义专利，而是现代市场精神特有的秉性。市场的本质就是否定，产权让渡就是斯宾诺莎式的"规定即否定"。否定的终极原因正是来自人类不断追求物品的完美和完善的本能诉求，市场正是通过不断的内在否定，才能促使产品不断更新换代、产业不断转型升级、企业不断凤凰涅槃式获得新生，才能充分体现当代性的能级水平，使古代集体无意识的交换市场，过渡到今天充满着高度自觉意识的交换市场。当代人求新求异的需求不断变化，必然铸就市场呈现"太阳下面天天有新物"的发展节律，必然带来"小的就是美的"的企业哲学。因此，追求市场内在的否定精神，就是企业家善于自我交战的品格。企业家往往是自己摧毁"自己"，把过去的成功视为未来前进的包袱和障碍。一种新产品成功问世，同时意味着在研发系统内该产品的市场生命的终结。不是跟着市场感觉走，而是要跟着靠企业自主创新不断引领市场新偏好的道路走。

（三）"人人皆商人，社会即市场"发展模式的内在悖论

经过了240多年的历史检验，我们需要展开对"斯密模式"的问题诊断。近代以来，西方工商业文明的发展铸造了特有的市民社会发展模式：所有的价值都应当被还原到交换价值观上，人人皆商人，社会即市场。在这一过程中不仅人变成了"狼"，社会也重回人与人为战的丛林状态，资本垄断一切，金钱支配一切，人在不断地交换中丧失了精神价值。具体路线如下。

人人→商人→利益撕咬的"狼"，

社会→市场→物欲横行的"原始丛林"，

存在→资源→资本垄断一切，

价值→交换价值→人丧失了精神价值，

社会关系→货币关系→金钱支配一切。

追求自由文明的新型社会却使人更加异化，使人不得不陷入反思。这种被称为自由放任的市场经济的发展模式，本质上就是提倡"恶"的历史驱动，追求资本效益的最大化。这一模式不仅使物质利益遮蔽了自由精神，而且必然带来这个地球上弱肉强食、强者必霸的生态，市场成为"零和"游戏的场所。一个人的利益所得必定建立在他人利益损失的基础上，而大多数人都成为"零和"市场游戏的失败者。如美国诺贝尔经济学奖得主约瑟夫·斯蒂格利茨评价美式自由："自由化的进程忽视了太多美国公民所面临的困境，他们承诺所有人都将从这些'改革'中受益，当然也包括金融市场。然而对大多数人而言，这些承诺从未被兑现。"①

"零和"思维具有恒定性、唯一性、不相容性等特征。这种思维模式注定加剧人与人、人与社会、人与自然之间的紧张关系，将西方现代文明塑造成具有不可协调性的竞争状态。经济行为是属人的行为，而非动物式的丛林搏斗，所以一切市场活动除了"零和"思维外，还应当拥有更深意义上的人文关怀，更应符合当代人类"和合"精神。弱肉强食是现代性的极端形式，按此教条，市场不存在可调和性、可谈判性、可沟通性，战争是捍卫此教条的暴力工具，民族分裂、地缘战争、赢家通吃、唯我独尊，规则的制定者最终是规则的破坏者，在国际关系的交往中出尔反尔，用独立强权意志不断制造世界的不确定性因素，企图让资本由多国方向流向霸主国家，这一切现象都证明了片面地固守"零和"思维必将导致世界战争和人类的灾难。

二　经济自由的原则：自由竞争与充分交换

（一）经济自由是自然自由的重要组成部分

古典政治经济学崇尚自然自由体系，即"人控制自己生活的自然能力

---

① 约瑟夫·E.斯蒂格利茨.美国真相：民众、政府和市场势力的失衡与再平衡［M］.刘斌，等译.北京：机械工业出版社，2020：3.

的实现"，其中包括个人自由和经济自由。在《法理学讲义》中，斯密认为人具有自由支配自己身体的自然权利，经济自由权就是其重要内容。"经商自由和婚姻自由的权利等等受到侵犯的时候也就是这个人的行动和思想自由受到侵犯"①，即损害了人自由支配自己身体的权利，损害了个人想做不会对他人造成损害的事情的权利。经济自由是一项完全权利，即我们有权利要求，同时在被拒绝了之后还能迫使另一个人（或组织）履行的权利。在斯密看来，近代以来个人的天赋权利一直在被论证并逐步得到认可，但经济自由作为自然自由的重要组成部分并未真正得到关注和承认，自然也很难体现在特定经济制度之中。自然自由最明显、最简单的制度应是"个人得以享受照顾自己的自由以及参与自由贸易的和谐秩序"②。

16世纪以来，商业的发展逐步显示了自然自由在经济生活领域的意义。只要人是独立自由的，通过劳动分工与自由交换，每个人都能够最好地照顾好自己的事务，因为改善自身状况是人之天性。在《国富论》中，斯密将"改善自身状况的愿望"视为人从生到死一刻也未放弃过的"天性"，是人一生中更加沉着、冷静、恒久的，以至于人类从未安于现状、不求进步。③其实早在《道德情操论》中斯密对人类这一"天性"曾做出细致的分析，他认为对秩序的热爱，对条理美、艺术美和创造美的重视是人类共同的本性，正是这种本性使人们倾向于创造发明，提供便利和舒适；倾向于构建制度去促进社会福利。④正是这一天性不断唤起和保持人类的勤勉，使人类迷恋发明、改良和革新，推进科学和艺术的发展，整体性提高了人类的生活水平；使人类热心公益，尽力去完善和改进某种美好的、有规则的制度等，维护和促进社会秩序和社会福利。斯密认为好的社会制度应该顺应这一天性，而不是压制。

（二）自由竞争、充分交换是国富民裕的前提

古典政治经济学的理想状态是完全竞争市场，"完全正义、完全自由、完全平等的确立，是这三个阶级（劳动者、地主和制造商——引者注）同

---

① 亚当·斯密. 法理学讲义［M］. 冯玉军，等译. 北京：中国人民大学出版社，2017：48.
② 帕特里夏·沃哈恩. 亚当·斯密及其留给现代资本主义的遗产［M］. 夏镇平，译. 上海：上海译文出版社，2006：64-65.
③ 亚当·斯密. 国民财富的性质和原因的研究（上）［M］. 郭大力，王亚南，译. 北京：商务印书馆，2011：323.
④ 亚当·斯密. 道德情操论［M］. 蒋自强，等译. 北京：商务印书馆，2003：232.

臻于最高度繁荣的最简单而又最有效的秘诀"①。在《国富论》中，斯密提倡的"完全自由"就是处在经济和社会活动环境中的自然自由，存在于"一切事情都听任它们的自然轨迹的社会中"，即以市场经济为主导的商业社会。当然人的这种自由也要受到司法的限制，司法的限制目的仅限于确保人们免受伤害和不公平的行为。基于对重商主义和重农主义学说的分析，斯密明确指出，重商主义政策无非让本国制造业者"独占本国同胞的技能才干"，以生产者的利益为先，牺牲消费者的利益，这是典型的本末倒置。因为重商主义"似乎不把消费看作一切工商业的终极目的，而把生产看作工商业的终极目的"②。不论是奖励输出和阻抑输入还是奖励输入和阻抑输出，都很难实现国家致富的目标。斯密通过事实分析，得出结论："重商主义所要奖励的产业，都是有钱有势的人所经营的产业，至于为贫苦人民的利益而经营的产业，却往往被忽视、被压抑。"③ 英国人自夸爱护自由，但重商主义的规定却与之背道而驰，自由被大商人和大制造业者的利益牺牲了。"阻抑或消灭一切竞争者的竞争并非推广本国制造业的良法"，在自由竞争中改良自己的制造业才是真正的致富强国之路。

相比于政策阻抑或限制，重农主义的观点更加可取。"农业国要培育本国的工匠、制造业工人与商人，最有利的方法，就是对一切其他国家的工匠、制造业工人与商人给予最完全的贸易自由。"④ 这一生产阶级（商人、制造业工人、工匠等）越自由，其竞争就越激烈，其他二阶级（地主与耕作者）所需的商品，就将以更加低廉的价格被供给。关于重农主义的观点，斯密虽指出某些观点有失偏颇，但认为他们关于财富和自由竞争的认识是非常客观的。例如：国民财富是"由社会劳动每年所再生产的可消费的货物构成，并认为，完全自由是使这种每年再生产能以最大程度增进的唯一有效方策"⑤，"准许一切此等商业国享有贸易上最完全的自由，乃是提高这种剩

---

① 亚当·斯密. 国民财富的性质和原因的研究（下）[M]. 郭大力，王亚南，译. 北京：商务印书馆，2011：242.

② 亚当·斯密. 国民财富的性质和原因的研究（下）[M]. 郭大力，王亚南，译. 北京：商务印书馆，2011：233.

③ 亚当·斯密. 国民财富的性质和原因的研究（下）[M]. 郭大力，王亚南，译. 北京：商务印书馆，2011：218.

④ 亚当·斯密. 国民财富的性质和原因的研究（下）[M]. 郭大力，王亚南，译. 北京：商务印书馆，2011：244.

⑤ 亚当·斯密. 国民财富的性质和原因的研究（下）[M]. 郭大力，王亚南，译. 北京：商务印书馆，2011：250-251.

余生产物价值，鼓励这种剩余生产物增加，并从而鼓励国内土地改良及耕作的最有效方策"①。随后斯密引用米拉波的话表达了重农主义思想的价值，即魁奈的《经济表》是文字发明与货币发明的结果，是有世界以来给予政治社会以安定的第三发明，是"我们这个时代的大发现，而我们的子孙将从此获得利益"②。在《经济表》中，魁奈不仅首次系统而明确地对社会资本的再生产和流通过程进行了描述，而且倡导实行自由贸易以促进经济的非均衡增长。

通过经济思想史的梳理，斯密清晰地表达了经济自由原则。他指出，改善自身状况是人之天性，也是"社会财富、国民财富以及私人财富所赖以产生的重大因素"③，自由竞争与充分交换是国富民裕的前提。相反，任何借助"政治权力"等外在力量扩大或限制特定产业的做法是违背自然趋势的，因此，维护自然自由最明白、最简单的制度应是废除一切特惠或限制制度，使"个人得以享受照顾自己的自由以及参与自由贸易的和谐秩序"④。但历史一再表明，自由放任的竞争状态只能导致达尔文弱肉强食、物竞天择法则在人类社会的蔓延，自由竞争的市场成为零和博弈的战场。

三　市民社会：由市场配置资源

现代市民社会以自由市场为中心，社会资源的有效配置完全依靠市场。政治经济学体系的最大贡献是将纷繁复杂的社会运行抽象为简单的市场原则，如分工原则、交换原则、竞争原则、分配原则以及法治原则。其中自由竞争、平等交换是主导性原则，分工是手段，也是社会发展之内在必然，公正分配以及法治原则是对市场主体权利的认可和保障，确保市场有序运行。因此现代市场不仅是商品交易的舞台，也具有了组织社会活动的能力，使生产—交换—分配—消费成为一个完整的体系。与此相应，市场主体是由欲望驱动的自觉存在，重视理性计算，财富成为现代权力的第一载体。可以想

① 亚当·斯密. 国民财富的性质和原因的研究（下）[M]. 郭大力，王亚南，译. 北京：商务印书馆，2011：243.
② 亚当·斯密. 国民财富的性质和原因的研究（下）[M]. 郭大力，王亚南，译. 北京：商务印书馆，2011：252.
③ 亚当·斯密. 国民财富的性质和原因的研究（上）[M]. 郭大力，王亚南，译. 北京：商务印书馆，2011：324.
④ 帕特里夏·沃哈恩. 亚当·斯密及其留给现代资本主义的遗产 [M]. 夏镇平，译. 上海：上海译文出版社，2006：64-65.

见，这样的社会必然将物质财富作为唯一目标，重视生产力的积极作用，而对生产关系的内在对抗无法给予充分重视。

历史地看，从传统社会的权力配置资源到现代社会的市场配置资源，不同的资源配置模式确立了不同的文明治理模式。前者必定是国家高于一切，国家主宰一切；而后者则为市民社会打开新的发展空间，西方现代文明由此展开。斯密预设的商业社会（即现代市民社会）由市场来优化配置资源，需要以下三个核心要素：自由的欲望个体，私人财产权的确立，自由价格机制。

（一）被欲望激活的、具有主体意识的现代个人是斯密"商业社会"的重要基础

现代个人是独立、自由、自主的，是欲望、需要、利益的主体，是历史发展的动力载体。笛卡尔的"我思故我在"首先确立了主体性哲学，"我"成为认识世界、理解世界的新支点。霍布斯强调"幸福就是欲望从一个目标到另一个目标不断地发展"[①]，因此"欲望的不断被满足"就是人类的福祉，而欲望终止的人无所谓"幸福"。斯密虽用"天性的欺骗"对这种幸福观提出了质疑，但仍基于事实的科学描述展开自己的逻辑体系，而且提出商业社会"利益"的相互制约不断驯化和约束着不合理的欲望，使个人利益的增进符合社会进步的方向。因此，斯密的政治经济学实质是以欲望、利益为基础的个人财富动力学，是符合人的自然本性、和谐市民社会的理论诠释。私利与公益、利己与利他的逻辑思维直接影响了18、19世纪德国学者的人生观、历史观等。例如歌德笔下"永不满足于现状的浮士德"就是这一人生观的典型代表，而魔鬼代言人"梅菲斯特"则是"一股总想作恶，却又总会带来好处的力量"；康德在《历史理性批判文集》中提到的人类历史"恶的驱动"、黑格尔"理性的狡计"等，都是将欲望视为人类历史的起点与动力。

（二）私人财产权的确立为自由交换奠定了基础

在《法理学讲义》中斯密指出，无财产权与普遍的贫穷和平等是内在地联系在一起的，因为缺乏私人财产权意味着大规模交换的缺失，市场的限制直接影响分工与效率，社会生产力只能处于较低水平。在弗格森看来，没有财产观念的历史属于野蛮人的历史，而财产未曾以法律形式确定下来的历

---

① 霍布斯. 利维坦［M］. 黎思复，黎廷弼，译. 北京：商务印书馆，1985：72.

史也只是未开化的历史。①"财产是一种进步",对于财产的渴求会使人养成良好的习惯:勤劳并有远大目标。在人类历史长河中,财产权观念存在一个逐步发展、抽象的过程,直到城市的发展推动了商业社会的来临,私人财产权得以最终确立。一方面,城市的发展推动了动产体系的现代发展,与传统的封建地产体系分庭抗礼,并逐渐取而代之。另一方面,城市的发展稀释了传统的家族纽带,形成以核心家庭为主的工商业发展模式。商业社会以交换为核心,财产权的流动性是基础。正是基于个人意志的财产转让(包括土地)成为可能,私人财产权才真正确立起来。商业社会的"交换秉性",使财产权观念逐渐发展成抽象观念,财产权从"拥有"中抽离出来,甚至能够以"信用票据或汇票"的方式存在。② 洛克在《政府论》中就强调了私有财产权对自我保存及其他人权的基础性作用,将其视为第一人权。休谟在《人性论》中也指出:"稳定财物占有的规则的确立对人类社会不但是有用的,而且甚至于是绝对必需的。"在休谟看来,利己心是正义的根源,确定财产权、权利和义务的那些规则对于"维护公益和支持文明社会都有一种直接而明显的趋向"③。

(三) 价格机制主导的市场资源配置模式

斯密的政治经济学体系致力于用几条普遍的原则将观察到的不同事实有体系地安排在一起,他试图模仿自然科学方法深入研究资产阶级社会的内部生理学,并证明市场规律是一种"自然规律",具有客观性和永恒性。具有主体意识的个人、个人财产权、交换倾向与改善自我状况的欲望等因素在市场领域相互作用、相互发酵,商品价格(实质是超额利润)是自由竞争的晴雨表,市场均衡是自由竞争的内在趋势。以"自利"为基础的交换倾向促进了社会分工,分工的差异性使商品交换成为可能,而交换价值就是交换的基础和尺度。

在斯密的思想中,他分出了真实价格(劳动价格)和名义价格(货币价格)、自然价格和市场价格两种类别,反映了斯密在影响商品价格之不同因素方面的丰富思考:内在劳动量,货币浮动,供需变化,等等。市场价格

---

① 亚当·弗格森. 文明社会史论 [M]. 林本椿,王绍祥,译. 杭州:浙江大学出版社,2010:91-92.

② 克里斯托弗·J. 贝瑞. 苏格兰启蒙运动的社会理论 [M]. 马庆,译. 杭州:浙江大学出版社,2013:107-114.

③ 休谟. 人性论 [M]. 关文运,译. 北京:商务印书馆,2016:565.

与自然价格的差距是市场供给调节的主要手段，"每种商品的上市量自然会使自己适合于有效需求"①。在完全自由竞争的环境下，市场价格是围绕自然价格上下浮动的。当市场价格明显高于自然价格时，存在巨大的利润空间，会吸引更多的市场主体加入竞争，直到超额利润复归于零，即供给与需求达到平衡。相反，当市场价格远低于自然价格时，其利益受到影响的人会立刻感觉到这种损失，撤出一部分资本或劳动或土地等资源，从而慢慢使市场价格恢复到自然价格。斯密指出："任何一个商品的市价虽能长期高于其自然价格（技术垄断或资源垄断等原因造成的——引者注），但不能长期低于其自然价格。"② 由此，"在每个人都追求自我利益的条件下，自然自发的市场价格机制就会充当一只看不见的手，来引导人们通过市场交易相互合作，有效地配置资源，进行生产和分配"③。斯密认为，在公平、自由的市场竞争中，当商品供需达到平衡时，社会福利便达到最大化。货物供应不足（例如谷物供应等），民众就会过着比较不愉快的生活，而货物供应不足往往是市场不自由的结果。正是基于市场价格机制的自我调节分析，斯密强烈反对政策对市场的干预与指导，因为政策存在使市场价格偏离自然价格的倾向，反而使国家财富趋于减少。

四　国家职能：政府"守夜人"

现代社会的真正基础是什么？政治逻辑让位于经济逻辑。斯密指出未来文明社会应是每个人都参与到市场交换中，市场、法律和道德是未来社会的三大基本要素，其共同促进社会进步、风俗改善、文明有序。其中市场是第一位的，法律和道德都是市场良性运转的润滑剂。这样一来，"商业社会"的基础不再是政治性契约所确立的权力机构与法律（自然人是国家的组织者），而是自发的市场交换、利益的互为实现（商人或经济人成为市民社会的核心）。法律与道德都是在商品自由交换的背景下自发形成的、适应与推动自由竞争的刚性规则与柔性规范。因此，总体来说，文明和改善的真正动

---

① 亚当·斯密. 国民财富的性质和原因的研究（上）[M]. 郭大力，王亚南，译. 北京：商务印书馆，2011：51.
② 亚当·斯密. 国民财富的性质和原因的研究（上）[M]. 郭大力，王亚南，译. 北京：商务印书馆，2011：56.
③ 徐大建. 西方经济伦理思想史：经济的伦理内涵与社会文明的演进[M]. 上海：上海人民出版社，2020：193.

力在于以"自利"为基础的自由商品交换，而非人类的理性指导。与交换密切相关的经济活动是真正基础性的，通过"自利"使市民社会有了更真实的动力，通过交换使人与人之间的关系有了更真实的连接，利己与利他的辩证运动实现了个人财富和社会财富的双增加。市民社会的基础不再是权利与权力的契约关系，而是不断的交换与利益实现，社会机制的运行也是基于经济关系将人连接在持续不断的交换场所之中的。

斯密及其《国富论》是现代社会经济逻辑取代政治逻辑的重要转折。直到近代的洛克，市民社会与政治社会都是同义的。《政府论》第七章的标题就是"论政治社会或市民社会"，这是人类走出自然状态后的第一种社会状态。因此在斯密之前对"社会"的理解首先是政治向度的，而斯密的革命性在于"用市场观念来取代契约观念，不再从政治上而是从经济上理解社会"①。在学说史上看，黑格尔是第一个在概念（形式）上将"市民社会"赋予经济内涵的，但弗格森、斯密却是第一个在内容（实质）上分析"市民社会"的经济属性的。斯密在《国富论》中探讨国民财富的性质和原因，其真实意图是探讨市民社会财富的性质和原因，国家只是市民社会的皮囊。说到底，市民社会（而非国家）才是自由交换的场所，是基于需求的社会经济体系日渐成熟的场所。与市民社会的重要性相比，现代意义上的国家在斯密的思想逻辑中始终处于次要地位。

古典政治经济学立足于自由的个人，认同市场体系中的利益竞争与自发和谐，但并未因此否认强制性权力的必要性。"各个人都不断地努力为他自己所能支配的资本找到最有利的用途。"② 每个人在守法的前提下完全自由追求自己的利益，在市场中进行自由竞争。这样市场主体获得了自由完善的契机，君主也被完全解除了监督、指导私人产业的义务。在斯密看来，任何君主的智慧或知识都不能使其有效承担这一义务。但斯密并未因此完全否定政府的存在，陷入无政府主义，自由国家不是无所作为，而是应积极建立和维系自由市场的存在。因此强制性权力旨在保护私有财产权和自由贸易权，而且对政府权力必须加以限制，将其减少至最低限度——政府是市场的守夜人。正如斯密所指出的，现代政府的建立主要是为了保障财产的安全，即

---

① 皮埃尔·罗桑瓦隆. 乌托邦资本主义——市场观念史 [M]. 杨祖功，等译. 北京：社会科学文献出版社，2004：80.
② 亚当·斯密. 国民财富的性质和原因的研究（下）[M]. 郭大力，王亚南，译. 北京：商务印书馆，2011：28.

"保护富者来抵抗贫者，或者说，保护有产者来抵抗无产者"①。由此，以个人资本动力机制为基础的自由市场实质是资本家跑马圈地的竞技场，国家和法律的监管实质是保障资本家的利益。对于那些拥有大财产的人，"没有司法官保障庇护，哪能高枕而卧一夜哩"②。

斯密将君主的使命主要集中在三个方面：第一，保护社会，使不受其他独立社会的侵犯；第二，设立严正的司法机关，以尽可能保护社会上各个人，使其不受社会上任何其他人的侵害或压迫；第三，建设并维持某些公共事业及某些公共设施。③ 政府是建基于商业社会的一项要素，但它只是守夜人，在其界限范围内正确发挥其作用，社会利益会获得极大增进；而社会利益的增进使政府有更多的资金来更好地履行义务。政府与市场、社会与个人在各自的权限内相互增进利益，是斯密"商业社会"最理想的状态。斯密关于政府的"守夜人"命题既给予市民社会充分的竞争自由，又道出了西方现代国家与市民社会的本质关系。通过黑格尔法哲学批判，马克思打破理性国家迷雾，将这一关系重新揭示出来：政治国家只是市民社会的表现形式。

第二节　劳动分工、个人资本动力学与社会丰裕

政治经济学的"目的在于富国裕民"④。何为财富？如何实现社会丰裕？恰恰是政治经济学要讨论的问题。关于财富的界定，古典政治经济学扬弃了重商主义"财富等同于货币或金银"的主张，进而指出真正的财富是"由社会劳动每年所再生产的可消费的货物构成"，货币只是交易的媒介和尺度。如何实现社会丰裕？斯密指出，富裕不能迅速增长的原因有二：天然的阻碍与政府的压迫。天然的阻碍表现在原始资本的缺乏，分工难以展开，在缺技术、缺资本的未开化的状态或极端贫穷状态，人们从白手到小康状态是

---

① 亚当·斯密. 国民财富的性质和原因的研究（下）[M]. 郭大力，王亚南，译. 北京：商务印书馆，2011：286.
② 亚当·斯密. 国民财富的性质和原因的研究（下）[M]. 郭大力，王亚南，译. 北京：商务印书馆，2011：281.
③ 亚当·斯密. 国民财富的性质和原因的研究（下）[M]. 郭大力，王亚南，译. 北京：商务印书馆，2011：259.
④ 亚当·斯密. 国民财富的性质和原因的研究（下）[M]. 郭大力，王亚南，译. 北京：商务印书馆，2011：3.

非常困难的。政府的压迫表现在政府软弱无能不能保障财产安全或政府权力过于强大使国家随时有战争危险。前者会使人们懒惰，不可能有大量财产的集聚；后者则会因战争引发财富受损。与此同时，政府的残暴性措施也非常不利于财富的增长，不论是在农业方面还是工商业领域都有具体的表现。例如：土地集中、垄断且不能自由转让，税赋过高，劳动者的不自由，法制不健全以及对工商业的歧视等错误政策。① 重商主义提出的奖励输出和阻抑输入也不是富国的手段，"完全自由"才是使国民财富"以最大程度增进的唯一有效方策"②。古典政治经济学将财富增进的主要载体瞄准"制造业"。相比于农业，制造业、商业等城市产业不仅少受季节、气候、土壤等自然条件的限制，而且制造品常常体积小价值大，运输费用相对低廉。制造业具有拓宽市场范围、提升社会生产力的潜能，"工匠及制造业工人的劳动，能比农业家和农村劳动者的劳动实行更细密的分工"③。因此，社会分工与自由竞争会使有用劳动的生产力提升到高得多的程度，实现社会财富迅速积累。

一　物质丰裕来源于社会分工

分工是一种早已有之的社会现象，具有历史性。在依靠狩猎、捕鱼、采摘为生的原始时期，即使分工很不发达，但家庭中自然形成的分工早已存在并在逐步发展。随着生产力的发展，由于人们生产和生活方式的不同，人类逐渐被划归到不同领域，例如畜牧业、农业、手工业、商业等。马克思在《德意志意识形态》中指出："一个民族内部的分工，首先引起工商业劳动同农业劳动的分离……分工的进一步发展导致商业劳动同工业劳动的分离。"④ 也就是说，人类历史发展的进程就是社会分工逐渐增多的过程，而不同部门、行业内部的劳动分工也日益细化。分工既是生产力发展的原因，更是生产力发展的必然结果。社会分工既带来了生产力的发展，但也给人类带来了压迫性或"不自由"，这正是马克思所关注的。

劳动分工是斯密经济体系的重要基础。正如熊彼特所言，虽然分工早已

---

① 坎南，编. 亚当·斯密全集：第6卷［M］. 陈福生，陈振骅，译. 北京：商务印书馆，2014：238-251.

② 亚当·斯密. 国民财富的性质和原因的研究（下）［M］. 郭大力，王亚南，译. 北京：商务印书馆，2011：251.

③ 亚当·斯密. 国民财富的性质和原因的研究（下）［M］. 郭大力，王亚南，译. 北京：商务印书馆，2011：249.

④ 马克思恩格斯文集：第1卷［M］. 北京：人民出版社，2009：520.

有之，却是斯密为劳动分工加上了如此沉重的担子，使其真正成为经济进步的唯一因素。"制造业的完善，全然依赖分工"①，社会的普遍富裕亦是如此。虽然劳动、分工、价值均是斯密经济体系中的重要范畴，但分工却是其体系的基础，是其分析现代社会的切入点。按照洛克的逻辑，劳动创造财富，每个人对自己劳动所得具有不容置疑的权利。斯密在此基础上更进一步，劳动不仅可以改变物的自然状态，创造价值，而且有组织的分工可以提高生产力，创造更大的财富。如果说劳动是价值之源，那么分工就是财富倍速增加、经济快速增长的源泉。对于分工对增进生产力的积极作用，斯密坚定地相信："一经采用分工制，便相应地增进劳动的生产力……一个国家的产业与劳动生产力的增进程度如果是极高的，则其各种行业的分工一般也都达到极高的程度。"②

分工是现代社会丰裕的基础。一般经济学者都认同劳动分工能提高生产力，增加社会的财富，促使社会更加精美完善。斯密不仅指出分工可以使劳动者在单位时间内完成的工作量大大提升，而且点明"在一个政治修明的社会里，造成普及到最下层人民的那种普遍富裕情况的，是各行各业的产量由于分工而大增"。例如一个相对简陋的扣针工厂，通过分工协作，每个工人的日平均制针量是 4800 枚，而未加入分工的独立工作者不仅要熟悉整套制针流程，而且日均制针量很难超过 20 枚，甚至可能是几枚。不仅劳动生产力通过分工提升了成百上千倍，而且劳动者可以以自己的产品换取其他生活所需，达到"社会各阶级普遍富裕"③。至于分工何以能如此程度地增进生产力，斯密分析了三点：第一，专业化，即劳动者的技巧因业专而日进，劳动熟练程度大大提升劳动效率；第二，大大减少了生产过程中的时间损失，分工免除了此前劳动者由一种工作转到另一种工作的时间损失；第三，提高效率的技术发明。分工使个人注意力集中于某一简单事物，使改良成为可能，因此许多机械发明不仅节省了个人劳动，而且使个人在一定时间内可以承担更多工作。

---

① 亚当·斯密. 国民财富的性质和原因的研究（下）[M]. 郭大力，王亚南，译. 北京：商务印书馆，2011：253.

② 亚当·斯密. 国民财富的性质和原因的研究（上）[M]. 郭大力，王亚南，译. 北京：商务印书馆，2011：4-5.

③ 亚当·斯密. 国民财富的性质和原因的研究（上）[M]. 郭大力，王亚南，译. 北京：商务印书馆，2011：9.

分工并非人类理性的结果，而是人类天性的发展逻辑。在分析分工增进劳动生产力，各阶级普遍富裕之后，斯密重点揭示了分工的原因：人性中共有且特有的交换倾向，即"互通有无，物物交换，互相交易"①。人类交换癖的"真正基础是人类天性中普遍存在的喜欢说服别人这种本质"②，因此分工是人类共有的、特有的交换倾向的必然结果。由此，从自然人性出发，斯密将劳动分工这种社会现象纳入一种不可推翻的自然规律之中，充分体现了斯密经济体系的自然秩序特色。正是人性中的交换倾向产生了现实生活的商品交易，"以我所有换你所需"，人的利己行为成为有益于他人、有益于社会的存在，利己与利他的辩证逻辑得以展开。交换互利推动了社会分工，"差异性""特殊才能"成为必然、必要，成为一种"价值"。在这里，斯密认为相互交换的倾向"鼓励大家各自委身于一种特定业务"③，使个人可以在特定业务中更好地磨炼、发挥自己的天赋，因此，职业化、专业化是交换倾向所致，同样使差异性成为有用性的也是这种倾向，有差异才能交相为用，差异成为市场得以运转的基础。当然斯密也看到了交换倾向与交换能力不是一回事，人类的交换能力受市场广狭、自由程度、货币发展程度的影响，社会分工受时代限制，这一观点为其"自由市场理论"埋下了伏笔。

二　劳动分工与资本积累

资本的积累是劳动分工及扩大社会化大生产的前提。恩格斯曾在《国民经济学批判大纲》中指出："由于我们的文明，分工无止境地增多"④，即西方现代资本文明就是分工不断细化的文明，而马克思在《1844年经济学哲学手稿》中也指出资本的积累扩大分工，而反过来分工也会增加资本的积累。⑤ 关于资本与分工的关系，斯密在《国富论》中有清楚的分析，其结论是资本积累是分工的前提和基础。"按照事物的本性，资财的蓄积，必须

① 亚当·斯密.国民财富的性质和原因的研究（上）[M].郭大力，王亚南，译.北京：商务印书馆，2011：11.
② 坎南，编.亚当·斯密全集：第6卷[M].陈福生，陈振骅，译.北京：商务印书馆，2014：192.
③ 亚当·斯密.国民财富的性质和原因的研究（上）[M].郭大力，王亚南，译.北京：商务印书馆，2011：13.
④ 马克思恩格斯文集：第1卷[M].北京：人民出版社，2009：86.
⑤ 马克思恩格斯文集：第1卷[M].北京：人民出版社，2009：120.

在分工以前。预蓄的资财愈丰裕，分工就能按比例地愈细密。"① 在无社会分工、少交换的原始社会，每人的所需都是自给自足，生产与消费之间没有很长的链条，自然无须预储资财。但彻底实行分工之后，自给自足的状态被打破，每个人的大部分需要都得仰赖他人的劳动供给，产品交换意味着自己在生产出产品并成功卖掉之前必须有所垫付（包括自身生活资料和生产资料）。通过交换满足自己所需使储蓄资财成为必要，而拥有的资财越多，生产出的产品自然越多，获得的收益自然越多；一旦收益致力于分工、生产技术和管理技术的提升，会更大程度地增进生产力，获得更多的收益。

预蓄的资财越多，转化为资本的占比就会越多。"对投资者提供收入或利润"② 的资财才能被称为资本。投资者会把资本用于购买原材料、生产商品，然后再售卖出去以获取利润，其中，顺畅的流通是资本实现的重要条件；他们会用资本来改良土地，购买有用的生产工具和机器或购置无须易主或流通就会自然升值的东西。前者是流动资本，后者为固定资本，利润是资本的唯一目的。因此，投资雇佣劳动和生产资料的人，为尽量产出最大量的产品，必然对工人职务的分配尽力使其适当，而所备的机械必然尽力做到精良。不仅一个国家的产业数量与投入资本的数量是成正比的，而且同量产业的生产力也是与资本的投入相对应的；不仅人民的衣食住行都仰仗于资本的循环，而且人民的贫富程度也与资本的利润高低有直接关系。

资本的积累源于节俭谨慎，而非劳动。正如上面所述，资本占优势的地方，多勤劳、多丰裕，因为资本的增加会直接增加生产性劳动者的人数，进而增加一国人民的真实财富与收入；资本的增加会直接增加缩减劳动或便利劳动的机械和工具，进而增加劳动者的生产力。斯密虽认可劳动是商品价值的尺度，劳动是资本增殖的重要因素，但斯密并不认可其对资本增加的积极性质，而是从"消费的节制"角度来说明资本增加的原因："资本增加的直接原因，是节俭，不是勤劳。"③ 劳动可以使资本增殖，但社会资本的增加却需要"节俭谨慎"，一切奢侈、妄为都是在滥用资本，尤其是政府的奢

---

① 亚当·斯密. 国民财富的性质和原因的研究（上）[M]. 郭大力，王亚南，译. 北京：商务印书馆，2011：259.

② 亚当·斯密. 国民财富的性质和原因的研究（上）[M]. 郭大力，王亚南，译. 北京：商务印书馆，2011：261.

③ 亚当·斯密. 国民财富的性质和原因的研究（上）[M]. 郭大力，王亚南，译. 北京：商务印书馆，2011：319.

侈、妄为会使国家陷入贫困。节俭者每年所节省的收入不仅可以供养更多的生产性劳动者，而且等于设置了一种永久性基金，在将来可以维持同样多的生产性劳动者。斯密在这里设定了生产性劳动和非生产性劳动、资本和收入等类型，他看到了资本投入生产性劳动的增殖功能，而收入用于奢侈消费则难以产生增殖。斯密的这一观点反映出资本主义社会初期资产阶级学者对资本积累的重视，但从整个历史进程分析，斯密舍劳动而重节俭不仅与其某些核心观点相左，而且有舍本逐末之嫌。

三 西方现代性逻辑中的个人资本动力学原理

斯密的政治经济学就是"一架想象出来的机器，将现实世界中运行着的各种不同运动和效果在想象中联系在一起"①。自利是这一体系中最根本的动力，在不违反法律的前提下，每个人都尽其可能地去追逐自我利益，这就是经济个人主义的最初表达。"毫无疑问，每个人生来首先和主要关心自己。"②《道德情操论》中的这一人性表述往往被视为《国富论》中经济个人主义的哲学基础，从人性及效用角度分析了自利的根源及合法性，这也成为斯密反对政府直接干预、追求自由竞争的理论基础。斯密有着苏格兰启蒙学者的典型特征，强调情感（而非理性）在人的行为选择中的第一作用。人作为一个复杂的有机体，任何个人或组织的确很难做到比本人更了解自己所需所求，因此一切外在的干预或帮助往往是不得其法或适得其反的。

虽然人类对自己的需要更了解，但在市场化、社会化程度日益提升的现代社会，人类满足自己所需也更加离不开同胞的帮助。面对这一趋势，斯密探讨的是在不诉诸仁慈等道德义务的前提下，如何更好地提升人与人之间相互满足的程度。斯密认识到仅仅依赖他人的恩惠肯定是不长久的，只有"刺激他们的利己心，使有利于他，并告诉他们，给他做事，是对他们自己有利的，他要达到目的就容易多了"③。交易的通俗含义就是以你所需（商品）换我所得（货币），或者相反。斯密看到商业社会中的相互帮助既不是基于慷慨无私，也并非基于相互的爱和感情，而是多以自利为基础的交换，就连乞丐也不能仅靠慈善而活，他也必须要通过交换和买卖得到满足。唤起

① 伊安·罗斯. 亚当·斯密传 [M]. 张亚萍，译. 杭州：浙江大学出版社，2013：384.
② 亚当·斯密. 道德情操论 [M]. 蒋自强，等译. 北京：商务印书馆，1997：102.
③ 亚当·斯密. 国民财富的性质和原因的研究（上）[M]. 郭大力，王亚南，译. 北京：商务印书馆，2011：12.

对方的自利心是双方交易、相互满足的根本，而市场交换一次次向人类证明了真正的自利必须以利他主义为前提和基础。"凭借公众对其作用的认识，社会可以在人们相互之间缺乏爱或感情的情况下……根据一种一致的估价，通过完全着眼于实利的互惠行为而被维持下去。"① 价值、交换、着眼于实利的互惠，斯密向我们描述的是一个以计算与交换为基础的冷冰冰且又能互相帮助的社会。正是通过利己与利他在市场运行中的辩证统一，斯密不仅为自利原则找到了合理性解释，而且自利成为现代市场运行机制的核心。承认个人的欲望、情欲以及私利的行为动力的作用，这是科学主义的分析态度。不可否认的是，在早期资本主义社会，相信"欲望驱动世界"比相信"信仰驱动世界"要进步得多。

政治经济学使个人主义深入人心，理性经济人预设是其典型性存在。现代工商业更多依靠自己的劳动来生产和享受相应的生活资料，使个人更加依靠自己，对自由和秩序的要求更高。在现代分工基础上，每个人都可以在各自的行业中磨炼和发挥各自的天赋资质或才能，改善自身的状况，而且这种改善是无止境的。"生活改善和晚景优裕的愉快希望，使他们（劳动者）益加努力。"② 基于对人性的认知，古典政治经济学倾向于从个人动力（欲望和利益）视角分析国民财富增加的原因。斯密指出，基于自身利益，"各个人都不断地努力为他自己所能支配的资本找到最有利的用途"③。把资本用来支持某一产业，努力使这一产业的生产物具有最大价值，才能实现资本所有者的唯一目的——"牟取利润"。因此只要不违反正义的法律，每个人都应有完全自由，采用自己的方法追逐自己的利益，以其劳动及资本和任何其他人或其他阶级相竞争。"竞争和比赛往往引起最大的努力"④，科学技术的进步、机器的广泛使用无不是个人资本追逐利润最大化的结果。个人资本动力学原理成为西方现代社会生产力提升，进而实现"国富民裕"的综合逻辑。

诺贝尔经济学奖获得者乔治·斯蒂格勒也曾如此评价："《国富论》是

① 亚当·斯密. 道德情操论［M］. 蒋自强，等译. 北京：商务印书馆，2003：106-107.
② 亚当·斯密. 国民财富的性质和原因的研究（上）［M］. 郭大力，王亚南译. 北京：商务印书馆，2011：75.
③ 亚当·斯密. 国民财富的性质和原因的研究（下）［M］. 郭大力，王亚南译. 北京：商务印书馆，2011：28.
④ 亚当·斯密. 国民财富的性质和原因的研究（下）［M］. 郭大力，王亚南译. 北京：商务印书馆，2011：329.

矗立在自我利益基石上的巨大宫殿。"自利是英国古典政治经济学的中心论题，资本拥有者追求资本利润最大化的实现是应有之义。随着经济学的发展，西方现代市民社会中的人性自利预设逐渐凝结为经济个人主义教条。从斯密发展至今，政治经济学中的经济个人主义教条主要表现为三种形式：学说、制度、方法论。①作为一种学说，既包含着对经济自由的一种信念，又是对某种文化上的具体行为方式（如追求极大化的理性行为）所给予的制度证明。H. M. 罗伯逊（Robertson）指出："作为一种学说，个人主义在个人及其心理倾向中寻找社会经济组织的必要基础，它相信个人的行为乃是确立特定的社会经济组织的原则，并力求通过个人，只要可能，让个人得到自由化地自我发展的一切机会，以实现社会的进步。"① ②作为一种制度，经济个人主义是指一种建立在私有制市场、生产契约和交换自由的基础上，以及建立在个人自由和自利基础上的自发经济制度。③作为一种方法论，其要义是：以个人经济行为为基本分析单位，并把全社会的经济和谐视为个人经济行为的社会加总的结果。② 如哈耶克指出的："我们唯有通过理解那些指向其他人并受其预期行为所指导的个人行动，方能达致对社会现象的理解。"③

最大化地追求和实现个人利益的"理性经济人"是经济个人主义的标志性存在，它具有完全的充分有序的偏好、完备的信息和无懈可击的计算能力。西方主流经济学试图利用此模型来解决稀缺的资源与众多人的利己需要之间的矛盾与冲突。客观地说，此模型区分了经济学与其他学科在认知人的本性——欲望、利益和需要等方面的差异，提供了可加以识别的理论根据，对于经济学从抽象到具体的实证分析有着重要的方法论意义和理论价值。可是，这种近代"定义式思维方式"在当代智能化、信息化的背景下受到了严重的挑战。一方面，经济人的抽象定位越来越显示出它远离现实的虚幻性。"经济人"只关注"个人利益"，而把"个人"的社会性本质、制约个人的种种制度因素和文化因素等抛在一边，显然不符合事实。诺贝尔经济学

---

① H. M. Robertson. *Aspects of the Rise of Economic Individualism* ［M］. Cambridge：Cambridge University Press, 1933：34.

② 本部分内容摘自张雄. 对经济个人主义的哲学分析 ［J］. 中国社会科学, 1999 （2）：96-100.

③ 弗里德利希·冯·哈耶克. 个人主义与经济秩序 ［M］. 邓正来，编译. 上海：复旦大学出版社, 2012：6.

奖得主、著名经济学家贝克尔指出："在过去 200 年的时间里，探索利己主义经济效应的复杂模型已经大大发展了，这 200 年内，经济科学已经按照亚当·斯密的思想反复被推敲过了。"① 这种推敲被科尔内解释为："只不过是用数理方法对斯密的'看不见的手'作出精确的表述。这只手用最优化的方式协调自私自利的个人利益……用完美无缺的精确形式表述斯密的学说花了一百多年时间。"② 显然把复杂的经济系统化整为零，模拟物理学在受控条件下做试验的方法，从抽象的假定出发，利用逻辑推理导出干净利落的结论，是理性自利的经济学逻辑预设的抽象图示。熊彼特将这种理性利己教条理解为一种主观唯理性的价值观："经济学家不仅习惯于把自己看作评判手段是否合理的法官，而且还习惯于把自己看作评判目的（动机）是否合理的法官，也就是说，凡是在他们看来是'合理的'目的（动机），他们就一口咬定是合理的，而把所有其它目的斥之为不合理的。"③ 另一方面，理性利己教条在解释当代人经济行为问题上出现了难以解脱的困境。例如，20 世纪市场经济的非均衡、信息非对称、不确定性因素频发；关于社会经济现象的陈述是否都可以直接还原为个人利己行为的陈述；所有经济行为本质上能否还原为单纯的个人理性计算；在信息非对称的经济世界里，追求私利最大化目标能否如愿以偿；等等。④

　　全球化时代的深入发展、智能化时代的到来，使经济问题日益复杂，我们越发感到经济学需要历史的分析方法、人文精神的思考，尤其是经济域外的变量、制约条件、不同学科的关注，更需要应用哲学的辩证方法来解释经济学的质料因、形式因、目的因和动力因。

① 加里·S. 贝克尔. 家庭经济分析［M］. 彭松建，译. 北京：华夏出版社，1987：228.

② 亚诺什·科尔内. 反均衡［M］. 刘吉瑞，邱树芳，译. 北京：中国社会科学出版社，1988：371.

③ 约瑟夫·熊彼特. 经济分析史：第 1 卷［M］. 朱泱，等译. 北京：商务印书馆，1991：177.

④ 本部分内容可参考张雄，朱璐，徐德忠. 历史的积极性质："中国方案"出场的文化基因探析［J］. 中国社会科学，2019（1）：4-21.

第三章　19世纪初政治经济学批判开启的时代背景

　　亚当·斯密发表《国富论》的时候，正是资本主义在工业革命的催动下处于快速上升期之时。无论政客还是经济学家，大都迷信于亚当·斯密在《国富论》中所叙述的财富增长的故事。亚当·斯密经济学中自由放任、分工、私利而公益等经济思想，迎合了上升期资本主义的现状。该书不仅很好地阐释了资本主义发展的现实，而且成为指导财富增长的有效理论工具，以至于亚当·斯密作为经济学家所获得的赞赏深深地掩盖了其作为伦理学家的声誉，尽管《国富论》比《道德情操论》晚发表约17年之久。西斯蒙第《论商业财富》的发表正是对亚当·斯密政治经济学思想的积极传播。但是，随着资本主义的发展，卖与买、生产与消费等矛盾的凸显，经济危机的一再爆发，工人的失业与困苦，西斯蒙第、李斯特等一批学者逐渐走向了质疑、批判古典政治经济学的道路，从而开启了对政治经济学批判的新时代。西斯蒙第更是被西方学者称为第一个对工业资本主义进行批判的经济学家，马克思认为他中肯地分析了资本主义社会的种种矛盾，称其为"政治经济学批判时代的开启者"。

第一节　处于重大转型期的资本主义社会

　　以"自由放任"、"自由竞争"以及"劳动价值论"为主体特征的古典政治经济学，不仅在理论上迎合了资产阶级谋求扩张、谋求利润的价值诉求——可以说，古典政治经济学选择了资本主义，而且在实践上催化了英法等国工业革命的进程，成为指导资本世界运行的圣经——可以说，资本主义选择了古典政治经济学。资本主义的发展模式逐步成长为经济世界运行的主导力量。西斯蒙第深入考察了英国、法国和瑞士的资本主义发展现实，目睹了工业革命和农业资本主义的快速崛起，用第一手资料准确把握了这一主导力量的确立进程。彼时，资本主义社会已处于重大转型期，具体表现在三个方面。

一 社会制度已实现封建专制向资本主义民主制度的转型

英国早在 1688 年即已通过"光荣革命"废除了封建专制统治，完成了资产阶级革命。《权力法案》的颁布限制了国王的权力，政治治理从专制转向民主，为资本主义的发展扫清了障碍。同时，激励了法国等欧洲各国通过革命的形式反对专制统治。1789 年爆发的法国大革命成为资产阶级革命的"震中"，波及欧洲大地。在巴黎，从事革命运动的群众秉持启蒙运动所倡导的普遍抽象的人的精神理念，自我赋予了反对世界暴政的神圣使命，法国大革命也因此被贴上"欧洲第一次革命"的历史标签。经济现实是这场革命爆发的基本因素，发生革命前的 8 年时间里，法国的工业产能增长了两倍，而对外的殖民贸易更是达到了 10 倍的增长。由此形成的资产阶层，开始寻求政治待遇以及市场经济秩序。然而，封建王权在路易十四手里越发集中，靠售卖官衔造成的特权阶层日趋庞大。贵族和公会出于自身利益，拒绝了建立自由市场经济和公平税务体系的计划[1]。又因为连年的战争经费支出以及广泛的免税权，造成了严重的财政危机、阶级对立和政治衰落，成为压倒法国封建王权统治的最后一根稻草，将法国历史推向了大革命的前夜。就像阿尔伯特·索布尔所指出的，资产阶级之所以能够掌握世界，正是社会经济的长期演变，最终诱发的法国革命所致[2]。革命消除了妨碍法国工业化的各种因素，它使得民众可以自由、便捷地设立工厂企业，它将民众的价值观，从追求特权逐渐吸引到对财富的追求上来[3]。从此，资本主义制度代替

---

① 查尔斯·布鲁尼格，马修·莱温格. 现代欧洲史——革命的年代 1789—1850［M］. 王皓，冯勇，译. 北京：中信出版集团，2016：3-8.

② 诺曼·戴维斯. 欧洲史（下卷）［M］. 郭方，等译. 北京：世界知识出版社，2007：704.

③ 查尔斯·布鲁尼格，马修·莱温格. 现代欧洲史——革命的年代 1789—1850［M］. 王皓，冯勇，译. 北京：中信出版集团，2016：85.

封建宗法经济制度，被确立为法国的基本经济制度，自由市场体制得以建立、巩固。

二　资本主义产业发展模式进入重大转型期

英法资产阶级革命的完成，确立了资本主义制度为国家的基本经济制度，自由主义在政治领域、经济领域通过法的形式为资本主义的发展提供了政治保障。其后，随着现代科学知识的日益积累及在生产工具上的应用、海上霸权和世界贸易中心的确立、殖民掠夺的财富积聚以及工场手工业的发展，英国终于在18世纪60年代开启了工业革命的时代，并于19世纪上半叶在地理上传播到欧洲大陆西北沿线国家。其基本特征是机器代替劳动力在实践中的使用。第一个标志性的事件是珍妮纺纱机在纺织业中的大力推广和应用，让企业家们看到了机器应用带来的巨大生产力。其后，水力纺机、蒸汽机等一大批机器的发明应用，显著促进了资本主义生产效率的提高，节省了大量生产成本。除纺织业外，新机器新技术的应用，使得煤矿开采、冶金行业、交通运输等行业也得到了迅速发展。

在法国，工业革命起步相对于英国要晚，约开始于1815年的波旁王朝时期。法国为与英国争夺世界霸权，拿破仑于1806年联合欧洲各国对英国采取大陆经济封锁，推出关税保护政策，减少英国工业品对本国产业的冲击。这一举措有力保护并促进了国内工业的发展，生铁以及棉纺织业产业发展加快。比如在英国处于领先地位的毛纺织业，法国的产值竟然增加了3倍之多，市场占有率也得到很大提升。此外，《拿破仑法典》的颁布确立了对资产阶级财产权的保护；法国对意大利、荷兰等欧洲国家的侵略战争，除帮助法国开拓了更大范围贸易输出市场外，同时掠夺了大量财富。这一切都为法国工业革命的开启，奠定了坚实的基础。法国的工业革命与英国类似，也是开始于纺织业，引进了大量先进机器、高技能工人，这些举措使法国的工业水平得到迅速提高，并成为英国纺织业的有力竞争对象。法国的冶金工业、交通运输业、制造业的工业化进程也得到了加强，直到第二帝国时期，法国工业革命完成。对于法国取得的工业革命成果，马克思就曾指出："在它的统治下，资产阶级社会……得到了甚至它自己也梦想不到的高度发展，工商业扩展到极大的规模。"①

---

① 马克思恩格斯全集：第17卷［M］．北京：人民出版社，1963：357．

到了 1850 年，德国和瑞士在纺织业上的工业化程度也得到了最大限度的加强。英法等资产阶级国家，经过工业革命的洗礼，自中世纪流传下来的宗法式的农业以及行会手工业生产模式被深度改造。其产业发展模式在主体上，逐渐从工场手工业阶段转型到机器大工业阶段，英国成为世界工厂。恩格斯指出："分工，水力、特别是蒸汽力的利用，机器的应用，这就是从 18 世纪中叶起工业用来摇撼旧世界基础的三个伟大的杠杆。"[①] 资产阶级国家通过工业革命，不仅在产业发展模式上实现了根本转变，推动了对旧世界遗留物（特别是经济基础）的根本肃清，也成为社会重塑的有力推手。

三　资本主义发展阶段由上升期转向经济危机间或爆发期

资本主义经济制度搭载上工业革命所释放的巨大生产力，加速了资本的扩张，处于上升期的资本主义极大地巩固了资产阶级统治地位。18 世纪的工业革命，使手工工场逐步被机器工厂替代，这一产业模式在英国、比利时、法国、瑞士、德国均有广泛的分布。相对传统产业模式，工厂及日益打开的世界贸易版图显著提高了世界工业和世界贸易的增长：1705～1785 年世界工业年平均增长率为 1.5。世界贸易年平均增长率则由 1705～1785 年的1.1 增长到 1780～1830 年的 1.4[②]，并且在其后的 30 年，年均增长率一直处于增长状态。1788 年，正当资本家陶醉于古典政治经济理论对资本主义制度模式所作的完美论证，陶醉于资本的疯狂扩张时，最先完成资产阶级革命、最先进入工业革命时代的老牌资本主义国家英国，爆发了纺织业的第一次生产过剩的工业危机。危机爆发时，工厂纷纷压缩产量或宣布倒闭，工人遭到解雇，经济凋敝。其后，又分别于 1793 年、1810 年和 1819 年爆发工业危机，整体趋势上，危机造成的损害一次更甚于一次。直到 1825 年，英国爆发了规模巨大的经济危机，堪称资本世界的第一次经济危机。称本次经济危机为第一次危机是因为这是一次普遍过剩的危机，它波及了英国所有主要的工业部门，使制造业首次遭到冲击。在英国国内，它虽然没有完全摧毁英国的生产力，但打乱了整个的货币和流通进程[③]。它又像飓风一样在主要资本主义国家肆虐，美国棉花产业以及棉毛纺织业、法国的纺织工业、德国

①　马克思恩格斯全集：第 2 卷［M］．北京：人民出版社，1957：300．

②　米歇尔·博德．资本主义史——1500—1980［M］．吴艾美，等译．北京：东方出版社，1986：103．

③　林晨辉．危机时刻——200 年来的经济大动荡［M］．北京：中央文献出版社，1998：46．

的棉纺织工业和羊毛出口均遭到重创，引发相关产业大面积的破产浪潮，工人失业、物价暴跌。经济危机像流感一样不时感染资本主义的躯体，影响其健康发展，有时候还具有很强的传染性，不同程度地在区域乃至世界范围内传播。从此，资本主义步入了经济发展与经济危机交替出现的新发展阶段。

第二节　资本扩张导致的生存世界矛盾对立普遍凸显

随着资本主义经济制度的确立，特别是工业革命在资本世界的普遍、持续推进，资本驶进了扩张的快车道。但诚如经济危机所示，这也是一个充满对立矛盾的资本扩张过程。"现代性作为现代社会发展过程的基本特质与表现"[①]，从被资本与技术打碎的封建景观中逐渐凸显，其本质是由资本逻辑的展开引起的对立矛盾。正如卢梭开始注意到的，现代性是一对矛盾，是一个历史的进步与历史的异化同时并存的特质表达。就 19 世纪初的资本主义生存世界而言，西斯蒙第至少捕捉到资本扩张引发的三个对立矛盾已然普遍凸显，即生产与消费、财富积聚与贫困积累、资产阶级与工人阶级的矛盾对立。

一　生产过剩的危机凸显生产和消费的矛盾对立

1770 年后，英国棉纺织业在生产技术的创新驱动下，生产效率大大提高，为了借助技术优势，争分夺秒攫取更多的超额剩余价值，1783~1785 年商人们一个个开始大量革新纺纱设备、疯狂扩张产业规模，大小规模的生产厂家遍地开花，加入投机的行列。1785~1788 年的短短三年时间，英国的棉纺织品的产量就增加了 1~1.5 倍，并超过了消费需求的增长速度，造成生产过剩，大量产品积压。到了 1788 年终于在棉纺织行业爆发了第一次生产过剩的危机，致使该年度破产事件频发，棉花进口额同比下降 12%，翌年棉纱价格暴跌 20% 以上。作为第一次生产过剩的行业危机，第一次暴露了资本主义生产的盲目性导致的生产与消费的对立矛盾。

1788 年危机消除后，英国又先后于 1793 年、1810 年、1819 年爆发了生产过剩的危机，及至 1825 年，爆发了普遍性的生产过剩危机。法、美等国不仅受到英国经济危机的波及，自身发展过程中积累的危机因素也逐渐凸

---

　　①　丰子义．马克思现代性思想的当代解读［J］．中国社会科学，2005（4）：53.

显，国内经济遭到不同程度的破坏。1819年的英国危机对法国产生了进口、出口的双重影响，使法国对外贸易额锐减，国内物价下跌，毛、亚麻以及丝等各类织品的贸易输出额也大打折扣。整体上看，法国自1816年起，各个主要的工业部门（特别是纺织业）一直饱受危机的困扰，产业不景气，1819年、1825年危机的波及，则使法国危机造成的负面影响越发沉重，在生活领域造成工人阶层生活状况的持续恶化，贫困人口不断增多。

　　一系列经济危机所引发的破坏程度，整体上呈上升趋势。频繁爆发的生产过剩危机引发了社会对生产、消费关系的持久讨论。西斯蒙第也意识到，在英国发生的经济危机，一个重要的原因是没有合理把握生产与消费的比例问题，而消费又关涉到人口数量问题。马克思指出："资本主义生产竭力追求的只是攫取尽可能多的剩余劳动，就是靠一定的资本物化尽可能多的直接劳动时间，其方法或是延长劳动时间，或是缩短必要劳动时间，发展劳动生产力，采用协作、分工、机器等，总之，进行大规模生产即大量生产。因此，在资本主义生产的本质中就包含着不顾市场的限制而生产。"[1] 在追逐剩余劳动的利益驱动下，资本家不顾消费对生产的决定性、限制性，盲目生产，导致生产远远超过消费需求，引发生产过剩的危机。

二　卖与买脱节凸显财富积聚与贫困积累之间的矛盾对立

　　英法资产阶级国家发生在18世纪后期以及19世纪初的经济危机，是资本主义内在矛盾积累到一定程度后在生活世界的表征。劳动人民购买力的日渐萎缩与生产过剩同时存在，卖与买脱节，其背后真正的对立矛盾面，一是财富向少数资本家手中不断集中，另一是劳动人民相对资本家贫困的日益积累。就劳动人民贫困的积累而言，一方面圈地运动、农业的资本化造就了大量的失地农民，这些失地农民转而成为产业工人，源源不断地满足现代工业发展对廉价劳动力的需求。另一方面，大量机器的使用显著提高了生产效率，很多工作由机器代替人来完成，造成大批手工业者、工人失业。如前所述，生产与消费的对立引起的产品剩余的危机，引发了大量的工厂倒闭，工人失业。这一切都使工人的贫困不断积累。

　　就资产阶级财富的积累而言，由于劳动力供给充裕，人力资源市场成为买方市场，给资本家提供了压榨空间。他们通过提高工人的劳动强度，延长

---

　　① 马克思恩格斯全集：第26卷（第2册）[M]．北京：人民出版社，1973：596．

工人的劳动时间，雇佣大量童工，以求最大限度地降低生产成本，提高产品的竞争力，积累越来越多的财富。工人的收入水平普遍较低，而且有降低的趋势。正如马克思看到的，资本家只肯花费最少的工资，满足工人及其家庭最低的生活需求。在这种情况下，"劳动愈使人感到厌恶，工资也就愈减少"①。据统计，"1814 年到 1817 年，棉纺织工业工人工资总指数整体下降了 40%"②。激烈的产业竞争，造成大量小资产阶级的破产以及劳动者生存空间的不断被压缩，也造就一批产业规模越来越强大的资产阶级，财富往他们手中越积越多。

相对资产阶级的财富积聚，劳动人民的贫困越积越重，甚至威胁到基本生存，1817 年贫困难耐的曼彻斯特工人举行了"反饥饿"示威游行；1819 年 5 月卡莱尔的纺织工在提高工资的请愿书上描述了他们的悲惨境地：他们每天的工作量都在 14~17 小时，而每周挣得的仅仅 5~7 先令，使得生活难以为继。财富的积聚与贫困的积累、生产的过剩与购买力的不足，使得买、卖脱节，生产与消费难以继起延续，以至于"在商业危机期间，每次不仅有很大一部分制成的产品被毁灭掉，而且有很大一部分已经造成的生产力也被毁灭掉了"③。

三　工人运动凸显了资产阶级与工人阶级的矛盾对立

恩格斯在《英国工人阶级状况》中指出："英国工人阶级的历史是从 18 世纪后半期，从蒸汽机和棉花加工机的发明开始的。"④ 圈地运动、机器的使用，使大量农业劳动者、手工业者走进工厂，成为一名工人。正是在资本盲目的扩张下，卖与买的矛盾、生产与消费的矛盾、资本家与工人的矛盾日益尖锐，由此在社会上形成了资产阶级与工人阶级的对立。在法国的牟罗兹，1823 年到 1834 年间，从事纺织工作的家庭出生的孩子，有 56% 不到 2 周岁就夭折了。1847 年的曼彻斯特，机械工人、工厂劳动工人及其家人的平均寿命也只有 17 岁⑤，工人阶级在生活的困难深渊中挣扎。随着经济危

---

①　马克思恩格斯全集：第 4 卷 [M]．北京：人民出版社，1958：473.
②　林晨辉．危机时刻——200 年来的经济大动荡 [M]．北京：中央文献出版社，1998：26.
③　马克思恩格斯全集：第 4 卷 [M]．北京：人民出版社，1958：472.
④　马克思恩格斯全集：第 2 卷 [M]．北京：人民出版社，1957：281.
⑤　查尔斯·布鲁尼格，马修·莱温格．现代欧洲史——革命的年代 1789—1850 [M]．王皓，冯勇，译．北京：中信出版集团，2016：196.

机的爆发，工人阶级大面积失业和贫困加剧，终于引发了工人运动。

"工人阶级第一次反抗资产阶级是在工业革命初期，即工人用暴力来反对使用机器的时候。"[①] 最早的工会组织和罢工事件出现在 1799~1801 年的英国，但只是处于萌芽状态，影响力弱小。到了 1808 年工人运动已经发展到尖锐的冲突阶段，兰开夏的纺织工人请愿保障工人最低工资的要求被英国议会否决后，愤怒的工人砸坏了纺织机器，迫使英国政府派出军队予以镇压。1810~1811 年工人运动进一步高涨发展，罢工不断。工人把生活苦难的愤怒疯狂地向机器发泄，认为是机器造成了他们的悲惨现状，大批量的机器被捣毁。英国政府对破坏机器的活动进行了残酷镇压，并于 1812 年通过法案，明确规定对破坏机器的工人可处以死刑。其后，工人运动不断涌现，最著名的要数"三大工人运动"：一是于 1831 年、1834 年爆发的里昂纺织工人起义，工人表达了给予最低的工资保障的经济诉求以及废除君主立宪制的政治诉求；二是 1842 年到 1848 年在英国爆发的由宪章派发起的宪章运动，这次运动声势浩大，波及全国，宪章运动向英国国会提出了包括普选权、彻底改革下院以及劳动者对自己劳动成果的优先享有权等诉求；三是 1844 年爆发的西里西亚纺织工人争取工资待遇的起义，这次起义得到柏林、亚琛等地工人响应，但由于起义工人与政府军力量悬殊而很快被镇压而结束。通过工人运动，工人确立了自己作为真实的人的存在而发挥自己的主体性，工人阶级从而第一次作为一支独立的政治力量登上了历史舞台。

---

① 马克思恩格斯全集：第 2 卷 [M]．北京：人民出版社，1957：502.

第四章　西斯蒙第：政治经济学批判第一人

第一节　政治经济学批判时代的开启者

古典政治经济学诞生于资本主义发展的上升期，它是西方社会对经济世界财富、价值、利益、需要等概念思考的抽象表达。自 14 世纪资本主义的生产关系在手工工场萌芽，直到 16 世纪这种生产关系在英国、法国等国家得以普遍确立，手工场主们逐渐质变为资产阶级鲜明地站在了封建专制制度的对立面。17~18 世纪，这种对立矛盾不断积聚、激化，英国资产阶级革命、法国大革命先后爆发，资产阶级政权得以确立，进一步促进了资本主义在欧洲乃至全世界的扩张。其间，英国古典政治经济理论发展为阐释资本主义世界合法性的价值标准。然而，"主观思维和客观世界都服从于同样的规律，因而两者在自己的结果中不能互相矛盾，而必须彼此一致"[1]，当资本的逻辑运行到 19 世纪初的时点，古典政治经济学所描绘的理想图景与经济客观现实的反差，在劳动与资本的对立、买和卖的对立、生产与消费的对立中逐渐凸显。资本主义在实践上所遭遇的现代性危机，促使人们开始怀疑资本主义制度的合法性、合理性。就像李嘉图对斯密体系的修正发展，实现了对英国古典政治经济学理论的最终完成，英国古典政治经济理论在法国遭遇了西斯蒙第的理论责难，为马克思从事政治经济学批判，揭露资本主义矛盾

---

① 　马克思恩格斯全集：第 20 卷 [M]．北京：人民出版社，1974：610.

及其内在本质提供了有益的思想来源，成为法国古典政治经济学的完成者，
从而开启了政治经济学批判的新时代。

一　西斯蒙第的生平与著作

让·沙尔·列奥纳尔·西蒙·德·西斯蒙第（1773～1842）原籍意大
利，出生于瑞士，出于政治、生活等原因，曾在英国、瑞士、法国以及意大
利等国居住生活。其学术研究的主要方向是历史学，先后出版过 16 卷本历
史学巨著《中世纪意大利共和国历史》（1818）、《法兰西人史》（1844）、
《罗马帝国衰亡史》（1835）等史学著作。他的主要经济著作有 3 部：《论商
业财富》（1803）、《政治经济学新原理》（1819）、《政治经济学研究》（两
卷本）。西斯蒙第写作《论商业财富》时还是一名亚当·斯密古典政治经济
学理论的坚定拥护者，其写作目的在于向法国社会介绍亚当·斯密经济思想
的基本原理，与亚当·斯密不同的是，他将其阐述的思想归属于政治学
（追求公共福利）的范畴。《政治经济学新原理》则是西斯蒙第经济思想的
转型之作，通过这本书以及后面出版的《政治经济学研究》，表达了与英国
古典政治经济学的决裂，使他从一个亚当·斯密的拥护者转变为批判者。

西斯蒙第与古典经济学派的斗争不算成功，与之相伴的是其风雨飘摇的
个人生活。涉及三次流亡、三次监禁、一次公民身份的改变、一段因家庭反
对结婚计划而受挫的恋情、一段经济紧张的时期，以及在 1842 年他死于癌
症之前在日内瓦与政敌的激烈争吵。西斯蒙第是一个性格温和的人，但生活
却充满了起伏不定。他曾经因家人受法国大革命的影响，而被迫逃离法国。
但西斯蒙第对革命者来说太"贵族"了，对复辟主义者来说太自由、太个
人主义了，以至于他没有形成自己的学派。作为一个人，他被认为是一个具
有高尚原则且极为慷慨的人，和蔼可亲，但缺乏社交礼仪，以至于人们对他
的经济理论的忽视和误解越来越深，但西斯蒙第整体上表现出了对其对手的
尊重。西斯蒙第是一位绅士农民，但不断变化的政治和经济命运使他从事了
各种各样的职业，他做过文员，也做过哲学教授。在政治上，西斯蒙第既是
实践者，也是理论家。他自己是法国大革命所释放的激情的胜利者，他反对
一切形式的教条主义。[①] 晚年，他回到了家乡日内瓦，和一小群朋友度过了

---

① Thomas Sowell. Sismondi: A Neglected Pioneer [J] . *History of Political Economy*, 1972, 4
(1): 63-64.

最后的生命时光。

托马斯·索厄尔（Thomas Sowell）对西斯蒙第给予了高度评价。他认为，西斯蒙第的价值被忽视了，事实上西斯蒙第比许多声名更大的经济学家提出了更基本的经济学概念和理论。然而，当人们记住他时，人们通常会认为他是萨伊定律的反对者之一，或者是将他作为关于技术、失业的可疑理论的反对者之一，或者被誉为"干涉主义之父"。托马斯·索厄尔认为，西斯蒙第还是第一个提出均衡总收入理论的人，是第一个提出代数增长模型的人，也是第一个在其他几点上预见到更多后期著名经济学家理论的人。凯恩斯曾经称赞马尔萨斯的政治经济学原理是他自己的《就业、利息和货币通论》的前身。[①] 但是，马克思却认为，马尔萨斯的原理描述其实是对西斯蒙第思想的"剽窃"。[②] 或许说，西斯蒙第的《政治经济学新原理》是凯恩斯理论的前身更为合适。鉴于其学术成果及社会影响力，西斯蒙第于 1838 年入选法国社会政治科学院。

关于西斯蒙第经济思想的理论来源，其本人一直将自己定位为亚当·斯密的学生，尽管对亚当·斯密的观点做了大量批判，但他仍坚持其学术追求不在于创建新的理论体系，不在于建立一种"新的学说"来反对亚当·斯密。而对于自己表达的政治经济学新观点，在《政治经济学新原理》第一版序言中他又似乎矛盾地表达了自己学术思想独创性。他将自己所提出的新原理视为前无古人之学说。按他自己的说法，其对所要表达的主题思想进行了长期的思考，在表达具体观点的时候，"没有参考任何书籍"，而是直抒胸臆。他称自己的观点"完全避免了一切理论权威的影响"[③]。但就其学说的整体而言，如他本人所承认的，仍是对亚当·斯密理论的修正。

二　西斯蒙第的古典政治经济学态度：从拥护到批判

西斯蒙第深入考察了英国、法国和瑞士的资本主义发展现实，目睹了工业革命和农业资本主义的快速崛起，用第一手资料准确把握了这一主导力量的确立进程。随着资本逻辑在时空维度上的深入推进，其逻辑预设的内在否定性，在现实世界引发的方方面面的对立矛盾也被深刻展开。在历史的这一

---

① Thomas Sowell. Sismondi：A Neglected Pioneer ［J］. *History of Political Economy*，1972，4（1）：62-63.

② 马克思恩格斯全集：第 26 卷（第 2 册）［M］. 北京：人民出版社，1974：51-52.

③ 西斯蒙第. 政治经济学新原理［M］. 何钦，译. 北京：商务印书馆，1964：11.

刻，资产阶级理论在阐释、指导经济世界上的乌托邦本质得以显现，从而将古典政治经济理论推到了批判的聚光灯下。而这一批判的第一个吹哨人就是法国经济学家西斯蒙第，正如马克思所言，资产阶级政治经济学家们"不断地在绝对的矛盾中运动而毫不觉察"，"西斯蒙第由于觉察到了这种矛盾而在政治经济学上开辟了一个时代"。① 马克思在《资本论》第二版跋中写道："古典政治经济学是属于阶级斗争不发展的时期的。它的最后的伟大的代表李嘉图……还在李嘉图活着的时候，就有一个和他对立的人西斯蒙第批判资产阶级的经济科学了。"② 当经济危机、阶级分化、失业贫困不断加剧时，正是西斯蒙第第一个正视了资本主义的对立矛盾，敏锐地意识到了一路高歌猛进的资本主义制度一定在设计上存在某些致命缺陷。西斯蒙第对古典政治经济学的态度可以分为两个阶段。

第一个阶段是作为古典政治经济学拥传者。以西斯蒙第 1803 年发表《论商业财富或政治经济学原理》（简称《原理》）为标志，其时正处于资本主义上升期。资产阶级经济学在迎合资本逻辑的发展过程中一直内含着批判因子。从重农主义对重商主义的否定，再到斯密政治经济学对重商主义、重农主义的否定，直到李嘉图对斯密体系的发展完善，英国古典政治经济学成为资本世界的自然法则，体现了历史的进步性。整体上来看，西斯蒙第这部著作重点在于阐述斯密的经济理论，也有一些他本人的创新之处，比如他分析了国际物品交换的成因，即要根据国家间资源禀赋的差异以及要素的价格开展国际贸易。就英国的资源禀赋而言，他认为英国作为资本禀赋比较充裕的国家，应从资本相对稀缺而劳动力低廉的国家进口缎带。这部作品为他赢得了经济学声誉，甚至收到了维尔纽斯大学的教授席位邀请，但被他拒绝了。

第二个阶段是作为古典政治经济学的批判者。西斯蒙第这一身份的确认，以其于 1819 年发表的《政治经济学新原理或论财富同人口的关系》（以下简称《新原理》）为标志。发表《新原理》后的十五年时间里，西斯蒙第敏锐地注意到经济世界的种种对立矛盾与他的《原理》所坚持的经济理论大相径庭，与《原理》时期拥护、传播斯密古典政治经济学理论不

---

① 马克思恩格斯全集：第 26 卷（第 2 册）[M].北京：人民出版社，1974：285.
② 马克思.资本论：第 1 卷 [M].中共中央马克思恩格斯列宁斯大林著作编译局，编译.北京：人民出版社，2004：16.

同，其态度发生了鲜明的转变，他以修正斯密理论为使命，开启了对英国古典政治经济学所代表的资本主义经济理论的批判，就一系列问题给出了自己的答案——《政治经济学新原理或论财富同人口的关系》。作为对政治经济学观点的种种立论，如他自己所说，似乎前无古人，整个写作过程，下笔直书，没有参考任何书籍，完全避免了一切理论权威的影响。其后，西斯蒙第还于 1838 年出版了他的最后一部经济学著作《政治经济学研究》（两卷本），该书延续了其在《新原理》中所表达的经济主旨，并做了进一步的阐述发挥。在篇章构成上，主要为西斯蒙第发表的报刊文章的汇编，保持了与古典政治经济学理论的对立态度。他指出英国"一切灾难的产生只是由于它遵循了错误的经济方针"，"他们的政治经济学包含着偏见"①。他通过剖析英法资本主义世界凸显的种种对立矛盾，展开了对英国古典政治经济学理论的批判。他虽然批判了这一学说，但其态度整体上仍然是以一个古典政治经济学继承者的身份，对这一学说进行发挥、补充和修正，从而使其成为法国古典政治经济学的完成者。在对英国古典政治经济学的批判内容上，西斯蒙第的批判主要体现在以下三个方面。一是批判了古典政治经济学的财富观，他指责这一学说只强调财富的生产，忽视人的享受，"见物不见人"，颠倒了政治经济学的目的，提出真正的政治经济学目的应该是人而非物。二是对古典政治经济学建立在生产决定论基础上的无危机理论进行了批判，认为生产与消费的矛盾是资本主义社会的基本矛盾，盲目的生产扩张和不断萎缩的消费能力必然导致普遍性的生产过剩危机。由此，他提出生产消费平衡论，并主张回到小生产经济模式。三是对古典政治学自由放任的市场理论的批判。自由放任理论主张，为促进农业和商业的发展，政府应给予它们完全的自由，政府只做"守夜人"，把财富的增长寄托在自由基础上的竞争。但西斯蒙第发现，这一自由理论加剧了生产的无序，竞争者相互倾轧、掠夺和互相破坏，并在社会上造就出一个困苦的群体——无产阶级。因此，西斯蒙第提出了国家干预的经济思想。

第二节　对颠倒的颠倒：古典政治经济学目的的批判

西斯蒙第批判的起点是什么？在笔者看来，从亚当·斯密与西斯蒙第著

---

①　西斯蒙第.政治经济学新原理［M］.何钦，译.北京：商务印书馆，1964：5—6.

作的标题便可发现端倪，两者著作的关键词均为财富，前者研究国民财富的性质以及提高财富的机制，后者在批判古典政治经济学的基础上彰显自己的财富观。西斯蒙第在自己的《政治经济学新原理或论财富同人口的关系》中，除了开篇介绍古典政治经济学的研究对象和起源，其后三章分别从财富的形成和发展、领土财富以及商业财富的角度阐明财富问题。西斯蒙第对政治经济学的批判正是从财富观开始的，其追问的核心是政治经济学追求怎样的财富观，是个人财富观还是具有普遍性的财富观，是以人为目的还是以财富为目的。但深刻的追问必然引起对其背后的道德哲学的深刻反思，因此，要厘清古典政治经济学的逻辑脉络，审查西斯蒙第批判的合理性，必须从认识古典政治经济学的逻辑前提（即人性论）开始，进而梳理其财富实现的逻辑，并在此基础上展开西斯蒙第对古典政治经济学财富观批判的逻辑叙事。

一 人性论：古典政治经济学财富观的逻辑前提

古典政治经济学说是研究财富增殖的学问，追求财富的经济活动涉及对这一动机的经济伦理问题进行哲学的追问和反思。其首先要解决的是追求个人财富、国家财富增殖从而满足自身欲求的合理性、合法性问题。这一问题之所以成为一个问题，是因为这一经济诉求涉及对基于自然法并包含提倡平等、反对牟利、蔑视商业行为等传统经济伦理价值观的突破。这些思想在《圣经》、古希腊以及中世纪的经济思想中俯拾即是。经济伦理从宗教禁欲、反对牟利到个体性的确认、欲望追求的合法明证，是苏格兰启蒙运动对人性讨论的重要成果之一，它的具体表达体现在霍布斯、哈奇森、休谟以及亚当·斯密等人的理论著作中。如果说古希腊对财富表达了"禁欲和限制"的态度，中世纪则体现为一种宽容的渐进解放的欲望和财富观。神学家阿奎那的经济思想代表了宗教世界对欲望和商业的态度变化，体现了对私有财产、商业活动和高利贷的辩护。阿奎那的《神学大全》认为私有财产并不违背自然法，因为《圣经》承认劳动者应得到他们的薪水，正义要求他得到合理的报酬；商业利润的合法性则通过建立起商人牟利动机的评价标准而予以正名，在三种情形下获得利润是合法的："为自立使用利润、为慈善事业使用利润以及先通过经营商业为公众提供商品。"[1]

---

[1] 斯皮格尔. 经济思想的成长（上）[M]. 晏智杰，等译. 北京：中国社会科学出版社，1999：50—51.

到了启蒙时代，欲望与财富观念则得到了更大程度的自由解放。启蒙时代，西方社会进入了追求个体解放、欲望满足和财富丰腴的古典政治经济学理论建构阶段。这种从现实界面到思想认知界面的转变，在英国发端于苏格兰启蒙运动前夜的霍布斯，甚至可以追溯到中世纪后期意大利政治思想家马基雅维里，并在启蒙时期的哈奇森、休谟等伦理学家那儿得到发酵，最终成熟于亚当·斯密所系统建构的古典政治经济学理论。亚当·斯密继承了前人对自我保存、追求个体财富的观念，并基于对人的行为动机的分析，以理性经济人假设为前提首次构建了系统的政治经济学理论体系。亚当·斯密赞同霍布斯有关人类自我保存在自然秩序中应具有的合法地位，论证了人的本性所具有的自利心的合理性，并成为理性经济人追求私利的伦理动力和经济决策的根据所在。亚当·斯密与霍布斯虽然都承认追求个人财富的自然正当性，但和哈奇森一样反对霍布斯、曼德维尔的性恶论不同。亚当·斯密的出发点是人的自利心或者叫自爱心，这种自爱自利与人性本恶的观点不同之处在于，自爱自利不是自私，不是一种损人利己的恶德，而是经过"公正的旁观者"审查的道德上的"合宜"。自利的合宜性在《道德情操论》《国富论》中均有明确表述。在与他人的交往上，为了实现有效合作以及获得他人的帮助，亚当·斯密认为如果仅仅依赖他人的善意，则这一目的往往很难达成。而如果诉诸他人的自利心，通过揭示合作与帮助给他人能够带来的好处，那么自己的愿望就能够达成，这是每一项交易的意义所在。

由此可见，亚当·斯密从自我保存和分工交换的角度论证了人的自利心的正当性，由此生发开去，为了更好地保存自我，更好地实现自利的目的，他进一步论证了人追求物质财富的满足也是自然正当的。笔者以为至少在两个方面论证了这一自然正当性：一方面，财富能够满足自我保存的基本需求，具有道德上的合宜性；另一方面，人追求财富对"虚荣心"的满足具有情感合理性。

古典政治经济学所蕴含的伦理思想是从中世纪旧的社会胚胎中诞生的，对个体欲望的解放、财富积累的追求作为历史的特殊性，它代表了资产阶级的利益诉求，如何转变为历史的普遍性？在康德看来，特殊意志向普遍意志的转变，关键在于这一历史特殊性能否上升到法的原则①。亚当·斯密认

<hr />

① 转引自利奥·施特劳斯. 现代性的三次浪潮［A］. 汪民安，陈永国，张云鹏，主编. 现代性基本读本（上）［M］. 开封：河南大学出版社，2005：163.

为，每个人为了自我保存，而试图改善自己境遇的自然努力是一股非常强大的力量，单靠这股力量不仅可以实现社会的繁荣富裕，而且能够突破所有愚昧法律制度的阻碍。英法等国的资产阶级革命，将这股力量汇聚成暴力，不仅推翻了封建制度下的一系列阻碍资本主义发展的障碍，而且锻造了属于资产阶级的法律，从而巩固了革命的成果。一系列经济法律制度的出台，为资产阶级财富逻辑的展开提供了政治法律层面的保障：一是限制或者推翻封建王权的政治模式，建立民主政治，反映资产阶级的意志；二是为资本逐利营造自由的环境。启蒙运动对自由民主的推崇，其实质是对人的解放，对欲望的解禁，对自由的释放，对个体权利的尊重。法国资产阶级革命对这一启蒙理念的诉求显得尤为具体，1789 年法国大革命的成果《人权和公民权宣言》便是这一诉求的具体表达。其沿袭了英国《权利法案》和美国《独立宣言》的革命精神，围绕人的解放，宣告了人"自然的不可转让的神圣权利"①。由此，亚当·斯密政治经济学所描述的经济运行规则的伦理前提，实现了由理论论证向法律框定的转变，对欲望的表达、对财富的追求获得了合理性、合法性明证，实现了由历史的特殊性向历史的普遍性的跃迁。从此，为个体打开了堂而皇之地借助资本逻辑追逐财富的自由放任之门。

二　私利而公益：古典政治经济学财富观的逻辑实现

经济问题的研究总是要围绕财富概念而展开，私利而公益的核心也是财富。因此，探究国民财富的生成逻辑必须从财富的内涵说起。古典政治经济学说明了个体追求私利的合理性，以及因追求私利而实现公益的道德性，最终资产阶级革命将其上升到合法性地位。从私利到公益（也即国富民裕）是亚当·斯密《国富论》的主题，这一主题的价值实现，需明晰两个问题，即什么是古典政治经济学说的财富？私利与公益作为两个不同的价值追求向度何以实现逻辑上的统一？对这两个问题的解剖必须回到古典政治经济学的文本中去。"斯密的伟大不在于他在伦理学或经济学的某个方面提出了令人印象深刻的原创性观点，而在于他综合前人的见解，首次创立了一个新的经济理论体系，尽管其中不乏他对前人的批判和修正。"② 亚当·斯密财富观

① 诺曼·戴维斯. 欧洲史（下卷）[M]. 郭方，刘北成，等译. 北京：世界知识出版社，2007：728—729.

② 徐大建. 西方经济伦理思想史 [M]. 上海：上海人民出版社，2020：173.

的形成正是在对重商主义、重农主义的批判、吸收的基础上形成的。

关于什么是亚当·斯密的财富概念，从其大量论述中可以发现，他有过多种表述，但都不确切。从亚当·斯密的论述来看，财富在形式上至少包括货物（包括吃穿住在内的各种生活必需品）、金银或者货币，这些形式有一个共同的特征即劳动生产物。就西班牙人将金银视为财富，鞑靼人将牲畜视为财富而言，亚当·斯密认为鞑靼人实际上是最接近真理的观点。正如马尔萨斯所言："亚当·斯密并没有给财富下过一个正式的定义。但是，从他的整个著作看来，他对这个词所给予的意义只限于物质对象……使这个词的含义，既不失之过窄，又不失之过宽，我要给财富下的定义是：对人类必需的、有用的或合意的那些物质对象。"① 马尔萨斯对财富的定义得到了李嘉图的赞赏。

亚当·斯密的财富观念以追求个人私利的实现为起点，以追求一国整体财富的普遍提升为最终目标。如何实现个人乃至国民财富的普遍增长？这是亚当·斯密《国富论》开篇所探讨的内容，在他看来，国家财富的增加与人们的勤劳程度相称，辛勤总是与分工的精细成比例。通过分工，带来了劳动过程或劳动方式的三个转变：一是劳动者素质的提高，促进工作娴熟度；二是劳动流程优化，时间的相对增多必然提高单位时间的产能；三是有利于发明创造的产生，由于长时间专于一项生产工作或司职机械设计的工程师便会发现劳动工具的改进之处。由此，分工从促进生产效率的大幅度提高，提高了财富的增长。

那么分工带来的财富增长，对个人财富的积累有什么影响？在亚当·斯密看来，无论是工场主还是雇工，个人财富均有所增加。"只要经过恰当的劳动，就可轻而易举地获取这些东西的国家，就是富裕的国家。"② 在亚当·斯密看来，个体的贫富就在于其所享有的物品的品质和层次，通过分工，无论是雇主还是扣针工人均实现了个人财富的增长。另外，亚当·斯密所谓个体的财富增长并非均等化的财富增长，而且这一财富分配的不平等具有历史进步性和自然合理性。正如他在《国富论》第一篇标题所表达的，这一不平等的分配，乃是一种"自然分配的顺序"。对这一财富增长观念的认识需根植于亚当·斯密的商业社会理论。那么商业社会是如何形成的？亚

---

① 李嘉图．李嘉图著作和通信集：第二卷［M］．蔡受百，译．北京：商务印书馆，1979：22.
② 亚当·斯密．法理学讲义［M］．冯玉军，等译．北京：中国人民大学出版社，2017：334.

当·斯密认为，由于人类以物易物的倾向——你对我的劳动产品的需要，以及我对你的劳动产品的需要所导致的倾向，引起了分工。有需要，也就是有市场。因此，也可以说"分工是直接由某人的商品有市场引起的。有市场，他就可以用一种东西来换得其他各种东西"①。市场的形成导致了劳动的分工，分工是巨是细也由市场决定，市场越是广阔，分工越是细化，越是能够更好地满足人的需要。然而分工的范围受交换的能力（即市场范围）的限制，相较于农耕以前的社会发展阶段，只有在水陆交通发达的现代才能够产生商业社会所需要的市场范围。可以说正是工具理性的发展，带来了交通工具的改进以及生产手段的革新，促进了市场的发展，从而满足了无限的欲望需求。

"分工一经完全确立……一切人都要依赖交换而生活，或者说，在一定程度上，一切人都成为商人，而社会本身，严格地说，也成为商业社会。"由此我们看到，亚当·斯密的商业社会，就是一个分工细致、人人皆商人的社会，每个人都在寻找着自己劳动产品的市场，交换出去，并换回自己需要的产品，市场在实体上既是一个交换的平台，也是一个涌动着欲望需求的空间。

高度分工、高度市场化的商业社会虽然有益于社会财富的增加，但它并不是完美的。卢梭认为，自从分工开始之后，"平等就消失了、私有制就出现了、劳动就成为必要的了"②。另外，卢梭还批判了商业社会个人因对他人意见的依赖而产生的大量炫耀、欺骗和不道德行为，以及商业社会虚幻的幸福。他认为由于商业社会人们欲望的无限膨胀，文明社会中人们一生都在为一种无法获得的幸福而奋斗和辛勤劳作。亚当·斯密对卢梭的责难给予了足够的关注、同情，称之为"华丽的雄辩"。但亚当·斯密对卢梭观点的评判远不止于此，与卢梭回到自然的呼唤不同，他在认可商业社会实存的具体问题的同时，给出了商业社会在人类历史发展阶段上所具有的比较优势，就商业社会存在的问题给出了自己的方案。

亚当·斯密首先论述了高度分工的商业社会相对农耕社会等落后文明形式的比较优势。他指出，现代社会所有的工艺和商业发展都在于使生活必需品与便利品的获得更加便捷，我们看到，"一个过着极为简朴生活的普通日

---

① 亚当·斯密. 法理学讲义［M］. 冯玉军，等译. 北京：中国人民大学出版社，2017：344.
② 亚当·斯密. 亚当·斯密哲学文集［M］. 石小竹，等译. 北京：商务印书馆，2015：299.

工，他比身为一千个赤身野蛮人的首领的印第安人王子拥有更多的生活便利品和奢侈品"①。而这些物质的享用，其前提就是社会大量的细致分工。现代商业社会就是最底层的穷人也比野蛮社会的王子更加富有，从而在物质层面驳斥了卢梭回到原始自然状态的不合理性。

在论证了商业社会的历史进步性后，亚当·斯密认为现代日工和农民遭遇的不平等、不公正待遇仍然具有历史的可期待性和存在的合理性。他的方法论仍是历史的比对，他认为"当商人、穷人都为之劳动，付出汗水时，这些有权势的人或贵族理应富裕。尽管备受压迫与暴政，贫苦的日工和农民比起希望渺茫的野蛮人，其生活应该更加安逸"②。在这里，亚当·斯密强调的富裕即对野蛮社会的相对富裕，即便是作为野蛮人中最富有的王子，其贫困程度也远大于任何一个称得上文明国家最寒微的人。亚当·斯密将这种贫富差距视为自然合理。"我们又该如何解释呢？不同人的分工可以解释这种现象。"③ 综上，在亚当·斯密看来，商业社会是一个通过分工可以实现国富民裕的社会发展阶段，个人在追求自身财富的时候，虽然不以公共利益为目的，却最终因为自己的私利追求而导致了公共利益的普遍提升，从而为个人追求私利找到了道德的根据。即便存在贫富差距，存在财富分配的不平等，但相对野蛮社会，这仍然是一个值得期待的普遍丰腴的社会。

三 古典政治经济学财富观批判

西斯蒙第认识到，古典政治经济学的理论将国民财富的丰腴作为价值追求，在实践上促进了财富的增加。物质财富在资本逻辑的加持下总是使工人处于不利地位，虽然社会财富总量在增加，但工人实际能够消费的物质财富的量却相对减少了，由此不断扩大贫富差距。经济上的劣势地位使得穷人越发依赖富人，进而加剧了资本对穷人的剥削程度。他警示道："财富的增加并不是政治经济学的目的，而是使大家幸福的手段。"然而这种幸福，在斯密理论践行的半个世纪里，"在所有各阶级里寻找这种幸福，可是我（指西斯蒙第）在任何地方都找不到"④。西斯蒙第对古典政治经济学的批判正是从财富开始的，他认为从亚当·斯密到李嘉图均坚持了错误的财富观，尽管

---

① 亚当·斯密. 法理学讲义 [M]. 冯玉军，等译. 北京：中国人民大学出版社，2017：330.
② 亚当·斯密. 法理学讲义 [M]. 冯玉军，等译. 北京：中国人民大学出版社，2017：330.
③ 亚当·斯密. 法理学讲义 [M]. 冯玉军，等译. 北京：中国人民大学出版社，2017：342.
④ 西斯蒙第. 政治经济学新原理 [M]. 何钦，译. 北京：商务印书馆，1964：3.

有所区别。他将财富实现从生产转向分配，他始终将人的物质享受和幸福的达成作为自己政治经济学的目的，将财富置于人的从属地位，追求政治与经济的融合，寻求"人类的最大利益"和"人人分享物质财富"，从而使他的财富观具有鲜明的人本主义色彩。

（一）西斯蒙第的财富概念内涵更丰富

西斯蒙第同意亚当·斯密将劳动视为财富的唯一源泉，节约是积累财富的唯一手段的观点。但与马尔萨斯给出的财富是"对人类必需的、有用的或合意的那些物质对象"的定义相比，西斯蒙第的概念是具有创建性的，主要表现在三个方面。其一，财富应体现人的属性。他说"人类劳动的产物被称作财富，它和生活资料都代表人类要求享受的所有物质财产"，"它给予人们要求享受到的一切物质财富"。[①] 可见，这与英国古典政治经济学家主要强调财富的生产性不同，他的出发点是人，财富的目的是满足人的享受或者需要，而不是作为财富积累的手段，这就使西斯蒙第的财富生产观念始终贯穿着对人的关怀，这也是批判古典政治经济学"为生产而生产""为积累而积累"的原始动因。他进一步指出政治经济学把财富或者财富增长的理论当作其特有目的，这门学问在亚里士多德时期便被称为"理财学"。但是人们只是在"财富"字义上进行争论，却没有弄清楚其中的思想观念。他提出，理财学所应遵循的方向"总是、而且永远是把聚集在一起、组成社会的人们作为研究对象"[②]。政治经济学的研究一切都源于人，而财富应该是从属于人或物，因此在研究财富的概念的时候，必须指明人和物的关系，否则财富这个比较术语就没有任何的意义。因此，财富概念在古典政治经济学家那里仅局限于对所有物质财富的估量，只不过是一个简单抽象的名词，建立在这种抽象财富概念上的理财学或者财富增长的科学也就像空中楼阁。

其二，西斯蒙第将精神财富纳入财富范畴。与古典政治经济学将财富限定为物质财富不同，西斯蒙第将精神财富纳入其中。他提出财富包括"一切物质享受和来源于物质享受的精神享受"。西斯蒙第并没有给精神财富以确切的定义，但他给出了具体的内容，即获得"美感、心灵美和智力的美

---

①　西斯蒙第.政治经济学研究：第一卷［M］.胡尧步，等译.北京：商务印书馆，1989：10-11.

②　西斯蒙第.政治经济学研究：第一卷［M］.胡尧步，等译.北京：商务印书馆，1989：10.

感"。西斯蒙第和古典政治经济学家一样，承认自我保存的正当性，这正是人类聚集在一起建立政治组织的目的所在。因此，社会应该首先保障物质财富和生活资料的供给，西斯蒙第认为"保证人类生存的劳动管理应该作为第一个努力目标，要求首先把社会的注意力集中在物质，人们丝毫不必因此指责我们把人降到野兽的水平"。① 古典政治经济学对财富概念的追求止步于物质层面的满足，但西斯蒙第进一步提出，"与我们的先辈相比，我们是考虑到政治经济学与人的心灵以及人的智力的关系"②。在发展物质资料的同时，应该关注人类道德和智力的发展。如何生产发展精神财富？西斯蒙第认为精神财富的获得需要"闲暇"的滋养，它是建立在物质财富基础上的更高层次的财富形式，"几乎所有的精神财富，都是借助于物质财富才能得到"③。

在精神财富的实现上，西斯蒙第提出首先应该通过发展物质财富，造就富人阶层。所谓的富人就是满足吃、穿、住之外，能够享受闲暇的人，只有拥有闲暇才能真正生产享受精神财富。在西斯蒙第看来，如果没有享受闲暇的富人，国家就很快陷入物质、野蛮和自私。如果没有充分的物质财富作为支撑，人们绝不能对体力劳动和疲劳所产生的精疲力竭的后果存在幻想。因此，在进行物质财富的生产的过程中，"不仅不能没有科学和艺术的进步，同时也不能没有智力、审美、思想和风度等各方面的进步"④。而富人在满足物质需求之后，便可以利用闲暇寻求"美感、心灵美和智力的美感"方面的满足，从而拯救精神世界免于陷入野蛮状态。

其三，西斯蒙第的财富观包含积累的正义性。英国古典政治经济学在讨论财富的积累时，强调了生产过程中分工、技术使用的重要性，按照"斯密教条"，地主、资本所有者和工人各得其所，似乎是自然正当的铁律。社会成员按一定比例分享劳动成果固然无错，但是西斯蒙第认为："我们永远也不会将社会的某一个成员从另一个成员那里抢夺过来的那一部分称为财富。"⑤ 西斯蒙第在此处所谓的"抢夺"意指财富分配的非正义性，非正义的积累不是真正意义上的财富，而古典政治经济学只关注财富的积累，无视

①　西斯蒙第.政治经济学研究：第一卷 [M].胡尧步，等译.北京：商务印书馆，1989：9.
②　西斯蒙第.政治经济学研究：第一卷 [M].胡尧步，等译.北京：商务印书馆，1989：10.
③　西斯蒙第.政治经济学研究：第一卷 [M].胡尧步，等译.北京：商务印书馆，1989：10.
④　西斯蒙第.政治经济学研究：第一卷 [M].胡尧步，等译.北京：商务印书馆，1989：14.
⑤　西斯蒙第.政治经济学研究：第一卷 [M].胡尧步，等译.北京：商务印书馆，1989：11.

财富分配机制的正义性，以及由此产生的被"抢夺"者的悲惨境遇。因此，西斯蒙第提出，真正意义上的国民财富应该使所有的人都能够分享到好处。最后，西斯蒙第提出财富判断三原则。如何判断一件东西是否属于财富？西斯蒙第在《政治经济学新原理》中曾提出三个原则：其一，财富必须是通过直接或者间接的劳动而产生或获得价值的东西；其二，对人有利，能够满足人的愿望，能间接或直接为人所使用；其三，能够积累、保存以备日后消费。任何东西必须同时具备这三个原则才能被称为财富。

（二）政治经济学目的应是人而非财富

西斯蒙第反对古典政治经济学对政治目的的偏离，过分强调经济的目的，而把财富作为政治经济学的目的。他以理想的政治学、政治经济学所应追求的价值目标作为逻辑分析的起点，提出政治经济学应该是关于人并且服务于人的理财学问，而财富是从属于人或物的，如果不同时指明人和物的关系，财富这个术语就毫无意义。

西斯蒙第认为政治经济学与高级政治学分属于政治学的两大部门，作为一种方法，政治学的目的在于"寻求使人类得到符合他们本性的最大福利的手段；同时，它也要寻求尽可能使更多的人共享这种福利的方法"①，可以理解政治经济学在价值追求上必然要保持与政治学的一致性。那么人的幸福是什么？西斯蒙第认为它应该包括两个方面，一类是精神的幸福，一类是物质的幸福。前者属于高级政治学的研究对象，就其目的的达成而言，有赖于政府的完善程度：政府应通过法治给予公民获得自由的保障，有效激发公民高尚的道德情操；政府还应通过加强对民众的教育培养以开启民智；政府还应当充分认识到宗教有利于慰藉现世生活困苦的民众，激发人们对死后幸福生活的向往热情，从而鼓励宗教事业的发展。通过上述这些政府行为使得全体国民得到普遍的恩泽，这种恩泽"不应该是一个人或一个阶级的利益，而应当是使所有的人守法奉公，日益良善，获致更大的幸福"②。政府对增进民众获得物质幸福的事业正是政治经济学所研究的重要内容。西斯蒙第认为人的一切物质需要均应通过财富得以满足，财富可以使人们保持健康、维持生活。政府应通过政治经济学使老幼均能得到衣、食、住上的满足。

正是在这个意义上，西斯蒙第将财富看作"人们为了彼此的物质福利

---

① 西斯蒙第. 政治经济学新原理［M］. 何钦，译. 北京：商务印书馆，1964：15.
② 西斯蒙第. 政治经济学新原理［M］. 何钦，译. 北京：商务印书馆，1964：18.

而能创造的一切表征"，与亚当·斯密将政治经济学定义为研究国民财富的性质与原因不同，西斯蒙第在"经济"一词的现代语义下——"对财产的保护和节约性的管理"，将政治经济定义为对国家财产的管理，而对私人财产的管理则定义为家庭经济。因此，财富既然是人的一切物质享受的标志，具有政治学目的的国家财产管理，必然要彰显财富对幸福普遍性的表达，它理应给所有的人带来幸福。作为政府，管理全国财富的科学方法就是促进全国福利的科学方法。

亚当·斯密的经济理论以财富的增加为核心，人的分工是为财富的增加服务，这一在斯密看来合乎自然和人性的经济制度，"每种劳动都有利于公众，并促进财富增长"，"最需要的劳动永远是最符合公众利益的；根据这个理由，这样的劳动报酬也就最高，同时也必定最富有成效"[①]。只要提供自由的环境，让商品自由交换，让劳动者自由出卖劳动力，就会提高每个人的财富，进而提高国家的财富，整体上实现斯密预设的国富民裕。这一套经济理论在英国受到热烈的追捧，国家的理财大臣们学习这些理论，并在议会经济决策辩论时将它们用于引经据典，从而在英国建立起了普遍竞争的经济发展方式。然而西斯蒙第——作为亚当·斯密学说曾经的宣传者，从现实的经验所得出的结论却与亚当·斯密存在重大分歧，他指出亚当·斯密的"学说所得出的实际结果，往往和他本人的立论大相径庭"。尽管西斯蒙第赞同亚当·斯密追求公共利益的政治经济学目的，却质疑了其理论的现实性。

古典政治经济学在财富实现上预设了对公共利益的追求目的，在具体的研究上，亚当·斯密在进行政治经济学研究时注重对社会现实的把握，充分考虑事物间的各种具体联系，充分考虑能够影响国民幸福的各种结果，并从这个意义上将这门学问归为"实验科学"。但现实层面与其理论大相径庭，究其原因，在西斯蒙第看来有三。一是在研究的方法论上未能将综合推理研究方法贯彻到对现实的分析中。二是没有充分考察财富与人口抑或财富与民众享受之间的关系。前者使亚当·斯密的理论构建缺乏足够的现实基础；后者则使他的财富理论没有将人的因素贯彻到底，从而偏离了政治经济学的政治目的。三是过度抽象，忘却了人的因素。亚当·斯密在英国的后继者在理论发展上，则"陷入了抽象，这就使我们把人遗忘了，而财富正是属于人

[①]　西斯蒙第. 政治经济学新原理 [M]. 何钦，译. 北京：商务印书馆，1964：40.

而且为人所享受的"。他进一步发问道："英国所积累的如此巨大的财富究竟带来什么结果呢？除了给各个阶级带来忧虑、贫困和完全破产的危险以外，另外还有什么呢？为了物而忘记人的英国不是为了手段而牺牲目的吗？"① 总之，在西斯蒙第看来，将财富作为政治经济学研究的对象和目的，颠倒了人与财富的关系，财富始终只能是人的手段，而非目的，应当追求政治与经济的共同实现，即人的普遍幸福。

（三）西斯蒙第认为真正的财富实现应关注大多数人的利益而非少数人的利益

古典政治经济学预设了从私利而公益的财富实现路径，然而这一饱含德性追求的理论逻辑在贫富严重分化的现实面前，遭到了西斯蒙第的激愤责难。基于西斯蒙第财富观的政治学追求，财富分配的两极分化，显然不符合幸福普遍性的原则，亚当·斯密及其弟子们的理论学说所描绘的幸福蓝图，在实践结果上只是满足了少数人的欲望需求，而没有惠及大多数人。

首先，政治经济学的目的在于人，且需通过财富的积累和分配实现，西斯蒙第的批判是基于事实的批判。在第一章笔者已经介绍了资本主义发展过程中，面临的种种矛盾。通过对经济现状的研究，西斯蒙第注意到，应用古典政治经济学理论所创造的财富只是"虚假的繁荣"。"如果说那些学说（古典政治经济学说）的目的在于使富者更富，那么他也同样使穷者更加贫穷，更加处于依附地位，更加被剥削得一干二净。"② 西斯蒙第认同亚当·斯密将劳动视为财富的唯一源泉，将节约视为积累财富的唯一手段，但他认为还应该考虑如何在国民间分享这一积累。他认为"享受是积累的唯一目的，只有增加了国民享受国民财富才算增加"③。在西斯蒙第看来，政治经济学的价值追求应当保持与政治学的一致性，"政治学的目的是、或者应当是为组成社会的人类谋求幸福。它寻求使人类得到符合他们本性的最大福利的手段；同时，它也要寻求尽可能使更多的人共享这种福利的方法"④。

其次，西斯蒙第的批判在于对古典政治经济学理论的不完善的批判。是什么造就了这种贫富差距的分化？他所指向的不是古典政治经济学在增加财富积累方面理论的正确性，而是这种理论对由于社会地位不平等所造成的这

---

① 西斯蒙第. 政治经济学新原理 [M]. 何钦，译. 北京：商务印书馆，1964：5.
② 西斯蒙第. 政治经济学新原理 [M]. 何钦，译. 北京：商务印书馆，1964：2.
③ 西斯蒙第. 政治经济学新原理 [M]. 何钦，译. 北京：商务印书馆，1964：41.
④ 西斯蒙第. 政治经济学新原理 [M]. 何钦，译. 北京：商务印书馆，1964：19.

种贫富分化的无视。就像亚当·斯密在《国富论》中阐明的，这种财富的积累所带来的雇主、办事员、工匠以及底层劳动者之间的财富分化属于自然现象，是一种自然分配秩序，他的最大合理性、进步性在于对野蛮社会财富享有在各阶层的提升。可以说，古典政治经济学理论就内含着这一贫富分化的基因。如何化解这一贫富分化的现实，不是古典政治经济学的理论旨趣，而这恰恰是西斯蒙第特别追求的。按照斯密理论运作的资本世界，偏离了劳动积累的本初目的，在西斯蒙第看来劳动积累的目的在于获得休息，在于满足消费所需，而贪图财富以享受为目的。然而现实却是"因为一个人劳动，而另一个人则休息，所以劳力和报偿是分开的，劳动者和以后的休息者不是同一个人"①。

　　他进一步揭示到，国家积累的目的是保障每个人都能得到启迪智慧、提升自我所必需的休息时间。而现实是民众的劳动付出得不到对等的物质财富和闲暇，也就是说国家为了手段而丢失了目的。由于人的需要在巨大的生产力面前是极其有限的，而人们越是生产，不仅不能积累财富，而且会造成普遍贫困。其根源在于人与人之间不平等的社会地位——雇主、办事员、工匠和底层劳工，造成了物质享受的巨大差异。西斯蒙第的这一观点建立在将劳动产品划分为必需品与奢侈品的基础上。他认为，人们对生活必需品的消费是有限的，而对奢侈品的消费却是无限的，由于社会地位的差异，工人正常劳动的消费也只限于必需品。为享受奢侈品而付出艰辛的劳动很快就会为工人所抛弃，毕竟"如果把那种几乎感觉不出来的、穿漂亮衣服的享受和他未得到这样的衣服所进行的额外劳动比较一下，那么，可以说谁也不肯付出那么高的代价"②。其结果就是地位高的雇主可以用别人的劳动购买奢侈品，对于工人来说，这种艰苦的无休止的劳动只存在于对必需品的追求的情况下。这种不平等以及由此造成的分配进而贫富的悬殊，则由于工业的进步，以及与人口相比较的生产的进步，进一步加剧了。其结果必然是这种进步越是发展，"劳动者和享受者的命运之间的不协调现象也就愈严重，前者受苦愈多，后者越可以恣意挥霍"，"这样一来，富人就更加奢华，而穷人必然更穷"③。

　　亚当·斯密说："一国的财富取决于劳动的货币价格与该价格能够购买

①　西斯蒙第.政治经济学新原理［M］.何钦，译.北京：商务印书馆，1964：56.
②　西斯蒙第.政治经济学新原理［M］.何钦，译.北京：商务印书馆，1964：58.
③　西斯蒙第.政治经济学新原理［M］.何钦，译.北京：商务印书馆，1964：58.

到的商品的比例。如果能买到大量商品，则是富裕国家，否则就是贫穷的国家。"① 他本人却忽视了因为贫富差距工人是否具备买商业的足够条件，他期待于自由的商场机制，将财富的生产、增长、分配交给"看不见的手"去引导，国家只是市场机制的"守夜人"；将这种由于地位不平等造成的贫富分化，诉诸自然秩序，在古典政治经济学理论家那里，无论是斯密还是李嘉图均没有给予足够的人本关怀，他所关注的更多的是没有人的财富的积累。

最后，西斯蒙第倡导的财富增长、分配机制是一个有利于促进普遍幸福的城市与家庭的规则。这一规则并不排斥贫富差异，而是一种建立在大多数人幸福基础上的差异。与亚当·斯密一样，他肯定劳动是财富的源泉，他认为劳动是人的一切物质享受之父，劳动创造财富。但他指责财富学派只关心财富的形成，而不重视财富的分配，他两卷本的《政治经济学研究》则重点阐述分配问题。真正的政治经济学应当通过城市与家庭的规则来教育指导人的劳动，从而让"全体人民都能享受劳动的成果，人人有饭吃、有房住、有衣穿，大家都能从造物主给人的恩赐中受益；全体人民都能有足够的闲暇时间，以保持身心健康；全体人民都能分享智慧的硕果；然而，少数天资优越的人能在财富中获得空闲时间、独立性与兴趣，这些都是促进心性智慧高度发展必不可少的条件；这些少数人能向为人类社会增光的艺术、科学、道德领域进发；这些有特长的人，这些为了全体人民的最大利益的富人，未来数量会更多，在各地都树立起有益的榜样；他们将像酵母一样激发群众，或者像光束一样将全体人民照亮；他们在都市、城镇与乡村都裁处得当，使他们的财富在最大程度上造福于社会；这样就能够实现天主的旨意，贫富并存，始终是为了双方的利益"②。如何做到全民普惠？如何做到少数富人对财富裁处得当？西斯蒙第引入了国家主权的意志——一种体现智慧的主权，而不是物质力量或数字的主权，既持久又明智的意志统治，立意为全体人民尽量谋取最多的福利。如他所言，"不是寻求政治权力带来的平等，而是国民议会的明智"，因为他相信，人人虽然天然具有平等的权利，但是由于每个人在能力、意志、专心乃至兴趣方面的差异，均享政治权力，施行全民选举非但不能形成有益于整体福利的意志，反而会在国家意志的形成上反映出公众的无知与疏忽大意。因此，为了公共利益，必须全体人民保留某些权

---

① 亚当·斯密. 法理学讲义［M］. 冯玉军，等译. 北京：中国人民大学出版社，2017：340.
② 西斯蒙第. 政治经济学研究：第一卷［M］. 胡尧步，等译. 北京：商务印书馆，1989：5.

利，而为了同样的目的，又必须授予小部分人某些权利。西斯蒙第"不是寻求平均分配创造的财富，而是保证社会劳动继续进行，保证劳动成果给各地带来富裕生活"。这种以公共利益为目标的不平等的分配，反而使每个人比平均财富分配的情况下更加富有，因此每个人都同意别人可以比自己富有。

第三节　无危机理论批判：从生产决定论到消费与生产的平衡论

古典政治经济学作家们"永远把生产看作好事"，就像萨伊所宣称的"产品是互相交换的，产品的增加除了增加人类的享受和国家的人口以外，不会有其他结果"①。古典经济学家认为消费具有无限的力量，任何生产出来的财富都会找到对应的消费者。西斯蒙第认为这些经济学家忽视了生产扩大的同时，消费者收入萎缩这一现实。生产与消费的对立矛盾，使工业一再面临经济危机，使西斯蒙第对亚当·斯密、李嘉图等人的生产、消费观念产生怀疑。为此，西斯蒙第在《政治经济学新原理》《政治经济学研究》中着重批判了古典政治经济学标榜的生产决定论和无危机理论，他力图证明"增加我们所需要和希望的一切物品的生产，只是在相应的消费也随着增加时，才是有益的"②，并提出了他化解普遍性危机的消费、生产平衡论。

一　古典政治经济学的生产消费观

考察古典政治经济学的生产消费观，需深入该学派理论及其理论来源中去寻找。亚当·斯密经济学说的重点在于阐述财富积累，他对消费零散的阐述主要是围绕分工、生产展开。他的生产消费观念具有一定的重农学派渊源，虽没有创立系统的消费观，但明确表达了消费与生产的关系，阐明了生产、消费的内涵以及不同的消费结构对财富积累的影响。同样是围绕生产进而促进财富增长的目的，他阐述了一国税收对不同消费品的征税差异以及对生产结构带来的影响。消费与生产的关系是重农学派、古典政治经济学派讨论的重要话题，魁奈的有关论述启发了亚当·斯密的进一步思考，对亚当·斯密以及有关理念的形成具有一定的奠基作用。亚当·斯密在这方面的观点

① 西斯蒙第. 政治经济学新原理 [M]. 何钦，译. 北京：商务印书馆，1964：475.
② 西斯蒙第. 政治经济学新原理 [M]. 何钦，译. 北京：商务印书馆，1964：475.

主要体现在如下五个方面。

　　一是探讨生产与消费之间谁是手段谁是目的，他认为消费是一切生产的唯一目的。二是区分了不同性质的生产劳动与消费。亚当·斯密在《国富论》中，对劳动和消费分别进行了性质上的区分。亚当·斯密将劳动是否促进物的增值作为评价尺度，提出了"生产性劳动"和"非生产性劳动"的概念，并将与之对应的投入称为"生产性消费"和"非生产性消费"。三是分析了不同性质、不同比例的消费支出对财富积累的影响。他认为补偿资本的基金与租金和利润的收入作为不同的消费基金来源，在年产物中的占比，决定了一国人口中生产者与不生产者的比例，并对一国贫富影响甚大。四是分析了不同年产物在不同性质劳动中的投入比例对国民性格塑造的决定作用，他认为增加年产物作为资本在生产性劳动中的投入比例，不仅可以促进国民勤劳性格的养成，而且能够促进财富的增长，提高下一阶段年产物中作为收入的量，进而提高非生产性消费的水平。五是分析了节俭、奢侈以及妄为等不同的消费性质所产生的经济效果。他认为"资本增加，由于节俭；资本减少，由于奢侈与妄为"①。投入生产性劳动的资本让人勤劳起来，但如果不是节俭，人们投入再生产的资本不会增加，因此勤劳先于节俭而发生。可见，斯密认为生产是手段、消费是目的，并且消费对生产具有反作用。斯密由于对生产和消费的细致区分，提出年产物在不同生产上的消费差异，对国民财富的积累产生不同影响，从而规避了魁奈所谓一切消费都是有益的片面认识，并对其后的李嘉图、萨伊、穆勒以及马歇尔、凯恩斯均有深刻影响。

二　从穆勒、萨伊到李嘉图：无危机理论

　　亚当·斯密围绕财富增殖对生产与消费之间的相互关系进行了定性分析，同时也对生产与消费之间量的关系进行了初步探讨。但由于亚当·斯密所处的时代正值工业革命起步阶段，产生普遍性经济危机的条件尚不成熟，因此在其理论体系的建构上缺少相应的内容，但其有关生产消费的一些观念为无危机学说的提出奠定了一定的理论基础。诸多古典政治经济学家均否认生产与消费的矛盾会导致普遍性的生产过剩危机的可能性，穆勒、萨伊，特别是李嘉图，均是这一观点的典型代表，他们将局部性经济危机发生归因于

---

① 亚当·斯密.国民财富的性质和原因的研究（上）[M].郭大力，王亚南，译.北京：商务印书馆，2011：319.

偶然性，同时否认局部性经济危机会转化为普遍性生产过剩危机。从萨伊、穆勒到李嘉图，对资本主义生产与消费关系的认知得到不断的丰富发展，他们认为卖等于买，或者说生产等于消费。此乃古典政治经济学否认普遍过剩可能性的关键论点，它自"产品由产品来购买"的传统观念衍化而来。该理论肇始于法国重农学派代表布阿吉尔贝尔和魁奈，被穆勒、萨伊、李嘉图利用和发展，他们的研究成果共同构成了古典政治经济学派的无危机理论。

布阿吉尔贝尔洞察到了科尔贝的重商主义政策给法国经济带来的灾难，反对将货币视为财富的观点。他认为只要是能满足人的需要并具有使用价值的东西就是财富，"财富包括人们的全部享受，不仅是生活必需品，也包括非必需品以及能够满足人们身体官能快乐的一切物品"①，而金银则够不上财富的称号。由此，布阿吉尔贝尔将商品流通的过程归结为商品—货币—商品，货币仅仅是交换的媒介，这便具有了"产品由产品购买"的雏形。

魁奈认为"货币是在交易时同一切种类的商品财产的售价等价的财富"②。而贸易的实质，在魁奈看来，"只是一种价值交换成另一种同等价值"③。因为，商品价值增殖的过程不在交换的过程。他在反对重商主义货币即财富观点的同时，将商品流通的过程简单抽象为"每次买都是卖，每次卖都是买"。就货币的作用，斯密也表达了类似的观点，他认为"货币是商业上的大工具，有了它，社会上的生活必需品、便利品、娱乐品，才得以适当的比例，经常地分配给社会上各个人"④，从而将流通过程中货币的功用仅仅局限于交换的媒介。"商品—商品"本是用来反对重商主义货币即财富的观点的，在穆勒和萨伊那里却成为论证资本主义不可能产生普遍性经济危机的论据，并为李嘉图所采纳。

萨伊发表于1803年的第一版《政治经济学概论》，在"论销路"的部分首次提出了具有萌芽性质的普遍性生产过剩不可能的思想。他将货币功能主要定位为交换媒介，交换的实质乃是一种产品对另一种产品的购买。我们发现，萨伊将"商品—货币""货币—商品"，抽象为"商品—商品"的关

---

① 布阿吉尔贝尔．布阿吉尔贝尔选集［M］．伍纯武，梁守锵，译．北京：商务印书馆，1984：7.
② 魁奈．魁奈经济著作选集［M］．吴斐丹，等译．北京：商务印书馆，1979：12.
③ 魁奈．魁奈经济著作选集［M］．吴斐丹，等译．北京：商务印书馆，1979：378.
④ 亚当·斯密．国民财富的性质和原因的研究（上）［M］．郭大力，王亚南，译．北京：商务印书馆，2011：273.

系，每一个商品的售卖者同时也是另一种商品的购买者。在萨伊看来，这种买和卖之间有一种担心贬值的动机，驱动每一个买者因担心货币贬值而尽快去购买产品消费，又驱动每一个产品的生产者因担心产品贬值而尽快将产品销售出去。因此，产品的过剩只是暂时的，如果没有外力干涉，这种过剩必会消失，更不至于发生普遍性的过剩危机。

穆勒同样考察了普遍性生产过剩的不可能性，对这一观点的阐释贯彻了"产品以产品购买"的思想。他认为，个人需求的加总便是一国总需求，个人供给的加总便是总供给，总供给等于总需求。对于可能出现的个别部门因为供给与需求的失衡，而产生的产品过剩，他认为只是短期现象，市场会自动调整至供给与需求平衡的状态，更不至于发生普遍性生产过剩的情况。穆勒否认"产品可以比消费增加更快的"的论调，进一步确认其"产品与需求永远均等"的论点。穆勒认定，生产绝不会比需求增加太快。如果需求没有增加，供给也绝不会增加，他们始终保持同等的幅度。

李嘉图的无危机理论深受萨伊观点的影响，但就这一理论的原创性来说，根据马克思的考证，穆勒在1808年出版的《为商业辩护》（*Defence of commere*）中已经有了无危机理论的论据了，萨伊只是把穆勒的"这一套妙论攘为己有"① 罢了。撇开这一论点的原创性不谈，仅就李嘉图无危机理论的形成而言，影响更大的当数萨伊。因此，李嘉图非常看重萨伊对无危机理论的原创性贡献。笔者以为，从这一理论的系统性阐述角度判断，首创者当为穆勒（1808年《为商业辩护》出版，萨伊：1814年《政治经济学原理》第二版出版），如果仅从理念的原创性角度判断则为萨伊（1803年《政治经济学原理》第一版出版）②。

① 马克思恩格斯全集：第13卷［M］. 北京：人民出版社，1962：230.
② 关于无危机理论的原创性，李嘉图在《政治经济学及赋税原理》序言中则赞赏萨伊"以独创的、精确的而又深刻的若干议论丰富了它的内容"，同时，李嘉图对这一赞赏加以注解道："特别在第15章第1节《论销路》（萨伊《政治经济学原理》章节）中包含许多十分重要的原理，我相信这些原理都是由这位杰出的著作家首先加以解释的。"见李嘉图的《政治经济学及赋税原理》"原序"。参见李嘉图. 李嘉图著作和通信集：第一卷［M］. 郭大力，王亚南，等译. 北京：商务印书馆，1962：4. 另外，《李嘉图著作和通信集》编者认为，"穆勒对于《政治经济学及赋税原理》一书写作方面的贡献，显然也不像他的诺言与鼓励使人料想的那样大。在理论方面，他的影响毫无疑问是无足轻重的。他已经有一个时期不接触政治经济学了。他写给李嘉图的信中也没有什么理论问题的讨论"。参见李嘉图. 李嘉图著作和通信集：第一卷［M］. 郭大力，王亚南，等译. 北京：商务印书馆，1962：34，"剑桥版编者序言"部分。

　　李嘉图对亚当·斯密、萨伊、穆勒理论的承袭和发展，使其成为古典政治经济学派否认普遍性生产过剩的最典型代表。李嘉图沿袭了布阿吉尔贝尔、亚当·斯密、萨伊等人将交易中的货币定位为交换媒介的传统认知。李嘉图将对产品过剩的研究，主要集中于人的需求、生产和消费环节。其理论主旨从三个相互关联的维度予以论证。

　　其一，生产紧盯需求。坚持消费是生产的目的观点，生产以特定需求为导向。在这一点，李嘉图表达了与亚当·斯密、萨伊类似的观点，他认为"需求只受生产限制，所以不论一个国家有多少资本都不会不能得到使用……一个人从事生产时，他要不是成为自己商品的消费者，就必然会成为他人商品的购买者和消费者……他不可能总是生产没有需求的商品"[①]。这里，李嘉图表达了三层意思：①人的需求是无止境的，只要存在没有得到满足的欲望，他就需要更多的商品；②生产不存在盲目性，因为他认定生产者具有知晓市场需求的能力，所以，生产能够做到围绕自身或者他人的需要而进行；③李嘉图承袭了生产自动开辟市场的观点，即买和卖、生产和消费具有内在一致性，故不存在生产普遍过剩的可能。

　　其二，资本投入具有无限性。他承袭亚当·斯密需求无限性的观点，提出资本投入也具有无限性的观点。李嘉图认为，每个人对于享用品、建筑物的装饰、衣服、车马、家具的欲望既然是无限制的，这类商品总能在欲望那里找到交换的对象。运用资本的前提是有利润可图，在李嘉图看来，决定利润高低的原因只有一个，那就是与利润呈反向运动的工人工资水平。而工资的水平仅受限于工人所消费食物和必需品的价格。最终，李嘉图基于需求无限的论据，推论出"资本的运用只要还能产生一些利润，便也是没有限制的"[②]的观点。因此，只要维持工人生存所需的事物和必需品价格还给生产留有空间，生产就会持续进行下去。

　　其三，储蓄投资具有一致性。李嘉图还从储蓄投资一致性推导出无危机理论。储蓄和投资一致性的观点在亚当·斯密那里便已初见端倪。亚当·斯

① 李嘉图.李嘉图著作和通信集：第一卷［M］.郭大力，王亚南，译.北京：商务印书馆，1962：247.
② 李嘉图.李嘉图著作和通信集：第一卷［M］.郭大力，王亚南，译.北京：商务印书馆，1962：252.

密说："一个人节省了多少收入，就增加了多少资本"①，此处的"节省"我们亦可将其视为储蓄，资本便是转换了身份性质的储蓄，可见，亚当·斯密已经有了储蓄等于投资的认知。李嘉图则从积累到储蓄、储蓄到投资之间的统一性角度分析了积累与投资对生产过剩的影响。李嘉图"更明确地提出了储蓄和投资一致的原理，并且把它和生产不可能过剩的论点联系起来"②。他认为"在一种情形下，储蓄是由于收入增加而来的，在另一种情形下，则是由于支出减少而来的"③。节约下来的储蓄作何使用？由于李嘉图跟穆勒一样承认货币的媒介作用以及需求的无限性，因此，作为储蓄的货币如非为自己作为资本投资使用，必为他人贷入后作为资本使用，以增加生产性劳动的产出。李嘉图将全部生产所得分为消费和储蓄两部分，直接用于消费的部分自然不会产生过剩，而积累资本的投资，也均得到"有利的运用"，因此，商品的总供给必然等于总需求，自然不会产生普遍性的生产过剩危机。

李嘉图于1817年出版《政治经济学及赋税原理》，其中阐述了有关经济危机的思想。他于1823年因耳部感染不幸去世，而资本主义世界第一次普遍性的危机于1825年在英国爆发，其正是李嘉图生前试图通过理论证伪的。因此，"李嘉图自己对于危机，对于普遍的、由生产过程本身产生的世界市场危机，确实一无所知"④。至于1800~1815年发生的一系列局部性的经济危机，李嘉图将其归因为谷物歉收、纸币贬值以及殖民地商品跌价，对于1815年至其去世前所发生的生产过剩危机，他将原因部分归于谷物价格的下跌，部分归于从战争到和平的转变以及"商业途径的突然变化"。因此，他对于普遍性的生产过剩危机是决然否定的。

三　危机的根源：生产盲目性与消费不足

"用消费水平低来解释危机，起源于西斯蒙第。"⑤　西斯蒙第发现资本非

① 亚当·斯密. 国民财富的性质和原因的研究（上）[M]. 郭大力，王亚南，译. 北京：商务印书馆，2011：319.
② 陈岱孙. 从古典经济学派到马克思——若干主要学说发展论略 [M]. 北京：商务印书馆，2014：238.
③ 李嘉图. 李嘉图著作和通信集：第一卷 [M]. 郭大力，王亚南，译. 北京：商务印书馆，1962：111.
④ 马克思恩格斯全集：第26卷（第2册）[M]. 北京：人民出版社，1973：567.
⑤ 马克思恩格斯全集：第20卷 [M]. 北京：人民出版社，1974：311.

基于市场需求的无节制地生产增长达到了令人吃惊的地步，可以说已经到了盲目扩张状态，与此相对的却是财富消费过程的缓慢与艰难。从而引发了另一个值得关注的现象——当产品的供给超过消费的需要时，便出现困难和痛苦，市场发生壅塞；财富生产得过多时，所有参加劳动的人便备尝困苦。[①]由此，西斯蒙第发现了生产与消费之间的矛盾：生产行为的盲目性，以及劳动者收入的萎缩，造成的生产与消费脱节。这一矛盾，被西斯蒙第视为资本主义社会的基本矛盾。西斯蒙第否定古典政治经济学者所说的"生产创造需求"，认为生产和消费之间的失衡是造成普遍过剩的根本原因，这一批判思想在他与李嘉图、萨伊及他们学生的论战中，得以集中显现。

（一）生产相对需求存在盲目性

西斯蒙第认为政治经济学家们的错误在于永远把生产的增加看作好事——正如萨伊宣称的：产品是互相交换的，交换的结果只是满足人们享受和人口增长的目的。然而，自 1817 年至西斯蒙第的《政治经济学新原理》第二版出版的十年间，西方社会发生的工业危机愈演愈烈。李嘉图及其学生极力为自己的学说辩护，将危机归于社会制度的缺陷、产品流通受阻以及税收的结果，无视其理论的缺陷，坚持生产在创造交换手段的同时，自动创造消费的观点。西斯蒙第关注到市场普遍停滞这一事实，同时认识到，一国生产的增加是好事还是坏事需视情况而定，并非如萨伊、李嘉图等人宣称的生产越多越好。

一方面，在商业社会，引发普遍危机的生产相对真实的需求具有盲目性，一种财富的生产并不必然是另一种财富的需求。

李嘉图的学生麦卡洛克专门撰文辩解，他认为："需求和生产是真正互相依赖而且互相转换的两个名词。一种财富的生产是另一种财富的需求。所以，只要有值一样多钱的一定数量的工业产品要交换一定数量的农业产品的时候，就会产生一定数量的农业产品的需求。另一方面，如果用去的农业产品与生产一定数量的工业产品所需费用等值的时候，就会产生一定数量的工业产品的实际需求。"[②]

首先，西斯蒙第指出了这一观点中对价格产生机制的错误认知。他认为自亚当·斯密起，价格就由生产和竞争决定，卖者以所生产物品用去的费用

---

①　西斯蒙第.政治经济学研究：第一卷［M］.胡尧步，等译.北京：商务印书馆，1989：79.
②　西斯蒙第.政治经济学新原理［M］.何钦，译.北京：商务印书馆，1964：480.

确定售价，而买者则是依据需要和支付能力决定是否交易。因此，当买者不能使用或者已经拥有了这类待售物品的时候，就不会产生需求；当买者具有对待售物品的需求欲望但没有任何足够的剩余能够进行交换的时候，或者交易价格不能达成一致的时候，也不会产生任何需求。总之，当消费者的需要、支付能力与供给产品数量不平衡时，有效需求就很难达成。

其次，西斯蒙第认为产品的真正消费在于最终消费者，而不是简单的相互交换。他指出，交换必须以需求为准则，没有实现最终消费的交换和生产几乎总会导致市场滞销。

再次，西斯蒙第认为，市场上进行互换的商品，当其中一类商品（比如甲产品）供给增加的时候，并不必然引致市场对另一类商品（比如乙产品）的需要以同样的比例增加。但是对于已经拥有了很多甲产品的人来说，就再也不需要它了，这样的交换和生产平衡毫无意义。

最后，西斯蒙第指出，李嘉图和麦卡洛克的有关论证假设脱离现实，难以实现。① 对李嘉图与其学生举出两个有关农场主、工厂主，以及农业工人、工厂工人之间生产劳动、产品交换的案例，西斯蒙第给予了一一批驳，指责李嘉图等人陷入了对现实的过度抽象和简化，从而得出了错误的结论。

另一方面，西斯蒙第认为生产的增加未必会带来需求的同比例增加，却可能引发过剩。

西斯蒙第认为"李嘉图先生和他的学生都是喜欢提不能实现的例子的"，在西斯蒙第看来最大的不现实性在于为了应对相对过剩，突然增加所需的一倍的耕地面积、一倍的农业工人以及使土地生产总量也增加一倍的新国民是"只有在神仙治国时才会有的事情"。而且为了适应一个产品的陡增，其他产品的生产为了保持同比例增加产能以满足等值的交换，所需调用的资源往往很难做到同步供应。因为一国的土地在被充分用于耕种的情况下，为了满足资本扩张对耕地的需求，则必然要开垦出新的土地用于维持耕种平衡，这种平衡的实现往往需要一个世纪才能完成产业变革上的适应。西斯蒙第进一步指出，任何生产者的产品供给都应与消费者欲望、需求以及收入水平相匹配，而消费者对产品的欲望和需求具有不确定性，生产者很难准

---

① 有关论证文章，作者为李嘉图的一位学生，匿名发表于《爱丁堡评论》第64期第十一篇论文。据西斯蒙第了解，这篇文章的作者其实是麦卡洛克，是李嘉图所建立学派的首领。这篇文章是经过李嘉图亲自批阅同意的，而且其他学生也承认这是李嘉图及其弟子在这一学说上最明确的主张。

确把握散布在世界各地的买者的这种变化，即便是学者倾尽全力也不能确切知道市场需求的实情。生产者只是在充满竞争的市场一味地打价格战。凡此种种，绝不会使超产引起的市场过剩恢复平衡。以英国为例，农场主普遍破产，人们遭遇了普遍的停滞，生产的提高不仅没有创造等值的需求，反而降低了需求。这些现实的普遍危机与李嘉图的主张乃至其整个学派的学说基础显然是南辕北辙。

（二）消费不足论

除了从生产供给端批判古典政治经济学的无危机理论外，西斯蒙第还被誉为从消费不足视角分析资本主义条件下必然产生普遍过剩经济危机的第一个人。在西斯蒙第看来，李嘉图和萨伊在财富的生产上只关注生产端，而忽略了消费的能力。"他们说，生产创造交换手段的同时，也创造出消费；无论生产多少财富，也无须害怕财富充斥市场，因为人类的需要和希望永远能把所有财富变成自己的享受。"① 马尔萨斯和西斯蒙第同样反对这一观点，认为消费绝不是生产的必然结果，消费的满足有赖于足够的交换手段。现实中，交换手段的增加与劳动需求或者工资减少同时出现，不仅没有扩大消费，反而造成消费的降低。在西斯蒙第看来，如果劳动报酬不随着财富生产的增加而相应增加，就不会有真正的社会繁荣，劳动报酬的不断提高才是衡量社会繁荣的真正标志。

李嘉图们鼓励生产，而且认为越多越好，但是他们的所期待生产在西斯蒙第看来，却好比甘大林家里的机器人，只知道一味地挑水，而不管水缸的容量。就像容量是水的限度一样，消费者的收入水平则是生产的限度。

西斯蒙第通过对三个不同的社会发展阶段下生产与消费关系的分析，论证了产品的增加如何引起贫困、降低购买力，并引起普遍性生产过剩。最终完成从消费端对李嘉图等人无危机论的批驳。

第一阶段是初期社会的原始状态。这一阶段经济的典型特征是经济封闭，以个人或家庭为单位组织生产，自给自足，没有对外交换。在这种与世隔绝的社会状态下，生产与消费具有较好的平衡，人们生产的动力在于满足日常所需以及以备不时之需的储备，人们并没有强烈的扩大生产的欲望，即便偶尔有所浪费，亦不至于产生普遍过剩的情形。

第二阶段是刚进入文明社会的效果或新的移民集体状态。人类的生存状

---

① 西斯蒙第．政治经济学新原理［M］．何钦，译．北京：商务印书馆，1964：497.

态从以简单家庭为单位的生产进入这一状态后，社会的组成便以一定区域内的家庭间的组成为单位。在这样的社会单元，每个家庭都生活富足，他们为自己的需要而生产，虽然家庭之间互有一些多余的生活用品的交换，但绝对算不上贸易。可以想象此种社会形态下的生产与消费，就家庭来说自给自足，用于交换的物品仅仅是自用产品的剩余部分，生活所需并非仰仗商业和交换，此种交换亦并非过分人为地为交换而生产。因此，亦无生产过剩之虞。

第三阶段是出现不同地位和职业分工阶段。在这一阶段每个人的生产劳动并不以满足自身的需要为直接目的，而是以迎合公众需要或口味为目的，他所交换的对象也不再是个人的剩余而是生活资料本身。此时竞争并不激烈，生产者最关心的是销售的实现。为此，他需要知道两件事情：一是公众的需求量，二是他人生产多少。与前两个阶段相比，在生产与销售的平衡上出现了不确定性，因为生产者很难估计公众的需求量和他人的产量。在这种情况下，便可能出现生产与需求脱节，产生市场壅塞。如何把握好造成市场壅塞的主要因素，在西斯蒙第看来，绝非易事，重商主义认为决定需求的是流通中的贵金属，重农主义者认为是纯产品。然而市场中，每个人既是买者又是卖者，既是生产者又是消费者，在交换的复杂运动中很难把握事情的真相。

西斯蒙第认为，在这一阶段，要发现问题的本质，必须研究家庭的消费标准，探索限制家庭消费的因素。而不是抽象地去估价社会的需要或者它满足这种需要的能力。他认为最重要的观点就是"财富就是收入。他的消费标准就是他的收入"①。首先，西斯蒙第明确了他的收入概念，并将其认定为再生产的标准。整个社会不仅要根据全部收入的量来进行合理的消费，如果消费无度，连收入和资本都一并消费掉，则会引起国家的破产贫困，另外，整体的生产要以整体的收入为限度，否则引起购买力不足，市场壅塞。其次，收入是人口增长的尺度，是每个人消费和富足的标准。西斯蒙第认为，一个人应根据其收入组织和扩大家庭。在这样依据收入扩张人口的社会，人更富足、更健康也更长寿。马尔萨斯假定人口按照几何级数增加，生活资料按照算术级数增加，在西斯蒙第看来这种情况人类永远不会见到。真正摆在人口增长面前的困难，并不是市场上缺乏小麦和肉的供应，而是收入相对不足造成的购买力不足。再次，生产和消费不是繁荣的标志，只有收

---

① 西斯蒙第. 政治经济学研究：第一卷 [M]. 胡尧步，等译. 北京：商务印书馆，1989：84.

人增加才是真的繁荣，生产的限度在于人口的需求，产品质量提升的限度在于人的闲暇，否则应该停止生产。生产增加，未必带来收入的提升，只有收入增加了，才能更加繁荣。任何产品的生产限度都不可逾越，只有生产限度内的劳动才是有意义的。而产品需求的限度，应根据人口数量而定，产品的质量的上限应根据人闲暇的多少而定。在这个基础上，西斯蒙第认为，当技术进步到可以用无限少时间进行生产就能满足人的需要，人可以享有无限多的闲暇时，就应该停止生产，享用产品。最后，生产的盲目扩张造成收入的减少，收入的减少降低了购买力，从而引发生产与消费的矛盾。西斯蒙第对市场环境下而不是相对闭塞偏远孤立地区的农业和制造业生产来阐述生产和消费的关系，而农业生产在他看来更容易让人抓住生产和消费之间的关系。

西斯蒙第认为靠近市场的农业生产者，很难在闭塞的交换环境下对市场的需求规模予以准确估计。由于农业生产者的盲目扩张，收入减少、产业兼并。最终，除了农业产业的兼并者，各阶层的收入整体减少，产品的消费数量和质量都降低了。西斯蒙第推而广之，认为制造业是这样，其他产品也是如此。一方面消费不能超过一定的限度，生产也不能盲目扩张，只要超过应该用来购买产品的收入水平，"异常丰富的生产不仅远远不是增加收入，而是减少收入。这样一来，物质财富、表面财富的增加，对于整个社会来说，只会造成更大的贫穷和困苦"①。所以，收入水平，不仅成为生产的限度，而且盲目地扩张，还会造成收入水平的降低，最终不仅不会促进财富的持续增加，还会引发生产与收入进而消费的矛盾，在各个行业形成普遍性的生产过剩。

四　危机的出路：生产消费平衡论及对小生产的向往

如何防止市场壅塞的发生，西斯蒙第分别从理论和实践的角度给出了自己的答案。

（一）理论设计：生产消费平衡论

在理论方面，西斯蒙第提出生产消费平衡论，它包括两个方面的内容：一是生产和消费是相互决定的，二是支出和收入是相互决定的。西斯蒙第认为，全体个人生产、收入和消费的加总就是一个国家的总生产、总收入和总

---

① 西斯蒙第. 政治经济学研究：第一卷［M］. 胡尧步，等译. 北京：商务印书馆，1989：103.

消费。在生产和消费的相互决定方面，收入总是像一个纽带一样，连接着生产和消费以及人口的关系，而支出即意味着消费。

首先，收入应该调节国民开支。西斯蒙第将社会上的人分为两类：一类是富人，一类是穷人。富人的需求如果超过了收入的限度，便只有求助于对资本的侵蚀，这就是前面所说的富人的奢侈享受，这种享受的结果就是破产。因此，富人的开支应受到收入多少的调节。而穷人一向一无所有，只有靠向富人出卖自己的劳动力换取收入，其生存开支则以成功出卖自己的劳动力为前提，并在劳动力价格的限度下调节消费。如果穷人的开支超出自身的收入，或者劳动力的价格下降或者停滞，无论是动用积蓄还是借贷，都将使他面临窘境、遭受疾苦。因此，无论是富人还是穷人，其开支均应受到收入多少的调节。

其次，国民开支在消费基金方面应该吸收国民生产的全部。西斯蒙第认为，财富生产的目的在于满足人的需要，这也是产品的价值所在，产品价值的实现形式即人的消费。只要生产出的产品不能使人得到快乐，满足人的需求，他就会停止劳动。对于个人是这样，对于整个社会也是这样。当整个社会的需求得到满足的时候，生产同样并且应该得到停止。

西斯蒙第认为，需求调节再生产，消费能力同样调节再生产，生产的供给只应保持在社会所能用于购买的收入额度。对于既成事实的过剩，生产者的选择只有一个，那就是降价销售。但这种降价无论是奢侈品还是生活资料，都可能使生产者已经投入的资本无法完全收回，这就影响次年生产投入的资本量，进而降低对劳动量的需求。消费者看似占了便宜，却面临因劳动需求量降低带来的收入降低的风险。因此"受到收入限制的国民开支，就必须把生产总额吸收到消费基金中来"①。

最后，生产、收入和消费应保持比例上的协调。西斯蒙第认为，再生产是收入的来源，这一收入身份的确定，有赖于产品在生产者与消费者之间交换的完成。收入在量上从收回的全部资本金中抽离，转变为消费基金后才真正具备作为收入的性质。所以，对于生产者而言，进入交换过程，首先要完成资本的回收和利润的实现，这是他满足自身享受和再生产的前提。对于一个国家而言，这一比例的协调同样适用，一国生产、收入和消费的比例失调，有时会造成消费基金对资本的侵蚀，有时生产收入会比平时减少。总

---

① 西斯蒙第.政治经济学新原理 [M].何钦，译.北京：商务印书馆，1964：80.

之，任一要素的比例失调都会造成国家的灾难。因此，在经济活动中，无论个体抑或国家，从理论方面来说，都必须深刻把握生产和消费之间以及支出和收入之间的相互决定关系，保持其间一定的平衡比例，才不至于陷入李嘉图等人为生产而生产所造成的普遍性过剩危机。

（二）实践方案：贯彻宗法式农业和行会手工业原则

如何在实践上表达生产消费平衡思想，是西斯蒙第克服普遍性生产过剩危机的最终诉求。他赞赏的始终是宗法式农业和行会组织管理下的手工业，这一原则处于封建制度崩溃，而资本主义制度刚刚起步发展的阶段。但是他也意识到倒退是不可能的，他所希望的是现行农业、工业生产通过国家干涉回到宗法式农业和行会手工业的平衡原则的约束下运行。

首先，西斯蒙第认为旧制度给现代文明提供的维持生产消费平衡的政策，仍然具有现实的借鉴意义。

每一个制度的诞生都是从相对优越性开始，以缺点的难以忍受而终结。资本主义制度的诞生给从封建制度解放出来的人提供了自由，这一制度的相对优势除了自由的解放外，还促进了物质财富的迅速增长。"这能肯定说现在的社会制度已经达到了合理的地步吗？"[①] 西斯蒙第认为，其显著缺点即在于工业产品的过剩，而这在奴隶制度、封建制度下是不可能发生的。旧制度在维护生产消费平衡方面的政策值得借鉴。西斯蒙第认为，在维护生产与消费平衡方面，有三个办法在古代即已成功付诸实践，并为现代雅典和英国政府所认可。第一种办法是"利用准备出售的富裕产品养活无处出卖劳动力的工人，让他们建造世俗或宗教的公共建筑物"[②]。第二种办法是通过富人的奢华消费穷人的劳动。而第三种办法，在雅典、斯巴达以及强盛的罗马帝国时代便采用过，那就是遵循第二种办法中，古代立法者所提倡的原则，通过共和国的直接干预，给除了出卖劳动力没有任何收入的人找到劳动需求直接分配工作，以"给所有的公众提供一项脑力劳动或一种爱国的工作，以便打发由于技术进步而节省下来的劳动时间"[③]。

综上可以看出，针对资本主义社会存在的生产消费的普遍过剩，西斯蒙第至少对古代社会汲取了两个有益经验。一是通过国家干预，保持一定数量

---

① 西斯蒙第. 政治经济学新原理［M］. 何钦，译. 北京：商务印书馆，1964：511.
② 西斯蒙第. 政治经济学新原理［M］. 何钦，译. 北京：商务印书馆，1964：515.
③ 西斯蒙第. 政治经济学新原理［M］. 何钦，译. 北京：商务印书馆，1964：515.

的大型公共工程的建设，将社会上只能靠出卖劳动力谋生的劳动者安置在一定的工作岗位上，并通过劳动换取产品，从而保持市场的持续稳定性。二是奢侈阶级的出现即便能够在一定程度上消除过剩，但也导致奢靡、堕落与其他阶层的相对贫苦，与公共利益和幸福的普遍达成相背离。国家应通过立法手段促进财富分配的均等化，共享社会进步的成果，增加人们的闲暇时间，使人们保持简朴的风尚，不断提高智慧水平。

其次，宗法式农业是最能保障最大多数人民幸福的农业生产模式。

西斯蒙第认为农业不仅从业人数最多，而且是最重要的职业。因为这一职业是"使土地开花结果的职业，没有它，任何社会都不能存在"①。而宗法式农业最能保障他们的幸福。何为宗法式农业？西斯蒙第说："在农夫是私有者和产品完全归生产者所有的国家中，就是说，在农业是我们称之为宗法式农业的国家中，我们到处都看到农夫热爱他所住的房屋和他所耕种的土地的迹象。"② 可见宗法式农业的基本特征就是土地归农夫私有，农产品完全归生产者占有，并且能够保障农业生产者的幸福感。宗法式农业具体好处体现在以下几个方面。

其一，宗法式农业"能够使劳动者可以长期稳妥而充分地享受自己的劳动果实"③，这对整个社会都是有利的。正是宗法式农业带来的这种长期稳妥的收益，不仅激发了人们的热情还由此产生出促进农业发展的巨大力量。其二，宗法式农业由于土地的私人占有，带来的另一个好处是"经验和智慧的发展给农业科学带来的进步"④。其三，宗法式经济形态改善着大部分从事农业国民的习俗和性格。西斯蒙第认为，宗法式农业下农民拥有土地的私有权，这有助于民众养成"循规蹈矩、省吃俭用的习惯，经常的自足能够铲除大吃大喝的癖性"⑤。其四，宗法式农业盛行的国家，人口得到了有规律而迅速的增长，并将人口的数量限制在其自然极限之下。土地作为遗产在后代之间分配，每个家庭能够养育多少人口取决于土地的产出，所以家庭的生育不是盲目的。另外，西斯蒙第认为拥有土地的人数众多的农业人口是维护社会秩序的最有力的保证。而对宗法式农业模式的破坏总是不同程度地带来社

---

① 西斯蒙第. 政治经济学研究：第一卷［M］. 胡尧步，等译. 北京：商务印书馆，1989：106.
② 西斯蒙第. 政治经济学新原理［M］. 何钦，译. 北京：商务印书馆，1964：105.
③ 西斯蒙第. 政治经济学新原理［M］. 何钦，译. 北京：商务印书馆，1964：105.
④ 西斯蒙第. 政治经济学新原理［M］. 何钦，译. 北京：商务印书馆，1964：106.
⑤ 西斯蒙第. 政治经济学新原理［M］. 何钦，译. 北京：商务印书馆，1964：107.

会灾难。这种破坏最主要体现在对土地私有权的剥夺，并由此引发诸多问题。

再次，施行贴近宗法式农业经营形式的农业改良运动。

西斯蒙第在历史中看到了宗法式农业下，土地私有给农业带来的进步、对社会良俗的塑造、给社会带来的秩序和发展、给土地所有者带来长期稳妥的幸福和期待。而始终坚持宗法式农业规则的国家，比如瑞士和美国，保持了土地所有权和收益权的一致性，从而促进了社会迅速繁荣。西斯蒙第认为，这种农业方式"最简单、最自然，应该是新成立的国家的每个民族所应采取的，因此我们把它称为宗法式的经营"①。所以，在土地兼并的社会现实下，如何才能尽可能地保存并尽可能地恢复宗法式农业是西斯蒙第的政治经济学诉求。但是他也清楚地意识到回到过去是不可能的，因此他提出了具有改良主义色彩的农业改造方案，希望尽可能地满足宗法式农业的经营形式，又迎合大地主与失地农民并存的现实。

为了达到这一目的，他有两个主张。一是诉诸良知。西斯蒙第主张通过税制改革，免除穷人税负，提高大地主的税负，以鼓励小农业，补偿大农场经营方式给国家带来的危害。② 二是主张对分制佃农经营或自耕佃农经营，对部分土地所有权施行让渡。宗法式农业、自耕农、对分制佃户经营下的农业使农民能够倾心于农业生产，带来稳定、持续的农产品，不同程度地保护了农民的自身利益，给农民带来幸福的保障，天然地保持生产与消费的平衡，不会产生市场的壅塞。而其他农业经营方式则没有这种"幸福"的优势。为了给宗法式农业或者自耕佃农、对分制农业的经营创造条件，西斯蒙第诉诸法律，通过法律给农民提供耕种土地获得收益的保障。

最后，削弱巨额资本的大生产，建立基于行会组织原则的小生产模式。

中世纪的行会手工业组织制度下，不存在产生产品普遍壅塞的可能，生产、消费和人口始终能够保持一定的平衡，并给手工业者阶级带来庇护，给工人带来职级晋升机会以及成为师傅后的家庭稳定性。资产阶级革命取得胜利后，行会制度被取消，大制造业、大工厂诞生，短工的地位相较于行会手工业下工人的地位发生了巨大的变化。西斯蒙第看到了行会组织的优势，他

① 西斯蒙第．政治经济学新原理［M］．何钦，译．北京：商务印书馆，1964：110.
② 西斯蒙第．政治经济学新原理［M］．何钦，译．北京：商务印书馆，1964：467.

也看到，行会从某些方面来说是一个"奇怪的和压迫性的组织"①。如何修正现代工业带来的市场壅塞和工人阶级的悲惨境遇，恢复生产与消费的平衡，给人们带来幸福的支撑？他并不主张恢复过去行会这一"奇怪的和压迫性的组织"，他认为，与其盲目地回到先人走过的弯路，不如吸取历史的经验教训，为当下寻找更好的出路。在历史与现实之间，西斯蒙第提出的改革策略是恢复行会组织的某些原则或职能，将大工厂生产模式转化为独立作坊的生产模式，并用法律的形式保障工人的利益，增进老板与工人之间关系的密切程度。

西斯蒙第提出了三条改良主义对策：一是将城市大而集中的工厂生产分给独立作坊完成；二是把巨额的工场财产分给为数众多的中等资本家；三是在工人与老板之间建立密切的利益联合，使工人获得一定的产业股份，以提供结婚的物质基础。对于如何实现这些改革建议，他"所要求的只是法律上的缓慢的、间接的办法"，使工人获得分享雇主所享有的保障的权利。西斯蒙第相信，正是立法层面上的渐进改革，而不是彻底地革命，能够使这些原则在社会上得以应用，是医治社会痼疾的良药。

第四节　自由的限度：从自由放任到国家干预经济思想

自由放任的市场理论是西斯蒙第对古典政治经济学的另一重要批判维度，它是亚当·斯密提出的又一重要经济原则，这一思想强调自由竞争，反对国家干预，其形成具有广泛丰富的理论来源，其核心是"看不见的手"原理。主张政府减少干预的自由竞争理论在资产阶级践行的过程中，不但没有达成公共利益的提高，反而助长了普遍性的生产过剩危机，给人类的幸福和生产本身都带来巨大伤害。西斯蒙第发现了自由放任带来的种种弊端，展开了对古典政治经济学自由竞争理论的批判，分析了市场的自由限度，提出了国家干预的经济思想。

一　亚当·斯密自然自由的经济思想

亚当·斯密自由放任的经济思想具有广泛丰富的理论来源，受到普芬道夫、洛克、哈奇森、休谟以及魁奈等人自然法或者自由思想的影响，并发展

---

① 西斯蒙第.政治经济学新原理 [M].何钦，译.北京：商务印书馆，1964：461.

为经济自由主义思想。他在《道德情操论》中建构了以同情为统一原则的道德伦理学说，在《国富论》中建构了以自利为出发点、以公共利益的实现为目标、以自然自由或者自由放任为实现手段的政治经济学说，做出了他对道德世界和经济世界的牛顿式的秩序设计。把握亚当·斯密自然自由的经济思想，在笔者看来有四个方面的内容是绕不开的。首先是自然法。亚当·斯密的经济自由是坚持自然法原则下的自由。其次是"理性经济人"概念。这是斯密自然自由理论的假设前提。再次是作为自然自由经济思想核心的"看不见的手"原理。最后是自然自由经济思想的实践表达，也就是市场与政府的职能边界。

　　尽管亚当·斯密在其文本中没有明确使用过"理性经济人"这一术语，但是"理性经济人教条作为一种高度抽象的历史理性模型，是斯密首先开创并加以使用的"[①]。"在对经济行为者的许多不同描绘中，经济人的称号通常是加给那些在工具主义意义上是理性的人的。"[②] 亚当·斯密在《国富论》中论及分工的起源时，勾勒了这一理性经济人的典型形象，"人类几乎随时随地都需要同胞的协助，要想仅仅依赖他人的恩惠，那是一定不行的……我们每天所需的食料和饮料，不是出自屠户、酿酒家或烙面师的恩惠，而是出于他们自利的打算"[③]。这里，斯密不仅明确了商品交换的利己出发点，也表达了交换达成应具备的互惠互利的原则，尽管每个人的交换以利己为出发点。亚当·斯密详细阐述了利己与利他在分工、交换中的关系，尽管人们是出于利己的目的进行交换，但是必须以利他作为条件。亚当·斯密的文本中用"self interested"表达利己，"self interested 是自利的、合理的、适度的，是一种自然情感。而利己主义是 selfish 的，是自私自利的"[④]。可见，亚当·斯密的利己思想具有自然法的属性。

　　亚当·斯密为经济人追求私利提供了自然正当性辩护。如何更好地实现国富民裕？他提出了以"看不见的手"为核心要义的自由经济思想，如前文所述，这是一种基于自然法意义上的财富增长逻辑。什么是"看不见的

①　张雄. 经济学为理性主义传统站好最后一班岗——一个跨世纪方法论置换问题的思考［J］. 社会科学，1995（11）：68.

②　参见"经济人"词条：约翰·伊特韦尔，等编. 新帕尔格雷夫经济学大辞典：第二卷［M］. 陈岱孙，等译. 北京：经济科学出版社，1996：57.

③　亚当·斯密. 国民财富的性质和原因的研究（上）［M］. 郭大力，王亚南，译. 北京：商务印书馆，2011：12.

④　汪丁丁. 经济学思想史讲义［M］. 上海：上海人民出版社，2012：80.

手"？在亚当·斯密的文本中，一共出现过三次。第一次是在其论文《天文学的历史》中谈及人们的多神教信仰来源的时候，隐喻神的力量①。从其表述中，还没有显现出与经济自由的联系。第二次是在《道德情操论》中，亚当·斯密再一次使用了"看不见的手"。"尽管他们（指富人）的天性是自私的和贪婪的……一只看不见的手引导他们对生活必需品作出几乎同土地在平均分配给全体居民的情况下所能作出的一样的分配，从而不知不觉地增进了社会利益。"② 此处"看不见的手"隐喻什么？学者的见解多有不同。笔者认同将"看不见的手"视作促成这种人与人之间的交往、交换的社会关系的机制，这一机制不仅促成富人私欲的满足，而且促成他们不曾设想的公共利益的实现。这一机制无须干涉，就会自发运行并发挥作用。

第三次使用"看不见的手"是在《国富论》中论及限制从外国输入国内能生产的货物时。他认为："由于每个个人……确实，他通常既不打算促进公共的利益……他所盘算的也只是他自己的利益。在这场合……他受着一只看不见的手的指导，去尽力达到一个并非他本意想要达到的目的……他追求自己的利益，往往使他能比在真正出于本意的情况下更有效地促进社会的利益。"③ 在这里亚当·斯密表达了与其在《道德情操论》中相同的机理，只不过是在具体的指向上从地主、富人转换成了商人，并将"看不见的手"的机理视作其通过追求私利而达到公益目的的手段。事实上，直到 20 世纪中后期，经济学家才把"看不见的手"确立为斯密整个经济思想体系的象征。④ 托宾认为亚当·斯密这一隐喻"是伟大的历史思想之一，也是最有影响的思想之一"⑤。它却较好地传达了亚当·斯密经济思想最核心的部分。

那么如何让这一"看不见的手"更好地发挥作用呢？亚当·斯密给出的答案是遵循自然的秩序，给这只手以"自由"，减少政府的干预。这一"自然自由"的思想在《国富论》中通过对封建专制、重商主义贸易保护政

---

① 他说道，"重物自然会下落，轻物自会上飘，这都是由他们本身的性质所决定的，我们也从未发现所谓'看不见的朱庇特之手'"。见亚当·斯密. 亚当·斯密哲学文集 [M]. 石小竹，等译. 北京：商务印书馆，2015：27.

② 亚当·斯密. 道德情操论 [M]. 蒋自强，等译. 北京：商务印书馆，1997：229-230.

③ 亚当·斯密. 国民财富的性质和原因的研究（下）[M]. 郭大力，王亚南，译. 北京：商务印书馆，2011：30.

④ 参见白乐. "看不见的手"的流变——访哈佛大学历史与经济学研究中心主任罗斯柴尔德 [N]. 中国社会科学报，2013-11-08（A03）.

⑤ 转引自加文·肯尼迪. 亚当·斯密 [M]. 苏军，译. 北京：华夏出版社，2009：242.

策的批判得以显现。看不见的手，是一只在自然法约束下自由而灵活的手，在这只手的打理下，财富按照自然秩序的规则增长。而违背这一自然自由的规则时，财富增长总是受到抑制。一言以蔽之，一切有碍产业自然自由发展的法律、政策都应该废除，从而给生产要素以自由竞争的环境。而"独占乃是良好经营的大敌。良好经营，只靠自由和普遍的竞争，才得到普遍的确立。自由和普遍的竞争，势必驱使各个人，为了自卫而采用良好的经营方法"。① 在这样的环境下，"看不见的手"作为一种自动自我的调节机制，自然会促进财富以最有利的方式进行积累。亚当·斯密进一步提出："一切特惠或限制的制度，一经完全废除，最明白最单纯的自然自由制度就会树立起来。"② 但是，亚当·斯密所谓的自然自由的经济思想并不是彻底地自由放任，不是一个死板的教条，在亚当·斯密看来，特殊情况下仍然可以施行一些限制性政策，比如为了国防安全以及为了给国内或国外政策保持一致性时可以采取限制性措施。依据自然自由的制度原则，君主还需或者只需尽三个义务：一是保护社会，确保国家安全；二是设立严正的司法机关，确保人们不受侵害或压迫；三是建设并维持某些公共事业及某些公共设施，提供公共服务。

二　自由的悖论：加剧经济危机和贫富分化

正是在亚当·斯密的基础上，李嘉图进一步发展了自由经济的思想，他对比较优势原理的充分阐述，使自由放任的规则得到更广泛的应用。然而，西斯蒙第却在经济政策的自由放任方面表达了重大分歧和激烈批判。西斯蒙第认为古典政治经济学鼓吹的完全自由竞争，必然导致个人与社会的利益冲突，个人利益的达成往往导致他者的利益损失。另外，古典政治经济学为了生产而生产，以及自由放任的理论，加剧了由此带来的经济危机。西斯蒙第对古典政治经济学自由放任的理论批判贯穿始终，在他看来，这一理论指导加剧了贫富差距的扩大和经济危机的破坏程度。西斯蒙第认为，"把政治经济学建立在无限制的竞争的原则上，就是为了同时实现一切个人利益而牺牲人类的利益"③。

自给自足的小生产模式在自由放任的竞争环境下遭到破坏。在西斯蒙第看

---

① 亚当·斯密. 国民财富的性质和原因的研究（上）[M]. 郭大力，王亚南，译. 北京：商务印书馆，2011：144.
② 亚当·斯密. 国民财富的性质和原因的研究（下）[M]. 郭大力，王亚南，译. 北京：商务印书馆，2011：258.
③ 西斯蒙第. 政治经济学新原理 [M]. 何钦，译. 北京：商务印书馆，1964：474.

来，自由竞争理论提倡对于人们的活动、生产或节约不应管得过死，"相反应鼓励他们之间的竞争，即全面的竞争，让这种竞争在各种社会等级中，在同样社会地位的人们之间都发挥支配作用"①。自由放任和自由竞争的学说所鼓动的竞争者之间的相互倾轧、掠夺和相互破坏非常残酷，助长了各个行业的破产、壅塞等灾难。农业的自由竞争，不仅加剧市场壅塞，而且造成大量的小农场破产。西斯蒙第发现，只要是大农场与小农场竞争的地方，总是造成小农场的破产。最终，英国传统的农业生产模式，由于对财富的狂热追求，在自由放任的竞争模式下逐渐被大农场模式替代，农产品的壅塞越发严重。而谷物商业与各种经营方式的结果都有密切联系，因此，采用大农场经营的投机行为，正像"谷物价格高了，人类劳动创造的一切产品的价格也随着提高，谷物昂贵在一定的时间内就会引起以出口为目的的一切工业的破产"②。在市场竞争下谷物价格跌落时，它所引发的经济危机，也同样会在各个行业间传导。

基于同样的逻辑，自由竞争促使众多传统手工业及小商业模式经营者破产。在竞争机制下，"城市中的工业已经采用了集中力量和集中资本的原则，并且比农村用更大的力量来进行"③。西斯蒙第发现，大工场相对于小工场的优势，总是与工场的规模大小成比例。可以说，每一个更大产业规模企业的诞生，都伴随着一批规模相对较小的工场的倒闭。这种大工业取代手工业的竞争，在制锁、木工、磨粉、制桶、造船、零售等各个小本经营的行业中普遍进行着，每个行业都在竞争中不断涌现出规模越来越大的大资本经营者。像渗透进独立手工业一样，财富学派同样的竞争学说，也渗透到家务劳动上，他们鼓动社会放弃家庭纺织、食物制作等家庭主妇日常的劳作，转而寻求产业化的工业服务。工业主义在自由竞争中所显现出的财富创造的巨大力量，让财富学派欢呼雀跃，但西斯蒙第批判他们只看到生产效率的提高，忽视了家务劳动被替代以及手工业破产带来的灾难——打乱了小制造商幸福安乐的生活，剥夺了西斯蒙第歌颂的行会手工业组织制度下的平衡稳定，削弱了家庭劳动带来的温馨和谐，取而代之的则是唯利是图的百万富翁。

三　看不见的手：私利而害公益

西斯蒙第指出，任何生产者为争夺客户总是不管商业实际需求，以更低

---

① 西斯蒙第. 政治经济学研究：第一卷［M］. 胡尧步，等译. 北京：商务印书馆，1989：26.
② 西斯蒙第. 政治经济学新原理［M］. 何钦，译. 北京：商务印书馆，1964：152.
③ 西斯蒙第. 政治经济学研究：第一卷［M］. 胡尧步，等译. 北京：商务印书馆，1989：33.

生产费用进行生产。在需求不增加的情况下，这种生产的结果，只能满足个别人的发财致富而使所有人受损失，并不会实现亚当·斯密所谓的在"看不见的手"作用下每个人因追求私利而促进公共利益的实现。

首先，西斯蒙第提出了一组生产计算结果，并据此宣称彻底推翻了政治经济学自由竞争的结论。西斯蒙第认为，以财富为目的的政治经济学家们总是鼓励企业主为生产而生产，企业主也总是有扩大生产的动力。因此，对利润的追求以及竞争的结果必然促使企业主做出如下经营决策：一是降低工人工资，同时增加工人数量，以增加产能和利润；二是在资本增加和利率降低的情况下，扩大投资规模，以提高生产能力；三是利用积累的资本增添新的和先进的机器，进一步提高生产能力；四是在世界范围内不断为产品寻找市场。西斯蒙第设定了一个具体的生产要素基数，并为每一项经营决策的投入产出赋值，计算出对应的企业产能、工人工资和企业主利润。① 他认为这样经营的工厂在现实中是普遍存在的，通过对每一项投资结果的计算，他发现

---

① 计算过程如下："竞争的结果首先就是降低工资，同时使工人的数目增加。假设一个布厂有一百个工人，每个工人每年挣三百法郎；他们的年生产可能是一万欧纳布匹，他们的收入和他们的消费将达到三万法郎。十年以后，在同一个工厂里，每年只挣二百法郎的工人有二百个，生产就会提高一倍，他们就会生产出二万欧纳同样的布匹。但是，他们的收入和他们的消费只能提高到四万法郎。因此，工人的收入并没有随着生产的提高而增加。在同一个工厂里，拥有十万法郎的流动资本，每年给工厂主增殖的利润是一万五千法郎，厂主从中给资本家支付了百分之六的利息，也就是说他拿出了六千法郎，他个人还剩有九千法郎。资本的增加和利率的降低，使他有可能扩大他的营业，并且能使他只满足于一项小小的利润，因为他所运用的资本数量更大了。他在自己的工厂里投入了二十万法郎的资本，只付出百分之四的利息，或者说只给资本家八千法郎；他自己只剩下百分之八的利润，可是他认为自己的营业很不坏，因为他的收入从九千法郎提高到一万六千法郎，而资本家的收入也由六千法郎增多到八千法郎。同时他俩的生产也提高了一倍；而他们的收入以及随之而来的消费，只不过是五与八之比，略微提高了一些罢了。工厂主还利用充足的资本给他的工厂增添了新的、相当先进的机器，以便使他的年生产再提高一倍。他用了二十万法郎的资本，目的是要取得更高的利润，因为这样他可以和第一批的二十万法郎得到同样多的利润（这二十万法郎已变成流动资本），就是说，他自己得百分之八，资本家得百分之四，合计是二万四千法郎。但是，这时候的消费降低了。十年前，产品为一万欧纳布匹，代表消费的收入是四万五千法郎，就是说：工人得三万法郎，资本家得六千法郎，而工厂主得九千法郎。现在，产品是四万欧纳同样的布匹，代表消费的总收入只是八万法郎，就是说，工人的收入为四万法郎，供给他流动资本的资本家的收入为八千法郎，供给他固定资本的资本家的收入也是八千法郎，而工厂主的收入为三万二千法郎，其中一万六千法郎是流动资本的利润，另外一万六千法郎是固定资本的利润。生产增加了三倍，而消费连一倍也没增加到。当然用不着计算那些制造机器的工人的消费，他们的消费已经包括在购买机器的二十万法郎中了。而且这种消费已经是同样情形的另一个工厂的收支的一部分。"参见西斯蒙第. 政治经济学新原理［M］. 何钦，译. 北京：商务印书馆，1964：237-238.

商业的扩展必然以缩减工资和利息为基础，而消费却赶不上同期生产的增长速度，由此种自由竞争所激发的扩张绝不意味着更大的繁荣。

基于上述计算推理，西斯蒙第认为，政治经济学家所谓的"最自由的竞争，决定着工业的最有利的发展；因为每个人对自己的利益比庸碌无能和漠不关心的政府了解得更透彻，而每个人的利益就是大家的利益"①，虽为正确的公理，但其结论却是错误的。他分析认为，尽管个人利益是公共利益的一部分，但是每个人在谋求个人利益的时候，常常不能估计他人的利益；个人力量的发展并不包括与他力量相当的人的能力的发展。个人的政治目的在于少损失多得利，在利益的竞争博弈中，"个人利益乃是一种强取的利益，个人利益常常促使他追求违反最大多数人的利益，甚至归根结底就是违反全人类的利益"②。

其次，从现实来看，自由放任、自由竞争造就了一个人口广大的新阶级——赤贫的无产者。发生在英、法等国家的现实使西斯蒙第注意到，物质财富的增加与群众的贫困是同时发生的。并且群众的贫困越严重，"使生产各种财富的阶级越接近一无所有"的穷苦境地③。是什么原因既能促进物质财富的增殖，却又加剧群众的贫困呢？他归咎于国家的制度和法律——它鼓励普遍的竞争，"普遍的竞争促使每一个人设法使对手坚持不下去……穷人是等不了的。于是，在争夺土地财产的斗争中，穷人遭到了残酷的剥夺"④。

西斯蒙第批评说，只要社会制度未变，穷人的生活就完全受自由竞争的支配。自由放任、自由竞争的制度，是一个快速发展财富的制度，但也是一个不断制造破产、失业的制度，它使大量资产所有者沦为无产者。这种制度"想把任何种类的所有制同任何种类的劳动完全分开，把雇主同雇主之间的任何买卖关系隔断，把前者同后者的利益的任何结合排除"⑤。忽视市场需求，盲目应用技术和生产，使大量农业、工业小生产者在破产中沦为短工或工人，大量工人在被机器替代后失业，成为可以随时解雇的无产者。

最后，自由放任、自由竞争加剧了经济危机的波及范围。个别行业过剩

①　西斯蒙第. 政治经济学新原理［M］. 何钦，译. 北京：商务印书馆，1964：239.
②　西斯蒙第. 政治经济学新原理［M］. 何钦，译. 北京：商务印书馆，1964：239.
③　西斯蒙第. 政治经济学新原理［M］. 何钦，译. 北京：商务印书馆，1964：527.
④　西斯蒙第. 政治经济学研究：第一卷［M］. 胡尧步，等译. 北京：商务印书馆，1989：121.
⑤　西斯蒙第. 政治经济学研究：第一卷［M］. 胡尧步，等译. 北京：商务印书馆，1989：63.

的危机，必然会传导开来，有可能诱发普遍性的过剩危机，特别是由于自由放任、自由竞争的经济政策在各个行业的施行具有普遍性的情况下。因为，"社会的一切运动都是互相关联的，一个运动带动另一个运动，如同钟表上的各种齿轮一样，要想这种运动相互关联，必须使发条的作用正常"①。西斯蒙第所谓的"发条"，就是人类的正常需求，只有靠需求激发的生产，而不是靠自由竞争的盲目生产才能使社会中的各个"齿轮"保持良序运动。可见，在自由放任、自由竞争的政策环境下，个人在追求私利的同时，社会的自然发展固然会提升资本积累的数量和速度，但亚当·斯密所谓的"公正的旁观者"并没有自发校正个人追逐私利时对公共利益的侵害，"看不见的手"亦没有成功引致公共利益的达成，就其结果而言反而是因为对私利追求而背离了公共利益。

四 国际贸易绝对自由非世界繁荣良药

西斯蒙第不赞同李嘉图、萨伊、麦克库洛赫及其信徒们所坚持的各国间绝对贸易自由的论调，他认为，国际贸易的完全自由并不会自动实现李嘉图所谓的个体利益的追求和整体的普遍幸福的很好结合。西斯蒙第对李嘉图等人的批判，不是对国际贸易理论所追求的目标的批判，不是对其理论基础的批判，而是对他们给国际贸易发展预设的发展条件的批判，即对完全自由的批判。在这一条件下，国际贸易偏离了预设的发展目标，最终并不能给世界带来普遍的繁荣。

首先，完全自由的对外贸易给企业赚取利润，为输出国内过剩产品创造条件，却常常给贸易输入国带来灾难。自由贸易原则虽然给输出国企业带来求生的机会，却将它们的失业、壅塞包袱卸给了产品输入国，剥夺了它们同类产品制造商的生计，从而摧毁了相对落后的输入国工场工业、手工业和家庭工业。其次，完全自由的对外贸易创造的繁荣可能只是虚假的繁荣。最后，完全自由的对外贸易最终给世界带来的不是普遍繁荣而是普遍危机。西斯蒙第认为在贸易自由的准则下，世界市场形成，竞争在世界范围内不断加剧，商品充斥其间以致壅塞，资本家再也找不到新的产品需求者，一个国家获得的多了，另一个国家必然减少，一个国家的获利必然是另一个国家的损失。

① 西斯蒙第. 政治经济学新原理 [M]. 何钦, 译. 北京：商务印书馆, 1964: 522.

完全自由放任的国际贸易理论，在实践中"一旦利益参入后，推断屈服了，并与欲望相适应，为自己所用的理论又如何地与为别人所用的理论大相径庭"①。西斯蒙第指出，很多政治家上台前都曾宣扬财富学派的贸易自由理论，但他们从来也没有真正取消过国与国之间的贸易障碍。与国内市场一样，世界市场的扩大，也必须以世界的普遍繁荣为前提，只有人们获得新收入，才能实现新需求。因此，完全自由的国家贸易在欲望面前，既不能实现普遍的世界繁荣，也不能成为真正解决国内市场壅塞、赚取长久利润的法宝，它必须适应消费者的收入和需求而展开。

五　西斯蒙第国家干预思想

西斯蒙第批判了亚当·斯密、李嘉图和萨伊等所极力主张的经济自由、反对政府干预思想。但西斯蒙第并不是彻底地反对经济自由思想，他承认经济自由对财富发展的积极作用，它所反对的是完全的自由放任、自由竞争，他指出了自然的自由在人的欲望面前遭遇的正义和自然秩序理念的扭曲；他反对的是自由放任、自由竞争的政策只是鼓励了少数人的私利而损害了公共利益的实现。因此，西斯蒙第从政府的义务出发，始终呼吁亚当·斯密所摒弃的政府干预，西斯蒙第的国家干预思想主要体现在"重塑政府职能""规范商业竞争秩序""保护劳动者免受竞争危害"三个方面。

一是重塑政府职能：正视国家干预经济活动的必要性。

国家干预经济活动乃是政治学目的赋予政府的义务。在《政治经济学新原理》第二版的序言中，西斯蒙第开宗明义地提出了国家干预的政治理念，他说，"我再一次请求社会力量的干预，以便使财富的进步正常化，而不使政治经济学遵循一个最简单的、在表面上好像最自由的所谓'自由放任和自由竞争'的方针"②。这一论断是由西斯蒙第坚持的政治学思想决定的，他的国家干预思想，深深地根植于政治学目的，即在于"为组成社会的人类谋求幸福，它寻求使人类得到符合他们本性的最大幸福的手段；同时，它也要寻求尽可能使更多的人共享这种福利的方法"③。基于这一目的，他进一步将政治学的目的分解为两个价值追求向度，即"精神需要"和

①　西斯蒙第．政治经济学研究：第二卷［M］．胡尧步，等译．北京：商务印书馆，1989：192.

②　西斯蒙第．政治经济学新原理［M］．何钦，译．北京：商务印书馆，1964：1.

③　西斯蒙第．政治经济学新原理［M］．何钦，译．北京：商务印书馆，1964：15.

"物质需要"。西斯蒙第将政治学目的的实现作为政府的事业，在精神需求的实现上，它与政府的完善程度密切相关，在物质需求的实现上，政府应学会管理全国财富的真正方法的科学——政治经济学。

因此，作为高级政治目标的实践者，西斯蒙第认为，政府的义务有三个：一是建立完善宪法，通过宪法所赋予的自由使公民意气风发、精神高尚起来；二是举办教育，陶冶公民心性，启迪人们的智慧；三是建立宗教，使公民对来世的幸福充满期待。由此，使全体居民守法奉公、日益良善，获得更大幸福。作为政治经济学目的的实践者，西斯蒙第认为，政府同样有三个义务：其一，政府应通过政治经济学为所有的人管理全民财产之利益；其二，政府应设法维持秩序，确保富人和穷人都能享受到丰衣足食和安宁生活；其三，政府应使人们的生活变成一种享受，而不是负担。① 因此，作为政治学的目的，政府干预经济活动，防止社会运行发生偏离，促进社会的普遍幸福的实现乃是其义务所在。

国家干预经济活动是政府克服自由放任、自由竞争给社会带来的灾难，履行政治义务的必然要求。自由放任、自由竞争经济理念不仅在国内、国际贸易上造成灾难，严重偏离了政治学所追求的普遍幸福的目标，企业主为实现财富追求而采取的非正义的经济行为，也违背了亚当·斯密所倡导的财富的自然增长属性，以及为私利而促公益的财富增长逻辑。无论从高级政治学还是政治经济学的目的而言，政府都没有履行好自己应尽的义务。因此，西斯蒙第从对古典政治经济学目的的批判、危机理论的批判以及自由经济思想的批判，又转向了对资本主义制度的批判。他说："我们的制度和法律，一方面剥夺劳动阶级的一切财产和保障；一方面也把他们推到盲目生产中去，这种生产与需求、与购买力都毫不适应，以致使他们更加贫困。"② 而选择制度、制定法律乃是政治学赋予政府的基本义务。总的来看，西斯蒙第国家干预思想主要诉诸立法手段来实现，也许这个任务是困难的，但是在他看来，至少能够给政府指出在法律体系中应该作出什么改变。

二是规范商业竞争秩序。

无论是土地生产的财富，还是来自工业生产的财富，一旦进入市场便都成为商业财富，如何克服商业财富在无限自由竞争中造成的伤害？西斯蒙第

---

① 西斯蒙第.政治经济学新原理［M］.何钦，译.北京：商务印书馆，1964：18-19.
② 西斯蒙第.政治经济学新原理［M］.何钦，译.北京：商务印书馆，1964：527.

强调政府干预政策的出发点在于对财富的欲望加以调节和节制。

首先，在农业方面，西斯蒙第提出修改"谷物贸易法"。谷物贸易的自由程度直接影响着农业人口和工业人口的不同利益，西斯蒙第认为必须对谷物贸易法进行充分的修改，但必须审慎地进行。其次，政府应通过规定合理的专卖权、补贴和税制结构等财政手段调节、节制对财富的欲望，从而提高商业竞争的公平性。再次，引导科学发明在工业领域的有序使用。在新发明、新技术的应用上，西斯蒙第既不赞成技术的快速应用，也不赞成政府给予技术上的专利权和垄断权的法律支持，它要求政府在保证社会秩序稳定的情况下，科学合理地引导新发明、新技术缓慢而有序地应用于工业领域。

另外，西斯蒙第对竞争的干预还诉诸国家的道德建设。他认为，人具有热爱秩序、节俭、俭朴和正义的道德特点，这不但可以增进社会的幸福，也可以为财富的增加提供有效的动力。他相信，国家对道德的干预和培养，能够很好地调节民众对财富的欲望，使对财富的追求富有正义性。

三是保护劳动者免受竞争危害。

西斯蒙第在对古典政治经济学目的见物不见人、普遍性经济危机现象、自由放任、自由竞争的研究、批判中，发现了它所服务的新社会组织存在的问题——劳动者"没有任何抵抗竞争的保障，没有任何避免疯狂的竞争的危害的保障"[①]。因此，西斯蒙第对亚当·斯密所谓政府"守夜人"思想持否定态度，他始终呼吁亚当·斯密所摒弃的政府干预。他认为政府的建立，正是为了可以使用全民的力量，反对为了私利对公益的侵害，使之成为弱者不受强者欺侮的保护者、没有自卫能力的人的保护者，保障公众的长远利益不受追逐暂时而又强烈的个人利益的侵犯。

如何保障民众可以免受竞争的危害？在方式上，西斯蒙第寻求政府在司法、政治经济学上有所建树。他认为，政府保护民众的公共利益免受私利的侵害，运用的是民众共同的知识，而司法便是这种共同知识的表现。这种方式要求，为了全体利益更好地反对私利对公益的侵害，必须依据个人的权力制定法律、建立法院。政治经济学是公共知识的另一种表现，它和司法的存在具有同样的价值追求。所以，政府在应用司法和政治经济学知识时，就要防止个人利益遭受的侵害，防止人们遭受延长劳动工作时间的压迫，防止物质丰富了，却出现物质享受的严重分化，防止竞争使人陷入可怕的贫苦

---

① 西斯蒙第.政治经济学新原理［M］.何钦，译.北京：商务印书馆，1964：510.

境地。

在具体内容上，西斯蒙第提出，政府干预的前提应在公共权力的限制下，结合对个人自由的最大尊重来进行。他根据农业人口和城市人口所受自由竞争侵害的不同境遇，分别提出了具体的政府干预建议。

关于农业人口，西斯蒙第认为其遭受自由竞争侵害的根本原因在于缺少必要的、一定数量的土地所有权保障。因此，西斯蒙第认为，政府对农业人口的总任务就是保障农业人口获得一定的财产，或者优先支持宗法式农业经营模式。政府在立法上就应该采取更加直接的方法，以支持小土地所有者和小农场主。在保护城市工业人口免遭普遍性竞争危害方面，西斯蒙第认为，工业人口是受市场波动影响最大、受害最深的群体。西斯蒙第期望，通过政府的立法提高工业劳动的报酬，为手工业者从不稳定的状态中摆脱出来，并能获得职位上晋升的空间创造条件。他进一步指出，还应努力寻找政府的权力原则和司法原则，以保护城市工人和农业工人免遭竞争的危害，以至于沦落到最贫困的生活水平之下。

结合西斯蒙第对古典政治经济学财富观、危机理论以及自由放任理论的批判及其给出的解决方案来看，始终贯彻着其国家干预思想，只是更集中地表现在克服自由放任、自由竞争的危害上。在预防失业和提供公共服务上，他提出要保持一定数量的大型公共工程的建设，将社会上只能靠出卖劳动力谋生的劳动者安置在一定的工作岗位上，并通过劳动换取产品，从而保持市场的持续稳定性。在促进社会财富的合理分配上，他提出国家应通过立法手段促进财富分配的均等化，共享社会进步的成果，提高人们的闲暇时间，使人们保持简朴的风尚，不断提高智慧水平，等等。从而使工人获得分享雇主所享有的保障的权利，获得医治社会痼疾的良药。

第五节　批判与继承：西斯蒙第批判思想的价值重估

西斯蒙第始终为小商品生产者的利益和要求代言，其早期思想态度，表达了小商品生产者对资产阶级革命以及资本扩张给自己带来的利益幻想，从而使其成为古典经济学派的拥趸。后期，随着受排挤和发生分化的小商品生产者对资本主义越发失望，他转而成为古典经济学的批判者，反对以大机器生产为特征的工厂大工业，并企图走改良道路，回到宗法式农业、行会手工业的生产关系中。西斯蒙第作为政治经济学批判时代的开启者，他对资本主义世界所暴露的种种矛盾，做出了中肯的评价，指出了古典政治经济学的种种谬论，并提出了自己的改良方案。正确地反思西斯蒙第批判思想和改良方案的局限性和积极性，不仅有助于正确认识资本主义制度，坚持马克思主义政治经济学的立场，而且对发展新时期中国特色社会主义政治经济学具有启发意义。

一　对批判的批判：西斯蒙第批判思想的局限性

西斯蒙第对资本主义经济现实的分析、对古典政治经济学的批判、对资本主义制度的批判不够彻底，具有一定的局限性，有些论据甚至是错误的，其提出的某些解决现实矛盾的方案甚至是反动的。他没有洞悉市场壅塞的经济现象背后经济危机的深刻机理，将问题的根源归结为新经济组织对小生产模式的破坏，未能准确把握资本主义的基本矛盾；不理解生产力与生产关系的辩证关系，看不到技术作为第一生产力推动社会发展的历史作用，盲目反对机器大工业生产模式，提出了改良主义的反动思想。不理解经济基础与上层建筑之间的辩证关系，提出用立法手段强行将代表先进生产力的机器大工业，装入落后的生产关系中。凡此种种，彰显了其政治经济学理论的浪漫主义色彩和历史反动性。

（一）不理解经济危机的深层机理

西斯蒙第从普遍性危机所表现的市场壅塞、工厂倒闭、工人失业现象出发，对经济危机产生的根源进行了剖析，从而批判了古典政治经济学的无危机理论。西斯蒙第"中肯地批判了资产阶级生产的矛盾，但他不理解这些矛盾"[1]。他仍然没有准确把握推动经济危机产生的基本矛盾，其批判尚未触及危机的本质。因此，他对古典政治经济学的批判、对资本主义制度的批判并不彻底。

西斯蒙第是第一个用"消费不足论"解释经济危机的学者。恩格斯在《反杜林论》中，曾给予积极评价，他说，"用消费水平不足来解释危机，起源于西斯蒙第，在他那里，这种解释还有一定的意义"[2]。他所说的消费不足并非完全基于收入的绝对下降。基于这种意义上的消费不足和盲目的生产弊端，对经济危机原因的解释具有合理之处。笔者以为，这才是恩格斯评

---

① 马克思恩格斯全集：第 26 卷（第 3 册）［M］．北京：人民出版社，1974：55．
② 马克思恩格斯全集：第 20 卷［M］．北京：人民出版社，1964：311．

价西斯蒙第用"消费不足"解释经济危机所具有的"一定意义",也是马克思所认可的"中肯"之处。有的学者却将西斯蒙第"消费不足"理论定性为"错误"的,笔者认为有失偏颇。恩格斯批判的杜林意义上的"消费不足"与西斯蒙第的"消费不足"具有很大的差异。杜林所谓用消费不足解释的经济危机,不承认生产过剩,只承认消费不足,其庸俗经济学的全部浅薄不用新的生产过剩现象,而用旧的存在了几千年的消费水平低的现象来解释新的冲突。① 西斯蒙第的消费不足,既分析了资本主义制度下,生产过剩的必然性,也分析了消费不足的必然性。而有些学者用恩格斯批判杜林的观点,机械地解读西斯蒙第的消费不足论,从而给其贴上"错误"的标签,显然是不恰当的。因此,笔者更倾向于用"局限性"评价西斯蒙第理论的不足。

列宁指出,"人的思想由现象到本质,由所谓初级的本质到二级的本质,这样不断加深下去,以至于无穷"②。西斯蒙第对于古典经济学派无危机的批判正是如此,他在现象的矛盾中找到了批判李嘉图等人观点的依据。他对危机的认识,从市场壅塞、工人失业的现象中,看到了生产、消费、收入之间的比例失衡,并将其作为直接原因,其批判思想有了从现象到初级本质的加深。他的分析没有停留在这一层面,而是转入了对资本主义制度的思考和批判,或者说他已经有意识地在探索更深层次的本质。他态度鲜明地说,他所反对的绝非机器发明,而是现代的社会组织,正是这一组织使劳动者被剥夺得一无所有,没后任何抵御竞争的保障。③ 具体地说,西斯蒙第对资本主义制度的反对表现在两个方面:一是反对把政治经济学建立在无限制的自由放任的自由竞争原则上,这一原则造成的后果就是为了一切个人的欲望而牺牲了人类的利益;二是站在小资产阶级的立场上,反对"现代经济组织"对小生产制度的破坏,具体地说,破坏了农业人口拥有一份土地、城市人口从事行会制度下手工业的稳定生活模式,使全体居民陷入自由市场波动的困境中。④ 由此,在对经济危机本质的认识上,他由经济现象,深入生产、消费、收入之间比例失调的矛盾,又对这一矛盾的产生做了自己的探讨。

① 马克思恩格斯全集:第 20 卷 [M].北京:人民出版社,1964:310.
② 列宁.哲学笔记 [M].北京:人民出版社,1974:278.
③ 西斯蒙第.政治经济学新原理 [M].何钦,译.北京:商务印书馆,1964:510.
④ 西斯蒙第.政治经济学新原理 [M].何钦,译.北京:商务印书馆,1964:474.

但是，西斯蒙第对经济危机本质的认识，还不够清晰、不够深刻、不够准确，仍然停留在"二级本质"的层面。他的局限性在于对经济危机的分析，没有从"模糊的猜测"上升到资本主义社会基本矛盾的准确把握上，即资本主义社会生产资料的私人占有与生产的社会化之间的矛盾。因为他始终站在小资产阶级的立场上看问题、分析矛盾。小生产的社会化与生产资料私人占有之间的矛盾是更基本的矛盾，西斯蒙第所把握的矛盾，只是这一矛盾的表现形式之一。

西斯蒙第的另一个局限性在于，在分析生产的过程中，他曾经提到原料的生产和生产工具，但仅限于对重商主义限制出口、寻求贸易顺差的批判。他没有意识到生产资料的消费也是一项重要的消费项目，由于他批判古典政治经济学总是关注生产，而忽视消费，所以他更多地把注意力放在了生活资料的消费领域。在这种认知局限性下，西斯蒙第总是以宗法式农业、行会手工业的生产模式评价资本主义制度带来的生产过剩和消费不足。

（二）改良主义的反动性

改良主义是 19 世纪中叶兴起的一股政治思潮，其核心思想是在不触动资本主义社会经济结构的前提下，采取的一种缓慢的、渐进式的改革模式。而革命对社会问题、旧事物的态度则体现为最彻底、最根本的摧毁。对于如何克服由此引起的种种弊端，西斯蒙第的社会改革方案是改良性、渐进性的，但也是反动性的。其根源在于不理解生产力与生产关系之间的辩证规律，看不到危机的发展正是为解决危机创造的条件。

西斯蒙第改良主义思想源于对经济危机本质认识的局限性，这种局限性来自他错误地认为资本主义产品无论如何是不能够实现（生产与消费均衡）的。

西斯蒙第错误地认为年生产与国民收入相等，实际上国民收入仅是作为可变资本的工人一年中劳动阐述的新价值，而年生产除了这部分新价值外，还包括了作为不变资本的生产资料转移进来的价值。所以，在西斯蒙第的价值分析中抛弃了生产资料的价值。他要求年生产的产品在一年内消费完，不包括生产资料的消费。由于两者在价值上的不对等，西斯蒙第无论如何也得不出产品实现的结论。马克思的再生产理论正确地区分了年产品的价值组成，成功解决了西斯蒙第关于资本与收入在再生产过程中由于身份转换产生的困惑。马克思批评西斯蒙第在解决资本与收入的关系问题上，"没有说出一个科学的字眼，对于问题的说明，没有作出一丝一毫的贡献"①。

两种不同的产品实现观念，产生了两种不同的社会改革路径。西斯蒙第认为经济危机之所以必然发生，是因为在资本主义制度下，不可能实现生产与消费的平衡。恩格斯则认为，经济危机的必然性在于生产的社会化与资本主义私人占有之间的矛盾，②所谓的生产与消费比例的失衡，消费不足只是这一矛盾的表现形式。西斯蒙第与恩格斯解释危机的两种矛盾基础，发展出了两种解决危机的方案：西斯蒙第因为看不到产品实现的可能性，看不到资本主义道路的适当性，而走向另寻他路的浪漫主义路线；而从恩格斯的观点出发，就等于承认了资本主义诞生所具有的进步性，这种制度越是发展，越是为解决现实的问题开辟了发展的道路。

西斯蒙第改良主义的归宿是回到小生产模式。西斯蒙第不能从现象中把握危机的深层本质，否定资本主义制度的合理性，却向历史经验中寻找答案，怀念小生产制度下的平衡稳定。因此，在对古典政治经济学无危机理论和自由放任、自由竞争思想批判的时候，他总是站在小资产阶级的立场看问题，用过去小生产模式的标准衡量新经济组织带来的种种危害。他指出了历史发展进程中新制度相对旧制度的优越性，也指出了旧制度在即将被新制度替代时所暴露出的缺点，因此，他是热切欢迎新制度的。但是，在面临资本主义制度这一新的组织形式所带来的危害时，他却选择了逆历史潮流的态度。

西斯蒙第看不清改良与改革的历史条件，不明白小生产模式下的生产关系无论如何不能容下资本主义先进的生产力。西斯蒙第的改良方案，充分体现了其小资产阶级代言人的阶级立场。他从维护他们利益的角度认为，只要恢复到旧的生产关系，社会秩序就会恢复，各阶层的利益就会得到有效保障。列宁指出，只要资本的统治地位没有改变，就不可能改变雇佣工人受奴役的地位。在这一前提下的任何改良主义，都是资产阶级对工人的欺骗，只要存在着资本的统治，尽管有某些改善，工人总还是雇佣奴隶③。"即使是非常真诚的改良主义，实际上变成了资产阶级腐蚀和削弱工人的工具。各国

① 马克思恩格斯全集：第 24 卷 ［M］. 北京：人民出版社，1972：434.
② 列宁评经济浪漫主义 ［M］. 中共中央马克思恩格斯列宁斯大林著作编译局，译. 北京：人民出版社，1957：38.
③ 列宁全集：第 24 卷 ［M］. 中共中央马克思恩格斯列宁斯大林著作编译局，编译. 北京：人民出版社，1990：1.

经验证明，工人相信改良主义者，总是上当受骗。"① 在改良与革命之间如何取舍的问题上，与马克思主义者相比，西斯蒙第暴露了其认知局限性和实践的软弱性。如马克思所说，西斯蒙第深刻地认识到了资本主义的矛盾，并给予了中肯的批评，但由于他不能深刻理解这些矛盾，因此也不理解解决这些矛盾的过程。于是，作为过去时代的赞颂者，他求救于历史的经验，又由于不理解分配关系也是一种生产关系，而徒劳地寄希望于调节收入和资本、分配和生产之间的关系来解决矛盾。事实证明，他这一设想从来也没有得到政治家的青睐，列宁更是给这种思想贴上了"荒唐的浪漫主义"标签。

（三）对新技术及经济学方法论等问题的认知局限

西斯蒙第在对古典政治经济学批判的过程中，对新技术的应用、立法干预经济活动、政治经济学的方法论等问题都展开了深入讨论，提出很多有价值的思考，并作为攻击古典政治经济学的重要靶点或武器。但也暴露出一定的局限性。

首先，在新技术的应用上，西斯蒙第不是从新发明、新技术能够作为生产力推动社会发展的角度出发，而是从狭隘的小资产阶级利益角度做出判断，从而使他基于新技术应用对资本主义以及古典政治经济学理论的批判，显得粗浅而伤感。西斯蒙第关于技术应用对工人失业影响的判断是短视的。机器的使用虽然由于生产效率的提高，代替了部分工人的劳动，但随着应用新技术的企业的增多以及产业规模的扩张，与新技术有关的新产业链也诞生了，它会催生新的用工需求，向社会提出更新工人技能知识的新要求。因此，"工人人数的相对减少和绝对增加是并行不悖的"②，新技术的应用，最终却可以吸纳比其所替代的手工业工人数量还要多的劳动力。

西斯蒙第能从生产、消费的矛盾方面看待资本主义的生产，"在 19 世纪 20 年代曾是一个巨大的进步"③，同时也暴露出他小资产阶级立场的历史局限性。他将一般机器的使用是否有利、有益作为价值判断的标准，没有认识到机器在资本主义社会发展中的"历史作用"，促使他得出要以小生产的标准改良资本主义的经济组织形式，将资本主义新技术所代表的生产力，纳入旧的生产关系中运行，从而显现出历史的反动性。实际上，正是新技术的

---

① 列宁全集：第 24 卷［M］. 中共中央马克思恩格斯列宁斯大林著作编译局，编译. 北京：人民出版社，1990：1.
② 马克思恩格斯全集：第 23 卷［M］. 北京：人民出版社，1972：492.
③ 列宁评经济浪漫主义［M］. 中共中央马克思恩格斯列宁斯大林著作编译局，译. 北京：人民出版社，1957：52.

广泛应用，推动社会迈入具有更高生产力的机器大工业社会，使全社会的劳动由原来孤立的、小范围的自给自足的生产劳动，发展为生产高度社会分工、紧密协作，为社会需要而进行的社会化生产劳动。另外，新技术所催生的机器大工业虽然摧毁了传统宗法式农业和行会手工业模式，但是它也消除了小生产模式固有的弊端，释放了社会的生产力且促进了生产要素的流动性。同时机器大工业在城市的集中，使缺乏组织性、纪律性的工人阶级聚合起来，形成与资产阶级斗争、推动社会进步的强大力量。

其次，在政治经济学方法论上，西斯蒙第批判李嘉图等人对经济现实的过度简化和抽象，以致忽略了一些重要的环节，而在这些环节里，藏着李嘉图等人无危机理论的错误根源。但实际上，西斯蒙第所批评的正是李嘉图所坚持的正确的东西，李嘉图的不足不在于对现实问题的抽象，恰恰在于其对抽象的应用还不够充分。

最后，西斯蒙第不懂得"经济基础"与"上层建筑"之间的科学联系，妄图用立法手段，将新社会的生产力强塞进旧社会的生产关系中，其结果注定是要失败的。马克思指出，生产关系不以人的意志为转移，它适应于特定的物质生产力，而由生产关系的总和构成的社会的经济结构，乃是作为上层建筑的法律和政治的现实基础[1]。西斯蒙第不理解存在决定意识，而不是意识决定存在，从而陷入了主观唯心主义。因此，以立法手段，作为解决生产、消费失衡，消除经济危机以及化解贫富两极分化的根本手段，却不知立法手段所要实现的经济组织形式——宗法式农业和行会手工业生产关系，是逆社会发展趋势的，与彼时大机器所代表的先进生产力格格不入。他的立法诉求充分显示了其政治经济学的小资产阶级立场和历史的反动性。

二　对批判的继承：西斯蒙第批判思想的积极性

西斯蒙第的批判思想以及他给出的改革方案，蕴含着深刻的人本主义精神，他对资本主义制度下无产阶级、精神财富等概念的阐释对马克思政治经济学理论的创立产生了一定的积极影响，他被某些西方学者视为马克思经济思想的先驱之一[2]，对发展新时期中国特色社会主义政治经济学也具有一定

① 马克思恩格斯全集：第13卷［M］. 北京：人民出版社，1962：8.
② 马克·A. 卢兹. 经济学的人本化：溯源与发展［M］. 孟宪昌，主译. 成都：西南财经大学出版社，2003：67.

的启发意义。

首先他提出了作为伦理原则和道德规范的人道主义财富观。

西斯蒙第常被贴上人道主义或者人本主义的标签，其对资本主义财富观的批判观点，与马克思具有一定的相似性。从马克思的经典文本中也可以发现，西斯蒙第的观点经常被马克思直接引用，他时而受到马克思的严厉批评，时而又被给予高度评价。毋庸置疑，马克思政治经济学批判思想的形成受西斯蒙第影响很大。

从西斯蒙第对古典政治经济学的批判所依据的价值尺度和诉求看，其人道主义兼具人文主义、人本主义的某些特征；作为世界观、历史观的财富观，他提倡通过国家立法，促进遗产在子女间的合理分割，反对资产过度积累和大工业生产模式。他提出通过立法手段回到小生产模式的社会关系中，为宗法式农业、行会手工业从业者谋取一份私有财产，获得一份抵御社会风险的保障，等等，这些都暴露了其历史唯心主义的特征。美国学者卢兹将追求公共福利和社会尺度等核心理念作为社会经济学的重要原则，从而将西斯蒙第定义为社会经济学家，并称其为第一位认为"人比物重要"的人本主义经济学家；① 又比如他对政治经济学应研究如何使大多数人获得幸福，提出财富追求的正义性；等等，这些理念既是其道德诉求，又是价值评价尺度，体现了其人道主义积极性的一面，与马克思存在很多相似的观念。

就西斯蒙第所处的时代而言，他是第一个对资本主义工业经济进行批判的经济学家，张雄教授认为，西斯蒙第"赋予政治经济学抽象的人民财富理论"，他的认识虽然不如马克思精准深刻，仍然意义重大。张一兵教授也认为，西斯蒙第的经济思想对 1844 年青年马克思的经济学研究具有重要影响②。就财富观而言，他们都强调了财富本质所具有的人的属性，通过人的生产和消费显现。政治经济学的目的是谋求人获得幸福的手段，而不是财富的增加，并据此批判了古典政治经济学"见物不见人"的实质，颠倒了人和财富之间目的与手段的关系。

马克思在《1844 年经济学哲学手稿》中指出，"财富的本质就在于财富的主体的存在"。这一表述表明，"财富的本质不是物"，是作为主体的人的

---

① 马克・A. 卢兹. 经济学的人本化：溯源与发展［M］. 孟宪昌，主译. 成都：西南财经大学出版社，2003：58.

② 张一兵. 西斯蒙第人本主义经济学的哲学解读［J］. 洛阳师专学报，1998（6）：5-11.

存在方式。① 他进一步指出，财富就应该是在普遍交换中产生的个人的需要、才能、享用、生产力等的普遍性。② 可以看出，西斯蒙第和马克思在突出人的中心地位和目的性上，观念何其相似。不同的是，马克思是站在历史唯物主义的立场上思考财富的实现，是人道主义与自然主义的统一，而不是脱离了具体的生产关系的抽象表达。尽管西斯蒙第在财富观的实现上，表现了其人道主义世界观、历史观的唯心主义特点，表现了其作为小资产阶级立场的历史反动性，其在道德规范和伦理原则上仍然不失为一个"真诚的人道主义者"，其对政治经济学目的的思考，是具有开创性的。

其次他是政治经济学领域"无产者"思想的肇始者。

西斯蒙第还是第一个用古罗马人对"一无所有之人"的称谓，将无产者概念用来表示工资收入者的经济学家③，并将这一群体上升为阶级的层面，称之为"无产阶级"。其关于无产阶级的分析，成为马克思无产阶级思想的直接来源。

在西斯蒙第看来，无产者可分为两个群体，一个是农业无产者，一个是工业无产者。他们的形成主要有两个因素：一是新发明、新技术在农业、工业领域的应用，使机器代替大量劳动力，造成大量失业工人；二是国家的制度和法律对自由放任、自由竞争以及先进技术应用的鼓励。它缩短了经济危机的周期，加剧了其危害的程度。此种制度和法律，在没有给劳动者提供有效保障的情况下，便将他们推到盲目生产、竞争中去，从而加剧了工人的贫困，使其日益沦为无产者。西斯蒙第在其作品中，甚至预言了无产者这一群体在世界范围内蔓延、发展的趋势。他说，随着交通的便利，以及国际贸易的自由发展，国内产生的剩余产品必然要到国外寻找市场，输出国内的壅塞。在这个过程中，生产技术处于劣势的国家，其产业经济很有可能受到贸易输出国的严重打击，将输出国的壅塞、破产、失业等灾难传导进来。而世界市场只不过是一个更大的市场，生产的盲目性和激烈的自由竞争，必然使经济危机在世界范围内发生。因此，当更多的国家发生破产、失业的时候，一个更大规模的无产者群体诞生了。

---

① 余源培．构建以人为本的财富观［J］．哲学研究，2011（1）：18.
② 马克思恩格斯全集：第46卷（上册）［M］．北京：人民出版社，1979：486.
③ 斯坦利·L. 布鲁，兰迪·R. 格兰特．经济思想史［M］．邸晓燕，等译．北京：北京大学出版社，2008：129.

马克·布劳格称西斯蒙第为马克思主义的真正先驱①，他认为，这不仅在于西斯蒙第对无产者概念的阐述，对无产者形成过程中所受伤害的同情，还在于他看出工人与企业主之间注定处于"永久的阶级斗争"状态。作为一种斗争的状态、一种竞争的结果，他将无产者的范围扩大到知识分子，当他们与广大处于被压迫阶层的工人阶层结合起来的时候，他们的知识就会点燃人们的革命热情。因为，在西斯蒙第看来，他们（知识分子）缺少面包的时候，所感受到的痛苦比其他阶级更为难受，从而使他们能够站出来鼓动群众进行革命，"攻击使他们无法容身的社会秩序，他们更有本事推翻这种秩序"②。但是，西斯蒙第是一个改良主义者，他试图通过回到旧制度的生产关系中，消解先进生产力下的阶级对立。马克思称西斯蒙第所构建的这样的一个改良主义社会，乃是"小资产阶级的社会主义"，并使西斯蒙第成为不仅在法国而且在英国的此类文献的头面代表人物③。

马克思虽然反对西斯蒙第的反动色彩的改良主义，但吸收了他关于无产阶级理论的有益思想。第一，在《路易·波拿巴的雾月十八日》一书的序言中，马克思引用西斯蒙第对古罗马与现代社会无产阶级处境的描述——"罗马的无产阶级依靠社会过活，现代社会则依靠无产阶级过活"④，来说明不同时代阶级斗争的差异性，从而表达了对西斯蒙第思想认识的肯定。第二，马克思认可西斯蒙第对资本主义社会各种矛盾的分析，认为他做出了中肯的评价；就无产阶级的贫困和阶级对立而言，西斯蒙第已经注意到了"生产力愈发展……资本和雇佣劳动等等之间的矛盾就愈扩大"。马克思确认，西斯蒙第已经"模糊的猜测"到，资产阶级社会作为一个矛盾林立的社会形式只是一个"暂时的形式"⑤，西斯蒙第也意识到资本主义社会财富的发展正是以发展资本主义社会的贫困为前提。与西斯蒙第的根本不同的是，马克思在对无产阶级的研究中，发现了无产阶级的进步性和革命性，提出了实现资本主义社会向共产主义社会过渡的无产阶级专政思想。

再次是对发展中国特色社会主义政治经济学具有启示意义。

① 马克·布劳格. 凯恩斯以前的 100 位著名经济学家 [M]. 冯炳昆，译. 北京：商务印书馆，2008：281.
② 西斯蒙第. 政治经济学研究：第二卷 [M]. 胡尧步，等译. 北京：商务印书馆，1989：151.
③ 马克思恩格斯全集：第 4 卷 [M]. 北京：人民出版社，1958：493.
④ 马克思恩格斯全集：第 16 卷 [M]. 北京：人民出版社，1964：406.
⑤ 马克思恩格斯全集：第 26 卷（第 3 册）[M]. 北京：人民出版社，1974：55.

十八大以来，习近平同志对发展新时代中国特色社会主义政治经济学多次做出重要论述和要求，我们既要坚持对马克思主义政治经济学思想的继承和发展，也要积极吸收前人有益的政治经济学思想遗产。作为政治经济学批判的时代开启者，西斯蒙第很多思想对发展中国特色社会主义政治经济学依然具有重要的启示意义——他的局限性值得警示，他的积极性值得借鉴。

其一，坚持以人民为中心的财富观，是发展中国特色社会主义政治经济学的目的因。

西斯蒙第有关政治学的论述中，将政治学分为高级政治学和政治经济学两个部分，前者在于帮助民众满足精神需要，实现精神上的幸福；后者在于实现人的物质需要，保障民众物质享用的快乐。两种价值追求统一于政治学对民众普遍幸福的追求。就政治经济学而言，发展财富是为了人，而不是像古典政治经济学那样为了生产而生产，颠倒了手段和目的的位置。这种价值观在实践上的表达，便是政治目的与经济学目的的双重实现。而追求人的全面解放，是马克思主义的价值追求，是以人民为中心发展中国特色社会主义政治经济学的目的，发展财富是实现这一目的的手段，正是对马克思主义政治经济学价值观的继承。

其二，坚持政治经济学批判的学术传统，须准确把握时代矛盾。

西斯蒙第打响了对古典政治经济学批判的第一枪，其对古典政治经济学理论与资本主义现实的双重批判，使理论问题和现实问题均得以显现，不仅对马克思开展政治经济学批判提供了有益的思想借鉴，对资本主义政治经济学的发展也发挥了积极作用。他的许多经济思想为各经济流派所吸纳，并在实践中得到应用。政治经济学的价值，不仅在于能够对社会现实进行有效阐释，更应具有改造、推动社会发展的职能。而社会是由矛盾推动发展的，因此，发展新时代中国特色社会主义政治经济学，需要对既有理论加以反思，需要结合具体的实践，特别是具体的矛盾，对既有的理论概念的内涵加以查审①。而这正是坚持政治经济学批判学术传统的价值所在。

进行政治经济学批判，应坚持马克思政治经济学方法论，即唯物史观方法论。马克思批判西斯蒙第对李嘉图抽象方法的错误批判，认为不是不要抽象，而是需要科学的抽象。他提出的从抽象到具体的方法，也是唯物史观方

---

① 张雄．构建当代中国马克思主义政治经济学的哲学思考［J］．马克思主义与现实，2016（3）：1．

法论的具体应用。唯物史观所内蕴的批判精神，在于将经济社会问题根植于生产力、生产关系，以及历史与空间的环境中去查审，有利于问题本质的显露，从而使"政治经济学通过反思到达真理域"①。因此，在应用唯物史观对现实问题进行查审时，必须深入新时代中国的生产力和生产关系中，深入中国经济基础和政治、文化现实中，深入中国社会工业、金融货币、交换方式以及交往方式的时代变迁中去把握人的生存。从而深刻把握生存世界人与人之间、人与自然之间的矛盾，把握政治、经济、社会、文化、生态以及外交等领域的各种矛盾，紧紧围绕人的需要、生存与发展，思考矛盾，增强政治经济学发展的动力因。

其三，正视技术的历史作用，营造良好的技术创新、应用环境。

西斯蒙第对发明与技术的应用看法在其批判古典政治经济学及自由放任理论时得到充分表达，他承认技术进步对提高生产力的巨大作用，他也批判在资本主义制度下，技术应用与需求、收入脱节可能造成的失业以及对市场壅塞的加剧。西斯蒙第不理解正是技术的应用、大工业的发展，在提高生产力的同时也在资本主义内部发展出自己的对立面，发展出摧毁自己的客观条件。马克思指出，要很好地发挥新生力量（技术）的作用，就只能由新生的人（工人）来掌握它们。② 科学技术正是人类社会从必然王国过渡到自由王国的客观手段和物质发展的基础。

因此，在工人阶级已经掌握政权的社会主义中国，发展新时代中国特色社会主义政治经济学，必须摒弃西斯蒙第狭隘的技术观，在马克思主义唯物史观的指导下，将如何大力发展科学技术这一"第一生产力"作为发展、完善政治经济学的重要命题。一是进一步营造尊重知识、尊重技术、鼓励创新的政治氛围和社会氛围；二是健全知识产权保护体系，在核心技术领域，特别要重视发展被西方国家"卡脖子"的技术；三是大力发展职业技术教育，培养高级蓝领，营造多向度的职业发展空间，提高职业技术工人的社会地位和社会待遇；四是加大对特定技术开发和应用领域的财税优惠力度，营造税收洼地，激励技术发展。

最后，正视国家干预的阶级性，协调好"两只手"的关系。

---

① 张雄. 构建当代中国马克思主义政治经济学的哲学思考 [J]. 马克思主义与现实，2016（3）：4.

② 马克思恩格斯全集：第 12 卷 [M]. 北京：人民出版社，1962：4.

西斯蒙第批判了古典政治经济学提倡的自由放任、自由竞争，它加剧了经济危机和贫富分化。但西斯蒙第是一个自由经济的倡导者，他所倡导的自由是国家干预下的自由，而不是严重弱化国家职能，放任经济自然地、自由地发展。因此，他提出了基于其政治学原则的国家干预经济活动的思想，是具有进步意义的。但是，他不理解经济基础与上层建筑的关系，国家作为阶级矛盾不可调和的产物，其在政治、经济上所代表的只是占有统治地位的阶级利益，工厂法、福利院等国家干预只是资产阶级为了自身利益所做的缓和阶级矛盾的调整，在根本上，并不存在超越阶级的利益让渡。他提出的回到小生产模式的立法建议，只是在抒发一种无谓的浪漫情怀。只有在无产阶级专政的社会主义国家，才存在、才能真正实现基于民众根本利益的国家干预，才能发挥好市场经济的效率作用。

因此，发展中国特色社会主义政治经济学，一是要立足我国的阶级属性，协调好"两只手"的关系，将自由竞争的经济效率追求和通过国家干预实现共同富裕的政治追求统一到中国特色社会主义政治经济学的目的中来。二是要重视自由市场竞争中出现的无序竞争和垄断现象。近年来，随着互联网、物联网、人工智能等技术的进一步发展，人们生产生活的交往方式、交换方式、产业形态、交换手段，较改革开放初期发生了深刻变化，整个社会的效率得到极大提高，但是也出现了一些互联平台间的无序竞争、恶性竞争乃至一定程度的垄断，从而降低了市场运行的效率，损害了民众的利益。三是重视优化政府的权力清单，完善政府职能。"凡事不可过度"，政府职能既不是越精简越好，更不是管得越多越好，要根据新情况、新问题，不断优化营商环境，有效管控市场的无序竞争和垄断。因此，发展中国特色社会主义政治经济学，要注重协调好"两只手"的关系，努力追求市场对资源的高效配置，以及政府有效维护市场良序、保障民众普遍利益的双重实现。

整体来看，西斯蒙第对其政治经济学新原理的阐述，是在对古典政治经济学批判的基础上提出的。作为第一个对工业资本主义进行批判的经济学家，他的批判思想以及对很多概念的阐释，对马克思从事政治经济学批判发挥了一定的前导作用。托马斯·索厄尔认为，西斯蒙第对一些问题的理论阐释，比如无产阶级、资本集中等，都说明其在马克思之前进行了思考，[1] 成

① 参见约翰·伊特韦尔，等编. 新帕尔格雷夫经济学大辞典：第四卷 [M]. 陈岱孙，等译. 北京：经济科学出版社，1996：376.

为马克思深入研究的重要思想来源。他提出的政治经济学的目的应是人而非物，对资本主义社会很多对立矛盾的分析、对经济危机的批判、对无产阶级与资产阶级对立矛盾做的寓言，等等，都得到马克思的积极肯定；他在解决资本主义的现实问题时给出的某些方案，比如国家干预经济活动的思想、追求经济正义、立法保护工人免受竞争危害的思想，都有着积极的现实意义。而另外一些思想，比如对小生产模式的颂扬、对新技术应用的限制等，却充满了反动性，被贴上小资产阶级代言人、浪漫主义经济学家的标签。但无论是其思想的积极方面还是消极方面，都对马克思从事政治经济学批判发挥了积极的作用。正如格兰特等认为，西斯蒙第"绝不是一个社会主义者，但是他帮助社会主义思想铺平了道路"[①]。

西斯蒙第对古典政治经济学目的、无危机理论以及自由放任理论的批判，他提出的对人的关注、寻求生产与消费的平衡以及国家干预思想，在各国理论发展、实践中都能找到影子。尽管他在实践上所崇尚的回到宗法社会和行会制度下的思想充满反动性，但笔者认为追求人类幸福的普遍实现、寻求生产消费的平衡以及国家干预思想始终是各国追求与实践的永恒主题。

纵观西斯蒙第的思想，他对时代发展过程中的问题敏锐性，他对古典政治经济学发起的责难，比他给出的答案更具有历史价值。这些问题自市场经济建立以来就始终是各国政治家、学者持续争论的焦点，应为不断完善、发展的中国特色社会主义政治经济学理论所充分重视，同时，中国经济发展的现代性也应经得起这些问题在新时代的拷问。

---

① 斯坦利·L. 布鲁，兰迪·R. 格兰特. 经济思想史［M］. 邸晓燕，等译. 北京：北京大学出版社，2008：129.

第五章　李斯特政治经济学批判思想要义

　　"政治经济学的自我革命，就是从追求自然和谐的个人经济学，转向与'思辨哲学'、'高等政治'相融合的政治经济学批判。"① 19 世纪初，整个西方社会在拥抱古典政治经济学、机器大工业生产、资本主义生产方式、自由市场和世界贸易带来的喜悦的同时，却深刻地体验到了这种现代性高速发育所带来的人类本真生存空间的痛苦与衰弱。这种二律背反启发了彼时的经济学家追问传统的以亚当·斯密为代表的英国古典政治经济学，而在这些经济学家中，来自德国的弗里德里希·李斯特无疑是最重要的思想先驱。熊彼特在《经济分析史》中是这样评价李斯特的："他是十八世纪思想的继承者。他是浪漫主义的产物。他是经济学历史学派的先驱。这一切说法只不过是意味着：每一个人都是在他以前所发生的一切事情的继承者，又是在他以后将要发生的一切事情的先行者。他是一个伟大的爱国者，一个目标明确的有才气的新闻工作者，和一个把似乎可以用来补充他的想象的一切东西调节得很好的能干的经济学家。"② 今天我们研究李斯特思想，不仅是对英国古典政治经济学的反思，而且是对马克思思想理论渊源的检索，更是要站在21 世纪的中国大地上来回顾 19 世纪的德国历史，以马克思主义的观点和方法扬弃李斯特经济思想，为中国经济发展做出应有的贡献。

---

① 张雄. 政治经济学批判：追求经济的"政治和哲学实现"[J]. 中国社会科学，2015（1）：8.
② 约瑟夫·熊彼特. 经济分析史：第 2 卷 [M]. 杨敬年，译. 北京：商务印书馆，1992：196.

第一节 李斯特生平经历及主要著作

一 李斯特生平简述

弗里德里希·李斯特是德国 19 世纪上半叶最著名的政治经济学家。他的主要贡献有三项：①提出了以民族国家为视角的生产力理论，进而倡导在德国推行贸易保护主义政策，为德国的民族工商业追赶英法提供了理论和政策制度上的保障，促进了德国民族工商业的飞速发展；②为建立德国关税同盟而做出了积极行动，有效地组织起国内分散的邦国，增强德国工业产品在国际市场的竞争力，抵御来自工业发达国家（如英法等国）廉价工业品的冲击；③组织建设德国的铁路系统，德国铁路的广泛建设不仅将各邦国紧密地连接，从而形成强大统一的国内市场，同时也加强了德国同其他国家间各种意义上的联系。作为一名赶超发展理论的伟大先驱，李斯特政治经济学理论及其伟大实践对日后诸多后发国家的经济社会发展提供了坚实的理论基础与实践模板。

弗里德里希·李斯特于 1789 年出生于德国符腾堡联邦州的罗伊特林根。其父从事皮革加工，并在城市中兼任治安官及参议员等公职。李斯特在当地拉丁学校接受了四年基础教育并在此期间显示出德文写作方面的才华，这为他日后的事业腾飞奠定了基础。李斯特早年曾在德国各地担任行政文员职务，后来为了谋求更好的发展前景和职务，他在图宾根大学旁听了关于卢梭和孟德斯鸠等启蒙思想家的课程，并且学习了罗马法以及财政学、宪政学基础知识，这段时间的学习为之后李斯特经济思想的发育种下了萌芽。其父兄相继过世后，李斯特不得不往返于图宾根与罗伊特林根，在照看家族生意的同时，研修法律、会计与税收等科目，为符腾堡高级别官吏考试做准备。1814 年 9 月李斯特以优异成绩在国家任职考试中取得了高级秘书职位。1814 年 10 月至 1815 年 4 月间，李斯特被派往祖尔茨地区整顿当地财务，在此期间，李斯特与同窗好友施莱尔联合撰写了一份政改请愿书，呼吁恢复宪制、保障民权、限制王权，这是李斯特首次正式表达自己的政治立场。在结束家乡的调研与整顿后，李斯特终于在 1816 年 5 月 5 日获得内务大臣的正式任命，成为内务部财会主管。风华正茂的李斯特更加积极地投身于推动君主立宪的政治现代化运动，他先后创办《符腾堡实录》《士瓦本人名之友：

道德、正义、自由期刊》等期刊，并以期刊为平台阐述自己的政治观点。前述行为引来了诸多非议，这些非议不仅来自政治体制外部，更重要的是来自政治体制内部。李斯特在阐发自己政治观点时过于激进，引起了彼时德国官场众多同僚的非议，而李斯特这种处事率直有余、圆融不足的为人方式在一定程度上为其后半生的颠沛流离埋下了伏笔。

李斯特的官场整顿建议中包括对大学课程的改革，他呼吁大学应当设置经世致用的课程，图宾根大学政治经济系的设定从某种意义上来说就是这一建议的直接产物。李斯特在政治体制内的改革遭遇保守派的强大阻力，加之其支持者的接连离职，政治体制改革陷入了停顿。与此同时，李斯特转换了思路，尝试从政治体制外推动改革，正如兴办刊物那般，欣然接受了图宾根大学教授一职。虽然李斯特兴致勃勃，准备在大学这个平台继续宣传自己的政治观点。但其先前行为得罪了一众同僚，导致大学教授生涯也是阻力重重，加之其授课风格过于独特的缘故，李斯特匆匆结束了图宾根大学教授的任职。

1819 年大学春假期间，李斯特离开图宾根来到法兰克福。此时的德意志联邦由 30 多个邦国组成，各个邦国之间关卡林立，对内无法形成统一的国内市场，对外不存在统一的关税。来自发达工业国（如英国、法国等）的廉价工业品有力地冲击着德国尚不发达的民族工商业。法兰克福的工商业者尝试向联邦议会诉苦陈情，而李斯特在此之前就已经深刻意识到德国必须撤除国内关税，执行统一的对外商业政策，方可有效地保护国内的民族工商业。李斯特的政策主张与工商业者的诉求一触即合，为了建立统一的德国工商业联合会，李斯特牵头向联邦德国议会发表了请愿书并在之后建立工商业联合会、设立全德国关税同盟的过程中发挥了带头作用。最终，"德国关税与贸易同盟"在 1833 年 5 月 14 日建成并于 1834 年元旦正式启动。

经过一系列的波折，李斯特于 1820 年 12 月 4 日当选罗伊特林根的符腾堡议员，不仅其激进的政治主张并未获得大多数人的支持，《罗伊特林根请愿书》的出版更是将李斯特推向了政治斗争的旋涡。这份请愿书指责官府高高在上、麻木不仁、官官相护、不通生产、讲究排场等，并提出了许多超前的解决方案。如果说李斯特的为人处世得罪了同僚，尚且可以通过某种方式予以弥合，那么请愿书的出版则彻底打碎了这种可能性。保守势力的反扑、高层有人执意构陷、国王对他印象不佳等诸多因素结合，注定了李斯特此次在劫难逃。1822 年 4 月 6 日，李斯特被埃斯林根刑事庭宣判"因诽谤和污蔑符腾堡政府、法院、行政机构及公务人员之荣誉，且因违反出版自由的相关法律，特判决被告人监禁十个月，外加监内相应劳役，并罚处承担十二分之十一的调查费"①。这一判决中最苛刻的地方在于，根据符腾堡宪法，只要获判"监内相应劳役"，当事人便永远丧失选举权与被选举权，即永远不得再任公职。

　　听闻埃斯林根刑事庭的判决后，李斯特为逃离惩罚、抗议枉法、宣示清白，开始了自己流亡生涯，其先后在法国、瑞士等国停留，并与他人合办《内卡报》《欧洲枝叶》等杂志，试图以其作为发声平台继续宣传自己的政治观点。值得一提的是，李斯特在英国流亡的这段时间里首次了解了关于蒸汽火车这一划时代发明的技术和相关应用。蒸汽火车引起了李斯特的浓厚兴趣，他敏锐地察觉到这一交通运输方式的改变将为整个欧洲大陆乃至世界经济历史的发展带来深远的影响，或许李斯特之后成为美国和德国的铁路先驱正是因为受到这一时期的影响。流亡的生活虽然十分困苦，但是也从另一方面增进了李斯特阅历，丰富了他的人际交往和思想，对李斯特未来的学术和政治生涯产生了很大影响。

　　1824年5月底，李斯特误信其内兄弗里茨回到了符腾堡，同年8月6日，李斯特在他35岁生日这天被捕入狱。彼时官方并不愿意因为审判李斯特而增加不必要的动静，加之李斯特的妥协，最终的解决方案是李斯特被永久驱逐，以此为条件换取自由，最终同意他移居美国。在此期间，李斯特尝试过多种方法试图留在欧洲，均已失败告终。加上拉法耶特将军的盛情邀请，李斯特携家带口终于踏上了前往美国的轮船。

　　经过拉法耶特的积极引荐，李斯特迅速结识了当时美国的上层政要，一跃成为全部德裔移民中跟美国政要结交最广的人。随后，李斯特加盟《雷丁鹰报》，在主笔的位置上如鱼得水。同时，李斯特卷入了美国的贸易政策之争，并通过自己出色的才华得到了时任美国总统亚当斯的赏识。以此为契机，开始系统地阐释自己的贸易保护主义理论。与此同时，李斯特并未放下自己对实业的兴趣，他开办了自己的煤矿，并在此过程中积累了丰富的铁路建设经验，这为日后在德国的铁路建设打下了坚实的基础。虽然顺利地取得了美国的国籍，但强烈的民族主义情绪时时刻刻困扰着李斯特，归心似箭的他在1830年就尝试回到欧洲，但是一切并不尽如人意。

① 欧根·文得乐. 弗里德里希·李斯特传［M］. 梅俊杰，译. 北京：商务印书馆，2019：58.

　　1832年，经过多方努力，李斯特终于回到阔别已久的欧洲大陆，他将全部精力投入德国的铁路建设中。在他的推动下，莱比锡至德累斯顿的铁路于1837年4月24日通车。为了加快德国铁路的建设进度，李斯特重操旧业，会同莱比锡两位出版人创办了名为"国民杂志"的周刊，并且李斯特非常关注欧美铁路建设，甚至独资建刊传播最新消息。其间，李斯特试图为自己平反，然而当年的事情比想象中的影响还要大，李斯特的这一次尝试同样以失败告终。

　　李斯特因未能平反无法得到公职，因此试图去法国寻求工作机会。但在法国并未得到理想中的岗位，在比利时的类似尝试同样也不理想。在此过程中，李斯特获知法国道德与政治科学院在设奖征文，于是参与了此次征文，《政治经济学的自然体系》就是在此过程中产生并完成的。李斯特的个人生活此时遭遇重大打击，其爱子在阿尔及尔死于疟疾。以此为契机，李斯特带着全家又重新回到了德国。

　　此后在德国的岁月里，李斯特一方面为德国铁路建设出谋划策，一方面继续出书著作，完成了自己的生涯代表作——《政治经济学的国民体系》。同时，李斯特志在促进德国统一与富强的大方向上从未动摇，他在符腾堡国王的一次大赦中获得平反，这意味着他可以恢复公民权，进而出任公职。重归德国官场之后，李斯特将工作重点重新放到与关税同盟相关的迫切事务上。李斯特利用手中的舆论平台，围绕关税同盟积极献策、影响时局。对于铁路建设，李斯特依然保持着极高的热情，他在自己的刊物上曾写道：铁路与关税同盟乃连体婴儿，铁路的存在是关税同盟进一步发展的物质基础，而关税同盟则是德国统一、富强的第一步。

　　作为具有开阔视野的政治经济学家，李斯特看待问题不仅不局限于德国的视角，还越来越多地介入国际关系，他在比利时与德国贸易的关税谈判中起到了重要作用，然而他的相关提案遭到了英国及普鲁士的反对。在访问奥匈帝国的过程中，他关于铁路建设的建议遇冷，并未取得实质性的成果，谋得维也纳一官半职的想法也落空。自英国返回德国后，李斯特的身体状态一落千丈。这种状况并非某一特殊事件造就的，从美国返回欧洲后，他始终没有找到一个可发挥专长、稳定支付薪水的职位，加之《政治经济学的国民体系》的出版所带来的一系列的争议，包括大量的无端攻击与恶意中伤，猛烈的围攻显然给李斯特造成了严重的心理创伤。其中英国媒体的批评最为猛烈，原因显而易见，德国关税同盟的成立、贸易保护主义政策的确立及德国铁路的修建对英国廉价工业品的畅销都造成了不可估量的损失。更严重的是，李斯特的经济思想传播至其他欧陆国家，英国等工业先发国家的优势在不断被蚕食。这样的造谣中伤给李斯特造成了严重的困扰，让心高气傲的他元气大伤。加之家庭方面的诸多不顺，更是加重了他的悲观厌世情绪。

尽管如此，李斯特在事业上依然有所追求，那就是成立巴伐利亚工商协会，为此，他离开奥格斯堡前往慕尼黑。其间，给妻子写了最后一封短信，简单报告了行程。因为天气问题，未能继续前往因斯布鲁克，最终停留在奥地利蒂罗尔边境的市镇库夫施泰因并住进了市长开设的客栈。1846 年 11 月 30 日早晨，李斯特离开房间，当晚客栈发现李斯特夜不归宿，即开始组织人员四处查找。12 月 3 日，人们在附近森林里发现了李斯特的遗体，他双手握枪，头颅碎裂，身上盖着刚飘落下来的雪花。之后，库夫施泰因的人们为这位伟大的爱国者举行了隆重的葬礼。

二 李斯特主要学术历程

李斯特著作颇丰，在经济学上的著作主要有 1827 年写于美国的《美国政治经济学大纲》、1837 年写于法国的《政治经济学的自然体系》、1841 年写于德国的《政治经济学的国民体系》。非常巧合的是，这三部著作与李斯特一生的主要经历以及学术思想形成的背景有着紧密的联系。美国、法国、德国是李斯特主要居住的三个国家，而在李斯特那个年代，这三个国家都面临着如何追赶英国这个领先国家的历史任务。当时美、法、德三国的经济理论都体现了重商主义理论对于以国家为基础发展工业化、追求国家富强的特点，而这种理论发展以及彼时三国的政策实践都为李斯特之后逐步形成自己完备的政治经济学思想产生了深远的影响。结合"美国的美利坚体制、法国的科尔贝主义、德国的官房学派"① 以及李斯特在这三个国家时著成的代表作，我们可以简单地对李斯特学术思想的发展脉络作简要梳理。

李斯特于 1825 年至 1832 年定居美国，《美国政治经济学大纲》这部著作正是在这一期间完成的。当时宾夕法尼亚制造与机械技艺促进会的副会长查尔斯·英格索尔鼓励李斯特构建一个适合美国经济发展的经济理论，用以和斯密、萨伊的自由学派贸易理论相区别。1827 年 7 月李斯特以十二封致

---

① 梅俊杰. 弗里德里希·李斯特学说的德国、法国、美国来源［J］. 经济思想史学刊，2021
（2）：76.

英格索尔的书信的形式表达了自己有关政治经济学关键问题的思考。这些书信一开始是以《美利坚体系》为标题刊登在费城的核心报刊《国民报》上的。① 1827 年 12 月宾夕法尼亚制造与机械技艺促进会将这些书信结集出版，更名为《美国政治经济学大纲》，这是李斯特第一部具有代表性的政治经济学专著，在美国引起巨大反响，全美国许多有影响的杂志都公开刊载了该书并称赞该书是反对英国自由学派理论的关于美国经济发展的教科书。

在美国生活期间，美国日新月异的发展实践也不断激发着李斯特的灵感，同时李斯特结识了汉密尔顿、雷蒙德、马修·凯里等与他志同道合的伙伴。这些著名经济学家和政治家都对李斯特的思想有着重要的启发。"美利坚体系"最早是由汉密尔顿提出的，其主要政策倡议是政府必须积极主动采取措施推动经济发展，在具体政策上包括联邦政府主导建设交通基础设施、采用关税保护制度培育本土制造业发展、健全金融制度服务工商业发展等。汉密尔顿的思想是为落后国实现对先进国家的追赶而生的，他看到了先进国家在产业发展上的先发优势，并且清醒地认识到了如果在实践政策上采取自由学派的开放市场、自由贸易流通等理论的话，美国本土尚处于幼稚发展阶段的工业将被英国摧毁。雷蒙德则在李斯特之前就思考了生产力理论，著有《政治经济学思考：一个生产力理论》，这是美国最早的系统阐发政治经济学体系的专著。在书中雷蒙德提出了以生产力为基础的经济发展理论，并且强调国家在促进经济发展中的中心作用。雷蒙德对国家以及生产能力的重视，很大程度上启发了李斯特之后的思考。

法国历史发展的进程以及法国思想家与政治家对李斯特一直有着深远的影响，李斯特从法国的科尔贝主义中汲取了一系列有助于建构生产力体系的重要政策启示。在李斯特看来，法国科尔贝主义就是法国版本的重商主义政策实践，法国的全盛时代就是从科尔贝开始的。李斯特盛赞科尔贝以极大的勇气和责任感担当起引领国家发展的重任，推进本国广泛吸纳人才、减免关税、发展对外贸易、改善交通基础设施、规范行政秩序等。在李斯特看来，科尔贝的实践取得的成就是那么大，然而其消逝又是如此之快，这提醒李斯特不要以一种绝对的、永恒的思维去看待产业政策，必须用更具有历史性的动态眼光去分析问题。国家的政策、经济理论的取舍，必须要具体情况具体

---

① 欧根·文得乐·弗里德里希·李斯特传［M］. 梅俊杰，译. 北京：商务印书馆，2019：154-155.

分析。对国家而言，应当以良好的政治制度的构建来确保经济发展环境的稳定，在政治上力求持久稳定的改善。

1837 年李斯特移居巴黎，当时的法国道德与政治科学院正在进行有奖征文活动，其中一个问题是"如果一个国家要实行自由贸易或者修改关税政策，应当考虑哪些因素，才能公平地协调本国生产者与消费大众之间的经济利益？"①针对这一问题，李斯特进行了回答，并形成了《政治经济学的自然体系》这一著作。《政治经济学的自然体系》是李斯特在对当时经济发展理论和历史经验进行进一步沉思之后形成的更加成熟的著作，是对其政治经济学思想的第二次系统总结。书中，李斯特从最早由《美国政治经济学大纲》中的"生产力"概念出发，衍生出了一套和自由学派的"价值理论"相对的"价值创造理论"。在当时所有参加有奖征文活动的参加者中，李斯特的原创性就在于把生产力这一概念提升到了理论系统的高度上。李斯特此时已经认识到，生产力是一个复杂多元的现象，受到经济、政治、文化、社会、文明、制度等诸多要素影响。尽管李斯特以生产力理论来驳斥自由学派的价值理论，但是李斯特并没有否定自由贸易的价值，而是强调只有当参与自由贸易的各个国家处于相似的发展高度的时候才能使每个国家都能够享受到自由贸易带来的富裕和繁荣。李斯特之所以把自己的体系称作"自然体系"，正是因为李斯特在结合各国政策实践历史经验对重商主义学派思想、自由学派理论考察之后，认为从事物发展的客观规律出发去研究政治经济学才能认识到事物自然而然会生发的状态，因此这种"自然"就是尊重历史经验、科学认识经济发展的内在规律之意。

在李斯特的时代，德国当时还是一个仅有虚名的松散联邦，整体的经济与政治发展水平都比较落后，而官房学派作为德国本土的经济理论自始就有强烈的追赶先进国家发展脚步的意识。官房学派有着重视经验归纳方法的实践眼光和国家整体立场，倡导通过培育国内先进工业来实现赶超发展。官房学派本质上就是重商主义的德国版本，重视国家的作用以及政府干预，这些思想和政策选择上的倾向都显示出了李斯特与官房学派的相似性。1841 年，李斯特在德国奥格斯堡完成了其代表作《政治经济学的国民体系》，这是李斯特在《政治经济学的自然体系》之后对其思想进行更加系统梳理和深入研究的总结，代表了李斯特政治经济学思想发展的顶峰。不过对于李斯特来

① 欧根·文得乐. 弗里德里希·李斯特传［M］. 梅俊杰，译. 北京：商务印书馆，2019：203.

说《政治经济学的国民体系》是一部未完成的作品，这只是李斯特最初计划的多卷本中的第一卷，他给这部著作的副标题是"国际贸易、贸易政策与德国关税同盟"[1]，这部著作全面而系统地考察了世界各主要国家的经济发展历程，从个人、国家、世界的关系出发阐述了自己的政治经济学思想，深刻揭示了关于生产力系统的理论，探究了包括政治体制、精神资本、国家社会、贸易保护、教育科技、财富等重要经济范畴的政治经济学原理，建立了一个不同于斯密自由主义政策的政治经济学新范式，形成了一个宏大的经济思想体系，对世界经济学的发展产生了巨大影响，尤其是为后起的国家追赶乃至超越先进国家提供了可以遵循的历史经验、政策指导、思想支撑，是整个人类经济思想的重要宝藏。

第二节　李斯特的生产力理论

"生产力"这一范畴有着悠久的历史，也是政治经济学思想的重要核心概念，历来都是各经济学派学者们透视经济社会发展的关键视角。最早在著作中正式引入"生产力"这一概念的是法国重农学派的代表人物魁奈，此后"生产力"便成了后世经济学家们发展自己经济理论时的一个重要问题。英国古典政治经济学代表人物亚当·斯密在《国富论》中多次提到"劳动生产力"等概念，随着当时英国在世界贸易中的崛起之势，推动了生产力理论的发展。而到了19世纪初，在英国法国的经济崛起和德国急需政治、经济各领域变革以追赶世界经济发展大势的关键时期，李斯特对于以斯密为代表的流行学派进行了彻底的批判和反思。李斯特从现实主义视角出发，积极运用历史归纳方法动态考察了历史上汉撒联盟、荷兰、西班牙、葡萄牙等国的兴衰以及英国飞速跃居世界最强盛经济体的历史，形成了以民族主义国家为出发点、以财富的创造能力为核心、综合考虑政治问题和经济问题的一种全新的政治经济学思想，并由此提出了其最具有突破性的生产力理论。

李斯特指出，正如斯密的名著《国民财富的性质和原因的研究》的名字所揭示的，无论是国家经济还是个体经济，在分析时都应当注意区分"性质"和"原因"而不能将这二者混淆，必须在双重视角下考察经济问题。基于对现实生产力概念的强调，李斯特把自己的经济理论称为生产力理

---

① 欧根·文得乐.弗里德里希·李斯特传［M］.梅俊杰，译.北京：商务印书馆，2019：264.

论，以和斯密的价值理论作区分，"财富的原因与财富本身完全不同……财富的生产力比之财富本身，不晓得要重要到多少倍"①。国家财富的获取，关键在于动态地发展生产力以促进财富增长，而不是物质财富式的交换价值的简单堆砌。李斯特在归纳历史经验教训的时候，对决定生产力的因素有了深入的认识，他发现一个国家的发展水平总是与人民的智慧、德性、勤俭等品质联系在一起，国家的财富也随着这些因素变化，但是如果没有国家在政治制度、法律政策、内政外交等方面的促进，那么个人的所谓美德也难以成就，"个人的生产力大部分是从他所处的社会制度和环境中得来的"②。

　　李斯特反对以斯密为代表的流行理论狭隘的个人视角、漫无边际的世界主义理想以及自由放任的政策倾向。关于国家经济的发展，李斯特有著名的植树的比喻："经验告诉我们，风力会把种子从这个地方带到那个地方，因此荒芜原野会变成稠密森林；但是要培植森林因此就静等着风力作用，让它在若干世纪的过程中来完成这样的转变，世上岂有这样愚蠢的办法？如果一个植林者选择树秧，主动栽培，在几十年内达到了同样目的，这倒不算是一个可取的办法吗？"③ 李斯特通过全新的、以国家为出发点的民族主义经济立场，在历史上第一次较为科学系统地提出了生产力理论，从而真正推动了政治经济学关于生产力的科学研究和正确认识，也使得生产力理论研究从此成为政治经济学研究与批判的关键问题。

　　19世纪初期，正值欧洲刚刚结束动荡、重新恢复和平和经济发展的时期，英国作为最早完成资产阶级革命和产业革命的国家，依靠强大的政治制度优势、经济实力以及先进的工业发展水平，开始向周边国家倾销商业产品，通过宣扬和游说自由经济政策，使得欧洲其他国家在经济上逐渐依附英国，成了其原材料的供应地和商品市场，而其中德国所受的影响尤为严重。此时的德国在经济上正处于由传统自然经济阶段向资本主义经济阶段过渡的时期；在政治上仍然处于封建分裂割据状态，其内部实际上是由三十八个独立的邦国所控制的，缺少一个实际意义上的统一集权行政管理的政府，各邦

---

① 弗里德里希·李斯特．政治经济学的国民体系［M］．陈万煦，译．北京：商务印书馆，1997：118.
② 弗里德里希·李斯特．政治经济学的国民体系［M］．陈万煦，译．北京：商务印书馆，1997：98.
③ 弗里德里希·李斯特．政治经济学的国民体系［M］．陈万煦，译．北京：商务印书馆，1997：100-101.

国的关税政策相互独立，其间的贸易往来甚至要缴纳多道关税，这严重阻碍了德国的经济发展。在 19 世纪初世界经济高速发展的形势下，德国存在着艰巨的改革发展的任务，而英国在此时又"趁火打劫"，利用了当时德国在学术理论、经济政策、行政管理上的空虚，一方面用斯密的自由贸易理论影响甚至控制了德国学术界的经济思想，另一方面通过贸易在德国大量倾销商品。德国不仅在经济思想和经济政策上受到了英国古典政治经济学的钳制，而且自身工业发展受到严重阻碍，难以形成有效的市场机制，在政治、经济、思想上都面临着严重的困境。

针对当时德国的历史发展任务，李斯特深入分析考察各国历史发展经验并研究了主流经济思想流派，他从《美国政治经济学大纲》到《政治经济学的自然体系》，最后再到其最著名的作品《政治经济学的国民体系》，创造性地提出了自己的经济思想体系，包括"以国家为本位的经济民族主义理论、以工业化为中心的生产力理论、以政府干预为基础的关税保护理论，以及以经济史为依据的实证历史方法"[1]。李斯特始终强调制度、政治、国家对于经济发展的关键性作用，始终强调建立并保护民族工业、发展生产力的重要性，深刻指出了德国在当时历史背景下面临强大的英国的经济侵略与思想侵略，必须及时改变内部政局混乱、思想杂多的不利局面，以求在系统的经济发展思想和生产力理论的指引下，摆脱自身经济对于英国的依赖，尤其是要以国家视角、历史视角的全新经济理论超越斯密为代表的英国流行理论，把生产力理论和德国的具体政策和民族工业生产实践相互结合，为德国经济的腾飞谋求契机。

李斯特的经济思想展现了前所未有的时代性和实践性，通过对其学术历程和生平的回顾以及其三部主要代表著作的全面梳理，结合 19 世纪初世界不均衡发展的现实情况、经济学领域内英国古典政治经济学的独尊地位、现代性发育的二律背反危机开始显现的反思，我们可以看到李斯特的经济思想呈现出惊人的完备性。他站在落后国家的现实需要之上，提出了整体联系的系统思想，并呈现出一个逻辑链条。第一，运用历史分析方法把握现实国际格局和历史经验，对经济发展阶段形成客观认识；第二，充分估计英国的优势，对落后国家的处境有敏锐判断；第三，强调工业化的重要性，深刻揭示了生产力的决定性因素和重要意义；第四，重视非物质因素，强调政府干预作用的积极性；第五，以适当的关税政策作为具体手段，不忘展望经济自由发展的远景。① 李斯特的经济思想正是在运用这种逻辑链条的分析之中，使生产力这一概念在经济发展史上第一次摆脱了以斯密为代表的英国古典政治经济学传统观点的束缚，以一种独立的、成体系的理论形式发展了对于经济增长规律尤其是现实规律的把握和认知。

李斯特的生产力理论有着丰富的内涵，涉及自然、国家、政治、经济、文化、自然等诸多领域。整体而言，李斯特的生产力概念主要涉及物质生产力、精神生产力、制度生产力，其中物质生产力是基础，精神生产力是李斯特着重强调的核心，制度生产力则是李斯特整个生产力理论的出发点和落脚点。通过对物质、精神、制度生产力的阐释，李斯特最终是要建构一个整体联系、形式完备的国家生产力理论体系：国家生产力就是一个国家何以充分利用其土地上一切自然资源的恩赐，调动全体国民勤勉奋斗刻苦向前的精神美德；充分利用政府在法律和制度上的积极干预和政策指引，实现国家的繁荣昌盛的基础。通过对生产力在物质、精神、制度视角上的重要性进行研究，李斯特最后回到了"国家"范畴这个原点，这也是理解李斯特的经济发展阶段理论、工业化理论、贸易保护理论的出发点。

一　物质生产力

"人类和人类社会越是向前发展，就越能在力所能及的范围内利用自然力量以达到预定目标，那个力所能及的范围也就越加扩大"②，李斯特的物质生产力指的就是利用自然环境先天赋予的资源、气候等初级禀赋，通过劳动系统转化为物质财富或者物质生产价值的能力，因此李斯特的物质生产力系统主要包括了两个部分：一是自然环境潜在的生产力，二是把这种潜在生产力转化为具体物质财富的人的能力，也就是劳动生产力。不论是自然生产力还是劳动生产力，二者都是在物质存在这个范畴里进行讨论的，二者结合在一起构成了实体的物质生产力，这是李斯特生产力理论的物质基础。需要强调的是，尽管察觉并发现自然的潜藏能力或者运用人的劳动创造财富必然

---

① 梅俊杰. 在赶超发展视野下重新解读李斯特经济学说［J］. 社会科学，2021（3）：129.
② 弗里德里希·李斯特. 政治经济学的国民体系［M］. 陈万煦，译. 北京：商务印书馆，1997：181.

离不开精神的贡献，但是李斯特非常反对单向度的经济主义思维，他的思想始终呈现出很强烈的系统思维和实践观点。无论是讨论物质生产力，还是精神生产力、制度生产力，李斯特都非常重视三者之间的内在互动和联系，并且始终站在国家的立场，从历史和现实相联系的角度来反思生产力。虽然这样的方式使得李斯特在讨论某些问题的时候经常显得"同义反复"，不过借用李斯特自己的辩解，"凡是研究过政治经济学的人都知道，在这门科学里，所有各个论点总是相互结合在一起的，因此与其听任某一点含混过去，不如把它重复十次，这比避免重复的办法要好得多"①。

（一）自然生产力

关于自然生产力，当我们从李斯特政治经济学的整个体系的视角来分析这一范畴的时候应当发现，自然生产力一方面包含了一定自然区域现有的可供利用的自然资源，即纯粹的自然禀赋；另一方面是从整个生产力发展阶段的视域出发，从该地域以及该国家的社会制度和生产力（尤其是核心产业）发展水平所处的特定历史坐标出发，深刻挖掘自然资源"潜在"的生产力。即自然生产力不仅包括现存的资源，更重要的是这些既有的天然资源禀赋本身在一定的社会建构和科技水平、生产水平、产业条件下能够迸发出来的潜在的物质财富创造能力究竟有多少。

具体而言，自然生产力的前提就是自然禀赋。自然禀赋这一范畴不仅包括具体的可供利用的各种自然资源，同时也包括气候、地理位置、地势条件等非常广泛的因素。自然禀赋作为天然的生产力，贯穿于人类生产活动的全过程，这也是制约一个国家或者经济体自身产业结构以及国际分工位置的重要因素。在农业生产里，从最初作物品种的选育和栽培鉴别，再到土地的肥沃程度、温度湿度降水的适宜与否、地形的便利等都是决定最初农业发展的关键自然禀赋。在沿海的渔业生产中，无论是海洋养殖产业的选种与培育，还是海洋捕捞产业中识别洋流的变化趋势、鉴别不同种类鱼群的生活规律，都是自然禀赋要素的体现。而在工业体系这个核心产业之中，自然禀赋要素依然起着关键作用。

对于李斯特而言，自然禀赋不仅是产业发展的前提，也是一个国家有潜力在世界民族之林中进行竞争的重要前提。"地大物博和人口众多是正常国

---

① 弗里德里希·李斯特. 政治经济学的国民体系［M］. 陈万煦，译. 北京：商务印书馆，1997：8.

家的基本条件，也是文化发展、物质发展和政权巩固的基本条件"①，有意思的是，李斯特对于建立一个统一国家的热情在这里也可见一斑，在李斯特看来，一个土地狭小、人口稀少的国家不仅天生就缺乏赖以发展的各种资源，同时也不能建立完善的文化制度，更不可能保障自己产业的独立健康发展，在这样的落后小国中的产业保护也只会沦为完全的私人垄断。"一个国家如果没有海岸线、商船或海军，或对其河流的港口没有管辖权……一个国家如果没有海洋和山脉为屏障……"②，在李斯特看来，这样的国家除非通过后天的极其坚韧的努力与土地联合、自由协商改善先天的劣势（即使成功也难尽完善），否则很难建立起属于自己国家的独立经济、政治、文化、社会制度。

李斯特对于国家经济发展的自然禀赋格外重视，而且他高度评价了温带环境对于发展工业的优势。"决定国际和国内分工的，主要是气候和造化本身……有些国家的土壤能生产质量最优、数量最大的一般生活必需品，其气候也最有助于身心的努力，不论从国内分工或国际分工来说，这些都是在世界上得天独厚的国家，这就是处于温带的国家。"③ 李斯特强调一个国家必须尽最大可能充分利用其一切自然条件，不仅满足本国的要求，同时开展对外贸易。相较于衣食无忧的热带气候而言，温带气候在很大程度上能够促进一个国家国民性中勤俭节约、刻苦奋斗等美德的培育，推动国家的工业进步。在李斯特眼中，温带国家天生就具有这样的优势，每个温带国家甚至无一例外地适宜发展工业④。尽管李斯特的这一判断有失偏颇，但从整体思想上而言其论点在于强调两个内容，一是绝对不能忽视天然禀赋的制约因素，二是要充分运用好自然禀赋所能发挥出来的财富创造能力，这一点正体现了他整个生产力体系的系统性观点，实际上是和劳动生产力、精神生产力、制度和国家生产力结合在一起的。

上面我们考察了作为纯粹自然禀赋的自然资源要件，接下来我们就要分

---

① 弗里德里希·李斯特. 政治经济学的国民体系［M］. 陈万煦，译. 北京：商务印书馆，1997：153.
② 弗里德里希·李斯特. 政治经济学的国民体系［M］. 陈万煦，译. 北京：商务印书馆，1997：154.
③ 弗里德里希·李斯特. 政治经济学的国民体系［M］. 陈万煦，译. 北京：商务印书馆，1997：142.
④ 参见弗里德里希·李斯特. 政治经济学的国民体系［M］. 陈万煦，译. 北京：商务印书馆，1997：183-184.

析什么决定了自然禀赋的潜在生产力。自然禀赋的潜在生产力指的是在不同的社会、技术、产业发展水平或者发展阶段下，在具体的时空坐标下蕴含着的创造物质财富的能力。自然禀赋潜在的创造物质财富的能力是和生产方式演进的历史紧密联系在一起的。在原始社会时期，人类处于最落后的状态，人和人之间的连接十分松散，知识水平极度匮乏，对自然规律的认识和应用不足以达到充分发掘资源潜力的水平。到了农业社会阶段，由于科技进步和早期国家、城邦的形成，人类在发展物质技术水平以及社会制度构架方面有了很大进步，开始学习并开发周围自然资源来满足自身生存和发展的需要，人类劳动力的运用因此得到了初步的发展。农业文明的发展对于人类历史进程来说具有伟大的进步意义，在农业文明的保障下，人类对于自然资源的利用水平被提升到了一个新的阶段，居民的衣食住行有了比较稳定的保障，人和人之间相联系的社会制度构架也在这一时期得到了完善和发展，社会制度和国家体制也是在农业文明时期有了长足发展，技术水平的完善、生活条件的保障、社会以及国家体制的不断完善，也为进入工业化发展阶段做了充分准备。

"工业可以使无数的自然资源和天然力量转化为生产资本"①，在李斯特的思想体系中，工业无疑是核心。工业和农业的差别不只是简简单单的单纯科技或者技术意义上的产业差别，工业与整个国家的个人、社会和政治生产力都是紧密相连的。毫无疑问，工业化时代来临的前提条件就是科学技术水平的提高，人类原先无法利用或者不能全部发挥生产效能的诸多燃料以及矿藏资源的潜在生产能力被大规模地开发了出来。原始社会和农业社会，与工业化时代相比，其自然禀赋没有变化，但是利用这些禀赋的能力在工业化时代得到了提高，这才带来了自然禀赋潜在生产力的提高并被具象化为现实社会中的物质财富创造能力。科技生产力这一层暂且不谈，李斯特指出，工业的性质和农业根本上是不同的，工业不只是带来了物质财富创造能力表面上的提高，更重要的是，工业化时代的来临会呼唤个人、社会、政治、国家全方位的变革，它带来的是人民精神和自由意志的不断进取，带来的是社会内部和国家之间的广泛而普遍的交往，它使得商业、科学、社会、民事、政治等方面有了频繁广泛的交流；带来的是城市和农村、工业和农业的整体进步

———————————

① 弗里德里希·李斯特. 政治经济学的国民体系 [M]. 陈万煦，译. 北京：商务印书馆，1997：189.

和全面发展。通过上述两个方面对自然生产力的探析，我们对于李斯特生产力系统的逻辑起点就有了一个综合的认识，这有助于我们站在整个李斯特政治经济学思想体系的框架上把握其重要范畴。

（二）劳动生产力

劳动生产力是在物质生产力论域中和自然生产力相对应的另一范畴。从通常意义上来理解，劳动生产力指的是劳动者通过社会化生产过程，将潜藏在原始自然禀赋中的物质财富生产力具象化，变为现实物质财富的这一过程。和自然生产力一样，劳动生产力这一范畴在李斯特的语境下既有天然存在性，又有社会化和历史化的内容。无论在任何时代，人类都具有劳动的能力和劳动的实践，但是在早期的原始社会以及小生产自然经济条件下，这种劳动只能是一种自给自足的纯粹自然性质的生产，属于自发自为的单纯劳动过程。换句话说，这时的劳动者仅仅在进行劳动的过程——把脑海中关于物质对象的改造具象化为改造物质对象的劳动过程。随着生产力的提高以及社会制度的构建，包括后来国家的形成与发展，自然经济逐渐解体，在这一过程中市场化成为经济发展的主要方向。此时人们的劳动属性也发生了变化，原先人们只是具象化自己脑海中的劳动过程，为自己生产生活创造所需要的物质资料；而在市场化的生产中，人们的劳动过程不仅在创造具体的物质对象，同时也在这一过程中进行着有目的的生产。也就是说，此时的劳动不再是自发自为的自然生产，而是有目的的社会化分工下的生产，人们在劳动的过程中创造了自己和他人广泛的社会关系。

李斯特讨论劳动生产力这一范畴时是从对斯密的批判开始的，李斯特认为像斯密这样一位具有深刻洞察力的经济学家是不可能认识不到财富和财富的原因之间的区别的，他还援引斯密的话，"劳动是任何国家财富所由产生的源泉，要增加财富，依靠的首先就是劳动的生产力"①，这表明亚当·斯密已经认识到了国家状况主要决定于生产力的总和。但是我们在这里要强调的是，在分析李斯特生产力理论的任何范畴的时候都必须从整体的角度来进行，尤其是要站在国家这个重要立场上。无论是自然生产力还是劳动生产力，李斯特始终强调必须时刻清醒地意识到生产力是个逻辑严密、内在联系的系统，精神生产力是这个系统的渗透要素，制度生产力是其社会保障，国

---

① 弗里德里希·李斯特．政治经济学的国民体系［M］．陈万煦，译．北京：商务印书馆，1997：119.

家生产力是其根本立场和最终落脚点。因此在劳动生产力这一点上,李斯特对以斯密为代表的流行理论做了深刻的批判。

流行理论在理解劳动的时候把根本关注点放在了劳动的自然属性上,即过于关注劳动过程本身,忽视了劳动生产力这一概念同样具有历史性发展和社会化进程的丰富含义。劳动在流行理论的语境中往往和分工这一范畴联系在一起,李斯特就批判道,尽管斯密理解劳动是财富的源泉,也理解劳动生产力取决于完成劳动时的技巧水平,但是斯密由于缺少社会化、历史性的视角,因而在劳动的自然属性上停滞不前,简单地把劳动本身看作国家财富的源泉,这就使得在对于劳动生产力真正含义的理解上丧失了社会和历史这两个维度,缺少对实践的洞穿力。

李斯特进一步分析,"毫无疑问,一切财富总是由脑力和体力(劳动)得来的,但是并没有理由说是由这一事实就可以得出有用的结论;因为历史告诉我们,曾有许多国家,它们的国民尽管克勤克俭,还是不能免于贫困"①。因此,一旦把对劳动的考察从具体的物质生产的自然性活动中推广到社会化和历史化的考察,我们就能够理解为什么说斯密关于劳动的理解是正确的,但又是狭隘和不足的。物质生产劳动确实创造了财富,而且劳动生产力也确实包含物质要素和精神要素,但是仅仅分析这些是不够的,只关注单纯物质生产过程只能停留在平面式的对自然属性的理解,无法深入具体的社会现实当中。

那么什么才是促进人们劳动生产力的要素呢?李斯特认为劳动生产力的关键要素包括"对个人有鼓励、激发作用的那种精神力量,是使个人在这方面的努力可以获得成果的社会状况,是个人在努力中能够利用的天然资源"②。所以在这里我们看到,李斯特的劳动生产力概念确实是严格建立在其整体性生产力系统之上的,我们在这里可以尝试性地对李斯特的劳动生产力概念做一个定义:劳动生产力指的是在一定的社会状况(包括国家形态、社会制度、法律制度等综合性因素)下,通过精神要素的促进,在具体的生产活动中充分打开自然禀赋生产潜力的一种能力。

综上所述,李斯特语境下的物质生产力包括自然生产力和劳动生产力,

① 弗里德里希·李斯特. 政治经济学的国民体系 [M]. 陈万煦,译. 北京:商务印书馆,1997:120.
② 弗里德里希·李斯特. 政治经济学的国民体系 [M]. 陈万煦,译. 北京:商务印书馆,1997:120.

这两个范畴不仅体现在具体的、实际的物质财富生产过程之中，即自然属性的显现；同时无论是自然生产力抑或是劳动生产力，都是在一定的社会和历史条件下得到分析和显现的，历史性和社会性的考察是李斯特生产力系统重要的研究视角，而对自然生产力和劳动生产力的研究，则是对作为经济发展之物质前提的物质生产力做全面的分析和梳理，为进一步探究精神生产力的推动作用、认识制度和国家在生产力系统中的意义做一个理论铺垫。

二　精神生产力

从人类思想发展的历史来看，虽然"精神生产"这个概念范畴历史比较悠久，"哲学的产生，就标志着人类认识精神生产活动的开始"[①]，但是这种早期的"精神生产"并不是在政治经济学语境下谈论的，而仅指精神的自我生产，并不牵涉经济问题。从另外一个角度来说，经济思想其实就是对那个时代经济发展中所牵涉问题的反思。如果没有经济发展，没有广泛的经济社会和市场的存在，没有世界市场的形成和国家之间经济的普遍联系与交往，没有社会生产力的飞速发展和政治制度、法律法规构架的进步，那么也很难有深刻的经济思想产生。只有当激荡而又丰富的社会发展变迁和深邃的心灵相遇的时候，才会诞生深刻的思想。17 世纪至 19 世纪，正处于世界形势飞速变化之时，资本主义生产方式建立，政治经济结构发生巨变，世界市场和国际经济交往日新月异，科学发展和政治进步带来了生产力的极大解放，这些都为研究生产力，尤其是精神生产力创造了必要的时代条件。可以说正是在资产阶级发展的这一时期精神生产研究才有了最早的现实历史意义和社会必要性。我们很难想象在生产力极度不发达的原始时代、古希腊古罗马、中世纪能够发展真正经济学意义上的所谓"精神生产理论"。

古典政治经济学研究和关注的重点在于财富的生产以及源泉，在精神生产力这个问题上，主要的分歧在于精神生产在物质生产的过程中究竟起到了多大的作用，精神生产力是不是物质财富生产过程中一个独立的作用力，精神生产是否可以被视作生产性劳动，精神生产是不是财富的来源。

早期重商学派认为社会财富是在商业流通中产生的，强调以对外贸易为核心的国际商业往来构成了一个国家财富的基础，之后以魁奈为代表的重农学派则坚决反对上述观点，把财富创造的关注点放在了农业生产性活动上。

---

① 陈仲华，杨镜江，主编．精神生产概论［M］．北京：北京燕山出版社，1992：2．

而英国古典政治经济学理论的代表亚当·斯密则发现了具体活动中的劳动这一关键性概念，从而发现了财富物质表象之后的巨大源泉，推动了政治经济学发展的巨大进步。但是我们看到在斯密那里，精神生产是不属于生产性劳动的，尽管精神生产本身是有价值的，但是它本身既不生产价值也不能用于交换。在斯密之后，萨伊对精神生产理论做了进一步发展。萨伊批判了斯密对于财富和生产的狭隘理解，通过效用创造这一理论扩展了财富创造，认为精神生产创造精神产品，也应当被视作生产性劳动。

而精神生产作为一个真正独立的科学概念被提出则是在李斯特那里。在李斯特看来，尽管萨伊提出了精神生产创造物质财富的理论，但是萨伊关于精神生产之生产性的依据在于牺牲交换价值而获取报酬，并非精神生产本身具有生产力。在李斯特看来，一个国家的制度、文化、风俗等诸多非物质因素都是促进生产力增长的丰富源泉，思想和意识的自由对于国家生产力有着很大影响。李斯特进一步指出，通过对比英国崛起和西班牙没落的历史，我们能够看到英国在司法制度、审判体制、政治制度和国体、文化氛围与政治权利保障等方面的进步性使其获得了令人难以想象的精神力量，并且这种力量是很难用别的方式获得的，正是这种精神力量推动英国生产力取得了爆发性的增长。① 不仅自然禀赋和劳动能力构成了生产力，一个国家的非物质的精神要素也是生产力的重要源泉，这就是精神生产力的作用。

李斯特的精神生产力在其整个生产力理论中，一方面是贯穿物质生产力与国家生产力的渗透性理论，另一方面也是二者之间的一个连接和纽带。

精神生产力具体体现在精神要素对于物质财富创造的巨大推动力，无论是个人的精神还是整个国家的精神，都是综合在一起形成一种凝聚力来推进生产的发展的，而其中最关键的则是何以形成一个国家的精神生产力，国家视角始终是李斯特考察生产力理论的最重要的落脚点。

回顾人类社会的发展历程，现代国家在财富创造的能力上相比于古代国家不知提高了多少倍，如果只是把目光放在物质水平上，那么几个世纪以来自然禀赋并无明显变化。若要揭示人类社会财富极大丰富的原因，就必须关注我们在科学技术、国家和社会制度、教育文化、生产组织形式等方面取得的长足进步。"各国现在的状况是在我们以前许多世代一切发现、发明、改

---

① 参见弗里德里希·李斯特. 政治经济学的国民体系［M］. 陈万煦，译. 北京：商务印书馆，1997：123.

进和努力等等累积的结果。这些就是现代人类的精神资本。"① 李斯特认为必须严格区分财富和财富的原因，这也是李斯特批判斯密和萨伊的关键点。在李斯特看来，斯密和萨伊所代表的流行学派之所以对于精神生产力的本质无法正确认识，就在于它们全部混淆了生产力本身和生产力的结果，因而不能正确认识何为生产力，也就无法认识精神生产力的所在。流行学派在理解生产力的时候只是局限于创造物质价值的人类活动，把物质财富或者说交换价值作为唯一的研究对象，进而逐渐陷入了"唯物主义、狭隘观点和利己主义"② 这样的"价值理论"当中。

　　与流行学派的价值理论相对应，李斯特把自己的理论称为生产力理论用以与之作区分，通过生产力理论的介入，李斯特找到了解释精神生产力的路径。具体从事物质创造工作的生产者所生产的是交换价值（现实物质财富），而教师、官员等非物质生产领域的"生产者"所生产的则是"生产力"本身。国家的发展程度并不能简单根据"价值理论"指导的那样，以单纯物质财富即交换价值的累积作为标准，而必须关注生产力的发展程度。在生产力的考察上，不仅要从国家这个层面出发，还要关注现在和未来的勾连关系，不可从一个所谓"店老板的商人视角"或特定当下时刻一定物质利益的得失作为根据考察国家的发展。

　　李斯特进一步推进自己对于精神生产的理解，一个国家的整个社会状态主要决定于工作种类与工作划分以及国家生产力协作的原则。一国之中最重要的工作划分就是精神工作和物质工作之间的划分。③ 从国家视角出发，精神生产者的任务是一个涉及内政国防外交，贯穿政治经济文化各领域的命题，根本目的就是通过这样一个高效综合体制的建构来提高整个国家的精神生产力，使精神生产和物质生产实现良性互动、相互促进，实现国家的富强。

三　制度生产力与国家经济学

　　前面两节我们论述了李斯特生产理论中关于物质生产力和精神生产力的

---

① 弗里德里希·李斯特. 政治经济学的国民体系 [M]. 陈万煦，译. 北京：商务印书馆，1997：124.
② 弗里德里希·李斯特. 政治经济学的国民体系 [M]. 陈万煦，译. 北京：商务印书馆，1997：121.
③ 参见弗里德里希·李斯特. 政治经济学的国民体系 [M]. 陈万煦，译. 北京：商务印书馆，1997：140.

内容，物质生产力是财富创造的前提和必要活动，精神生产力则是财富创造的重要条件和渗透性因素。本节我们要研究的是一个国家的制度生产力对于前两种生产力的保障，通过对物质、精神、制度生产力的揭示来展现李斯特论述其经济理论的根本出发点和落脚点——建立国家经济学。从某种程度上来说，李斯特的真正研究目的并不在于单纯地建构一套理论体系或者解释学说，而是要为国家经济发展提供一套行之有效的政策。实践性和历史眼光始终贯穿于这位德国民族经济学家的理论和论述之中。李斯特具体的理论政策主要包括构建以国家为基本分析单位、以历史分析为基本分析方法的国家经济学和制度生产力理论，同时实行贸易保护和保护性关税政策以推进国内生产体系成长至足以在世界市场的竞争中保持自我、获取优势地位。

　　一个落后的国家应当如何在大国林立的环境下保持自己的经济独立，实现本国政治和经济全面发展，最终甚至实现对强国的反超呢？我们如今讨论这个问题的时候通常会将其视为"二战"之后发展经济学的问题，但是如果把眼光投向更早的过去我们就会发现，"赶超"这个概念自从重商主义时期以来便是经济理论与思想或明或暗的一个重要线索，其目的就是实现国家的繁荣富强。18、19世纪之交的德国面临强大的英国和法国的包围，怎样实现德国的统一、加快经济发展、增强国家实力以立于欧洲世界民族之林便成了李斯特的重要课题。

　　李斯特在《政治经济学的国民体系》的序言中曾讲道："我对于一般流行的政治经济学理论的真实性曾有所怀疑，对于在我看来的错误以及发生这类错误的根本原因拟加以探讨；自怀有这种企图以来直到现在，已经过了三十三年以上的时间。"[①] 李斯特深感以斯密和萨伊为代表的流行学派理论和国家历史发展实际之间总是存在令人不安的违和感，因此李斯特在进行经济研究时首先把目光投向了历史，希望在历史实践经验中找到流行学派理论的弊病所在。

　　以意大利和德国汉撒商业联盟为例，在欧洲文艺复兴时期，意大利是当时工商业方面最为煊赫的国家，在12~13世纪之时，意大利的农业和工业、经济制度和科学技术都是首屈一指的，但是意大利"一切别的繁荣因素都如风卷残云，一霎时化为乌有了；它所缺少的是国家统一以及由此而产生的力量"①。德国的汉撒商业联盟也犯了类似的错误，汉撒联盟仅仅是一个松散的商人组织而不是一个具有凝聚力量和政治制度作为保障的国家，各个成员之间不仅缺乏生产力的均衡与协作，甚至彼此之间的竞争欲望超过了为整体利益发展的想法。同时，汉撒商业联盟的商业也不是以联盟内部的生产消费、农业工业联合生产为基础的。因此，汉撒联盟的这种财富没有"生产力"和"国家的保障"，不能实现国家式的物质资本和精神资本之间以及农工商业资本的良性互动，仅有作为交换价值的物质财富本身却没有持久获得这种财富的生产力以及作为其保障和支撑的国家建构，所以汉撒联盟很快也消逝了。

但是当李斯特考察英国的发展历程时，他找到了重要的线索。英国之所以能够达到彼时强大的地位，究竟依靠的是什么样的政策呢？在李斯特看来，尽管历史上各个时代中总有一些城市或者国家在工商业或者海运上处于领先地位，但是像英国这样一个能够把自己的优势和支配地位扩展到整个世界的国家还从未有过。在当时的世界体系里，英国就是"世界的首都"，在英国本土这里有着世界上全部的科学技术、工业商业体系、国际商业体系和航运系统、强大的海军力量、高效严密的政治制度和社会管理体系。毫无疑问英国促进了整个世界的经济进步和发展，尤其是推动了未开化地区的启蒙。在其发展历程中，英国着力发展并通过科学手段和保护性政策培育自己核心产业，"每一个欧洲大陆国家都是这个岛国的老师，它的每一种工业技术都是向这些国家模仿得来的，它学会了之后就把这些工业建立在自己的国土上，然后在关税制度下加以保护，促使它们发展"②。国家的政策和政治经济发展之间存在着重大的关联，简而言之，英国产业政策的核心就在于鼓励生产力的输入并且以国家之力来培养并保护新兴生产力的发展，当本国生产力发育到一定水平、足以和其他国家竞争的时候，便通过国际航海运输和殖民地贸易侵吞世界市场，并且在这一过程中国家给予充分的帮助。推动英国经济飞速发展的实际政策是和斯密的经济理论完全不同的，英国把自己的政策掩藏在世界主义、自由放任的经济理论之后，目的就是防止其他国家效

① 弗里德里希·李斯特. 政治经济学的国民体系 [M]. 陈万煦，译. 北京：商务印书馆，1997：11.

② 弗里德里希·李斯特. 政治经济学的国民体系 [M]. 陈万煦，译. 北京：商务印书馆，1997：40.

仿自己。关于这一点，李斯特做了一个著名的梯子比喻，"一个人当他已攀上了高峰之后，就会把他逐步攀高时所使用的那个梯子一脚踢开，免得别人跟着他上来"①。

因此，李斯特在深入分析与考察欧洲主要国家的发展历史之后，终于找到了流行理论的症结所在，也打开了发展自己政治经济学体系的关键点。"流行理论原来是完全正确的，但是只有当一切国家都象在上述各州各省一样的情况下遵守着自由贸易原则时，这个理论才有其正确性。"② "我发现世界主义经济学与政治经济学两者之间是有区别的"③，问题的答案从来都不是固定的，国家经济发展的政策虽然从来没有一条绝对正确之路，但是以历史为师而不是盲目依靠理论，尤其是关注领先地位的强盛国家在历史上实际采取的政策之时，许多问题而言答案便呼之欲出了。

李斯特结合自己的历史分析，考察了生产力系统的构成以及社会生产的联合，对流行学派的理论体系主要进行了三个方面的批评。"第一是无边无际的世界主义……第二是死板的唯物主义……第三是支离破碎的狭隘的本位主义和个人主义……但是在个人和整个人类之间还有一个中介者，这就是国家。"④ 国家这个概念始终是李斯特整个经济理论的根本落脚点，贯穿了李斯特的物质生产力、精神生产力、制度生产力研究的各个领域，李斯特之所以要研究生产力理论，就是要在德国积贫积弱的历史背景下，摆脱英国流行经济学派对于经济思想的控制，强调必须以国家为单位参与世界竞争而不是简单依据个人主义经济学，以世界大同和世界市场的业已建成作为政策依据。

李斯特认为自己的体系虽然还不够完善，但是他所要建构的理论并不是以流行学派的个人动力学资本主义和世界市场自由贸易为基础的，而是通过历史分析探究事物发展的本质，以国家经济发展的现实需要为导向。李斯特的目的在于提供一种能够切实使理论和实践相一致的研究方法，使政治经济

① 弗里德里希·李斯特.政治经济学的国民体系 [M].陈万煦，译.北京：商务印书馆，1997：307.
② 弗里德里希·李斯特.政治经济学的国民体系 [M].陈万煦，译.北京：商务印书馆，1997：4.
③ 弗里德里希·李斯特.政治经济学的国民体系 [M].陈万煦，译.北京：商务印书馆，1997：5.
④ 弗里德里希·李斯特.政治经济学的国民体系 [M].陈万煦，译.北京：商务印书馆，1997：152.

学能够真正为人所实践应用。从这个角度出发，相比于流行学派的个人经济学或者说世界主义经济学，李斯特更倾向于把自己的经济理论称为国家经济学。国家是李斯特学说体系的主要特征，国家的存在是世界上具体的个人和全人类相联系的中介。

一方面，从表面上来看世界经济发展的主体是单个的具体个人，经济发展促进全人类的普遍交流和繁荣发展，但是在现实的世界中，不同地域的人们之间的往来并不仅仅是由个体的品性、实力等个人素质决定的，真正的竞争是在这些表象之上的国家之间的竞争。一个有着良好社会制度和经济政策的国家，能够通过政策与社会体制的有效运行竭力凝聚整个国家的竞争力，并且这种力量能够有效地扩散到国家中每个个人和具体的经济组织当中去。另一方面，世界发展和人类的普遍进步依赖的也不仅仅是个人财富的聚集，实际组成世界、决定人类繁荣程度的是具体的民族国家。每个国家都有自己特有的一套语言文字、文化风俗、社会法律制度，等等。人并不是独立地存在于世界的，也不是以个体的形式和其他人相联系。国家是一个包容了特定地域及文化传统意义上的区域之中各种精神联系和物质要素的复杂的联合体。在任何时代，尤其是在李斯特的那个时代，只能够依靠国家的力量和资源保持自己的独立，并以此为基本单元加入世界竞争之中。

在这里需要注意的是，李斯特强调国家的重要性并不是为了恢复或者说是复辟重商主义。不过李斯特也确实肯定了重商主义的历史价值，一是重商主义清楚地认识到了工业尤其是国内工业的建设对于国家农业海运商业的促进及其对国民性和文化传统的强大塑造能力；二是要在国家层面上鼓励支持引导工业体系的建构；三是把国家看作真正的国际竞争主体，注重以国家概念为基础考虑国家利益和国民境遇。对于重商主义中有益的部分，李斯特也是基于历史考察之后以事物本质为依据采纳的。[①]

在重农学派的代表人物魁奈之前，所谓的"政治经济学"通常只是在一个具体的国家或者领域当中，对公务或者行政人员管理经济事务的指导。因此这种"政治经济学"还只是停留在"政治国家中的经济事务管理"这个比较初级的层面上，这种经济学考虑到的是具体应用和管理问题，并没有上升到抽象认识的理论高度。而自魁奈开始，在经济理论从对具体事物的认

---

① 参见弗里德里希·李斯特. 政治经济学的国民体系 [M]. 陈万煦，译. 北京：商务印书馆，1997：8，285，286.

识向抽象把握事物共通本质发展以后，经济学的研究视角似乎发生了转变——从具体政治国家的经济利益扩大到了对人类整体福利的抽象理解。这一转变一方面体现了经济理论在从特殊性中寻找一般性的意义上提升了对于事物的认识水平，另一方面也带了非常不利的后果，那就是忽视了抽象把握事物本质所得到的普遍性也需要在具体事物呈现的特殊性中去理解。

魁奈认为经济发展需要假设每个政治国家的商人都处在一个共同的商业联盟之中；斯密则把全世界范围内的经济普遍联系和商业自由联盟作为经济发展的法则，用所谓的世界持久和平原则、世界主义的经济学替代具体政治国家的经济学；萨伊甚至更进一步，要以一个假想的世界范围内的共和国来理解普遍自由贸易原则。① 无论魁奈、斯密还是萨伊，他们的经济抽象能力在现实和历史面前都走得太快太远，忽视了人类在通往普遍自由联系的商业大同世界的路上并不是一蹴而就的，这一飞跃还必须要以具体的政治国家作为单位才能够实现。因此，尽管人类普遍联系、普遍发展的目标不可否认，但是在具体的实践中仍然离不开对国家的肯定，不能忽视国家对统摄生产力、推动个体经济单位进步的关键作用。所谓的政治经济学，必须从国家的概念和本质出发。政治经济学的任务不仅在于把握经济发展规律或是社会建设规律，更重要的是在世界具体形势和特定的国际联系之下怎样推进一国经济发展。流行学派的错误就在于没有考虑到每个国家性质和其自身特定的利益与社会发展情况，把事实上还并未出现的全世界持久和平以及普遍商业联盟假定为"已经存在"的，在这个前提下推定自由贸易的巨大利益，这就犯了因果颠倒的错误，把经济发展的目标反而视作已经达成的现实了。与此同时，由于缺乏对历史的考察导致历史性发展眼光缺失，实际上流行学派在构想未来经济发展目标时其依据仍然是各个国家的此在具体状况，因而其对未来的"抽象性"认识实际上也只能停留在"具体性"的扩大化上，以平面化的"世界自由主义"为原则，忽视了生产力的世界性发展趋势。

综上所述，流行学派错误地（在李斯特看来更像是"故意地"）把政治国家从经济理论中剔除出来，不仅导致了从理论上无法保证在现实的特殊性与理论目标的普遍性之间的合理张力，更为严重的后果则体现在实际的国际经济交往中。如果其他国家不假思索地接受了英国的自由主张，那么结果

---

① 参见弗里德里希·李斯特. 政治经济学的国民体系［M］. 陈万煦，译. 北京：商务印书馆，1997：106-108.

必定不会像流行学派所预言的那样建成一个包含一切国家在内的世界联盟。如果不考虑现实的政治国家是作为具体个人与世界人类整体相联系的中介和屏障，不考虑生产力的培育而仅仅关注交换价值、物质财富的增减，其他国家会遭到怎样的灾难？由于英国的政策方针终究是以本国福利为指标，而在这个世界历史形势下实行自由贸易制度、宣扬自由放任的个人动力经济学、鼓吹世界商业联盟正是符合英国的发展的。英国的资本会毫不犹豫地侵入其他国家和地区，"英国人以出口补助形式赠送给欧洲大陆的礼物实在不小，但大陆各国付出的代价却更可惊，那是力量的丧失"①，最终造就的只是一个以英国为首的国家体系。

　　面对这个现实情况，李斯特一方面更加强调必须发挥国家在经济发展中统领全局协调各方的行政管理作用，用国家动力学的经济政策取代流行学派鼓吹的个人自由动力学；另一方面，李斯特也从现实角度出发，认为由于每个国家的自然禀赋、文化传统、社会制度、风俗习惯等要素都是存在着不同的，因此并不存在所谓绝对正确、整齐划一的经济制度、政治制度、政体国体建构，而是应当根据自己的民族性特征，充分认识本国在世界经济发展阶段中所处的位置，选择适合自己的发展道路。

　　国家对于经济体系的平稳良好运行起着重要的调控作用，不能混淆个人经济和国家经济、个人的生产力和国家的生产力之间的关系，只有当个人利益和国家利益紧紧联系在一起，世代国民勠力同心共同向前发展，才能实现国家富强。根据斯密的论断，凡是在私人家庭中看起来有智慧的行为，施之于国家时也绝不会是愚蠢的。如果把社会财富简单视作各个成员财富的总和的话，那么私人经济部门和国家经济之间当然是画等号的。但是我们通过对历史上各国发展的考察，尤其是对英国崛起进程的分析可以看出，怎么可能把国家和国家利益的存在等同于个人呢？关涉到国家和民族的事项，牵连到世代未来的发展，那么这些重要的因素难于被包含在个人考虑经济事务的问题域当中。个人对于自己的利益和事务了解得最为清楚，这并不代表其自发行动能够增益社会。行动的有益与否，很多时候在私人经济和国家经济之间体现出一种强烈的背离。因而为了国家的经济发展、充分保障民族利益，有时候我们就不得不采取措施来约束和引导个人经济行为。一个国家的政治任

---

　　①　弗里德里希·李斯特. 政治经济学的国民体系［M］. 陈万煦，译. 北京：商务印书馆，1997：129.

务就是要使他获得长期生存的保障。"要完成国家的经济发展，为它进入将来的世界集团准备条件，这是一个政治经济任务。"① 对于本国的产业发展，国家应当特别重视工业发展并且形成工业农业商业共同推进、政治经济文明一体建设的发展格局，这不仅不会束缚私人经济部门的发展，事实上反而使得国内各种生产要素的活力能够被充分地调动起来。国家并不是对私人经济部门越俎代庖，而是要完成那些仅仅依赖个人无法认识也无力完成的事情，也就是国家对于内政国防外交等方面的宏观政策指导，保证稳定和谐的国内发展环境，以良好的政治和社会政策推动生产力发展，为以后进入世界市场做好准备。

最后，关于一个国家究竟应当如何建构自己的政治体制或者国体、走什么样的经济发展道路，李斯特并没有给出一个具体的答案，而是用一些原则性的建议表达了自己的看法。由于每个国家和民族都有其特殊性，尤其是经济发展阶段的不同，问题的答案也肯定是不同的。"凡是最能促进任何一个国家的精神与物质福利以及发展前途的政体，对那个国家来说显然就是最好的政体。"② 并不存在绝对的优秀政体，历史经验已经证明，国家政体无论其名称为何，关键在于是否能够保障人民权益并凝聚全国之力向一个目标努力进取，促进工商业的高度繁荣和公众福利的极大增进。

第三节　李斯特对自由学派的批判

在经济思想史上，弗里德里希·李斯特一直被视为自由学派的最强烈的反对者和批判者，但是从李斯特自身的学术发展经历而言，他并非从一开始就对英国古典政治经济学持批判立场。在《美国政治经济学大纲》中李斯特坦言，自己曾经不仅是斯密、萨伊的忠实信徒，还满怀激情地将他们的理论当作不容置疑的学术真谛。直到后来李斯特看到了德国国内的工业在拿破仑推行的大陆体系时期获得了显著的发展，看到了在拿破仑战败之后法国恢复所谓自由贸易而带来的对国内经济的毁灭性影响。拿破仑曾经锋芒毕露地提到，在彼时英国主导的世界经济贸易体系当中，任何想要推行自由贸易原

---

① 弗里德里希·李斯特. 政治经济学的国民体系 [M]. 陈万煦，译. 北京：商务印书馆，1997：153.

② 弗里德里希·李斯特. 政治经济学的国民体系 [M]. 陈万煦，译. 北京：商务印书馆，1997：281.

则的国家必将一败涂地。李斯特盛赞拿破仑在这番言语中显现出来的惊人的政治智慧。在拿破仑推行大陆体系时期，法国经济体制和工商业发展取得了长足进步。而拿破仑政权被推翻之后，英国的商业势力又在欧洲站住了脚跟，这时英国人才开始反对保护政策，把亚当·斯密的自由贸易原则推了出来。在李斯特看来，英国人的自由贸易原则与其说是一种经济理论，倒不如说是为了本国利益而推行的经济政策。当英国需要开辟市场的时候便推崇自由贸易原则和世界主义论调，而当涉及外国商品销往英国市场的时候，他们便推崇保护主义。这种强烈的反差使得李斯特产生了对斯密和萨伊理论的怀疑，并改变了信仰。① 李斯特通过对自由学派的深入研究、对世界主要国家发展历程的探析，提出了以国家为视角、以生产力为核心、以实证历史分析为方法的经济研究范式，形成了具有自己鲜明特征的经济理论。

对比自由学派和李斯特经济理论，我们可以看到八对相互对立的范畴：世界主义与民族主义、个人主义与国家本位、交换价值与生产原力、物质主义与超越物质、自由贸易与保护主义、放任自流与政府干预、分工至上与生产力协作、抽象演绎与经验归纳。尽管这样的对比显得过于简单粗暴，而且对于自由学派这一方观点的概括并不是完全依照自由学派代表作家们的具体的文献，而是通过李斯特对他们的描述展开的，但是如果考虑到思想理论的多面性以及经济思想在意识形态化以后的门户之见，那么上述八对范畴的对比则在很大程度上是能够充分展示李斯特和自由学派的显著分歧、体现李斯特的政治经济学新范式的②。针对李斯特向自由学派的政治经济学批判，我们将上面的对比聚焦于研究方法上的历史归纳与抽象演绎、基本立场上的民族国家与"大同世界"、理论基础的生产力理论和价值理论以及精神资本与财富的关系。

一　历史归纳与抽象演绎

李斯特对国家历史发展现实和经验归纳方法的重视，使得他能够从自由

① 参见弗里德里希·李斯特. 政治经济学的国民体系［M］. 陈万煦，译. 北京：商务印书馆，1997：69-70；弗里德里希·李斯特. 政治经济学的自然体系［M］. 杨春学，译. 北京：商务印书馆，1997：213-214.
② 参见欧根·文得乐. 弗里德里希·李斯特传［M］. 梅俊杰，译. 北京：商务印书馆，2019：译序 ix；梅俊杰. 在赶超发展视野下重新解读李斯特经济学说［J］. 社会科学，2021（3）：137-139.

学派的理论链条中独立出来，以历史维度的发掘找到政治经济学批判起点，找到自己的学术之路。"关于政治经济学我们可以读到的最好的书本就是现实生活……我认真地、勤勤恳恳地学习了那个现实生活的书本，同我以前研究、经验和思考的结果做了比较。"① 历史眼光的拓展为李斯特告别斯密、萨伊提供了最生动的实践材料，也构成了李斯特建立自己整个政治经济学思想体系的起始点和核心方法论。李斯特这样构想自己的体系，"不是建立在空洞的世界主义之上的，而是以事物本质、历史经验和国家需要为依据的。它提供了使理论与实际相一致的手段，使政治经济学能够为每一个有教育的人所理解"②。我们通过对李斯特政治经济学思想体系以及其中关键概念与范畴的梳理，可以发现在李斯特整个学术体系当中，历史归纳方法是他建立整个思想大厦的基础性路径。通过考察现实历史，李斯特形成了以历史归纳法为核心的研究范式，在这一基础上审查了自由学派的抽象分析方法、交换价值理论，以国家为关键中介弥补了自由学派在个人和全体人类之间的矛盾，以国家视角提出了生产力理论、工业化理论以及贸易保护理论，并且深刻揭示了精神要素在人类文明传承和财富创造中的巨大推动作用。

李斯特认为，相比于理论的抽象演绎，现实的历史经验才是更加可靠的知识来源。"一种医学理论，不论其构思多么精巧，不论其中包含着多么伟大的真理，只要它的运用会断送病人的性命，那么它在根本上就必然是错误的；同样的道理，如果一种政治经济学体系所产生的实际效果刚好与具有常识的人预期它应产生的效果相反，那么这种体系也必然是错误的。"③ 因此对于李斯特来说，尽管产业政策的具体效果、经济理论的现实应用、国家兴衰的历史是非常复杂的，这些不是理论推演抑或是假想的社会实验能够认识的，但是，历史分析方法却在这一点上提供了重要帮助，使得我们能够依托历史中的案例以及线索来寻求实践的经验教训，这种经验教训即使不是当下的理论所能包容解释的，我们也决不能忽视"现实是我们最好的老师"。与现实经验违背的理论，无论构造得多么精巧、背后有着多么庞大的利益与意

---

① 弗里德里希·李斯特. 政治经济学的国民体系 [M]. 陈万煦，译. 北京：商务印书馆，1997：7.
② 弗里德里希·李斯特. 政治经济学的国民体系 [M]. 陈万煦，译. 北京：商务印书馆，1997：7.
③ 弗里德里希·李斯特. 政治经济学的自然体系 [M]. 杨春学，译. 北京：商务印书馆，1997：214.

识形态支撑，我们都至少要保持警惕和怀疑。李斯特总结了彼时主要国家工商业发展成长的历史，尤其是对英国发展史中的政策、制度、理论、国民性等要素做了深刻分析，把英国和其他各国兴盛的原因进行比对，又在此基础上对其他国家的衰落进行了再反思，归纳总结出了他们的共性。

在历史考察中，李斯特觉醒了深沉的国家意识，这也是后来李斯特政治经济学体系的灵魂与落脚点。关于这一点，一方面我们要注意到李斯特提出其经济体系的目的与背景就是要在英法等强国的包围中为德国科学认识并正确把握时代发展大势提供思想武器与政策工具，李斯特对德意志祖国的热爱使他具有强烈的民族国家倾向；另一方面，李斯特在历史中看到了个人主义的支离破碎与世界主义的虚无缥缈，因而他坚定地把国家作为人类和个体之间的中介，强调在现有世界发展历史阶段中绝对不可忽视民族国家的意义。李斯特的国家意识，促使他看到了自由学派理论在个人与整体之间的严重不协调，使得他开始主动批判和反思普遍性与特殊性之间复杂的辩证关系，为其考虑问题的系统性思想奠定了基础。凭借着由国家意识打开的系统性思维，李斯特更加深刻地理解了国家利益才是在现实世界中保障个人利益发展的基础。各个国家由于其自身特有的性质以及所处的特定经济发展历史阶段的不同，应当主动把握世界历史的进程，摆脱理论和意识形态的束缚，采用合适的方式以全国之力促进产业发展、增进人民福祉。也只有在这样的思路上，李斯特才能看到在国家发展中一切历史积淀终将绽放，"各国现在的状况是在我们以前许多世代一切发明、发现、改进和努力等等累积的结果，这些就是现在人类的精神资本"①，为李斯特从价值理论转向生产力理论开辟精神资本的新境界做了铺垫，创造了一个独立于自由学派、系统完备内在统一的全新经济分析范式。

二　民族国家与"大同世界"

在李斯特的学说之前，英国和法国是当时资本主义国家的模范，尤其是英国代表了当时世界资本主义发展所能达到的最高峰，李斯特对此也赞誉颇多。依托于英法两国资本主义发展取得的成就，以斯密、李嘉图、萨伊为代表的自由学派的世界主义经济学说在整个经济学界都被奉为圭臬。在李斯特

---

① 弗里德里希·李斯特. 政治经济学的国民体系［M］. 陈万煦，译. 北京：商务印书馆，1997：124.

看来，自由学派的理论存在着一个明显的悖论，一方面自由学派鼓吹世界大同，一个由各个国家组成的世界商业联盟业已形成；但是另一方面，自由学派整个学说都是建立在个人资本动力学的基础之上的，主张个体追求私益最大化便可促成公共利益的最佳实现。然而现实的世界并不存在所谓的持久和平状态或者商业联盟，世界实际上是由各个相互区别的民族国家所组成的，各个国家之间有着利益冲突。在个人与世界之间还存在着国家，个人的利益追求和发展只有在国家的保障之下才能够获得真正充分的发展，以至足以和世界其他人相竞争。世界竞争的基本单位看起来是个人，实际上是个人竞争背后潜藏着的国家实力的比拼。

李斯特评价自由学派"实际上只是一种私人经济学说，所涉及的只是一国中或全人类中的个人，这种私人经济将在某种局势下自然形成、自然发展；这里所假定的某种局势是这样的，其间并没有各自界限分明的国家民族或者国家利益……说来说去，这个学说不过是一个价值理论，不过是一个店老板或商人个人的理论"①。李斯特认为，在自由学派眼中，无论哪个国家、无论这些国家处于何种程度的经济发展水平，只要坚持贸易自由政策都能够实现经济的增进与发展。对于这种观点，李斯特认为并不是所有的国家都能够均等地推行自由贸易政策。

尽管李斯特看起来像是一个自由贸易的反对者，但实际上李斯特强调的是针对不同发展阶段要采用不同的经济发展理论作为指导。李斯特认为只有未开化的国家和财富与国家实力业已得到高度发展的国家才适于推行自由贸易政策，前者通过自由贸易使自己脱离蒙昧状态取得最初的发展，而后者可以凭借自由贸易不断取得优势地位。彼时的德国则不属于这两种情况，针对德国，李斯特认为恰恰需要通过国家干预推动和保护本国产业发展，直到足以在世界市场上进行竞争的时候再推行自由贸易。这表明李斯特反对的并不是自由贸易本身，其反对的是把自由贸易作为颠扑不破的原则进行鼓吹和遵循。在李斯特的理论中，自由贸易也好，商业保护政策也罢，实际上只不过是每个国家根据自身的特殊情况以及所处的具体经济发展阶段所采取的一种政策工具。这种政策是为了发展民族国家的利益而存在的，不是国家应当为了证明其信条的合理性而需要遵循的准则。

---

① 弗里德里希·李斯特. 政治经济学的国民体系 [M]. 陈万煦，译. 北京：商务印书馆，1997：292-293.

　　李斯特清醒地认识到，自由学派的世界主义经济理论并不是平等地服务于每个国家的，虽然其表面上宣扬的是人类利益，出发点是个人经济活力的绽放，但是我们前面已经分析过，由于国家视角的缺乏，个人与世界之间实际上存在着巨大的理论和实践间隙。一方面整体并不等于个体的简单加总，私人经济的利益诉求与集体利益之间并不能等同，因此建构在个人资本动力学之上的所谓"人类"和"大同世界"都只能是一个大号的"个人"或者"个体"，其标榜的个体联系和系统论观点是无法成立的。另一方面，即使不考虑个体与整体、普遍性与特殊性的理论思辨，单单去看历史发展的经验，自由学派的观点也是站不住脚的。李斯特嘲笑道："至于那些现在已经强盛起来的国家，它们是凭什么方法达到并保持现有强盛地位的；还有些以前曾经一度强盛的国家，它们是由于什么原因失去了原有强盛地位的，这个理论体系的拥护者对于这些问题却向来置之不顾。"① 因此，世界主义的经济学一旦普遍落实到现实实践当中，真正获益的也只能是先进的国家（尤其是以英国为首），落后国家的经济发展和工业贸易都会遭到限制，逐步沦为英国等先进资本主义市场经济强国的原材料供应地。

　　李斯特虽然反对自由学派的世界主义经济学和自由放任思想，但是并不反对自由体制，在李斯特的眼中，世界普遍联系、持久和平的大同世界始终是值得追求的，这一点与他的经济民族主义立场、商业保护政策是一体两面并不矛盾。李斯特坦言："我们没有忽视正是各国自身的特殊利益导致国家之间的特殊关系这一事实，我们赞成世界上所有民族能在不同国家基础上最终形成一个统一体。我们把自由贸易和世界共和国都视为是所有国家在政治和社会制度方面和谐统一地发展的结果。"② 李斯特也严厉地批评重商主义一味地追求政治目标而忽视了国家之间的联系、世界主义原则、全人类经济发展的目标。③ 李斯特看重的不仅仅是其祖国德意志的经济发展，民族主义也仅仅是发展中的特定阶段下的一个政策而已，为了自由贸易体制的建成，为了实现世界经济发展的公平正义，使人类文明发展的具体成果能够落

①　弗里德里希·李斯特. 政治经济学的国民体系 ［M］. 陈万煦，译. 北京：商务印书馆，1997：149.
②　弗里德里希·李斯特. 政治经济学的自然体系 ［M］. 杨春学，译. 北京：商务印书馆，1997：192.
③　弗里德里希·李斯特. 政治经济学的国民体系 ［M］. 陈万煦，译. 北京：商务印书馆，1997：286.

实到每个个人的发展中，不仅要把眼光放在长远的自由体制的建构上，也要注意在经济发展的具体阶段采用适宜本国的政策。因此李斯特的经济思想既兼顾到了民族国家特定国际关系与历史时期下的发展，又不忘人类普遍联系与交往的世界自由贸易体系的伟大愿景及其潜藏的巨大力量，这使得其学说能够顺应国家在不同发展阶段的政策需求，既有民族主义的"追赶"特质又有自由主义的"超越"特征，展现了李斯特政治经济学思想的丰富性、灵活性、宏大性。①

三　生产力理论和价值理论

在 18、19 世纪之交这个特殊的时间点，世界经济正处于天翻地覆的巨变之中，科学技术的进步对于工业生产能力的极大促进、国际贸易的发展，使得李斯特以饱满的热情投入对于德国经济发展前景的谋划之中。如前所述，李斯特在早期是当时自由学派理论的追随者，但是经过了对世界各主要国家和经济体在历史上的兴盛与衰败的考察，尤其是对英国从普通的岛国迅速成长为世界最发达国家的历史的全面分析，他从自由学派理论出发，逐渐与自由学派分道扬镳并且最终形成了自己的学术思想，尤其是提出了生产力理论以其与流行学派的价值理论相区别。李斯特能够完成这一转变，得益于其对现实历史的分析，李斯特在自由学派抽象演绎的分析方法之外走出了一条历史归纳的研究路径，并且清楚地认识到现实中民族国家的重要意义。因此，只有当李斯特从抽象个人和假想的大同世界上升到对现实国家的理解、从简单抽象分析过渡到重视历史归纳之后，他才能够对自由学派由于缺乏历史眼光所导致的问题进行深入批判、才能迈出对价值理论批判的第一步。正是由于国家本位和民族主义的立场，加上历史经验归纳方法的应用，李斯特才能意识到生产力协作才是劳动分工背后的最重要的结果，理解国家干预和保护主义在特定历史条件下是一国追赶先进国家、发展本国生产力量的重要手段，从而形成了具有鲜明历史特点与政策指向的生产力理论。

"历史告诉我们，会有许多国家，他们的国民尽管克勤克俭，还是不能免于贫困"②，李斯特考察历史上西班牙、葡萄牙、汉撒同盟等的兴衰史，

---

① 参见梅俊杰．在赶超发展视野下重新解读李斯特经济学说［J］．社会科学，2021（3）：141.

② 弗里德里希·李斯特．政治经济学的国民体系［M］．陈万煦，译．北京：商务印书馆，1997：120.

意识到流行学派把劳动作为财富源泉、把交换价值作为财富本身的视角，实际上犯了严重的倒果为因的错误。李斯特在考察英国航海条例的时候，指出了斯密在讨论这个问题时表现出的矛盾。航海条例排除了其他国家在海运上与英国竞争的能力，推动了英国航海力量和商业势力的繁荣。斯密虽然并不认为航海条例这一贸易保护政策是有益于英国商业的，却对这一政策带来的有益后果无法辩驳。李斯特评价道："力量的确比财富更加重要。只是因为国家力量是一种动力，新的生产资源可以由此获得开发，因为生产力是树之本，可以由此产生财富的果实，因为结果子的树比果实本身价值更大。"①财富的创造能力要远远比财富本身更为重要，只有不断获取财富的创造力而不是停留在自然属性上、关注特定时点下一国所拥有的使用价值，才能够推动国家世代向前发展。李斯特批判了流行学派过分关注交换价值而忽视了生产力的问题，并在这个基础上进一步讨论了"分工"和"生产力协作"。

李斯特指出，流行学派发现了"分工"这一原则是具有重大意义的，对于深化财富生产理论有重要意义，但是流行学派"对这一法则的主要本质或特征都没有能做彻底研究，都没有能把它最重要的后果追究到底"②。这里李斯特所说的"最重要的后果"实际上就是生产力的协作，"联合"才是"分工"背后那个真正使得财富创造能力获得飞跃的因素。如果仅仅停留在"分工"上，就不能领会商业动作上的划分是为了一个共同的目标进而把所有人以及各部门的各种力量统摄到一个共同的方向上。用具体例子来说，"分工"字面意思上指的是动作的划分，由是观之，一个人每天砍树、打猎、制作工业品或者衣服，与一个工厂中流水线上进行不同工作的工人，二者都是动作的划分，即"分工"。但是个人的那种客观上的分工阻碍了生产力发展，流水线的主观分工却促进了生产力提高，二者之所以不同就在于只有后者的划分是朝着共同目标的生产联合。流行学派把自己对概念的认识仅仅用"分工"来表示，而不谈及背后的真正的后果——"联合"，正是因为他们总是囿于一个足够具体的经济体或者极端抽象的世界、人类视角，总是不能理解他们的法则一旦扩展到整个工业、农业、商业以及国家经济这种宏大叙事当中之后应当呈现的状态。

① 弗里德里希·李斯特. 政治经济学的国民体系 ［M］. 陈万煦，译. 北京：商务印书馆，1997：46-47.
② 弗里德里希·李斯特. 政治经济学的国民体系 ［M］. 陈万煦，译. 北京：商务印书馆，1997：132.

李斯特高度评价了生产力协作,这种联合带来的意义要远比劳动分工更加重要,每个个人以及基本经济生产单位的生产力总和能够达到何种水平就取决于各产业各部门之间能否统筹兼顾、协调一致,朝着共同的发展目标推进。李斯特尤其强调要重视农业、工业、商业之间的协调配合。发展本国的工业,能够充分调动国内各行业的兴旺繁荣,原来没有发现、没能充分利用起来的国家物质生产力能够在工业与农业的联合中被充分激活,"农业和工业的生产力就能相互增长,这种增长实际上是无止境的"①。通过生产力协作,李斯特超越了自由学派的分工理论,以一种更具理论洞察力和现实指引力的视角发现了国家经济发展的关键所在,"一个国家的整个社会状态,主要决定于工作种类和工作划分以及生产力协作的原则"②,国家应当主动采取积极政策指引,推动产业体系的有序稳定建成,而不是像等待风把种子吹散到各地似的等待产业的自然分化。具体而言就是充分发挥国家的集体智慧,在产业发展的特定时期利用包括关税保护在内的多样化政策手段,暂时隔绝国外市场冲击、培育良好国内空间,以本国的工业化为核心发展先进的高附加值产业,并以此为产业支柱统筹推进、一体化建设国内的农业、商业等附属产业,实现国内各产业各地域的有效联合。

四　精神资本与财富

怎样理解精神资本与财富的关系,是李斯特和自由学派的重大区别。斯密在《国民财富的性质和原因的研究》中以分工为出发点研究了资本主义制度下商品、货币、价格等经济概念,通过对这些经济运行基本单元的研究,考察国民财富增长的原因。斯密的经济理论诞生于资本主义上升期以及英国经济崛起的特定历史阶段,具有鲜明的时代特征,以一种绝对永恒的自然体系与祝福意识看待资本主义经济的发展。李斯特评价斯密,"他是第一个成功地将分析法应用到政治经济学的,他凭借这个方法和惊人的智慧,阐明了科学的一些重要部门,这些部分原来几乎完全是不清楚的"③。

---

① 弗里德里希·李斯特.政治经济学的国民体系[M].陈万煦,译.北京:商务印书馆,1997:137.

② 弗里德里希·李斯特.政治经济学的国民体系[M].陈万煦,译.北京:商务印书馆,1997:140.

③ 弗里德里希·李斯特.政治经济学的国民体系[M].陈万煦,译.北京:商务印书馆,1997:294.

　　斯密最早发现了劳动在物质财富创造中的地位和作用，通过对纷繁经济现象的抽象认识与把握，斯密提出"劳动是衡量一切商品交换价值的真实尺度"①，"劳动是商品的真实价格"②。不过由于缺乏对社会中人的联系的意义的认知、缺少对于精神等非物质因素在生产过程中的影响的认知，斯密在他那个时候对于经济现象的考察只能停留在物质过程、自然属性和使用价值的层次上，无法继续深入探索财富的本质。尽管如此，斯密能够在具体的劳动过程中看到财富创造的源泉就在于从具体劳动中抽象出来的那种"劳动"，这种抽象能力和分析方法已经是政治经济学的重大发展了。

　　尽管斯密认识到了精神对于物质生产的影响，却不认为精神资本是一种生产性劳动的要素，他写道："有一种劳动，加在物上，能增加物的价值；另一种劳动，却不能够。前者因可生产价值，可称为生产性劳动，后者可称为非生产性劳动。"③ 前者如制造业工人的劳动，后者如家仆的劳动，家仆劳动的价值在于得到了劳动报酬，但是根据斯密的理论这种报酬只是一种简单的自然属性上的交换价值，换句话说，是整个社会生产系统的交换价值的转移支付，而不是整个社会生产的扩大化。在这个意义上，斯密才会认为精神生产本身有"价值"但是不能生产价值，因此属于非生产劳动。萨伊批判了斯密不认为精神生产具有生产性的观点，认为应当扩展对于财富范围的认识，通过效用创造理论，萨伊认为能够为人类带来效用（即某种满足）就意味着财富的创造，那么由于精神劳动满足了人们的精神需求，产生了精神的效用，所以属于生产性劳动。

　　李斯特对于上述自由学派的观点从根本上进行了批判，首先李斯特认为必须要区分资本这一概念中的物质资本和精神资本，"流行学派使用资本这一名词时，指的不仅是有助于生产的物质手段，而且还有精神和社会手段。但是当提到资本时，显然应该确切表明它所指的究竟是物质资本，还是精神资本、即个人所固有的或个人从社会环境和政治环境得来的精神力量和体

①　亚当·斯密. 国民财富的性质和原因的研究（上）［M］. 郭大力，王亚南，译. 北京：商务印书馆，1983：26.
②　亚当·斯密. 国民财富的性质和原因的研究（上）［M］. 郭大力，王亚南，译. 北京：商务印书馆，1983：29.
③　亚当·斯密. 国民财富的性质和原因的研究（上）［M］. 郭大力，王亚南，译. 北京：商务印书馆，1983：303.

力"①。而流行学派之所以会在资本概念的使用上混淆物质资本和精神资本，归根结底在于自由学派的经济体系是建立在"价值理论"之上的，他们不仅认识不到财富生产的原因和财富本身完全不同，同时缺失在具体个人和整体人类之间纽带的国家视角，导致了自由学派完全顾及不到"生产力理论"，因此对于财富的认识停留在物质生产过程层面上，无法把财富生产进一步深入人和人的社会联系之中。李斯特通过自己的国家视角和生产力理论的构造，敏锐地察觉到了决定财富的是生产力而不是交换价值的堆积，为认识精神资本对于财富创造的影响奠定了基础。

李斯特认为自由学派把交换价值作为研究财富创造的唯一对象，以物质生产自然过程作为财富创造的唯一过程，又在资本概念的应用上混淆了精神资本以及物质资本，因而陷入了对于财富性质的错误认识。

李斯特指出，斯密在使用"资本"这个概念时是从一个具体商人的视角出发的，而概念的滥用使得斯密忘记了自己"曾把生产者的身心力量包含在这个名词的含义之内……在他自己的著作里却有着数不清的证据，说明这些收入主要决定于国民身心力量的总量"②。李斯特又批判了萨伊利用效用财富创造论弥补斯密忽视精神生产的尝试，指出萨伊只是对于交换价值理论在理解精神生产的非生产性上做了苍白演示，因为萨伊认为精神生产者的生产性来源于交换价值的牺牲（或者说是交换价值系统的内部转移）而非生产力的创造③，这种观点本质上仍然没有理解"财富的原因和财富本身是不同的"。

通过上面的分析我们可以看到，理论的诞生并不是一蹴而就的，在经济思想、经济理论上，我们对于很多范畴的理解离不开一些先行理论的铺垫，理论与理论之间存在着非常明显的勾连关系与逻辑链条。斯密和萨伊之所以不断地混淆资本中的物质成分和精神成分，呈现出一种诡异的矛盾（既认识到精神资本的作用，又否定精神资本的生产性和财富创造力），很大程度上还是因为对以下两个前置经济范畴的认知处于不成熟的阶段：

---

① 弗里德里希·李斯特. 政治经济学的国民体系 [M]. 陈万煦，译. 北京：商务印书馆，1997：193.

② 弗里德里希·李斯特. 政治经济学的国民体系 [M]. 陈万煦，译. 北京：商务印书馆，1997：194-195.

③ 弗里德里希·李斯特. 政治经济学的国民体系 [M]. 陈万煦，译. 北京：商务印书馆，1997：126.

一是不理解"民族国家"在现实经济发展中的作用，不能在自由学派的理论中真正认识到个人与整体人类的联系只能停留在想象中，现实个人的力量发展不可能离开国家；二是不理解"生产力理论"，因而把财富的原因和财富本身混淆，把生产力的生产和交换价值、物质财富的生产混淆。此外，自由学派在科学方法上过度重视抽象演绎，尽管不可否认的是这种抽象能力极大地推动了政治经济学的发展，使得政治经济学变成了一门真正的科学，但是历史眼光的缺乏以及意识形态、政策需要的门户之见让他们有意无意地在分析中忽视了精神资本，难以从现实历史这位最好的老师那里汲取经验。对此李斯特还戏谑，"只要考察一下威尼斯、汉撒同盟、葡萄牙、荷兰和英国的历史，就可以看出物质财富和政治力量的交互影响。这个学派每次不得不考虑到这类交互影响作用时，就必然陷入不可思议的前后矛盾中"①。

第四节　马克思与李斯特的比较与启示

李斯特是政治经济学发展史上第一位系统阐述了生产力理论以及精神生产的经济学家，他的生产力理论兼顾历史归纳方法和抽象演绎特征，全面综合地考察分析了决定生产力的各个重要范畴，为生产力理论的发展做出了重大的贡献，不仅在学理上深入了对经济发展规律的科学认识，也在具体政策的应用上，尤其是为落后国家追赶先进提供了重要的指导。李斯特的政治经济学思想体系无论对于他所处的时代还是对于当今世界来说都具有丰富的实践意义与指导意义。

但是，由于李斯特的个人以及时代局限性，其政治经济学思想也呈现了一些明显的矛盾之处。李斯特的生产力理论非常重视精神生产力的作用，对于自由学派把交换价值作为财富、把单纯体力劳动视为唯一生产力的观点进行了批判。由于李斯特从国家视角出发，暂时调和了自由学派关于个人与人类之间的矛盾，因此他有能力将精神要素纳入生产力体系之中。认识到精神生产力的重要性，提出精神资本对于财富创造的重要性，李斯特的观点相较于自由学派有着重要进步，呈现出一个丰富多样的生产力系统。但是李斯特

---

① 弗里德里希·李斯特. 政治经济学的国民体系 [M]. 陈万煦，译. 北京：商务印书馆，1997：124.

的这个体系又表现出浓重的泛生产力化倾向，这导致他对生产力系统的研究实际上失去了焦点，尤其是李斯特把各种各样繁杂的非物质因素都视作影响生产力的精神要素全部纳入其生产力理论当中。李斯特对于生产力的认识仍然是高度感性的，他的生产力系统实质上只是一种感性认识，抑或说是对流行学派价值理论的反集式描述。李斯特细大不捐地将他通过考察历史看到的影响国民精神动力的要素统统视为影响生产力的要素，这就在实际意义上摧毁了其生产力体系概念的外延。李斯特在论述生产力的时候，实际上是在讨论一个完全混杂了经济基础与上层建筑的关系、模糊了生产力和生产关系之影响的混乱集合体。某种程度上，这种混乱恰恰是因为李斯特过于重视自己的历史归纳方法，轻视了斯密式的抽象演绎分析，这使得在李斯特的理论中很难看到资本主义生产的内在联系，而是沉陷在纷繁复杂的历史事实和表面化的经济现象中。

除此之外，阶级意识的缺失也使得在李斯特那里作为个人与人类之中介的"国家"在现实中发生了他本人也预料不到的变异，失去了李斯特一直强调的现实性与实践指导的意义。李斯特的政治经济学体系本质上依然是为德国资产阶级利益发声的学说，尽管李斯特本人一直是从整个民族国家繁荣昌盛的视角来进行问题分析的，但是我们必须清醒地意识到，如果不对社会生产关系进行研究、不对资本主义生产方式下的社会联系以及所产生的阶级进行解剖，那么在一个资产阶级占主导的阶级社会中，任何所谓的"民族利益"都只能是资产阶级的利益。李斯特不仅对生产力系统的研究是泛化的，对民族利益的理解也是泛化的。李斯特把民族利益作为民族国家中整体性的存在，实际上就把资产阶级和无产阶级的区别和利益纠葛全都忽视了。因此我们说，李斯特虽然表面上来看，以国家为中介调和了自由学派中个人与人类的矛盾，但是问题的关键在于李斯特的这个"国家"又是"见物不见人"的，李斯特认为，即使存在国家内部的阶级利益冲突，这一矛盾也是"民族利益"能够化解的。然而，资本主义政治经济发展的不平衡才是绝对的规律。再次审视李斯特的"个人—国家—人类"的发展图景，由于李斯特的国家概念是抽象的，一方面从国家内部来说单靠生产力理论是无法调和阶级之间的社会冲突的，另一方面畅想资本主义国家高度发展后的世界范围内的永久和平也是不现实的。所以不管是"个人—国家"还是"国家—人类"，这种为调和概念矛盾所做的努力一遇到现实就会被击得粉碎，其根本原因还是阶级立场的缺失以及对生产力中生产关系要素的认知缺乏。

因此李斯特尽管怀揣着对于德意志祖国的无限热爱以及对于人民福祉的关切，但是，他的理论并不能从根本上使德国走向富强，更不可能指引全人类达到普遍繁荣的美好未来。

尽管李斯特的政治经济学体系由于生产力体系的过度泛化以及阶级立场和社会关系考察的缺失，不可避免地受制于那个时代庸俗经济学家的局限性，但必须承认的是，李斯特用历史归纳方法深入考察各国历史所探究的生产力系统是非常丰富的，对于斯密、萨伊、李嘉图等流行学派经济学家的思想是一个很好的补充，让马克思也意识到必须深入考察生产力在社会发展中的作用。李斯特的研究几乎穷尽了能够影响一国生产力的物质、精神、制度等要素，为马克思的生产力理论研究提供了丰富的素材和批判的对象。正是通过对流行学派价值理论以及李斯特的生产力体系的吸收、继承和批判，马克思逐步确立了科学的生产力体系。

马克思首先对李斯特政治经济学中虚假的国家概念和民族利益进行了批判，直指其被掩盖的资产阶级立场。正如马克思在《评弗里德里希·李斯特的著作〈政治经济学的国民体系〉》中指出的："不管单个资产者同其他资产者进行多么激烈的斗争，资产者作为阶级是有共同利益的；这种共同性，正象它在国内是针对无产阶级的一样，在国外是针对其他国家的资产者的。这就是资产者所谓的他的民族性。"[1] 在李斯特的思想体系中，缺乏对生产关系、社会关系的深入分析，因此国家这一范畴在实际上只能成为德国资产阶级的工具，所谓的民族利益、民族经济发展都只能是被德国资产阶级攫取成果。李斯特着力建设的国家经济体制是资本主义生产方式，为资产阶级利益服务的，在"工业的统治造成的对大多数人的奴役"的情况下，李斯特的国民经济学既追求了财富却又否定了财富，"民族利益和国家"掩盖了阶级统治的社会本质以及资产阶级的剥削。马克思指出，李斯特的国民经济学表面上看抵制了英国人对德国国民的剥削，但是这种经济学所要建立的贸易保护体制让德国资产阶级对本国国民进行更为严重的压迫与剥削。[2] "日益增长的生产力同整个国家的特别是各个阶级的收入之间的不相称，恰恰产生出与李斯特先生最敌对的理论"[3]，这种情况正是由于李斯特的生产

----

① 马克思恩格斯全集：第 42 卷 [M]．北京：人民出版社，1979：257．
② 参见马克思恩格斯全集：第 42 卷 [M]．北京：人民出版社，1979：250．
③ 马克思恩格斯全集：第 42 卷 [M]．北京：人民出版社，1979：246．

力理论没能在"个人—国家"的层面上深入研究下去，这使得其对生产力的讨论最终也只是停留在了生产的自然属性层面上。最后，马克思批判了李斯特把生产力概念无限扩张的做法。他指出李斯特的生产力理论中实际上并没有人的地位，将人力和马力、水力、蒸汽力这些自然力量都一并视作生产力范畴，在马克思看来，资产阶级立场的生产力理论之所以会将人力和自然力混同，就在于他们对生产力的考察永远都是先在物质利益和生产的自然性上进行的。无论是有意或是无意，不考虑生产的社会性因素，不关注人与人的普遍联系和阶级差异在生产中的影响，那么人永远只能作为生产的手段而不是目的，这是对人主体价值的严重贬低，更是对生产活动本质的理解偏差。马克思嘲笑道："在现代制度下，如果弯腰驼背、四肢畸形，某些肌肉的片面发展和加强等，使你更有生产能力（更有劳动能力），那么你的弯腰驼背，你的四肢畸形，你的片面的肌肉运动就是一种生产力。"① 虽然马克思对李斯特资产阶级立场和生产力理论的泛化提出了尖锐批评，但是李斯特对生产力的研究也给马克思留下了深刻的印象。

马克思从无产阶级立场出发，对李斯特的生产力体系进行了彻底的变革。重视"国家"是李斯特的政治经济学体系的主要特征，李斯特站在德国资产阶级的立场上宣扬民族利益，提倡建立一个统一的政府来结束德国国内分崩离析的割裂状态。李斯特倡导的是一个由德国资产阶级主导的国家，他提倡的民族利益只是德国资产阶级的利益。马克思在分析社会基本问题的时候注重对生产力范畴进行考察，以生产力作为研究资本主义社会的出发点，既注重考查社会生产的自然属性内容，又重视对社会生产中广泛的社会关系、阶级存在的认识，这就使得马克思的政治经济学批判能够"见人见物"，使得马克思能够从真正意义上超越李斯特以及自由学派，从而深入资本主义社会现实当中，揭示社会的基本矛盾，充分运用辩证唯物主义和历史唯物主义的方法对生产力进行透视。马克思对生产力和生产关系之间的联系进行了论述，从生产活动兼具自然属性与社会属性的二重性入手，对生产力的本质内涵有了科学把握，解决了李斯特和自由学派都未能调和的关键性难题。马克思强调："生命的生产，无论是通过劳动而达到的自己生命的生产，或是通过生育而达到的他人生命的生产，就立即表现为双重关系：一方

---

① 马克思恩格斯全集：第 42 卷 ［M］. 北京：人民出版社，1979：261.

面是自然关系，另一方面是社会关系。"① 因此，二重性的揭示打开了理解物质生产活动的秘密。人类通过物质生产活动不仅在自然属性上通过各种力量的运用改造客观物质对象从而获得了具有具体交换价值的物品，更为重要的是在社会属性上生产了人和人之间的联系。因此，物质生产活动的二重性使其成为带有客观实在性的社会历史活动。马克思站在唯物史观的高度，充分解释了生产力这一概念的内涵，把生产关系的考量纳入对生产力的研究中，开辟了政治经济学批判的新境界。

---

① 马克思恩格斯选集：第 1 卷 ［M］．北京：人民出版社，2012：160.

第六章　马克思政治经济学批判思想诠释

马克思政治经济学批判与唯物史观的产生和发展，有着密不可分的内在联系。从马克思到马克思主义，单从唯心主义与唯物主义的思想追问出发，去求解青年马克思思想转变的动力因是远远不够的。忽视现代性背景下的深厚而又复杂的政治与经济关系的哲学批判，极易导致我们理解上的片面性和实践批判力的不足。事实上，政治经济学批判起源于19世纪上半叶，近代西方现代性发展模式首次受到西方学者的质疑和批判。人与自然、人与社会之间所发生的一系列矛盾逐渐激化，自然法演绎出的自然理性，带来了少数人的丰裕和安逸、多数人的贫困和仇恨。它客观上使得一批欧洲学者，开始对英国古典政治经济学教条加以普遍质疑：政治经济学是自然主义和谐论的个人财富动力学，还是走向与思辨哲学、"高等政治"相融合的政治经济学批判？19世纪西斯蒙第、李斯特和马克思分别给出答案。唯有马克思政治经济学批判思想问世，标志着政治经济学批判走向科学。马克思政治经济学批判成果的理论高度在于，其融合了深度的哲学思辨与强烈的政治关怀，从而成为整个政治经济学思想史上的标志性成果。

第一节　青年马克思政治经济学批判思想缘起

追溯马克思政治经济学批判的思想缘起，特别是青年马克思进入政治经济学研究的基础动力、理论主题与核心论域，可以更加完整地发现马克思政治经济学批判工作所产生的问题意识与理论对象。笔者认为，这里至少有五个方面的思想通道需要我们打开。

一　苏格兰启蒙运动与现代性逻辑预设

18 世纪的启蒙运动是西方思想发展的重要阶段，其中"苏格兰启蒙运动"是一个不可忽视的文化共同体。以弗朗西斯·哈奇森、亚当·斯密、大卫·休谟、亚当·弗格森等思想家为代表的苏格兰启蒙运动，从哲学、政治经济学、社会学、历史学等多重学科角度引领了苏格兰乃至整个欧洲步入现代性的进程。马克思在其经济学摘录和笔记中曾多次提到斯密、弗格森等人。不同于法国启蒙运动致力于对理性力量的论证，苏格兰启蒙运动则更为深刻地发现"理性"在推导社会运动时的局限性，并以此将"市场"、"法律"和"道德"视为构成未来社会的基本要素，最终为市民社会提供启蒙时代的思想支撑。总的来看，苏格兰启蒙运动率先讨论现代文明社会如何走向"世俗生活"，主要思考以什么样的政治经济学、社会哲学和伦理学建构当时正在孕育的现代文明思想体系，框定了西方现代性发育所关涉的三个逻辑命题的预设，而这些问题，事实上已成为后来包括马克思在内的学者们研究政治经济学批判的焦点问题。

（一）如何定义现代文明社会的内涵？

弗格森率先提出"市民社会"概念，并对未来社会逻辑提出构想。他描绘的"市民社会"概念，暗含如此寓意：首先，强调政治哲学意义上现代性文明社会的内涵之一——"城邦居民""享有公民权利"等；其次，他感到，历史开始从神性社会转向世俗社会，理性的完善永远是历史过程的一部分，西方文明已从古希腊注重自由和民主精神的哲学想象阶段，发展到当下"资本主义"——一种新型经济生活的自由民主范式选择；再次，他侧重于现代文明社会物质生活整体抽象定义，因而对财产的确权，对公民自由、权利的保护等特别关注。

弗格森的想象与批判，被英国古典政治经济学家亚当·斯密称为一种新型商业社会。斯密本来是一位哲学家，他把有力而又广泛的探索，转向了对"完全自由"社会（自由签约主体的社会）的理解。在《国富论》中，斯密描述了这种社会的两种属性：①增长趋势，劳动分工的细化导致劳动生产率的提高；②市场机制，在这种机制中，竞争起着关键性作用。根据商品需求变化来改变相应的商品生产，主要靠现代市场体系来维系。人的欲望是现代性发育的根本动力。因此，利益政治经济学被称为不可或缺的财富论工具。

（二）未来文明社会治理，是靠国家绝对权力至上，还是靠人的道德律概念以控制人类本能行动？

这是哈奇森与霍布斯观点分歧的关键之处。在霍布斯看来，人性恶导致"一切人对一切人的战争"的丛林状态，最终形成国家绝对权力强力控制。哈奇森提出了不同看法，他认为，无懈可击的道德律概念是人类行为的控制力量。[①] 两者的争论后来引出了现代性国家权力批判问题。哈奇森在反对霍布斯人性恶的国家权力学说的基础上，提出如下三个观点。①"道德理性"是人类固有的能力。这个判断意在表明人类天生具有道德判断的能力，每个人都拥有与生俱来的道德感以及分别是非善恶的基本认识。②我们的内在情感会本能地向外延伸，"对于他者的善意"和"共感"以及"由善行产生的愉悦"是我们判断是非的基础。于是，市民社会中利己主义和利他主义不是相互对立和冲突的，其在道德状态中融为一体。③包括经济定律、社会权利和私有权等在内的人类行为，都是自然法律所控制的道德体系的一部分。哈奇森相信经济、社会以及政治领域的个人自由可以发挥到极致，并且带来人类幸福的而不是自私自利的目的。弗格森的"市民社会"概念与霍布斯的"国家"概念，构成了近代以来西方现代性发育发展的两根较为敏感的学术神经，也是政治经济学批判的经典命题来源。

（三）未来文明社会靠什么达到人与人之间的平等与和谐？

斯密既批判了他的导师哈奇森"否认自爱是有道德的本性"的错误观点，也批判了孟德维尔关于人的感情都是邪恶的观点。斯密坚持认为，怜悯或同情心深刻地影响着我们的行为，并企图用怜悯或同情心来调解由现代性资本制度下交换、竞争而带来的不公平、不公正问题。在这个问题上，休谟也提出了自己的深刻观点。在《人性论》中，休谟仿照自然科学的方法对人性进行了四种不同的"实验"，在排除了外部环境和人性自身中的极端情况后得出结论：在我们现存的真实境况，即外在环境或资源稀少的境况下，人是自私自利的，但又同时能够有限地慷慨。在这种境况下，人类只有通过分工与协作的形成，才能实现社会性力量，最终实现利己与利他。

---

① 阿瑟·赫尔曼. 苏格兰：现代世界文明的起点 [M]. 启蒙编译所，译. 上海：上海社会科学院出版社，2016：71.

二　近代英国古典政治经济学对"市民社会"的经济学诠释，预设了马克思政治经济学批判诸多原在性思想逻辑

17~18 世纪是英国古典政治经济学的鼎盛发展时期。神性社会向俗性社会的转变，使人类开始有了关于欲望、分工、生产、交换的政治经济学思考。尤其是经济自由范畴的提出，使古希腊倡导的人本主义自由精神，获得了实体意义上的充盈和保障。牛顿力学的自然哲学启示经济学家有了市场运动受"看不见的手"牵引的哲学预设。但是，在这期间，一批主要来自英国的经济学家，以亚当·斯密的《国富论》为出发点，分析了资本主义经济共同体——"市民社会"的生产、分配以及商品和服务的交换问题。不可否认，英国古典政治经济学与西方现代性发育和发展相伴随，是现代性打造世俗化社会的经济理论形态。现代性生成从两个方面提出了古典政治经济学的诉求：一是现代性发育需要坚实的经济基础，传统货币向资本转变，客观上需要关于现代资本运行的宏大叙事；二是现代性建立在以个人范畴为主体的社会之上，其经济共同体的构建——市民社会，承载着历史特殊性与普遍性的辩证运动，而古典政治经济学能够提供"受到普遍性限制的特殊性是衡量一切特殊性是否促进它的福利的唯一尺度"①。

英国古典政治经济学理论教条，为 19 世纪理论家提出的政治经济学批判命题，奠定了三条思想逻辑预设前提。一是发现了历史特殊性的内在活力，认为个人欲望、利益及需要，是历史发展的动力。这是英国古典政治经济学做出的重大贡献。但英国古典政治经济学没有使历史普遍性——利他主义精神、国家普遍主义精神、民族精神和历史理性精神贯彻到极致，过于强调历史的特殊性、个别性，在他们的理论文本中，人基本上是受欲望驱动而生产的动物，缺乏更高意义上的理性目标追求。这种唯生产力论思想，后来恰恰成为马克思政治经济学批判"劳动异化理论"的反思对象。二是关于国家理念的阐释。在英国古典政治经济学文本中，对于未来文明社会发展的动力，亚当·斯密认为，现代商业社会，以个人利益、欲望为动力，以自由交换和竞争为法则，以"看不见的手"为牵引，人类社会必然实现未来的丰裕社会。国家被赋予市场"守夜人"职能，此命题已成为古典政治经济学"实质"，更成为现代性西方主流经济学的"核心"教条，是马克思政治

① 黑格尔.法哲学原理 [M].范扬，张企泰，译.北京：商务印书馆，2009：225.

经济学批判——关于资本主义经济规律思想的理论来源。三是分工、生产和交换，是新型商业社会运作的轴心。古典经济学家只看到劳动与资本的表层关系，无视生产关系历史分析向度，对劳动与资本的对立关系视而不见。这个十分重要的问题，成为马克思政治经济学批判"异化劳动"理论的根据。

三　对马克思早期政治经济学批判思想产生影响的两位经济学家

19 世纪初是一个蕴含着社会历史巨大变化的时代：人与自然、人与社会危机事件频频发生，导致当时颇具影响力的英国古典政治经济学也受到深刻批判。一方面，自然主义和谐论的经济学在劳动与资本矛盾关系激烈对抗下，无法避免工人运动揭竿而起。另一方面，以近代工业革命为背景的现代性发展模式的弊端逐渐彰显，其经济理论形态——英国古典政治经济学也随之受到质疑。这开启了政治经济学走向自我批判的历史，政治经济学自身成立的逻辑前提和价值预设开始得到普遍反思，这意味着政治经济学批判时代的到来。在马克思之前，有两位经济学家的思想值得讨论。

（一）李斯特的政治经济学批评思想

弗里德里希·李斯特是近代德国著名经济学家，19 世纪初，以德国工业资本家理论代表的身份进入政治经济学批判的行列，是较早提出反思英法古典政治经济学的先驱之一。按照李斯特自己的说法，他一直致力于"对盛行一时的政治经济学理论的真实性表示怀疑并努力探寻（在我看来）其错误和根本原因"[①]。在 1841 年出版的《政治经济学的国民体系》一书中，李斯特站在民族国家的立场上，积极反对英法经济学家在世界贸易中自由放任的理论主张，从而以一种"国家经济学"的角度阐述了一系列值得研究的理论观点。对于李斯特的政治经济学批判思想，我们重点考察如下两个方面的问题。

（1）"真正的政治经济学"应当摆脱毫无边界的"世界主义"。在李斯特看来，由于地域之间经济发展水平不同，在英法古典政治经济学家的自由主义主张中形成的世界市场，并非如其宣称的那样是一个自然和谐的状态。如其所说："在目前世界形势下，普遍自由贸易的结果不会产生世界共同体；恰恰相反，欠发达国家将普遍成为制造业、商业及航海业发达国家的霸

① 弗里德里希·李斯特. 政治经济学的国民体系 [M]. 邱伟立，译. 北京：华夏出版社，2013：11.

权的附庸。"① 就此，李斯特直接批评了斯密和萨伊的学说。"亚当·斯密也用同样扩大的观念对待他的学说，他致力于揭示基于全世界范围内的商业绝对自由的世界主义思想"，但他"很少关注真正的政治经济学，即为了经济条件的进步每个国家必须遵从的政策"②。他认为斯密在抽象的层面设定了一个世界贸易体系中的"永久和平"状态，从而提出的用"世界主义或者世界范围的经济学"代替"国家经济学"的主张同样是抽象的，因为他忽视了"每个国家"必须遵从的政策。同样，萨伊也要求必须想象一个"全球共同体"的存在，以便理解"普遍的、自由的贸易思想"。李斯特说道："萨伊的努力仅仅限于将亚当·斯密提出的材料形成一个体系"，"在这个学说里，他始终只论述一种经济学，这种经济学的唯一目标是全人类的利益，而非个别国家的单独利益"③。因此在李斯特看来，英法的古典政治经济学是站在"发达"资产阶级的立场来制定其贸易政策和经济学原理的，这就忽视了落后资本的特殊国家利益，从而形成对不发达民族资产阶级的侵入，带来世界贸易体系中的不平等问题。与斯密、李嘉图等古典政治经济学所推崇的世界主义原则不同，李斯特认为"真正的政治经济学"研究的重点应当从不同国家和地区经济发展的不同水平和历史阶段来着眼。因此，应当将"真正的政治经济学"与"世界主义经济学"加以区分，一旦某个国家的本质、特殊利益和条件被认可，就有必要根据这些特殊利益来调整人类社会的经济。

（2）"生产力"概念应当重新被定义，"生产力"总和决定一个国家的繁荣程度。李斯特区别于古典政治经济学家对财富本身的偏爱，而更加关注"财富生产"的问题，认为"生产财富的能力比财富本身更重要"，从而将静态的财富观念转向了对一种财富发生学意义上的"生产能力"的考察。在这一基本观点上，李斯特批评了萨伊："一个国家的繁荣不像萨伊认为的那样在于它拥有更多的财富（即交换价值），而在于它的生产能力能得到更

---

① 弗里德里希·李斯特. 政治经济学的国民体系［M］. 邱伟立，译. 北京：华夏出版社，2013：96.

② 弗里德里希·李斯特. 政治经济学的国民体系［M］. 邱伟立，译. 北京：华夏出版社，2013：91.

③ 弗里德里希·李斯特. 政治经济学的国民体系［M］. 邱伟立，译. 北京：华夏出版社，2013：92.

大的发展。"① 现代国家的伟大政治家们几乎无一例外地领会到了制造业和工厂对于财富和国家力量的重要性。同时，李斯特并没有因此否认古典政治经济学家对"生产力"的发现。他认为，斯密实际上已经注意到劳动生产能力的问题，但"把'劳动分工'这一重大发现放在有利地位的热望，阻碍了亚当·斯密继续探究'生产能力'这个观念"②。斯密的这一视域局限带来的直接理论结果，就是将生产力仅仅看作劳动所表现出来的熟练程度和判断能力，即"脑力和体力的消耗"。李斯特对此提出一个更为深层的问题："什么是劳动的原因以及什么又是懒惰的原因？"③ 通过对这一问题的回答，李斯特认为仅仅将劳动的消耗看作生产力是远远不够的，应当将劳动的能力与劳动力成长的"社会环境"关联起来。这就是说，一个国家的生产能力取决于这一地区的制度与教育、科学与艺术、公共机构与法律、道德与意识形态、国家实力与面对自然的力量等要素能否有序健康地发展。这些"国家的综合条件"应当看作生产能力的组成要素，培育一个强大的生产能力，仅仅注重劳动力本身的发展是远远不够的。这就是李斯特对"生产力"概念的重新定义，从而使这一概念超出了在古典政治经济学中的狭隘理解。"现在，我们能看到该流行学派由于将物质财富或交换价值作为他们研究的唯一目标，将纯粹的体力劳动认为是唯一的生产能力，因而陷入了多大的错误和矛盾之中。"④

要重点研究马克思的生产力范畴与李斯特生产力范畴的联系与区别。李斯特生产力理论的特征表现为：注重现实的分析方法，反对古典政治经济学乌托邦式的空谈。李斯特注意到生产力问题的重要性，这是其对时代特征的直觉。另外，他认为财富的价值与生产财富的能力是根本不同的表述，应当看到生产力在全社会财富生产系统中的核心地位和作用。还有国家生产力要放在世界历史进程中去考察，而不是孤立地进行认知与理解。然而，李斯特只是从重农学派的观点来谈世界主义的生产力范畴，而没有从国际自由贸易

① 弗里德里希·李斯特. 政治经济学的国民体系 [M]. 邱伟立，译. 北京：华夏出版社，2013：109.
② 弗里德里希·李斯特. 政治经济学的国民体系 [M]. 邱伟立，译. 北京：华夏出版社，2013：102-103.
③ 弗里德里希·李斯特. 政治经济学的国民体系 [M]. 邱伟立，译. 北京：华夏出版社，2013：103.
④ 弗里德里希·李斯特. 政治经济学的国民体系 [M]. 邱伟立，译. 北京：华夏出版社，2013：107.

的特点以及亚当·斯密分工理论视角来分析一个国家具备生产力能力的重要
性。这一点启发了马克思在创立历史唯物主义原理中，对生产力时空维度的
关注。马克思把生产力范畴作为历史唯物主义体系建构的根本范畴、根本原
理，分析社会存在基本问题的前提。与李斯特生产力理论相区别，马克思强
调生产力范畴的历史内涵，以及从生产力与生产关系辩证原理中理解生产力
范畴的本质。

（二）西斯蒙第的政治经济学批判思想

西斯蒙第是法国古典政治经济学的完成者，同时也是经济浪漫主义的开
创者。其发表的《政治经济学研究》《政治经济学新原理》，积极地表达了
一个小资产阶级者对资本主义经济制度和英国古典政治经济学的严厉批判，
直观地揭示了资产阶级社会的种种矛盾。马克思曾指出，如果李嘉图是古典
政治经济学最终完成者，那西斯蒙第的思想应该被看作法国古典政治经济
学，以及全部资产阶级古典政治经济学完结的标志。"英国古典政治经济学
是属于阶级斗争不发展的时期的。它的最后的伟大的代表李嘉图……还在李
嘉图活着的时候，就有一个和他对立的人西斯蒙第批判资产阶级的经济科学
了。"① 针对资产阶级政治经济学"见物不见人"的深刻矛盾，西斯蒙第提
出"政治经济学的目的到底是财富还是人"，围绕这一问题，西斯蒙第的如
下观点值得我们讨论。

（1）政治经济学应有的价值设定，即人本身及其幸福。西斯蒙第从政
治经济学的"应当"出发，批判了以斯密和李嘉图为代表的资产阶级古典
政治经济学只注重社会客观方面财富的增加而忽略了主观方面的人的问题，
是一种典型的"见物不见人"。西斯蒙第将"政治经济学"看作"政治学"
的两大部门之一，并在其所著《政治经济学新原理》中表达了其中的深刻
关系。他说道："政治学的目的是、或者应当是为组成社会的人类谋求幸
福。它寻求使人类得到符合他们本性的最大福利的手段；同时，它也要寻求
尽可能使更多的人共享这种福利的方法。"② 应当说，西斯蒙第的政治经济
学在出发点上就与古典政治经济学存在根本不同。由此，他批判"亚当·
斯密所考察的只是财富，并且认为所有拥有财富的人都关心财富的增

---

① 马克思恩格斯文集：第5卷［M］.北京：人民出版社，2009：16.
② 西斯蒙第.政治经济学新原理［M］.何钦，译.北京：商务印书馆，1964：19.

加"①。西斯蒙第认为斯密忽视了"财富的增加"与"财富的享受"的关系，从而把政治经济学的目的——人的幸福——简单化了，因为财富正是属于人并且为人所享受的。在这个问题上，西斯蒙第修正了斯密学说，认为"财富应该保证人们过幸福的生活，因此政治经济学不应该只考察财富，而应该考察财富和人的关系，特别是人及其需要"②。这段话有两层意思。首先，财富是手段，人是目的。虽然西斯蒙第代表了小资产阶级利益，但是，这种经济哲学判断显示了较强的政治经济学批判锋芒。其次，他所强调的人，已不是一般人的概念，而是指人民内涵，包括穷人和富人，从而赋予政治经济学抽象的人民财富理论。很显然，西斯蒙第的政治经济学背后是一种人本主义的哲学话语，主张政治经济学应该是关乎人及其幸福的学问，这是西斯蒙第的政治经济学与资产阶级政治经济学的根本差异。马克思曾在1844年前后阅读到西斯蒙第的经济学著作，显然，西斯蒙第的人本主义话语为马克思政治经济学的价值设定提供了思想资源。

（2）自由放任的工业主义带来人类社会的不平等现象，政治经济学需要"有形的手"。从关心经济生活中的人出发，西斯蒙第表现出与古典政治经济学家高度重视生产问题的不同，他认为人的消费或享受才是经济生活的最终目的，而古典政治经济学家们却总是片面的，他们的片面表现在"永远把生产的增加看作好事"③。之所以有这种对于生产的不同态度，是因为西斯蒙第更侧重于发现自由放任的生产发展带来的社会不平等问题。正如马克思后来的评价："西斯蒙第感觉到了大工业的矛盾，坚决反对为生产而生产，反对生产力在这样一种生产方式的基础上绝对发展……他希望使一定条件下的一定消费成为生产的调节者。"④因此，西斯蒙第极力批判李嘉图所主张的资产阶级社会大工业的发展，认为这种工业主义的发展模式使得机器占据了工人的位置，最终导致工人财富的消减，特别是加剧了穷人生存境况的恶劣程度。在他看来，生产力方面的发达和进步带来了两种截然相反的景观，一方面是享受者的无度浪费和挥霍，另一方面则是广大劳动者的辛苦和劳累。于是他才说："工业的进步，与人口相比较的生产的进步，能大大加

① 西斯蒙第.政治经济学新原理［M］.何钦，译.北京：商务印书馆，1964：45.
② 西斯蒙第.政治经济学新原理［M］.何钦，译.北京：商务印书馆，1964：45.
③ 西斯蒙第.政治经济学新原理［M］.何钦，译.北京：商务印书馆，1964：479.
④ 马克思恩格斯文集：第8卷［M］.北京：人民出版社，2009：584.

强人类不平等现象的趋势。"① 这就是古典政治经济学家们所大力主张的自由主义的态度，西斯蒙第认为，它带来的财富增加仅仅是富人的财富增加，它带来的繁荣仅仅是一种虚假的繁荣，背后实际上是社会的严重不平等。因此，西斯蒙第主张对市民社会进行适度的干预，为自然放任的盲目生产增加一只"有形的手"。他同意"国家通过一些好像和增加财富的纯经济目的的相反的制度"②，因为这是改善整个社会的分配，让财富的创造者得其应得的必然手段。可以看出，西斯蒙第主张通过国家干预来实现一种"有效生产"，以此来保障社会整体的福利。在这里，我们能够看到马克思关于对经济生活进行调节主张的一个理论基础。

四 黑格尔对古典政治经济学的批判

普兰特曾指出，"政治经济学问题是黑格尔作为一个哲学家所特别关注的中心点"③。而罗桑瓦隆则直接把黑格尔看作"英国政治经济学的继承者"，并认为"黑格尔是懂得了作为市民社会科学的政治经济学重要意义的首位哲学家，也是提出要对其进行有效批判的第一人"④。根据普兰特和罗桑瓦隆的论述，黑格尔不仅阅读到斯图亚特的著作，而且认真阅读了斯密的《国民财富的性质和原因的研究》和弗格森的《市民社会史简论》等古典政治经济学的著作。这里重要的在于，黑格尔对政治经济学的关注和研究，使他逐渐放弃原先那种实现理想的抽象的、虚幻的途径，而逐渐趋向于到现实社会的经济生活中去探究与现代世界相适应的那种新的普遍整体性以及伦理实体的发展形式。同时，黑格尔对古典政治经济学的批判也发生在这种思维原则的转变当中。下面我们从两个方面来考察黑格尔的这一批判。

（一）对古典政治经济学中自然主义的批判与提升

在黑格尔看来，古典政治经济学是道出了现代社会的必然性和发展前景的科学，是一种完全适合现代社会之目标的科学。在《法哲学原理》中，黑格尔就认为："政治经济学是从上述需要和劳动的观点出发、然后按照群

---

① 西斯蒙第. 政治经济学新原理 [M]. 何钦，译. 北京：商务印书馆，1964：61.
② 西斯蒙第. 政治经济学新原理 [M]. 何钦，译. 北京：商务印书馆，1964：61.
③ 普兰特. 黑格尔政治哲学中的经济和社会的整体性 [C] //中国社会科学院哲学研究所西方哲学史研究室，编. 国外黑格尔哲学新论 [M]. 北京：中国社会科学出版社，1982：270.
④ 皮埃尔·罗桑瓦隆. 乌托邦资本主义——市场观念史 [M]. 杨祖功，等译. 北京：社会科学文献出版社，2004：203.

众关系和群众运动的质和量的规定性以及它们的复杂性来阐明这些关系和运动的一门科学。"① 在经济活动中"表面上分散的和混沌的局面是靠自然而然出现的一种必然性来维系的。这里所要发现的这种必然性的东西就是政治经济学的对象。这门科学使思想感到荣幸，因为它替一大堆的偶然性找出了规律"②。作为揭示市民社会自身运作"规律"的科学，政治经济学为黑格尔带来的核心启示在于：在现代工商业的活动中，每一个个人以诉求私向化的自利目标来引导自身的活动，造成了整个社会层面的普遍分工与合作体系，实际上形成了经济领域的普遍联系和共同体形式，为人的自由开辟了新的场域。这种从个人的自利原则出发最终带来整个社会普遍联系的原理，就是斯密在《国富论》中所提出的"看不见的手"的说法。

然而，黑格尔并不满意于古典政治经济学对这一普遍性所做的解释。按照斯密的说法，市场活动中由个体自利行为所带来的社会普遍联系，来自每一个个人的自然倾向所带来的机械规律，是人们自然行为的无意识结果。黑格尔认为这种解释正表明在政治经济学中，人还没有完全理解自身所处的社会生活，还处于自然规定的范围中。由于古典政治经济学把一切的经济活动都解释为人类最自然倾向的结果，所以政治经济学无法解释更无法解决社会经济中出现的贫困、不平等和精神匮乏等一系列问题。与此不同，黑格尔试图超越古典政治经济学的这种自然主义的立场，而把现代经济活动的发生解读为人类理性精神的安排。在他看来，社会生活中的普遍联系和团结力量并不是来自"一只看不见的手"这种"自然"的力量，而是由于人类自身的"理性的狡计"。黑格尔在《法哲学原理》中曾说道，在市民社会"这一基地上一切激情的巨浪，汹涌澎湃，它们仅仅受到向它们放射光芒的理性的节制"③。在黑格尔看来，理性成为经济活动背后所支撑的精神力量，是一切偶然性和特殊性所赖以活跃的普遍性限制，是向它们放射的光芒。黑格尔由此认为，社会发展的基础不在于其中个体的自然性发挥所形成的一种无意识的合力，而在于个体的有意识的能够觉解的意志和精神，社会生活的普遍性联系是全体个人意志互相交叠的必然性。政治经济学揭示的规律性虽然不能被随意改变，但由于它生长于人类自我立法的精神领域，所以它具有理解的

① 黑格尔.法哲学原理［M］.范扬，张企泰，译.北京：商务印书馆，2009：232.
② 黑格尔.法哲学原理［M］.范扬，张企泰，译.北京：商务印书馆，2009：233.
③ 黑格尔.法哲学原理［M］.范扬，张企泰，译.北京：商务印书馆，2009：225.

可能性、超越的可期性。"在这种情况下，理念的利益——这是市民社会的这些成员本身所意识不到的——就存在于把他们的单一性和自然性通过自然必然性和需要的任性提高到知识和意志的形式的自由和形式的普遍性的这一过程中。"① 这也就意味着，人类可以通过调节自身的理念意志活动来获取关于社会的整体认识，并最终使这一整体被自觉到自身的人类共同体的精神力量把握，自由也由此可能。

（二）关于市民社会与国家关系的重构

在上述批判的基础上，黑格尔再一次抓住了古典政治经济学中的"市民社会是国家的目的"这一原理，从而在一种思辨哲学框架中重构了二者的关系。黑格尔的核心观点是：在市民社会中特殊性和普遍性原则是相互分离的，特殊性构成它的核心原则，这也决定了市民社会仅仅是一个抽象的环节，必将为"国家的最高观点和制度"所扬弃。

黑格尔揭示了以特殊性为核心原则的市民社会，具有其自身无法克服的缺陷。在《法哲学原理》中，黑格尔论证了"贫困"是市民社会的一个无法根除的特征。"同任性一样，偶然的、自然界的和外部关系中的各种情况，都可以使个人陷入贫困。"黑格尔说的贫困，既是指的物质上的匮乏，又在于那部分穷人从社会中异化出来的内在感觉，这就会产生"贱民"，并"同时使不平均的财富更容易集中在少数人手中"②。在这一点上，黑格尔的眼界是极具深刻的现代意识的，贫困在这里作为一种社会状态被视为一种无根性和异化的感觉。同时，黑格尔在这里提出了这种贫困连带着"不平均""不平等"。这些都说明了市民社会必须要向国家这一方向运动。

同时，黑格尔发现，市民社会造成了特殊性与普遍性的分离，但其作为现代国家理念发展的环节，恰恰就在其自身之中蕴含着克服这种分离的力量，这就是"市民社会自身的辩证法"，也正是由此辩证性质，黑格尔把市民社会看成"外部的国家，即需要和理智的国家"。他认为，在市民社会中，市场所具有的外在必然力量迫使个人直面社会的整体性，至少要对他人的需要有所顾及。在这里，与其他人的相互联系和作用成为自身需求的一部分，而不再仅仅是满足个人需要的一个手段。在黑格尔看来，这里体现了一个重要的辩证法原理，即特殊性原则作为伦理精神自身的运动环节存在于市民社会之中，

① 黑格尔. 法哲学原理［M］. 范扬，张企泰，译. 北京：商务印书馆，2009：229.
② 黑格尔. 法哲学原理［M］. 范扬，张企泰，译. 北京：商务印书馆，2009：276-278.

这一方面意味着市民社会向现代国家提升的可能性，另一方面也决定了黑格尔的现代国家伦理共同体，并不是像霍布斯和洛克等传统自由主义理论所主张的那样，旨在保护个体自身利益的组织。在黑格尔看来，这是市民社会所要完成的事情。对黑格尔来说，国家的根源不是来源于个体自身的利益，而是来自普遍的联系和团结，来自其中的每一个人生活在一个共同体之中的普遍意志。在黑格尔那里，国家不仅是一个整体，而且是一个有机的整体组织。国家的合理性就在于体现了人的根本的普遍本性，体现了人之超越个人利益达到黑格尔所说的精神的客观性或"客观精神"领域的内在必然性。

黑格尔的共同体意识带来了社会原则的复兴，这为马克思克服私有财产或资本积累物化逻辑中形成的抽象个人提供了思想资源。从政治经济学批判的角度来看，马克思要解决的问题就在于，创造一种与"市民社会"不同的"属人的""社会共同体"。就此而言，马克思不仅没有与黑格尔的问题域相悖反，恰恰是在黑格尔所复归的社会普遍性原则中展开了对现代经济生活之异化的批判。

五　关注德国现代性发育、发展之命运，成为青年马克思早期学术思想兴奋点之一

青年马克思告别自我意识哲学后，特别注重德国现实批判的逻辑。19世纪德国面临最大的现实问题，就是现代性发育问题。面对英法等国已经完成的资产阶级革命，德国的处境还主要地表现为旧世界与新世界之间的矛盾，封建王权的统治在普鲁士大地上与已经形成了的先进的资产阶级之间的不断冲突。马克思曾将这种境况描述为："德国的法哲学和国家哲学是唯一与正式的当代现实保持在同等水平上的德国历史。"[①] 同时，英法等国先行完成的现代经济革命和政治革命，在为落后德国提供了变革方向的同时也由于暴露出资本主义矛盾而引起德国社会关于现代性的忧虑。于是，尚未完成现代性的德国已经开始反思现代性，马克思将此称为"德国式的现代问题"[②]，其直接关系到德国经济、政治、哲学三大核心问题的现代性批判。经济关涉到保持封建生产方式还是推进发育现代生产方式，政治关涉到维系封建专制制度统治还是推进自由民主化进程，哲学关涉到观念论还是实践论

① 马克思恩格斯文集：第 1 卷［M］．北京：人民出版社，2009：9.
② 马克思恩格斯文集：第 1 卷［M］．北京：人民出版社，2009：8.

的选择。"德国式的现代问题"首先反映在国家和经济这两个最具活力的核心领域，市民社会则是现代性关注的焦点。

现代性的所有创构，都聚焦于创造一种新的经济共同体以及与之相适应的政治哲学模式：展现自由个性、倡导普遍的理性化制度，尤其是拥有以劳动、土地、所有制、资本为基础的现代市场体系，这是市民社会的本质。它冲击了当时普鲁士王朝封建割据的德国落后体系。一个世界已经死亡，一个世界尚无力诞生。青年马克思为德国现代性发育而激动，因批判西欧以英国工业革命为特征的现代性发展模式的抽象教条（古典政治经济学传统）而成熟。马克思创建唯物史观的关键环节有二。一是对生产力与生产关系原理的发现与思考，这与19世纪上半叶古典政治经济学走向自我批判精神相关。李斯特生产力范畴思想的政治经济学批判和西斯蒙第对资本主义生产关系内在矛盾的政治经济学批判，程度不同地影响了青年马克思早期世界观的转变。从历史唯物主义诞生地《德意志意识形态》中可以看出，马克思对他们思想的继承、批判与超越。二是通过对古典政治经济学体系与方法论的批判，获得了以现实的生产关系来定义唯物史观的历史前提即"个人"范畴的深刻内涵，并且以此批判费尔巴哈的抽象人性论和抽象人本主义哲学，从而实现了哲学世界观的根本性转变。

第二节 马克思政治经济学批判思想发展的六个阶段和六个核心命题

回到思想产生的历史时间中，可以发现马克思的政治经济学批判理论走向成熟的过程与唯物史观的形成与进展走的是同一条道路，而这一思想的双向嵌入也正是马克思政治经济学批判能够产生巨大的历史效应和理论效应的根本原因所在。从马克思到马克思主义，单从唯心主义与唯物主义的思想追问出发，去求解青年马克思思想转变的动力因是远远不够的，忽视现代性背景下的深厚而又复杂的政治与经济关系的哲学批判，极易导致我们理解上的片面性和实践批判功能的不足。因此，深刻理解马克思政治经济学批判与唯物史观生成发展之间的这一本质关联，是理解马克思政治经济学批判发展逻辑的关键。以此为根据，我们将从不同的思想史阶段来展现这种逻辑进程。[1]

---

[1] 参见张雄. 马克思政治经济学批判思想缘起及其发展逻辑［J］. 哲学研究，2021（6）：5-11.

一   第一阶段是青年马克思在 1843 年 3 月中至 9 月底撰写了第一部政治经济学批判著作《黑格尔法哲学批判》，这部著作中马克思政治经济学批判的核心命题是：不是国家决定市民社会，而是市民社会决定国家

马克思曾在 1859 年 6 月为《政治经济学批判》作的《序言》中说明了自己初入政治经济学研究时的思想状况，"为了解决使我苦恼的疑问，我写的第一部著作是对黑格尔法哲学的批判性的分析"①。这里"苦恼的疑问"是马克思在 1843 年担任《莱茵报》编辑期间所遭遇到的"物质利益与黑格尔理性国家观"之间的矛盾冲突，这里的"第一部著作"是彼时马克思写的《黑格尔法哲学批判》，这表明了马克思已经开始批判整个黑格尔的法哲学。在这个"第一部著作"中，马克思清醒地表明了自己开始政治经济学研究的基本动因，并且通过对黑格尔法哲学体系中德国观念论传统的批判而确立了政治经济学批判的一般唯物主义哲学前提。这一前提是以颠倒黑格尔关于市民社会与国家和法的关系的客观唯心主义解释为基础的，市民社会与政治国家的关系也由此构成马克思政治经济学批判的起始问题。

当摩泽尔河两岸的农民因捡拾枯枝的行为而被现行的法律判定为触碰了受保护的私有财产，马克思实际上在这里遭遇了深刻的政治经济学问题，经济理性与政治理性的现实冲突进入马克思的理论视野。政治权威中现存的法律本应让每一个公民生活各得其所，然而在现实的经济利益面前却出现难以调和的裂口。马克思由此看到莱茵省议会乃至普鲁士当局在政治上的局限性及道德上的伪善面孔，并且开始发现林木盗窃法、书报检查令、出版法、关税法等一切法律，只有在社会利益的矛盾冲突中才能找到理解的因子。当马克思带着在莱茵省议会上所争论的上述种种现实冲突去求助于他此时头脑中占主导地位的哲学观念，即黑格尔的法哲学和国家哲学的时候，遭遇了思想上的巨大矛盾。这是因为，社会现实的经济利益问题使黑格尔式的纯粹理性原则发生自我分裂，以"人民理性"为代表的理性国家出现了背离人民的状况，由此带来这一理性世界观的难以自洽。因此，上述马克思的"苦恼的疑问"实际上是对黑格尔理性哲学的疑问，这种疑问形成马克思哲学立场的内部反思。这一理论矛盾和内部反思在对现实问题的洞察中，本质地提

---

① 马克思恩格斯文集：第 2 卷［M］. 北京：人民出版社，2009：591.

升为对社会物质利益与理性国家的关系的讨论，其理论结果就是《黑格尔法哲学批判》的核心内容。可以看出，这一成果并不仅仅是马克思对一般哲学理论感兴趣，而是致力于从事社会批判工作的必然结果，它表明马克思的理论视阈已从政治、法的观念转向了物质利益、经济关系。

《黑格尔法哲学批判》从一般的唯物主义立场分析了社会历史的基本结构，确立了社会历史研究中的一般唯物主义前提。在马克思后来的论著中我们可以发现这一分析的结论以及思想史价值，即社会物质生活关系（黑格尔所谓"市民社会"）决定了法和国家的形式，而不是相反；而要想对社会物质生活关系进行深入考察，就必须展开政治经济学研究。这意味着，马克思从对黑格尔法哲学的批判中获得这样一种与黑格尔相反的市民社会和政治国家的关系的认识，即"市民社会决定了国家的形式和法的关系"。这便为解剖"市民社会"这一现实生活的基础，并进而为政治经济学研究的可能性和必要性做出了重要提示。这一认识的重大意义不仅仅在于对黑格尔哲学立场的反驳，更为马克思的社会批判工作提供了实体性内容，而从思想史显现出来的内在逻辑来看，这一认识实际上为马克思的政治经济学批判确立了直接的理论对象。不是抽象的理性国家也不是纯粹的法的形式，而是现实的社会物质生活关系才真正是政治经济学研究的出发地。

《黑格尔法哲学批判》中关于"市民社会决定了国家的形式和法的关系"的判断，至少包含着马克思政治经济学批判思想的三个方面的要点。①"市民社会"并非如黑格尔理性国家观中所论述的那样，它不是绝对精神的外化形态、不是绝对精神在自我实现过程中需要扬弃的对象，相反，市民社会，即现实的感性的物质生活关系是一切精神之物存在的基础。"家庭和市民社会本身把自己变成国家。它们才是原动力。可是在黑格尔看来却刚好相反，它们是由现实的理念产生的。"① ②黑格尔的法哲学旨在论证政治国家的本质，却无法保证市民社会内在的统一性。这是因为黑格尔将"有意识的理性"设定为国家先在的原则，并把君主立宪制描绘成理性国家的固有形态和典范，却固守市民社会的私有制前提，"在长子继承权中政治国家对私有财产行使什么权力呢？行使这样的权力：政治国家使私有财产脱离家庭和社会，使它变成某种抽象的独立物"②。黑格尔至多看到市民社会的

---

① 马克思恩格斯全集：第1卷 [M]．北京：人民出版社，1956：251．
② 马克思恩格斯全集：第3卷 [M]．北京：人民出版社，2002：124．

贫困现象且判断这一现象无法根除。③消弭市民社会与政治国家的分裂状态不是国家制度的简单修正，而需要从市民社会入手。既然家庭和市民社会是国家的真正活动着的前提，那就只能到市民社会的内部才能找到克服现代社会分裂的基础，这便是政治经济学研究的工作。可以看到，马克思这时已形成政治经济学研究的问题意识，即对政治经济学的批判同时是对现代市民社会及其意识形态的批判。

对市民社会自身运行规律的寻找，是马克思政治经济学研究的逻辑起点，同时也构成马克思走出黑格尔唯心主义的决绝一步。需要指出的是，由于此时的马克思尚未真正进入资产阶级社会现实经济之中，也缺乏相应的经济学研究，他还不能理解黑格尔在《法哲学原理》中对市民社会自身及古典政治经济学的批判。

二　第二阶段是 1843 年 10～12 月中马克思政治经济学批判的无产阶级立场的确立时期，这一时期马克思政治经济学批判的核心命题是：思想闪电必须要击中人民园地，为唯物史观产生找到应有的价值坐标点

在对黑格尔法哲学的批判性研究中，马克思的理论焦点转向了市民社会这一现实领域。私有财产引起的人与人之间的分裂、对立、对抗，即这一转移带给马克思的直接发现。马克思因此找到了德国人民现实生活和宗教生活的全部苦难的根源："私有财产对国民的统治。"在为《黑格尔法哲学批判》写作的《导言》中，马克思进一步指出："工业以至于整个财富领域对政治领域的关系，是现代主要问题之一。"① 这表明马克思已深刻地认识到经济与政治之间的复杂现代性问题。笔者认为，马克思的这一现代性知识一方面来源于对黑格尔法哲学的批判性研究，另一方面则取决于马克思对德国现实社会的深刻观察、体验与反思。马克思在《导言》中有许多关于德国国家制度相对于英法等国落后性的形象描述。19 世纪的德国现状代表着与德国法哲学和国家哲学不在同一历史中的旧制度的公开完成。但这并不意味着对这一旧制度的批判是没有意义的，相反，由于这一旧制度是现代国家的隐蔽的缺陷，因此对德国制度的批判不仅具有民族意义，而且具有世界意义。即虽然英法各国完成了对封建专制制度的否定而建立了资产阶级现代国家，但

---

① 　马克思恩格斯文集：第 1 卷 [M]．北京：人民出版社，2009：8.

仅仅是在"政治领域"宣布了对私有财产特权的废除，也仅仅是在"政治领域"宣告了人民之间的民主平等，但在"此岸世界"、人的最直接的现实——"市民社会领域"却依然没有实质性变革，它仍是将以私有财产特权为根据所造成的人与人之间的分裂、对抗、不平等作为前提。

从德国现实社会的上述"时代错位"出发，马克思超越对黑格尔思辨哲学的理性认识，进一步将政治经济学批判的进路转向"实践"的领域。如其所说，"对思辨的法哲学的批判既然是对德国迄今为止政治意识形式的坚决反抗，它就不会专注于自身，而会专注于课题，这种课题只有一个解决办法：实践"①。应当看到，马克思在此提出的实践课题，并非黑格尔哲学中绝对精神或思辨理性自身的"外化"活动，也不是以人的类本质为起点的宗教批判活动，而是"达到人的高度的革命活动"。从政治经济学批判的视角来看，这一所谓"达到人的高度的革命"，完全不同于"局部的纯政治的革命"，后者是市民社会的一部分所获得的解放活动，而马克思则要求"彻底的革命、普遍的人的解放"。它表明：完成对市民社会真正批判的革命实践，并非只是资产阶级这个特定的阶级获得自身的解放，不是资产阶级革命的完成，它要更进一步，即完成对市民社会和政治国家之间的分裂的弥合，这是"彻底的革命"和实现"普遍的人解放"的实践。这便是德国革命的前景，即从"政治解放"走向"人的解放"，它历史性地提出对现代社会的政治经济生活进行彻底的批判。

为了在现实中完成这一彻底的革命实践，马克思指引了一种主体力量，这就是在现存的社会生产中那个被压迫和奴役的阶级，这个阶级的存在本身就是现存制度的腐朽和人自身遭遇遗弃的证明，这个阶级就是无产阶级。在这里，马克思明确地将无产阶级当作完成"人的解放"这一革命目标的物质承担者和社会力量，它是资本主义工业运动的产物，它的普遍贫困是资本主义工业运动必然产生的结果。作为资产阶级社会的对立面和否定面，无产阶级身在市民社会之中，却不属于市民社会。因为无产阶级的彻底的要求即"否定私有财产"，并宣告"迄今为止的世界制度的解体"。马克思阐述了无产阶级的历史使命，这一使命是由无产阶级在资本主义社会政治经济生活中的客观地位决定的，资产阶级要求建立在私有财产基础上的制度，却剥夺了无产阶级的私有财产，因而无产阶级对私有制的公开否定不过是将自身被资

———————
① 马克思恩格斯文集：第1卷［M］．北京：人民出版社，2009：11.

本主义剥夺私有财产的结果提升为整个社会的原则。无产阶级这一要求的完成，代表着私有财产所造成的社会分裂状态的弥合，它内在地力求现代政治制度与经济生活的高度一致。在这里，马克思通过提出关于现代政治社会的批判要求，为政治经济学批判确立了不同于任何一种资产阶级政治经济学的阶级立场。

在后来的《共产党宣言》中，马克思的上述阶级立场在一种大历史的视野中进一步得到论证。从政治经济领域发生的历史来看，资产阶级要求剩余价值持续不断地被创造出来，并由此形成社会的再生产过程以及伴随这一过程的社会财富的私有化运动。然而，生产力的社会化运动，加剧了其与资本主义社会私有制之间的矛盾，并导致无产阶级队伍的不断扩大和集中。无产阶级作为大工业本身的产物，作为与资产阶级相对立的被压迫阶级，亲身遭遇了资本主义经济生产的创造性与历史危机，"生产过剩的瘟疫"① 与普遍的赤贫呼唤着与生产方式和交换方式相适应的政治领域的积极变革。这种变革的现实性不是来自反抗剥削的激情，而是来自资产阶级造成的政治经济方面的现实运动，它的最近目标是夺取政权，最终目标是"消灭私有制"。这表明无产阶级的阶级斗争作为真正的革命实践，根植于经济现实之中，本身又必须同时被当作政治斗争来理解。

三　第三阶段是 1844 年马克思对异化劳动深度研究及批判时期，这一时期马克思政治经济学批判的核心命题是："劳动与资本对立"的异化本质

《1844 年经济学哲学手稿》（以下简称《手稿》）是马克思在 1843 年 10 月抵达巴黎后，在恩格斯《国民经济学批判大纲》和赫斯以《金钱的本质》为代表的一些经济社会学批判论文的影响下，对萨伊、斯密、李嘉图和穆勒等经济学家的著作进行研究所形成的文本。这是马克思第一次正式进行独立政治经济学研究的批判性文本。《手稿》表明：马克思已经有意识地要开启一种真正科学的所谓政治经济学批判的工作。正如德国著名的马克思学家费彻尔所说："1844 年手稿本来就是计划对政治经济学进行批判的。"②

①　马克思，恩格斯．共产党宣言［M］．中共中央马克思恩格斯列宁斯大林著作编译局，编译．北京：人民出版社，2009：33.

②　伊林·费彻尔．马克思与马克思主义：从经济学批判到世界观［M］．赵玉兰，译．北京：北京师范大学出版社，2009：36.

这一文本在积极解析资产阶级"国民经济学"和资本主义经济制度的基础上，提出了新的独到的经济学观点，并初步与哲学和共产主义理论进行综合性、创造性的阐述。可以说，《手稿》是马克思在得出"市民社会决定政治国家"的这一结论之后对政治经济学进行初步研究的成果，是马克思政治经济学批判研究的真正起点。

在《手稿》中，马克思将在《黑格尔法哲学批判》及其《导言》中所开始的关于资本主义和私有财产制度的总体批判，更进一步推进到关于私有财产内在矛盾的批判。这一批判的深入使马克思开始触及资本主义生产方式的核心，即资本与劳动的对立与冲突。资本与劳动的关系成为《手稿》中政治经济学批判理论最具吸引力的主题。围绕这一主题，《手稿》中所阐述的如下政治经济学批判问题值得考察。

（1）国民经济学为资本提供了一切，却无法认识劳动的异化。马克思从"工资"这一范畴出发，察觉到现代社会一个普遍且重要的现象，即贫富分化。他分析了社会的三种状态，得出的结论是：即使在"社会最富裕的状态，这个大致还是可以实现并且至少是国民经济学和市民社会的目的的理想，对工人来说却是持续不变的贫困"①。面对这一现象，国民经济学的解释却总是陷入自身的二律背反，即一方面承认劳动是一切财富的源泉，另一方面劳动者却仅仅只能得到维系其生活的必需物品。问题的关键是如何认识当前制度下工人的劳动本质。国民经济学以私有制及资产阶级立场为前提，无法提出关乎制度本身的合理性问题，也无法说明处于劳动中的、不断创造价值的工人却为什么总是贫困的。国民经济学作为一门发财致富的学问，关心的只是劳动的对象化过程所带来的社会物质财富，因此它能够为资本（死劳动）提供一切，却"由于不考察工人（劳动）同产品的直接关系而掩盖劳动本质的异化"②。劳动在国民经济学中仅仅以"谋生活动"的形式出现。马克思试图超越国民经济学的前提，"从当前的经济事实出发"来揭示经济现象背后的本质关系。在他看来，"贫困从现代劳动本身的本质中

①　马克思.1844年经济学哲学手稿［M］.中共中央马克思恩格斯列宁斯大林著作编译局，译.北京：人民出版社，2000：14.
②　马克思.1844年经济学哲学手稿［M］.中共中央马克思恩格斯列宁斯大林著作编译局，译.北京：人民出版社，2000：54.

产生出来"①。这一"现代劳动本身的本质"就是异化劳动，即自身对立的或内在矛盾的劳动。

（2）异化劳动的四重规定。在马克思看来，作为现代劳动之本质的异化劳动，具有四重规定：①工人与对自己的劳动产品是对一个异己对象的关系，即劳动者劳动得越多，他能占有的劳动对象（产品）越少，并越受劳动对象的支配；②异化劳动不仅表现在结果上，而且表现在劳动本身，即劳动变成了不是肯定劳动者、让劳动者感到幸福的东西，而是成为否定劳动者、使劳动者肉体和精神遭受折磨的东西；③人本应该在劳动中确证自己是类存在物，劳动本是人的能动的、类的生活，但在资本主义制度下劳动被贬低为维持生存的手段；④人与人之间的相互关系也成为异化关系，每个人都成为其他人的谋生的工具，这种关系又引起一切人适应其阶级利益的冲突和对立，工人对劳动的异化关系同时生产出资本家与劳动的对抗与冲突。

（3）私有财产（"资本"或"死劳动"）与异化劳动之间的相互作用是产生种种社会矛盾的根因。通过上述考察，马克思进一步揭示更为本质的一对关系，即"私有财产"与"异化劳动"之间的关系。一方面，作为"经济事实"的异化劳动，就是私有财产得以产生的真正秘密。私有财产不是天然存在的，而是历史的结果，这个历史就是异化劳动的形成史，它产生于工人对自然界和自身的外在关系中。另一方面，私有财产同时"又是劳动借以外化的手段"。二者之间这种相互作用的关系使得迄今诸如私有制、产品过剩、过度贫困等各种矛盾立刻得到阐明。与之同时，马克思在这种经济的相互关系中提出了相应的解放路径，即逃出私有财产与异化劳动相互作用形成对整个社会的钳制机制的现实道路，其主要"是通过工人解放这种政治形式来表现的"②。可以看到，马克思围绕资本与劳动的关系这一主题，以异化劳动为核心对国民经济学进行哲学批判，得出了超越资产阶级社会生产方式的政治话语。这标示着马克思开始自觉地进行一种经济学与哲学之间的对接，并由此初步建构了一种政治经济学批判的逻辑框架。值得提及的是，正是从这种逻辑框架出发，马克思在《手稿》中进一步提出了之后进行政治经济学研究的粗略图谱。

---

① 马克思.1844年经济学哲学手稿［M］.中共中央马克思恩格斯列宁斯大林著作编译局，译.北京：人民出版社，2000：13-14.
② 马克思.1844年经济学哲学手稿［M］.中共中央马克思恩格斯列宁斯大林著作编译局，译.北京：人民出版社，2000：62.

四　第四阶段是 1845~1846 年，建立在唯物史观基础上的马克思政治经济学批判理论走向成熟期

1845 年马克思从巴黎被驱逐至布鲁塞尔后继续深入经济学的研究，而正是在更为广泛的政治经济学研究中，马克思实现了一种全新的科学世界观的创立。在当时正值德国思想界日益嘈杂的背景下，马克思同恩格斯一起决定将这一新的世界观发布出来，以便清算一下"从前的哲学信仰"，这便是《德意志意识形态》（以下简称《形态》）中对历史唯物主义的系统性阐明。我们发现，伴随着对于历史唯物主义这一全新世界观的建构过程，马克思此时的政治经济学批判主题与关于社会存在论的本体论批判深深互嵌在一起。政治经济学的批判性研究构成马克思社会存在论思想发生变革的基础，反过来，对社会存在论的本体论批判又为马克思政治经济学批判这一理论旨趣确立了一个新的思想地平线。《形态》中有很多论述可以表明上述理论关系。例如，马克思充分肯定"市民社会史、商业史和工业史"为新的历史观的形成提供的重要"唯物主义基础"，以便"始终必须把'人类的历史'同工业和交换的历史联系起来研究和探讨"①。马克思还提出："私有制的消灭"是与共产主义革命"具有同等意义"的历史活动。马克思的这种思想的历程被苏联学者巴加图利亚等看作历史唯物主义基本经济范畴的"具体化"过程，"表现了马克思的历史唯物主义和经济理论发展中的相互作用"②。

以政治经济学批判的问题意识考察《形态》的丰富内容，历史唯物主义与马克思政治经济学研究的上述关系将以一种更为清晰的理论画面进入我们的视野，这一认识直接地展现为历史唯物主义中基本经济范畴的"具体化"过程。我们抓取其中的几个核心方面来进行论述。

（1）"生活决定意识"这一历史唯物主义出发点，首要地表现为经济史决定人类史。《形态》中，马克思恩格斯深刻地批判了以青年黑格尔派和费尔巴哈为代表的德意志意识形态家，这些意识形态家们所发表的占统治地位的哲学思想体系表达了同一种世界观，那就是把宗教观念、概念词句等看作

---

① 马克思，恩格斯. 德意志意识形态（节选本）[M]. 中共中央马克思恩格斯列宁斯大林著作编译局，编译. 北京：人民出版社，2018：25.

② 格·阿·巴加图利亚，维·索·维戈茨基. 马克思的经济学遗产 [M]. 马健行，等译. 贵阳：贵州人民出版社，1982：186-187.

现存世界的普遍性，都认为意识、观念和精神是整个世界得以存在的基础。从这个基本前提出发，德意志意识形态家们将人们在现实生活中的枷锁看成头脑的枷锁，人的解放也是观念的和意识的解放。然而，马克思恩格斯认为他们仅仅是"用词句来反对词句"，因为他们的哲学体系都是与德国社会相互脱节的，他们看上去振振有词的所谓批判工作并没有与他们身在其中的物质生活发生联系。究其源头，他们谈到的全部问题始终没有离开黑格尔哲学体系这一基地，由此，他们不能真正地发现这些所谓批判词句的历史性。也就是说，德意志世界的种种意识形态并不是抽象的独立存在物，它们都是历史的果实，也就是物质生产和交往的历史结果。人们自身思维和观念的改变，正是由于他们的物质环境发生了震荡。德意志意识形态家们却将观念的东西看作具有独立历史的东西。马克思的这一判断是对"生活与意识的关系问题"的重新理解，它意在说明，思想的历史不是独立存在的历史，不能谓之真正历史，只有现实的生活才是历史的本质规定，才是历史的东西。在这一基本的历史唯物主义立场上，马克思认为，作为现实生活的历史首要的是经济生活的历史、是生产的历史。当我们不再将身在其中的感性世界看作某种自在存在和一成不变的东西，那它们就是历史的产物，亦即"工业和社会状况的产物"。在《形态》中，马克思恩格斯充分肯定了"市民社会史、商业史和工业史"，为新的历史观形成提供了重要的"唯物主义基础"。从这种历史观出发理解"人的解放"，也不再是将人从观念中解放出发，它本质上是一种历史关系的发生，"是由工业的状况、商业状况、农业状况、交往状况促成的"[1]。

（2）"现实的个人"是全部历史的前提，深刻地表现为生产力基础上的"生产关系"构成了人类社会存在的本体论。上面说的"生活决定意识"，这里的"生活"不是"意识的"或"观念的"生活，而是"现实个人"的生活。所谓"现实的个人"即"从事活动的，进行物质生产的"个人，马克思将其视作"全部人类历史的第一个前提"，它的最基本特征就是"他们受自己的生产力和与之相适应的交往的一定发展……所制约"[2]。显然，这种关于历史前提的规定，具有本体论的意义，因为它突破了将意识及其内在

① 马克思，恩格斯．德意志意识形态（节选本）［M］．中共中央马克思恩格斯列宁斯大林著作编译局，编译．北京：人民出版社，2018：19.
② 马克思，恩格斯．德意志意识形态（节选本）［M］．中共中央马克思恩格斯列宁斯大林著作编译局，编译．北京：人民出版社，2018：16-17.

活动看作全部历史前提的哲学话语，现实的个人进行的"活动"不是纯粹意识的自我活动，感性的物质生产活动。其中最核心的存在就是个人在其中实现其感性活动的"交往形式"，也就是历史唯物主义的"生产关系"范畴。即由"现实的个人"所从事的活动，不仅不是意识的自我活动，也不是单个人的自然活动，而是感性的社会性的活动，是人与人之间的感性交往。在这种感性交往基础上形成的社会性的客观物质力量，即生产力。同时，生产关系作为生产力的社会形式，在本体论意义上构成家庭、经济组织、政治国家、宗教团体等一切社会关系的感性基础。因此，当我们将"生产力决定生产关系"表述为历史唯物主义的基本原理时，在政治经济学批判的意义上是说，现实的个人在其从事一定的生产活动时，不仅生产出物质生活资料，而且生产出人与人之间的一定的、历史的社会关系。

（3）社会生产关系的矛盾集中地表现在"分工"这一政治经济学概念中，而分工是私有制的对等表达。生产关系不仅产生于现实个人的活动之中，而且反过来制约着现实个人的生活。在《形态》所表述的新的哲学世界观中，有一个经济学的范畴始终贯穿，这就是"分工"。正如苏联学者拉宾指出的那样，马克思此时已经跳脱出先前作为一般哲学的异化问题，而将劳动分工的问题提到考察现实历史过程的首位。[1]《形态》明确指出："分工是迄今为止历史的主要力量之一。"[2] 马克思恩格斯认为，决定历史本身的社会生产状况在经验上正是表现为不同社会成员之间的分工，既有工商业与农业之间的劳动分工、城乡之间的社会分工，也有物质劳动与精神劳动之间的分工。除此之外，分工还造成了不同社会基本要素之间的矛盾运动，这些要素包括不同阶段的生产力、生产关系、交往关系和社会意识等，可以说，"分工包含着所有这些矛盾"[3]，同时，分工还带来如下两种后果：第一，分工导致劳动及其产品在社会成员之间分配的不平等，这形成了不同历史阶段上的各式所有制形式，从部落到古典古代的公社和国家，再到封建等级所有制和资产阶级的现代私有制，正是分工的历史性的结果；第二，自发分工带

① 尼·拉宾. 马克思的青年时代 [M]. 南京大学外语系俄罗斯语言文学教研室翻译组，译. 北京：生活·读书·新知三联书店，1982：334-335.
② 马克思，恩格斯. 德意志意识形态（节选本）[M]. 中共中央马克思恩格斯列宁斯大林著作编译局，编译. 北京：人民出版社，2018：44.
③ 马克思，恩格斯. 德意志意识形态（节选本）[M]. 中共中央马克思恩格斯列宁斯大林著作编译局，编译. 北京：人民出版社，2018：28.

来人与人之间的异化状态，即受分工所制约的个人之间自然而非自愿地形成一种社会力量，它不依赖于人们的意志和行为反而是支配人们的强制性力量。分工带来固化了的社会活动结构，并以一种客观的物质力量形成对人自身的压抑。应当看到，马克思此时已下沉到更为根本的现实的经济关系结构之中，来讨论哲学异化问题。而对于异化的消灭，马克思认为，只有在私有财产被消灭以及生产力巨大发展而建立起普遍交往，以便使狭隘地域中的个人为世界历史性的个人所代替的时候才能完成。正是在这个意义上，马克思通过分工的消失来断言："建立共产主义实质上具有经济的性质"①。

五　第五阶段是 1857~1859 年，马克思政治经济学批判的方法论中逻辑方法和历史方法相互关系原理阐发时期，其中的政治经济学批判核心原理是：从抽象上升到具体的辩证分析方法

19 世纪 50 年代，可以说是马克思政治经济学批判工作的伟大创作时期。1857 年纽约发生金融危机，并迅速蔓延到美国其他地方以及欧洲、南美洲和东方的重要世界市场中心，成为历史上第一次世界性金融危机。马克思将这次危机视作 1848 年革命之后的又一新的革命契机，因此对危机爆发所显现出来的经济事件表现出极大的创作激情。为了给这一契机的到来做好充分的准备性材料，马克思再一次深入政治经济学的研究。其成果表现就是马克思从 1857 年 7 月到 1858 年 10 月写作的八个经济学的笔记本，即《政治经济学批判大纲》（以下简称《大纲》）。关于这一手稿的思想史价值，意大利学者默斯托曾给予高度评价，将其称为"马克思的巨著的第一稿"，认为其"作为马克思在 19 世纪 50 年代深刻研究政治经济学的成果，它包含着在《资本论》的所有准备材料中可以发现的主要理论思想"②。《大纲》与《资本论》的亲密关系从一个角度说明：虽然《大纲》是未完成的经济学手稿，且在马克思生前未正式出版，它却是马克思真正构建政治经济学批判思想体系的重要文本。思想体系的建构首先对研究的方法提出要求，马克思在《大纲》中专门考察和探索了政治经济学批判这一宏大理论事业的方法论问题，集中体现在《大纲》导言部分的第三节——《政治经济学的

---

① 马克思，恩格斯 . 德意志意识形态（节选本）[M] . 中共中央马克思恩格斯列宁斯大林著作编译局，编译 . 北京：人民出版社，2018：68-89.
② 马塞罗·默斯托 . 马克思的《大纲》——《政治经济学批判大纲》150 年 [M] . 闫月梅，等译 . 北京：中国人民大学出版社，2011：25-26.

方法》。

（1）"从抽象上升到具体"的方法。马克思先是在这里讨论了两种在政治经济学中已经出现的研究方法。第一种是"从具体到抽象"的道路，即"从实在和具体开始，从现实的前提开始"的道路。他认为，这种研究道路的出发地往往是感性的具体，是鲜活的历史质料，它包括具体的人口数量和结构，民族生活的状况，国家中的生动材料，等等，它的下一步就是在对于这些感性具体的分析中提炼出具有一般性意义的关系或范畴。这种研究的方法主要出现在经济学形成时期。然而，从大量零碎的、混沌的具体表象中得出的关于经济关系的抽象范畴，是"越来越稀薄的抽象"，它因为不包含任何具体的规定而只能是空乏的。因此，马克思认为这种研究方法对其政治经济学研究的计划来说是不可取的。

第二种研究方法即"从抽象上升到具体"的道路，马克思将其称为"科学正确的方法"。这是第一种方法的逻辑深化，其结果就是关于感性具体的抽象规定进一步深化为新的具体性，即具体的再现。这不是说作为完整的表象或生动的整体回到原先那个出发点，而是关于感性具体的抽象规定进一步的综合，从本质上讲形成由多向一的提升。同时，这种在思维的综合中生成的"具体"，并非纯粹逻辑的演绎，因而与黑格尔《逻辑学》中构成观念逻辑运动的环节的外化具体完全不同。在黑格尔那里，这"只是思维用来掌握具体、把它当做一个精神上的具体再现出来的方式"①。这包含了诸多规定性的具体自身的生产。马克思的方法则与这种逻辑体系不同，他将"从抽象上升到具体"的方法奠基在了唯物主义的基地之上。正如"交换价值"这一经济范畴，它之所以能够被称为"具体的"，并不在于这一范畴是在一般意义上的直观交换活动中产生出来的，而是意味着这一范畴是在一定社会历史中形成的，是"以人口即在一定关系中进行生产的人口为前提的"②。其具体性就体现为对这里的"一定关系"的综合与统一。实际上，马克思在这里所认可的科学方法，即从抽象上升到具体的方法，也是古典政治经济学的基本研究方法，这一点从斯密、李嘉图关于劳动范畴的抽象规定出发来解释现代经济体系就可以看出。关于这一思想史传统，日本马克思主义学者内田弘有相关指认："斯密展开体系的方法继承着欧洲学术史上的正

---

① 马克思恩格斯文集：第8卷［M］．北京：人民出版社，2009：25.
② 马克思恩格斯文集：第8卷［M］．北京：人民出版社，2009：25.

统方法，马克思对此做出了肯定，并继承了这种方法。"① 关键在于，这种思维逻辑上的科学方法在何种状况下才"总是"正确的。这就是马克思探索的政治经济学批判的第二种方法，即"逻辑与历史相统一"的方法，它构成了马克思的政治经济学研究与古典政治经济学的根本差别。

（2）"逻辑与历史相统一"的方法。在马克思看来，"抽象上升到具体"的逻辑道路，只有同时作为历史运动才能获得理解。这并不是说历史运动是作为逻辑的外延而与之保持一致，而是说逻辑运动具有深刻的历史线索。它体现在马克思政治经济学批判思想中，就总是将那种有着一般意义的经济范畴融进一定的社会历史语境中而使其获得现实规定性，无论这些经济范畴多么抽象并由此多么具有一般适用性，他们都"同样是历史条件的产物"②。恰恰是历史条件才让一般性获得现实性。每一个在抽象中上升为具体的经济范畴，不仅是"逻辑的"，同时还应当是"历史的"。

正如"劳动"这个经济学中的一般范畴，虽然其表象是自古存在的，但在马克思看来，其与产生这个抽象概念的社会关系一样，都是"现代的范畴"。从重商主义和重工主义直接地将商业的和工业的劳动看作财富的主体来源，到重农主义脱离于货币（物）的外壳的具有一般性的"农业劳动"，再到斯密抛开了创造财富的活动的一切规定性的"劳动一般"，这个理论层面的逻辑实现，首先需要在人类的历史生存活动中发生相应的现实状况，即在同等的视野中认识各式各样的具体劳动，并以这些诸多现实的具体劳动的相互需要而联合成的一个整体为前提，从这个整体来看，没有哪一种具体的劳动是高于其他劳动的，即整个社会生产过程到了劳动不会在某种特殊形式上被予以思考的历史阶段。显然，这只能是资本主义大工业生产下的劳动。因为只有在资本主义社会化的大生产体系中，劳动才可能是现实中创造财富的一般手段，而不再是哪一个人或哪一个领域的劳动。也就是说，只有放到资本主义社会当中，"'劳动'、'劳动一般'、直截了当的劳动这个范畴的抽象，这个现代经济学的起点，才成为实际上真实的东西"③。应当知道，任何一个经济范畴都像劳动范畴一样，总是以其在人类社会生活中的历史作用为基础的。

① 内田弘．新版《政治经济学批判大纲》的研究［M］．王青，等译．北京：北京师范大学出版社，2011：58.
② 马克思恩格斯文集：第8卷［M］．北京：人民出版社，2009：29.
③ 马克思恩格斯文集：第8卷［M］．北京：人民出版社，2009：29.

这种考察经济范畴的历史观点，清晰地体现在马克思对蒲鲁东的批判中。马克思所谓"政治经济学的形而上学"，主要指的是蒲鲁东不加反思地套用黑格尔的辩证法来说明经济社会的所谓"一般规律"和各种经济范畴：分工、信用、奴隶制、竞争和垄断，等等。蒲鲁东认为每一个范畴都有好的和坏的两个矛盾方面，而经济社会进步的动力就是保持好的方面，消除坏的方面。马克思批评蒲鲁东对于辩证法的这种机械式挪用实际上背弃了黑格尔的辩证法，简单化地提出消除坏的方面并不能破解历史动力问题，相反，"正是坏的方面引起斗争，产生形成历史的运动"①。当蒲鲁东致力于消除各个经济范畴的所谓"坏的方面"时，这种方法论上的唯心主义错误实际上是将资产阶级社会中的经济范畴永恒化了。与蒲鲁东不同，马克思认为："经济范畴只不过是生产的社会关系的理论表现"②，这表明经济范畴自身并不具有抽象的一般性，并由于这种抽象一般性而成为永恒的东西，它们只能是历史的结果，因此是暂时的和一定的。因为生产的社会关系是暂时的和一定的，每一个时代的物质生产及其相对应的社会关系都是历史的结果。应当说，这是一个重要的关于政治经济学方法论的指认，它表明任何的经济范畴作为社会生产关系的理论表现都只能是"历史的"，这不意味着经济范畴理论的不存在，而是为它找到了具体的历史规定性。蒲鲁东正是缺乏这样的历史知识而不得不陷入一方面批判资产阶级社会，另一方面又论证资产阶级生产具有超历史性的矛盾境地。"在蒲鲁东先生看来，分工是一种永恒的规律，是一种单纯而抽象的范畴。"③ 与之不同，马克思则将在宗法和封建制度、工厂手工业时期与现代工厂等不同生产方式下的分工"历史地"区别开来，以便考察不同社会生产方式下的分工的状况及其历史作用。马克思深深地理解：正是一切社会存在和经济关系所具有的历史的暂时性质构成了黑格尔辩证法真正革命的方面。政治经济学只能是研究一定历史条件下的经济形式及其特殊规律，作为政治经济学研究对象的生产、消费、分工和交换只能是"历史的"。

以上的论述表明，从"完整的表象"出发到思维的综合"抽象"，再到包含着许多规定性的"具体"，不仅仅是一种逻辑方法，同时还生动而深刻

① 马克思恩格斯文集：第1卷 [M]．北京：人民出版社，2009：613．
② 马克思恩格斯文集：第1卷 [M]．北京：人民出版社，2009：602．
③ 马克思恩格斯文集：第1卷 [M]．北京：人民出版社，2009：618．

地表达着人类历史演进到资本主义社会这一现实的历史进程。因此，对经济的研究，就必须建立在对资本主义这个特定社会结构的把握基础上。对此，马克思指出："在研究经济范畴的发展时，正如在研究任何历史科学、社会科学时一样，应当时刻把握住：无论在现实中或在头脑中，主体——这里是现代资产阶级社会——都是既定的。"① 仔细考察，马克思在这里表达的已不再仅仅是一种经济学研究的方法问题，而是一种对于历史唯物主义基本原则的具体化。这再一次表明了，马克思的政治经济学批判始终与其历史唯物主义内在地保持着一致。

六　第六阶段是 1867～1883 年，《资本论》问世及其进一步研究时期，这一时期马克思政治经济学批判最核心的命题是：资本与精神的对立关系

毋庸置疑，19 世纪 60 年代是马克思的政治经济学批判走向成熟的时期，这不仅体现在《资本论》第一卷的副标题直接标注为"政治经济学批判"，还特别地体现在《资本论》与马克思早期著作中政治经济学批判思想主题的一以贯之。正如巴加图利亚等所言：《资本论》第一卷"是马克思以往经济研究工作的总结，同时也是以后从经济上论证科学社会主义理论的重要步骤"②。而费彻尔则更加具体化地将这种一以贯之的政治经济学批判主题表述为"对异化和物化的批判"③。应当说，这是相当深刻的，因为从1843 年前后开始进入经济学研究到有意识地开展一种政治经济学批判理论的科学构建，马克思始终在体会历史中人的生存异化，并在回答和反思一系列现代性问题中尝试克服异化的办法。从这一主题出发，马克思政治经济学批判思想体系中有一对概念值得深入讨论，这就是"资本"与"精神"之间的对立关系。马克思深刻思考了资本给整个人类带来的异化的生存境遇，以及人类走向未来的精神解放的条件、规律、趋势和道路。

黑格尔曾就货币与精神的关系进行了阐释，他认为商品交换、货币等这些市民社会的范畴，作为"需要体系"的外在实现构成个人自由意志的某

---

① 马克思恩格斯文集：第 8 卷［M］. 北京：人民出版社，2009：30.
② 格·阿·巴加图利亚，维·索·维戈茨基. 马克思的经济学遗产［M］. 马健行，等译. 贵阳：贵州人民出版社，1982：6.
③ 伊林·费彻尔. 马克思与马克思主义：从经济学批判到世界观［M］. 赵玉兰，译. 北京：北京师范大学出版社，2009：36.

种定在，但同时又是充满对抗和缺陷的，这来源于个人在物欲的沉沦中产生的对精神实体的某种残缺。黑格尔将克服这种残缺的方式指向把市民社会中的"私人"提升到精神实体的国家。在国家中，个人将重新获得在市民社会中被剥夺的满足感，进而使观念化的、精神化的个体再一次发现并辨识出自己的现实性。与黑格尔通过将个体归并到精神整体之中的方式来解放个体不同，马克思则试图将个体从整体中解放出来，因为资本及其增殖所构成的抽象整体是侵蚀人的主体世界的真正来源，尽管在"抽象成为统治"的意义上资本概念与绝对精神具有结构上的一致性。

马克思在《资本论》中对资本侵蚀人的主体世界这一社会现实的描述，深刻体现在两个方面。

第一，关于劳动与资本之间的对立与异化关系。劳动的对象化过程作为人改造自然之能动的显现，在利润为王的资本逻辑中遭遇无边的物化，人追逐私利的俗性使人在劳动中的自我实现畸变为人向物的实现。这样，人对自然的统治直接表现为资本的普遍统治这一颠倒的形式。也就是说，在资本主义生产过程中的劳动并不能完成自身的真正确立，它最终指向并确立的是资本这个东西，仅仅是资本自身的实现过程，这个过程由于形成对劳动的反噬而成为一种颠倒的异化力量。资本作为积累起来的死劳动，形成对活劳动的无限制的吸纳。资本跳动的生命力来自它所吸纳的活劳动。由此，资本形成对活劳动的绝对统治，其作为具有支配意志的价值，与丧失了主体性的贫乏的劳动相对立。这是从货币向资本的过渡中不断完成的一幅社会生活的颠倒图景，它寓意着"物的人格化与人的物化"的真正完成，并典型地表现为"三大拜物教"。这种颠倒意在表明：与人们以宗教的形式把自己的精神力量作为一种独立的力量来与自己对立不同，现在这一力量成了资本。

资本与精神之间的紧张，就深刻地发生在劳动主体对资本客体的从属机制中。马克思形象地将工人阶级描述为资本再生产过程中的"有自我意识的生产工具"并指出："这个过程关心的是，它不让这些有自我意识的生产工具在它不断使他们的劳动产品从他们这一极移到资本那一极时跑掉。"[1]在资本释放自身增殖的本能过程中，工人仅仅是作为一种"具有自我意识的生产工具"而存在。当然，由于被资本的生产编制为"工具"，这种"自我意识"并非能动性的精神主体，而仅仅是习惯性的自我暗示和认同。这

---

① 马克思恩格斯文集：第 5 卷 [M]．北京：人民出版社，2009：661-662．

有点类似于阿尔都塞所阐释的社会再生产过程主体深陷物质实践的规训而下降为意识形态的建构物。马克思形象地描述了未成年人在资本生产中所遭遇的精神贫乏："把未成年人变成单纯制造剩余价值的机器，就人为地造成了智力的荒废"①，而"当他们长大到不适于从事儿童劳动时……企图在别的地方为他们找到职业的某些尝试，也都由于他们的无知、粗野、体力衰退和精神堕落而遭到了失败"②。这种"智力的荒废"和"精神堕落"是一种与自然的无知状况完全不同的人为的产物，它是资本增殖对人的劳动的侵袭。资本将工人变成畸形物，压抑工人的多种多样的生产志趣和生产才能，人为地培植工人片面的技巧。关于工人的这一精神困境，广松涉有一段生动的表述："当事者的表层意识往往甚至与深层意识相乖离，通常毋宁说，当事者照样矜持地感知自己的工作，照样埋头苦干使之具有创意性，磨砺技能，出色地完成任务，并由此感受到生命的意义的场合不是很多吗（从觉悟到阶级意识的人的观点来看，即使认为这是一种自我欺骗，实际情况也确实是通过这种自我欺骗意识的支撑而贯彻着资本的从属）？"③ 资本作为"抽象的一般性"对人的个性、特性的压抑是资本主义时代"劳动—资本"这对范畴的真实镜像。

第二，货币化生存世界的颠倒本质，使人处于抽象的统治之下。马克思指出，商品总是需要将其物质的和自然的属性抽象掉，才能够顺利地以价值符号的形式进入经济生活。由此商品在占有一种自然外观的同时，也拥有着一种抽象的交换价值。建立在社会专业化分工基础上的交换的必然普遍化，带来了商品自身的一种分化，即商品的交换价值脱离自然物质外观而成为一个外在于商品的形式。货币，就是这个形式的符号表达。这样讲的时候，就意味着货币本身是以一种"象征"的意义而历史地产生的，并且这样一种象征是以得到公认为前提的，本质上表现为一种社会关系。货币的这种象征性使其超出某种能够直观的物态，这正是它所拥有的历史功能，即它的产生就是为了让一种抽象的现实得以实现。这同时表现，货币是人们交换扩大化的历史的产物，并非纯粹抽象的观念的结果。货币作为一种特定社会关系的物化结果，在马克思这里获得了历史真相的澄明。

① 马克思恩格斯文集：第5卷［M］.北京：人民出版社，2009：460.
② 马克思恩格斯文集：第5卷［M］.北京：人民出版社，2009：558.
③ 广松涉.资本论的哲学［M］.邓习议，译.南京：南京大学出版社，2013：415.

　　然而，资产阶级社会经济的运行规律让货币的这一抽象本质幻化为某种支配的力量。货币的这种支配力量同货币本身一样都是历史的产物。当作为交换价值象征形式的货币随着生产的社会化程度不断提高，逐渐地从生产的手段转变为生产的目的时，货币似乎获得了一种独立的身份，成了一个独立存在于商品之外的"货币主体"。作为"主体"的货币，即具有支配社会生活的权力属性的货币。也就是说，"交换关系固定为一种对生产者来说是外在的、不依赖于生产者的权力"①。于是，商品发生了一种自我分离，表现为具体形象的商品与用于市场交换的商品之间产生了一个巨大的鸿沟。货币产生的最初意义是促进人的生产和交换，是一种媒介和手段，现在却反过来成为对生产和交换造成支配力量的东西。世界发生了颠倒！在资本主义社会中，由于交换价值成为目的，作为人的手段的货币便以权力的支配力量反转为人的主宰。于是，所有的产品和活动要想具有价值，首先要获得交换价值的形式，否则将不被生产或成为无用的生产。人与自然、人与人之间的直接交往关系异化为中介化了的货币关系。于是，现代经济社会中，一切的个性都被否定，货币的权力属性成为闯入人的生存世界的支配力量，成为左右一切社会活动的绝对者和无上的"一"。

　　这样，货币化生存世界中颠倒的社会关系让真实的社会生活掉入无边的假象之中，人们不是为了真实的需要而发生交换，而是为了发生交换而发生作为幻象的需要。对此，马克思指出："个人现在受抽象统治。"② 在这里，马克思指明了货币在资本主义经济运作过程中神秘的权力性质。同时，马克思也旨在说明这种神秘权力性质的真正秘密。货币的神秘和颠倒并不在历史之外产生，它只是在特定的资本主义占有方式的基础之上才实现。这里，马克思又一次回到政治经济学批判出发的地方，即通过对货币的哲学批判达到一种政治变革的可能性。

　　资本与精神的上述对立结构寓意着资本增殖逻辑下个体生命的精神结构在两个方向同时得以展开：一方面，人的精神沿着"物"所设定的外在价值获得了某种偶然的自由定在；另一方面，人的精神被绑缚在资本增殖秉性所决定的历史定向中，自由意志仅获得一种单向度的可能。个体的生存深陷资本现代性的二律背反之中。这是货币化生存世界的精神现象学，也是马克

---

① 马克思恩格斯文集：第 8 卷［M］. 北京：人民出版社，2009：44.
② 马克思恩格斯文集：第 8 卷［M］. 北京：人民出版社，2009：59.

思政治经济学批判蕴含的人的自由全面发展的价值规定。在马克思看来，人的真正的自我确证就是要破除这一精神压抑及货币化生存世界这一"虚妄整体"的精神规训。从这个层面来讲，马克思的资本批判同时是一种存在论批判。这种批判深刻地寓意着只有从具有人本意义的整体主义精神出发去追问和反思资本，才能发现资本得以生成的人性依据和真实的历史渊源，进而发现资本在人类历史链条上的恰当位置，以便使其扬弃自身而进入历史辩证的上升运动当中。在以资本为轴心的社会，剩余价值不停顿地被生产和再生产，只会带来整个社会的两极分化，带来多数人不幸福、不自由、不解放；带来多数人的精神低迷、烦躁和消极。人成为追逐资本的手段，而不是自身存在的目的；人的生活成为资本逻辑机器中某一部分，一切听从资本的宰制，人的精神在其中受到极大压抑；剥削属性的存在，劳动者永远没有主体感，永远被蒙蔽，永远受到心理上和精神上的伤害。这充分说明，在人类进化史上，必然要经历"人对物的依赖"这一历程。这一历史历程，由从"人对人的依赖"社会而抽引出的无个别性、自然人的定在，进化到有了个别性、理性但又被俗性所宰制的人的世界中。然而，这种精神与资本激烈冲突的社会，必然要被另一种生存范式所替代——一切人的精神解放、自由和全面发展的时代。

　　马克思为此主张一种制度的革命，以便使人类从资本主义这种现代生产方式的历史局限性中解放出来，这一革命实质性地意味着对资本逻辑的深刻扬弃，并直接地指向对资本主义私有制的彻底瓦解。"贫困、压迫、奴役、退化和剥削的程度不断加深，而日益壮大的、由资本主义生产过程本身的机制所训练、联合和组织起来的工人阶级的反抗也不断增长。"① 这是资本主义制度自然过程的必然性，是对自身否定的结果。随着资本主义生产体系和社会制度的消灭，它赋予个人的诸多精神特征也必然被消灭。个人能够褪去高度机械化、专业化的生产所定义的角色，以便自由地发展他们的个性。个人的每一种精神特征将不再隶属于某种"抽象的一般性"或"虚幻的整体"，而是成为自由自觉联合起来的整体的一部分。这是"资本"与"精神"之间矛盾的真正解决，是对"人"与"物"之间的关系这一历史哲学问题的深刻回答。

---

① 马克思恩格斯文集：第 5 卷［M］．北京：人民出版社，2009：874.

第三节　马克思政治经济学批判的理论影响与当代价值

从"政治经济学"的问世到"政治经济学批判"时代的到来，再到马克思开启的政治经济学批判理论新高度，理论逻辑演进的背后是社会历史问题的变迁。本质上来看，这一演进是对西方现代社会发育发展进程中矛盾与冲突的不断回应与解答，是从"现代性欢呼"到"现代性忧患"的观念变迁。作为一部现代性的诊断书，马克思的政治经济学批判通过对货币、资本等一系列现代经济范畴的深度查审，揭示了生产与交换、使用价值与价值、资本与劳动、市民社会与国家、人与物等一系列矛盾关系的真实历史面向，破解了诸如物化、异化、商品拜物教、货币拜物教、资本拜物教等资本主义生产方式下的种种社会病症。从马克思之后的 20 世纪到今天，世界历史仍是现代性的历史，人类仍囿于"对物的依赖"的发展阶段，资本依然是当下社会最基本的活动原则。在此意义上，应当深刻认识马克思政治经济学批判所具有的重要理论影响与当代价值。

一　当代西方马克思主义政治经济学批判理论是对马克思政治经济学批判的继承与发展

马克思的政治经济学批判在 19 世纪宣告了资本主义必然灭亡的历史命运，并迫使资本主义制度在 20 世纪进行自我调适与转型。两次世界级的资源与权力战争、全球范围内的经济危机、社会主义问世及其带来的两大社会制度之间的承认与对抗、发达资本主义国家的后工业社会转型等，20 世纪诸多具有世界历史意义的大事件，在不断证明着马克思政治经济学批判理论历史效应的同时，也亟待在新的历史语境中对马克思政治经济学批判思想产生新的解读与发展。当代西方马克思主义政治经济学批判理论成为 20 世纪世界政治经济变局下这一思想事业的承担者。这主要体现在以下两个方面。

（一）当代西方马克思主义政治经济学批判理论承继了马克思政治经济学批判的精神实质

马克思的政治经济学批判不只是对资本主义经济发展规律的揭示，它内在指向的对象也并非简单的现代社会经济生活诸多现象背后的政治逻辑，而是追问经济现象背后的历史发生学原理，注重考察经济规律得以生成的哲学基因。本质上来说，马克思的政治经济学批判事业是一种经济学与哲学的真正联姻，通过对资本主义社会矛盾和危机以及现代形而上学的批判，旨在追求经济的"政治与哲学实现"。西方马克思主义思想家深刻地体会到马克思政治经济学批判的这一精神实质，在对当代资本主义的批判过程中注重哲学与政治经济学之间的贯通。

长久以来，学界有一种观点，即认为西方马克思主义在其源头就立于"两个马克思"争论的其中一端，或是强调"异化"的青年马克思，又或是强调"科学"的成熟马克思。实际上，西方马克思主义的哲学批判在其源头就是与政治经济学关联在一起的。西方马克思主义的开创者卢卡奇，在其1938年写作的《青年黑格尔》一文中，清楚地表达了《巴黎手稿》中"经济学范畴与哲学范畴的交互关系"①，并由此将《巴黎手稿》看作马克思发现"经济生活辩证法"②的开端，认为马克思能够"揭穿黑格尔的错误同一"的基础就存在于"他对经济生活的考察里"③。同样，西方马克思主义另一个代表人物马尔库塞，也强调在马克思那里"哲学、经济学与革命实践"是不可分割的整体。在发表于1932年的《历史唯物主义基础》一文中，马尔库塞明确表明，那种认为"马克思是先为他的理论制定哲学基础，再为他的理论制定经济学基础"的观点是站不住脚的。④我们之所以能够在马克思的《巴黎手稿》中看到诸多经济范畴的"本来含义"，就是因为它们同时融合了其哲学基因，而马克思"后来的有关政治经济学批判的所有常见的范畴，在这一著作中都能找到"⑤。这意味着，在马尔库塞看来，"哲学与经济学的融合"贯穿于马克思一生的研究当中。

（二）当代西方马克思主义政治经济学批判拓宽了马克思政治经济学批判的理论主题

20世纪60年代以来，在新科技革命的推动下，资本主义世界发生了重大的变化。资本主义生产方式的"后福特制转型"引起政治制度设计、社会生活方式以及文化观念层面的巨大转变。于是，出现了"后工业社会""晚期资本主义""信息社会""消费社会"等一系列从不同角度指称资本

---

① 卢卡奇．青年黑格尔（选译本）［M］．王玖兴，译．北京：商务印书馆，1963：27.
② 卢卡奇．青年黑格尔（选译本）［M］．王玖兴，译．北京：商务印书馆，1963：28.
③ 卢卡奇．青年黑格尔（选译本）［M］．王玖兴，译．北京：商务印书馆，1963：121.
④ H.马尔库塞．历史唯物主义的基础［C］//复旦大学哲学系现代西方哲学研究室，编译．西方学者论《一八四四年经济学—哲学手稿》［M］．上海：复旦大学出版社，1983：94.
⑤ H.马尔库塞．历史唯物主义的基础［C］//复旦大学哲学系现代西方哲学研究室，编译．西方学者论《一八四四年经济学—哲学手稿》［M］．上海：复旦大学出版社，1983：93.

主义社会转型的术语。与此同时，资本主义这一社会制度的历史限度也不断暴露并呈现出热潮：全球贫富差距不断扩大、生态环境问题不断加剧以及人自身精神世界的不断贫乏等问题层出不穷。面对这些社会历史基础的变化，西方马克思主义者积极向时代发言，围绕劳动分工、生产与消费、世界市场、全球化进程、资本主义与社会主义的发展前景等重大问题著书立说，拓宽了马克思政治经济学批判的理论主题。比如说，以鲍德里亚、马尔库塞为代表的一批思想家，从生产过程走向再生产领域的研究，将"消费社会"视为适应当代资本主义生产方式转型并使雇佣关系普遍化的社会样态，围绕着需要、消费、拜物教、异化等一系列马克思政治经济学批判的重要概念展开了对当代资本主义的分析。他们不再将消费简单地看作面向具体的、实体性的物的消费，而是"符号"、"景观"与"意义"的消费，从对发达资本逻辑的批判转向了"符号政治经济学批判"；20世纪60年代后期，以列斐伏尔为代表的一批思想家，开始关注资本主义社会中的经济空间问题，致力于以马克思主义的空间理论或后现代主义地理学为理论基础，揭示全球化进程中全新的资本积累机制和权力扩张逻辑；以大卫·哈维（也译作戴维·哈维）、保罗·巴兰为代表的一批思想家则以马克思政治经济学的分析批判传统为基础，将资本的金融化或金融资本看作当代资本主义发展的内在趋势和主要特征，并进行积极的解读与批判。

　　20世纪西方马克思主义思想群的出现，使得马克思政治经济学批判思想获得了新样式、新内容、新发展。他们以总体性范畴去追问当下人类被物化的命运，深刻揭示后工业社会经济现象的政治本质，对当代人"物质富有，精神匮乏"的异化现象进行精神现象学的批判，对工具理性与社会生活的形式化遭遇展开批判，对晚期资本主义的剩余思想进行批判，对技术资本集团垄断与国家政治权力互渗进行批判，并积极寻找新的革命主体力量，所有这些都再一次表明：马克思是政治经济学批判思想的集大成者，当代西方马克思主义的众多学者是这种批判理论及实践的继承人和创新者。不可否认，西方马克思主义政治经济学批判的重要特征在于：它始终坚持哲学与经济学和政治学互动的原则，以经济现实问题为出发点，追问经济的政治本质，通过相应的理论与实践努力，追求人的全面解放的哲学目标的实现。

二　世界政治经济局势的新变化与中国式现代化的历史征程呼唤着马克思政治经济学批判的在场

20 世纪 90 年代冷战结束至今，特别是 2008 年世界金融危机以来，经济全球化进程遭遇前所未有的复杂挑战。全球资本金融体系的强力推进带来发达资本积累机制进入"金融化"的时代，财富增长的幻象特征成为人类面临的重大生存问题，"消费主义"的迷雾笼罩在每一个现代人的生活空间，政治经济领域的"加速现象"促进了"新异化"的诞生，"生态资本主义"的研究热潮经久不衰，地缘政治冲突也呈现出愈演愈烈的态势，法国思想家皮凯蒂的《21 世纪资本论》向世界展示了资本逻辑下财富分配不均和地域经济发展之间的不平等问题，特朗普政府挑起的中美贸易摩擦更是加速了世界政治经济拐点的到来，所有这些都寓意着世界历史正经历"百年未有之大变局"。罗伯特·希勒曾指出，早期的经济学研究与哲学和其他人文学科研究密不可分，而 21 世纪金融危机系列出现所造成的经济学难题再次说明：经济学自身的完善和深入展开，迫切要求着不同学科和不同专业之间持续增强互动性。笔者以为，政治经济学批判思想的当代兴起，符合席勒的学术期盼，它至少能够发挥三大批判功能。一是有助于发现经济事件背后的政治本质，从而进行人本主义形而上的追问。2020 年全球新冠肺炎疫情突如其来，直接导致美国股市的崩盘，此现象单靠经济学技术路线的分析判断，求解不出其本质原因，唯有从政治经济学批判的理论框架剖析，才能察觉到当下美国经济危机背后潜伏着美国较长时期的政治危机。二是有助于使全球经济现象的实证观察，转入历史哲学的立体纵深框架分析和历史大尺度的规律坐标分析，从而叠加出经济事件发生的复杂性矛盾本质，以达到数字事实与理性逻辑判断的统一。三是在当代货币化生存世界里，货币充当了现代文明发展的润滑剂，但也应当看到，货币的任性导致人的深度异化现象的发生；权力与资本之间存在的各种非理性交易，引发了人与社会、人与人之间的对立和冲突。因此，货币的脱域性导致的现代性内在悖论——资本与精神的对立——不可避免。

所有这些再次证明：当代世界政治经济形势呈现出的种种复杂状况，现实地寻求马克思政治经济学批判思想能够发挥时代作用，它是透过表层现象解读深层本质的重要思想资源。统计表明，资本主义经济危机爆发的时间曲线，与马克思《资本论》销售的数字曲线之间呈正相关的关系。这不仅表明当今世界历史进程的总体图景没有走出马克思政治经济学批判的理论视野，同时也表明《资本论》是一部"未完成的"著作，马克思的政治经济学批判是一个"未完成的"事业。对当今世界政治经济形势的清醒认识需要马克思的政治经济学批判，解决当前世界范围内的发展难题需要马克思的政治经济学批判。

当代中国经济社会的发展同样引人关注，40 余年的改革开放历程波澜壮阔，中国人民用辛勤的劳动书写了一部从贫困走向富裕、从压抑欲望到释放欲望、从"怀疑市场"到"探索市场"、从"惧怕资本"到"放开资本"再到"驾驭资本"的伟大历史篇章，谱写了中国社会从传统走向现代的历史转折论，也为世界政治经济的汪洋大海驶入了一艘东方巨轮。当代中国改革开放伟大历史进程的解读、评价和推进，同样呼唤着马克思政治经济学批判思想的在场。探寻中国经济奇迹的发生逻辑，同样呼唤着马克思政治经济学批判的基本原理，尤其是其中关于资本批判的深刻观点的在场。

同时，中国当前的经济发展也进入一个历史关键时期，改革的推进在日益复杂的内外背景下呈现出前所未有的复杂局面，各方利益诉求相互交织、贫富分化问题日趋成为热点、地域经济发展不平衡问题仍然突出、社会对经济正义的呼声日益高涨、金融化时代的到来使中国人普遍的财富观念面临巨大冲击、对市场经济的认识需要从感性走向自觉等诸如此类的重大政治经济问题的推进和解决都需要一个科学的理论来指导。就此而言，马克思主义哲学研究应当面向改革开放进程中所涌现的重大现实问题，对经济问题进行政治本质透视，并上升到哲学人本主义高度。笔者深深感到，中国的经济社会发展已经到了这样一个历史关头：完全靠物质资源的开发和再开发已几乎走到尽头，精神智力资源的开发更加紧迫。为此，对马克思主义哲学研究另一视角——政治经济学批判——的开创性研究实属必要。马克思的政治经济学批判是中国社会从经济理性走向政治理性的理论法宝，其实践意义重大而深远。改革意味着社会主义经济体制改革应与政治体制改革配套发展，没有从马克思政治经济学的批判高度，做好两者贯通的顶层设计，改革就会偏离方向。如，如何辨别保护私有财产与根除私有制的本质区别；再如，社会主义的资本市场和资本政策，如何合理导控；还有，在社会主义政治和经济重大改革领域，如何贯通马克思主义的公平正义原则；等等。这些都关涉到马克思政治经济学批判研究的深层理论问题。

三　推动中国特色社会主义政治经济学的创新发展，构建中国特色哲学社会科学"三大体系"，需要马克思政治经济学批判思想的丰富资源

习近平总书记在哲学社会科学工作座谈会上的重要讲话中明确提出，要从我国社会主义建设的实际出发，加快构建具有中国特色的哲学社会科学"三大体系"，学科体系、学术体系、话语体系。这为中国哲学社会科学事业的发展提供了指导思想和发展方向，也为中国特色社会主义政治经济学的创新和发展提供了根本遵循和行动指南。

长久以来，中国学术界被西方主流经济学的话语普及，从大学课堂到商场精英再到世界学术舞台，都缺少中国人自身政治经济学理论的有力声音。西方主流经济学一直都以科学性、严整性、专业性、客观性而自居，试图论证"市场的万能机制"，追求每个人利益最大化基础上的所谓"帕累托最优"和经济社会总体的"自然和谐"。然而，西方资本主义国家内部贫富分化的不断加剧、不同阶级阶层之间的对抗日趋激烈、局部或全局性经济危机的频发，都在用事实证明西方经济学在当今社会的"失灵"，它既不能对正在发生的危机做出预警，也不能真正解释和解决经济领域的种种难题，更不能对中国特色社会主义的经济实践做出科学说明。历史表明，以形而上学世界观为哲学基础，严重依赖于抽象数字模型的西方经济学越来越沦为"黑板经济学"，它不仅不适合中国的土壤，而且不适合世界政治经济发展的大势。

同时，中国特色社会主义的鲜活实践也在不断证明着苏联哲学原理教科书的历史局限性。这主要表现在：苏联教科书体系是计划经济体制下思考马克思主义哲学的读本，没有经历过社会主义市场经济的实践经验，无法如中国特色社会主义市场经济一样对商品、货币、资本、财富、金融等现代经济范畴有感性和丰富的认知体验。我们知道，马克思是在市场经济的历史背景下来思考现代社会发育发展进程中诸多政治与经济问题的，并深刻地抓住了资本这一现代社会中的核心概念，通过一部《资本论》揭示了现代人普遍的生存境遇和人类社会发展的总体规律。中国特色社会主义的理论与实践，仍然处在马克思所揭示的"人对物的依赖"的历史阶段上，同时也在中国共产党领导下始终坚持市场经济的社会主义方向，不断将理解资本、利用资本、驾驭资本的时代问题提升到新的理论水平和实践境界，推进社会主义市

场经济走向新的更高的发展阶段。在此时代语境中，中国特色社会主义政治经济学亟待出场和完善，其学科话语的创新与发展仍需马克思政治经济学批判思想的深度导引。

中国特色社会主义政治经济学需要秉持马克思政治经济学批判的精神实质与方法论传统，积极推动经济学、哲学和政治学之间的相互嵌入，打破单一的学科规制，推动不同学科、不同专业之间的视域融合与理论创新，注重学术研究的整体性和交叉性。同时，以马克思政治经济学批判思想为导引，中国特色社会主义政治经济学需要深度追问诸如经济社会中计划手段与市场手段的关系、"国富论"与"人民财富论"的关系、新的现代"市场精神"、金融化世界的扩张、经济正义的实现、经济伦理问题的凸显、消费主义与商品拜物教的关系、中国人"经济观念"的变革以及"经济生态治理"等一系列中国社会的重大政治经济问题。对这些问题的积极回应，并将其纳为自身的重大理论主题，是中国特色社会主义政治经济学的题中应有之义。强国富民的中国梦，深刻地表达了马克思主义政治经济学"制度的人民性"与"财富的人民性"高度一致的哲学本质。例如：如何创新中国特色社会主义生产力经济学？需要正确理解"劳动与资本""资本与精神"的马克思政治经济学批判原理。如何认清追求经济利益的最大化与追求社会效益最优化两者兼顾的原则？如何处理社会主义市场经济运行中政府与市场的关系？需要贯通"国家与市民社会的关系"这一马克思政治经济学批判中关键命题的解读。

只有真正把握马克思政治经济学批判的精神实质，并深刻运用马克思政治经济学批判的思辨程式，中国特色社会主义政治经济学所开创的"新政治经济学批判"才能摆脱西方经济学主流话语的牵制，完成中国特色社会主义市场经济的健康发展。也只能在此历史基础上，中国社会才能在整体历史进步运动中扬弃资本逻辑的负面效应，赋予人类身在其中的这个货币化生存世界以整体主义精神的反思与追问，从而为人类走出现代性的二律背反提供积极的思想资源。中国特色社会主义政治经济学是以中国经济社会发展的现实语境为依托的理论，是马克思政治经济学批判理论的中国篇章，它必将在这一理论与现实的交融与激荡中创新出具有中国特色的"新政治经济学批判"精神，从而对构建具有中国特色、中国风格、中国气派的哲学社会科学贡献力量，向世界发出强有力的中国学术之声，增强中国在世界政治经济舞台上的话语权。

第七章　20世纪初卢卡奇政治经济学批判思想要义

导　语　卢卡奇其人与其书

卢卡奇（Georg Lukacs，1885~1971）是匈牙利著名的哲学家、美学家、文学评论家，西方马克思主义的开创者，在马克思主义思想发展史的学术链条上居于十分重要的地位。美国著名的马克思主义学者汤姆·洛克莫尔认为，卢卡奇是"最重要的马克思主义哲学家之一"①。同时，他也是匈牙利社会主义革命和改革运动的领导者和参与者，一身兼具深邃的思想者和坚毅的行动者的双重本色。1885年4月13日，卢卡奇出生在布达佩斯一个拥有贵族封号的犹太人家庭里，他的父亲是布达佩斯信用银行的董事。优越的生活条件使卢卡奇从小受到西方文明的熏陶和教育。但是，从少年时期，他就对资本主义的生活方式怀有"仇恨和蔑视"之情，这种潜在的心理特质伴随其成长，逐步塑造了他批判资本主义现实、寻求人类自由解放的知行合一的精神品格。

卢卡奇一生命运跌宕起伏，多维的学术修养和丰富的人生经历锻造使其思想不断转型、走向成熟。依据人生经历及思想转变的历程，将卢卡奇的生

---

①　汤姆·洛克莫尔. 非理性主义：卢卡奇与马克思主义理性观［M］. 孟丹，译. 北京：中国人民大学出版社，2016：1.

平概述划分为青年卢卡奇、中年卢卡奇和老年卢卡奇三个阶段。①

1. 青年卢卡奇阶段

这一阶段可以分为 1918 年以前作为资产阶级文学理论家和 20 世纪 20 年代作为西方马克思主义创始人的两个时期。青年卢卡奇爱好文学、艺术并表现出较高的天赋。1904 年，他与好友创立了"塔利亚剧社"，在剧社存续的四年里，总共进行了 142 场的舞台表演，这些演出为扫清封建思想残余、推动现代性思想的启蒙发挥了一定的积极作用。同时，他对社会学也有浓厚的研究兴趣，是当时匈牙利进步知识分子探讨社会政治问题的重要团体——"社会科学协会"的成员之一。1906～1910 年，卢卡奇先后获得法学和哲学博士学位，此间，他还先后成为匈牙利两个进步刊物——《20 世纪》和《西方》的专栏撰稿人。1908 年 2 月，其创造的文学作品《现代戏剧发展史》荣获布达佩斯基斯法卢获学会颁发的克里斯蒂娜文学奖。1909 年秋，卢卡奇赴德国学习，先后师从西美尔和韦伯两位著名的社会学大师，深受当时在德国占支配地位的新康德主义思想的影响。1911 年，在柏林发表的《心灵与形式》使其名声大噪。1915 年，《小说理论》的完成，则标志着其思想从新康德主义转向新黑格尔主义。1918 年 12 月，他加入了刚刚成立的匈牙利共产党，并当选为中央委员。在匈牙利苏维埃共和国存续期间，他担任匈牙利苏维埃共和国文化、国民教育的人民委员，并在红军第五师担任政治委员。匈牙利革命失败后，1919 年秋，他逃往维也纳，在那里，他一度沦为囚徒。被释放后，卢卡奇一面继续坚持革命的实践活动，一面深入研究马克思主义理论，这段流亡维也纳的岁月，后来被他称为"马克思主义的学徒期"。1923 年，卢卡奇把这一时期撰写的八篇论文汇编成《历史与阶级意识》一书，但是，该书一经出版就在匈牙利共产党内引起强烈的争议，他本人被贴上"修正主义者"的标签，并受到共产国际的严厉批评。1928 年，卢卡奇为匈共第二次代表大会起草的《勃鲁姆提纲》被指责为"右倾路线"，为了保留党籍，继续参与反对法西斯主义的斗争，在不得已的情况下，他违心地做了自我批评。

2. 中年卢卡奇阶段

20 世纪 30 年代到 60 年代末，处于苏联东欧马克思主义理论支配下的中年卢卡奇时期。1930～1931 年，卢卡奇暂住莫斯科，在马克思、恩格斯和

---

① 这种时段划分参考孙伯鍨. 卢卡奇与马克思 [M]. 南京：南京大学出版社，1999：序言 3-4.

列宁研究所工作。1931~1933 年，他曾有一段短暂侨居柏林的经历，在那里，他担任德国国家安全联盟柏林小组临时第二主席，同时还是无产阶级革命作家联盟的一名成员。希特勒上台后，卢卡奇离开德国，再度返回苏联。1933~1944 年，他在苏联科学院哲学研究所工作，1933 年当选为苏联科学院院士。1941 年，由于被控告为"匈牙利政治警察的莫斯科代表"，卢卡奇被捕入狱，后来在季米特洛夫的积极干预下获得释放。1944 年匈牙利解放后，卢卡奇回国，在布达佩斯大学担任文化哲学和美学教授，并当选为匈牙利科学院院士。1945 年，他出任国会议员、匈牙利科学院主席团成员和世界和平理事会理事。1956 年，他加入裴多菲俱乐部，同年 10 月至 11 月，担任纳吉政府的文化部长。此间，他还参与了匈牙利的社会主义改革运动。匈牙利事件失败后，他被流放至罗马尼亚。

3. 老年卢卡奇阶段

1957 年，卢卡奇重返布达佩斯，晚年生活趋于稳定。他于 1971 年病逝，享年 86。

卢卡奇学术视域宽广、思想宏大开阔，理论著作卷帙浩繁，涉及文学、美学、哲学、政治学等诸多领域。其代表作如下：《心灵与形式》（1910）、《现代戏剧发展史》（1911）、《审美文化》（1913）、《小说理论》（1916）、《历史与阶级意识》（1923）、《列宁》（1924）、《青年黑格尔》（1948）、《存在主义还是马克思主义》（1951）、《理性的毁灭》（1954）、《审美特性》（1963）、《民主化的进程》（1968）和《社会存在本体论》（1971）等。

第一节　卢卡奇政治经济学批判的思想源流

青年卢卡奇生活于欧洲自由竞争的资本主义向垄断帝国主义过渡时期。以资本主义发展的新问题为导向，卢卡奇开启了新政治经济学批判。其理论既以马克思的政治经济学批判思想为底板，又深受当时西方一些著名学者的思想启迪，他们以反映时代特征和精神内核的范畴给予卢卡奇政治经济学批判以丰富的"养料"。

一　西美尔的微观文化批判理论

青年卢卡奇曾留学柏林，亲受当时新康德主义学派大师西美尔的教导。西美尔的物化思想及货币哲学理论对卢卡奇政治经济学批判思想的形成产生了重要的启示性作用。日本学者初见基说："在卢卡奇真正地接触到马克思的著作以前，通过西美尔，他已经摄取了马克思的思想了。"①

（一）主观文化与客观文化的分离

现代性发育导致主观文化与客观文化的分离。在西美尔看来，人是自然界中唯一的、在主观上对自身具有不断要求的、自我完善的种群，同时，人还通过创造语言实现灵魂的开发。因此，人是文化真正的对象。人的创造性活动产生了两种基本的文化模式，即主观文化和客观文化。主观文化代表着人的主体性尊严、创造、灵魂等内在的精神价值，而客观文化则呈现出外在于人的、以客观的物质形态为载体的物化世界。他指出，18世纪欧洲的市民社会是建立在主观文化与客观文化协调发展的基础上的，而到了19世纪，主观文化和客观文化发展越来越不同步，最终走向不可逆的对立之中。西美尔认为，主观文化与客观文化的分离导致异化现象，而"劳动分工是主观文化与客观文化彼此分歧的原因"②。在资本主义基于可计算性原则而建立的现代市场模式中，由于社会生产和劳动过程的专业化分工，工人被分割在局部性的劳动环节上，这不仅造成劳动过程中人与人之间的协作性关系的消失，而且导致工人蜕变为生产流水线上的一个零件、一个符号，从事机械性的重复劳作。同时，在这种由局部性劳动整合而成的劳动产品中再也看不到人整体的创造性智慧，它们只是由标准化生产而拼凑的"僵硬"的物态。相应地，孤立、机械、循环的劳动模式也使人丧失了主观能动性和创造性，"产品是以牺牲生产者的发展为代价完成的，从事单面化劳动的结果是身体——心理能力和技能的提高，这对整体的个人而言毫无价值，甚至经常使其成长受到阻碍"③。在他看来，专业化的分工不仅造成劳动者个体的碎片化和原子化以及劳动机能的单向度发展，更带来主体间心理上的疏离和异化。在商品化的社会中，当人与人之间的社会交往关系越来越依赖于"物"（商品和货币）的中介时，客观文化的生产机制便主导、控制了人的生活，而主观文化则越来越被忽视。在现代资本主义社会中，人虽然创造了合乎理性、规范性的客观文化，但又不能完全掌控这个客观世界，反而被这种客观世界的"自然规律"所支配、所奴役，进而丧失了

① 初见基．卢卡奇：物象化［M］．范景武，译．石家庄：河北教育出版社，2001：47-48.
② 西美尔．货币哲学［M］．陈戎女，等译．北京：华夏出版社，2018：484.
③ 西美尔．货币哲学［M］．陈戎女，等译．北京：华夏出版社，2018：484.

主体性的人格和自由，而这又必然会影响人的生存情绪和思维方式。

（二）物化心理的"文化悲剧"

西美尔指出，在一切有价值的东西都客体化为商品的世界中，货币因其精确的可计算性和客观中立的标准成为通约一切的等价物。它"在最纯粹的形式上代表着纯粹的交互作用，它令得最为抽象的概念也是可以了解的"。① 货币客观中立的量化可计算性使之成为商品化世界中人们进行商品交换的唯一媒介。从哲学的意义上看，货币"它在实践世界之内代表了最为确定的可见性与所有存在公式最为清楚的具体化，依据之事物相互找到了它们的意义，并且令得它们的存在和如此存在为它们的关联的相互关系所决定"②。这意味着货币的价值通约性使个人的欲望、利益和需要得以具象化实现的同时，在交换过程中使物获得了存在价值和与人相互关系的确认。相应地，货币自带的"魔力"也使其从纯粹中性手段演变成人类行动的绝对目的，即在货币化生存世界中，货币的目的与手段被完全地倒置，"金钱成为我们时代的上帝"。因此，在西美尔看来，人性中最具有价值、体现生命意义和创造性价值的主观文化日益向以货币为核心的客观文化看齐，这必然导致人本主义意义上人的真正价值的丧失。"生活的核心和意义总是一再从我们的手边滑落；我们越来越少获得确定无疑的满足，所有的操劳最终毫无价值可言。"③ 西美尔的货币哲学最终的落脚点在货币对人的精神和价值的负面影响上。他得出这样的结论：货币由价值中介的手段颠倒为现代人类生活的目的和意义，主体性生活本真的价值丧失殆尽，人们普遍生存在文化异化之中，人性的麻木冷漠、自私自利的现代性痼疾也就不可避免了。他对资本主义这种"文化悲剧"始终抱有"叔本华式"的悲观意识。

在《历史与阶级意识》中，卢卡奇对西美尔以可计算性原则建立的社会分工及其负面影响、物化以及拜物教等概念都给予了积极的认可。但是，他认为西美尔仅仅是从心理感觉描述着货币现象，仅仅是"围绕着物化的外部表现形式兜圈"，未从根本上触及物化的结构和产生根源。虽然"他们或多或少明白这种现象的毁坏人性的作用，但是连他们也始终停留在分析物化的直接性上面"。④ 同时，西美尔还给这种"文化悲剧"以心理上的自我

---

① 西美尔. 货币哲学［M］. 陈戎女，等译. 北京：华夏出版社，2018：88.
② 西美尔. 货币哲学［M］. 陈戎女，等译. 北京：华夏出版社，2018：87.
③ 西美尔. 金钱、性别、现代生活风格［M］. 顾仁明，译. 上海：学林出版社，2000：8.
④ 卢卡奇. 历史与阶级意识［M］. 杜章智，等译. 北京：商务印书馆，2018：163.

安慰："随着生活的全部内容越来越带有物质性的和非人格化，生活的没有被物化的其余部分则可能变得更加人格化，更加无可争辩地变成我自己的。"① 换言之，物化必将成为人们现实生活的主导模式，但是人们可以在这个世界中寻求非物化领域里所谓的"人格主体"，即在康德哲学二重世界的伦理学中寻求物化之外的"自由"。在卢卡奇看来，西美尔的文化悲剧本质反映了一种帝国主义时代依靠利息吃饭的寄生虫的哲学。②

二 韦伯的文化社会学理论

如果说在留学德国期间，西美尔的理论曾给卢卡奇政治经济学批判以正面的建构性作用的话，那么韦伯的思想则给其批判理论以反面的启示性作用。如日本学者初见基指出："他们之间在思想观点方面的紧张关系，自 1912 年第一次相遇以来，一直到他们各自死亡之前，就始终没有得到缓解。"③ 卢卡奇对韦伯的现代性思想始终抱有强烈的"反弹意识"。

（一） 理性精神与合理化原则

韦伯认为，资本主义起源于自身一种独特的价值观念和内在的精神气质。在他看来，虽然资本主义起源可以从经济、政治、宗教、文化等多角度的因果联系中去寻找，但是，他始终把资本主义的文化因素放在一个相对独立的主导性地位。他对马克思的历史唯物主义也始终持质疑的态度。在分析资本主义的经济组织和宗教之间的关联性上，他坚决拒绝经济第一性的说法，而是把文化作用放在首要地位。在他看来，理性是理解现代性的关键范畴，人类正是通过理性"祛魅"告别了传统的"第一自然"而进入现代性社会。现代资本主义精神就是一种基于天职观念的理性行为，这种理性行为的文化基因是基督教的禁欲主义精神，即在理性的经济秩序下合法赚钱的理念。而劳动被视为"人们履行天职的责任"。韦伯认为，这种精神以及资本主义制度只能出现在信仰新教伦理的欧洲国家。由此，他将现代资本主义起源与新教伦理之间通过理性精神实现了完美对接，进而赋予资本主义制度的合理性以价值观和文化精神独特性的论证。在卢卡奇看来，这使"资本主义的本质就被非经济化和'精神化'了"④。

---

① 卢卡奇. 历史与阶级意识 [M]. 杜章智，等译. 北京：商务印书馆，2018：246.
② 卢卡奇. 理性的毁灭 [M]. 王玖兴，等译. 济南：山东人民出版社，1988：403.
③ 初见基. 卢卡奇：物象化 [M]. 范景武，译. 石家庄：河北教育出版社，2001：206.
④ 卢卡奇. 理性的毁灭 [M]. 王玖兴，等译. 济南：山东人民出版社，1988：544.

韦伯指出，合理化原则是现代资本主义的根本特征。在他看来，合理化是资本主义经济运行的准则。他将资本主义的经济行为定义为一种期望依靠形式上的和平交易来获取利益的行为。① 在他看来，理性获利的欲望是现代资本主义经济活动的出发点，而最大化地获取利润的目标必须与合理地运用人力和物力相协调，这意味着精确的可计算性原则。无论从原材料和劳动力的成本投入还是从产品的市场销售和资金的循环周转等方面，建立在经济理性基础上的现代簿记方式是资本主义合理化的重要载体。因此，韦伯指出，建立在理性基础上的精确计算原则是资本主义所独有的经济管理模式，资本主义的本质就是经济生活的合理化、可计算性。同时，"现代资本主义特有的东西是：在合理技术基础上的严格合理的劳动组织，没有一个地方是在这种结构不合理的国家制度内产生的，而且也决不可能在那里产生"②。资本主义的经济合理化离不开政治合理化的支撑，即科层化的官僚制度和法理型的社会建制。一方面，资本主义社会独特的法理型社会建制是维护市场经济秩序、保护私有财产制度、鼓励个人创新以及保障现代企业制度的必要条件；另一方面，西方社会具有一支训练有素、专业化、理性化的公职人员队伍，他们在国家事务管理中承担着主导性作用，从而使现代资本主义社会从根本上杜绝了前资本主义社会制度治理上的主观性、任性和随意性，走程序、讲规则、按章办事的理性化原则保证了资本主义社会的经济活动和整个国家机器正常运转。总之，在他看来，资本主义的合理化是"命中注定了的"，资本主义是一种必然的、不再能做根本改变的制度。③ 以理性精神为内核的合理化原则是现代资本主义的本质特征，对个人而言，只有遵循这一原则才能获得自由和发展。

（二）工具理性与实质理性的二律背反

在韦伯看来，无论是在经济组织还是在官僚制中，资本主义使每一个人受制于专业化的分工，服从于"钢铁般坚硬的笼子"的客观理性结构，这就是现代资本社会中人的宿命。当资本主义精神逐渐褪去禁欲主义的伦理而服从于追逐利润的外部经济强制力时，无论是工人还是资本家，都受制于物化的宰制，无人幸免。在这一点上，卢卡奇与韦伯的观点是一致的，即物化

---

① 马克斯·韦伯. 新教伦理与资本主义精神 [M]. 马奇炎，陈婧，译. 北京：北京师范大学出版社，2018：8.
② 卢卡奇. 历史与阶级意识 [M]. 杜章智，等译. 北京：商务印书馆，2018：164-165.
③ 卢卡奇. 理性的毁灭 [M]. 王玖兴，等译. 济南：山东人民出版社，1988：545.

是现代资本主义社会人的基本生存方式。同时，韦伯对资本主义的物化现象抱有深刻的"文化忧患意识"。在他看来，在资本主义社会中，为了满足自身对物的贪欲，每个人将他人都视为个人获利的工具手段，而人的实质性价值、尊严等内在的精神东西则完全可以忽略。现代性生活中工具理性全面压倒、颠覆实质理性。而且，在现实生活中这两种理性冲突也是人们无法避免的、不可调和的。

韦伯一方面论证资本主义的合理性和必然性，另一方面又深深忧患于被资本座架的现代人类的文化悲剧命运。但是，他认为，从本质上看，这就是现代资本主义社会人的基本生存状态，也是人类理性范畴不可避免的"一体两面"。这种理性的对立面具有非理性范畴中不可知的"自在之物"的属性，仅此而已。并且，他还进一步指出，实质理性没有多少趣味，它多少有点类似于潘多拉魔盒。[①] 触动它，意味着破坏现代社会的经济合理性，对资本主义制度造成严重威胁。这就明显暴露了韦伯作为资本主义卫道士的真实面目。他对资本主义所谓的忧患意识仅仅是对现代资本主义二律背反表象的描述，未能深度剖析资本主义的经济结构、社会关系的根本矛盾，更是以不能触动资产阶级的阶级利益为底线。因此，卢卡奇将韦伯称为"帝国主义时期的资产阶级意识形态专家"[②]。在他看来，韦伯所谓的资本主义合理性就是资本主义社会物化的非理性，是他在《物化和无产阶级意识》中批判的靶心。

三　希法亭的金融资本理论

20世纪初，资本主义世界出现了重大的经济转型。对此，德国经济学家希法亭提出了金融资本这一重要范畴，并对资本与权力运作的新形式及其对国际格局的影响做出了独到的分析。这些理论洞见赋予了卢卡奇以最新的历史直觉判断，为其政治经济学批判提供了重要的理论支持。

（一）垄断资本主义的经济实质：金融资本的统治

希法亭将《金融资本》的副标题定为"资本主义最新发展的研究"，在他看来，垄断资本主义的本质特征就是金融资本的统治。当资本主义进入垄

---

① 罗伯特·阿尔布瑞顿.政治经济学中的辩证法与解构［M］.李彬彬，译.北京：北京师范大学出版社，2018：145.

② 卢卡奇.理性的毁灭［M］.王玖兴，等译.济南：山东人民出版社，1988：545.

断帝国主义阶段，经济关系在时空链条上表现出更加异质多元、交叉互动的复杂联系，尤其是资本动员的巨大需求使信用货币的重要性日益凸显，这就带来了银行职能的革命性转变。首先，随着企业对资本需求的膨胀，当银行信用开始为产业资本家提供生产资本时，银行对企业的影响力越来越大。其次，银行代表股份公司发行股票业务以及通过资本投入的形式参与股份公司的创建活动，以此获取企业巨额的"创业利润"。再次，银行职能的转变不仅加速了股份公司和产业垄断的速度和规模，而且促使银行资本的进一步集中，结果是"资本便采取自己最高和最抽象的表现形式，即金融资本形式"①。随着股份公司的发展和产业的垄断化，产业对银行信用的依赖程度不断加深，只有获得银行大额度的货币资本并成功地将它们转变为产业资本、生产资料，垄断组织或股份公司才能保证充分的资本流通和稳定的高额利润。借贷资本和虚拟资本作为金融资本的两种基本形式为产业资本家所支配。由此，控制银行的虚拟资本的所有者和控制产业的资本所有者越来越合二为一，越来越以金融资本的形式操控生产规模、操控市场定价，直至操控整个国民资本、整个社会经济。金融资本意味着垄断资本主义社会资本的统一化。随着市场的卡特尔化和托拉斯化，金融资本将以前分开的商业资本、工业资本和银行资本，统统置于更高的由产业巨头和银行寡头紧密结合在一起的金融集团的控制之下。资本形态在资本主义生产方式的变革中完成了否定之否定的辩证统一的过程："银行资本是对高利贷资本的否定，而银行资本本身又被金融资本所否定，后者是高利贷资本和银行资本的综合。"② 金融资本进化为一切的社会生活的统治力量。更值得关注的是，被金融资本座架的垄断资本主义社会，资本的逻各斯（也译作罗格斯）中心主义也必然会把君临天下的国家政权绑缚在资本寻求无限增殖、无限扩张不可遏制的欲望战车上。资本的脱域性既形塑了资本主义国家内外政治经济的新政策，又将整个人类社会拖进资本化、碎片化的对抗性的竞争和冲突中，深刻地改变着现代世界的政治经济格局。

（二）逐利的金融意志主义的经济政策

在逐利的金融意志主义推动下，掌控国家经济命脉的金融寡头不断地将

---

① 鲁道夫·希法亭. 金融资本——资本主义最新发展的研究 [M]. 福民，等译. 北京：商务印书馆，1997：1.

② 鲁道夫·希法亭. 金融资本——资本主义最新发展的研究 [M]. 福民，等译. 北京：商务印书馆，1997：254.

国家政权转变为对内实行资产阶级专政、对外实行帝国主义经济扩张的工具。在对内政策上，希法亭指出，垄断资产阶级不仅通过资本权力与资本利益的双股链条将大土地所有者、中小资产阶级和"新中级阶层"统摄于金融资本的控制中，而且通过企业家联合会达到分化工人联合、破坏工会凝聚力的目的。"金融资本，在它的完成形态上，意味着经济的或政治的权力在资本寡头手上达到完成的最高阶段。"① 从表面上看，有组织的社会化大生产是对资本主义无政府状态下的生产方式的一种扬弃。但是，从本质上看，这只是"对抗形式上的社会化"，它是建立在生产的支配权越来越集中在少数金融寡头基础上的一种极不合理、极不公平的社会化。在对外的经济政策上，希法亭指出："金融资本政策有三个目的：第一，建立尽可能大的经济区；第二，通过保护关税壁垒排除外国竞争；因而，第三，把这一经济区变成为民族垄断联盟的开发地区。"② 金融资本的对外输出，一方面，加剧了资本主义国家之间激烈的海外竞争和利益冲突，另一方面，由于金融资产阶级对发展中国家实行不平等的贸易及法律协议，甚至动用暴力胁迫、武力镇压的手段，激化了殖民地与宗主国之间的矛盾。面对资本输出诸多的矛盾和竞争，逐利的金融意志主义需要国家强大的权力作为后盾。相应地，资本主义的国家职能也从自由主义时期市场的"守夜人"演变为金融资本开疆拓土的"急先锋"。在希法亭看来，金融资本使"一国民族资本支配者的独裁统治同其它国家的资本主义利益越来越不相容，使国内的资本统治同受金融资本剥削的并起来斗争的人民群众的利益越来越不相容。在这些敌对的利益的暴力冲突中，金融巨头的独裁统治将最终转化为无产阶级专政"③。

作为当时最负盛名的马克思理论家之一，希法亭的经济学思想深刻启发了同时代的卢卡奇。在分析现代资本主义经济危机时，卢卡奇同样认为垄断资本主义未能从根本上触及生产无政府状态这一事实，"而是为了赋予变得强大的单个资本家以相应的垄断资本家的地位"④。这只是资产阶级拯救资本主义的最后尝试。此外，希法亭认为帝国主义最终会在无产阶级暴力革命

---

① 鲁道夫·希法亭. 金融资本——资本主义最新发展的研究 [M]. 福民，等译. 北京：商务印书馆，1997：429.
② 鲁道夫·希法亭. 金融资本——资本主义最新发展的研究 [M]. 福民，等译. 北京：商务印书馆，1997：375.
③ 鲁道夫·希法亭. 金融资本——资本主义最新发展的研究 [M]. 福民，等译. 北京：商务印书馆，1997：430.
④ 卢卡奇. 历史与阶级意识 [M]. 杜章智，等译. 北京：商务印书馆，2018：130.

中走向灭亡的历史命运，这也得到了卢卡奇的高度赞誉和肯定，在后者看来，这正是对当时修正主义、改良主义思想的有力回击。

四　马克思的政治经济学批判思想底板

如果说西方的社会学家曾为卢卡奇的现代性批判理论提供了诸多思考元素的话，那么马克思哲学的"精神遗产"则从根本上奠定了卢卡奇政治经济学批判的思想底板。从政治经济学批判的逻辑程式到方法论的演绎，马克思的政治经济学批判思想全面而深刻地架构了青年卢卡奇新政治经济学批判的理论。

（一）追求经济的"政治和哲学实现"

政治经济学批判是马克思主义哲学的轴心。正如德国著名的马克思学家伊林·费彻尔指出的："马克思的目的始终是'政治经济学批判'，这既意味着对资本主义生产方式进行批判，又意味着对它在资产阶级国民经济学说中的理论反映进行批判。"[①]　其目标始终围绕着人类应该建立一个什么样的社会才能真正做到经济的"政治和哲学的实现"这一最高的人本主义价值预设，即在追求经济发展最大化的同时塑造公平正义的社会政治制度，进而实现人的自由解放和个性全面发展的最高目标。青年马克思生活于欧洲自由竞争的资本主义快速上升时期，然而当时的德国却正处于落后的封建专制制度与先进的资本主义制度的历史交锋时刻。时代精神的激荡、历史进步趋势的召唤、现代性的二律背反的张力激励着马克思毅然告别自我意识的思辨哲学，转而投向人类政治经济关系交错复杂的市民社会的研究中。在他看来，"对市民社会的解剖应该到政治经济学中去寻求"[②]，这意味着对资本主义社会存在的本体论追问，即对资本主义生产方式、经济关系和社会结构的揭示。同时，对资本主义市民社会的解剖建立在经济学、政治学和历史哲学三科互动的基础上，探寻超越资本主义、建立真正属人的"人类社会"的价值诉求。

马克思政治经济学批判聚焦的第一个层面是资本与劳动的对立。在《莱茵报》工作时期，受到"物质利益困惑"这一问题意识的推动，马克思逐渐意识到经济利益尤其是社会性的劳动利益和劳动地位决定了一个阶级的

① 伊林·费彻尔. 马克思与马克思主义［M］. 赵玉兰，译. 北京：北京师范大学出版社，2018：55.
② 马克思恩格斯选集：第2卷［M］. 北京：人民出版社，2012：2.

政治行为，相应地，马克思也从前期对资本主义的政治学批判逐渐转入经济学批判领域中。在《1844年经济学哲学手稿》中，马克思着重阐释了以异化劳动为核心的政治经济学批判，其主要观点包括三个方面。其一，对象化的劳动是人类有意识、有目的地利用工具改造客观对象，以满足自身生存和发展需要的活动。人的本质就是这种自由自觉的劳动。其二，在资本主义社会中，作为劳动主体工人的劳动不仅不是个人本质力量的体现和回归，反而带来了个人的贫困和进一步受他人奴役的社会权力。"劳动的这种现实化表现为工人的非现实化，对象化表现为对象的丧失和被对象奴役，占有表现为异化、外化。"① 从本质上看，资本主义的劳动是一种异化劳动，这种异化的关系突出表现在：劳动者与劳动产品的异化、劳动者在劳动过程中的异化、劳动者同自身类本质关系的异化以及人与人之间关系的异化这四个方面。其三，异化劳动是私有制产生的根源。马克思从劳动价值论与工资规律的矛盾中深刻地洞察到，在资本主义社会，不是资本家给工人创造了劳动的机会、养活了工人，而是工人的异化劳动实现了资本家对资本不停地占有和积累，是工人养活了资本家！接下来，马克思从历史唯物主义视角在进一步追问私有制和异化劳动生成的历史化过程的同时，科学地阐述了社会存在论的一般原理，将资本与劳动的关系置于历史哲学的原则高度来审视。在《德意志意识形态》中，马克思凝练了其政治经济学的核心原理：社会存在的本体论批判，这主要体现在三个方面。第一，作为历史唯物主义研究的起始概念，"现实中的个人"是指在一定的生产方式、一定的社会关系中从事生产活动的个人。一部人类历史首先是人类从事物质生产活动的生产史，同时又是受制于生产力发展的交往史。第二，马克思不仅把人类生产实践作为历史的本体论依据，而且科学地揭示人的劳动既生产出物质资料，也生产出人与人之间的社会关系这一历史唯物主义的伟大洞见。第三，经济基础决定上层建筑。即"这些生产关系的总和构成社会的经济结构，即有法律的和政治的上层建筑竖立其上并有一定的社会意识形式与之相适应的现实基础"② 。通过对政治经济学研究的历史唯物史观基本原理的阐释，马克思不仅从历史哲学的高度完成了对资本"前史"的叙事，清晰地呈现了由资本主义的生产关系带来的资本权力对劳动者剥削的事实，

① 马克思恩格斯选集：第1卷［M］. 北京：人民出版社，2012：51.
② 马克思恩格斯选集：第2卷［M］. 北京：人民出版社，2012：2.

证伪了长期以来被资产阶级经济学家遮蔽的资本的原罪，而且论证了经济基础决定上层建筑、社会存在决定社会意识的历史唯物主义一般原理，从而进一步为经济、政治和哲学三方互动性联系的政治经济学批判奠定了坚实的理论基础。

马克思政治经济学批判聚焦的第二个层面是资本与精神的对立。在《资本论》中，马克思深刻地阐释了资本与精神对立的四个方面：其一，在资本主义社会，随着资本追求剩余价值的不断扩张，资本积聚与贫困积聚同时激增，这不仅加剧了社会的两极分化，更给社会中的大多数人带来不自由、不幸福；其二，以资本为轴心的社会，货币、资本、财富由人们的生活手段颠倒为人存在的目的和价值，人本精神的丧失导致大多数人精神焦躁不安、萎靡低沉；其三，人成为生产流水线上的一个环节、一个螺丝钉，身体的机能受制于机器，人不仅丧失了能动的创造性，而且精神上也受到极大的压抑；其四，资本的剥削以及由此带来的意识形态控制，使劳动者丧失了主体性的批判精神，心理上和精神上一直被蒙蔽、被伤害，这也是对人性最大的攻击和摧残。随着资本与劳动的对立上升到资本与精神的对立这一问题域的打开，马克思政治经济学批判在揭示资本的内在否定性的同时，达到了对人本主义精神的高度追问，深刻地体现了马克思主义哲学以思辨穿透现实的能力及对现实的深刻性批判。而且，在他看来，真正的哲学不但要解释世界，更要改变世界，它既是理论的哲学，更是行动的哲学。马克思的政治经济学批判体现了事实判断与价值判断两者之间辩证统一的关系。它不仅科学地揭示了资本主义社会存在的本体论，而且旗帜鲜明地宣告了其始终代表着无产阶级利益的阶级立场。"无产阶级宣告迄今为止的世界制度的解体，只不过是揭示自己本身的存在的秘密，因为它就是这个世界制度的实际解体"，"这个解放的头脑是哲学，它的心脏是无产阶级"。[①] 马克思主义哲学通过唤醒无产阶级对现实存在的本质认知，启发无产阶级采取革命行动来推翻现存不合理的社会制度进而实现本阶级的自由和解放，并预设了人类的理想社会是消灭私有制、每个人的自由发展是一切人的自由发展的条件的共产主义社会。因此，马克思的政治经济学批判也开启了人类思想史中最深刻、最科学、代表无产阶级立场的政治经济学批判，为人类追求理想的社会制度以及实践活动提供了新思路和方法论依据。

---

① 马克思恩格斯选集：第 1 卷 [M]. 北京：人民出版社，2012：15-16.

(二)"从抽象到具体"的总体性辩证法

对资产阶级国民经济学说的批判是马克思政治经济学批判另一个重要维度。他之所以能够从根本上解蔽资产阶级经济学说虚假的本质，关键在于运用了"从抽象到具体"这一科学的方法论。在《〈政治经济学批判〉序言》中，马克思将近代以来政治经济学研究的逻辑演绎方法分为截然不同的两条路径，"在第一条道路上，完整的表象蒸发为抽象的规定；在第二条道路上，抽象的规定在思维行程中导致具体的再现"[①]。马克思认为，第一条道路是资产阶级经济学家惯常使用的研究方法，他们从社会中复杂宏大的概念入手进行研究，但是最后得到的只是一些"抽象的一般"的概念。而将这些概念运用到实际的经济分析，只是且尤其是在本体论层面上，他们犯了最致命的错误——以外在的、孤立的、片面的"形式反思"将资本主义制度视为天然的、合理的、永恒的。与此相反，马克思认为，"从抽象到具体"的第二条道路才是政治经济学研究的科学方法，"从抽象上升到具体的方法，只是思维用来掌握具体、把它当做一个精神上的具体再现出来的方式"[②]。这句话包含三层意思：第一，通过对现实具体的表象分析，从中抽象出最普遍、最简单的本质规定性，即"从具体到抽象"、从现象到本质的"思维抽象"过程；第二，为了实现对"具体的总体"的系统性把握，必须将抽象的概念再次放进社会现实中去分析，用思想的穿透力再现历史的"总体的具体"与"具体的总体"之间辩证运动的逻辑程式，即思想总体对具体总体的再现过程；第三，在具体的总体中，借助于概念、范畴的生成以及它们之间的辩证逻辑运动将特定历史过程的产生、发展、成熟、灭亡的过程表现出来，以此揭示历史发展规律与趋势。这样一来，将任何概念和范畴置于社会的、历史的发展维度中考察，都将呈现出辩证的、运动的和发展的过程。资本主义作为人类历史上的一种特定的社会形态，它的出现有其必然性和合理性，但是不具有永恒性。

20世纪初，亲身参与革命运动、革命失败后的反思以及深入研究马克思主义理论等一系列的个人实践和思想上的"历险"，使卢卡奇完成了从一个激进的民主主义者向成熟的马克思主义者的转型。从此以后，他将毕生精力投入对现代资本主义政治经济学批判的理论研究和实践活动中。卢卡奇的

---

① 马克思恩格斯选集：第2卷 [M]. 北京：人民出版社，2012：701.
② 马克思恩格斯选集：第2卷 [M]. 北京：人民出版社，2012：701.

思想广博深邃、政治历程跌宕起伏，但是自从成为共产主义者后，只有一个"发展的、统一的卢卡奇"，即不仅要做一个对资本主义社会一切不合理的社会现实进行批判和反思的理论家，更要成为在行动中使思想不断趋向现实的实践者。

第二节　卢卡奇政治经济学批判思想的总特征

卢卡奇政治经济学批判既是一种思辨的经济哲学，又是一种深刻的社会存在论追问。无论从批判思想的出发点、价值旨归，还是批判的方法论和逻辑演绎程式，都延续着马克思政治经济学批判的主旨和精神。

一　秉持马克思政治经济学批判追求经济的"政治和哲学实现"的要义

德国著名的马克思主义学家费彻尔认为，"马克思的目的始终是'政治经济学批判'"[1]。作为19世纪现代性批判的巅峰，马克思政治经济学批判旨在探究货币化生存世界个体生命被物化、异化甚至幻化的社会存在论根源，在对资本主义生产方式以及为之服务的资产阶级经济学说进行批判的同时，探寻超越资本主义、建立真正属人的理想社会的价值诉求。因此，它"既不是单纯的经济学，也不是单纯的哲学，而是哲学和政治学在经济学中的实现"[2]。马克思政治经济学批判的主体程式包括三层逻辑。其一是对资本主义社会经济规律的批判。马克思不仅从异化劳动的现象学分析入手，指出在资本主义社会不是资本家养活了工人，而是工人养活了资本家这一事实，深刻地揭示了异化劳动是私有制产生的根源，又从历史哲学的高度洞察到人类的生产性实践不仅生产物质资料，也生产人与人之间的社会关系这一历史唯物主义最深刻的原理，更是从商品二重性中发现了劳动二重性规律，揭露了资本增殖的剩余价值规律，进而从资本的内在否定性中推断资本主义必然走向灭亡的历史趋势。其二是对资本主义政治制度的批判。在他看来，不是国家决定市民社会，而是市民社会决定国家。资本主义生产资料私有制

① 伊林·费彻尔.马克思与马克思主义［M］.赵玉兰，译.北京：北京师范大学出版社，2018：55.
② 张雄.政治经济学批判：追求经济的"政治和哲学实现"［J］.中国社会科学，2015：(1).

的经济基础决定了为之服务的上层建筑的资产阶级本质属性。由资本的逻各斯中心主义与资本权力的逻各斯中心主义融会贯通而形成的国家政权，也必然会以法律、意识形态等方式持护资本主义的私有制和剥削机制。其三是致力于超越资本主义、实现人类的自由解放和个性全面发展的人本主义价值诉求。马克思政治经济学批判思想不仅科学地揭示了资本主义社会存在的本体论，而且旗帜鲜明地宣告了其始终代表无产阶级利益的阶级立场。它通过唤醒无产阶级对现实存在的认知，启发无产阶级采取革命行动来推翻现存不合理的社会制度进而实现本阶级的自由和解放，并预设了人类的理想社会是消灭私有制、每个人的自由发展是一切人自由发展的条件的共产主义社会。

19 世纪末 20 世纪初，在第二次科技革命的驱动下，资本主义的社会化大生产步入更先进的机械化分工和科学管理的新阶段。垄断资本追求超额利润，既开启了资本主义高度繁荣的商品货币化、资本金融化以及贸易全球化的新时代，又强化了垄断资本对国内劳动力的剥削以及对国外生存空间的扩张欲望。帝国主义掠夺扩张的秉性导致人类历史上第一次世界大战的爆发，与此同时，俄国十月革命的胜利又开辟了人类历史的新纪元。在卢卡奇看来，社会主义是当下人类摆脱异化状态唯一正确的制度选择，如何将俄国社会主义革命建立的社会主义制度在欧洲其他国家实现，就成为其探索人类解放道路新的路标。

以垄断资本主义时代新政治经济学为哲学反思的对象，卢卡奇政治经济学批判始终坚守经济发展需兼顾政治和哲学参与的原则。卢卡奇不仅从生产力视角看到最新的科学和管理技术带来物化的生产组织和劳动方式的变化，更从生产关系角度洞察到形式合理化背后资本对雇佣劳动剥削的新机制，揭示了资本权力宰制社会关系的本质。在建立在生产资料私有制基础上的资本主义物化现象中，劳动力商品普遍地被均质化、量化为物，并处于无处不在的资本的"抽象统治"之中，它还以更具隐蔽性、欺骗性的自然的关系和规律表现自身。如陈学明教授等所言："卢卡奇在西方马克思主义内部最先把资本主义制度下人的存在方式归因于资本主义的生产方式。"[①] 他从本体论的层面上深刻地揭示了现代资本主义社会物化结构的实质。同时，他又将

---

① 陈学明，等. 西方马克思主义对人的存在方式的研究 [M].天津：天津人民出版社，2019：11.

经济的本体论认识上升到对经济现象背后政治本质的揭示，展现了现代资本主义政治日益走向抽象化、多元化、立体式的隐形操控。最后，在经济与政治本质开显的前提下，从哲学高度来审视当下人类的生存境遇。它试图通过不断深入的政治经济学批判来唤醒无产阶级的阶级意识，进而为无产阶级实现个体自由和全面发展的革命实践注入新的生机和活力。如果说马克思政治经济学批判是自由竞争资本主义时期无产阶级实现自我解放的"圣经"，那么，卢卡奇政治经济学批判则是这一思想在垄断资本主义时代的升级版。

二　传承马克思政治经济学批判聚焦市民社会与国家关系的批判逻辑

英国工业革命以降，西方社会率先走向工业化发展的现代性道路。现代性以开发人的欲望、利益和需要为主体性精神内核，使人类在现代的底板上朝着更自觉地组织工业化的生产体系和交换体系、打造自由理性的经济共同体道路前进。后者就是马克思眼中的市民社会，它既承载着资本主义经济发展的本体论基因，又在总体上建构了以生产资料私有制为基础的政治上层建筑。对此，马克思深刻地指出，"对市民社会的解剖应该到政治经济学中去寻求"①，"现实中的个人"作为马克思政治经济学批判的出发点，是"以一定的方式进行生产活动的一定的个人，发生一定的社会关系和政治关系"②。在资本主义社会由"经济范畴的人格化"形成的阶级对立关系，必然导致资本权力和政治权力融会贯通、协商共谋的现实格局。生产资料私有制的经济基础从根本上决定了上层建筑的资产阶级属性。

卢卡奇政治经济学批判也注重市民社会与国家关系的批判逻辑。卢卡奇认为，在以个人资本动力学为轴心的现代资本主义社会，资本家通过提升科学技术、优化人力资本资源配置组织生产，经济理性叠加技术理性给资本主义市场经济营造了一种不以人的意志为转移、似"自然规律"的物化运动。与此同时，现代资本主义国家不再表现为一种单线条、扁平化、显性化的威慑和统治，而是兼有"健全"的民主制、"福利国家"的政治幻象和意识形态的总体性控制。如此一来，形式因遮蔽质料因，虚假幻象掩盖阶级本质，资本主义貌似获得了永恒的自然规律或永远有效的文化价值的性质。裹挟于

---

① 马克思恩格斯选集：第 2 卷［M］. 北京：人民出版社，2012：2.
② 马克思恩格斯选集：第 1 卷［M］. 北京：人民出版社，2012：151.

拜物教外衣之下的资本权力渗入市民社会的任意虚空，物化的社会结构在更高程度上塑造着新的"主奴关系"。卢卡奇对市民社会的解剖，不仅内含生产力决定生产关系的历史发展向度、所有制结构对生产关系和生产方式的决定作用等经济存在的本体论批判，还包括市民社会决定国家以及政权"合法性"与"合理性"的阶级属性等政治存在的本体论批判，深刻地反映了资本权力宰制下的物化机制及其衍生出与之相辅相成的政治权力统治模式，本质上体现了历史唯物主义社会存在本体论批判的基本原理。

三　遵循马克思政治经济学批判从资本与劳动的对立上升到资本与精神对立的批判程式

马克思认为，对资本主义社会的政治经济学批判本质上就是对资本的批判。"过去支配现在""死劳动支配活劳动"是资本主义社会的典型特征。资本的前史不是资本公平地交换了劳动力商品，而是扣除了工人工资后无偿占有其创造的剩余价值的积累过程。资本寻求无限增殖扩张的秉性造成劳资关系的对立，在深层次上反映了剩余价值与工资的悖论。劳动作为人类最基本的生存方式和交往活动，从根本上决定了人的发展向度和本质特征。资本与劳动的对立必然会上升为资本与精神的对立，即"利益"关系的资本不断伤害着人与人之间关系和谐的"精神"。

卢卡奇社会批判理论与马克思政治经济学批判具有一脉相承的主题，即他们在不同时代问题域的背景下都回答着资本与精神对立的问题。正如苏联学者所言："他（卢卡奇）把他的极其渊博的知识、论战家的才能和研究家的精力用来研究解决最现实的精神问题。"① 与马克思生活的时代相比较，劳资关系的对立从榨取工人的绝对剩余价值所导致的非人的劳动异化，转变为榨取相对剩余价值、攫取高额垄断利润的资本意志。社会化大生产体系和高度组织化的生产方式带来了资本与精神对立的新形式。其一，抽象规律中介下的物化劳动使工人蜕化为"理性的机器人"，只能被动地沿着资本逻辑设定的轨迹无意识劳作，主体性意识和批判性思维能力的丧失使之在思想和情感上蒙受着巨大的伤害。其二，现代人的自由是建立在他人不自由的基础上的单方面特权，是一种利己主义、自我封闭的自由。资本权力通过占有和

---

① 张伯霖，等编译. 关于卢卡契哲学、美学思想论文选译［M］. 北京：中国社会科学出版社，1985：1.

支配社会劳动以实现个人资本的增殖运动，少数人对大多数人的剥削必然造成社会财富两极分化的严重后果。其三，拜物教带来人们以货币丈量整个世界的价值观，即使与人的有机体密不可分的特性和能力也成为一种可以被出卖、被让渡和被占有的商品，人在精神上高度异化。在卢卡奇看来，资本原则座架了整个资本主义社会的经济结构、政治建制、意识形态乃至人的心理结构。他尤其重视从精神层面反思物化反噬人性的社会性后果，凸显体现从资本与劳动的对立上升到资本与精神对立的逻辑思辨运动。

卢卡奇政治经济学批判揭示了资本主义的物化不是个别资本家主观意识的结果，而是现代资本主义社会特定的经济结构的产物，它尤其注重从人的精神世界来反思这种异化的物化给人带来的杀伤力。资本与精神的二律背反使主体性的资本不断地侵蚀着真正属人的社会关系，而资本与精神之间对立的根源在于资本主义生产资料的私有制。因此，通过对资本主义社会存在的本体论揭示，不断唤醒无产阶级的阶级意识，使无产阶级获得成熟的世界观，并以暴力手段完成推翻资产阶级政权，进而实现本阶级的自我解放，就成为卢卡奇政治经济学批判的最终归宿。

四 贯穿马克思政治经济学批判思想的核心方法论：总体性的辩证法

辩证法是马克思政治经济学批判的核心方法论。马克思认为，黑格尔的辩证法最伟大的地方在于把历史看作一个生成的过程，其中，内在的否定性是推动事物发展的根本动力。资本主义的经济范畴是资本主义社会特定的生产关系和经济结构的产物，在研究资本主义的经济范畴时，既要透过纷繁复杂的经济表象抽引出具体的概念范畴，又要将范畴重新置于总体的具体中来考察，在历史性、社会性、总体性的思维视域中再现具体的总体的真正内容，也就是说，完成从具体的表象到概念的抽象，再到在思维中再现从抽象到具体的过程。如此一来，任何经济范畴在历史生成规律的追问下，都将表现为暂时性和过程性的特征，都将成为历史生成过程中的一个环节而融入更高阶段的历史趋势中。辩证法意味着在对任何现实存在进行肯定的同时，包含着对其否定的因素，即一种扬弃的态度。同时，马克思政治经济学批判既是对资本主义生产方式的批判，也是对为其背书的资产阶级经济学说的批判。资产阶级经济学家从本阶级立场出发，运用知性思维和线性逻辑的研究范式将资本主义生产方式解读为最符合人的天性和自然规律的形式，为资本主义制度的永恒性、自然性辩护。马克思以历史唯物主义辩证法为"批判的武器"，通过分析资本主义从何处来、往何处去的历史规律，指出资本主义是人类历史发展进程中一个特定阶段，它的存在有其必然性和合理性，但不具有永恒性。正是通过澄清了资本主义的流变性、暂时性的本质，马克思解蔽了资产阶级经济学说的虚假性和欺骗性，进而为无产阶级变革现实提供"智力"上的支持。

同样，卢卡奇认为，马克思主义的正统性不是内容上毋庸置疑的真理性，而是辩证法，其核心是具体的总体性范畴。他将《历史与阶级意识》的副标题界定为"关于马克思主义辩证法的研究"，以表明辩证法承载着批判与解蔽政治经济学现代性的历史任务。在他那看来，总体范畴"是马克思取自黑格尔并独创性地改造成为一门全新科学的基础的方法的本质"①。以辩证法为方法论武器，卢卡奇批判性地审视了现实的经济现象和资产阶级的经济学说。资本主义社会中个体的生存与发展高度依赖于复杂的社会关系，而这种社会关系通常以货币、资本这些"物"的形式展现出来。一方面使物化成为现代资本主义社会基本的经济结构；另一方面又使商品拜物教成为现代资本主义特有的经济现象。"历史唯物主义最重要的任务是，对资本主义社会制度作出准确的判断，揭露资本主义社会制度的本质。"②资本主义自我规范的商品—经济逻辑至少从1870年就开始日益深入对经济生活的支配。顺应现代资本主义经济发展的现实需要，实证主义日益成为西方主流经济学的研究范式。孔德认为实证之"真实""有用""肯定""精确"的特征，③不仅用于探究自然界，还应用于理解和建立更完善的人类社会，实证经济学应运而生。美国经济学家弗里德曼亦指出："实证经济学是或者可以是，一种与自然科学完全同等意义上的'客观'科学。"④既然经济学类似自然科学，那么在方法论上，运用自然科学计算推理的形式逻辑亦可以把握经济现象之间的因果关系，实现经济学研究的实证化、科学化。由于实证经济学驻足于经济现象的局部规律和实际效用，排斥一切超越现象之外的本体追问和价值诉求，高度契合资本主义大工业体系追求科学化、形式化的需要。资产阶级经济学家运用实证主义的方法论将整个

---

① 卢卡奇. 历史与阶级意识［M］. 杜章智，等译. 北京：商务印书馆，2018：79.
② 卢卡奇. 历史与阶级意识［M］. 杜章智，等译. 北京：商务印书馆，2018：318.
③ 孔德. 论实证精神［M］. 黄建华，译. 北京：商务印书馆，2001：29-30.
④ 弗里德曼. 实证经济学论文集［M］. 柏克，译. 北京：商务印书馆，2014：5.

经济过程中的诸元素统统打包进行物化处理，试图证明经济可以运行在"见物不见人"的封闭环境中。这种抽象的、片面的形而上学方法论不仅造成经济的内容与形式的严重断裂，而且从根本上抹杀了物的背后人与人之间真正的经济关系、社会关系的本质，从而使资本主义获得了科学化、自然化和永恒化的逻辑预设。对此，卢卡奇援引马克思的经典，"每一个社会中的生产关系都形成一个统一的整体"，"具体的总体是真正的现实范畴"①，只有马克思主义辩证法才能戳穿实证经济学非历史性、反本体论的实质。

卢卡奇指出，辩证法要求把一切经济范畴置于社会性、历史性的维度来考察，对经济对象的认知要从事物变回到过程，变回到具体的、历史的、现实的人与人之间的关系上。不仅要认识经济过程实际展现给我们的事实，更要看到经济现象背后社会存在的历史性、结构性的关系。归根到底，经济学研究的是人和人之间的关系，在资本主义社会则体现为阶级与阶级之间的关系。因此，资本主义社会的"物"只是表象，"物"的背后人与人之间的经济关系、社会关系才是生产和交往的本质。这种社会关系隶属于具体的总体的历史进程，并且只有在总体中才能变为现实。"现实的个人"作为具体的、历史的、社会关系中的个人，既是特定经济范畴、生产方式的承担者，也是其对象化的产物。因此，无论是工人自我物化为劳动力商品，还是资本家对物化、合理化的无限追求，人的活动被抽象地还原为资本自我增殖运动的工具。物化作为资本主义发展到一定阶段的必然产物，不仅人与人之间真正的社会关系表现为物与物之间的交换关系，而且这种社会结构及其历史运动具有敌视人的本质特征。物化劳动的结果不是表征劳动主体的本质力量并为其所有，而是异化为压抑、控制主体性的物质力量。卢卡奇深刻地指出其根源在于"建立在私有经济计算基础上"的资本主义生产关系。

综上，卢卡奇之所以能够透过资本主义社会经济现象把握到社会关系的本质，关键在于其政治经济学批判核心的方法论——辩证法。同时，以历史辩证法作为批判的武器，他深刻地揭示了资本的内在否定性规律，为正确认知现代资本主义社会存在的本体论提供了科学的方法论。从历时性的结构上看，唯物主义辩证法的总体性概念是指不论是向上还是向下的整个总体的系

① 卢卡奇. 历史与阶级意识 [M]. 杜章智，等译. 北京：商务印书馆，2018：59.

统相对性。① 这里的"相对性"表明，总体是由从属于它的各个环节在辩证互动的关系中构成的，而总体自身的变化趋势则是更高级的具体的总体发展趋势所决定的，总体的范畴意味着无限的运动和永续的发展。在卢卡奇看来，"生成同时就是处于过去和将来之间的中介，但是是处于具体的，也就是历史的过去和同样是具体的，也就是同样是历史的将来之间的中介"②。由于将一切对象性形式放置共时性（社会结构）和历时性（历史过程）的维度来审视，这种生成就不再是抽象的，不再是内容空洞的，而是人与人之间关系的生产和再生产，对象性世界也就体现为生成的过程。辩证的总体观把一切社会存在都视为过程、视为具体的总体的历史现象，历史发展的本质客观上是辩证的。因此，如果将特定时代的经济结构所抽象出的经济范畴放在历史的总体中去审察，聚焦历史维度、制度维度、观念维度的追问，任何经济范畴都会失去其僵硬性、孤立性、永恒性，而展现出过程性、流动性、历史性的本质，都会汇集到更高级、更复杂的新的历史总体中。在这里"生成表现为存在的真理，过程表现为事物的真理"。历史的本质表现为历史生成过程中结构形式的不断演变，其中，生产力与生产关系辩证运动的生产方式是历史发展的根本动因。因此，在卢卡奇看来，"资本主义的最后繁荣由于其基本问题放进了整个历史过程中，而具有了一种可怕的死亡之舞、一条走向不可避免的命运的狄奥浦斯之路的性质"③。

19 世纪 90 年代，当西方世界普遍将马克思主义视为科学主义或实证主义的另一种变体时，卢卡奇却高扬马克思主义哲学的辩证法思想，再次点燃了马克思主义的批判潜力。如美国著名学者马丁·杰所言，当马克思主义在欧洲一度处于颓势时，卢卡奇仅凭一己之力就使马克思主义在欧洲精神生活中被重新提升到一个值得尊重的地位。20 世纪初，卢卡奇对马克思主义辩证法重要性的再次确认，不仅有力地回击了第二国际将马克思主义哲学歪曲化和教条化的错误认识，而且给资产阶级的意识形态以历史性、社会性的解蔽。在卢卡奇看来，既然总体性辩证法的内核是内在否定性原理，那么，辩证法在本质上也意味着理论与实践的统一。从这一意义上看，辩证法也为无产阶级改造世界的实践提供了重要的方法论依据。

---

① 张翼星. 为卢卡奇申辩——卢卡奇哲学思想若干问题辨析［M］. 昆明：云南人民出版社，2001：98-99.

② 卢卡奇. 历史与阶级意识［M］. 杜章智，等译. 北京：商务印书馆，2018：308.

③ 卢卡奇. 历史与阶级意识［M］. 杜章智，等译. 北京：商务印书馆，2018：86.

五　继承马克思政治经济学批判知行合一的品格

哲学不仅要解释世界，更要以行动改变世界，这是马克思政治经济学批判最本质的特征之一。同样，卢卡奇的社会批判理论具有鲜明的"实践哲学"的特征。作为匈牙利社会主义革命理论的开创者和革命运动的参与者、领导者，卢卡奇的"行动哲学"彰显出知行合一的精神品格。俄国十月革命后，对马克思主义的坚定信仰使他果断地加入了刚刚成立的匈牙利共产党，完成了从资产阶级自由主义思想家到共产主义者的身份转型。1919 年至 1929 年这十年，是卢卡奇投身于社会主义革命和建设事业最积极、最活跃的时期：他既在匈牙利苏维埃共和国政府中担任教育部副人民委员，致力于"为工人提供受教育的机会"的学制改革，又在外敌入侵时亲自担任红军第五师的政委赴战斗前线作战；在流亡维也纳的岁月里，他对马克思列宁主义的"学习一刻也没有脱离革命活动"，并认为"当务之急是要使匈牙利的革命工人运动获得新的生命，并使其继续下去"①；对列宁政治理论的学习使他逐渐摆脱了极端宗派主义的"左倾"路线和"抽象的乌托邦"情结；1928 年在为匈牙利共产党中央委员会起草《勃鲁姆提纲》时，他从现实本身出发以更务实态度提出了工农民主专政的路线，标志着他在政治上与"左倾"激进的立场彻底决裂。虽然此后受到该事件影响而退出匈牙利的政治舞台，但他一以贯之地将理论与实践、"知"与"行"有机相结在一起，

中年卢卡奇亲历第二次世界大战，作为一个有良知的哲学家，他在控诉世界大战给人类带来深重灾难而悲愤的同时，力求从人类精神的高度来反思战争的根源，《理性的毁灭》正是对这一现实问题的哲学思辨。在他看来，近代德国资本主义发展滞后，而国内长期的封建割据又造成资产阶级和贵族结盟的上层反动势力，使资产阶级的启蒙思想以及无产阶级在德国发育迟缓。德国近代的社会现实成为其非理性主义思想产生的土壤。19 世纪中叶以来，德国的反动势力力图从意识形态上将落后的德国现实理想化和个性化，他们拒斥一切西方资产阶级的民主和理性思想，在哲学上宣扬非理性主义思潮。非理性主义在方法论上抛弃辩证法，崇尚不可知主义。在他们看

---

① 卢卡奇. 卢卡奇自传［M］. 李渚青，莫立知，译. 北京：社会科学文献出版社，1986：240.

来，理性是非人的、错误的认识源泉，理性根本无法认识现实。客观现实作为不可认知的"自在之物"，只有通过非理性的直观才能加以认识，而只有少数"杰出人物"才具有这种直观能力。非理性主义极力从哲学上为德国反动的资产阶级政权进行辩护。卢卡奇认为，帝国主义时代的非理性思想是法西斯主义产生的温床。虽然近代以来西方国家都曾出现非理性主义思潮，但是只有在德国才发展成为统治阶级的意识形态，并在法西斯专政中达到巅峰。"十九及二十世纪的德国始终是非理性主义的'经典的'国家。"① 这里需要指出的是，卢卡奇的意图并非将德国法西斯主义专政完全归因于非理性主义思想，而是指出非理性主义思想是统治阶级意识形态的理论根源，强调只有捍卫马克思主义的理性传统，人类才能朝着历史进步主义的方向健康成长。

反思社会主义的民主发展道路及实践探索。这涉及两个阶段两个层面的问题。第二次世界大战期间卢卡奇侨居苏联，为了捍卫人类历史上第一个社会主义政权以及将世界反法西斯主义斗争进行到底，卢卡奇在政治上基本认可并维护斯大林专政路线。一方面，他拥护斯大林遵循的列宁主义国家观，主张在一国首先建立社会主义国家政权的现实可能性理论，对创造性地发展马克思主义国家政权理论给予积极的认可；另一方面，虽然卢卡奇对斯大林专政的理念及手段持保留意见，但是他从大局出发，认为当务之急必须无条件地服从党的统一领导，万众一心、团结一致对抗法西斯主义同盟，体现了将原则的坚定性和政策的灵活性有机结合在一起的方针。20世纪中叶以后，为了促进社会主义事业健康发展，他秉持客观公正的态度对斯大林的错误进行公开批评。他认为，斯大林在党内为实现个人至高无上的权力在政治行动中不仅将战略与策略颠倒，而且使马克思主义在意识形态以及政治和组织方面都服务于巩固个人权力的需要，造成马克思主义理论的教条化、僵化。

在1956年10月匈牙利事件中，他既反对纳吉政府让匈牙利退出华沙条约组织，也强烈地谴责苏联以武力干涉匈牙利的内政。随后在《民主化的进程》中，他对斯大林主义的本质和危害做出全面深刻分析的同时，进一步反思和总结社会主义建设的经验和教训。他认为："社会主义不把商品丰

---

① 卢卡奇.理性的毁灭 [M].王玖兴，等译.济南：山东人民出版社，1988：27.

富而把民主置于首位。"① 真正的社会主义不能只从生产主义和经济主义的模式来理解，而要从经济分配问题移向政治问题，经济发展是社会主义国家进步发展的拱顶石，它需要不断地进行改革，而经济体制改革的实践离不开政治民主的支撑。因此，社会主义建设必须突破斯大林式的官僚主义，不断地扩展人民对生产管理和行政工作的参与度，实现经济发展与民主建设的高度融合，进而促进整个社会的全面发展。

六　拓展了马克思政治经济学批判的问题域及理论深度

马克思生活在 19 世纪自由竞争的资本主义阶段，当时资本家以剥削工人创造的绝对剩余价值为主，劳资关系对立、阶级对抗成为资本主义社会显性的经济现象学。从经济现实出发，马克思提出了资本主义异化的物化概念，在资本主义特定的生产方式下，人与人之间的关系以物与物的交换形式表现出来，但是，从本质上看，交换关系是形式，生产关系是内容，生产关系决定交换关系。马克思政治经济学批判正是通过对社会存在本体论的揭示来解蔽资本主义经济自我运行、自我持存的假象，揭开资本主义拜物教的颠倒性和虚假性的本质。但是，马克思"没有说明个体的主观立场是通过什么方式变成了资本主义生产方式的重要特征的"②。这方面的空白被卢卡奇补充、完善。20 世纪初，卢卡奇以物化概念开启了垄断资本主义时代新的政治经济学批判。在他看来，物化是现代资本主义社会经济的结构性特征和人的基本生存状态，而作为资产阶级意识形态的物化意识则隐蔽性地构筑了资本主义的物化大厦。

社会存在决定社会意识，资本主义社会普遍存在的物化结构在观念上的反映就是物化意识。卢卡奇认为，当物化意识深度融入个人思想时，意味着对现实一种无批判的直观态度：它既不追问物化的历史原因和发展趋势，也不从总体的社会结构中认知自身的阶级处境。在现代资本主义社会，物化意识具有普遍性，不仅存在于无产阶级中，而且资产阶级、社会精英以及整个官僚系统都概莫能外。对无产阶级而言，物化意识意味着能动性、批判性的主体意识钝化，一种将自身视为"物"的机械式生存的无意识、一种狭隘的局部意识。而资产阶级从社会"主人"的既得利益出发，极力塑造资本

---

① 卢卡奇．民主化的进程［M］．张翼星，夏璐，译．北京：中国人民大学出版社，2016：23.
② 衣俊卿，周凡，编．新马克思主义评论［M］．北京：中央编译出版社，2012：244.

主义制度自然性、合理性、永恒性的物化意识形态。相对于马克思生活的自由资本主义时期，工人阶级普遍赤贫的生活处境、物化劳动以劳资关系激烈对抗的形式表现自己；在垄断资本主义阶段，物化将自身隐藏、自我优化，使人在不知不觉中屈从于物化意识进而丧失从总体性的高度认识社会现实的能力。物化意识成为一种更隐蔽、更狡黠、更具有攻击性的文化霸权的意识形态，持护着资本主义制度。

在卢卡奇看来，物化意识作为物化概念的思想内核，对建构资本主义具有独特意义。浸润在物化规制下的人们无法理解这个物化的、颠倒的世界，局部的、孤立的个体更不能从总体性的高度透视现实社会的物质基础和阶级本质，结果只能将现实看作与自然规律类似的一种自我运转、自我持存的永恒动力。卢卡奇强调："这种主体性的非参与的、旁观形式的生产对资本主义再生产与对商品生产来说同样重要。"① 物化意识下的物化劳动既生产商品，也生产和再生产资本主义制度，从一定的意义上讲，它与马克思以私有制来揭示资本主义的剥削根源具有同等作用，即物化意识具有参与、持护资本物化结构和塑造资本主义制度的基础性功能。

从阶级立场上看，物化意识的侵蚀造成无产阶级整体的阶级意识的丧失。与自由竞争资本主义时期无产阶级具有强烈的革命精神不同，卢卡奇认为，在现代资本主义社会无产阶级阶级意识的缺失带来了革命运动的沉寂。在此，他创造性地发展了马克思的阶级意识概念。在他看来，阶级意识作为一种关于"客观可能性的范畴"，既受到人们在社会经济关系中结构性占位的制约，更由人们自身对阶级性质的判断和定位，即阶级立场所决定。在他看来，随着资本主义生产方式以及资产阶级统治形式的改变，无产阶级的阶级意识正悄然地发生变化。资本主义生产方式的转变，使无产阶级内部发生了明显的阶层分化，经济利益的多元化和经济地位的差距，导致无产阶级在观念和组织上缺乏统一的凝聚力。相应地，昔日以暴力革命推翻资本主义制度的革命内容被个体身心自由全面解放的意识革命幻象替代，资产阶级也不再是无产阶级革命的对象。

卢卡奇从发达资本主义物化结构的社会现实出发，在坚持马克思历史唯物主义对阶级概念原在性定义的基础上，将无产阶级的阶级意识与现代资本主义社会的经济结构与政治统治形式结合起来分析无产阶级阶级意识丧失的

① 衣俊卿，周凡，编. 新马克思主义评论 [M]. 北京：中央编译出版社，2012：244.

原因。在挖掘阶级意识对塑造阶级本质和阶级立场的影响同时，寻求无产阶级摆脱物化意识、回归主体性阶级意识的可行性道路。可以说，在新的历史语境中，卢卡奇创造性地发展了马克思的政治经济学批判思想，为无产阶级的主体性复归和革命实践注入了新的生机和活力。

第三节　卢卡奇政治经济学批判思想概述

19 世纪末 20 世纪初，面对欧洲一些发达资本主义国家相继进入高度繁荣的商品货币化、资本金融化以及贸易全球化的新趋势、新样态，卢卡奇展开了新的政治经济学批判。正如著名学者哈瑞·达姆斯所言："在《历史与阶级意识》中，卢卡奇开始为更加发达的资本主义发展阶段，重新阐述马克思的政治经济学批判。"① 他紧扣市民社会与国家的关系以及资本与精神的对立这两大政治经济学批判的核心命题，从商品、交换、物化、资本、剩余价值等经济范畴入手，通过对现代资本主义法理型的社会结构以及资产阶级多向度、立体式的意识形态操控机制的剖析，深刻地揭示了在资本和政治权力共谋的"理性的狡计"下，客观地造成了无产阶级阶级意识蜕化这一政治生态的新趋势，在创造性地发展了马克思阶级意识概念的同时，展开了对现代资本主义社会人类生存境遇的哲学追问，体现了马克思政治经济学批判思想在新的时代问题域背景下的继承与发展。

一　经济界面的本质揭示：资本逻辑宰制下的物化

在《物化和无产阶级意识》的开篇中，卢卡奇借用马克思在《〈黑格尔法哲学批判〉导言》中的一句名言作为导语："所谓彻底，就是抓住事物的根本。但人的根本就是人本身。"② 在他看来，只有深入市民社会的生产方式、经济关系之中，才能正确理解现实的事物和现实的人。揭示现代资本主义社会存在的本体论成为卢卡奇政治经济学批判的原点。

（一）商品社会与物化现象

卢卡奇认为，从商品发展史的视域能够洞察人类经济发展的全景以及社会历史发展的阶段性特征。首先，商品交换及其结构性后果对社会物质代谢

① 衣俊卿，周凡，编. 新马克思主义评论［M］. 北京：中央编译出版社，2012：299.
② 卢卡奇. 历史与阶级意识［M］. 杜章智，等译. 北京：商务印书馆，2018：148.

的影响程度标志着一个社会"质"的特征。商品作为一个历史范畴最早可以追溯到原始社会。一方面，这是一种零星的、短暂的、以使用价值为目的商品交换行为，商品关系尚处于萌芽状态；另一方面，这种局部偶发的商品交易行为开始逐渐侵入公社内部，对瓦解最初的人与人之间相互依赖的血缘共同体起到了重要作用。进入中世纪，商品交换在空间、种类和频率进一步向纵深拓展。但是，从总体上看，作为一种集体无意识的偶发性行为，前资本主义社会的商品交换囿于范围狭小的视域空间，以使用价值为目的，交换价值尚未取得独立的形式，商品形式尚未成为社会的基本形式。商品交换既不能支配生产、流通过程，更不具有形塑和改造社会结构的能力，它对社会共同体的"否定性因素"仍处于局部的"量变态"中，而基于血缘的、地缘的、宗法的"第一自然"法则对人起到绝对的支配作用。

到了现代资本主义社会，商品交换价值的"形式因"取代了商品使用价值的"质料因"而居于主导地位，生产的"动力因"和"目的因"由个体的使用需求转变为通过商品交换而获取价值增殖（货币、资本）的目的。在卢卡奇看来，当商品交换成为资本主义社会物质代谢的支配形式、当商品细胞开始渗透到社会生活的所有方面并按照"商品意志"影响整个社会内部结构和人们的生活时，现代资本主义的发展就要求根据自己的需要改变生产关系。它不仅是对原先的社会结构和个体身份产生否定性的影响，也塑造着现代资本主义经济范畴的历史性特征，突出表现为经济运行的程式从商品、交换、货币到资本等范畴角色和地位的动态变化，并使整个社会实现了从彻底的商品化、货币化向资本化的转型。由此，开启了人类有意识地塑造资本主义市场经济的规则、程序和理念的新时代。现代资本主义制度的核心在于不断地积累可以再生产的资源，在于资本投资未来以寻求最大化的利润回流。货币也从单纯的流通、交换工具转变为流动的、以增殖为目的的运动中的"大货币"——资本。这不仅激活了现代性人类的欲望、利益和需要，打造了现代性商业伦理精神，更使商品对社会结构、生产方式的形塑发生质的飞跃。

其次，商品形式的普遍化使工人的命运成为整个资本主义社会典型的命运。卢卡奇指出，现代资本主义的产生需要具备一定的经济—社会前提，这主要包括三个方面。其一，以获利为目的的商品交换形式导致自然群体的破坏和解体。当商品交换及其商品关系成为社会运转的基本需要时，以获利为目的的商品交换倾向于攻击所有的自然群体，如圈地运动及其早期的农业资本家的出现就是历史的佐证。其二，劳动者和生产资料的分离。伴随第一次工业革命以及资本主义工业化体系的建立，资本主义完成了从农业资本向工业资本的过渡，农民从依附于封建主的人身关系中解放出来，成为一无所有"自由的人"，他们拥入城市成为劳动力商品市场的主力军。只有当自由的工人产生了，劳动过程的机械化才是真正可能实现的。其三，人的需要的满足和整个社会的运转都依赖于商品交换的形式。随着社会生产力提高以及商品交换规模持续扩张，人类开始步入自觉地组织社会化生产，实行跨时空的、大规模的商品交换的时代。可以说，资本主义造成了人类有史以来最彻底、最完全的社会化。满足人们需要的各类商品表现为一种社会化的、抽象的类样品，其价值统统凝结在货币这一公分母的量化计算中。

同样，在现代资本主义社会，"只有在整个社会生活按此方式细分为孤立的商品交换行动时，'自由的'工人才能产生出来"[①]。前资本主义社会尚处于集体无意识的商品交换时代，一方面，劳动者拥有简单的生产资料并通过人与人之间的协作性劳动关系参与整个产品的生产过程，产品的完整性呈现与劳动者整体性、全过程的参与密不可分，并以直观的、"显性"的维度展现出来；另一方面，生产条件对劳动者的统治被地缘关系、血缘关系以及封建等级制度所掩盖，而这些关系成为推动经济发展的直接动力，个人经济活动的社会性维度大打折扣，主体的商品意识处于沉睡状态。相比较而言，现代资本主义是一个以市场为主导、以资本为轴心、受价值规律主导的货币化生存世界，经济运行的环境在表面上体现为一个独立、自由、平等的劳动力市场，以及一个货币中介了的交换社会。工人的劳动力作为可以自由买卖的个人财产、作为生产过程的主要承担者、作为交换价值产生的源泉，是资本主义社会化大生产和商品普遍化决定性的历史要素。因此，劳动力成为商品既是商品形式普遍化的前提条件，也是市场商品化的最高环节，它产生于以雇佣劳动为基础的资本主义社会，最终充斥于发达资本社会生活中的每一个角落。相应地，工人的命运也成为整个现代资本主义社会基本的、典型的命运。在经济运行过程中，社会化的人的因素是衡量商品经济发展程度的一个重要参考指标。

如上所述，如果说一个时代经济发展的特征必然会投射到商品上，那么，商品性质则彰显一个时代经济发展的基本面貌。人类从以"人的依赖

①　卢卡奇.历史与阶级意识［M］.杜章智，等译.北京：商务印书馆，2018：159.

关系"为主导的第一大社会形态向以"物的依赖关系"为主导的第二大社会形态转型、从传统依附性的经济伦理控制模式或等级权力的政治制度向以货币为中介的商品化社会转变，使商品结构发生重大变化。其中，最根本的转变在于从商品的使用价值向商品的交换价值的转型，并由此带来从商品到货币，再到资本、财富等经济范畴在时空坐标体系中的历史性运动。现代性商品经济的发展不仅摧毁了前资本主义社会孤立的、狭隘的地域性生产关系，也使整个社会的生产实现了彻底的资本主义社会化。商品形式既主导着社会生活的所有领域，也控制着人们的心智，成为资本主义社会的本质性规定。这也意味着当个人日益成为资本主义工业化体系中一个独立的原子参与到总体性的社会化生产进程时，人与人之间日益复杂的社会交往关系就完全依赖于货币这一中介而展开。

如果说哲学就是用一个范畴去追问一个时代，那么20世纪初，身处欧洲历史转型期的青年卢卡奇以敏锐的洞察力审视世界、把脉现实，他从马克思的商品拜物教理论中抽引出物化概念，并由此展开了对发达资本主义社会经济本质的追问。他从商品结构所具有的一种"幽灵般的对象性"以及这种对象性有其自身外在于人独立完美的"自律性"而得出物化的概念，即"人自己的活动，人自己的劳动，作为某种客观的东西，某种不依赖于人的东西，某种通过异于人的自律性来控制人的东西，同人相对立"①。从客观上看，这个由人所创造的商品化世界不仅使劳动者同总劳动的社会关系颠倒为物与物之间的关系，而且它自身具有有别于人并与人相对立的自在自为的运动规律。从主观上看，人身处于物化的世界却无法把握世界的本质，人的活动被客体化为一种商品并服从于"第二自然"异于人的客观性。资本主义实现了人类历史上第一次将整个社会隶属于一个统一的经济过程。对个人而言，这意味着只有将私人劳动成功地转化为社会总劳动的一部分，他才能获得进入市场交换的入场券——货币。为此，工人不得不将自身的劳动力客体化为商品在市场上被定价、被出售。"这种自我客体化，即人的功能变为商品这一事实，最确切地揭示了商品关系已经非人化和正在非人化的性质。"② 由此可见，卢卡奇的物化概念不仅与马克思的劳动异化概念具有异曲同工之妙，而且它更突出了资本主义社会经济层面所特有的"物役性"

① 卢卡奇. 历史与阶级意识 [M]. 杜章智，等译. 北京：商务印书馆，2018：152.
② 卢卡奇. 历史与阶级意识 [M]. 杜章智，等译. 北京：商务印书馆，2018：160.

的内涵。劳动力商品普遍地被均质化、量化为物，并处于无处不在的"抽象统治"之中。

（二）物化与资本逻辑

首先，卢卡奇认为物化的形式规定性表现为合理化原则。"商品形式的普遍性在主观方面和客观方面都制约着在商品中对象化的人类劳动的抽象。"[1] 从客观上看，社会化大生产使一切的劳动产品都转变为商品，而剥离商品异质多样的"形式"（使用价值）后，商品呈现出同一的人类抽象劳动的"质"（交换价值或价值）的内核。从主观上看，抽象劳动成为支配整个商品生产的现实原则。现在，资本家最关心的利润关节点——社会必要劳动时间，能被越来越精确地测量出来。在这里，他借用了韦伯对现代资本主义经济合理化的定义，即依据可计算、可预测、可控制的原则来加以调节的机械化生产过程。对资本家来说，合理化意味着成本最小化、利润最大化的经济理性目标。对工人而言，合理化则意味着非理性、非人道的劳动机制，这主要表现在以下三个方面：其一，工人的劳动被专业化地分解为局部性的操作，不仅失去了与整体商品生产过程的有机联系，更是被规约为一种机械性、标准化、高强度的重复性劳作；其二，为尽快将预付金翻番赎回或减少由技术升级带来的机器折旧费，现代化工业生产体系获得了超人的自律性，"工人隶属于机器"，在机器旁被精准定位、"与机磨合"，劳动者的主体意志和行动服从于资本化的机器指令；其三，现代企业的管理者更注重"意识经济学"在生产中的诱导作用，着力打造工人无意识的"合理化"规训。正如诺贝尔经济学获奖者席勒所认为的那样：20 世纪 20 年代，"效率专家"的"时间和动作研究"，将工人当作机器一样看待，他们的目标是消除一切不必要的动作，从而节省时间和人工成本，[2] 资本家更注重对工人劳动效率和思想意识的控制与监督，试图让工人心甘情愿地为资本家奉献更多的剩余时间和剩余劳动。

其次，卢卡奇深刻地指出物化的本质规定性是资本逻辑。在以资本运动为轴心的物化的经济结构中，资本不仅仅是一般意义上的生产要素、预付金，它更是一种社会权力和社会关系。现代资本主义经济合理化的背后深藏着资本"理性的狡计"，主要表现在以下四个方面。

---

① 卢卡奇. 历史与阶级意识 ［M］. 杜章智，等译. 北京：商务印书馆，2018：153.
② 席勒. 叙事经济学 ［M］. 陆殷莉，译. 北京：中信出版集团，2020：189.

　　其一，资本作为一种物质化的社会力量，其运动轨迹是由资本拥有者的个人意志决定的。资本是投入生产过程中以追求自身增殖、无限扩张的剩余价值，同样，资本逻辑将各种生产要素、资源加以理性化地合理配置，以实现剩余价值最大化的目标。对资本家而言，"即使资本在进入生产过程的时候是资本使用者本人挣得的财产，它迟早也要成为不付等价物而被占有的价值，成为别人无偿劳动的货币形式"①。货币变资本是资本所有者普遍存在的一种"货币幻象"。其二，在物化劳动的生产过程中，资本权力主要表现为对劳动力的占有权、使用权和控制权。从使用价值层面看，资本权力体现为作为预付金和生产要素的资本。资本要实现增殖就必须吸收三种自然力：人的自然力、自然界的自然力和社会劳动的自然力。只有将生产资料和劳动力有机结合在一起，并在具体的工业组织的协作和管理下，把生产资料和劳动力进行最佳组合以实现利润回报的最大化，预期的资本才能被创造出来。资本家将货币作为预付金在市场购买生产资料和劳动力等生产要素，意味着今天的投入是为了未来价值增量的赎回，这是资本逻辑运行的起点。从价值层面看，资本是支配整个资本主义生产方式的客观力量，工人的劳动力被资本家购买后，资本对劳动力的占有权就进一步转化为生产过程中的使用权和支配权。工人的劳动力被资本家购买后，被"合理化"地编目到资本生产的各分工环节上，劳动分工越细化，工人在精神上和肉体上就越适合成为局部劳作的"专家"，以最合理的方式执行资本增殖的意志。物化、合理化的运行机理始终围绕着最大限度地榨取工人的剩余时间、剩余劳动为目标而进行各种经济要素的"商业计算"。其三，合理化本身蕴含着资本利用科学技术助力资本倍增的"狡计"。垄断资本追求超额利润促使资本家高度重视科学技术和管理技术的创新与垄断，而科学和管理技术的提升又会反过来成为资本增殖的"加速器"和"倍增器"，两者的高度耦合成为主体性资本的一种自觉。其四，资本本质上是物化了的社会关系。在此，卢卡奇引用马克思对资本的定义：资本"不是一种物，而是一种以物为媒介的人和人之间的社会关系"②。工人创造的剩余价值越多，他就越是在为自己加固延长受奴役的资本锁链，越是拉大两大对立阶级在经济、政治上的差距和鸿沟。现代资本主义经济发展离不开资本的时空运作，承载着以资本增殖为"硬核"

---

①　卢卡奇. 历史与阶级意识［M］. 杜章智，等译. 北京：商务印书馆，2018：277.
②　卢卡奇. 历史与阶级意识［M］. 杜章智，等译. 北京：商务印书馆，2018：106.

的社会关系。这种物化的社会结构并不是基于工人的自愿或是偶然，而是以特定的资本主义生产关系为前提，而这种生产关系的本体论基础就是资本主义生产资料的私有制。

由此可见，卢卡奇不仅从生产力发展的视角看到了现代资本主义工业体系由于合理化分工带来的组织化、机械化的生产方式变革，而且更为深刻的是，他从生产关系的视角认识到，物化的合理化本质上体现了资本权力支配下一种新的经济剥削关系。同时，合理化也无法阻挡资本主义经济危机频发和资本主义制度灭亡的历史宿命。

二　政治界面的新趋势：变化了的阶级意识

经济基础决定上层建筑，现代资本主义社会必然会从经济层面的物化机制衍生出与之相辅相成的政治权力的统治模式。相应地，卢卡奇的政治经济学批判也从经济界面的本体论揭示上升到对经济现象背后政治本质的澄明。

（一）从阶级到阶级意识：卢卡奇对阶级理论的创新发展

阶级作为一个历史范畴是生产力发展到一定阶段的产物。从马克思对阶级本质的原在性规定到卢卡奇的阶级意识的理论创新，在资本主义不同的历史发展阶段，社会存在的变化使阶级范畴呈现出与时俱进的内涵和时代性的问题导向。马克思认为，阶级本质上是一个经济范畴，即一定社会形态下"经济范畴的人格化"。因此，阶级的构成不是一个抽象的、先验的概念，而是由人们在具体的、历史的生产关系中的地位决定的。但随着历史发展和革命实际的需要，卢卡奇认为对阶级意识的概念还需要进一步补充。

首先，社会存在决定社会意识，阶级意识"是由人们在生产过程中地位的类型决定的"，"是理性的适当的反映"[①]。换言之，阶级意识只能以一定的社会历史发展状况以及人们在社会关系中的地位为尺度、为标杆来确定作为一个整体阶级的阶级意识，它既受制于社会生产发展所决定的生产关系的结构，又囿于人们在生产关系中的地位所设定的界限。其次，阶级意识"既不是组成阶级的单个个人所思想、所感觉的东西的总和，也不是它们的平均值"[②]，而是作为与一定的社会客观现实相关联的总体的阶级的意识。

① 卢卡奇．历史与阶级意识［M］．杜章智，等译．北京：商务印书馆，2018：109.
② 卢卡奇．历史与阶级意识［M］．杜章智，等译．北京：商务印书馆，2018：109.

在这里，卢卡奇特别强调阶级立场对阶级意识生成的关键性作用，使阶级意识表现为一种"客观的可能性"。从"抽象地、形式地来看——同时也就是一种受阶级制约的对人们自己的社会的、历史的经济地位的无意识"①。这句话包括两层意思：第一，阶级意识不是人类个体的意识或个体意识在形式上的简单加总，而是作为一种总体的阶级应对现实的意识；第二，由于阶级意识只能以某种特定的经济地位为出发点，因此由于"身在其中"，人们对自身阶级的总体的意识往往会从"有意识"发展为"下意识"或"无意识"的应然状态。从本质上看，卢卡奇的阶级意识范畴并没有脱离马克思的社会存在决定社会意识的历史唯物主义范式，它更突出了阶级意识作为对社会存在的一种主观反映的发生学原理。

卢卡奇的阶级意识理论蕴含着深刻的辩证法思想：人们的阶级意识经历了从无意识到有意识后，可能再次进入无意识的发展轨迹。首先，人们的阶级意识从无意识发展到有意识。近代资本主义摧毁了封建社会的等级制度，使人与人之间相互依赖的关系转变为以物为纽带的商品交换关系，随着分工和劳动力商品的普遍化，人与人之间的社会交往只有依赖货币为媒介，并将所有的使用价值兑换为商品价值的形式而展开，劳动力商品化和商品形式的普遍化形成了正反馈效应。劳动力商品化、社会分工以及商品交换将人们从自然性和等级制盲目信仰的无意识中解放出来，经济利益、社会地位的差别在人们的观念中被逐渐意识到。相应地，阶级意识也浮出水面。其次，阶级意识从有意识到无意识的过渡。"抽象地、形式地看——同时也就是一种受阶级制约的对人们自己的社会的、历史的经济地位的无意识。"阶级是由人们在具体的、历史的生产关系中的地位决定的，一定历史时期的生产力发展和社会经济结构框定了阶级的边界和地位，形塑了阶级意识的高度和深度。由于阶级意识只能以一定历史时期的某种特定的经济地位为基础，当人们的视域局限于生产过程的局部时，只能从经济现象表面的、孤立的、个别的事件来把握自身的经济地位和经济利益，而这种对阶级意识的认识只能是片面的、肤浅的。人们对自身的阶级意识采取一种默认的无反思、无批判的心理认知，形成一种虚假的阶级意识。

虽然在自由竞争资本主义时期马克思曾预言无产阶级的政治觉悟会通过阶级斗争的实践锤炼，从"自在"的意识阶段上升到"自为"的意识阶段。

---

① 卢卡奇. 历史与阶级意识［M］. 杜章智，等译. 北京：商务印书馆，2018：110.

然而，进入现代资本主义阶段，与此预设恰恰相反，无产阶级的阶级意识不仅没有上升到"自为"的状态，反而处于一种"集体无意识"的应然状态，尤其在资本主义经济发展平稳、阶级矛盾缓和的情况下，无产阶级的阶级意识则演变为一种无反思、无批判的无意识。对此，卢卡奇的政治经济学批判也从经济界面的本质透视上升到对经济现象背后的政治本质的揭示，力求在全方位呈现现代资本权力统治的"全景"的同时，追问无产阶级阶级意识变化的现实性根据，为进一步摆脱资本逻辑寻找理论和现实的可能性根据。

（二）从资本逻辑到政治逻辑的嬗变：多元化、立体式的隐形控制

首先，以追求资本最大化原则为目标的物化机制催生了现代资本主义权力运作的政治新形式——不断完善的科层化官僚制度。在卢卡奇看来，现代资本主义社会之所以构建官僚制的统治模式，目的在于"使生活方式和劳动方式以及与此有关的还有意识，类似地适应于资本主义经济的一般社会——经济前提"。① 官僚制不仅造成体制内人的意识的直观化、物化，而且使整个社会集体无意识地服从于这架自动化的"官僚机器"。这既与市场经济的理性化、合理化高度契合，还使资本的精神、意志、控制力全面侵入社会行政管理的机体和细胞中，使官僚系统从点到面、从局部到整体更易于成为统治者手中一个高度发达、运用自如的支配工具。

其次，资产阶级将合理化的原则运用到法学的理论和实践中。卢卡奇认为，资产阶级的法学家"在方法论上放弃合乎理性的论证，放弃法律在内容上的合理性；他们只不过把法律看成是一种形式上的计算体系，借助于此，一定行为的必然法律结果就可以尽可能精确地计算出来"②。换言之，资产阶级法律最大的特点就是"要求系统化，要求抛弃经验、传统、材料限制"的抽象性和普遍性原则。因此，它只能做到形式上的合理性，而非实质上的合理性。原因很简单，作为一个历史范畴，法律产生的真实基础是"各阶级间权力关系的变化"③。法的本质是统治阶级意志的体现。现在，放弃对法律内容的合理性追问，以此来遮蔽法律产生的真实基础——阶级权力，法律超越了现实物质基础而获得了"永恒

---

① 卢卡奇. 历史与阶级意识［M］. 杜章智，等译. 北京：商务印书馆，2018：167.
② 卢卡奇. 历史与阶级意识［M］. 杜章智，等译. 北京：商务印书馆，2018：180.
③ 卢卡奇. 历史与阶级意识［M］. 杜章智，等译. 北京：商务印书馆，2018：181.

价值"的地位。

再次，资产阶级经济学的实证主义方法论造成经济学的"自然性"和"去历史化"的虚假表象。19世纪中叶，实证主义日益发展为西方主流经济学的研究范式。它主张将经济事实放置于类似不受干扰的真空环境中进行纯粹的数量之间的运算、推理，运用纯粹的形式逻辑分析经济现象之间的因果关系链条。在卢卡奇看来，现实存在以及人类的历史都是主体和客体之间互动作用形成的有机总体，因此，没有人的精神和活动介入的纯客观的方法论根本不存在，任何科学活动都受到社会历史条件以及人的观念的制约。无批判的态度本身就是一种态度、一种观念，一种价值取向。对此，他深刻地指出："自然科学的认识理想被运用于自然时，它只是促进科学的进步。但是当它被运用于社会时，它就会成为资产阶级的思想武器。"① 资产阶级以实证主义的科学方法代替辩证法，其根本动机在于，使资本主义的"各种规定带有适合一切社会形态的无时间性的永恒的范畴的假象"②。

最后，资产阶级意识形态控制的"常态化"。卢卡奇指出，在新闻传媒领域，资产阶级意识形态的控制不断强化。只要能兑换到通约一切价值的货币，人的人格、良知、职业道德都可以抛弃。在货币化生存世界，他们已经完全沦为资本主义意识形态的制造者和代言人。与此同时，哲学逐渐丧失其批判精神。它仅"承认各专门科学的成果与方法是必要的，是给定的，并认定哲学的任务就是揭示和论证这些概念形态有效的原因"③。在卢卡奇看来，这种单向度的转变也从一个侧面说明了资本主义时代精神的改变。正如卢卡奇所言："物化了的世界最终表现为唯一可能的、唯一从概念上可以把握住的、可以理解的世界，即为我们人类提供的世界。"④ 这意味着发达资本主义的社会化大生产日益将政治、法律和文化的生产和再生产都一起同化到资本扩张的逻辑中，不但使资本主义生产方式沿着一种特定的物化结构被不断地规制、提升，而且让人们的思维方式、主观意识被一同同化到物化的具体要求中，从而使人们丧失了一种从社会、政治及哲学的总体性视角来审视、批判现实的能力。

---

① 卢卡奇. 历史与阶级意识 [M]. 杜章智，等译. 北京：商务印书馆，2018：60.
② 卢卡奇. 历史与阶级意识 [M]. 杜章智，等译. 北京：商务印书馆，2018：58.
③ 卢卡奇. 历史与阶级意识 [M]. 杜章智，等译. 北京：商务印书馆，2018：182.
④ 卢卡奇. 历史与阶级意识 [M]. 杜章智，等译. 北京：商务印书馆，2018：182.

（三）无产阶级阶级意识的蜕变

首先，革命主体的改变。从传统的工业无产者到新工人阶级的崛起。卢卡奇指出，现代资本主义生产方式的改变使无产阶级队伍中逐渐分化出了一部分专门从事脑力劳动和半脑力劳动的专业技术人员和管理人员。作为经济地位较高的"工人贵族"阶层，他们在一定程度上参与企业的生产管理，甚至剥削压迫同类的意识，在意识上更倾向于资产阶级的阶级利益。同时，在管理个人的过程中就不可避免地将资产阶级的意识形态渗透到工人当中，造成工人阶级阶级意识的模糊化、钝化。这样一来，昔日"铁板一块"的无产阶级出现了明显的阶层断裂，多数人在思想上受到资产阶级意识形态的影响，革命的主体处于极度分化状态中，无论在观念上还是在组织上都缺乏革命的凝聚力，曾经作为革命主体的统一的无产阶级已经悄然消失。

其次，革命内容的更迭。在自由竞争的资本主义时代，马克思指出，无产阶级要摆脱资产阶级的剥削和奴役只有通过暴力革命，推翻资本主义的私有制政权才能获得阶级的解放和真正的自由。但是，在卢卡奇看来，这一革命内容到了发达资本主义阶段被扬弃了。一方面，从总体上看，无产阶级生活水平和生活质量明显提高，他们已经不再处于糊口的赤贫状态中。另一方面，资本主义存在"稳定的假象（服务条例、养老金等等）和个人上升为统治阶级的抽象的可能性"①，而"革命本身只能由人们来完成，由在精神上和感情上已从现存制度下解放出来的人们来完成"②。即革命爆发最根本的动力因在于：无产阶级在思想和情感上对现存政治制度、社会结构及其主流价值观进行彻底拒绝和否定。然而，现在的无产阶级在精神和情感上对现存制度颇为满意，这种表征着个体身心自由全面解放的意识革命的幻象消解了暴力革命的诉求。他们更倾向于对"实存"政权在"应该"方面的改革，进而寻求物质生活条件的改善以及精神上和思想上"自由而全面"的解放。

最后，革命对象的变化。在自由资本主义时代，马克思认为，无产阶级要获得解放就必须实现无产阶级民主专政，即革命的对象是资产阶级，革命的目标是推翻资产阶级政权。然而，进入发达资本主义阶段，卢卡奇指出，由于无产阶级在心理和生理上对机器化生产的总体性接纳，以及资产阶级化的工人政党和工会刻意将无产阶级的斗争目标引向眼前的经济利益，这就从

---

① 卢卡奇. 历史与阶级意识［M］. 杜章智，等译. 北京：商务印书馆，2018：266.
② 卢卡奇. 历史与阶级意识［M］. 杜章智，等译. 北京：商务印书馆，2018：357.

根本上遮蔽了工人运动和生产关系、阶级斗争与社会制度之间的结构性矛盾，造成"无产阶级的阶级意识并不是和客观经济危机平行"① 的后果，导致无产阶级对革命对象的认知从推翻资产阶级政权转变为对现存制度的全面改良。这样一来，无产阶级的阶级意识的"客观可能性"只能被这种"虚假意识"的物化意识麻痹，更谈不上实现自我解放的无产阶级革命的历史任务。尽管如此，此时的卢卡奇依然认为欧洲存在革命爆发的可能性，关键在于唤醒无产阶级的阶级意识。

三 哲学界面的深度追问：无产阶级主体性的复归

笔者以为，卢卡奇政治经济学批判的哲学追问是：在现代资本主义社会，无产阶级应该具有怎样的阶级意识才能实现自身的精神解放和个性自由的全面发展。在他看来，现代人的自由是一种被物化了的自由，对无产阶级而言，它意味着更深度的缺憾和匮乏。对此，卢卡奇论证了不仅无产阶级是历史上同一的主—客体，而且通过无产阶级阶级意识的觉醒、共产党的中介作用及革命实践这"三部曲"，无产阶级终将实现自身彻底解放和全面自由的发展。

（一）无产阶级主体性的丧失以及物化意识

首先，劳动者成为"理性机器人"。资本将整个生产过程碎片化，工人被客体化、抽象化为机械上的一个零件、一个符码，在这里，机器是资本化的"人"，而工人是被经济理性支配的"理性机器人"。资本无限扩张的意志不仅将生产流水线上工人的劳动强度和精神紧绷状态推到极限，而且这种机械化、重复性、单一性的劳动还造成工人心理和劳动机能的单向度、畸形化的发展。对他们而言，劳动既是维持肉体正常新陈代谢的手段，又是肉体备受折磨、精神备受摧残的"酷刑"。

其次，人的意识屈从于物化。一方面，"随着劳动过程越来越合理化和机械化，工人的活动越来越多地失去自己的主动性，变成一种直观的态度，从而越来越失去意志"②。在卢卡奇看来，长期受到机械化抽象规律和"合理化"规训的蒙蔽，主体性地位的缺失使工人集体无意识地丧失了否定性的批判思维能力，直观、被动地承受着资本逻辑设定的劳动机制，在思想和

---

① 卢卡奇．历史与阶级意识［M］．杜章智，等译．北京：商务印书馆，2018：407.
② 卢卡奇．历史与阶级意识［M］．杜章智，等译．北京：商务印书馆，2018：156.

情感上蒙受巨大伤害。另一方面，卢卡奇指出，拜物教作为现代资本主义社会特有的现象，它实际上表征了现代性人类的一种生活理念：人为物而存在，物的价值高于一切。即使与人的有机体密不可分的特性和能力也成为一种可以被出卖、被让渡和被占有的商品。人最珍贵的主体性尊严、人文精神为物所僭越、所颠覆，人在精神上高度异化。

最后，人的自由是一种利己主义的、自我封闭的自由。虽然现代人的自由最显著的标签是经济自由，但是建立在私人资本动力学基础上的资本主义市场经济，"自我"被预设为自由、独立、自利的理性经济人，而"他人"被视为工具理性、商业算计的对象，这必然带来人与人之间孤立冷漠、自私麻木的情感痼疾。而且，卢卡奇强调，这种"个人自由是建立在他人不自由的基础上的单方面特权"[①]。这意味建立在生产资料私有制基础上的资本权力通过占有和支配社会劳动来实现个人资本增殖的意志，这既是少数人对大多数人的剥削掠夺，又会造成社会财富两极分化的严重后果。即使少数人实现了经济上的自由，但在精神上仍是金钱的奴隶。因此，"现在活着的人们的'自由'是由于本身被物化、同时又使人物化的财产而孤立的个人的自由"[②]。在现代资本主义社会，历史的特殊性全面地压倒历史的普遍性，而国家主义精神、利他主义精神以及审美趣旨这些体现人性本质的崇高追求早已消失殆尽。

（二）无产阶级主体性意识的生成逻辑

在卢卡奇看来，发达资本主义社会的资产阶级已经完全为物化意识所裹挟、所吞噬，而在无产阶级的灵魂深处依然保留"非物化"的基因。无产阶级阶级意识的觉醒仍具有一种客观的可能性，其生成的逻辑表现为从"商品的自我意识"到"客体的自我意识"的发展程式。

首先，"商品的自我意识"及反思。卢卡奇认为，资本主义彻底的社会化既给无产阶级带来了"非人的客观性"，也迫使他们不断反思超越这种直接的现实性。在他看来，无产阶级唯一的优势在于能够把握历史的辩证法，即"它有能力把整个社会看作是具体的、历史的总体；有能力把物化形式把握为人与人之间的过程"[③]。这首先反映在劳动时间的问题上。在流动的劳动时间里，工人逐渐意识到自身既是生产流水线上的一个符号、一个冷冰

① 卢卡奇. 历史与阶级意识［M］. 杜章智，等译. 北京：商务印书馆，2018：420.
② 卢卡奇. 历史与阶级意识［M］. 杜章智，等译. 北京：商务印书馆，2018：420.
③ 卢卡奇. 历史与阶级意识［M］. 杜章智，等译. 北京：商务印书馆，2018：299.

冰的零件，也是一个被严重透支精神和体力的鲜活的生命。这样一来，在劳动时间上量和质的根本差别就消失了。就本质而言，"每一个变化都是一种质变"①，"个别的环节中隐藏着从其本身发展出总体的全部丰富内容的可能性"②。工人和资本的关系不是劳动者和一般的物的关系，而是建立在私有制基础上的资本家对劳动者的雇佣关系，本质上是一种人与人之间的经济关系。

其次，"客体的自我意识"及觉醒。卢卡奇认为，由于现实的社会性存在决定了无产阶级不会始终停留于"升级版"的直接性中，他们必然会通过对这种直接性的自我扬弃而走向无产阶级阶级意识真正觉醒的道路。无产阶级自我意识觉醒的历史辩证逻辑包括三个方面。第一，随着工人的认识从商品的交换领域深入生产领域，在商品的对象化形式中，他们最终认识到自身不仅是资本权力宰制下被量化的劳动力商品，更是商品生产过程中真正的主体和创造者。第二，辩证法意味着内在性的超越。只有当无产阶级把现实社会视为实践过程中的流动环节以及历史过程的一部分来加以把握时，以改变整体为目标的实践的意识才能展开。第三，只有无产阶级的意识才能够把握这种历史的辩证法，无产阶级意识体现了"历史的必然性"。在卢卡奇看来，认识历史和把握辩证法是同一的。无产阶级只有透过各种复杂的中介形式意识到社会的总体、只有把现实理解为总体过程中的实践性环节、只有在把一系列中介作为下一个历史倾向的过渡时，无产阶级自我意识的觉醒才能真正成为历史的必然性。对无产阶级来说，历史的辩证法是揭露资本主义社会本质的一种有力武器，一旦使他们对自身认识从"商品的意识"上升到作为"历史的总体"的意识，就从根本上激发了他们对"总体性的渴望"，即改变现实的革命性愿望。

（三）　无产阶级主体性复归的实践道路

共产党是无产阶级阶级意识与革命的中介。在卢卡奇看来，无产阶级要真正摆脱物化的奴役、结束"人类史前史"的最后阶段，必须经由整体的阶级意识的产生到革命行动的过程，在组织上，必须要有共产党作为中介和领导的环节。组织问题不仅仅是一个技术问题，更是"革命最重要的精神问题之一"，它对塑造无产阶级的阶级意识、实现无产阶级总体性的历史使

---

① 卢卡奇. 历史与阶级意识［M］. 杜章智，等译. 北京：商务印书馆，2018：260.
② 卢卡奇. 历史与阶级意识［M］. 杜章智，等译. 北京：商务印书馆，2018：264.

命具有决定性的意义。

第一，共产党既是无产阶级阶级意识的明确体现，也是无产阶级阶级意识形成的载体。卢卡奇指出，在资本主义社会，工人自发的革命运动由于缺乏对具体的总体性和历史发展必然性的把握，仍停留于经验的、心理层面的偶然性中。无产阶级要获得对自己的历史地位的正确理解（即"被赋予的阶级意识"），必须依赖于共产党这一组织形式作为中介。无论在阶级立场还是组织层面上，共产党不仅始终代表着无产阶级的阶级意识，而且能够充分掌握和占有无产阶级的阶级意识。第二，共产党能不断地使理论和实践"获得具体性和现实性"。共产党不仅能够从具体的总体的历史观出发，而且可以预见即将来临的革命形势并"把握时机"促进革命的爆发。第三，共产党通过"向内"生活和"向外"生活的科学组织而获得合理化。在"向内"生活上，卢卡奇指出，党员只有服从于党的集体意志才能获得真正意义上的自由，这里的自由并不是指个人的自由，而是在党组织内部党员为了共同的目标以服从于组织纪律而获得的党内团结统一在一起的整体的自由。在"向外"生活上，卢卡奇既反对低估党的领导作用而任由群众自发性的革命本能运动，又反对以少数的党员代替群众的布朗基主义革命运动。在他看来，"无产阶级阶级意识的发展和共产党的发展，从世界历史的角度看，的确是同一个过程"①，无产阶级的先锋队党必须以自己的实际行动为无产阶级指明革命前进的道路。此外，卢卡奇强调，由于物化意识形态的影响以及党内等级制分工的客观现实，党自身也处于僵化、官僚化和腐化的风险中，因此，党自身也要不断地自我革命。正如马克思所言："教育者本人一定是受教育的。"② 从这个意义上讲，党组织本身处于辩证发展的过程中：它既是历史发展有意识的促进者，本身也是历史发展的产物。

无产阶级革命的组织与策略要做到合法性与非法性的辩证统一。合法性和非法性是一个国家在政治和法律层面维护现有秩序的原则性问题，对革命而言，它必然涉及根本性的国家政权问题、意识形态问题。在革命斗争中，对合法性和非法性的认知不仅直接影响到政党和群众的革命策略和组织形式，而且是革命中理论和实践的相统一重要环节。卢卡奇认为，无产阶级阶级意识的成熟等同于无产阶级革命的成熟，而夺取国家政权是无产阶级革命

---

① 卢卡奇. 历史与阶级意识［M］. 杜章智，等译. 北京：商务印书馆，2018：435.
② 马克思恩格斯选集：第 1 卷［M］. 北京：人民出版社，2012：134.

的本质。因此，在革命实践中，无产阶级要正确地认识合法性和非法性的问题就必须先认清资本主义国家的本质。

首先，不能从抽象的观念上理解国家，而要把它看作具体的、日常的问题来对待。从历史的总体上看，资本主义只是人类历史发展的一个阶段性过程，"它决不构成'人'的自然环境，而只是一种现实的事物"①。其次，国家是维护阶级统治的最重要工具，资产阶级的民主、法制以及意识形态等政治上层建筑共同持护着资本主义制度合法性的规制。卢卡奇指出，"对于资产阶级来说，并不意味着纯粹民主是一种唯一有利的条件，不过它却完全是资产阶级统治的决定性先决条件"②。这表现为三个方面：第一，防止无产阶级形成与他们自己的阶级利益相一致的独立的意识形态；第二，将资本主义国家中的无产阶级打造为个体化、抽象化的"公民"，并且与支配和凌驾于他们之上的抽象的国家形式联系在一起；第三，从总体上瓦解无产阶级的阶级意识，并把他们彻底粉碎为屈从于资产阶级意志的原子。因此，合法性还是非法性问题的答案是相对性的，阶级立场决定一切。就革命策略和组织形式来说，没有一般规章，只有适时而动。在具体的革命斗争形式上，卢卡奇坚决反对两种对立的斗争方式，即"合法性的胆小病"和"非法性的浪漫主义"，前者以机会主义为代表，其特点是固守在资本主义法律框架内，"坚持不惜任何代价的合法性"，实质上走的是改良主义的投降道路；而后者恰好相反，完全低估了资本主义暴力结构的实力，它以不惜任何代价的非法手段进行革命冒险行动，"完全是一种共产主义运动中的幼稚病"。这两种对立的斗争形式背后有着共同的思想认识：潜意识中仍将资本主义国家看作合法的政权组织。在卢卡奇看来，要打破这种惯性思维，就要在实际斗争中交替使用这两种手段，甚至有时要同时使用。这样一来，资产阶级政权的暴力镇压抑或是欺骗性的妥协就被暴露无遗，客观上达到无产阶级革命自我教育的目的。最后，即使无产阶级政权建立了，共产党还要有意识地将社会阶级中分散的、惯性的意识统一到无产阶级的意识形态中，引导、教育并创造条件培养他们积极而独立地参与国家生活。只有这样，才能将原先被资本主义物化意识打碎的社会结构重新整合成一个整体，并以"把人的具体存在——他们直接的日常利益等——与整个社会的基本问题联系起来的方

---

① 卢卡奇．历史与阶级意识［M］．杜章智，等译．北京：商务印书馆，2018：362.

② 卢卡奇．列宁［M］．张翼星，译．台北：远流出版事业股份有限公司，1991：82.

式，来确立经济和政治不可分割的统一性"①，这是无产阶级政权最崇高的目标之一。在卢卡奇看来，只有在无产阶级的国家政权中，无产阶级才能真正组织为一个统一的阶级，并且能够将社会生活的每一个环节之间真实地联系起来。当社会生活的内容对无产阶级全面敞开时，他们真正的生产活力才能显现出来。这是因为"在无产阶级的领导下，他们不仅能按照自身的利益生活，而且能够发挥他们迄今潜藏着和受残损的能力"。②

小　结

卢卡奇政治经济学批判的最终落脚点，旨在探寻什么样的社会制度才能真正使无产阶级获得公平正义的社会权利，进而实现个人身心自由的解放和个性的全面发展。卢卡奇认为，在商品形式占支配地位的现代资本主义社会，商品生产的目的因和动力因始终围绕着以资本增殖为轴心而高速运转，由此也塑造了以经济理性原则为主导的形式化、合理化的现代性工业生产体系。然而，从本质上看，现代资本主义的社会化生产体系是一种建立在生产资料私有制基础上被资本宰制的物化机制。在生产过程中工人被抽象化、量化为机器的一个齿轮、一个符号，人的劳动机能和精神意志受到资本化机器的引导和控制，个人的思维能力和创造性能力被封存在这个异己的、自律的机械化生产体系中。从总体上看，在现代资本主义社会，人与人之间的关系为物与物的交换形式所中介、所抽象，这种物化的生存方式也带来了人们观念上的物化意识。其中无产阶级是最大的受害者。在卢卡奇看来，在现代资本主义社会，当无产阶级的阶级意识逐渐消退时，他们不仅在肉体上沦为资本增殖的纯粹的"物"的形式，而且在精神上受到极大的蒙蔽、伤害，集体无意识地沦陷于"第二自然"法则的规制中，进而丧失人本身具有的批判性、反思性的主体意识。而后者是现代资本主义社会中无产阶级在精神上面临的最大问题，因为它从根本上瓦解了无产阶级自我解放的可能性。所以，如何唤醒无产阶级的阶级意识、组织无产阶级进行自我解放的革命运动，就成为继俄国十月革命之后，卢卡奇在理论和实践层面探索欧洲革命可能性的诉求。从这个意义上讲，他是在资本主义进入垄断帝国主义这一新阶

①　卢卡奇.列宁［M］.张翼星，译.台北：远流出版事业股份有限公司，1991：84.
②　卢卡奇.列宁［M］.张翼星，译.台北：远流出版事业股份有限公司，1991：85.

段，继续着马克思主义政治经济学批判的道统。其中充满着他对马克思哲学创新性地阐释与发展、充满着他对无产阶级革命总体性的渴望、充满着他将自我完全投入革命实践中的勇气，这些都是卢卡奇留给我们现代人最珍贵的政治经济学批判的思想遗产。

但是同时，也应该看到卢卡奇政治经济学批判理论存在的不足和缺陷。首先，卢卡奇将物化与异化的物化概念相混淆，不仅没有强调物质生产力的发展是人类消除异化的物化必不可少的前提条件，而且较片面地指认了自由与必然、形式理性与实质理性之间的对立；其次，卢卡奇在强调无产阶级意识能动性的同时，过分夸大了阶级意识改变对象性的结构以及革命实践的作用；最后，卢卡奇没有充分地认识到生产力与生产关系的辩证矛盾在社会革命中的基础性地位，以及无产阶级革命条件的复杂性、历史性等因素，对欧洲无产阶级的革命形势做出了过于乐观的估计。这些不足受到他个人学术思想场域及其对时代认识上的局限，但是，从总体上看瑕不掩瑜。卢卡奇的政治经济学批判不仅创造性地发展了马克思的政治经济学批判思想，还开启了西方马克思主义政治经济学批判的新路向，在政治经济学批判思想史的链条上居于承前启后的重要地位。

第八章 马尔库塞政治经济学批判思想探析

导　语　马尔库塞其人与其书

　　1898 年 7 月 19 日，在德国柏林一个富裕的犹太中产家庭里，马尔库塞出生了。在商人父亲卡尔·马尔库塞与出身优渥的母亲的关爱与保护下，他平静地度过了无忧无虑的童年与少年时代，成长为一个受过良好教育的典型德国中上阶层青年①。1916 年，18 岁的马尔库塞开启了短暂的政治生涯。他先是加入了德国在"一战"中的预备役部队，随后参与了 1918 年的德国革命，并于 1919 年退出德国社会民主党，随即重新回归学校，先后在柏林洪堡大学和弗莱堡大学求学。1922 年，马尔库塞凭借博士学位论文《德国艺术家小说》获得了文学博士学位。博士毕业后，他从事了几年出版工作，1924 年与一位名叫苏菲·沃特曼的女人结了婚。1928～1932 年，马尔库塞跟随当时声誉斐然的哲学家海德格尔学习哲学，提出了将现象学存在主义与马克思主义相结合的理论构想。1933 年，随着德国法西斯势力的日益强大，马尔库塞谋求大学教职资格的愿望落空，加入了"新马克思主义社会研究所"——法兰克福社会研究所。形势所迫他不得不辗转多国，1934 年终于在研究所依托美国哥伦比亚大学设立的纽约分所安定下来。在此期间，他

---

①　赫伯特·马尔库塞. 马尔库塞文集（第五卷）：哲学、精神分析与解放 [M]. 黄晓伟，高海青，译. 北京：人民出版社，2019：3-4.

积极参与了研究所"社会批判理论"的纲领设计，同时也形成了对批判的哲学与社会理论的独特理解，1941 年出版的《理性和革命：黑格尔和社会理论的兴起》（简称《理性和革命》）被视为这一阶段思想的重要成果。这段时期，马尔库塞为美国战略服务中心和国务院的反法西斯战争机构工作，并在研究所其他成员 20 世纪 40 年代末返回德国后离开了研究所。50 年代，马尔库塞在美国开始了执教生涯，先后在多所大学任教并从事研究工作。1955 年，马尔库塞出版了原创性地解读弗洛伊德理论并将其与马克思主义融合起来的《爱欲与文明》，阐释了从"后工业文明"高度异化的时代精神状况中解放出来的障碍，同时又勾勒出一个非压抑性社会的可能性轮廓。在风谲云诡、世事激荡的 20 世纪 60 年代，始终忧患着当代人类生存境况的马尔库塞以积极的姿态介入政治运动。通过阐释其激进的社会批判理论，对陷入"物质的充裕与精神的匮乏"之二律背反的西方发达工业社会进行了振聋发聩的批判。马尔库塞的《单向度的人——发达工业社会意识形态研究》一书，在当时尤其是年轻的政治激进分子中产生了巨大而深远的影响，声名鹊起的他与马克思、毛泽东一起被称为"3M""学生运动的精神领袖""青年造反派之父"，等等。随着新左派在 70 年代以后的逐渐式微，马尔库塞也从对发达工业社会的激进批判转向了对审美维度的内在"超越"，彰显了政治经济学批判从经济领域到政治领域再到哲学领域的内在逻辑，及其追求人的全面发展的美学升华的最高宗旨。1979 年 7 月 29 日，马尔库塞逝世，终年 81 岁。

马尔库塞的研究生涯可以大致分为以下三个阶段。

第一阶段为 20 世纪早期：这一时期，马尔库塞追随海德格尔学习哲学，意欲将现象学存在主义与马克思主义加以综合，试图发展出一种更具批判意识与实践精神的马克思主义——存在主义马克思主义。这一时期的代表作主要包括：《历史唯物主义现象学论稿》《论具体哲学》《历史唯物主义的新基础》等。第二阶段是 20 世纪 30~40 年代：20 年代末，马尔库塞与海德格尔分道扬镳，随后加入法兰克福社会研究所，撰写了一系列批判资产阶级意识形态的文章，致力于发展一种批判的社会理论。这一时期的代表作主要包括：《极权主义国家观下的反对自由主义的斗争》《本质概念》《论快乐主义》《文化的肯定性质》《哲学与批判理论》《理性和革命》等。第三阶段是 20 世纪 50 年代以后：马尔库塞以阐释激进的社会批判理论的方式积极介入当代社会运动，旨在揭示发达工业社会高度异化的本质，并倡导通过激进的文化革命与价值革命追求一个更加理想的社会形态，晚年转向寻求人的全面发展的升华的美学研究。这一时期的代表作主要包括：《爱欲与文明》、《苏联的马克思主义》、《单向度的人——发达工业社会意识形态研究》（简称《单向度的人》）、《论解放》、《反革命和造反》、《艺术，作为现实的形式》、《审美之维——马尔库塞美学论著集》（简称《审美之维》）、《无产阶级的物化》。

第一节　马尔库塞政治经济学批判时代背景

任何哲学都是一定时代与社会的政治、经济在精神上的反映。个人命运与时代命运永远是两股相互交织、彼此纠葛的力量，这一点在生命历程跨越了大半个 20 世纪的马尔库塞身上体现得尤为明显。他的社会批判理论不间断地挖掘 20 世纪变幻莫测的历史世俗基础的新特征与新形式，紧扣晚期资本主义社会中的人类生存遭遇这一问题域，呈现出独树一帜的批判意识，其本质是马克思政治经济学批判在 20 世纪的延续与转换。本部分将重点介绍以下两个问题：一是马尔库塞政治经济学批判的时代背景，二是马尔库塞的思想特点——"社会批判理论"的内在逻辑与底色是政治经济学批判。

跌宕起伏的 20 世纪西方历史是马尔库塞哲学思想的源流，一方面，第一次世界大战、第二次世界大战与"二战"后资本主义社会的"黄金时代"分别具有深刻的时代特征，为马尔库塞政治经济学批判思想的逐渐形成与发展提供了新的时代问题域；另一方面，作为一个擅长从过往理论积淀中汲取精华的哲学家，他从海德格尔、黑格尔与弗洛伊德的理论思想中受到启发，提出了存在主义马克思主义、黑格尔马克思主义与弗洛伊德马克思主义。表面上看，这似乎是哲学家对不同世俗特点所做的不同理解；实质上，三者共同指向一个靶心，即对资本与精神对立的人类境遇的主题追问，始终紧扣这一马克思政治经济学批判的轴心原则与内在逻辑。正是在这个意义上，马尔库塞称得上 20 世纪西方马克思主义著名学者。

一　第一次世界大战时期

马尔库塞踏上最初的理论研究之路，与 20 世纪早期两件历史事件有关：一是第一次世界大战，二是海德格尔《存在与时间》的发表。

首先，第一次世界大战的爆发，带来了时代主题与问题域的深刻转变。

经济方面，19 世纪末 20 世纪初，资本主义从自由竞争时代过渡到了早期垄断资本阶段。这一转型导致了金融资本的出现，它是当时资本发展的最高阶段，其典型特征在鲁道夫·希法亭看来，就是资本的高度集聚。相比自由竞争资本，垄断资本的内在属性决定了它对更高利润率与更广阔资本剥削空间的源源不断的需求，由此掀起了一系列国际资本输出与资本殖民的狂潮。

政治方面，垄断资本攫取高额经济利益必须依赖其政治权力的庇佑，各国对于海外殖民地的争夺日趋白热化。关于这一时期西欧主要资本主义国家所处的政治经济状况，列宁将其概括为"帝国主义"，指"发展到垄断组织和金融资本的统治已经确立、资本输出具有突出意义、国际托拉斯开始瓜分世界、一些最大的资本主义国家已把世界全部领土瓜分完毕这一阶段的资本主义"。[①] 他认为，帝国主义代表了资本主义发展的最高阶段，揭示了垄断资本高度集中的经济利益与政治权力的重要特征。在国内经济危机与社会矛盾日益加剧、国外市场竞争越发激烈的双重危机下，经济利益的垄断之争上升到政治权力的博弈之争，最终爆发了第一次世界大战。

1916 年，18 岁的马尔库塞像当时许多德国年轻人一样应征入伍，但由于身体原因，他最终未能在前线参战，而是留守在国内，成为德国军队飞艇队预备役的一名队员。可以说，他与真正的战争之间的这种天然的"疏离"，为他跳出时代框架的束缚查审当代人类生存状况提供了最初的精神空间。随着社会主义革命在俄国取得胜利、德国在"一战"中惨败以及战后魏玛共和国经历了动荡的政局，马尔库塞开始陷入对人类生存境况更深层的忧患与反思中。许多学者描述过"一战"在人类历史中所具有的深远影响。美国历史学家斯塔夫里阿诺斯认为，第一次世界大战具有双重意义，"1914 年以来的世界历史既是西方成功的历史，又是西方衰落的历史"[②]。1919 年，马尔库塞退出了德国社会民主党，结束了短暂的政治生涯。也正是在政治上经受的挫败，重新激起了他从事马克思主义研究的决心。怀抱着这样的心愿，马尔库塞于 1919 年重返校园，先是在洪堡大学学习，之后转入弗莱堡大学学习德国文学，并辅修哲学与政治经济学。对于引导他投入学业的直接驱动力，马尔库塞曾经指出，"我做这一切都是为了理

---

① 列宁. 帝国主义是资本主义的最高阶段［M］. 中共中央马克思恩格斯列宁斯大林著作编译局，编译. 北京：人民出版社，2014：87.

② 斯塔夫里阿诺斯. 全球通史：从史前史到 21 世纪［M］. 吴象婴，等译. 北京：北京大学出版社，2017：642.

解该问题，即在真正革命的条件准备就绪的时候，革命为什么轰然崩溃、被打败了，旧势力为什么重新夺回了权力，以及整个事业为什么会以退化的形式重新开始"①。

其次，1927 年，德国声名斐然的哲学家海德格尔出版的《存在与时间》，给予正在探索、寻求一条更具批判与哲学意义的马克思主义路线的马尔库塞以极大启迪。当时的马尔库塞已经通过了博士学位论文答辩，开始在柏林从事出版方面的工作。但作为一个对重大社会思潮极为敏感的人，他一直密切关注着理论界的最新研究成果。《存在与时间》准确揭示了 20 世纪初人类在资本座架的世界中孤独漂泊，彷徨无助，越来越远离其本真性存在的生存遭遇，马尔库塞毅然决定追随海德格尔学习哲学。从其两篇早期论文中，我们能够对他这一时期的思想成果窥见一斑。

第一，马尔库塞将现象学存在主义与马克思主义相结合，创造性地提出了"存在主义的马克思主义"。1928 年，马尔库塞发表了《历史唯物主义现象学论稿》，首次提出将海德格尔生存论与马克思辩证法相结合的尝试。他认为，"只有两种方法的统一，才能真正地认识到人的此在的历史性。辩证现象学是一种始终如一的、最彻底的具体化方法"②。在他看来，海德格尔的理论对把握当下个体的具体境况来说依然太过抽象，"无法为当前形势下的行动提供任何具体的指导原则。海德格尔的沉沦与非本真性理论宣称普遍适用于所有历史情形，因而他的本体论分析原则上排除了当今问题的具体特征"③。正是这个意义上，马尔库塞看到了马克思哲学采用的方法论维度所具有的优越性。他指出，"辩证法的成就正在于这个最终的具体化。因为这恰恰是辩证法中最重要的一点：每时每刻都承认对象独特的具体历史处境"④。通过对资产阶级政治经济学范畴的辩证拷问，马克思的辩证法揭示了资本主义的本质属性，即作为"人对物的依赖"这一必经的人类社会形态阶段，其命运也必将随着未来的历史发展逻辑走向灭亡，而非永恒存在。因此，在马尔库塞看来，融合了马克思辩证法与海德格尔存在论所形成的

① 赫伯特·马尔库塞. 马尔库塞文集（第六卷）：马克思主义、革命与乌托邦 [M]. 高海清，等译. 北京：人民出版社，2019：16-17.
② Herbert Marcuse. *Heideggerian Marxism* [M]. Lincoln：University of Nebraska Press, 1984：21.
③ 赫伯特·马尔库塞. 马尔库塞文集（第五卷）：哲学、精神分析与解放 [M]. 黄晓伟，高海青，译. 北京：人民出版社，2019：21.
④ Herbert Marcuse. *Heideggerian Marxism* [M]. Lincoln：University of Nebraska Press, 1984：20.

"辩证现象学"，其本质区别于当时强调经济还原主义至上的马克思主义，从而发展出一种既深刻触及当下人类存在状况的本质，又为指导如何摆脱其存在桎梏提供具体指导原则的基本哲学定向。

第二，在接下来的《论具体哲学》中，马尔库塞进一步阐释了他为20世纪人类如何理解自身生存境遇的"辩证现象学"所提出的理论构想，这是对卢卡奇等人开辟的批判的马克思主义的一次伟大实践。即他所畅想的哲学是这样一种哲学，"在这一处境之中寻找此在，尝试将此在带出这一处境，从而'带入真理之中'"①。在这里，他再次强调了其哲学境界的"入世"的属性。哲学应当将历史与社会维度引入对个体具体生存境况的关怀与忧虑之中，以便能够直面当代人类命运的真实处境，并尝试为摆脱这一处境的控制与奴役提供努力的方向。由此，马尔库塞确立了其早期哲学的"具体哲学"定向，而这一定向所带有的反思意识，从诞生之时就具有一种强烈的实践精神，并随着第二次世界大战的到来彰显出更加积极、更加鲜明的批判功能。

二 第二次世界大战时期

20世纪30~40年代，马尔库塞的理论研究从现象学马克思主义的本体论分析，过渡到黑格尔马克思主义的历史哲学分析。这一转变与第二次世界大战有着深刻的历史关联。

随着法西斯势力掀起的民族社会主义狂潮在欧洲大陆愈演愈烈，极权主义的政治生态严重破坏了当时欧洲激进知识分子的生存土壤，马尔库塞也深受影响。对此他曾经回忆道，"由于当时的政治形势，我极其想加入研究所。至1932年底，情况已经非常明显，在纳粹政权下，我根本不可能获得任教资格"②。这里的"研究所"，指的是当时以跨学科的方法论进行马克思主义研究的法兰克福研究所。

研究所的最初创立动机，乃是在"一战"折射出的西方文明岌岌可危、分崩离析的历史背景下，希望借由重新挖掘马克思哲学的辩证性、批判性与革命性透析人类当下的生存境况，并通过这一理论性的沉思与革新对实践进行指导。为此，一部分欧洲学者寻求一种在不依附于任何党派的前提之下进

---

① H. 马尔库塞. 论具体哲学 ［J］. 王宏健，译. 哲学分析，2017（1）：32.

② 赫伯特·马尔库塞. 马尔库塞文集（第二卷）：走向社会批判理论［M］. 高海青，陶焘，译. 北京：人民出版社，2019：4（引言）.

行的独立研究，社会研究所就是以此为目标于 1923 年正式构建起来的①。

1931 年，霍克海默当选为研究所所长，在就职仪式上发表了《社会哲学的现状与研究所的任务》的演说，提出了"社会哲学"这一研究所日后的研究方向，即后来社会批判理论的早期雏形。所谓"社会哲学"，在霍克海默看来，就是"对并非仅仅作为个体的、而是作为社会共同体成员的人的命运进行哲学阐释。因此，社会哲学主要关心那些只有处于人类社会生活关系中才能够理解的现象，即国家、法律、经济、宗教，简言之，社会哲学从根本上关心人类的全部物质文化和精神文化"②。这表明，研究所提出的社会哲学其基本前提区别于传统社会理论，它打破了科学与其社会功能之间的"界限"，关注社会与大众心理文化的变迁，旨在通过深入剖析人类生存的具体历史之境况，寻求一种彻底变革的实践的可能。在这个意义上，研究所的研究纲领和计划与马尔库塞之前的理论研究的目标是高度契合的。

1932 年，马尔库塞正式加入法兰克福研究所，与霍克海默一起围绕社会理论的研究计划和研究方向开展了一系列工作。受到研究所致力于将哲学与社会理论结合起来发展一种批判的社会理论的影响，马尔库塞的理论研究也呈现出新的逻辑特征与趋势。在研究所的影响下，他以活跃的姿态参与了他们的集体研究计划，撰写发表了一系列批判资本主义意识形态的论文著作，如《本质概念》《论快乐主义》《极权主义国家观下的反对自由主义的斗争》《文化的肯定性质》《哲学与批判理论》等。1933 年纳粹势力上台，法西斯主义在欧洲大陆愈演愈烈，研究所被迫流亡海外；与这一时期的颠沛流离形成鲜明对比的是研究所在整个 30 年代呈现出的蓬勃生机，其成员对整合心理、权威、纳粹等法西斯主义做了深入的剖析与阐释，撰写了诸多理论著作。作为其中重要一员，马尔库塞也历经多次辗转，曾到过瑞士、法国、美国等多地，最终在 1934 年抵达纽约，开始在研究所设立在哥伦比亚大学的分所从事理论研究工作。

40 年代初，马尔库塞发表了《理性和革命》一书，不仅意味着其思想发展的一个重要转折，同时也标志着马尔库塞在社会研究所时期的终结。马

---

① 马丁·杰伊. 法兰克福学派史 [M]. 单世联，译. 广州：广东人民出版社，1996：8-9.
② 霍克海默. 社会哲学的现状与社会研究所的任务 [J]. 王凤才，译. 马克思主义与现实，2011（5）：123. 译自 Max Horkheimer, Gesammelte Schriften, Bd3, Hg. von Alfred Schmidt, Frankfurt／M.：S. Fischer, 1988, SS. 20-35.

尔库塞撰写这本书的目的,一是向广泛的英语世界介绍研究所致力发展的社会批判理论依赖的哲学前提与基础——黑格尔和马克思的辩证思想;二是对辩证思想的阐释,有助于揭示当时美国盛行的实证主义哲学中批判性、否定性与超越性日渐消泯的内在本质。在这本书中,他主要论证了以下两部分内容。首先,通过梳理黑格尔哲学的整体脉络,马尔库塞得出如下结论:黑格尔哲学的核心是理性,其核心范畴是自由。"理性以自由为先决条件,以根据真理去行动的力量为先决条件,以形成与潜在相一致的现实力量为先决条件……反之,自由也以理性为条件,因为自由仅是对知识的理解,而知识是主体能获得的,并发挥其力量的。"① 一方面,理性实现其自身意味着对现实进行"改造",也即通过主体自由发挥其内在潜能实现自身价值,而使现实趋向于合理,趋向于理性的存在;另一方面,彻底的自由表明主体处于自觉自为的存在状态,散发出一种完全的属人意义上的光辉,而唯有成为真正的理性的存在,才能够实现这种彻底的自由。在马尔库塞这里,理性与自由是辩证统一的。

其次,马尔库塞在肯定黑格尔哲学的同时批判了社会理论日益严重的唯心主义与实证主义倾向。"黑格尔从否定性力量中看到了精神的生命元素,并因此看到了理性的生命元素。这种否定性力量说到底就是以不断发展的潜能为依据,通过拒绝已经成为自由进步障碍的'肯定'来理解和改变既定事实的力量。只要自由尚未成为现实,理性在本质上就是矛盾、对立、否定。"② 黑格尔哲学的否定性的精神内核表明,它的本质是理性主义的,在揭示现实的矛盾冲突与二律背反的不间断的循环运动中无限趋向于现实。与此截然相反的是实证主义哲学,它的属性是非理性主义的。马尔库塞指出,"实证哲学被认为是要在整体上战胜否定哲学,也就是说,要废除任何把现实从属于超验理性的作法。并且,它将引导人们去观察和研究被普遍有效的规律所控制的作为中立客体世界的现象……实证主义反对'一切经验事实必须在理性的法庭上为自己辩护'这一原则,这妨碍了实证主义者依据对

① 赫伯特·马尔库塞.理性和革命:黑格尔和社会理论的兴起[M].程志民,等译.上海:上海世纪出版集团,2007:24.
② 赫伯特·马尔库塞.马尔库塞文集(第二卷):走向社会批判理论[M].高海清,陶焘,译.北京:人民出版社,2019:113.

特定本质的批判去解释'事实材料'"①。这表明，实证主义将既定现实视为天然合理的存在，因而其逻辑预设导向对现实的无条件维护和拥趸，而非合理的批判与质疑。这种"肯定哲学"的危害在于，它挤压了个体发挥其内在真实潜能的空间，继而使其对自由的追寻化为泡影。在这样一种社会环境中，人的行为、思想全都屈从于现存价值体系的束缚，人变得越来越不自由，越来越远离真正的存在。

在澄清了黑格尔哲学与实证主义哲学的本质对立后，马尔库塞高度评价了马克思哲学对黑格尔辩证法的扬弃，成为其试图发展出一种承接着马克思政治经济学批判逻辑，具有实践意图的哲学社会理论依托的重要理论依据。在他看来，马克思的唯物辩证法以其广阔而深远的历史、社会视域，弥补了黑格尔辩证法逻辑方程式过于抽象、过于思辨的"理性的缺憾"，其政治经济学批判是对资本座架的世界中人类存在境况的深刻揭示。这一"黑格尔马克思主义"，实质上隐含着马尔库塞对于发达资本主义文明中否定性的衰退和批判性的丧失的深切担忧。伴随着即将来临的后工业社会，这一担忧终于在一种"单向度"的文化空间里迸发出更为激进的批判意识。

三　后工业社会时期

第二次世界大战结束后的 20 世纪 50~70 年代，以美国为首的西方资本主义世界从战后的百废俱兴进入高速发展的"黄金时期"，进入丹尼尔·贝尔意义上的"后工业社会"。敏感于时代问题域转向的马尔库塞，也对这一新的历史世俗基础提出了新的理论见解。

首先，第三次技术革命带来了资本主义社会生产力的质的飞跃。新技术革命的显著特点是信息的革命，其核心驱动包括信息科技、新型能源、电子通信、生物技术等高科技，由此形成的社会被称为"信息社会"。"一九五七年——标志着全球性信息革命的开始：苏联发射了第一颗人造地球卫星，这是正在成长中的信息社会所缺少的技术催化剂……它开启了全球卫星通讯的时代。"② 其次，信息技术驱动的高速发展的新型生产力不仅极大地提高了劳动生产率，更同时在生产关系、交换方式、交往方式与审美理念等领域

① 赫伯特·马尔库塞. 理性和革命：黑格尔和社会理论的兴起 [M]. 程志民，等译. 上海：世纪出版集团，2007：276.
② 约翰·奈斯比特. 大趋势——改变我们生活的十个方向 [M]. 梅艳，译. 北京：中国社会科学出版社，1984：11.

掀起了一场场新的"变革风暴"。生产关系方面，技术带来的日益精细化分工使马克思意义上的劳动异化从肉体深入心灵；交换方式方面，社会生产力的高速运转意味着资本逻辑的运行也相应提高，由此驱动着消费取代生产成为经济生活的主导方式；交往方式方面，电子计算机领导的信息技术的普及应用，一方面加快了全球一体化的速度和范围，另一方面以地理重组的方式扩展了资本运行的空间。审美理念方面，工业社会所遵循的时间秩序被彻底打破，生活似乎永远处于一种不停歇的变换与动荡之中，在美国学者阿尔文·托夫勒看来，"暂时性意识穿透并感染了我们的一切意识，强烈影响现代人与事、与人、与一切的思想、艺术及价值的关系"①。

美国学者丹尼尔·贝尔用"后工业社会"来描述这场由世界级的技术革命所带来的社会存在的本体论的新特征与新形势。在他看来，"后工业社会"并非一个业已成熟定型的社会。相反，"后"代表一种状态，指从工业社会发展到未来社会形态之间的过渡时期。在这个间质性阶段中，以知识汇编为主轴的理论知识研究决定着科学发明与创造的计划和方向，成为推动社会发展与变革的主导力量。

首先，不同于工业时代的资本逻辑，后工业社会遵循一种全新的技术—经济秩序，技术资本成为资本运行的最主要方式。贝尔提出了后工业社会包括的五方面的特质："第一，在经济方面，从产品制造经济转变为服务性经济；第二，在职业分布方面，专业与科学技术阶层处于主导地位；第三，在社会的中轴原理上，理论知识处于中心地位，它是社会革新与制定政策的源泉；第四，在未来方向上，依靠有计划、有节制的科技控制以及技术评估；第五，在决策制定方面，对新的'智能技术'的创造是关键。"②从这五点可以看出，后工业社会中，技术与资本的结合建立起一套裹挟了从经济基础到上层建筑的技术—经济秩序，它既包含了社会运转的方程式，同时也囊括了社会价值系统的制度安排。

其次，更重要的是，技术—经济秩序的建立带来了社会阶层结构的深刻转型。马克思时代的传统工人阶级逐渐消失，取而代之的是一大批由技术专家与技术人员构成的"新"工人阶级。后工业社会以理论知识为社会组织

---

① 阿尔文·托夫勒.未来的冲击［M］.蔡伸章，译.北京：中信出版社，2006：8.对原文有改动。

② 丹尼尔·贝尔.后工业社会的来临［M］.高铦，王宏周，魏章玲，译.南昌：江西人民出版社，2018：中文版序4.对原文有改动。

与决策的主要缘由，因而技术人员必然成为社会阶层结构中的主要力量。然而，由于并不拥有生产资料，也不拥有对其的绝对控制权，这些新兴阶层的内在性质依然从属于"工人阶级"的概念范畴，本质是一群从蓝领阶层过渡到白领阶层的"扩大了的工人阶级"。"工程师和技术员是'新的'工人阶级，将部分地取代旧的工人阶级……虽然拥有高收入，但这些人仍然是'新的'工人阶级，他们的技能将被破坏、分割，成为例行公事，因而难以实现所学到的专业技术。他们将'沦为'受过高级训练的工人阶级。"① 关于这场制度性转型的本质，张雄教授认为，乃是一场"当代历史发展最具有震撼力的伟大的历史转折"，一场"全球性的社会结构和社会体制的自觉转换"，其实质上是一场深远的"理性化社会转型"②。它不仅是历史世俗基础的重大转型，更重要在于同时带来了对工业主义文明的扬弃。

后工业社会导致的人类文明价值观的深刻转变，驱使马尔库塞深入洞察社会存在的本体论新特征。后工业社会在生产力、生产关系、交往方式、审美结构、社会阶层等全方位的巨大转变，带来了西方资本主义社会两大对立阶层之间关系的剧变，即从马克思时代的简单的、激烈的、机械的对立，过渡到平稳与缓和的相对稳定状态。马尔库塞敏锐地捕捉到这一社会存在的新趋势，从物质丰裕与精神匮乏的对立中精准把握住后工业社会人类追求自由与解放的根本所在——如何合理地升华与释放晚期资本主义所压抑的心理能量这个迫切的现实问题，借助弗洛伊德精神分析理论，创造性地提出了"弗洛伊德马克思主义"。

弗洛伊德认为，人类历史是一部代表本能与无意识的快乐原则与对其不断压抑、调整与规训的现实原则的对立史，压抑与反压抑的斗争推动着人类文明不断发展。在马尔库塞看来，后工业社会中，劳资关系的改善并不意味着资本与精神对立的完全消失，毋宁说是呈现出了新特征与新形式，即从外在的暴力革命的冲突转向了内在的心理能量的压抑。在这个意义上，晚期资本主义社会中爱欲的受压抑程度变得越发深入、隐蔽。"现在，我们处在文明高度发达的阶段，社会是通过扩大自由与平等来迫使个体屈从于社会要求

① 丹尼尔·贝尔. 后工业社会的来临 [M]. 高铦，王宏周，魏章玲，译. 南昌：江西人民出版社，2018：1999 年英文版序 140.
② 张雄. 历史转折论——一种实践主体发展哲学的思考 [M]. 上海：上海社会科学院出版社，1994：182.

的，或者说，现实原则是通过扩大了的但却仍受控的俗化来发挥效力的。"①
然而，社会物质水平的提高与生活状态的平稳化并没有直接兑换为人类的幸
福与自由，毋宁说其在高技术社会成果的急速流转中不断转化为性质各异的
心理能量，多角度、多方位、多层次地渗透人的心理世界，构成了巨大的心
理压抑、紧张感、焦虑感、压迫感。② 1958 年，马尔库塞出版了《爱欲与文
明》，试图对弗洛伊德精神分析理论进行"改良"，并将其与马克思主义相
结合，提出构建一个"非压抑性社会"的设想，为探讨改变当代人类高度
异化的生存境况贡献出了一种理论上的实验与尝试。20 世纪 60 年代，马尔
库塞发表了著名的《单向度的人》，将晚期资本主义社会特有的心理压抑的
特征归结为一种新型"极权主义"。在他看来，发达工业社会的生产方式所
带来的心理能量的压抑，迫使人们在单一的物质通道中循环，其所构筑的
"单向度空间"使个人失去了精神空间的滋养，沦落为毫无个性的"单向度
的人"。

　　"单向度"哲学所具有的深刻批判意识在当时的学术理论圈引起了极大
反响，并成为后代激进运动的理论指南，深刻影响了一代青年学生，直到现
在依然具有历久弥新的影响力与感染力。

第二节　马尔库塞政治经济学批判思想特点

　　马尔库塞一生历经了 20 世纪重大历史变革——第一次世界大战、第二
次世界大战与后工业社会，分别提出存在主义马克思主义、黑格尔马克思主
义与弗洛伊德马克思主义，试图精准把握每个阶段历史世俗基础的新特征与
新趋势，形成了独树一帜的社会批判理论，具有鲜明的批判意识。对于马尔
库塞的社会批判理论，目前学术界主要将其归结为一种对压抑性文明的批
判、一种文化批判理论或是针对晚期资本主义的一种技术理性批判。然而，
尽管上述观点分别有其原在性思想的阐释特点，但还不够根本与深刻，原因
在于未能意识到社会批判理论的内在本质是对马克思理论轴心——政治经济
学批判逻辑的继承与延续，在紧扣 20 世纪社会存在的本体论的新特征与新

---

①　赫伯特·马尔库塞. 马尔库塞文集（第五卷）：哲学、精神分析与解放 [M]. 黄晓伟，高
　　海青，译. 北京：人民出版社，2019；166.

②　张雄，刘倩. 马尔库塞的政治经济学批判思想探析 [J]. 马克思主义与现实，2020（2）：
　　115.

形式的基础上，完成了对马克思政治经济学批判主题的当下延续和问题域的转换，探索的是晚期资本主义时代人类社会如何追求经济基础之上政治的新形式和哲学的最高境界的实现。

一　马尔库塞社会批判理论的思想预设

（一）社会批判理论继承马克思政治经济学批判兼具"批判的武器"与"武器的批判"的批判逻辑

社会批判理论彰显出知行合一的鲜明特征，继承的是马克思政治经济学批判兼具"批判的武器"与"武器的批判"的批判逻辑。在《〈黑格尔法哲学批判〉导言》中，马克思曾这样指出："批判的武器当然不能代替武器的批判，物质力量只能用物质力量来摧毁；但是理论一经掌握群众，也会变成物质力量。"① 通过辩证地扬弃黑格尔的理性概念，马克思使哲学重建为以政治经济学批判为基础的一种社会主义革命理论，理性在其自身的实现中提供了一种社会实践工具②。哲学不仅是对社会现实的反思与批判，更要通过改造世界的实践行动使哲学成为现实。理论哲学与行动哲学相统一的批判精神与批判意识是马克思政治经济学批判最重要的思想内核之一，并贯穿于马尔库塞的社会批判理论的发展阶段，呈现出强烈的"追求行动哲学"特征。

首先，不同于资本主义传统哲学社会科学的伪善意识形态，马尔库塞的社会批判理论旨在直面整体人类的当下具体生存境况，并通过批判、超越这一状况寻求一个更加属人意义上的社会形态。美国著名学者马丁·杰伊认为，20世纪30年代的大环境一方面迫使社会研究所成员经历了一系列文化迁徙与放逐，但同时又成为支撑以霍克海默、马尔库塞为首的知识分子积极介入外部世界，抵抗被异化的文化的强烈的批判意识，是辩证地理解与补充马克思主义，并提出与新的历史世俗基础相对应的"社会批判理论"的内在驱动力③。在《哲学与批判理论》一文中，马尔库塞表达了社会批判理论的"马克思主义立场"。他指出，社会批判理论与马克思哲学在以下两个面

---

① 马克思恩格斯文集：第 1 卷 ［M］. 北京：人民出版社，2009：11.
② Douglas Kellner. *Herbert Marcuse and the Crisis of Marxism* ［M］. California：University of California Press，1984：142.
③ 马丁·杰伊. 法兰克福学派史 ［M］. 单世联，译. 广州：广东人民出版社，1996：中译本序言 3-4.

向具有关联，"一是对人的幸福的关注，一是深信这种幸福只有通过变革生存的物质条件才能达到"①。对马尔库塞来说，"唯物主义"不是某种抽象的独断论，而是始终与人类社会历史发展的命运紧密相连，遵循着马克思哲学理论与实践相统一的最高原则。正如道格拉斯·凯尔纳（也译作道格拉斯·科尔纳）所言，"对马尔库塞来说，'唯物主义'是一种关心人类需要和幸福的社会实践，而不是一个宣称物质是基本的本体实在的哲学命题"②。批判的社会功能不仅局限于理论层面的突破，还应当包括一种激进的实践精神。它扎根于对"存在的物质境况的关切，以及对日常生活的生产与再生产的关切"③，用辩证思维替代孤立、封闭的单向度思维，将哲学、社会理论与政治经济学整合起来，构建"一种具有实践意图的哲学社会理论"④。站在当下社会与历史变迁的宏大视域中忧患个体的具体生存境况，成为始终贯穿于马尔库塞整个理论研究生涯的焦点与主题。

其次，马尔库塞的社会批判理论是对此在的社会关系的深刻解剖，进而追问当下人类的存在、遭遇以及未来的命运，具有强烈的"武器的批判"与"批判的武器"相结合的精神。尽管马尔库塞终其一生都十分厌恶粗糙的唯物主义，但这并不表示他对经济因素的彻底抗拒；相反，他拒绝的乃是用一种脱离了社会历史现实的机械的、僵化的、教条的马克思主义方法论来理解人的存在。在其著名的《历史唯物主义的新基础》一文中，马尔库塞指出，马克思的政治经济学批判是哲学、政治经济学与革命实践的统一——政治经济学批判从批判古典经济学的内在缺陷出发，上升到对资产阶级社会中人类存在遭遇的深刻揭示与反思，最终希冀通过一场彻底的暴力革命追求人的自由与解放。在这个意义上，马克思的政治经济学不单单是"一门与其他学科相提并论的科学，而是'对这一把整个人类都卷入进来的问题的科学表达'"，是一种"新的人的科学"⑤。而正是在为马克思政治经济学

① 赫伯特·马尔库塞. 现代文明与人的困境——马尔库塞文集 [M]. 李小兵，等译. 上海：生活·读书·新知三联书店上海分店，1989：174.
② 赫伯特·马尔库塞. 马尔库塞文集（第二卷）：走向社会批判理论 [M]. 高海青，陶焘，译. 北京：人民出版社，2019：15.
③ 赫伯特·马尔库塞. 马尔库塞文集（第六卷）：马克思主义、革命与乌托邦 [M]. 高海青，等译. 北京：人民出版社，2019：16-17.
④ 赫伯特·马尔库塞. 马尔库塞文集（第二卷）：走向社会批判理论 [M]. 高海青，陶焘，译. 北京：人民出版社，2019：24.
⑤ 赫伯特·马尔库塞. 马尔库塞文集（第六卷）：马克思主义、革命与乌托邦 [M]. 高海青，等译. 北京：人民出版社，2019：31-32.

批判寻找哲学依据的尝试中，马尔库塞勾勒出其社会批判理论的早期雏形。"作为批判理论，马克思主义自始至终都是双向度的：以它自身客观历史的潜能和能力来权衡现行的社会。这种双向度特征从哲学与政治经济学的统一中表现了出来。马克思哲学是政治经济学批判，因此每个经济学范畴都是哲学范畴。"① 马尔库塞这一观点，不仅是对当时采取机械唯物主义立场的主流马克思主义的一种拒斥，更重要的是，他以一种更为宏观与整体的视域凸显了马克思哲学所具有的辩证性与批判性，试图寻求一种更为全面的阐释马克思主义的新路径，从而为其致力发展的社会批判理论奠定基调与底色：在对持续变化的社会存在的本体论的新特征的深耕与挖掘中，追求对经济与政治的哲学的最高实现，目的在于探寻一条当代人类自由与解放的新路径。

最后，马尔库塞的社会批判理论密切关注当代资本主义运动与个体存在状况，突出表现在其与学生运动的积极互动及其产生的深远影响上。在他看来，20 世纪下半叶西方后工业社会物质充裕与精神匮乏的二元对立新形势，给人类生存境遇带来了前所未有的危机与挑战。"所谓的富裕社会，所谓的消费社会就其侵略性、浪费、暴行和伪善而言，是令人难以忍受的。它之所以令人难以忍受，是因为面对着真正自动化的可能，它却使过时的生存斗争保留了下来，使贫穷、剥削保留了下来，使各种加剧了的不人道的工作状况和压迫性的监管保留了下来。它还使物与人的商品形式扩展到了整个社会的各个方面，这也是令人难以忍受的。"② 在晚期资本主义社会科学技术突飞猛进、经济发展日新月异、文明高度发达的表皮之下，是人的精神空间的严重萎缩、变形，个体特征渐渐消逝，取而代之的是一个个丧失了真正自由的"单向度"的人。然而，高技术与高情感的严重失衡所带来的"令人难以忍受"的生存状况，却没有引发相应的政治意识与革命意识，更遑论对彻底革命的迫切需求。在马尔库塞看来，这是因为马克思时代的产业工人阶级早已在改善了的资本主义制度中部分地得到了需求满足，逐渐被高度发达的资本主义体系"一体化"了。这表明，晚期资本主义所面临的革命形势与马克思时代发生了根本性变化，但马尔库塞认为革命依然存在着可能。新形势

① 赫伯特·马尔库塞. 马尔库塞文集（第六卷）：马克思主义、革命与乌托邦［M］. 高海青，等译. 北京：人民出版社，2019：120-121.
② 赫伯特·马尔库塞. 马尔库塞文集（第六卷）：马克思主义、革命与乌托邦［M］. 高海青，等译. 北京：人民出版社，2019：239.

下的革命主体是这样一群人，他们"拥有新的需要、能够找到一种不同质的生活方式并构建一种完全不同质的环境的人类"，"他不仅要在精神上并通过精神实现人的潜能，也要在他的感觉中、在他的感性和感受性中并通过感觉、感性和感受性实现人的潜能"。① 马尔库塞认为，青年学生与知识分子团体能够构成潜在的革命力量，他们的需求与意识尚未被资本主义制度一体化，同时，他们拥有打破现实物质枷锁的迫切渴望，不仅充满着对变革现存物质生产关系的需求，更渴望由此变革人的存在的价值与精神，从而追求一个社会理想的新形态。马尔库塞的判断不仅关乎理论，还在实践中得到了具体验证——20 世纪 60 年代西方发达资本主义社会爆发了风谲云诡的学生运动，马尔库塞被称为"青年造反者之父"。其理论所具有的激进的实践精神成为引导学生反抗资本主义压迫的重要理论支撑。在这个意义上，我们可以说，马尔库塞的理论体现了新形势下理论哲学与行动哲学高度统一的批判精神。他对持续发展的资本主义的反思与批判根据新的社会、政治与文化的发展轨迹的变化而不断修正与调整，关乎当代运动，关注人的自由与解放，本质上是一种更新与发展了马克思主义的社会批判理论，直到今天依然历久弥新。

（二）社会批判理论遵循马克思政治经济学注重"市民社会—国家"的批判逻辑

马尔库塞的社会批判理论具有激进的实践性，它之所以能够演变成为一种影响深远社会思潮，在于遵循了马克思政治经济学注重"市民社会—国家"的批判逻辑。马克思在《德意志意识形态》中指出，哲学批判的前提既不是先验的，也不是超验的，而是现实的感性活动，是由现代文明所兴起的"工业状况、商业状况、农业状况、交往状况促成的"②。马克思置身的机器大工业时代，市民社会受到生产资料私有制的剥削关系导致的劳动异化的严重压抑，商品拜物教、货币拜物教与资本拜物教宰制着人类生存世界，其所反映的资本座架世界的更深层内核是私有制与资本权力贯通的政治国家资本逻各斯中心主义与权力逻各斯中心主义的交会融合。马克思对 19 世纪市民社会的反思与批判，是以对现代性视域中的社会存在的本体论特征的深

---

① 赫伯特·马尔库塞. 马尔库塞文集（第六卷）：马克思主义、革命与乌托邦［M］. 高海青，等译. 北京：人民出版社，2019：443-444.
② 马克思恩格斯文集：第 1 卷［M］. 北京：人民出版社，2009：527.

度剖析为前提的，彰显的资本与精神的对立是劳资关系的异化与自由竞争时代剩余价值生产的剥削性质。同样地，马尔库塞的社会批判理论中对于市民社会的阐发与分析，也是从深度查审与解析社会存在的本体论特征出发，在20世纪以来资本主义生产方式所引起的生活方式、交往方式、审美方式等全方位、多领域的社会变迁过程中，精准捕捉到后工业社会"病理"背后所反映的问题本质，并将强烈的实践性倾向融入对市民社会的反思与批判当中，旨在提出一种重新复归人的自由与解放的新构想。

首先，20世纪下半叶西方社会存在的本体论特征彰显为高技术与高情感的失衡，以及高度垄断资本主义时代技术权力的控制和形式化生存世界的异化问题①。学者秦喜清曾经这样评价"二战"结束后进入后工业时期的西方社会："从整体上看，50年代的西方社会的确带有平稳化和统一化的倾向，其特征是经济生活水平大幅度提高；随着经济结构的改变，知识技术阶层被吸纳、整合到经济体系当中，成为它的有机组成部分；社会结构发生相应变化，中产阶级日益庞大；意识形态面临'终结'，社会理想处于困顿状态；体制性认同致使家庭伦理保守，男女社会角色相对固定。"②"二战"结束后，以美国为首的主要资本主义国家进入高速发展的蓬勃期。不同于马克思时代，自由竞争的资本主义已经变成高度垄断的资本主义，工业社会进入后工业社会，劳动异化变成了心理与文化层面的人的异化，所面临的国家是消费、技术资本与技术垄断权力的新样式共同决定的国家，所面临的市民社会的生产方式是由高度垄断的资本与技术官僚集团操控下的社会生产系统与分配体系的产物③。依循着马克思政治经济学批判"市民社会—国家"的批判逻辑，同时紧扣晚期资本主义时代资本与精神对立的新形式，马尔库塞的社会批判理论深入高度垄断的资本主义时代纷繁复杂的经济现实，抽象出消费、资本、剩余等本质范畴，通过对这一"技术权力与泛物质消费的社会"的新特征与新趋势的准确剖析、反思与批判，揭示出晚期资本主义社会的政治形势的新样式，最后上升到哲学层面的人本主义精神的追问。

---

① 张雄，刘倩．马尔库塞的政治经济学批判思想探析［J］．马克思主义与现实，2020（2）：108.
② 秦喜清．让-弗·利奥塔——独树一帜的后现代理论家［M］．北京：文化艺术出版社，2002：6.
③ 张雄，刘倩．马尔库塞的政治经济学批判思想探析［J］．马克思主义与现实，2020（2）：109.

其次，马尔库塞的社会批判理论的核心依然是创造一个理性的社会，但这个理性既来源于德国传统哲学，又有着新的内涵。[①] 一是它既非黑格尔意义上的超验理性，也不是实证主义所采用的抽象逻辑范式，而是根植于 20 世纪具体的人类生存境遇，但同时又超越了这一情境所置身的历史运动形式。二是社会批判理论具有社会转型的深刻意蕴。这意味着它用知识的理性逻辑观照着当下社会寻求改革的内在需要，追求一种"理性化社会转型"。三是它所借助的批判路径，是从经济现实出发，上升到政治领域与哲学追问，追求经济的政治与哲学的最高实现。在这个意义上，马尔库塞的社会批判理论的批判逻辑、具体内容与最高宗旨体现了对马克思政治经济学批判资本与精神对立的主题的当下延续与问题域转换。

（三）社会批判理论深刻反映马克思政治经济学批判所具备的社会复杂系统的批判功能

马尔库塞的社会批判理论深刻地反映了马克思政治经济学批判所具备的社会复杂系统的批判功能，体现为一种风格独特、新颖的总体性批判。马克思对资本主义社会的批判涵盖经济、政治、宗教、文化、社会等诸多领域，关涉社会各界面的思考，从对自由竞争时代资本座架世界的本体论批判，上升到拷问人类生存境遇的原则高度与人类如何追求世界历史进步的哲学反思，进而揭示出历史唯物主义社会的发展观。[②] 马尔库塞的社会批判理论辩证地吸收、承接了马克思政治经济学批判这一社会旨向的时空链条。首先，马尔库塞终生积极关注当代各种社会思潮，他创造性地对马克思唯物史观、卢卡奇社会批判理论、弗洛伊德精神分析理论进行了全新的阐释与融合，并对诸如实证主义、唯心主义等思想运动进行批判，目的在于"发展出一种最终以人类解放为旨归的对人类控制的元批判而致力于持续不断地重估批判理论效力的哲学尝试"[③]，以符合 20 世纪的人类多向度、多维度潜能的需求。在学者道格拉斯·凯尔纳看来，这种"综合性强同时又契合历史的批判理论，有能力直面当代文明由于在资本主义制度下

---

① 参见刘倩. 马尔库塞的政治经济学批判思想探析［D］. 博士学位论文，上海：上海财经大学，2020：53.

② 张雄，刘倩. 马尔库塞的政治经济学批判思想探析［J］. 马克思主义与现实，2020（2）：109.

③ 赫伯特·马尔库塞. 马尔库塞文集（第五卷）：哲学、精神分析与解放［M］. 黄晓伟，高海青，译. 北京：人民出版社，2019：2.

持续不断地伤害人类与非人类的生命而带来的各种问题"①，由此建立起独树一帜的批判意识。其次，晚期资本主义社会中，新的消费形式、技术权力等带来的泛物质社会使得"资本的流通与交换过程从市场领域日益蔓延至越来越多的生活领域"②，因而批判的对象也并不局限于某个单一领域，而是表现为"作为非理性的社会总体"形势下的"社会复杂系统的总体性批判"。由此，马尔库塞提倡一种"总体革命"。这种对总体革命的强调不是一种对于早期马克思主义的简单回归，毋宁说是为了重新焕发出马克思政治经济学批判所具有的不间断的批判功能，贯穿两者之间的是一种独特的人类学视域，它批判单一的资本座架的物质通道，呼唤一种多向度的人类生存空间。因此，"主—客体关系，心理、社会、自然之间的辩证法，以及或许是最重要的，科学技术理性对人类生活的影响，都只不过是马尔库塞在其不断演进的社会批判理论框架下以新方式再度阐发哲学及社会问题的若干实例"③。

二　社会批判理论与马克思政治经济学批判的五点不同之处

在以马克思政治经济学批判为轴心的坐标系中，马尔库塞的社会批判理论以对后工业社会的重大社会转型的敏锐触觉彰显出与马克思政治经济学批判的不同，概括起来包括以下五个鲜明特征④。

一是由时代转换导致的哲学追问的主题和话语的不同。海德格尔曾经深刻地指出，"哲学只具有一项任务，那就是：跟随一个时代，用思想性的表述和所谓概念、甚至用一个'体系'来传达这个时代的过去和当前"⑤。哲学批判的问题域随重大的时代精神转换而转变，马克思处在 19 世纪刚性的物性化生产的大工业资本主义时期，剩余价值、异化劳动和资本宰制社会导致了日益严峻的阶级斗争、生态危机与劳资关系的对立，因而他的政治经济

① 赫伯特·马尔库塞. 马尔库塞文集（第五卷）：哲学、精神分析与解放 [M]. 黄晓伟，高海青，译. 北京：人民出版社，2019：2.
② 赫伯特·马尔库塞. 马尔库塞文集（第六卷）：马克思主义、革命与乌托邦 [M]. 高海青，等译. 北京：人民出版社，2019：7.
③ 赫伯特·马尔库塞. 马尔库塞文集（第五卷）：哲学、精神分析与解放 [M]. 黄晓伟，高海青，译. 北京：人民出版社，2019：2.
④ 以下五点内容参见张雄，刘倩. 马尔库塞的政治经济学批判思想探析 [J]. 马克思主义与现实，2020（2）：109-110.
⑤ 马丁·海德格尔. 尼采 [M]. 孙周兴，译. 北京：商务印书馆，2003：778.

学批判的问题域指向对工业资本主义货币化生存世界的批判，揭示了资本与精神二律背反的资本主义社会反人性的基本矛盾。马尔库塞面临的 20 世纪下半叶的后工业社会中，消费社会、高度垄断的技术资本以及新"工人阶级"的产生导致资本与精神的对立从外在的生产劳动形式的冲突变成了内在的心理文化的冲突，因而他的社会批判理论的问题域指向晚期资本社会高技术与高情感如何达到平衡、单向度的人如何过渡到全面发展的人、社会发展如何实现新的哲学审美与心理能量如何升华的问题。

二是批判逻辑的路径演绎不同。马克思政治经济学批判是从思辨的哲学批判走向对现实的经济问题的思考与批判，而马尔库塞政治经济学批判是从经济领域到政治领域最终上升到哲学的思辨领域的分析与批判，其路径演绎是从对后工业社会经济界面的抽象分析入手——揭示经济本质所反映的政治新形式——对当代人异化的生存境遇的哲学形而上高度的追问，由此完成对发达资本主义社会的本质的批判。

三是对异化问题的理解不同。马克思对资本主义异化的分析聚焦于生产领域的劳动异化，表现为《1844 年经济学哲学手稿》中论述的劳动的异化、劳动产品的异化、人的类本质的异化以及人与人关系的异化[①]，深刻反映了自由资本主义时代资本与雇佣劳动之间激烈的对抗关系。而马尔库塞对异化的理解从劳动领域延伸至需求领域，认为在日益增强的技术进步的全面支配下，异化已经成为日常生活的普遍趋势。人的多向度的需要与能力在对技术主义所带来的物质主义的盲从与追逐中被忽略与遗忘，导致作为人的本质存在的爱欲受到严重压抑，社会的总体性存在沦为异化的宰制对象，反映了晚期资本主义社会高度异化的本质。

四是对阶级分析的读解不同。马克思政治经济学批判是根植于深度对立的劳资关系而产生的一种无产阶级革命学说，有着非常强烈的无产阶级指向。但在马尔库塞时代，资本主义生产过程的自动化与智能化发展一方面在生产和生活领域极大地改善了传统工人阶级的整体生存状态，由此带来深刻的社会结构变革，即中产阶级的壮大；另一方面，导致劳资对立的根本的制度性因素并没有因为这一过程而消失，毋宁说在生产方式的深刻转型中变得更加复杂与隐蔽，不再那么简单、直接地显现了。所以，马尔库塞的阶级学说相应表现为对作为生产类型的无产者如何在 20 世纪下半叶转变为一种新

[①]　马克思恩格斯文集：第 1 卷［M］. 北京：人民出版社，2009：156-164.

型革命力量的积极思考与深度探寻，是对阶级对立、矛盾对抗以及转化关系的革命新形式的一种全新的理论阐释。

五是借助的批判工具不同。马克思的方法论工具是鲜明的唯物史观思想，马尔库塞采用的则是以文化和心理学分析为手段，从文化心理学和工业心理学切入的一种分析视域。

第三节　马尔库塞政治经济学批判思想内容概述

20 世纪下半叶以来，随着资本主义世界逐渐步入日益平稳的"黄金时代"，马尔库塞的社会批判理论也进入成熟发展期，形成了多角度、多领域融合的鲜明特色：从后工业社会新的经济现实入手，深刻解析其新倾向并抽象出经济界面的本质特征，进而从经济利益逻辑向政治利益过渡，揭示新形势下"革命主体"的现代样式[①]，最后上升到如何解决晚期资本主义社会高技术与高情感失衡带来的人的自由与解放的哲学审美问题。

一　经济界面的本质抽象

20 世纪 50 年代以来，西方社会进入后工业时代，社会存在的本体论呈现出种种新特征。在经济领域中，生产与消费的关系发生了变化，从马克思意义上的辩证统一关系，变成了消费对生产的牵引与驱动，后工业社会同时又被称为"消费社会"。对于这场革命性的剧变，美国学者大卫·理斯曼在《孤独的人群》中曾经评价道：自中世纪以来，西方世界一共发生了两场革命，"第一次革命在过去的 400 年里荡涤了统治人类大部分历史的以家庭或家族为核心的传统生活方式。这次革命包括文艺复兴、宗教改革、反宗教改革、工业革命以及 17、18、19 世纪的政治革命等。这次革命当然仍然在进行中，但在最发达国家，尤其在美国，这次革命正让位于另一种形式的革命——即随着由生产时代向消费时代过渡而发生的全社会范围的变革"[②]。这表明，消费社会是后工业社会经济结构的新特征，反映了资本主义国家的最新成就。关于经济现象呈现的这一新特质，马尔库塞进行了深入的反思与探究。

---

①　赫伯特·马尔库塞. 马尔库塞文集（第六卷）：马克思主义、革命与乌托邦 [M]. 高海青，等译. 北京：人民出版社，2019：237.

②　大卫·理斯曼，等. 孤独的人群 [M]. 王崑，朱虹，译. 南京：南京大学出版社，2002：6.

在他看来，消费社会的内容主要包括以下三个方面。

第一，消费社会所信奉的高生产与高消费准则，带来了高度发达的物质文明。在这个意义上，它代表着晚期资本主义开始进入"人对物的依赖"这一马克思提出的人类社会第二大形态的成熟阶段。马尔库塞认为，"对消费来说，重要的不是生产出来的东西的获得，而是对活的东西的欢愉"①。新技术革命带来的新型生产力的不断飞跃，形成了高度社会化与规模化的规模经济，商品和服务的形式无所不包。经济学家乔治·卡图纳指出，"今天在这个国家里，对大多数人而言衣食住行的基本生活标准有了保障。除了基本的生活需要之外，从前的奢侈品如拥有私房、耐用品、旅游、休闲和娱乐不再只是限定在少数人身上了。芸芸大众全都参与到对这些物品享受中，并表现出对这些物品的最大的需求"②。因而，消费不再仅仅追求对物的功能性的满足的获得，更重要在于，它已经成了一种生活方式，一种世界观与价值观。

第二，马尔库塞指出，消费的内涵从一种单纯的经济行为过渡到一种重要的社会存在方式依赖于其心理预设的转变，即从"内心世界的禁欲主义"过渡到了力比多释放的函数。"'内在世界的禁欲主义'在后资本主义已不再是一种推动力量；它已成了为维护这个制度而效力的一种羁绊。凯恩斯就这样谴责过它。无论在什么地方，只要它会阻碍剩余商品的生产和消费，它对'富裕的社会'来说就是危险的……那种内在世界的禁欲主义，已不再是作为生产力发展某一阶段上资产阶级的生活行为了。"③ 在《新教伦理与资本主义精神》一书中，马克斯·韦伯曾经将禁欲节制的理性化生活视为资本主义早期资本积累形成的重要因素。然而，这种"资本主义精神"在20世纪30年代被凯恩斯主义取而代之了。提倡刺激消费、增加投资与扩大开支的凯恩斯主义，不应当仅仅被视为一种解决大萧条问题的经济策略，更重要的在于，它开启了消费主义的新时代，"击垮了个人层面的节俭准则和国家层面的平衡预算原则，催生了新的经济伦理，即'消费先行于积累之前，不断地向前逃逸，强迫的投资、加速的消费、周期性通货膨胀……人们

---

① H. 马尔库塞，等. 工业社会和新左派 [M]. 任立，编译. 北京：商务印书馆，1982：95，马尔库塞援引 J. 洛茨纳的话.

② Katona, G. *Mass Consumption Society* [M]. New York：McGraw-Hill；1964.

③ 赫伯特·马尔库塞. 现代文明与人的困境——马尔库塞文集 [M]. 李小兵，等译. 上海：生活·读书·新知三联书店上海分店，1989：82-83.

先购买，再用工作来偿还'"①。晚期资本主义社会中，消费的心理学预设的转变导致消费从一种经济行为变成了一场心理学革命，消费作为"力比多释放的函数"②，从肉体行动深入人的精神和心理领域，对人的行为与思想进行操控。

第三，消费从解决经济危机的一种手段上升为重要的社会存在尺度和主导方式，这意味着消费不再作为一种普遍意义上的社会经济行为，其本质是消费异化。马尔库塞认为，消费异化的关键秘密在于"虚假需求"对真实需求的替代。所谓"虚假需求"，是指那些"为了特定的社会利益而从外部强加在个人身上的那些需要，使艰辛、侵略、痛苦和非正义永恒化的需要"③；"现行的大多数需要，诸如休息、娱乐、按广告宣传来处世和消费、爱和恨别人之所爱和所恨，都属于虚假的需要这一范畴之列"④。通过模糊与真实需求之间的界限，借助文化工业和产业向社会生活的全方位侵袭，消费异化源源不断地创造出虚假需要的循环体系，将人裹挟在追求极致物质享受的单一通道中，并将这样一种被塑造、被形塑的虚假的存在方式视为真实的存在。

消费成为后工业社会经济界面的主导因素，背后更深的原因来自高度垄断和高度技术化的资本构成的本质。20 世纪以来，资本运行形式从早期垄断资本主义过渡到战时的国家垄断资本主义，并于战后呈现出新的发展趋势。针对后工业社会的资本运行状况，马尔库塞曾经指出，"在经济集中和政治集权的最新阶段，各经济领域的资本主义企业是服从于整个资本的要求的。这一服从是通过两条互相密切联系的途径实现的：一条是通过服从于垄断竞争条件的普通的经济过程（增长着的资本有机构成；对利润率的压力）；一条是通过'国家管理'"⑤。后工业社会中，国家垄断资本主义进入高度发达的垄断阶段，表现为两个方面的特征。

---

① 张雄，曹东勃. 拜物逻辑的批判：马克思与波德里亚 [J]. 学术月刊，2007（12）：35.
② 张雄，刘倩. 马尔库塞的政治经济学批判思想探析 [J]. 马克思主义与现实，2020（2）：111.
③ 赫伯特·马尔库塞. 单向度的人——发达工业社会意识形态研究 [M]. 刘继，译. 上海：上海译文出版社，2008：正文 6.
④ 赫伯特·马尔库塞. 单向度的人——发达工业社会意识形态研究 [M]. 刘继，译. 上海：上海译文出版社，2008：正文 6.
⑤ H. 马尔库塞，等. 工业社会和新左派 [M]. 任立，编译. 北京：商务印书馆，1982：86-87.

其一，跨国公司成为高度垄断资本运行的特殊模式。在 20 世纪初的早期垄断资本主义时期，跨国公司的雏形就已经出现，即帝国主义时期为了争夺海外市场的国际垄断同盟，例如国际卡特尔、辛迪加、托拉斯和康采恩，等等。后工业社会中，新型生产力的发展同样离不开垄断组织的运行，因为资本逻辑的扩张必然联结着资本的政治权力实体。在社会政治控制越发一体化的整体趋势下，垄断资本的增殖必然要借助融合了政治权力的新型政治实体来实现，但相应地，资本利益的集聚方式也发生了变化，变成了大型跨国公司、国际垄断集团等国际性资本运作的新形式。对此，马尔库塞指出，"在全球体系中，跨国公司避免了竞争性冲突的爆发。这种全局的资本主义政策很大程度上取得了成功。小资产阶级和中等资产阶级屈服于垄断资本，这并未导致他们的'无产阶级化'。资本主义的物质成就，它的具有决定意义的力量，再加上明显缺乏一种更好的替代品，这两方面使资本主义体系得到了巩固"①。相比于早期垄断资本时期的国际垄断组织，跨国公司的特征在于，一是呈现出金融化、异质性、多样化等新特征，其资本输出方式从早先对海外殖民地的赤裸裸的直接抢夺，转变为更为隐蔽的剥削与压迫形式；二是与科学技术的发展紧密关联。姜圣复指出，"跨国公司和技术变革的关系具有双重性。一方面，跨国公司是技术发展的主角；另一方面，它们还同时受到技术发展的重大影响。实际上，跨国公司的重要性之所以与日俱增，一个主要原因便是技术发展，至于它们那些越来越具有全球性的公司战略，多半也是为控制新技术的开发和使用"②。不仅如此，技术理性还作为一种生产方式统摄着跨国公司的内在运行逻辑，从接下来对技术资本特征的分析中能够更为清晰地看到这一点。

其二，技术资本的新形式。技术资本在马克思时代就已经出现，但彼时的资本问题主要反映为劳动领域中的劳动异化。而随着 40 年代以来资本不断走向高端的技术资本这一新形式，技术资本开始呈现出新特征，主要包括以下三个方面。首先，马尔库塞认为，现代技术是一个社会过程。"技术被认为是一个社会过程，其中，特定的技艺（即工业、运输、通信的技术装

① 赫伯特·马尔库塞. 马尔库塞文集（第六卷）：马克思主义、革命与乌托邦 ［M］. 高海青，等译. 北京：人民出版社，2019：509.

② 姜圣复. 跨国公司——当代占统治地位的企业制度形态 ［J］. 财经问题研究，1998（6）：23.

置）只是一个组成要素"①；"技术，是一种生产方式，是代表机器时代的工具、设备与发明物的总体，因此，它同时也是一种组织和维持（或改变）社会关系的方式，一种流行的思维和行为模式的表现形式，一种控制与支配的工具"②。这表明，后工业社会中，技术不再仅仅是一种证明人类生存智慧的历史性筹划，它更变成了适应高度垄断的新型生产力发展的一种技术统治深入存在的本体论层面，管理与支配着人的行为和思想。其次，技术逻辑的本质是资本逻辑，前者通过资本逻辑的传递过渡到国家权力。技术社会里，技术运动方向即资本所设定的方向，是资本的逐利动机而非其他驱使着技术的发展，而资本权力又是国家权力的集中体现。"资本逻辑一方面操控着技术逻辑，另一方面又通过技术逻辑回到资本逻辑本身并向国家权力过渡。"③ 最后，马尔库塞认为，技术资本的新形式还体现在其所创造的一种"顺从机制"。通过使社会生活各领域变成一种理性的、权宜的生活系统，技术"形成人们日常生活的默会知识，因而由习俗过渡到权力的社会文化、心理、规则和制度安排"④。技术理性对后工业社会生产方式和生活方式的全方位统摄，使得技术秩序扩散到社会秩序，最终形成一种技术拜物教。

这样一种高度垄断与高度技术化资本逻辑的运行，导致马克思意义上的剩余价值的生产机制也发生了变化。马克思和马尔库塞都对"剩余"这个政治经济学范畴进行了诠释，但时代背景的不同使得各自的阐释呈现出新的特点。马克思的"剩余"指剩余价值，是资本家无偿占有劳动者创造的所有财富，体现了资本主义社会中劳资关系的剥削性质。马尔库塞的"剩余"指鲁道夫·巴罗提出的"剩余意识"，是"在晚期资本主义的生产方式的冲击下男男女女的实际行为中所表现出来的心理能量的特质"，是"除了既定的生产关系中所必需的异化活动每天都要消耗的能量之外的能量"⑤。很显然，剩余意识比剩余价值的外延和内涵更为广阔，既包括马克思意义上的

① 赫伯特·马尔库塞. 马尔库塞文集（第一卷）：技术、战争与法西斯主义［M］. 高海青，冯波，译. 北京：人民出版社，2019：50.
② 赫伯特·马尔库塞. 马尔库塞文集（第一卷）：技术、战争与法西斯主义［M］. 高海青，冯波，译. 北京：人民出版社，2019：50.
③ 张雄，刘倩. 马尔库塞的政治经济学批判思想探析［J］. 马克思主义与现实，2020（2）：111.
④ 张雄，刘倩. 马尔库塞的政治经济学批判思想探析［J］. 马克思主义与现实，2020（2）：111.
⑤ 赫伯特·马尔库塞. 马尔库塞文集（第六卷）：马克思主义、革命与乌托邦. ［M］. 高海青，等译. 北京：人民出版社，2019：507.

劳动剩余价值，也包括非劳动性质的剩余价值；既包括肉体创造的剩余，也包括心灵生产的剩余；既包括有形物的存在，也包括无形的心理感受。因此，从剩余价值到剩余意识的转变，揭示了晚期资本主义社会中扩大化了的资本剥削的实质。剩余不再仅仅锁定在剩余劳动、剩余产品、剩余时间的内涵，而是超出了这一范围，具有更为广阔的意义：剩余不仅仅存在于经济领域，同时也存在于文化领域、政治领域、社会心理领域和审美领域等社会生活各个领域。它既是后工业社会经济界面的重要范畴之一，也代表了一种存在方式和生存境况。它提示我们，晚期资本主义社会中，剥削已经遍及社会生活的一切领域。在这个意义上，马尔库塞的剩余有着更为丰富与广阔的内涵。

二　政治形式的新变化

马尔库塞从后工业社会的经济界面抽象出来的三个本质范畴：消费、高度垄断和高度技术化资本以及剩余意识，不仅仅体现了其经济领域的本质特征，更蕴含着从经济利益向政治利益嬗变的逻辑关系。因此，其政治经济学批判也从第一阶段的经济批判上升到了对政治本质的追问，即对政治形式的新变化的揭示，主要包括以下三个方面。

第一个政治新形式是利益高度集中、权力高度垄断，表现为三个特征。①后工业社会中，消费的本质是国家统治的新形式。马尔库塞指出，"消费社会是一种形式，在这种形式中，处于最先进阶段的垄断国家资本主义进行着自我再生产"①。这表明，消费不再仅仅作为资本主义经济循环系统中的一个环节存在，而是变成了一种具有文化霸权内涵的消费意识形态，显示了高度垄断的资本逻辑运行建构全新社会价值体系的内在诉求。正如著名学者鲍德里亚所指出的那样，"消费社会也是进行消费培训、进行面向消费的社会驯化的社会——也就是与新型生产力的出现以及一种生产力高度发达的经济体系的垄断性调整相适应的一种新的特定社会化模式"②。所以，借助虚假需求所炮制的消费幻象，以及文化工业与大众传媒工具的推波助澜，消费从对商品的占有和购买上升到一种社会支配系统，其所形成的社会潜意识控制着人的内心潜意识，由此建立起微观政治学意义上的国家统治的新图式。

---

① H. 马尔库塞，等. 工业社会和新左派 [M]. 任立，编译. 北京：商务印书馆，1982：98.
② 让·鲍德里亚. 消费社会 [M]. 刘成富，全志钢，译. 南京：南京大学出版社，2014：63.

②马尔库塞认为，高度垄断资本及其技术化趋势的本质是一种新"极权主义"。对此，他曾经指出，"当代工业社会，由于其组织技术基础的方式，势必成为极权主义"①。在这里，马尔库塞揭示的是晚期资本主义社会中，由技术理性、资本逻辑和政治理性三者共谋形成的国家统治新形式的本质。在高科技驱动的信息社会中，技术理性不仅仅代表一种追求最高利润与效率的行为准则，更重要的在于，它所内涵的统一性、标准化、理性化、权宜性进而成为规范人的行为乃至思维的唯一标尺。因此，表面上看，技术理性是产业与产业之间的互动与竞争导致的结果，但实质上蕴含着更深的意蕴，反映了"社会资本权力的高度流转和博弈关系。其中，技术理性的狡计里深藏着政治理性的狡计"②。技术理性背后是资本逻辑，然而资本逻辑背后是政治理性这一高度垄断资本主义时代国家权力统治的新工具。在技术理性、资本逻辑和政治理性共同构建的新"极权主义"社会中，人们对现存秩序的一切不再质疑，而是满足于对技术理性打造的舒适且合理的生活世界的享受，由此丧失了批判性与否定性，被一种肯定性思维裹挟。这种新"极权主义"，其特征是一种"非恐怖的经济技术协作"，因而它并不表现出激烈、暴动、恐怖的特征，相反，它以"润物细无声"的更加间接、更加隐蔽、更加模糊的方式统摄人的肉体与心灵，但其本质依然是极权主义。③马尔库塞对剩余意识的分析，既揭示了晚期资本主义社会中剩余价值的新形式，以及资本主义剥削空间的扩大化的事实；同时，剩余意识还反映了上述所讲的新"极权主义"的心理学逻辑预设，即国家的新型剥削与控制系统的特征。马尔库塞指出，"由于找不到令人满意的、有效的实现方式"，剩余意识"在依赖性人群中变成了沮丧意识、屈辱意识和浪费意识。同时，资本主义大生产通过展示它能够提供大量的商品，而不只是生活必需品，甚至不只是便利设施，给这种意识带来了持续的刺激"③。这说明，晚期资本主义社会中，资本的剥削与压迫方式已经从外部激烈的劳资关系的对抗，变成了对内部心理能量的升华与释放的压抑。尽管表面上，新型生产力看似借助永不停

① 赫伯特·马尔库塞. 单向度的人——发达工业社会意识形态研究 [M]. 刘继，译. 上海：上海译文出版社，2008：4.
② 张雄，刘倩. 马尔库塞的政治经济学批判思想探析 [J]. 马克思主义与现实，2020（2）：113.
③ 赫伯特·马尔库塞. 马尔库塞文集（第六卷）：马克思主义、革命与乌托邦 [M]. 高海青，等译. 北京：人民出版社，2019：507-508.

歇的生产与消费,为这些心理能量提供了宣泄的对象及途径,但实质上,其目的在于源源不断地制造出更多更新的心理能量,由此构成发达资本主义社会维持其自身剥削与控制机制运转所依赖的新动力①。

第二个政治新形式是革命概念的新内涵。首先,马尔库塞认为,晚期资本主义社会中,政治领域的封闭性日趋加深,表现为政治对立面的一体化特征。一方面,不同政党之间的对立和斗争趋向和缓和一致,通过暴力夺取政权的做派一去不复返,"在国际共产主义的威胁下,外交政策上的两党合作跨越了竞争性的集团利益;两党合作也扩展到国内政策方面,各大党的政纲变得越来越难以分别,甚至在其伪善程度和陈腐气味方面也是如此"②;另一方面,曾经作为社会变革主导力量的无产阶级,随着新型生产力带来的生产关系、劳动关系和生活方式等方面的变化,而逐渐融入资本主义高度异化的一体化进程中,"对立派别的一致包容了制度进步所依赖的那些阶层,就是说,包容了其存在曾经表现为整个制度的对立面的那些阶级"③,因而丧失了其批判性、否定性与革命性。其次,在这样的一维政治及其意识形态的裹挟中,晚期资本主义社会是否依然存在彻底变革的可能呢?马尔库塞对这个问题进行了深入探究。在他看来,后工业社会里,革命的内涵已经发生了变化。马克思时代,革命意味着贫困和匮乏的暴力革命,暴力是"每一个孕育着新社会的旧社会的助产婆"④。马克思时代的无产阶级革命之所以必须是阶级暴力行动,是由于激烈对抗的劳资关系以及无产阶级自身乃是资本主义内在否定性的产物,因而唯有通过暴力革命的方式,他们才能够彻底打破资本主义私有制关系以及剩余价值生产对其存在的剥削与压迫,才能够从"一个并非市民社会阶级的市民社会阶级"的桎梏中挣脱出来,寻求一个更加属人的、更加理想的与更加美好的社会。但是,马尔库塞认为,马克思意义上的革命概念在晚期资本主义时代被扬弃了,转变为"'富裕'和过剩体

---

① 张雄,刘倩. 马尔库塞的政治经济学批判思想探析 [J]. 马克思主义与现实,2020 (2):113.

② 赫伯特·马尔库塞. 单向度的人——发达工业社会意识形态研究 [M]. 刘继,译. 上海:上海译文出版社,2008:正文 17.

③ 赫伯特·马尔库塞. 单向度的人——发达工业社会意识形态研究 [M]. 刘继,译. 上海:上海译文出版社,2008:正文 17-18.

④ 马克思. 资本论:第 1 卷 [M]. 中共中央马克思恩格斯列宁斯大林著作编译局,译. 北京:人民出版社,2004:861.

制的危机"①。一方面，发达工业文明中的社会生产力及其组织水平已经远远超越了自由资本主义时期，因而革命在后者阶段的外延与内涵不再直接适用于晚期资本主义的状况。但另一方面，发达工业文明所对应的富裕社会依然充满了种种冲突与矛盾，资本与精神对立并没有完全消失，而是发展出新的剥削与压迫形式，"它们就隐藏在消费社会的野蛮、暴力和伪善当中，隐藏在富裕社会的攻击性、侵略性和非人道当中，隐藏在资本对人性的多向度需求与全面发展的权利的剥夺当中"②。因此，在追问当代人类生存境况这个意义上，富裕和过剩体制带来的种种满足与享受同时又意味着痛苦和压抑，因而同时蕴含着新的革命潜能。在马尔库塞看来，唯有对这样一种二律背反的现存秩序进行彻底的"大拒绝"，人类才能够获得真正的自由与解放。

第三个政治新形式是新"革命主体"。马尔库塞从政治对立面的一体化到革命内涵的重新阐释，最终过渡到对新形势下革命主体的样式的揭示，包括以下两个方面。一是马克思意义上的革命主体正在不断淡化，不断隐匿。马克思认为，革命主体必须是无产阶级，因为：①他们一无所有，处于贫穷与困苦的边缘；②他们反映了大工业生产的最新形式，特别具有组织性、战斗性与革命性；③他们只有消除自己才能彻底消灭阶级社会，拥有伟大的胸怀。③ 但是，晚期资本主义社会中，马克思意义的无产阶级的物化形势正在日益加剧。早在 20 世纪初，卢卡奇就提出过无产阶级阶级意识的物化问题，认为"物化意识"是导致当时欧洲工人阶级革命未能取得胜利的根本原因。20 世纪下半叶以来，随着西方资本主义国家步入高速发展期，无产阶级的物化程度进一步加深，变成了"去无产阶级化"，"不仅表现在生活水平的提高上，还表现在消费水平的提高上"④。因此，马克思意义上的无产阶级不再直接与逐渐融入资本主义一体化进程中的工人阶级相对应。二是尽管如此，在马尔库塞看来，这并非意味着革命主体的彻底消失，毋宁说是其在新

① 赫伯特·马尔库塞.马尔库塞文集（第六卷）：马克思主义、革命与乌托邦 [M].高海青，等译.北京：人民出版社，2019：248.
② 张雄，刘倩.马尔库塞的政治经济学批判思想探析 [J].马克思主义与现实，2020（2）：113.
③ 参见刘倩.马尔库塞的政治经济学批判思想探析 [D].博士学位论文，上海：上海财经大学，2020：126.
④ 赫伯特·马尔库塞.马尔库塞文集（第六卷）：马克思主义、革命与乌托邦 [M].高海青，等译.北京：人民出版社，2019：506-507.

的历史环境中焕发出一种全新的革命主体样式。晚期资本主义中，当代人类的生存境遇依然处于资本与精神的高度对立的状态中，因而在资本主义制度对人类生存世界、价值观和生活秩序的裹挟与支配之外，同时存在着一种人类自治的新形式的可能。马尔库塞认为，传统无产阶级正在消亡，同时，新的革命主体正在孕育与生成。他认为，新革命主体是这样一群人，"它是这样的一个阶级或团体，即由于其在社会中的地位及所发挥的作用，它有迫切地需求并且敢于拿它在既定制度中所拥有的以及能够获得的东西为赌注来冒险，以便取代该制度——这场彻底的变革确实会涉及对现存制度的破坏和废除。我想重申的是，这样的一个阶级或团体必须对革命有迫切需求，并且即使其能力不足以完成这样一场革命，至少也必须有能力去发动它"①。因此，新革命主体具有以下两个方面的特质：其一，他们拥有与资本主义需求与价值体系截然对立的属性，拒绝通过修正或改良方式向既定秩序"妥协"；其二，他们拥有激进的对抗意识，怀有迫切革命的意愿。在这个意义上，马尔库塞指出，新革命主体应当包括以下两个部分。首先是那些在资本主义制度边缘徘徊的少数派群体，主要包括知识分子和学生群体中现存制度的反对者。"这些团体的意识和需求还未被支配系统一体化，因此，他们仍有能力、有意愿去发展一种激进的意识。他们意识到了变革的迫切需求，不仅要变革制度、变革生产关系，还要变革作为特定类型人的革命主体本身，变革他的价值和抱负。"② 其次是产业工人阶级中的少数反抗者。由于工人阶级依然是资本主义制度在"本体论"上的对手，因而，他们依然是潜在的革命主体。当这两种力量结盟并形成能够引起质变的推动力的时候，他们就成了发达工业文明中的新"革命主体"，形成彻底变革现存秩序的新的革命潜力。

三　经济问题与政治问题的哲学追问

在经过了经济界面的批判与政治界面的批判之后，马尔库塞的政治经济学批判进入第三个也是最后一个阶段：哲学批判。他的政治经济学批判的哲学追问在于，在晚期资本主义这样高度异化的社会中，如何能够实现马克思意义上的人的自由与全面发展呢？在马尔库塞看来，晚期资本主义社会的二

---

①　赫伯特·马尔库塞. 马尔库塞文集（第六卷）：马克思主义、革命与乌托邦［M］. 高海青，等译. 北京：人民出版社，2019：237-238.
②　赫伯特·马尔库塞. 马尔库塞文集（第六卷）：马克思主义、革命与乌托邦［M］. 高海青，等译. 北京：人民出版社，2019：239-240.

律背反主要体现在物质充裕与精神匮乏这对矛盾范畴中。由此，他从"单向度的人与单向度社会"、"爱欲与文明"以及"审美救赎"三个方面，对发达工业文明中的人类生存境况进行了鞭辟入里的剖析，彰显了其政治经济学批判的最高境界。

第一，单向度的人与单向度社会。1964年，马尔库塞出版了《单向度的人》这本书，在当时立即引起了极大轰动，尤其是在知识分子与青年学者中间广泛传播，一举成为60年代的激荡世事的重要理论指南与精神指引，直到今天，其所提出的"单向度"这一范畴不仅依然有效，而且称得上对物质文明与精神文明之间的分裂、悖反、矛盾与冲突所做的最为深刻的概括之一。

晚期资本主义社会是一个富裕社会，但这个社会集聚着诸多危机，具有严重的攻击性。毋庸置疑的是，当代社会的一个重要特征是富裕，20世纪50年代以来的美国社会是其典型。马尔库塞指出，富裕社会具有四个方面的特征："一、工业技术力量的高度发达，这一力量大部分被用来生产和分配奢侈品，被用来玩乐，挥霍，'有计划地消费'日用品，和用到军事和半军事方面上去——换句话说，用到了经济学家和社会学家们通常所指称的'非生产'品和服务行业上去了；二、生活水平的提高，甚至连非特权阶级也分享到了一部分好处；三、经济和政治权力的高度集中，政府不断加强了对经济生活的组织干预更促进了这一集中；四、科学和伪科学的研究，对个人和集团在工作和业余时间的行为的控制和操纵——对心理，无意识和下意识的行为的研究取得了丰硕成果；为了商业目的和政治目的，这些研究成果得到了充分的利用。"① 富裕社会中，人们的基本物质需要与生存保障已经得到了满足，包括曾经贫困的工人阶级，其生活待遇也得到了很大改善。不仅如此，在新型生产力与高度垄断资本逻辑的运行下，商品的数量和种类源源不断地日益增加与更新，越来越多的非生活必需品、奢侈品充斥着人们的日常生活，从一种有形物变成了操控与支配人的内心潜意识的无形工具。在这个意义上，富裕社会的本质是一个二律背反的社会。"富裕社会既繁荣昌盛，又悲惨不堪，既有生产性，又有破坏性，既高效运转，又低效浪费。"②

---

① H. 马尔库塞，等. 工业社会和新左派［M］. 任立，编译. 北京：商务印书馆，1982：1.
② 赫伯特·马尔库塞. 马尔库塞文集（第五卷）：哲学、精神分析与解放［M］. 黄晓伟，高海青，译. 北京：人民出版社，2019：200.

富裕社会的矛盾性在于：一是巨大的物质利益和满足并没有直接兑换成当代人生活的幸福与快乐，而是夹杂着种种遗憾、痛苦、恶心，是一种极为复杂的心理感受和体验；二是这种分裂的实质，乃是物质享乐主义与人的精神需求之间的严重断裂。在金钱至上、唯金钱是瞻的社会中，人的生存空间完全为物欲所支配、操纵与奴役，人的感性精神空间则被不断挤压、压榨和侵占。由此，一部分人彻底沦为欲望机器的宰制对象，丧失了批判精神、审美意识与人文意识，更遑论创新与创造能力的发挥。作为这一结果，这些人只能在物欲的生产与再生产的循环机制中耗费生命，而无法想象以别者形象存在的世界，从而也封闭了艺术、文化与审美对人的存在的感染与升华。接着，马尔库塞进一步指出，富裕社会的攻击性反映的深层问题是当代人类生存的"单向度"境况。"单向度"，也即"单维度""单界面"，指从单一视域看问题。马尔库塞认为，人的存在本来应当是多向度、多维度与多界面的，但在晚期资本主义开启的富裕社会中，人的存在变成了单一的物欲通道，也即马克思意义上的"拜物教"在 20 世纪下半叶的翻版。"人类不再以双向度的形态存在，而是变成了单向度的人。现在的现实只有一个向度……它成了一种缺乏实体的现实。"① 高度垄断及其技术化的资本构成破坏了物质与精神构建的双向度世界，人的精神维度被剥夺，只剩下追逐物质的单向度存在。单向度的人是丧失了批判性、否定性与超越性精神的人，单向度社会是彻底由物欲统摄的单一社会。最后，"单向度"范畴的提出，既反映了马尔库塞对晚期资本主义社会资本与精神对立的新特征——物质充裕与精神匮乏的精准把握与判断，又蕴含着马尔库塞对当代人类生存境况的深切忧患。不仅如此，现实的人类生存遭遇反过来又印证了马尔库塞的担忧，激发、驱使着他对晚期资本主义时代社会存在的本体论进行更深入的剖析，由此写下了《爱欲与文明》《单向度的人》《论解放》等一系列政治经济学批判经典著作，形成了独具一格的政治经济学批判意识。

　　第二，在这样一种单向度的人类生存境况中，人们又应该如何实现真正的自由与解放呢？早在 50 年代，马尔库塞就在《爱欲与文明》中勾勒出了一个非压抑性社会的前景，并且从未放弃对如何调和爱欲与文明之间对立矛盾问题的思考。表现在以下三方面。①马尔库塞认为，晚期资本主义社会

---

① 赫伯特·马尔库塞. 马尔库塞文集（第五卷）：哲学、精神分析与解放 [M]. 黄晓伟，高海青，译. 北京：人民出版社，2019：188.

中，压抑的俗化趋势与日俱增。"现在，我们处在文明高度发达的阶段，社会是通过扩大自由与平等来迫使个体屈从于社会要求的，或者说，现实原则是通过扩大了的但却仍受控的俗化来发挥效力的。"① 伴随着后工业时期高度发达的商业文明到来的大众文化时代，不仅通过对高层文化的大规模蹩脚复制模糊了两者的界限，还使象征理想、超越的高层文化逐渐被肯定与维护现实的大众文化不断"俗性化"。因此，人类的价值系统越来越趋向于对追求物质享乐及其现存价值秩序的认同，而非质疑。②马尔库塞认为，导致压抑的俗化的深层原因，乃是晚期资本主义社会所依赖的社会心理学结构发生了变化。他指出，"发达工业社会的全面变革同时伴有原始心理结构的基础性的变革。从整个社会来看，技术进步以及相互敌对的社会制度在全球范围内同时存在使经济与政治主体的角色与自律性过时了。结果就是自我在大众中并通过大众形成了。不过这要依靠技术与政治管理中的那个客观的、物化的领导层"②。这一变化有两点内容。一是个体心理的社会化，从弗洛伊德意义上的"父权统治"转变为直接社会化。古典精神分析模式认为，父权领导的家庭是推动人从快乐原则的本我逐渐走向由现实原则的自我和超我的主导驱动力。但随着人类进入高度技术化的发达工业社会，家庭所具有的这一"教育"职能，逐渐被学校、团体和大众媒体等社会组织机构取代，它们功能齐全，是更为专业、更具权威且更具支配与控制能力的领导机制，因而其对人的社会化规训也更为深入、更为彻底。二是相应地，大众心理的形成亦从对某个具体的"领袖"的膜拜转向了对更为庞大、抽象以及无所不包的意识形态的屈从。"权威已经不再体现在个人身上"，而是体现在"占支配地位的生产机构"，包括"整个生产流通过程中的厂房，这一过程中用到的技艺、技术和科学，以及维持和推动这一过程的社会劳动分工"③。这样双重维度的压抑使得大众社会中的个体丧失了其存在的本质，变成了一个个毫无个性的原子，自我严重萎缩，自我理想也被彻底集体化与同质化，大规模的俗化趋势最终导致了人类社会作为一个整体向原始形态的复

① 赫伯特·马尔库塞. 马尔库塞文集（第五卷）：哲学、精神分析与解放［M］. 黄晓伟，高海青，译. 北京：人民出版社，2019：166.
② 赫伯特·马尔库塞. 马尔库塞文集（第五卷）：哲学、精神分析与解放［M］. 黄晓伟，高海青，译. 北京：人民出版社，2019：167.
③ 赫伯特·马尔库塞. 马尔库塞文集（第五卷）：哲学、精神分析与解放［M］. 黄晓伟，高海青，译. 北京：人民出版社，2019：162-163.

归。③在这个意义上，马尔库塞指出，晚期资本主义社会中，人类真正的自由与解放，首先要以心理能量的升华与释放为前提，也即追求爱欲与文明在新时代的统一。这意味着塑造一种"新类型的人"，也即马克思意义上的"全面发展的人"。"他不仅要在精神上并通过精神实现人的潜能，也要在他的感觉中、在他的感性和感受性中并通过感觉、感性和感受性实现人的潜能。"① 其所具有的"新感性"，指的是一种拒绝资本主义既定价值系统的批判意识与否定意识，代表着理性与感性、物质与精神的统一，是一种与资本主义既定秩序截然不同的新的意义系统。"新类型的人"，则能够在新感性的唤醒下冲破现有的物欲桎梏，积极发挥创新与创造能力，即充分发挥自身的潜能来实现自己的多向度需求。"他们富有一种卢梭式的不断追求完善的禀赋与能力，不为某一单向度的欲望、诉求和利益所约束，任何一个单界面在他面前都显示出一种病态、一种苍白，是马克思意义上的全面个体在 20 世纪的发展与复归，从而实现物质文明与精神文明的内在完满。"②

第三，晚年的马尔库塞转向了美学研究——审美的救赎。学术界一些学者把他的审美与艺术领域直接相对等。但笔者认为，马尔库塞的美学观有着更复杂、更深刻的内蕴。①马尔库塞指出，"艺术既受现存的规则制约，又超越着现存的规则"③。在马尔库塞这里，艺术不仅仅是指一种文艺美学层面上的创造，其所具有的对现实的否定、批判与超越赋予了其真理性的内涵。在这个意义上，艺术不单单作为一种审美伦理的价值判断体系，而是一种人类创造的艺术。针对晚期资本主义社会的人类生存境况所提出的"审美救赎"，其实质是将充满遗憾、不满、痛苦的现实作为艺术创作的"质料"进行加工与改造，使之朝更加理想、更加美好的社会形态发展，从而焕发出更加属人意义的美的升华。因而，马尔库塞的美学具有深刻的政治内涵，是对人类未来境遇所做的一种意蕴深远的政治构想。②马尔库塞认为，艺术具有政治实践性，它就蕴藏在艺术审美形式所具有的革命潜力之中。"因此，艺术的政治潜能仅仅存在于它自身的审美之维。艺术同实践的关系

① 赫伯特·马尔库塞. 马尔库塞文集（第六卷）：马克思主义、革命与乌托邦 [M]. 高海青，等译. 北京：人民出版社，2019：444.
② 张雄，刘倩. 马尔库塞的政治经济学批判思想探析 [J]. 马克思主义与现实，2020（2）：116.
③ 赫伯特·马尔库塞. 审美之维——马尔库塞美学论著集 [M]. 李小兵，译. 北京：生活·读书·新知三联书店，1989：213.

毋庸置疑是间接的、存在中介以及充满曲折的。"① "感性的，就在于它包含着对人的感觉经验和接受性的根本变革：让这些感觉经验和接受性从自我强制、唯利是图、以及残害性的生产力中解放出来。从而文化革命远远超出了艺术革命的范围，它撞击到在个体本身之中的资本主义的根基。"② 艺术通过其审美形式打造的艺术世界，既来源于现实，却又在本质上不同于现实，是对现实的一种理想升华。借助这种方式，艺术试图唤醒人类在既定生存环境中被压抑的爱欲和心理能量，激起被压抑的意识和潜意识之中潜藏的变革之种的萌芽，从而开启人们对资本主义现存世界的批判、否定，为日后的彻底变革吹响前奏的号角。③马尔库塞对美学的追求，其实质是对人的全面发展的美学境界的一种大胆联想与创造，从而追求高技术与高情感的平衡。所谓"高技术与高情感相平衡"，是指在晚期资本主义高科技日新月异的社会中，技术的每一次进步同时也会推动人的精神需求从一般意义上的情感过渡到"高情感"。因而，高技术社会中的人类面临着以下的困境，即如何相应激发出这样一种高情感，能够通过不断挖掘自身潜能创造出新的情感培育方式，来弥补硬性的和过于理性的高技术以及物欲支配的世界对人类精神生活的挑战与压迫，从而"把技术的物质奇迹和人性的精神需要平衡起来"③，实现物质与精神的和谐统一。所以，从单向度的人到全面发展的人，再到追求高技术与高情感相平衡命题的美学境界的人，这既是一个完整的形而上的哲学升华过程，同时也彰显了马尔库塞政治经济学批判的最高境界。

小　结

　　站在 21 世纪的今天，重新回顾、审视马尔库塞在 20 世纪留给我们的精神遗产，依然可以强烈感受到其经久不衰的魅力，不仅为把握当代人类生存境遇提供了极具理论价值的历史坐标，而且为指导我们如何更好地解决当下资本与精神对立导致的新问题贡献了重要的实践意义。关于马尔库塞思想所

---

① 赫伯特·马尔库塞. 审美之维——马尔库塞美学论著集 [M]. 李小兵，译. 北京：生活·读书·新知三联书店，1989：206.

② 赫伯特·马尔库塞. 审美之维——马尔库塞美学论著集 [M]. 李小兵，译. 北京：生活·读书·新知三联书店，1989：153.

③ 约翰·奈斯比特. 大趋势——改变我们生活的十个新方向 [M]. 梅艳，译. 北京：中国社会科学出版社，1984：39.

具有的深远影响，许多外国学者也给出了极高的评价。例如，道格拉斯·凯尔纳认为，马尔库塞的社会批判理论所关注的焦点问题具有超越时间的历史意识，因而"当我们接近新的世纪时，马尔库塞的著作仍然具有针对性，因为他所考虑的主题对当代的理论和政治学仍然具有重要性"①；新批判理论家威尔克逊和帕里斯则认为，马尔库塞的社会批判理论对发达工业文明的批判如此尖锐和透彻，其独领风骚的批判意识和批判精神使他成为批判理论史中独树一帜的理论家。"马尔库塞集革命的热情、严缜的智慧、对社会变革和理论化的新可能性的敏感于一身，这使他成为后现代主义之后批判理论的一个完美人物。"② 站在马克思政治经济学批判的原则高度上审视马尔库塞的社会批判理论，既要看到其在忧患晚期资本主义社会中人类生存境况及其未来命运这个意义上始终遵循着马克思政治经济学批判的轴心原则，同时，又要看到在特定时代背景下其所彰显的鲜明特征。因而，笔者认为，在对马尔库塞的思想影响进行评判的时候，一方面要实事求是地对其价值和意义进行肯定，另一方面，也要看到其所存在的不足与缺憾，从而批判性地继承。唯有如此，才能够利用好这项历久弥新的思想"武器"，使它更好地为指导今后的实践工作服务。从意义与局限两个层次来看，马尔库塞的思想影响包括以下几个方面。

一　马尔库塞的社会批判理论为向 20 世纪版本的政治经济学批判过渡的发展做出重要的理论贡献

作为当代资本主义世界著名的社会批判理论思想家，马尔库塞的社会批判理论为向 20 世纪版本的政治经济学批判过渡的发展做出了重要的理论贡献。目前国内学术界对于马尔库塞社会批判理论的评价观点，主要还是将其归结为一种文化批判，一种针对后工业社会的压抑性文明批判，一种对晚期资本主义社会的技术理性的批判，等等。这些评价确实反映了马尔库塞社会批判理论的某些特征和趋势，但不足在于立足的理论视域还不够高、不够宽广，主要原因是没有站在马克思政治经济学批判的高度对其进行审视。正如陈学明教授指出的那样，西方马克思主义并不应当仅仅是一种"激进主义

---

① 陆俊．马尔库塞［M］．长沙：湖南教育出版社，1999：序一 8，引自道格拉斯·凯尔纳．

② William S. Wilkerson, Jeffrey Paris. *New Critical Theory: Essays on Liberation* ［M］. Lanham: Rowan & Littlefield Publishers, Inc. , 2001: 16–17.

的马克思主义"，一种象牙塔式的"经院式的马克思主义"，一种囿于形而
上思辨哲学与美学的"'哲学'的马克思主义"，一种简单地融合马克思主
义与当代西方思潮的"调和、折衷的马克思主义"，一种单纯强调批判性和
否定性的"批判的马克思主义"，以及一种只针对当代发达工业文明的"发
达资本主义社会的马克思主义"①，相反，它应当具有这样的问题域高度，
即从对消费、高度垄断的资本及其技术化趋势和剩余意识等经济学范畴的分
析出发，揭示经济利益背后所蕴含的政治新形式的本质，最后进行如何实现
人的自由与解放的哲学追问。在这个意义上，马尔库塞的社会批判理论继承
着马克思政治经济学批判的批判逻辑，即对人类在当下的新文明中所存在的
种种问题和弊端进行辩证的解析，具有高度的人本主义和人文主义关怀。在
紧扣马克思政治经济学批判主题的前提下，马尔库塞的社会批判理论有着鲜
明的个人色彩和时代特征，主要表现在以下三个方面②。①多界面的批判视
域。马尔库塞的社会批判理论融合了当代多种理论思潮与研究领域，包括经
济、政治、文化、审美、心理文学，等等，目的在于借助不同学科领域的交
织融合为其批判理论提供一种广阔的视野，从而能够更加精准地把握快速变
迁的时代特征。②激进的政治理论与解放观。针对晚期资本主义社会从社会
各领域对人的存在的支配、操纵、压迫与控制，马尔库塞的社会批判理论倡
导通过一种激进的批判意识来摆脱这一全面的压抑性社会，既为当代人寻求
自由与解放探析了一种可能性，又具有强烈的现实关怀与人文关怀。③对哲
学和社会理论的创新型融合。受到早期法兰克福学派的影响，马尔库塞终其
一生都在试图发展一种独特的哲学社会理论，它将哲学从纯粹思辨的彼岸中
拉回到现实世界的此岸，投身于对高度垄断资本主义社会中个体生存境况的
查审中，从而更好地指导人们的实践生活。对于他的这一伟大尝试，道格拉
斯·凯尔纳如此评价道，"马尔库塞不是一个传统的哲学家或社会理论家，
而是一个真正跨学科的、辩证的思想家，对他来说，哲学范畴通常以政治经
济学和社会理论为中介，与此同时，哲学为社会生活的各个方面提供了批判
性的视角。因此，为了社会批判理论，马尔库塞替哲学范畴，甚至是形而上
学做了辩护，而在发展一种具有实践意图的哲学社会理论时，马尔库塞把社

① 陈学明. 对"西方马克思主义"的新认识 [J]. 教学与研究，2008（9）：82-83，对原文
有稍许改动。
② 本段以下内容参见刘倩. 马尔库塞的政治经济学批判思想探析 [D]. 博士学位论文，上海：
上海财经大学，2020：173-174.

会理论对哲学的扬弃呈现了出来。这一计划牵涉到要重新建构和重新思考马克思主义，以填补它的空白，并使之更适应当代现实的需要"①。

二　马尔库塞的社会批判理论有着强烈的追求行动哲学的特征，具有鲜明的精神意向性

马尔库塞的社会批判理论的一个重要特征在于追求理论与实践相统一，承接着马克思所开辟的实践哲学的道统与脉络。马克思从对资本主义社会的存在的本体论的剖析入手，用鲜活的、生动的唯物史观范畴探究资本对存在的座架，因而他的政治经济学既不是单纯的思辨逻辑的过渡，也不是纯粹的思辨逻辑的演绎，而是深入市民社会的根本，即人的异化问题。所以，政治经济学批判是一种实践的、革命的哲学，它立足于对现实问题背后的本质的揭示，并在对其的批判与反思中强调理论与实践的相契合、相统一，强烈呼吁通过改造世界的实践活动——无产阶级革命彻底变革当代人类的生存遭遇，从而建立一个真正的属人的社会。沿袭着马克思哲学所遵循的这样一种理论与实践相一致的思想原则，马尔库塞的社会批判理论既是一种理论哲学，又是一种实践哲学，具有知行合一的品格。在他看来，他认为，哲学的批判功能不仅仅局限于理论层面的创新与突破，同时也要包含一种激进的实践意识与实践精神——它从具体的、感性的、现实的社会存在出发，忧患晚期资本主义社会的人的存在遭遇，并希冀通过颠覆资本主义制度实现个体的自由与解放。在这个意义上，马尔库塞高度评价了马克思的无产阶级概念，认为其"指的并不仅仅是一个职业团体，即从事物质生产的雇佣劳动者——它是一个真正辩证的概念，同时也是一个经济、政治和哲学范畴，是具有'自由'资本主义特征的特定的社会生产方式、由该生产方式带来的生存和政治条件以及在该形势下发展起来的政治意识三方面因素共同影响的产物，外在条件的任何变动必然意味着马克思理论的彻底更新与修正"②。因而相应地，晚期资本主义社会中，无产阶级的物化形势日益加剧，逐渐被裹挟进资本主义一体化进程中，资本与精神的对立程度实质上加深了。在这个意义上，马尔库塞提出的"大拒绝""总体性革命"等，其目的在于通过呼吁对

① 赫伯特·马尔库塞.马尔库塞文集（第二卷）：走向社会批判理论［M］.高海青，陶焘，译.北京：人民出版社，2019：24.
② 赫伯特·马尔库塞.马尔库塞文集（第六卷）：马克思主义、革命与乌托邦［M］.高海青，等译.北京：人民出版社，2019：123.

现存制度的彻底变革打破其对人的存在本质的桎梏，从而发展一批"拥有新的需要、能够找到一种不同质的生活方式并构建一种完全不同质的环境的人类"①，建立一个全新的社会。事实上，这一思想理论所具有的实践性就在 80 世纪 60 年代的学生运动中得到了彰显。法国"五月革命"作为学生革命的典型，在当时世界引起了巨大影响，马尔库塞的社会批判理论被青年学生和知识分子奉为指导其行动的思想指南和理论依据，他本人也被称为"伟大的马克思主义导师"。因此，马尔库塞的社会批判理论"既关乎理论又瞄准实践，体现了新形势下理论哲学与行动哲学的高度统一的批判精神"②。

三　从实践价值角度而言，马尔库塞的社会批判理论，对当下在我国开展得如火如荼的现代性发育与发展具有重大的指导作用

改革开放以来，中国发生了翻天覆地的变化，取得了举世瞩目的成就。而与改革开放并行不悖的另外一场解放，就是思想大解放。自 20 世纪 80 年代起，国外的马克思主义思潮逐渐传入我国，对中华大地上正在轰轰烈烈地开展的现代性发育起到了持久而广泛的影响。对此，陈学明教授指出，"中国走上改革开放的道路，开辟新的历史时期，关键在于要破除原有的思想障碍，实现思想解放。而在各种思想障碍中，无疑对马克思主义的教条、僵化的错误理解是最大的思想障碍"③。所以，80 年代以来西方马克思主义理论研究在我国百花齐放，为我国摆脱教条化理解马克思主义，重新把握马克思哲学的真精——政治经济学批判，提供了非常重要的理论素材。而作为其中杰出代表的马尔库塞，他的社会批判理论为解决中国现代性发育和发展过程中暴露出的一系列资本与精神对立的新问题，贡献了十分值得借鉴的理论问题与理论资源④。①马尔库塞对晚期资本主义社会中人的存在方式的深入探究，对我

---

① 赫伯特·马尔库塞.马尔库塞文集（第六卷）：马克思主义、革命与乌托邦 [M].高海青，等译.北京：人民出版社，2019：443.
② 张雄，刘倩.马尔库塞的政治经济学批判思想探析 [J].马克思主义与现实，2020（2）：109.
③ 陈学明.西方马克思主义研究在当今中国之意义 [J].思想理论教育，2016（3）：4.
④ 本段以下部分内容参见刘倩.马尔库塞的政治经济学批判思想探析 [D].博士学位论文，上海：上海财经大学，2020：182-185.

国构建以"人民性"为核心宗旨的当代政治经济学具有重要的理论启示。①
马尔库塞提出的"单向度的人""爱欲与文明"等经典范畴与命题,精准地
把握住了晚期资本主义社会资本与精神对立的新形式的特征,体现出对当代
人类生存境遇的深切忧患,启示着我国的现代性发展要在坚持经济建设与物
质文明建设的基础上,同样要大力发展文化建设与精神文明建设,从而使
"以人为本"的治国方针政策落到实处,能够满足人民的多向度需求,追求
物质文明与精神文明的和谐统一。②马尔库塞社会批判理论对技术理性进行
的鞭辟入里的批判,对我国创建一种新型的技术文明、追求人与自然的协调
发展具有重要参考意义。在日新月异的技术发展的推动下,改革开放取得了
一系列物质文明的进步,但技术的无限制使用也造成了严重后果,对我国的
生态环境带来了极大破坏,人的生存环境岌岌可危。针对这一点,马尔库塞
提出一种技术重构的设想。"'自然的解放'并不是回到技术前状态,而只
是推动它向前,以不同的方式利用技术文明的成果,以达到人和自然的解
放,和将科学技术从为剥削服务的毁灭性滥用中解放出来。"② 这既不是完
全拒绝使用技术,也不是放任技术造成的伤害,而是呼吁对技术理性进行制
度化和结构化修正,以追求高技术与高情感的平衡为最高宗旨,使技术更好
地造福于人。

四　社会批判理论对资本与精神的分析缺乏马克思政治经济学批判所具有的系统性与深刻性

　　马尔库塞思想除了具有上述重要的理论价值与实践意义之外,也包括一
定程度的局限性。张雄教授认为,政治经济学批判作为马克思哲学精神遗产
的实质,其最具创造性的价值体现在其所蕴含的"存在之链":"所谓'存
在之链',意指不断被思想追问的货币化生存世界的逻辑根据。它不是表象
的质料或其他任何形式的物性化存在本身,而是始终保持着具有普遍性特质
的自在自为的真理。"③ 作为一种历史理论,政治经济学批判没有仅仅从经
济学角度看待资本的问题,而是将历史意识纳入对资本主义制度的剖析中,

---

①　关于建构中国当代政治经济学的问题,参见张雄. 构建当代中国马克思主义政治经济学的
　　思考 [J]. 马克思主义与现实, 2016 (3): 1-7.
②　H. 马尔库塞, 等. 工业社会和新左派 [M]. 任立, 编译. 北京: 商务印书馆, 1982: 128.
③　张雄. 政治经济学批判: 追求经济的"政治和哲学实现" [J]. 中国社会科学, 2015 (1):
　　18.

从而揭示了资产阶级政治经济学的伪善性；作为一种哲学辩证法，政治经济学批判用一系列唯物史观范畴，如生产力、生产关系、交换，等等，来追问自由竞争时代资本主义剩余价值生产的剥削和压迫本质；作为一种先进的无产阶级学说，政治经济学批判具有极强的阶级属性。它为无产阶级提供了强大的思想理论武器与实践指南，引导着无产阶级挣脱资本主义制度对其的束缚与禁锢，从而通过消灭自身毁灭阶级社会，追求更加公平、美好的共产主义社会。然而，相比马克思的政治经济学批判思想，马尔库塞的社会批判理论尽管遵循着前者的批判主题，在理论与实践相融合，紧扣"市民社会—国家"的批判逻辑，以及融合社会各领域的总体性批判等方面一脉相承着前者，但其呈现出的批判力度、批判深度依然不足，不够彻底。马尔库塞未能像马克思那样拿出一套完整的系统理论，深入揭示资本主义制度的内在否定性，而只是提出了一些概念、范畴和内涵。它们虽然也把握住了晚期资本主义社会资本与精神对立的新形式的一些特征和趋势，但还不够深刻、不够深入，因而最后没有能够撰写出 20 世纪的《资本论》。

五　社会批判理论未能深入把握资本在当代对人的精神"再次异化"的实质，需要批判性地继承

尽管马尔库塞的社会批判理论在一定程度上揭示了晚期资本主义社会的种种危机与冲突的特征，但遗憾的是，其未能深入把握资本在当代对人的精神"再次异化"的实质，因而需要批判性地继承。张雄教授指出，"资本与精神的关系，实际上反映的是劳动者与其劳动对象的异化关系。通过劳动，人与对象世界的关系不但没有趋近和谐，反而愈来愈紧张和对立，作为'利益'的资本不断伤害着作为人与人之间关系和谐的'精神'"①。站在 19 世纪资本主义蓬勃发展的时代高峰上，马克思清醒地看到了人的存在的异化问题，看到了劳资关系的激烈对峙，在对市民社会的解剖中，在对英国古典政治经济学自身的历史变迁中，看到了整个西方现代性进程的二律背反本质，由此提出了他的版本的"政治经济学批判"，是对 19 世纪整个时代主题的批判与追问。20 世纪下半叶以来，西方资本主义国家进入高速发展期，资本与精神的对立使得马克思意义上的"异化"问题变得更为凸显，

---

① 张雄. 政治经济学批判：追求经济的"政治和哲学实现"［J］. 中国社会科学，2015（1）：18-19.

尽管采用的是一种更为间接和更为隐蔽的形式。新形势下的资本与精神的对立所带来的"再次异化"问题，呼唤着一种新的"市民社会解剖学"，能够对社会存在的本体论的本质进行深入挖掘，从而拿出像《资本论》那样"用一个范畴追问一个时代"的伟大经典著作，来批判与追问整个 20 世纪的时代主题。在这个意义上，马尔库塞的社会批判理论尽管层次丰富、内涵隽永，但其观点的批判性与马克思政治经济学批判相比依然不足，尤其是对某些领域的分析，缺乏马克思哲学的高度，因而存在一定程度的局限与缺憾。

第九章　阿尔都塞政治经济学批判思想

路易·阿尔都塞（Louis Althusser，1918～1990）是西方马克思主义流派中结构主义马克思主义最有影响力的人物，也是 20 世纪 60 年代以来最重要的"批判的"马克思主义的伟大思想家。他长期在巴黎高等师范学校执教，其思想影响了一大批理论家，如福柯、德里达、朗西埃、巴利巴尔（也译作巴里巴尔）、米勒和巴迪乌等都曾是他的学生。阿尔都塞的思想受到马基雅维里、卢梭、斯宾诺莎、黑格尔、笛卡尔、康德、孟德斯鸠、马勒伯朗、马克思等著名思想家的影响，其中，马克思的思想对其影响最大，用阿尔都塞自己的话来说：　"这是所有著作中惟一能让我们摆脱混乱的一种。"①

导　语　阿尔都塞其人与其书

阿尔都塞于 1918 年 10 月 16 日出生在阿尔及利亚，1939 年考入巴黎高师，但因战争推迟入学。1940 年被动员入伍，不久被俘，在战俘营待了 5 年，1945 年获得自由，与家人团聚。1946 年 10 月重返巴黎高师修读哲学。1947 年 10 月在巴什拉指导下完成论文《论 G. W. F. 黑格尔思想中的内容》并获得优秀。1948 年 9 月获巴黎高师哲学教师学衔考试辅导教师资格，同年 11 月加入共产党。1953 年在《哲学教育杂志》上发表《关于马克思主

---

① 阿尔都塞．来日方长［M］．蔡鸿滨，译．上海：上海人民出版社，2012：194.

义》和《关于辩证唯物主义的笔记》，这是阿尔都塞研究计划的最初部分。1959 年出版《孟德斯鸠：政治和历史》（法国大学出版社），获"孟德斯鸠奖"。1960 年翻译费尔巴哈的《哲学宣言》（法国大学出版社）并作序。1961 年在《思想》杂志发表《论青年马克思》，引发党内强烈反响。1962 ~ 1963 年先后在《思想》杂志发表《矛盾与过度决定》《1844 年手稿》《关于唯物辩证法》等。1964 ~ 1965 年开设《资本论》研讨班。1965 年 9 月，《保卫马克思》出版，同年 11 月，与朗西埃、马舍雷、巴利巴尔、埃斯塔布莱合著的《阅读〈资本论〉》出版。1966 ~ 1967 年开设关于《德意志意识形态》研讨班，开设为科学家讲的哲学课。此时阿尔都塞的影响力达到顶峰。1968 年在法国哲学学会作《列宁和哲学》（1969 年出版）主题报告。1970 年在《思想》杂志发表《意识形态和意识形态国家机器》。1980 年承认勒死了妻子埃莱娜。1985 年完成《来日方长》的撰写，1990 年 10 月 22 日因心脏病发作去世。1991 年，其外甥弗朗索瓦·鲍达埃尔将阿尔都塞的全部档案移交当代出版纪念研究所。1992 年，《来日方长》第一版出版（Stock/IMEC）。1995 年，经雅克·比岱整理的阿尔都塞的遗著《论再生产》由法国大学出版社出版。

阿尔都塞的政治经济学批判围绕 20 世纪独特的经济、政治与哲学背景展开。第一，生产的全球化，让国家成为金融资本的代理人，它按照资本世界性扩张的一切要求制定着国家资本主义的战略与外交政策。帝国间的竞争取代了单一帝国的扩张模式，殖民远征、政治结盟、大屠杀、种族灭绝、发动战争，是这一时期垄断资本主义国家的交往形式。正如布哈林所言，"最强的国家，保障最有利益的商约，设置摧残竞争者的高关税，帮助它的金融资本去垄断销场，原料市场，特别是资本移植的领域等等……国家资本主义托拉斯，不仅要计算纯经济的条件而且还要计算政治的经济条件"①。第二，国家的权力弱化了社会公共权力，统摄了民族的所有力量，走向不民主、独裁和专制的绝对极权形式。"近代国家，其自身就是国家资本主义托拉斯的主要股东，就是在世界的阶段之内的最高组织的命令者"②，极权国家用命令取代了理性，法西斯主义所实现的纳粹统治就是最好的例证。第三，机械化、自动化的技术水平不断提高促进了劳动生产率的迅猛增长，但也加剧了

---

① 布哈林 . 世界经济与帝国主义 [M]. 杨伯恺，译 . 上海：辛垦书店，1934：239.
② 布哈林 . 世界经济与帝国主义 [M]. 杨伯恺，译 . 上海：辛垦书店，1934：220.

危机爆发的破坏性。在繁荣与萧条并存的 20 世纪，如何应对工业产品的日益丰富与有效需求不足的难题，成为晚期资本主义国家治理的阿喀琉斯之踵。第四，随着技术的发展与生产的机械化与自动化，社会趋向更为严格化的集中管理，趋向精确的算计与合理性的规制。从"泰勒制"到"福特制"的工厂激励改革，一方面通过增加对工人的技能培训，使他们更好地适应从不停歇的"流水线"劳动节奏；另一方面，注重对工人生活条件与劳动条件的改善，以合理化的"调教"形式，扩大了工人阶级内部的差别。第五，共产主义革命遭遇了历史性重创。如德国、匈牙利与法国皆是如此，工人阶级内部出现了分裂，工人运动被削弱、扼杀与消融了。

这样的现实使 20 世纪无产阶级运动陷入了巨大的困境，在庞大的资本主义工业机器体系面前已消融殆尽的革命热情，急需发展了的马克思主义的理论与实践上的支持。然而，在马克思去世后，其本真的思想却遭到了许多片面化的误读，这些片面理解的马克思主义思想与 20 世纪的社会思潮相互纠缠，它们或是抓住马克思有机整体思想的一个方面去反对另一个方面，或是照搬马克思对 19 世纪资本主义生产方式批判的某些论点将其教条化。第一，在继承与发展马克思思想过程中，对马克思思想进行实证化解读，以梅林、考茨基、奥地利马克思主义者，甚至包括伯恩斯坦等学者的思想为代表。第二国际后期的考茨基把马克思主义改造成了纯粹的"经济决定论"，滑向庸俗马克思主义的泥坑。奥地利马克思主义者则论证马克思主义是一门与自然科学一样的关于人类社会和历史因果联系的具体科学。第二，列宁、斯大林等苏联马克思主义者，也将马克思主义理解成完全的科学主义和理性主义的理论。马克思主义被列宁分为三个组成部分（马克思主义哲学、政治经济学和科学社会主义），强调它的"科学性"与"实证性"，将其定位为"科学"。斯大林教科书体系把马克思的早期著作看作对他个人发展来说具有重要意义的历史文献，马克思的理论由萌芽、发展到成熟，由此马克思主义理论成了"渐进成熟论"和"历史目的论"的体现。列宁逝世后，马克思主义的意识形态性得到了强化，马克思主义既被看作意识形态又被看作科学，马克思主义的意识形态化与对它的简单化、教条化理解相伴随，对它所进行的任何批评都被当作修正主义。由此，前者迎合了资产阶级的意识形态，庸俗化理解马克思主义，根本背离了马克思主义的宗旨；后者为了维护教条化的马克思主义"正统性"而否认了多样的可能性，对于国际共产主义运动的发展和时代的变化提出的一系列新的问题不能从理论上给予回答，从而也就背叛了马克思主义的本真精神。

面对资本主义出现的新情况、新问题，面对着法国乃至欧洲及世界的马克思主义发展的现状，阿尔都塞身兼学者与党内重要成员的双重使命，为了向人道主义化的马克思开战，反对第二国际的"经济决定论"，阿尔都塞回到马克思的伟大著作《资本论》中，找寻批判资本主义社会的新角度与新方法，打造批判资产阶级人道主义的新理论与新工具，创制新的历史阶段无产阶级革命的新武器与新策略，把马克思对资本主义的政治经济学批判推进到了一个新的阶段。

第一节 再生产：阿尔都塞政治经济学批判思想的轴心

阿尔都塞的政治经济学批判所坚持的是马克思在《资本论》中所坚持的批判向度，由于受资产阶级意识形态的蛊惑，经济学家们的"科学"理论因为论证资本主义的"永恒"与剥削的"永恒"而沦为资产阶级的帮凶，部分马克思主义学者由于曲解了马克思政治经济学批判的总问题，而将批判的矛头指向了生产力（科学技术），再加上对 20 世纪资本主义从自由走向垄断引起的物质生产的变革难以理解，而在曲解马克思的道路上越走越远。阿尔都塞洞察到了这一问题的实质，他在著作中反复强调，资本主义的生产关系的本质仍然是资本主义的剥削关系，绝对不能因为对"剥削"的关注而私下里放过了"生产"，应该时刻在资本主义生产方式中、从劳动者劳动过程中看清资本主义掠夺剩余价值的本质，尽管 20 世纪资本主义有着不同于 19 世纪的发展特征，但是资本家占有生产资料的现实没有变，劳动者不得不出卖劳动力而成为雇佣劳动者的现实没有变，资本的扩大再生产是追求超额剩余价值的现实没有变。那么，宣称自由与平等的资本主义社会，是通过什么样的条件进行着自我再生产，以此保障着一部分人对另一部分的统治的？必须在资本主义生产关系的再生产中找寻答案。

一 再生产与马克思的全面生产透析

阿尔都塞的政治经济学批判植根于对资本主义再生产的考察，他以马克思成熟时期作品《资本论》所呈现的科学的理论——政治经济学批判为依据，去对抗"经济主义""人道主义"的偏离马克思的观点，用"认识论断裂"来表述从"青年马克思"到"老年马克思"在思想认识上的重大转折，其根本在于政治经济学批判的对象性问题，只有从资本主义生产方式的角度出发去批判资本主义社会的异化本质，才能深刻把握马克思的本真之义，从物质生产的角度出发，而不是从虚幻的抽象的角度出发——他选择了与马克思相同的政治经济学批判的出发点。

（一）对马克思全面生产理论的辨析

马克思在其著作中论述了大量的关于"生产"的概念，有关于物质生活资料生产方面的，也有关于人类的全部活动的方面的，对生产范畴的论述，构成了马克思唯物史观的轴心内容。

1. 全面生产的内容

马克思在《1844年经济学哲学手稿》中对"人的生产"与"动物的生产"做出了严格区分，他认为动物的生产是片面的，人的生产是全面的，人生产了人本身，同时也生产了社会。马克思之后在《德意志意识形态》中又提到了"生活的生产"概念，包括通过劳动生产自己的生活（自然关系）和通过生育生产他人的生活（社会关系），是自然关系与社会关系的统一。由此可见，全面生产中必然包含物质生活资料的生产、人的生产（家庭）、上层建筑的生产（宗教、法、国家等）、社会生活本身的生产。全面生产是人与自然关系的统一，是整个人类社会的生产与再生产的完整表述。马克思的"全面生产"概念需要综合马克思与恩格斯的全部文献来考察，概言之，"全面生产"是指人类社会的生产与再生产，既包括物质生活资料的生产，也包括社会的生产（生育）和"精神生产"。马克思、恩格斯著作中的"人的生产是全面的""两种生产""物质生产""精神生产"都是"全面生产"范畴的重要组成部分。

2. 全面生产的结构

（1）自然层面的生产。自然层面的生产是全面生产的基础，包含三个方面：第一，满足人们基本生活需要的物质生活本身的生产，解决的是人的衣食住行等基本问题，它是构成物质生活本身的基本条件，是人类历史的世俗基础，马克思称之为一切人类生存历史的第一个前提；第二，满足人们追求更好物质生活的生产，在人们的基本生活需要被满足的基础上，由于利用了新的生产工具，又引起了人们的新的需要，马克思称之为第一个历史活动，这是使生产力水平得到提高的生产；第三，人口的生产（繁殖），这是人类生命本身的生产，即人类通过劳动生产自己的生命的同时又生产另外一些人。这三个方面是人类改造、利用自然，并与自然合二为一的自然关系过程，三个方面同时存在于一切历史进程中。

（2）社会层面的生产。人与环境的联系产生了人的意识，意识是社会的产物，生产效率的提高引起了分工的自发形成，物质劳动和精神劳动产生了分离，意识摆脱了现存实践的束缚，"它不用想象某种现实的东西就能现实地想象某种东西。从这时候起，意识才能摆脱世界而去构造'纯粹的'理论、神学、哲学、道德等等"①。因此，全面生产在社会层面的表现为两个方面。第一，精神的生产。包括意识、思想、观念、政治、法律、宗教、道德、哲学等。第二，社会关系的生产。与人们的物质联系相伴生的是人的社会联系，最初，这种社会关系表现为家庭关系，随着生产的扩大而引起了交往的扩大后，家庭关系就变成了从属的关系，形成了与劳动过程中分工的不同形式相联系的诸种关系，这些关系可以通过对市民社会和国家的考察而得出。

3. 割裂全面生产的后果

马克思的《资本论》是对全面生产中物质生活生产方式的具体分析，必须将其与马克思的其他著作中所表达的思想联系起来把握，才能深刻领会马克思政治经济学批判的本真含义，它在唯物史观的视阈下，坚持了经济学、政治学与哲学的互动，是对资本主义生产方式所做的关于全面生产的考察。因此，割裂了全面生产理论将会导致如下后果。第一，如果片面强调物质生产理论，就会陷入"经济决定论"的窠臼，从而将物质生产变成一门满足人性化需要的、将生产过程中各要素进行技术性搭配的劳动工艺学。第二，将全面生产变为狭义的生产，还会导致马克思哲学的二元化。那些从割裂的自然观角度出发的学者会在辩证唯物主义里打转转，那些从割裂的社会观角度出发的学者会极力拥趸历史唯物主义。因此，必须完整地理解与运用马克思的全面生产理论，物质生产与生命的生产是基础，决定着精神生产与社会关系的生产，只有全面把握马克思的生产理论，才能让政治经济学批判焕发出新的生机。

（二）资本主义再生产的物质条件

人们必须根据已有的和需要再生产的生活资料来生产自己的生活资料，也就是说已有的生产资料是再生产的基础性条件，要想保证生产不至于中断，人们必须对再生产的条件进行生产。马克思在《德意志意识形态》中

---

① 马克思恩格斯文集：第 1 卷 [M]．北京：人民出版社，2009：534.

批判费尔巴哈的自然科学的直观时谈到，生产与人类的感性劳动和创造，与工业、商业、交换活动紧密相连，构成了整个现存的感性世界的基础，它一旦中断，自然界将会发生巨变，人类世界与人的直观能力都将不复存在。[①]因此，不论是对之前的生产条件进行再生产，还是对扩展的生产条件进行再生产，都是生产能继续进行下去的根本保障。正如阿尔都塞所认为的，脱离了再生产的观点，将会使一切变得抽象与歪曲。[②]

1. 自然条件的变化对对象化劳动的影响

从劳动对象的属性上来看，劳动对象分为天然的对象和作为产品的对象。天然的对象是指未经人类社会过滤的，即未经过生产加工的对象。作为产品的劳动对象，就是马克思在《资本论》中提到的："只要劳动资料和劳动对象本身已经是产品，劳动就是为创造产品而消耗产品，或者说，是把产品当做产品的生产资料来使用。"[③] 进入工业社会以后，劳动的对象才有了社会化的属性，生产变成了社会化的生产，生产的目的是获取商品交换所带来的剩余价值，资本主义生产过程中的劳动对象都是打上了社会目的的标签的生产原料。工业革命重塑了人类生产与生活的方式，主要的工作场所也从家庭转移到了工厂的车间，劳动的对象也就成了经济学家所认为的"原料"，这就有了天然的劳动对象与作为产品的劳动对象的区分了。劳动对象所引发的分工的复杂化与精密化，已经让负责生产流水线的某个环节的工人无法直接从劳动对象上区分出原料的原生态与完成态，甚至部分劳动对象已经脱离了自然物的属性，变成了一种虚拟化或符号特征。

2. 劳动场所与劳动工具对劳动者的支配

三次工业革命之后，资本主义的分工体系已经日益庞大，劳动场所与劳动工具的变化日新月异，从劳动工具的发展趋势来看，我们可以发现以下两个方面的变化。第一，资本家对劳动场所及劳动工具的生产性投入越来越大，这部分投入作为不变资本已经成为决定着市场竞争成败的关键要素，如劳动场所的区位安排、劳动新机器新技术的应用，都影响着资本家的决策，单个资本家或小生产者面对走向全球化生产的产业竞争风险越来越高。第二，劳动者离劳动场所与劳动工具越来越远，既无法直接拥有它们，也无法直接

---

① 马克思恩格斯文集：第 1 卷 ［M］. 北京：人民出版社，2009：529.
② 参见路易·阿尔都塞. 论再生产 ［M］. 吴子枫，译. 西安：西北大学出版社，2019：122.
③ 马克思恩格斯文集：第 5 卷 ［M］. 北京：人民出版社，2009：214.

运用它们。对劳动场所与劳动工具的占有而产生的支配权力，越来越变成一种来自生产体系与机构的不可抗的客观力量，加剧了对劳动者的多重剥削。

3. 量化生产指令对劳动力的新规制

机械复制与批量化生产是机器大工业时代的主要生产特征，劳动分工从之前的人口密集型分工走向了技术密集型分工，由此产生了以下几个关于劳动者的新变化：第一，资本家对工人进入劳动场所与分配适合劳动岗位的要求越来越高，劳动者被雇佣的条件也越来越高；第二，劳动者除了必备的体能外，还必须具备一定的技能，同时，劳动者已经不能直接向资本家出卖自己的劳动了，而必须借助于一系列的中介组织才能出卖自己的劳动力；第三，劳动者必须接受资产阶级社会所认可的培训与教育，才能获得进入劳动场所与使用劳动工具的资格，这又受到劳动者所在的阶级属性的制约；第四，岗位与职业的多样化导致了劳动者内部的分化。

资本主义生产的各种物质条件的再生产，是资本主义生产方式维持的必要条件，阿尔都塞指出了这种必要性，但并未对其进行具体分析。阿尔都塞所论述的重点是资本主义再生产中是如何按照他们既定的要求来生产出他们需要的劳动力的，这也是阿尔都塞政治经济学批判思想的核心。

（三）资本主义再生产的社会条件

通过对工厂或企业的观察，可以得出机器折旧与投资回报的财务状况，据此可对企业再生产的现有条件与扩展条件做出合理的评估。将这类调研扩展到企业全体，或者以调查抽样的形式可以得出某一区域内的资本主义再生产的状况、条件及趋势。在阿尔都塞看来，这种观察方法一开始就是错误的，从企业出发所得出的是盲目的东西，"因为劳动力的再生产就本质而言发生在企业之外"①。不能将企业提供给劳动者的雇佣工资当作劳动物质再生产的条件。仅从企业内部去判别劳动力再生产所需的价值量的大小显然是片面的，资本家并不能单方面地确定劳动力再生产的工资额的多少，工人阶级联合起来反对延长劳动时间与反对降低工资的运动，制约了资本家为了追求剩余价值而希望无限制地延长工人劳动时间与降低工人的工资的生产决策。因此，工人工资的确定，还受到工人阶级与资产阶级斗争的影响，这两者的斗争状况的历史性变化决定了一定物质生产条件下的工人工资的历史状况。在这样激烈竞争的生产态势下，资产阶级要求劳动者不仅要具有合格的

---

① 路易·阿尔都塞. 论再生产［M］. 吴子枫，译. 西安：西北大学出版社，2019：124.

体能，还得有能力胜任相应的劳动岗位，必须符合多样化的劳动合格标准。

　　工人如何才能掌握这些适应于资本主义生产的必备能力呢？我们从资产阶级社会中针对工人开设的一系列培训与教育机构看就会很清楚了，这些机构的设置伴随 20 世纪 "知识经济" 的产生，被打上了顺应时代发展潮流的标签。首先，以学校教育与工厂或公司培训相结合的方式让工人具备了资本主义生产所必备的劳动技能与知识。如阿尔都塞所言，这些不同的教育机构有目的地培养着作为商品的劳动力，"有的教育是为了培养工人，有的是为了培养技术人员，有的培养技术工程师，还有的培养高级管理人员，等等"①。其次，人们在这些培训机构（学校、职业培训等）所习得的还有适合资本主义生产的一整套社会规范，是资本主义社会秩序的重要保障。如，职业道德规范，就是接受并认同资本主义的劳动分工的规范，形成对阶级统治秩序的自觉维护；职场心理的评估，就是考察劳动者能否在资本主义的异化的生产关系中与他人保持一致，形成资产阶级所需要的 "劳动团队"，保证工厂或公司的目标达成。阿尔都塞认为，资产阶级在技能教育与规范教育中有机地融入了资产阶级的意识形态，它的完成并非 "赤裸裸" 的，而是用一整套科学语言的叙述来保证其 "客观性" 与 "真理性"，由此形成人们（无产者、资产者、管理者，等等）对占统治地位的资产阶级意识形态的服从。

　　资本主义生产方式的维持，不仅要再生产出必备的物质条件，还要再生产出不断巩固资本主义制度的社会条件，正如阿尔都塞所言，资产阶级要 "……再生产出它（指作为商品的劳动力）对占统治地位的意识形态的臣服或这种意识形态的 '实践'"②。

二　政治经济学批判方法再思考

　　从斯密《国富论》所表达的 "社会即市场，人人皆商人" 的市场自由竞争观念开始，政治经济学以其声称的科学范式，呈现出了资本主义生产从工厂手工业向机器大工业的过渡中所关涉的劳动、价值、价格、货币、市场、竞争等范畴的资源配置学说。马克思的政治经济学批判，正是受到了恩格斯的 "天才的大纲"（《政治经济学批判大纲》）的启示，才找准了这个

---

①　路易·阿尔都塞.论再生产 [M].吴子枫，译.西安：西北大学出版社，2019：127.
②　路易·阿尔都塞.论再生产 [M].吴子枫，译.西安：西北大学出版社，2019：129.

物质的生活关系的坐标，在对政治经济学家的著作与学说开展深入研究后，才奠定了其对市民社会进行深刻解剖的基本原则，这也成为马克思政治经济学批判走向成熟的转折。阿尔都塞对马克思思想的研究，不同于其他西方马克思主义者的关键点，正是由于其抓住了马克思在《资本论》中对资本主义生产方式的全面阐释，从而找到了政治经济学批判的现实出发点，并从马克思思想转折处出发，使自己的理论获得了较为持久的历史穿透力。

（一）对古典经济学的"征候"查审

在阿尔都塞看来，马克思对古典经济学的研读，正是意识到了古典经济学家们的盲目性，发现了他们学说中有意或无意忽视的东西，才找到其哲学、政治学的渗入点的。从重农学派，到斯密，再到李嘉图，可以说是从当时的科学范式内，确立了古典经济学自身的科学原则，这个原则关涉到从感觉材料到理论概念、从现象到本质归纳的统一。阿尔都塞由此提出思考，既然马克思与古典经济学家面对的是同样一个资产阶级社会，那么马克思的政治经济学批判何以超出古典经济学的对象及内容呢？是在方法、理论、体系，还是对象的规定性上呢？马克思的政治经济学批判显然不是对古典经济学的继承，那根本区别何在？通过对马克思著作的表面阅读，是不是会产生出马克思的政治经济学批判与古典经济学的对象之间存在着"对象的连续性"的思考？这无疑给《资本论》的读者造成了一定的理解障碍。阿尔都塞考察了葛兰西、德拉·沃尔佩、罗森塔尔的相应分析，发现这些马克思主义的继承人并未摆脱这样的理论困境。

阿尔都塞把握住了这个困扰政治经济学批判思想界的历史性问题，用"征候读法"复盘了马克思对古典经济学的思考历程，与那些受困于黑格尔幽灵的理论家的判断"保持距离"，思考产生这种连续性假设的直接原因。阿尔都塞认为，"在许多地方，马克思本人的明确的表述隐约地表现出这种连续性的假设，或者更确切地说，伴随着马克思的明确表述无意地出现的某些沉默包含着这种连续性的假设"①。马克思区分了考察经济的这两条道路，肯定的同时也否定了他们，第一条道路是从现实本身（人口、民族、国家这样生动的整体）出发，看似正确实则是错误的；第二条道路从单纯抽象

① 路易·阿尔都塞，艾蒂安·巴里巴尔.读《资本论》[M].李其庆，冯文光，译.北京：中央编译出版社，2017：92.

出发（分工、货币、价值等），看似是"科学正确的方法"，也是需要被批判的。阿尔都塞认为，这正是"马克思的征候的沉默"。首先，马克思的论述包含和隐藏着"听不到"的认识过程，这个过程既是一个劳动的过程，又是一个理论加工过程，毋宁说是一种理论实践。其次，马克思在谈到斯密与李嘉图的出发点和范畴时，对他们的辩证的肯定似乎展现出了一种不加批判地接受的假象，让人误认为马克思所思考的对象与斯密及李嘉图的对象是一致的，是连续的。再次，马克思未在这些环节提出有关"征候沉默"的问题，当然，这是思想受制于语言及认识过程的客观原因造成的，但是同样在客观上造成了理论彻底化的困难。在马克思理论表述的空白与沉默之处，很容易被经验主义者攻击，他们以意识形态的"自然"论述来填充这些空白，很容易就进入了蒲鲁东式的思考。因此，马克思在这里批判的问题，关涉到古典政治经济学的"最初抽象"问题，古典经济学在进行抽象与分析时，将抽象的概念与借以抽象的现实联系起来了，但并未对这个借以抽象的现实，即用于抽象的原材料的性质加以说明，将意识形态中的现实与用于抽象的原材料当作同一个东西，以"科学的抽象"为形，以"意识形态的抽象"为质，由此构建起了平面化的、直线因果关系的古典经济学体系。

　　显然，一切的问题就在于"最初抽象"的转化问题。古典经济学中由"最初抽象"形成的"最初范畴"当然可以作为马克思政治经济学批判的出发点，但是并不是直接作为其认识的起点，而要将被抽象掉的范畴的个性重新赋予它们才行，也就是说将"最初的抽象"形成范畴的转化过程揭示出来，恢复抽象范畴与它们对象的一致性。阿尔都塞以"征候阅读"方法仔细研究了马克思的政治经济学批判的理论表述，发现了马克思在考察古典经济学时，每当涉及上述的"最初抽象"转化问题时，马克思往往在叙述中表现出有意或无意的"沉默""留白""空缺"等，省略了从最初的抽象（一般性Ⅰ）到认识过程的产物（一般性Ⅲ）的中间的认识过程（一般性Ⅱ），这就是马克思的理论总问题的征候所在，也是造成马克思的政治经济学批判被歪曲理解的理论难点。但是，这并非说马克思未看出问题的症结，主要原因如下。第一，恰恰是因为马克思看到了这些，但又受制于客观条件（语言、著作发表等）而不能将一切都清晰地表达出来。正如阿尔都塞强调，"这不是对马克思的责难，他不能在一部尚未发表的著作中将一切都表达出来，而且在任何情况下，谁都不能一下子把什么都说完。我们倒是可以指责他的操之过急的读者没有听到这种沉默，从而陷入了经验主义"①。第二，这种"沉默"是由于马克思在论述时，受到另一种论述的压力和排斥而产生了这种缺陷。阿尔都塞所要完成的，并非用一种别的什么来替代马克思在政治经济学批判论述中的这种沉默，而是要恢复马克思本人在文本中的话语，而不至于对马克思思想的理解倒退到马克思本人所批判的意识形态中。因此，对马克思政治经济学批判的"总问题"与对象是什么？它与古典经济学的"总问题"与对象的根本区别是什么？这正是阿尔都塞从"认识论断裂"的方法论角度解读马克思政治经济学批判思想的严格性基础。

（二）政治经济学对象的结构

古典经济学从生动的整体出发，却没有触及这个整体生动的社会关系过程，所有的经济学概念都包裹着一层神秘的抽象性面纱。这套古典经济学体系所完成的表达是它的对象规定性所要求的表达，它将"既定存在"的规定当作对象的自身存在，要想建立政治经济学的真正对象，必须突破这种旧的政治经济学的对象规定性。那么，政治经济学的真正的对象是什么？阿尔都塞认为，要回答这些问题，必须通过马克思的《资本论》的副题——政治经济学批判。"'批判政治经济学'意味着提出一个同政治经济学相对立的新的总问题和新的对象，也就是把政治经济学的对象本身作为一个问题提出来。"②这绝不是对古典经济学的查漏补缺，而是要建立一个与旧的对象截然不同的新的对象和总问题，并从它出发进行经济的、政治的与哲学的批判。

斯密与李嘉图的政治经济学无疑是重视经济事实的，这一点马克思也在其著作中给予了高度的肯定评价。古典政治经济学从家政管理中走出来，从资产阶级社会的生产、消费、分配的经济事实中探索财富运动的规律，但是一开始最重视的还是分配的理论，这是从萨伊那里继承下来的研究传统，后扩展为与分配相联系的生产与消费范畴。在阿尔都塞看来，从古典政治经济学发展到现代的政治经济学，其对象的结构是具有高度的一致性的。

第一，政治经济学的对象是那些既定的、同质的、平面的、可观察的、可精确计量的"经济事实"。这些对象是既定的、可直接观察的现象，虽然赋予其一定的概念及定义，但是仅注重这些概念及定义对现象的直取之义，

---

① 路易·阿尔都塞，艾蒂安·巴里巴尔．读《资本论》［M］．李其庆，冯文光，译．北京：中央编译出版社，2017：96.
② 路易·阿尔都塞，艾蒂安·巴里巴尔．读《资本论》［M］．李其庆，冯文光，译．北京：中央编译出版社，2017：176.

关注这些抽象出概念的既定空间与同质性领域，并不深究这些概念的理论构成，这也是马克思所认为的古典政治经济学的根本缺陷。现代经济学也会根据这个可计量的原则来质疑马克思的政治经济学批判，认为《资本论》中的许多概念无法被量化，阿尔都塞恰恰认为，这样的指责正好说明了马克思政治经济学批判所坚持的原则一致性，虽然同样从古典政治经济学的对象出发，马克思围绕资本主义生产方式，洞悉了概念的转化与发展的形式，甚至所采用的计量公式与方法都是服务于这个概念生成的原则。因此，经济学家对马克思的指责实际是对马克思所采用的政治经济学批判原则的肯定，从而转化为对经济学自身原则的否定。

第二，政治经济学将经济现象中包含的人与世界的一定关系归属为人的需要概念（或"效用"）。同样是考察资产阶级生产方式，在生产、分配、消费中对人与世界的关系的揭示是潜在的和隐藏的，很难在经济学的表述中"看出"，如把使用价值看作交换价值，且将使用价值（"财富"）的来源判定为人的需要。这种对效用理论的解释，是缺乏历史维度的同质性与平面化的概念，需要的前提是什么？需要为何产生？需要的满足与新的需要又是怎么出现的？这些问题从经济学"需要"概念里无法找出正确的答案，只会得出人本主义的同义反复式回答。马克思则从人类生存的第一个前提出发，考察了现实的个人的需要，人在能够生活的条件下有了"创造历史"的需要，通过第一个历史活动生产出满足这些需要的资料，同时生产了物质生活本身。在第一个需要满足基础之上，因满足需要而用的生产工具又引起新的需要，第一个历史活动就是这种新的需要的产生。[1] 据此，马克思考察了需要和生产方式决定下的人与人之间的物质联系，这就与经济学的人与人之间的"需要"与"被需要"的命题截然不同，经济学的这个对象被阿尔都塞称为"天真的"人本学条件下同质性的经济事实，"因为这种人本学把经济主体和他们的需要当做经济课题被生产、分配、获取并消费的一切行为的基础"[2]。在经济学家的经济现象中，主体为受到"需要"制约的经济人，经济人本身是"既定的存在"，即可以观察到与可以看见的。他是有需要的主体、是使用价值的生产主体、是商品的交换主体、是使用价值的消费主

---

① 参见马克思恩格斯文集：第 1 卷 [M]. 北京：人民出版社，2009：531-532.
② 路易·阿尔都塞，艾蒂安·巴里巴尔. 读《资本论》[M]. 李其庆，冯文光，译. 北京：中央编译出版社，2017：181.

体，用经济人的既定存在表达了人是有需要的，经济学就在"人的需要"这个基础原理上建立起了资产阶级意识形态人本学。

（三）既定经济事实中的人本学

政治经济学以既定的经济事实为对象，以人的需要原理为基础，构建了一个现象的同质空间，在这个既定的空间存在背后，是既定的人的主体构成的世界。由这个需要的主体构成的人本学，将一些既定的现象宣称为人的主体的需要的结果，并判定这些现象是经济的，它撇开了政治的、伦理的、宗教的因素，从人的生动的整体中舍去一切影响"科学"判断的因素后形成抽象的"需要"概念，正是这种需要决定了经济学中的经济范畴。政治经济学学说越是不断更迭，这背后的人本学就越是不断被变换重复，如需求、效用、边际效用、理性、竞争，等等，都是需要概念的形式的改变。从重农学派的学说到亚当·斯密的《国富论》，再到萨伊的政治经济学学说，无不表达了这种"潜在的人本学伦理"，并与宗教的属性一起直接反映于经济现象的空间之内，这种人本学从同质性既定存在的原因和目的两方面牢牢地抓住了经济现象。

这种人本学以不断重复的普遍性，解释了所有需要的主体，形成了反映主体需要的作用规律，据此原理就可以让政治经济学分析经济现象的过去、现在、未来，它变成了一个绝对的永恒存在。马克思敏锐地指出了政治经济学的这个阴谋，这个永恒的存在就是资产阶级生产方式的永久存在，政治经济学对永恒的偏好就是对资产阶级制度的永久的偏好。因此，阿尔都塞通过对政治经济学对象的结构的分析，让我们看到了其背后的资产阶级人本学，它们是高度统一地凝结在一起的，要想揭开这层超验的神秘面纱，通达政治经济学的真正对象，仅仅诉诸哲学、伦理学、政治学，借助于存在、目的、原因、主题等基本概念，都无法打破这种统一的和谐，必须要借助于政治经济学批判，沿着马克思的唯物史观的路径，保持经济学、政治学与哲学的科学互动，才能触及其根本。

阿尔都塞通过马克思的批判看出：第一，马克思的批判使得资产阶级人本学无法解释整个资产阶级生产的本身，经济学家所建构的抽象的"平面空间"不是真正的关于人的存在的人本学空间，它略去了"人的不自由"的社会前提，以先天的不平等作为个体自由选择的既定前提，因此，资产阶级的人本学在其本质上是不存在的；第二，不是分配决定生产，而是生产支配着消费与分配，经济的真正规定是生产，马克思的分析打开了一个新的经济现象领域："一种新的结构，即在决定经济现象的'生产关系'的支配下思考经济现象的结构代替了旧的同质的'平面空间'。"①

考察马克思对古典经济学家的分析，不能仅仅从字面意义上注意术语的改变，比如用"剩余价值"的概念来替代"利润"，用"生产关系"概念来替代"收入分配"，等等，术语的改变必须从总问题和对象的转变角度进行分析，它是总问题和对象改变的明确标志。马克思一方面肯定了以斯密、李嘉图为代表的古典经济学家的发现，另一方面又对他们展开了严厉的批判，批判他们用利润、利息、地租等同义衍生的概念掩盖了剩余价值的不同存在形式，没有依据真正的经济事实赋予剩余价值本身的概念存在，从而使政治经济学获得资产阶级人本学的虚假外观，这种脱离了生产关系生成过程的孤立个人的经济学，在权利上已经没有了存在的必要。马克思从古典经济学的对象出发，"……他消灭了古典经济学的对象，从而消灭了政治经济学这门科学本身"②。

三　生产关系对生产力的优先性

马克思在《德意志意识形态》中对生产方式范畴进行了全面且细致的考察，具体如下：第一，人们已有的与需要再生产的生活资料的特性决定了生产方式，人的生命的生产与生活方式都属于生产方式范畴；第二，生产方式是人们表现自身生活的一定方式，因为人们必须在一定的物质条件下进行生产，生产方式是人们生产的对象性与生产的具体过程的统一；第三，考察个人所处的政治关系和社会关系必须以个人进行生产生活的一定生产方式为前提，因为需要和生产方式决定了人们之间的物质联系；第四，生产力是生产方式的具体物质性体现，历史性地决定着社会发展状况；第五，考察居统治地位的思想，必须与一定的生产方式发展阶段所产生的各类关系相联系。可见，生产方式必须以一定的物质基础为前提，与人们的客观物质需要息息相关，它既包含着现实的个人生产的历史性前提，又包含着社会再生产的历史性现实，它是考察人们改造自然与社会的方式、水平、过程的历史生成范畴，是生产力与生产关系的统一。阿尔都塞沿着马克思政治经济学批判的足

---

① 路易·阿尔都塞，艾蒂安·巴里巴尔. 读《资本论》[M]. 李其庆，冯文光，译. 北京：中央编译出版社，2017：188.

② 路易·阿尔都塞，艾蒂安·巴里巴尔. 读《资本论》[M]. 李其庆，冯文光，译. 北京：中央编译出版社，2017：190.

迹，回到马克思、恩格斯对其哲学信仰清算的关键阶段，在重新理解马克思、恩格斯思想的基础上，结合法国的资产阶级发展的现实，追求一种全新的政治经济学批判的理论阐发。

（一）生产方式与社会形态

阿尔都塞认为，马克思的发现最重要的是为"人类社会"的研究提供了科学的概念。科学的概念与意识形态的观念是彻底对立的，只有从历史唯物主义出发，摒弃了意识形态观念所形成的概念，才是科学的概念，这一点对于马克思所创立的新世界观来说至关重要。马克思以社会形态的科学概念去指称人类社会，而不是用宗教、道德、法律去指称它，因为用这些概念就意味着陷入了关于社会的不科学的判断。关于如何历史地考察社会形态，马克思用了生产方式的概念，这是其要义所在。既然社会形态指的是所有历史中存在着的、个性化了的"具体的社会"，那么将一种具体社会与另一种具体社会区分开来的标准肯定不能是那些植根于或善或恶的人性的道德、法律契约或宗教的观念，而只能是占统治地位的生产方式，这是区分不同社会形态的根本标尺。

阿尔都塞具体分析了生产方式的具体结构。既然任何社会形态都是由一种占统治地位的生产方式决定的，那就可以得出，在某一社会形态中，必然存在着不止一种的生产方式，即存在着多种生产方式。至于这些生产方式的来源问题，可参照马克思在《德意志意识形态》中对征服民族的历史性考察，它们或来自被征服民族原有的生产方式，或来自征服民族带来的生产方式，或来自征服过程中逐步形成的生产方式。多样化的生产方式之间存在着互相对抗的、相互融合的一系列矛盾，表现为政治、经济与文化层面的各种变化，只有那些与当下的物质生产发展水平及方向一致的生产方式，才会在多重生产方式并存的情况下完成对其他生产方式的实际统治，并表现出时代所具有的历史转折力。

生产力与生产关系的统一决定了生产方式的具体构成，不同生产力发展阶段的生产方式，都代表着各自特殊的生产力与生产关系状况，因此，阿尔都塞认为，如果考察一个社会时，仅仅将社会的发展简单地抽象为一个特定的生产力与一个特定生产关系的统一，那可能就会曲解马克思的真意，仅仅用生产关系与生产力的"适合"与"不适合"情形，并不能清楚地说明问题。所以，生产关系不适应生产力的发展，不是上述特定的两者的纯粹对立，"……而是（并且最有可能是）指在那些社会形态中所有生产方式的各种生产力与当时占统治地位的生产方式的生产关系之间存在矛盾"①。阿尔都塞的这一分析，等于是将马克思的分析做了具体的延伸，将马克思所述的生产关系与生产力的对立统一关系进行了深入表述，既包括特定社会形态中占主导地位的生产方式中存在的生产关系与生产力的内在统一，又包括该社会形态中非主导地位的生产方式与主导地位生产方式之间的对立性统一。

（二）生产力与生产方式

每一代人，既无法依靠宗教而生活，也无法遵照某种激情而过活，必须在一定生产方式下通过一定的物质生产活动改造自然而延续生活，但这又必须在前一代人所创造的物质生产条件的基础上进行。每一代劳动者不仅是前一代生产的结果，也是生产后一代劳动者的当事人；劳动对象同时是前一代人对象性劳动的结果；每一代人的生产也只能在既定的或现有的劳动工具基础上继续沿用或改进它们。正如阿尔都塞所言："……总是现有的生产资料，决定着劳动过程当事人的技术水平。由此得出马克思主义的一个重要论点：在生产力当中，虽然劳动过程的当事人在形式上是人，但其中起决定作用的要素并不是人，而是生产资料。"② 生产资料的状况决定着劳动过程中人类的合作方式。随着劳动工具的改造与进步，交往的扩大与活动范围的扩大，人们选择了以一定的合作形式来安排生产，以满足逐步扩大的人类交往的需要。政治必须与占主导地位的生产关系相适应，以强力来促成人们的某些合作方式，并致力于使其合法化。阿尔都塞认为，在劳动工具水平一定的情况下，政治的力量影响着人们的合作方式，能够提高社会的价值总量。无论是劳动对象、劳动工具、劳动者还是劳动过程，都受到特定生产方式下的生产资料的支配。

阿尔都塞以公式的形式表述了生产力、生产资料与劳动力的相互关系：

生产力＝生产资料（劳动对象＋劳动工具）＋劳动力（统一）。③

关于这个公式，有几点需要引起注意。第一，阿尔都塞写出这个公式的目的，是在分析阶级社会时，突出生产资料的关键制约性作用。资本主义社会中，资本家正是通过占有生产资料而占有了工人的劳动，因为工人无法在没有劳动对象与劳动工具的条件下生产，只能为了获取延续生命的工资选择

① 路易·阿尔都塞. 论再生产 [M]. 吴子枫，译. 西安：西北大学出版社，2019：81.
② 路易·阿尔都塞. 论再生产 [M]. 吴子枫，译. 西安：西北大学出版社，2019：85.
③ 路易·阿尔都塞. 论再生产 [M]. 吴子枫，译. 西安：西北大学出版社，2019：88.

出卖自己的劳动力。第二，这里的生产力概念是一个复数形式，正如前面所述，阿尔都塞强调在某一特定占主导地位的生产方式下并存着多种生产方式，多样化的生产方式必然表现为不同的生产力发展水平，因此，是"生产方式的多元"赋予了生产力以复数形式，表示多种生产方式并存而产生的生产力的合力。第三，阿尔都塞强调，公式中的"+"号并非算术意义上的简单相加，而是一种相互关联作用的特定组合式表达，加号是在没有找到更为合适的表达时所用的形式，仅仅是一种对生产力的观察方式。公式本身表达的是一种"特定的组合"，一种"特定的统一"。阿尔都塞强调，能说明生产方式的不是生产力，而是生产关系。马克思在《资本论》中强调的并非资本主义生产方式下生产力的巨大作用，而是人类的自由与解放要突破资本主义的生产关系，资本主义虽然让人类的生产力得到了空前的发展，但更重要的是如何推翻与超越资本主义，实现共产主义社会。

（三）生产关系的优先性

阿尔都塞认为，生产力固然是生产方式的物质基础，"这就意味着，在现有生产力的基础上并在它的限度内，是生产关系起决定作用。整部《资本论》，以及列宁和毛泽东的全部著作都在给这个从未被马克思主义者承认的论点作注解"。① 这样，在思考法、国家与意识形态时，我们固然要深入决定它的经济基础，阿尔都塞将"下层建筑"视为经济基础的同义语，指的是生产关系与生产力的统一体，经济的下层建筑决定着上层建筑。同样，在这个生产关系与生产力的统一体中，在现有生产力的基础之上，是生产关系在这个生产力的物质限度内起到了决定性作用。

"资本主义生产关系就是资本主义剥削关系！"② 阿尔都塞果断指出，资本主义在20世纪的这些变化，并未改变资本主义的剥削本质，因为生产资料的所有制没有改变，生产的原料、厂房、生产机器，仍然属于资本家所有，即便是资本家采用了股份制公司的模式，而且聘用了代理人，依然未改变这个现实。资产阶级代理人代理的仍然是资本家因占有生产资料而具有的支配劳动力的权力，权力的主体并未改变。问题的实质在于，他们依然不占有生产资料，依然只能出卖自己的劳动力而成为雇佣劳动者，发生的变化只是雇佣的要求与标准提高了，被雇佣的劳动本质依然没有改变。尽管部分资

---

① 路易·阿尔都塞.论再生产［M］.吴子枫，译.西安：西北大学出版社，2019：82.
② 路易·阿尔都塞.论再生产［M］.吴子枫，译.西安：西北大学出版社，2019：94.

本家也参与了劳动过程，但这样的劳动并非雇佣劳动，因为资本家的劳动并非通过出卖劳动力而被雇佣的，资本家的劳动虽然同样受到生产机器的支配，但不受因占有生产资料而具有的支配权力的支配，而只是其本人为了利润而采取的自由选择而已。劳动者劳动岗位的变化、劳动者工资的提高，*丝毫没有改变"工资"的剩余价值"预付款"本质*，依然是资本家以工资形式付给劳动者的用于劳动力再生产的必要价值，工人所创造的价值的绝大部分依然为雇佣他们的资本家所有。

综上所述，阿尔都塞的政治经济学批判所坚持的是马克思在《资本论》中所坚持的批判向度，阿尔都塞洞察了一切问题的实质，他在著作中反复强调，资本主义的生产关系的本质仍然是资本主义的剥削关系，绝对不能因为对"剥削"的关注而放过了"生产"，应该时刻在资本主义生产方式中、从劳动者劳动过程中看清资本主义掠夺剩余价值的本质，尽管20世纪资本主义获得了不同于19世纪的发展特征，但是资本家占有生产资料的现实没有变，劳动者不得不出卖劳动力而成为雇佣劳动者的现实没有变，资本的扩大再生产是追求超额剩余价值的现实没有变。

（四）对生产关系的混淆

生产关系决定了劳动分工和劳动组织的形成，决定了物质生产的特定方式，但对生产关系的理解，存在着两个误区：其一，将生产关系理解为纯技术的关系，只要解决好物质生产过程中的工艺技术问题即可；其二，将生产关系看作一种法律的关系，用法律来保障生产过程中的各方的合法权利即可。前者是一种经济主义的"技术决定论"，后者是一种"人道主义"学说。

阿尔都塞强调，"不要把生产关系当作是纯技术的关系或法律关系……要彻底避免双重的意识形态混淆"①。把生产关系看成纯技术关系，实际上掩盖了生产的全过程中的资本主义剥削关系，将生产当作纯法律关系（获得合法性保障的私有制），实际上遮蔽了生产的全过程中的阶级关系。要突破资产阶级混淆的迷雾，就必须在生产中寻求反抗剥削的手段，在意识形态中寻求开展阶级斗争的武器。保持对生产关系的正确观念是如此重要，它直接决定了阶级斗争的命运。必须推翻资本主义的生产关系，建立新的社会主义的生产关系，抵制劳动分工的"技术论"与劳动分工的"法律论"，以马

---

① 路易·阿尔都塞. 论再生产 [M]. 吴子枫，译. 西安：西北大学出版社，2019：116.

克思的社会劳动的分工的整体性力量为动力，避免对生产关系的双重混淆，在物质生产与意识形态控制方面双线作战。

第二节　意识形态国家机器：生产关系再生产的政治本质

在马克思看来，法的关系与国家的形式，既不能通过诉诸自身来理解，又不能从人类精神一般发展来理解，必须在人们的物质的生活关系的总和中来理解。这种物质生产关系是指与物质生产力一定的发展阶段相适应的生产关系，生产关系的总和构成了社会的经济结构（形成经济基础），决定着法律和政治的上层建筑和一定的社会意识形态形式。① 经济基础的变化决定着上层建筑的变革。在阿尔都塞看来，生产力与生产关系的统一构成了社会的经济基础（阿尔都塞称之为"下层建筑"），下层建筑中的生产关系又决定着生产方式的特性。因此，考察资本主义生产方式的特性就要通过生产关系的再生产来进行考察，资本主义生产关系（剥削关系）的再生产是通过法律——政治（国家）和意识形态（宗教的、道德的、政治的、法律的，等等）的共同作用来完成的。也就是说，马克思更多地强调经济基础对上层建筑的决定作用，而阿尔都塞则具体分析了上层建筑的"相对独立性"以及对经济基础的反作用。

一　法—国家的本质：维护阶级统治的镇压性国家机器

（一）法的系统性与形式性

法是一套需要人们既遵守又规避的规则系统，具有一致性与完备性的系统特征。一致性是指法律条文之间都要保持相对独立性，以确保不会因为规则条款的相互包含而产生矛盾，从而减弱了被遵守的执行力，增加了被规避的可能性。由此可见，法是一种系统性的外部存在。法的形式性是指法是契约的一种形式，并不包含契约双方法人的交易内容，是对形式上自由与平等的法人行为的规定形式。法的系统性与形式性为法的普遍性提供了可能，使得法对任何被它定义和承认的法人皆有效，不论法人是遵守还是规避都是如此。

法在一方面因不包括契约交易的具体内容而获得形式性，但在另一方

---

① 参见马克思恩格斯文集：第 2 卷 ［M］. 北京：人民出版社，2009：591.

面，它又不能抽掉使自己存在的本身并不在场的特定内容——"生产关系及其后果"。① 法只有根据现行生产关系才存在，法是通过承认并不在场的一切使法据得以存在的生产关系才具有法的形式。阿尔都塞援引了马克思在《〈政治经济学批判〉序言》中的话，"法通过在自己的规则系统中完全不提生产关系，正好相反，通过掩盖它们而'表现了'生产关系"②。

要严格区分生产关系和法权。在分析资本主义生产方式或预测社会主义生产方式时，混淆生产关系与法权会造成严重的理论失误与重大的政治错误。在阿尔都塞看来，用生产资料的所有制来区分资本主义或社会主义的生产方式的做法是错误的，如果用生产资料的集体所有来定义社会主义生产方式，也就是在社会主义法权上来谈论这件事，将社会主义法权与社会主义生产方式等同起来了。然而，"……任何法权——归根到底是商品关系的法权——最终仍然带着资产阶级的这个缺陷，因此任何法权在本质上最终都是资产阶级的，是不平等的"③。正如马克思在《哥达纲领批判》中所揭示的，不承认任何阶级差别的平等的权利，对不同等的劳动来说恰恰是不平等的权利，因为将这种不同等归属于个人先天因素，也就默认了不同等的工作是一种固有的天然特权了。阿尔都塞认为，市场问题与法权问题是马克思理论中的一个难题，因为马克思认为法权的消亡，意味着商品交换（劳动力商品）的消亡，这时非商品的交换将代替商品的交换。

（二）法的镇压性与强制性

法是系统性的外部存在，对法的消极遵守来自对不守法所带来惩罚的恐惧，契约不仅包括彼此交易的互相承诺，还包括对违约后惩罚的相互承认，法通过外部的强制力获得了内部的承认，镇压性的惩罚是法存在的条件。不同于康德从法与道德的区分来看法的强制性（法是镇压性形式系统，道德是包含义务的无惩罚与镇压的形式系统），阿尔都塞主要是从法与生产关系的不同视角来审视法。所以，并不是从镇压与惩罚的措施来研究法，而是从实施镇压的镇压性国家机器出发来看法的镇压性。这些镇压性国家机器包括警察、法院、监狱，等等。法保障了特定的生产关系下形式上宣称自由与平等的法人的契约履行，这种契约的交往正是国家这个上层建筑所要保障的，

① 路易·阿尔都塞. 论再生产 [M]. 吴子枫，译. 西安：西北大学出版社，2019：144.
② 路易·阿尔都塞. 论再生产 [M]. 吴子枫，译. 西安：西北大学出版社，2019：145.
③ 路易·阿尔都塞. 论再生产 [M]. 吴子枫，译. 西安：西北大学出版社，2019：147.

国家用军队、警察等镇压性机器保障法总是被遵守，法和国家由此完成了统一。

（三）　法律与道德意识形态

阿尔都塞与康德一样，都看到了法的非镇压的形式，即对法的积极遵守，不是因为对不守法带来的惩罚的恐惧，而源自对"职业良知"和"道德良知"的认同，阿尔都塞将其称为法律意识形态和道德意识形态。因此，法一方面通过镇压性国家机器来保障人们的消极遵守，另一方面则是通过法律意识形态与道德意识形态实现人们的积极遵守。法律和道德意识形态是不在场的警察，却在大多数情况下发挥着比警察更有效的作用，让事情不通过国家暴力便"自动"运转起来。

综上，阿尔都塞对法的解读，重点并不在于法是一个镇压性国家机器，而在于法是意识形态国家机器。它通过直接地保障资本主义生产关系的运行，而间接地保障了资本主义生产关系的再生产。也就是说，法律意识形态国家机器（包含实现了的道德意识形态），成功地将上层建筑（法、国家、意识形态）与下层建筑（生产力与生产关系的统一）结合了，通过在实践意识形态领域的统治地位实现了经济基础与上层建筑的统一。

（四）　国家机器与国家政权

马克思在《路易·波拿巴的雾月十八日》中将国家视为庞大而分布很广（官僚结构、军事机构等）的国家机器，并与资产阶级的物质利益紧密交织在一起，将国家称为国家机器是经典马克思主义者的共识。阿尔都塞认为，"国家是一种镇压'机器'，它使得统治阶级（在 19 世纪是资产者阶级和大土地所有者'阶级'）能够保障他们对工人阶级的统治，使得后者服从于剩余价值的榨取过程（即服从于资本主义剥削）"[①]。不能从人道主义（即资产阶级唯心主义）出发将国家看作统治阶级有意识的意志的纯粹工具，应正确区分国家政权和国家机器。首先，国家机器可以在政变或革命中幸存，国家政权则不然。其次，阶级斗争的目标是夺取国家政权，进而通过国家政权利用国家机器，以此完成对掌握国家机器的阶级的掌控。最后，无产阶级革命是通过摧毁资产阶级国家，夺取国家政权，建立无产阶级自己的国家机器，最终实现消灭国家的目标，这使一切国家机器与国家政权都走向终结。

---

① 路易·阿尔都塞. 论再生产 [M]. 吴子枫，译. 西安：西北大学出版社，2019：165.

二 意识形态国家机器：资本主义生产关系再生产本身

意识形态国家机器（AIE）① 是与镇压性国家机器并立的，但又明显不同的意识形态物质载体，它是革命斗争中理论干预的准确位置，是革命路线、方针、政策对意识形态阵地的全面占领。阿尔都塞列举了八种 AIE：教育机器、家庭机器、宗教机器、政治机器、工会机器、传播机器、出版—发行机器、文化机器。之所以将这些机构或组织称为意识形态的物质载体（AIE），"即不是那些机构'生产'了相应的意识形态，而是一种意识形态（国家的意识形态）的一些要素'实现于'或'存在于'相应的机构和它们的实践中"。② 阿尔都塞认为，马克思、列宁、斯大林与毛泽东早就进入了该领域，只是并未对这样的实践采取合适的理论表达，他们作为无产阶级的领导人将这样的经验做法隐含于具体的政治实践之中，实则是对马克思主义国家理论的补充与发展。

（一）理论与实践中的意识形态斗争

1. 马克思对意识形态的否定批判

阿尔都塞认为，马克思早在担任《莱茵报》编辑时期，就开始与资产阶级意识形态展开了周旋，"因此，是意识形态斗争的实践和政治斗争的实践，迫使马克思非常早地——从他青年时期的著作开始——就承认了意识形态的存在和现实性，承认了它在意识形态斗争中、最终在政治斗争中（也就是在阶级斗争中）所扮演的角色的重要性"③。阿尔都塞在这里指出了两条重要线索：第一，哲学内部的矛盾与意识形态内部的矛盾紧密相关；第二，意识形态内部的矛盾与阶级斗争紧密相连。马克思的这种洞见后来在《德意志意识形态》这部作品中得到了集中呈现，一方面，马克思认为"统治阶级的思想在每一时代都是占统治地位的思想"④，毋宁说统治阶级的意识形态就是占统治地位的意识形态，马克思清楚地指出了意识形态与国家政权之间的紧密关系；另一方面，马克思在批判费尔巴哈哲学时指出，"……

① "意识形态国家机器"的法文原文为"Appareil Idéologique d'État"，为了便于叙述，本文部分使用其法文原文的简写形式"AIE"，参见路易·阿尔都塞. 论再生产 [M]. 吴子枫，译. 西安：西北大学出版社，2019：174.
② 路易·阿尔都塞. 论再生产 [M]. 吴子枫，译. 西安：西北大学出版社，2019：184-185.
③ 路易·阿尔都塞. 论再生产 [M]. 吴子枫，译. 西安：西北大学出版社，2019：336.
④ 马克思恩格斯文集：第1卷 [M]. 北京：人民出版社，2009：550.

费尔巴哈既承认现存的东西同时又不了解现存的东西……"①，阿尔都塞认为，马克思在这里实际是"把意识形态定义为'承认'和'误认'"②，这同拉康将"承认／误认"运用于无意识的做法异曲同工，深层次上所继承的是弗洛伊德的传统。马克思为了消灭这种虚假的意识形态，而不得不消灭代表这种意识形态的"哲学"，于是在 1848 年起开始寻求"实证的东西"（政治经济学）来展开新的世界观，于是十几年后（1867 年）有了《资本论》（副题：政治经济学批判）第一卷的问世。

2. 对意识形态肯定的实践

面对 20 世纪的无产阶级革命新的形势，阿尔都塞考察了欧洲及亚洲无产阶级革命中的无产阶级政党关于意识形态的观点、态度与实践。他认为，"资产阶级意识形态对于工人阶级运动的公认的影响，不单是一个'观念'或'倾向'问题，而且也反映在适应于再生产出国家结构的各种组织结构的物质性中……"③。马克思从理论与实践上全方位地参与了无产阶级斗争，他的关于资产阶级意识形态的批判正是关于无产阶级革命斗争的政治檄文，这样的批判在马克思逝世之后仍然在继续，列宁、葛兰西、毛泽东都是真正的马克思主义者。阿尔都塞认为，列宁从未停止在长期的革命实践中发动文化革命的意识形态复兴，列宁不再一味地谈论资产阶级意识形态的虚幻性，而是站在中性的立场上去理解意识形态范畴，认为无产阶级革命中应用社会主义及共产主义的意识形态来消灭资产阶级的意识形态，但并未发展出一套关于国家、意识形态的无产阶级政党的理论。

葛兰西深受俄国十月革命的影响，提出了他的争夺意识形态领导权的革命核心理论，认为无产阶级革命中应注意争夺意识形态领导权与夺取国家政权的先后次序问题，争夺意识形态的领导权应首要考虑，是先于最后的夺取国家政权的。他把"市民社会"领域局限于文化、伦理和意识形态活动领域，阿尔都塞认为他只是做了一项很有价值的历史哲学研究，对于如何夺取意识形态领导权的革命策略不能从他这里寻找，而要到中国的毛泽东的实践中找寻。毛泽东成功地运用了马克思的唯物主义辩证法，精准地分析了中国革命的特殊性，他从实践出发而不是从观念出发，克服了辩证法形而上学观

① 马克思恩格斯文集：第 1 卷 [M]. 北京：人民出版社，2009：549.
② 路易·阿尔都塞. 论再生产 [M]. 吴子枫，译. 西安：西北大学出版社，2019：339.
③ 阿尔都塞. 哲学与政治：阿尔都塞读本 [M]. 陈越，译. 长春：吉林人民出版社，2003：262.

念的束缚，他发现了革命的胜利必须依靠群众、发动群众，脱离群众将会使政党面临失败的风险，阿尔都塞认为毛泽东正确地处理了党群关系，懂得文化革命在占领意识形态阵地中的重大作用。

（二）意识形态的现实性与物质性

1. 意识形态通过虚假观念运转

意识形态没有自己的历史，它的历史在它之外的物质生活生产的现实之中，"因为事实上，无意识的永恒性归根到底以意识形态一般的永恒性为基础"。① 阿尔都塞将马克思的"意识形态没有历史"与弗洛伊德的"无意识是永恒的"结合起来了，以此表明意识形态在各阶级社会的具体形态中"无所不在"且具有永远不变的形式。意识形态通过虚假的"社会运行观"来运转，这种"社会运行观"将革命的要害之处用意识形态伪装起来，迷惑了革命者的双眼，让革命者将虚假的敌人当作真正的敌人加以反抗，使得革命暴力消解于暴力革命之中，因为真正的敌人已经隐藏或转移了。资本主义从自由阶段进入垄断阶段之后，人们将资本主义生产关系中的剥削"二度化约"（理论上与政治上）② 为压迫，并宣称这是帝国主义阶段资本主义生产关系下的头号敌人。在阿尔都塞看来，法国"五月风暴"喊出的口号"赶走你大脑中的警察"就是这样的表现。这种虚假的"社会运行观""仅仅抓住了压迫而在'在私下里放过'了剥削；或者，它以同样错误的但却更精致的形式，宣称在作为帝国主义最后阶段而出现的'国家垄断资本主义阶段'，剥削化约成了它的'本质'：压迫；……剥削在实际上已经变成了压迫"。③ 要言之，资本主义社会的本质是以阶级剥削为基础的，其核心只能是"剥削"而不是"压迫"，抓住压迫而放过剥削就是放过了资本主义的物质生活资料的生产。

2. 意识形态的物质性

既然意识形态所呈现的是个人与其实在生存条件的想象关系，我们就可以通过"想象性置换"④ 透过它的暗示重新发现被遮蔽的现存世界，如同费尔巴哈将神学世界置换成人的世界从而发现了宗教的虚幻本质一样。意识形态被应用于国家机器中，影响着社会的生产关系，就意识形态所起到的这种

---

① 路易·阿尔都塞. 论再生产［M］. 吴子枫，译. 西安：西北大学出版社，2019：344.

② 路易·阿尔都塞. 论再生产［M］. 吴子枫，译. 西安：西北大学出版社，2019：348.

③ 路易·阿尔都塞. 论再生产［M］. 吴子枫，译. 西安：西北大学出版社，2019：347.

④ 参见路易·阿尔都塞. 论再生产［M］. 吴子枫，译. 西安：西北大学出版社，2019：354.

作用与效果来看，它又不是虚幻的存在，而是一定的国家机器利用意识形态的想象性关系影响着人们在社会中的行动，"一种意识形态总是存在于一种机器当中，存在于这种机器的某种实践或多种实践当中。这种存在就是物质的存在"①。

　　阿尔都塞的表述有以下两层涵义。第一，意识形态的物质性，并非说意识形态所表述的想象关系是真实的，而是说意识形态所构建的想象关系在真实地发挥着作用。如果说认识到意识形态的虚幻性与虚假性，就将所有的注意力都放在意识形态形成的基础——具体个人所处的现存的社会关系的话，实际是陷入了一种朴素的唯物主义泥淖之中。例如，无产阶级革命夺取了国家政权之后，还应当考虑如何消除该政权所辖的官僚结构的旧的行动原则，如果认为掌控了国家权力的政权，所有官僚结构就会按照新政权的要求自动行事的话，那就犯了唯心主义错误。这就说明了为何资产阶级在挣脱封建的枷锁后所建立的资本主义社会，仍然需要求助于新教解决市民社会中的人的观念变化问题，韦伯的发现并非无足轻重。第二，意识形态所构建的这种想象性关系本身就是一种物质性存在。因为"个人"总是生活在意识形态之中，生活在占统治地位的意识形态对世界的诸多表述之中，否定了意识形态的物质性存在，也就否定了处在一定的生产关系中的人对实在关系的想象关系，最终否定了人具有意识，这是荒谬的。总而言之，意识形态总是被实践所利用，实践也总是处在一定意识形态中，如果中性地看待意识形态的话，它既可以歪曲现实，又可以正确反映现实，即共产主义社会也一定存在着意识形态。

（三）无产阶级意识形态斗争的方向

　　无产阶级的政党和工会何以能存在？或者说，他们属于无产阶级的组织，代表的是无产阶级的利益，资产阶级为何允许他们存在于他们的机构之中并发挥着分裂的作用？这只能是长期的无产阶级斗争的成果，是漫长的阶级斗争迫使了资产阶级承认了无产阶级的党和工会的合法性，并让他们作为独立的力量并存于资产阶级的 AIE 之中的。尽管在资产阶级内部出现了无产阶级的"异类"，"但资产阶级拥有一整套经过考验的技术来面对这个危险"②。一方面，资产阶级总是占领着意识形态的高地与话语权。他们严格

① 路易·阿尔都塞.论再生产［M］.吴子枫，译.西安：西北大学出版社，2019：358.
② 路易·阿尔都塞.论再生产［M］.吴子枫，译.西安：西北大学出版社，2019：209.

地将无产阶级力图通过工会发挥作用的力量限制于工会内部，建构了一道无法逾越的围墙，使工会在议会中的声音变得微弱，让无产阶级政党变成"外国党"或"分离主义者"，这让他们的生存境况变得艰难，只要占统治地位的阶级不是无产阶级，只要占统治地位的意识形态不是社会主义及共产主义的意识形态，无产阶级政党和工会将会永远处于斗争的弱势地位。另一方面，资产阶级利用"经济合作"与"政治合作"同化与分裂着无产阶级政党和工会的力量。

需要指出的是，AIE 之间的合作并非总是紧密无间的，这种内部的矛盾遇到突发状况时会导致运行中的摇摆不定，这是其脆弱性。但是，若已然形成的 AIE 在稳定运行之后，自上而下的改革往往不能彻底清除其运行的原有模式，这又是他的坚固性。鉴于 AIE 的脆弱性与稳固性并存的特性，无产阶级革命要想取得最后的胜利，"仅仅摧毁镇压性机器还不够，还必须摧毁并更换意识形态国家机器。必须刻不容缓地建立新的意识形态国家机器，要不然，危及的是革命自身的未来"①。因此，清醒的无产阶级十分清楚阶级斗争只能是外部的阶级斗争，是夺取国家政权的彻底的斗争，一旦将阶级斗争简化为在资产阶级内部的斗争（如议会话语权的争夺，为工人增加工资或福利等），无产阶级政党也就背叛了自身的使命。阿尔都塞将这种斗争称为"小资产阶级的改良主义意识形态"，"它们以发发脾气或噘噘嘴巴换来的政治，是一种阶级合作的政治"②。

三　阶级斗争：破坏下层建筑运行条件的双战线革命

安德森认为的，马克思留下的是分析资本主义生产方式的经济理论，集中体现于《资本论》，却没有留下资本主义的国家理论，也没有无产阶级推翻资产阶级阶级斗争的政治理论③。这正是马克思之后的西方马克思主义学者的共同疑难所在。面对着不同于 19 世纪的资本主义发展的新特点与无产阶级革命的新形势，阿尔都塞在 20 世纪 60 时代希望通过"保卫马克思"，恢复《资本论》的哲学内涵来发现马克思的政治经济学批判对于指导无产阶级革命的政治理论，他从经济基础与上层建筑的这一对关系中，发现了比

① 路易·阿尔都塞.论再生产［M］.吴子枫，译.西安：西北大学出版社，2019：198.
② 路易·阿尔都塞.论再生产［M］.吴子枫，译.西安：西北大学出版社，2019：210.
③ 参见佩里·安德森.西方马克思主义探讨［M］.高铦，文贯中，魏章玲，译.北京：人民出版社，1981：10-11.

"经济基础决定上层建筑"这样的公认判断更丰富的理论，正是上层建筑保障了资本主义生产关系的再生产，如果历史是一部阶级斗争的历史的话（来自《共产党宣言》的启示），那么从上层建筑的结构及如何作用于下层建筑（经济基础）的关系中找寻 20 世纪阶级斗争的革命策略是十分必要的。

（一）　新革命观：针对两个对象的阶级革命

从生产条件的再生产方面来看，阿尔都塞已详细阐述了上层建筑的具体功能，资本主义生产方式的存在和延续是以一定的生产条件的再生产为前提的，是什么构成了生产方式的具体特征呢？阿尔都塞从马克思的话语中得出判断，马克思在《资本论》第一版的序言中提到，"我要在本书研究的，是资本主义生产方式以及和它相适应的生产关系和交换关系"，[①] 因此，是生产关系构成了资本主义生产方式的特征，它决定着生产条件的再生产（阿尔都塞认为生产关系比生产力更重要）。归根结底，是上层建筑保障着生产关系的再生产，它通过镇压性国家机器与 AIE 的共同作用发挥着再生产资本主义剥削关系的功能。明确了这点，阿尔都塞的阶级斗争理论就有了明确的路径了。

1. 不改变生产关系的革命

不改变生产关系的革命是指不触及生产关系，更不会推翻镇压性国家机器，仍然在旧的政权组织形式下进行的意识形态国家机器的革命。如法国在 1830 年的"七月革命"和 1848 年发生的"二月革命"。"七月革命"是由小资产阶级发动的推翻复辟波旁王朝的革命，查理十世限制出版自由，解散了国会，颁布新的选举法，让大部分选民（主要是小资产阶级）失去投票资格，引发了法国人民的不满而爆发了革命，革命推翻了查理十世的君主立宪制统治，代之以路易·菲利普的议会君主制统治。"二月革命"中，菲利普君主的统治下，资本家与手工业者因工业竞争造成了极大的两极分化，最终由广大群众（工人、学生）组成的主力爆发了革命，革命的成果是菲利普的议会君主制被推翻，代之以议会共和制。阿尔都塞认为，这些革命都未推翻原有的生产关系，都只属于资产阶级与小资产阶级内部的斗争，它改变的只是意识形态国家机器，而非政权。

---

① 马克思. 资本论（节选本）：第 1 卷 [M]. 中共中央马克思恩格斯列宁斯大林著作编译局，编译. 北京：人民出版社，2018：4.

2. 改变生产关系的革命

阿尔都塞认为，严格意义上的革命，必定是夺取国家政权、摧毁统治阶级生产关系再生产的条件，代之以新的生产关系，同时建立新的国家机器来保障新的生产关系的再生产。这样的革命有 1789 年的法国大革命、1917 年的俄国"十月革命"和中国的新民主主义革命。

更重要的是，阿尔都塞提到了群众在阶级斗争中的作用，因为无产阶级革命并不是从理论上的逻辑演绎，而是要在实践中通过武装力量来进行的，是一场关于无产阶级与资产阶级之间的长期较量，是一场持久战（阿尔都塞对毛泽东思想极为认可），要在斗争中，将无产阶级的斗争变为一场由广大群众普遍参与的阶级斗争，这样才能保证革命的最后胜利。这与中国的新民主主义革命的"统一战线"的提法很接近。

3. 阶级斗争的两个对象

在阿尔都塞看来，国家机器分为镇压性国家机器与 AIE，前者是单数，后者是复数，这两者构成了阶级斗争的两个对象。

推翻镇压性国家机器，必须向保卫统治阶级的国家军队开火，由于军队代表的是国家意志，服从的是铁一样的纪律，几乎不可能从内部分裂与瓦解，只能依靠暴力的武装斗争来实现。由于 AIE 具有脆弱性和稳固性并存的特征，要一方面利用长期的无产阶级渗透，利用其脆弱性，从内部进行分化，通过无产阶级的科学斗争的理论，掌握更多的群众；另一方面，镇压性国家机器的被摧毁，使得新建立的国家机器，有了对旧国家机器逐步改造的可能性与条件。这样，通过两个方面的努力，无产阶级会成功摧毁旧的国家机器，建立新的国家机器，为无产阶级的生产关系的再生产提供保障。

（二）植根于经济的政治的阶级斗争

资本主义生产关系在阿尔都塞看来就是资本主义的剥削关系，而推翻这种剥削关系只能推翻产生剥削的生产过程，所以，"政治的阶级斗争应该深深地植根于经济的阶级斗争即'为了各种具体物质要求'而进行的斗争中"[①]。因为资本家占有生产资料，便拥有了支配劳动者劳动的权利，劳动者因为不占有生产资料而只能出卖自己的劳动力参加劳动，劳动所得（工资）远远少于自己生产的劳动量，因为差额部分作为剩余价值被资本家占有了，剥削产生于生产过程中，这种生产关系是资本主义生产方式的物质基础。且看国

---

① 路易·阿尔都塞. 论再生产［M］. 吴子枫，译. 西安：西北大学出版社，2019：306.

家机器是如何介入这个过程来保障这种剥削关系的再生产的，一方面，资产阶级通过镇压性国家机器，以强制性力量（法、警察、军队）保障着固有的私有制的存在，摧毁着无产阶级的任何反抗；另一方面，资产阶级充分发动意识形态国家机器的力量，在法律、政治、道德、哲学、科学等包括日常生活的领域，以各种"令人信服"的方式告诉无产阶级既存现实的合理性，让他们觉得这是无法改变的事实，只能去接受它。

1. 推翻意识形态国家机器的实践

一旦明确了要摧毁这种意识形态，就要懂得这些意识形态并不是存在于观念之中，因为它是真实的存在且不间断地在发挥着自己的功能，不是靠摧毁那些设想出来的"精神世界"或者"观念世界"就能解决问题。阿尔都塞明确地表示，"意识形态存在于一些机器和这些机器的实践中"[①]。在诸多意识形态国家机器中，每一套机器的物质配置都在实现着国家的意识形态，通过无孔不入的意识形态国家机器直接或间接地影响着身在其中的每一个个人，无论是劳动技术岗位上的工人还是下班休息的家庭成员，个人的实践是被借助意识形态国家机器运作的国家意识形态包裹的实践，它作用于个人的有意识或无意识的活动之中。阿尔都塞认为，统治阶级的意识形态甚至通过"唤问"，借不同的仪式进入了个人自身最深层的意识中，左右着人们无论是公开的还是私密的行为，因为我们总是在那些令人信服的道德良知、职业良知、父母良知、政治意识、哲学意识、宗教意识中，"自然而然"地完成了对意识形态的承认，也就"自然而然"地帮助资产阶级实现了生产关系的再生产。

由此，阿尔都塞认为，"……是意识形态、从而是作为意识形态存在场所的 AIE，使各社会各阶级'登上舞台'的"[②]。因此必须展开两方面的主要斗争，一是在工会的意识形态国家机器中开展的经济阶级斗争，一是在学校的意识形态国家机器中的阶级斗争，这两方面的斗争占据着阶级斗争的核心地位。

2. 工会 AIE 中的经济的阶级斗争

阿尔都塞批判了在工会中开展的阶级斗争的两种错误认识。其一，工会是工人阶级的组织，代表着被雇佣劳动者的利益。它通过组织内部的合法途

---

① 路易·阿尔都塞. 论再生产［M］. 吴子枫，译. 西安：西北大学出版社，2019：309.
② 路易·阿尔都塞. 论再生产［M］. 吴子枫，译. 西安：西北大学出版社，2019：311.

径为工人的物质利益发言，组织的力量相对于个人具有更多的据理力争的话语权。工会的这种工作方式被党内贬为"卑俗物质主义"（意为追求物质享受），会因为眼前的"小利"而放弃了世界无产阶级革命的伟大使命，有损于革命的战略和前景。其二，认为工会的斗争是全球无产阶级革命的重要组成部分，最要紧的工作是制定革命战略，因此要安于"贫穷"，不受资产阶级物质利益的诱惑。阿尔都塞认为这两种认识都是愚蠢或错误的，会在知识分子、小资产阶级及其他阶层中造成危害，因为工人组织从事的是经济的阶级斗争，斗争对象是资本主义的剥削，攻击的是资本主义生产关系的物质基础，资产阶级绝不允许有这方面的政治妥协。所以，工会内的经济的阶级斗争目标是消除剥削（虽然短期无法实现），如果将剥削理解为压迫，从而就将经济的阶级斗争转化为政治上的阶级斗争，于是阶级斗争的目标就由资本主义生产变成了资本主义国家了，导致反抗"压迫"而私下里放过了"生产"，而"剥削发生在生产中，且只发生在生产中，而不是发生在再生产中"①，这显然形成了错误的斗争策略。

工会内的经济的阶级斗争，面对的是资产阶级的各种分裂手段，必须时刻小心堕入阶级合作的陷阱之中，经济的阶级斗争是政治的阶级斗争的基础，政治的阶级斗争是整个阶级斗争的主导，必须正确处理这两者的关系，避免斗争策略上的失误。因此，认为工会内的经济的阶级斗争，因为以上的错误认识就认为其不重要的观点是非常错误的。阿尔都塞认为，"必须高度恢复工会斗争的地位"②，明确工会组织的经济的阶级斗争的基础性地位，是一场植根于群众的经济的阶级斗争。阿尔都塞认为工会内的经济的阶级斗争具有以下三个方面的作用：第一，无产阶级在工会内部开展的争取物质利益的斗争，能够团结更多的群众加入反对资本主义的阵营中来，包括有产的雇佣劳动者、贫农、小农、公务员、教师等所有资本主义剥削的受害人，他们都因为这个共同的目标而团结起来，又由于目标的一致性而接受党在政治上的领导；第二，利用工会组织在资产阶级企业内部开展无产阶级政党的政治路线、方针、政策的宣传工作，以及恰当的鼓动和组织工作，确保党在企业中的长期存在；第三，利用党在企业内的斗争经验锻造无产阶级政党自身，促进群众的经济的阶级斗争和群众的政治的阶级斗争的统一与融合。

① 路易·阿尔都塞.论再生产［M］.吴子枫，译.西安：西北大学出版社，2019：260.
② 路易·阿尔都塞.论再生产［M］.吴子枫，译.西安：西北大学出版社，2019：267.

综上，阿尔都塞认为这样的斗争策略是共产主义政治实践在工会开展的根本原则，"政治的阶级斗争尽可能深地植根于经济的阶级斗争，植根于群众为了物质要求而进行的工会斗争，这就是革命斗争的金子般的准则"①。通过工会组织的经济的阶级斗争，无产阶级密切联系了群众，这是革命取得胜利的保证，也是无产阶级成为执政党后保持政权的保证。

3. 学校 AIE 中的阶级斗争

如果说 16 ~ 18 世纪占统治地位的意识形态国家机器是教会的话，那么 19 世纪之后的占统治地位的意识形态国家机器必然就是学校。1789 年的法国大革命，一方面推翻了代表封建贵族利益的镇压性国家机器（国家政权），另一方面打击了占统治地位的国家机器（教会），教士机构从"天国"降落到"人间"，其财产被没收，变为世俗的教士机构。同样，阿尔都塞认为，在成熟的资本主义社会中，占统治地位的意识形态国家机器是教育的意识形态机器，"……它实际上已经在功能上取代了先前占统治地位的意识形态国家机器，即教会"②。

阿尔都塞认为，从幼儿园开始，学校就发挥着资本主义意识形态的功能，既包括显性的占统治地位的意识形态形式，如公民教育、哲学等；又包括隐性的形式，如将国家意识形态包裹于历史、文学、数学、语言等之中，将统治阶级的意识形态的灌输融于"自然而然"的过程中。在整个受教育过程中，总有人中途辍学，也有人坚持到大学甚至继续深造，但总而言之，每一批人都获得了他自身所处阶级地位的角色的意识形态，如被剥削者的职业素养、道德素养等，剥削者的领导与讲话的能力，镇压机器当事人的玩弄修辞能力，等等。当然，不仅学校能灌输这些，社会其他组织甚至大众娱乐文化也在运用此项功能，但是学校在这项功能发挥上无疑是占统治地位的，它的教育的系统性（有着不同的培养目标）、科学性（多知识交叉融合）、合作性（与家庭、社会单位合作）使其对处在时间较长的未成年人阶段的个体来说，更能有效发挥国家意识形态灌输的作用。

1968 年的"五月风暴"在学校的发生，将学校作为意识形态机器的功能暴露无遗，阿尔都塞认为这是一种"时代的征兆"③，因为学校这个意识

①　路易·阿尔都塞. 论再生产 [M]. 吴子枫，译. 西安：西北大学出版社，2019：271.
②　路易·阿尔都塞. 论再生产 [M]. 吴子枫，译. 西安：西北大学出版社，2019：288.
③　参见路易·阿尔都塞. 论再生产 [M]. 吴子枫，译. 西安：西北大学出版社，2019：314.

形态机器担负着资本主义生产关系再生产的主要任务。阿尔都塞并未给出在学校这个意识形态机器中进行阶级斗争的具体策略，只是强调了斗争的必要性，这可能是法国"五月风暴"的失败让阿尔都塞感到迷茫，对于如何发动这场 AIE 的阶级斗争还尚未确定清晰的策略所致。因为在未夺取国家政权之前，无产阶级政党无法取得在学校开展社会主义及共产主义教育的主导权，毕竟他所处的社会仍然是资本主义社会，资产阶级是绝不允许有这样的政治妥协存在的。

（三）意识形态的阶级斗争的优先性

阶级斗争包括政治的阶级斗争、经济的阶级斗争与意识形态的阶级斗争，但阿尔都塞认为，意识形态的阶级斗争是优先于其他的阶级斗争的，这是在考察 1789 年法国大革命、1917 年俄国十月革命与中国革命的基础上得出的结论。从法国大革命与俄国十月革命的过程来看，在革命正式发生之前，都围绕教会展开了长期的斗争，然后是围绕政治的斗争，继而是围绕传播领域和出版机构的斗争。这些斗争的总目标都是推翻旧的上层建筑，摧毁旧的生产关系再生产的保障条件，建立新的国家政权，并代之以新的生产关系来保障新的再生产的进行。因为占统治地位的 AIE 生产着占统治地位的生产关系，所以占统治地位的 AIE 总是在历史上属于阶级斗争的主要对象。从资产阶级反对封建制度的革命历史中可以看出，从科学上、哲学上、文学上反对封建制度的意识形态斗争总是首先开展，然后才通过革命的转折来实现国家政权的夺取的政治斗争，因为拥有铁律的国家军队所保障的旧的政权，在丧失了意识形态的主导权之后，革命的力量就从 AIE 转移到了镇压性国家机器，最终粉碎旧的国家政权，从而取得革命的胜利。

在此基础上，阿尔都塞提出了无产阶级革命的"三步走"战略，第一步，首先在 AIE 中发动阶级斗争，斗争的首要对象应是占统治地位的 AIE（学校）；第二步，联合所有 AIE 中的阶级斗争，破坏它们的再生产功能；第三步，以无产阶级政党领导的人民的全部力量，夺取国家政权，粉碎镇压性国家级机器，完成最后的占领。因为上层建筑"它再生产了下层建筑的运行条件"[1]，所以摧毁了旧的上层建筑，建立新的国家政权，就为新的下层建筑的运行创造了条件。

---

① 路易·阿尔都塞. 论再生产［M］. 吴子枫，译. 西安：西北大学出版社，2019：319.

第三节　从具体事实到多元史观：阿氏政治经济学 批判思想的哲学实现

恩格斯在《致约·布洛赫》书信中对历史过程中的决定作用做出了清晰的阐明，除了"现实生活的生产和再生产"这个归根到底的决定性因素外，还有上层建筑的诸因素：阶级斗争形式及成果、宪法、观念、理论、宗教，等等，正是由于恩格斯这里的思想启发了阿尔都塞，他从俄国革命、中国革命及欧洲共产主义运动现状出发，表述了多元决定的思想，故而认为这个"最终决定作用"并非线性的，而是多重矛盾的杂糅交织，需要回到事情本身去断定决定矛盾发展方向的矛盾的主要方面。

一　政治哲学的基本原则：从事情本身出发

亚当·弗格森考察了"文明社会"中的人的交往，他认为特定的尊严对应着特定地位的人们的行为规范，对行为规范的恪守就是对等级优势的完善。[1] 弗格森想说明的是，财产刺激了人的需求和欲望，若没有文明社会法律的约束，人来自自我保存的天性就会被歪曲为自我毁灭的动力。无论是亚当·弗格森的"文明社会"与亚当·斯密的"商业社会"还是黑格尔与马克思从不同视角阐述的"市民社会"，所围绕的核心议题都是对现代性的理解问题。市民社会内部存在着深刻的现代性的二律背反，当人的自我持存以国家的权威来维护这种"自由"的定在时，政治哲学才具有了现代文明的外观。阿尔都塞的政治经济学批判思想的哲学基因，从他迁回到马基雅维里、孟德斯鸠和卢梭那里的政治哲学思想就可以看出，他想要找寻这条启发着马克思发现"新大陆"的武器，是如何透过"幻象"的迷雾回到人类生活本身上来的，进而想要表达的是，在后马克思时代，马克思主义理论家们应如何正确运用马克思所锻造出的生产科学理论的武器，重新拨开那些将理论引向混乱的新的"迷雾"。

（一）机运与道德：古典政治哲学的二律背反

利奥·施特劳斯在《现代性的三次浪潮》中认为马基雅维里是政治哲

---

[1]　参见弗格森. 文明社会史论［M］. 林本椿，王绍祥，译. 杭州：浙江大学出版社，2010：78.

学的真正创始人，在施特劳斯看来，现代性的危机就是政治哲学的危机，体现为将彼岸世界的信仰（神圣的与超越的信仰）此岸化、世俗化时遇到的困境，而马基雅维里是第一个拒斥先前的政治哲学传统的政治哲学家，确立了现代政治哲学的新原则。古典政治哲学认为政治应服从于道德，即服从于自然的正义。对于国家的统治而言，以德性立国的必要条件是臣民的良好德性，若质料（被统治的人民）不符合德性统治的要求则会导致统治的失败，因此实现好的政治得靠机运，德性与机运之间的二律背反是古典政治哲学的难题。马基雅维里考察了国家统治中的各类问题，他在《君主论》中明确表示，应论述事物在实际上的真实情况而非想象方面。① 阿尔都塞认为，马基雅维里将事物的实际方面与想象方面对立了起来，追求政治实践的客观知识，拒绝对历史进行想象性虚构。不是政治服从于道德，而是道德服从于政治，这样，政治哲学的问题就变成了现实实践的技术性问题，"以一种人类—政治的必然性对抗非理性的必然性"②。这里的"人类—政治的必然性"是指人类通过一定的技艺实现政治统治，克服非理性的偶然性，摆脱机运的神秘性纠缠。一方面依靠军队暴力建立政治秩序，另一方面利用人民对暴力的畏惧掌握操纵德性的权力，将这种畏惧建立在某种正义之上。通过这两个方面的相互作用将古典政治哲学的政治难题转化为具体实践的技艺问题。

在阿尔都塞看来，马基雅维里拒绝了古典政治哲学的对象与逻辑预设。第一，古典政治哲学的对象是德性，而马基雅维里的政治哲学的对象是政治秩序本身，不是从德性出发将"应当"变为现实，而是从现实出发利用机巧去改变现实，政治秩序的建立要与人民事实上的行动原则相适应。人民的德性状况并非恒定不变，是可以通过政治手段干预使人民成为有利于政治统治的质料的。即君主通过暴力实现了绝对权力，进而将这种绝对权力表述为"人民的"权力，建立"人民政治"。这里并非说人民在行使绝对权力，而是人民因为对暴力的恐惧，不得不与君主保持表面上的"友谊"，逐渐产生对君主的"人民政治"的认同，阿尔都塞在马基雅维里这里发现的正是意识形态的作用，君主因为拥有强权而能够操纵意识形态，将暴力实现的统治冠以人民之名；人民因为没有绝对权力而不得不受意识形态的传唤，在虚幻

①　参见尼科洛·马基雅维里. 君主论 [M]. 潘汉典，译. 北京：商务印书馆，2009：73.
②　路易·阿尔都塞. 政治与历史：从马基雅维利到马克思 [M]. 吴子枫，译. 西安：西北大学出版社，2018：281.

的现实中认出自己，产生错误的认同。同时，"依靠他的权力，人民君主应该把贵族与人民之间的阶级斗争限定到有利于人民的方向上去"①。第二，古典政治哲学的逻辑预设是抽象的人性论，阿尔都塞认为，马基雅维里不谈"人"或"人性"，他总是在人的恶行中考察人的欲望，他所论述的"人"是一种复数形式，是一定的政治与社会关系当中的团体性的人。②马基雅维里总是在具体的政治状况中谈论政治问题，虽然他使用的"欲望"概念来自人类学，但只是为了表述实际的社会与政治行为。

总之，马基雅维里比霍布斯更早地看到古典政治哲学的问题症结，拒绝了追求德性与机运的古典政治哲学，代之以追求事实与技艺的政治实践，所追求的是一种没有先例的政治未来。正如施特劳斯所说的，他开启了真正的政治哲学。

（二）性质与原则：孟德斯鸠的政体动力学

孟德斯鸠并非如同先哲柏拉图那样，将政治当作一门科学的对象，他对政治科学对象的确定决定了他必然走一条与众不同的路，他将"世界上所有民族的所有习俗和法"作为政治科学的对象。③第一，孟德斯鸠将具体事实的总体作为反思的对象。阿尔都塞认为，对象的不同引发的是一场根本的方法的革命，即政治科学是从本质中抽象出物理事实的先天真理，还是通过观察从具体事实而得出法则。孟德斯鸠显然属于后者。因此，孟德斯鸠就具有了创建政治科学的方法论基础。第二，政治科学的前提是"它们包含了科学想要发现的某种必然性"④。孟德斯鸠并不是从人的理性与非理性的徘徊中寻求政治科学的必然性，而是从多样性的法或习俗中探究社会秩序的合理必然性。孟德斯鸠拒绝那些超验的历史秩序存在的理由，清除这些来自神学或道德的想象，才能给科学法则的建立开辟一条全新的道路，哪怕是分析某一场战役失败的偶然性，也必须纳入这种合理必然性之中。

孟德斯鸠保持客观中立的立场，从事实本身出发，通过比较与研究，探

① 阿尔都塞.哲学与政治：阿尔都塞读本［M］.陈越，译.长春：吉林人民出版社，2003：503.

② 参见路易·阿尔都塞.政治与历史：从马基雅维利到马克思［M］.吴子枫，译.西安：西北大学出版社，2018：293.

③ 路易·阿尔都塞.政治与历史：从马基雅维利到马克思［M］.吴子枫，译.西安：西北大学出版社，2018：12.

④ 路易·阿尔都塞.政治与历史：从马基雅维利到马克思［M］.吴子枫，译.西安：西北大学出版社，2018：13.

索一种内在于现象的关系，并通过多样化的全部现象证实后，才将其上升为某种原则。这是一种典型的经验科学的方法，孟德斯鸠将其应用于人类社会的政治法与公民法，从这些对象（法）中挖掘出"法的精神"，这是一种关乎法则的真理。它不是沿着单线模式去寻求某个稳定对象的简单决定论，而是从复杂社会中、从人们的服从与偏离行为中获取这种法则。在阿尔都塞看来，孟德斯鸠的永恒的法，由于设定了一个先于人类法存在的法，构成了一个安全的庇护所，让他免受对手的诘难。同时，由于这种设定，也使得社会契约的设想不能成立了，也就不会出现霍布斯所面临的契约难题了。

孟德斯鸠在对法的精神的研究过程中，发现了人并非单纯地跟随幻想行动，这其中有内在的一些原则，民族的兴衰与历史的伸展无不基于这些原则，这是理解整个人类历史及其细枝末节的一个普遍性原则。正如孟德斯鸠所言："当我一旦发现了我的原则，我所追思的一切便一股脑儿向我涌来。"① 孟德斯鸠在对政体的研究中初次展开了这种新原则，那是一种让其开动起来的激情，这激情可以是德性、荣誉或者恐惧，德性是共和政体需要的，荣誉是君主政体需要的，恐惧是专制政体需要的，这也是政体存在的条件。正是源于原则的中介，研究就聚焦到了生活层面，每种激情对应于独特的政体形式，但又不是纯粹的形式，而是用来指称人类社会的具体性存在的，正如阿尔都塞所言："经由原则，人们具体的生活，公共的乃至私人的生活，进入到政体中。"② 可见，原则说到底是人们的现实生活的政治化概括。值得注意的是，孟德斯鸠从政治形式（政体的性质，即谁掌控权力及其如何行使权力）中产生了原则，原则就可以看作性质的具体化，现实的总体可以看作原则与形式的统一。据此，孟德斯鸠以一种全新的理论范畴终结了他之前的众多政治理论家关于探讨政体中法的多样性时的争辩状态，代之以一种必然性的逻辑。国家就是一个现实的总体，国家的各项制度、立法及约定俗成的习俗等等，都只是这种内在统一性的表现与必然结果。

阿尔都塞认为，正是由于孟德斯鸠的这个新范畴，改变了过去观念上的国家（如柏拉图、霍布斯等）不肯俯身理解具体的历史之间的现状，"它变

---

① 参见孟德斯鸠. 论法的精神（上卷）[M]. 许明龙，译. 北京：商务印书馆，2009：4.
② 路易·阿尔都塞. 孟德斯鸠：政治与历史 [M]. 霍炬，陈越，译. 西安：西北大学出版社，2020：51.

成了一个基本的范畴，使他有可能不再去思考一个理想的国家的现实性，而是思考人类历史上各种制度的具体的、直到当时还难以理解的多样性"①。实际上，孟德斯鸠表达的这个全新的范畴就是对国家的全新理解。孟德斯鸠关于政体的性质与原则之间的辩证关系，实际构成了其关于历史动力的核心原理，虽然性质与原则是互相作用的，但起决定性作用的还是原则。

可能是受困于时代，孟德斯鸠一方面尝试突破其所处环境的主流意识形态，一方面又不得不陷于其时代思维的困境中，他对风俗的界定是比较模糊的，在《论法的精神》中谈到，在政体的原则悄然改变之时，风俗就会取代它，当德性开始毁坏后，德性的反面将会成为一种风俗，取代德性成为人们的行动准则，孟德斯鸠此时又认为，德性的原则乃成为风俗的表现。这样，风俗成了比原则更博大的概念，风俗与法之间同样存在着如同原则之于性质一样的对立而统一的辩证关系。由此可见，孟德斯鸠对习俗与原则的概念边界是不清晰的，他所列举的诸种产生法的条件在分门别类时，有些既可以归入习俗，又可以归入原则，正是基于这点，阿尔都塞认为这是孟德斯鸠的理论产生自我撕裂的缘由。

（三）　契约与错位：诉诸自然法的隐秘真相

阿尔都塞对社会契约的考察集中于对霍布斯与卢梭的契约理论之比较，霍布斯那里的战争状态是指一群人反对另一群人的战争，化解这种对立的方式是请一个不属于这两个人群的第三方来进行担保，战争的双方都将权利全部转让给这个第三方担保人（如君主），人民和君主构成了古典契约的甲乙双方。由于这个第三方是独立于缔结契约的战争双方之外的，因此，霍布斯的社会契约中的难题是拿什么来制约不受契约束缚的第三方（君主）？把自己托付给这个第三方的人民的权利又拿什么来保证？②霍布斯对自然对立状态的化约，采用的是外在的转让方式，靠将权利转让给一个契约外部的担保人来实现。阿尔都塞认为，卢梭接受了霍布斯对原初战争状态的预设，但是对于接受契约所转让的全部权利的主体的产生方式上则不同，主权者不再是外在的，而是内在于契约主体之内，是由同一些个人所组成的共同体。这样，霍布斯的难题在卢梭这里就因为这种颠倒而得以解决。

---

① 　路易·阿尔都塞.孟德斯鸠：政治与历史 ［M］.霍炬，陈越，译.西安：西北大学出版社，2020：52-53.

② 　参见阿尔都塞.哲学与政治：阿尔都塞读本 ［M］.陈越，译.长春：吉林人民出版社，2003：293.

卢梭分析了决定社会状态的障碍和力量的矛盾，"障碍"源自内在于现有人类关系之中的，对每个人的财产、自由、生命带来恒久威胁的全面战争状态，且不以人的意志为转移，这影响了人在自然状态下的生存，影响了"……他的自由生活、他的生活的本来目的、他的'生存'活命的本能，即卢梭在《论不平等》里所说的'自爱'"①。全面战争状态的"力量"则与自然状态下不同，阿尔都塞将其概括为"体力（生命）+智力和'道德'力量+财产+自由"②，比自然状态下的人所具有的"力量"多了智力、道德和财产，这是历史化的自然人所面对的社会状况，这些"力量"在契约达成中将会全部献给"共同体"。"障碍"与"力量"所采取的结合方式就是决定着公民社会命运的辩证法，这是一种异化了的人被带入的不自觉社会化的辩证法，两者互为实质地内在于经济与政治的不平衡之中。

"共同体"是全面战争状态中甲乙双方互认的社会形式，卢梭基于此将霍布斯的外在契约转化难题化约为内部的能动转化，若"共同体"确确实实代表着每个联合的个人的利益的话，人们献出自己全部权利的对象就是他们自身，这必然引发一个难题，个人献出自己所拥有的全部力量后，又会受到力量总和的制约，毋宁说，如何正当地收回自己所出让的全部力量与自由？是一个关涉正义与功利的政治实践难题。阿尔都塞认为，卢梭采用了四重契约的错位来完善个人在全部转让过程中的契约达成。

不妨将契约的履行看作一场甲乙双方的交易，按照契约的规则，甲方必须付出一切以保证交易的完成，而乙方实际上是契约完成后的产物，并非如同甲方一样在契约订立之前就存在，这是契约的第一个错位，即契约达成双方的地位不相称。阿尔都塞指出，卢梭是用"人民"和"个人"概念的双重混淆来掩盖这种错位的，一方面用"人民"指称甲方，一方面又用"个人"来指称乙方，因为"人民"是一个共同体概念，所以甲方与乙方在这里发生了理论上的错位，通过这种隐秘的颠倒，人民就只是在同自己订立契约了。③ 于是，订立契约的双方就不需要一个第三方来发挥仲裁的作用了，将作为契约后果的乙方前置为契约订立的条件，这第一个错位让一个本不是

---

① 参见阿尔都塞. 哲学与政治：阿尔都塞读本 [M]. 陈越，译. 长春：吉林人民出版社，2003：275.
② 参见阿尔都塞. 哲学与政治：阿尔都塞读本 [M]. 陈越，译. 长春：吉林人民出版社，2003：276.
③ 参见卢梭. 爱弥儿 [M]. 李东旭，译. 北京：中国社会出版社，1999：661.

契约的关系通过想象发挥着契约的功能。

阿尔都塞进一步发现，契约中的全部转让所获得的是一种法定的所有权，既然转让的完成就是接受转让的乙方的产生，那么乙方就成为名副其实的纯粹获益者，他并未付出任何东西，没参与交易的过程就享有了交易的收益，且手握着真实的裁判权。这里出现了契约的第二个错位："要想不成为全部转让就必须是全部转让。"① 也就是说，人们损失的是对所有物的无限权利，得到的是自由与所有权，甲方要想保障自己的所有（特殊利益）不得不全部转让，乙方因承诺保障甲方利益（普遍利益）而获取了实际的收益，甲乙双方的地位不对等（错位之一）发展为转让交易的不对等（错位之二）。

当权者（接受契约的乙方）若要隐藏自己的实际收益现实，必须将所属集团的利益宣称为普遍利益，卢梭用"永恒公意"的存在为其正名，通过抑制集团、阶级及党派的话语权，发展出了一套特殊利益与普遍利益的镜像理论。阿尔都塞认为，这实际上通过特殊利益与普遍利益的多义转化，以公意之名在回避公意，"因为，普遍利益无非是特殊利益的镜像反映"②。这里产生了契约的第三个错位，契约理论本身与社会现实的错位，理论上对利益集团的回避并未消除现实的利益集团，使普遍利益与单个人的特殊利益都成了神话。阿尔都塞更进一步指出，契约的第三个错位构成了卢梭哲学的核心，"……它使该哲学通过远离自身而把自身构造成为一种关于政治的意识形态哲学"③。

如何抑制代表等级与阶级的利益集团，卢梭给出了双重路径，一方面，通过道德改革来激发个人的良知，让道德、习俗与舆论成为社会整体大厦的"拱顶石"④，辅之以政治法、民法和刑法，构建一个信仰"真正的宗教"⑤的纯洁性天国；另一方面，卢梭在《论人类不平等的起源》中给出了抑制社会各阶级的实践方案：退回到没有私有制的享受自由相互交往的原始人状

---

①　阿尔都塞. 哲学与政治：阿尔都塞读本［M］. 陈越，译. 长春：吉林人民出版社，2003：298.

②　阿尔都塞. 哲学与政治：阿尔都塞读本［M］. 陈越，译. 长春：吉林人民出版社，2003：311.

③　阿尔都塞. 哲学与政治：阿尔都塞读本［M］. 陈越，译. 长春：吉林人民出版社，2003：312.

④　参见卢梭. 社会契约论［M］. 李平沤，译. 北京：商务印书馆，2011：62.

⑤　参见卢梭. 爱弥儿［M］. 李东旭，译. 北京：中国社会出版社，1999：424.

态中去,① 重返纯真的远古时代、重返森林,② 恢复自给自足的原始人生活。③ 阿尔都塞认为,这是卢梭契约理论的第四个错位:"意识形态—经济—意识形态"④ 的实践错位,是契约错位的终结,因为建设道德的天国必须使经济退回到原始森林之中,既然没有人能将处于现代的人带回古代,那就只剩下道德劝诫了。

因此,在阿尔都塞看来,卢梭的社会契约论从霍布斯的难题性出发,以理论的四重错位构成了层层递进的契约解决方案,第一个错位解决了契约乙方的地位问题,实际是追求构建一种政治秩序的可能性;第二个错位以不对等的契约交易发展着基于第一个错位的交往关系;第三个错位以对利益集团的理论抑制填补了契约理论与现实实践的鸿沟;第四个错位实际上是一种意识形态的巡回想象终结了社会契约的错位游戏。一言以蔽之,卢梭是一位真正的政治意识形态哲学家。

二　认识论的断裂:建立科学的理论生产方式

(一) 走近马克思:同阅读的宗教神话决裂

对《资本论》这部旷世之作的解读,存在着通过以他人的著作或演说为中介的间接阅读方式,如通过恩格斯、列宁、普列汉诺夫、考茨基、列宁、卢森堡、斯大林、葛兰西等人的著作或论战言论来"读"《资本论》。但是,阿尔都塞认为应原原本本地对《资本论》进行阅读,避免因间接阅读所产生的混乱干扰对马克思本义的理解。阿尔都塞列举了对《资本论》的四种阅读方式。其一是作为经济学家的阅读方式,用《资本论》之外的对象来考量它,注重挖掘《资本论》分析框架中的经济空间及意义。其二是历史学家的阅读方式,把前定的历史对象置入《资本论》的历史分析之中,将《资本论》作为历史分析的质料,强调其对历史发展规律的揭示,服务于历史的特殊目的。其三是逻辑学家的阅读方式,专注于《资本论》在表述方法、论证方法及抽象方式上的技术操作。阿尔都塞认为以上三种阅读方式都未触及《资本论》的对象性质,都属于一种"无辜的阅读",它们

① 参见卢梭. 论人类不平等的起源 [M]. 高修娟,译. 上海:上海三联书店,2014:91.
② 参见卢梭. 论人类不平等的起源 [M]. 高修娟,译. 上海:上海三联书店,2014:140.
③ 参见卢梭. 论人类不平等的起源 [M]. 高修娟,译. 上海:上海三联书店,2014:73.
④ 参见阿尔都塞. 哲学与政治:阿尔都塞读本 [M]. 陈越,译. 长春:吉林人民出版社,2003:318-319.

都从外在对象出发并将其强加给《资本论》，并未揭示《资本论》所独有的批判域与总问题。

还存在第四种对《资本论》的特殊阅读方式——哲学家的阅读方式，这种阅读从《资本论》的真正对象出发找寻其认识论根据的同一性，从它对古典政治经济学批判的论述中，从青年马克思的哲学向度中，从《资本论》不同于经济学、历史学、逻辑学的分析方法上，重拾其撕裂资本主义意识形态面纱的理论武器，重估其在理论、对象及方法上的重大变革，概言之，应在《资本论》中发现一种马克思本人想说出的哲学，弥合马克思本人与马克思主义之间深刻的矛盾关系，并以此出发重建马克思主义哲学，让马克思的精神遗产重新焕发时代应有的生命力。

拉康启示了阿尔都塞重新对弗洛伊德重视起来，将听和说背后的无意识语言运用于对《资本论》的阅读之中，既然马克思从政治经济学的"看不见"的无意识语言中读出了无产阶级应该"看见"的东西，那么当然可以从马克思《资本论》的无意识语言（沉默）中读出他本人本想揭示而因特殊原因并未明确揭示的东西。沿着这条道路行进，首先必须清除无辜阅读带来的"近视"，这是一种关于直接阅读的宗教神谕，它庄严而神圣地宣布：书面语言所揭示的真理是真理的自我揭示，从存在中可以直接读出本质。①如同我们透过黑格尔感觉到了"概念"的物质存在一样，阿尔都塞认为是人类对世界的渴望造就了直接阅读这门古老的科学，披上字和词的外衣的真理通过这样的幻想具体化为关于认识的《圣经》。

阿尔都塞又从斯宾诺莎那里找到了打破这种阅读的宗教神话的启示，"他在世界上第一次用想象与真实的差别的理论把阅读的本质同历史的本质联系起来"②。也就是说，从斯宾诺莎关于直接物和历史理论的不可知的判断可以得出马克思之所以成为马克思的真正理由。青年马克思透过人的本质的异化复归了人的本质，《资本论》却并未延续这一话语，而是用一种关于资本主义生产方式的结构的话语与先前的人的本质话语保持着距离与间隔，进而用"拜物教"的理论代替了关于人的本质异化的理论，马克思当然发现了令人们长期困扰并在一定时期也困扰自己的这种关于阅读的历史宗教，

①　参见路易·阿尔都塞，艾蒂安·巴里巴尔.读《资本论》[M].李其庆，冯文光，译.北京：中央编译出版社，2017：5.
②　路易·阿尔都塞，艾蒂安·巴里巴尔.读《资本论》[M].李其庆，冯文光，译.北京：中央编译出版社，2017：5-6.

他以距离与间隔划清了产生幻想的界限，并以《德意志意识形态》这部作品为这种距离与界限澄清了理由。

因此，马克思破除阅读的宗教神话是从历史的理论出发的，"因为历史的文字并不是一种声音（Le Logos）在说话，而是诸结构中某种结构的作用的听不出来、阅读不出来的自我表白"①。阿尔都塞通过完整地阅读马克思后发现，一旦与"思辨"的总体及表现总体决裂，就隔断了事物的本质和本质的阅读之间的宗教联系，也就隔断了理性和存在之间的宗教神话，一种关于阅读的新概念就自然流淌出来，这种新的阅读思想将书面语言变成真理的表达，把现实变成有声的语言，把自然与现实当作一本用结构的语言进行无声叙述的书，把受到语言纠缠的精神从倒霉的困境中解放出来。

（二）"征候阅读"：马克思的理论生产方式

马克思细致地阅读了魁奈、亚当·斯密、大卫·李嘉图等经济学家的著作，引述他们正确之处，批判他们错误之源，这是以直接阅读的方式来确定的，通过"回顾式的理论的阅读"② 指出了古典经济学家理论叙述表面连续性中的"空缺"，这些空缺以隐秘的方式表达着极易错失的真正的疏忽，例如把可变资本与不变资本混为一谈等。阿尔都塞认为，若过分纠结于马克思看到的而古典经济学家却没有看到的这种认识方式，就会陷入"认识的自映的神话"，③ 即局限于斯密是没有看到还是看到后有意不说出来这类兜圈子的问题之中，局限于"忽视"是无意识地忽视还是经过理性筛选过的忽视的无聊考察中，这就将马克思降格到与斯密同样的位置，因为斯密也可以用同样的理由来指责马克思，只要他能够与马克思进行对话。在这里，"看"和"忽视"构成了一对相互对立的阅读观念，认为看到的东西就不会被忽视，而忽视的东西是因为没有被看到。若纠结于对象，就会在这一对矛盾中踌躇不前，在阿尔都塞看来，疏忽与对象无关，只会与看的方式有关，是"看"本身建构了与疏忽的同一性，这样就消解了"看"与"疏忽"的对立关系。马克思所述的古典经济学的"看"与"疏忽"的方面，实际上只是古典经济学

① 路易·阿尔都塞，艾蒂安·巴里巴尔. 读《资本论》[M]. 李其庆，冯文光，译. 北京：中央编译出版社，2017：6.
② 参见路易·阿尔都塞，艾蒂安·巴里巴尔. 读《资本论》[M]. 李其庆，冯文光，译. 北京：中央编译出版社，2017：8.
③ 参见路易·阿尔都塞，艾蒂安·巴里巴尔. 读《资本论》[M]. 李其庆，冯文光，译. 北京：中央编译出版社，2017：9.

对自身比较的一种"看"，是将它自身"没有看"与"看"所进行的比较。

马克思并没有停留于对古典经济学的直接阅读，在他洞悉古典经济学的空缺之处，都以相应的回答填补了这些空缺，但不是对先前空缺的简单修复，而是"……把这些空白本身当做一种存在的空白生产出来，并且表现出来"①，再进一步说明了古典经济学产生视而不见症状的原因。因此，更为重要的是马克思采用的看到古典经济学所没有看到的东西的机制，即"征候阅读"。这是一种不同于直接阅读的认识观念，认为"看"和"直接阅读"反映的不一定是真理性的认识，"空缺"与"疏忽"的存在实则是真相隐藏在背后所给出的某种暗示，正如政治经济学在生产自身的同时也生产出了"未看到的东西"。征候阅读"把认识看做是生产"，②马克思对古典经济学阅读所记录下的笔记是他进行"双重阅读"的成果，他并没有将自己困在直接阅读的神话中，而是用另一种阅读在修复那些空缺。

阿尔都塞认为，马克思最初并没有意识到自己已经更换了问题域，他是站在了一个不同于古典经济学的场所在进行着艰苦探索。当马克思的目光聚焦于古典经济学的理论总问题时，他就开始寻找使这个理论总问题产生不稳定的要害，即那些"没有看到"的空白、空缺及沉默，这就是理论总问题的征候形式。因此，马克思在并未真正明确自己的理论总问题时，他不得不在旧问题的框架中行事，一方面是基于必要的与敌人论战的理由，另一方面是必须在其内部进行突破的客观限制。马克思在双重阅读中发现了古典经济学的不稳定，并大声宣称其为"旧理论"，新的问题和对象是无法从"旧理论"中直接阅读而出的，必须通过认识的生产才能得出，马克思"新理论"的生产也正是在对"旧理论"的总问题的变革中逐渐萌发而出的，他将"旧问题"的对象视为非对象，并在特殊的场合（恩格斯的启示、工人运动、自身遭遇、论敌的攻击等等）步入了新的场所，从而将新的目光与新的场所结合了起来。正如阿尔都塞所认为的，"……'场所的变换'开始了一个不是由主体的看引起、而是主体在它所处的场所进行反思的过程……"③。

①　路易·阿尔都塞，艾蒂安·巴里巴尔.读《资本论》［M］.李其庆，冯文光，译.北京：中央编译出版社，2017：14.
②　参见路易·阿尔都塞，艾蒂安·巴里巴尔.读《资本论》［M］.李其庆，冯文光，译.北京：中央编译出版社，2017：15.
③　路易·阿尔都塞，艾蒂安·巴里巴尔.读《资本论》［M］.李其庆，冯文光，译.北京：中央编译出版社，2017：19.

（三） 总问题转换：走出意识形态的封闭圆圈

认识即生产。通过双重阅读仔细甄别思想断裂之处的征候，将隐藏于旧理论中的固有存在揭示出来，改变已被赋予了某种目的性的历史唯心主义质料，发现历史必然性运动中的真正对象，从一个认识论断裂的全新的场所生产出科学的理论，这是阿尔都塞所述的关于认识的生产方式的基本原理。如阿尔都塞所言，"全部现代西方哲学被'认识问题'所支配，因而实际上是被使用已经生产出来的术语并在已经生产出来的理论基础上提出的问题的表述所支配"①。很明显，阿尔都塞在西方唯心主义哲学链条中发现了无形中拖拽这根认识链条的力量，它来自拒绝认识现实的宗教的、实践的、伦理的与政治的强力，并自觉形成一股强大的历史性支配力量，以往复运动勾画了一个必然性的封闭式意识形态圆圈。

阿尔都塞认为，要真正地保卫马克思，必须在《资本论》中成功地读出马克思哲学，重拾马克思主义者们遗忘的真正武器，建立新的领域与总问题，打破这种意识形态理论认识的"二元的镜子式的联系"，② 将认识的坐标对准未经歪曲的现实问题。认识对象何以把握现实对象，需要摒弃认识何以可能这个意识形态问题，回到认识对象如何在认识上掌握现实对象的机制问题之上，也就是说，建立对象化的认识的生产方式。

恩格斯在 1890 年致布洛赫的书信中曾说："……根据唯物史观，历史过程中的决定性因素归根到底是现实生活的生产和再生产。无论马克思或我都从来没有肯定过比这更多的东西。"③ 恩格斯批判的正是将经济因素固化为唯一的决定性因素的马克思主义观点，历史斗争中除了这个归根到底的决定因素，还有政治的、法律的、哲学的、宗教的等诸多上层建筑因素参与其中。实际上，恩格斯的表述是将马克思在《资本论》中所隐藏的认识作用的产生机制揭示出来了，这毋宁说是一种摆脱了意识形态认识的科学认识，是政治经济学批判的核心方法论思想。第一，政治经济学批判的范畴不是关于范畴的历史起源，而是现实社会的综合结构体系。正如"人体解剖对于猴体解剖是一把钥匙"④，对原始的社会的形式的认识必须从现实的社会结构体系中寻找答案。

① 路易·阿尔都塞，艾蒂安·巴里巴尔. 读《资本论》［M］. 李其庆，冯文光，译. 北京：中央编译出版社，2017：50.

② 参见路易·阿尔都塞，艾蒂安·巴里巴尔. 读《资本论》［M］. 李其庆，冯文光，译. 北京：中央编译出版社，2017：51.

③ 马克思恩格斯文集：第 10 卷［M］. 北京：人民出版社，2009：591.

④ 马克思恩格斯文集：第 8 卷［M］. 北京：人民出版社，2009：29.

第二，政治经济学批判的理论对象是现实资产阶级社会，应在将其思考为历史的结果的维度上进行剖析。正如马克思在《哲学的贫困》中所表达的思想，对各类经济关系的考察，不应从生产方式在社会形式更迭的地位上去寻找历史次序的根据，也不应如蒲鲁东一样寻找观念上的逻辑次序。要把现实社会看作生产力与生产关系相互作用的结果，这种结果就是作为社会存在形式的现实社会生产方式，而不是什么别的形式。也就是说，把社会看作有机体并非为了考察社会这个有机体的起源与演变，而是要研究在这个社会有机体中起作用的整体结构，只有这样，才能将研究的目光从社会起源问题上拉回到资本主义生产方式的固有社会作用机制上，"从这个角度上来看，《资本论》应该被看做是资本主义生产世界中产生社会作用的机制理论"①。第三，政治经济学批判以抽象的概念来考察形式的发展，而非结果的生成过程。在阿尔都塞看来，马克思所说的"综合"是指概念在思维整体中的结构，而非概念论证表述次序中的运动，概念的这种结构具有支配作用，它的层次的结构决定着论证表述的次序，体现于概念的"形式的发展"②。概念的体系与表述的顺序这两者的相互作用是认识的表现机制，两者既分离又统一地存在于综合之中，理论认识的真正作用需要借助于科学的表述，科学的表述只能是关于结构或体系的表述，是关于事物的复杂结构的对象的表述。

三　多元史观：马克思主义唯物史观的再发展

（一）马克思主义辩证法的总问题辨析

1. 对辩证法"颠倒"的追问

马克思与恩格斯批判地吸收了黑格尔辩证法中的合理成分，创造了唯物辩证法（含辩证唯物主义和历史唯物主义），这是让马克思主义自产生至今依旧焕发无限生命力的核心所在。马克思在《资本论》第二版跋中提到，"在他（指黑格尔）那里，辩证法是倒立着的。必须把它倒过来，以便发现神秘外壳中的合理内核"③。一般的理解是，黑格尔认为是观念的东西创造

---

① 路易·阿尔都塞，艾蒂安·巴里巴尔. 读《资本论》［M］. 李其庆，冯文光，译. 北京：中央编译出版社，2017：67.

② 参见路易·阿尔都塞，艾蒂安·巴里巴尔. 读《资本论》［M］. 李其庆，冯文光，译. 北京：中央编译出版社，2017：69.

③ 马克思. 资本论：第1卷［M］. 中共中央马克思恩格斯列宁斯大林著作编译局，译. 北京：人民出版社，2018：22.

了现实事物，马克思将其"颠倒"为观念的东西是现实事物在人脑中改造过的物质的东西；"神秘外壳"指的是思辨唯心主义体系。然而，阿尔都塞对这样的理解提出了质疑，第一，把辩证法颠倒过来与剥去神秘外壳是不是同一回事？第二，剥去神秘外壳的辩证法是不是就成了唯物主义辩证法，可以直接拿过来运用于现实世界？第三，"颠倒"的比喻是指辩证法"含义"的颠倒，并没有触动辩证法。

阿尔都塞认为，首先，黑格尔的辩证法本身就包含了黑格尔的意识形态的东西，不能仅仅通过剥掉外壳就变成马克思的辩证法。其次，马克思通过"颠倒"与"剥去神秘外壳"的操作来说明自己的辩证法的特性，而没有直接阐明所用辩证法的真正含义，似乎是暗示还有话没有说完，不管是出于被叙述的客观性压制还是其他的什么原因，总之是这种比喻里充满了未尽之意。再次，神秘外壳指的并非思辨哲学、"世界观"或"体系"，而指的是辩证法本身。因此，阿尔都塞认为马克思对黑格尔辩证法的解放应该是：先剥去第一层辩证法本身的神秘形式，还要继续剥去与"内核"相连的这二层外壳——思辨唯心主义，再改造其内核。所以，将黑格尔辩证法颠倒过来，并非用相同的方法（黑格尔意义上的辩证法一般运动形式）去研究不同的对象（真实世界），而是立足于辩证法自身去改造辩证法的结构，不是含义的颠倒。黑格尔的辩证法结构与黑格尔的思辨哲学紧密相连，"……要真正地抛弃这种'世界观'，就不能不深刻地改造黑格尔辩证法的结构"①。

2. 对黑格尔思辨幻觉的克服

在阿尔都塞看来，马克思在彻底清算他们（同恩格斯一起）的哲学信仰之前，还是部分地受到了黑格尔思辨哲学的干扰，当马克思彻底告别费尔巴哈并放弃经验主义的意识形态的时候，马克思才真正地抛弃了黑格尔这种意识形态的混淆。黑格尔的思辨幻觉在费尔巴哈那里已经得到了揭露，黑格尔将事物产生的顺序颠倒了，将抽象与具体进行了颠倒，用思维代替了存在、用思维"具体"代替了"存在具体"、用思维过程代替了存在过程，这样，具体存在的生成过程就变成了抽象概念的生成过程。因此，对黑格尔的克服，就需要将这些颠倒的顺序恢复为事物本来的产生发展的顺序，将抽象放在人类认识事物的正确的位置上，把水果概念的产生不是看作概念的自我发展，而是看作产生有具体的水果，水果的抽象概念是对具体水果的抽象。

---

① 阿尔都塞. 保卫马克思 [M]. 顾良，译. 北京：商务印书馆，2016：81-82.

然而，阿尔都塞认为，这样还不算真正抛弃了意识形态的幻觉，因为将水果概念的产生同样嫁接于科学概念的产生上就不对了，毋宁说认为科学的认识也是从具体的事物开始，这还是犯了经验主义的意识形态错误。正如马克思在《资本论》中对生产的分析是从"生产一般"开始的，科学的认识过程不是从实在具体开始，而是应该从抽象与一般开始。阿尔都塞认为这才是马克思与意识形态决裂的科学诞生的标志，因为他没有用费尔巴哈批判黑格尔所用的意识形态前提来开展科学研究。

阿尔都塞小心地处理着产生科学认识过程中的意识形态问题，之所以对马克思改造黑格尔辩证法"颠倒"比喻耿耿于怀，是因为他认为"把'颠倒'的概念当作一种认识，就等于同意提出这一概念的意识形态，也就同意一种甚至否定理论实践现实性的观点"①。一种理论中包含着基本概念、概念前提、意识形态，将这种概念颠倒过来，不一定就能得出科学的认识。如在资本主义社会下的资产阶级对劳动者的剥削问题，如果用这种颠倒的方法，就可以得出在不改变资本主义生产关系的前提下将这种剥削关系颠倒或者消除，这就犯了改良主义错误。

所以，不能将马克思所说的"颠倒"理解为一切语境下对思辨哲学的改弦易辙，必须视具体情况而定，马克思所说的颠倒只是一种形象的比喻，以表明唯物辩证法与唯心辩证法的根本不同，"头脚倒置"被扶正后也并非还是那个人，因为他已经站立在大地上了。

3. 颠倒的本质：总问题的转换

马克思除了在对黑格尔辩证法改造时说过"颠倒"的比喻外，还有一些明确的论点是对黑格尔相应表述的形式上的颠倒，如市民社会决定国家的观点就是对黑格尔观点的形式上的颠倒。在黑格尔那里，人们的物质生活和具体历史都是精神的发展历史，是客观精神的自我伸展运动，黑格尔的市民社会概念与18世纪的资产阶级政治经济学是同一的，市民社会即需求的社会，国家则是观念上的国家，是客观精神实现了的国家。如果停留于黑格尔的社会历史观，颠倒过来的市民社会决定国家理论依然不是正确的理论，会被错误地认为是满足人的需要的生产和技术决定了生产方式，这就仍然停留于错误的历史观而陷入经济主义或技术主义，虽然这里并未提到黑格尔的概念的自我异化问题。

---

① 阿尔都塞. 保卫马克思 [M]. 顾良，译. 北京：商务印书馆，2016：162.

阿尔都塞认为，马克思虽然在形式上颠倒了黑格尔的理论，但是在具体概念内涵、社会历史观上都与黑格尔截然不同，马克思的政治经济学批判就是要对政治经济学的经济人概念及人道主义等资产阶级意识形态进行批判。马克思在《德意志意识形态》中提到，"受到迄今为止一切历史阶段的生产力制约同时又反过来制约生产力的交往形式，就是市民社会"①。市民社会并不是一个抽象的人的需求的单纯世界，不是个人的经济行为的世界，也不是意识形态的根源，而是充满着丰富的人类交往的复杂社会，是在一定生产方式下，与一定的生产力发展阶段相适应的进行物质生活资料生产及再生产的具体的个人的社会。可见，在马克思的市民社会里，有生产力的发展阶段，有生产关系的状况，这些都不是从黑格尔那里得来的，黑格尔并没有提供给马克思创造市民社会的原料。国家的概念也是如此，黑格尔的国家概念是指观念的实现形式，马克思的国家概念指上层建筑的重要内容，是统治阶级与剥削阶级借以实现统治与剥削目标的镇压工具。这里不仅被颠倒后的概念涵义完全发生了改变，而且概念之间的关系也根本不同，在黑格尔那里，市民社会通过理性的狡计、通过国家实现了理性自身，而马克思认为经济基础（生产力、生产关系）决定着上层建筑（法、国家、意识形态等），生产力因素是归根到底起决定作用的因素。可见，这里的颠倒仅仅是形式表述上的颠倒，实质上，被颠倒的概念内涵、相互作用方式、社会发展观、历史观都发生了根本的改变。

（二）"多元决定"的前提：矛盾过程中的不平衡

1. 复杂整体中的矛盾主导结构

毛泽东在《矛盾论》中指出，"世界上没有绝对地平衡发展的东西，我们必须反对平衡论，或均衡论"②。阿尔都塞援引这条马克思主义实践中的理论，意在说明世界的一切存在都处于非均衡的发展过程中，如果忽视了矛盾的差别性，不具体地区分各类矛盾的情况，就会陷入抽象的研究，这是极其有害的。第一，在事物的复杂变化进程中必然包含一个主要矛盾，且每一个矛盾都包含着一个主要方面。第二，主要矛盾支配着其他矛盾构成了整体的主要存在特性，整体是一个有着内部不同类属间相互关系的统一体。第三，复杂整体中的矛盾支配与被支配关系决定了整体的本质，从属于复杂整

① 马克思恩格斯文集：第 1 卷 [M]．北京：人民出版社，2009：540.
② 毛泽东选集：第 1 卷 [M]．北京：人民出版社，2009：326.

体的结构。第四,马克思所认为的复杂整体的构成方式与组织方式就是它的统一体本身,绝非普列汉诺夫所说的"一元论"观点。

复杂整体的统一性不是总体的简单统一性,因为后者是黑格尔的整体观,如果认为这两者意义相同就是将马克思好不容易划清的黑格尔界限抹去了,让马克思主义陷入信仰唯心主义和机械唯物主义的双向混乱之中。黑格尔的整体是观念发展的阶段表现,是其自身的异化过程,是一个简单本原与简单统一体。总体的异化的不同阶段以市民社会、国家、宗教与哲学等形式展开,肯定与否定的过程充满着神秘性,肯定与否定都是整体内在的客观精神的异化和现象,肯定即是否定,否定也是肯定,通过差异性所表现的无差异性,完成了客观精神本原的绝对复归,似乎这个整体的运动是一种均衡的运动。因此,在黑格尔那里,也就不存在主导矛盾或矛盾的主要方面,这个整体是绝对精神的统一体,肯定了差异性出自统一概念的自我否定的本性,否定在肯定中得以完成。差异根本就不存在,仅有一个差异的独立外观存在,整体内部的事物的差异都是平等地服从这绝对精神的律令。在阿尔都塞看来,"黑格尔的总体仅仅表面是,而并不真正是由'领域'构成的;黑格尔总体的统一性不在于它的复杂性,因而也不在于它的复杂结构……"①,也就是说,黑格尔的总体是一个无主导结构的整体,从黑格尔的哲学中,无法得出一种实践干预的切入视角,说他的理论所致敬的是普鲁士王朝的永恒性,这种批评也不无道理。

矛盾无处不在,且存在于具有矛盾主导结构的复杂整体之中,要考察复杂整体必须细致地考察其中的系列矛盾,分清主次矛盾,辨明矛盾的主次方面,一切都脱离不了关于整体的基本认识,即矛盾是复杂整体中的不平衡性存在,以绝对的差异性表现整体的存在本身。

2. 矛盾主导结构中的主次关系

矛盾主导结构中一旦明确了主要矛盾与次要矛盾、矛盾的主要方面与次要方面,很容易让人对这种主次关系产生僵化的理解,认为只要抓主要矛盾或矛盾的主要方面,对次要矛盾或矛盾的次要方面选择性忽视了,毋宁说认为只要主要矛盾与矛盾的主要方面把握住了,次要矛盾及矛盾的次要方面就会自动地跟随其变化,就是忽视了矛盾之间的相互转化规律,陷入机械论的窠臼。要知道,次要矛盾有可能上升为主要矛盾,矛盾的次要方面也有可能

---

① 阿尔都塞. 保卫马克思 [M]. 顾良, 译. 北京: 商务印书馆, 2016: 175.

变为矛盾的主要方面，主次矛盾及矛盾的主次方面都是相互依存的关系，绝非割裂的主导与被动跟随的抽象关系，是需要在实践中随着事物的发展变化而变化，是永无止境的动态过程。在阿尔都塞看来，次要矛盾恰恰构成了主要矛盾存在的条件，主要矛盾反过来也是次要矛盾的存在条件。[①] 正是看到了这一点，阿尔都塞才在政治经济学批判中另辟蹊径，看到了生产关系是生产力的存在条件，上层建筑是社会结构的存在条件，资本主义生产关系再生产着剥削关系，等等。阿尔都塞想辨明的是，主次矛盾与矛盾主次方面的相互依存关系，并非一种表面上的循环关系，恰恰构成了复杂整体统一性的主导结构，这是马克思主义辩证法的最深刻也最具生命力的特征。

3. 整体中矛盾不平衡的内外表现

矛盾过程的不平衡法则贯穿于任何社会形态，渗透于特定社会形态中的政治、经济、文化、法律、上层建筑等等之中，存在着内外不平衡的问题，当政治实践不得不综合考虑外部不平衡与内部不平衡的矛盾发展关系时，如何才能避免机械论的谬误呢？阿尔都塞认为，当矛盾不平衡状态出现时，不是外部不平衡决定内部不平衡，而是内部不平衡优先于外部不平衡。如果把内外的相互关系搞错，将外部不平衡视为主要的，内部不平衡视为次要的，就会造成本末倒置的机械论错误。阿尔都塞列举了1917年俄国的十月革命，如果列宁不是通过充分调查摸清了俄国内部存在的一系列矛盾，断然不会从帝国主义发展的趋势中得出俄国是帝国主义链条中最薄弱环节的历史性判断。

每个社会内部，不平衡是常态，经济基础决定上层建筑这对决定关系中包含了太多的因素与矛盾，绝不能忽视每个矛盾存在的内在形式，绝不可将发现的某个矛盾原则僵化地固定下来，绝不可为了"主要"而忽视"次要"，正如阿尔都塞十分佩服的马克思主义者毛泽东所述，"无论什么矛盾，矛盾的诸方面，其发展是不平衡的"[②]，要在诸多可变性中去把握确定的不变性，这才是坚持马克思主义整体观与矛盾观的科学的统一。

（三）多元史观视阈中理论与实践的社会历史性统一

1. 理论实践：多元化实践的特殊性统一

马克思在《〈黑格尔法哲学批判〉导言》中批判德国的实践不是有原则高

---

① 阿尔都塞. 保卫马克思 ［M］. 顾良，译. 北京：商务印书馆，2016：175.

② 毛泽东选集：第 1 卷 ［M］. 北京：人民出版社，2009：322.

度的实践时认为："批判的武器当然不能代替武器的批判，物质力量只能用物质力量来摧毁；但是理论一经掌握群众，也会变成物质力量。"① 马克思阐发了用于改造世界的理论与实践的关系，正如阿尔都塞所认为的，"很久以来，我们的理论问题的解答已经以实践状态在马克思主义实践中存在着"②。既然理论与实践的关系在马克思的著作中早已经辨明，为何还会出现将理论与实践相互割裂的"教条主义"与"极端经验主义"呢？其实在马克思本人的理论工作与革命实践中已经告诉了我们答案，马克思所划清的界限、所批判的幻象、所揭露的错误，都是要产生一种新的关乎实现人类真正的自由与解放的认识，而所有的理论智慧与斗争经验都以理论的形式呈现，如果对其认识停留于表面，局限于单个文本，忽视产生理论的具体环境，脱离了文本与现实的紧密联系，必然会产生对马克思的误读。

　　阿尔都塞将实践统称为社会实践，包括生产实践、政治实践、意识形态实践、理论实践。③ 生产实践自然指的是自发分工下的资本主义社会化大生产活动，政治实践是脱离了自发状态的无产阶级创制属于真正的人类的社会关系的实践，意识形态实践是指宗教、伦理、道德、艺术等加工所属对象的过程，理论实践则是一种特殊的实践，阿尔都塞所认为的真正的理论是同意识形态理论实践划清界限的科学的理论，包括自然科学的理论与社会科学的理论。自然科学的理论包括万有引力理论、热力学理论等等，社会科学的理论是指将人的具体活动（实践）加工成科学真理的认识，这种理论就是唯物辩证法（辩证唯物主义与历史唯物主义）。

　　由此可见，阿尔都塞认为，马克思主义所认为的理论与实践是相互依存的关系，理论对实践具有直接的指导作用，对理论与实践关系的思考与阐述就是一般理论本身，即辩证法。阿尔都塞所认为的科学的理论中有一般理论实践的本质，还有一般实践的本质，进而包含着事物变化发展的本质。

　　2. 多元决定的社会历史观

　　在黑格尔哪里，绝对精神无所不在，如同"三位一体"的神一样表现为观念异化的诸阶段。阿尔都塞提醒马克思主义者们，如果同样地将马克思

---

①　马克思恩格斯文集：第 1 卷［M］．北京：人民出版社，2009：11.

②　阿尔都塞．保卫马克思［M］．顾良，译．北京：商务印书馆，2016：136.

③　阿尔都塞．保卫马克思［M］．顾良，译．北京：商务印书馆，2016：138.

的物质生活和经济作为决定民族历史诸多因素的唯一本原，据此本原去演绎经济的不同阶段，那就将马克思推向了与黑格尔相反的另一个绝对上去了，错失了马克思思想的强大现实性与历史感，这是对马克思的曲解与唯心主义改造。"这种想法最终必定把历史的辩证法彻底降低为产生一系列生产方式的辩证法，实际上也是降低为产生各种生产技术的辩证法。"① 因此，不理解马克思的总问题变化，错将黑格尔的总问题拿来理解马克思，必然会将马克思所述的市民社会理解为黑格尔意义上的需求的社会，将国家理解为民族精神的实现。实际上，马克思是从活动出发、从一定生产方式下的人类交往方式出发去解剖市民社会的，市民社会的不同阶段构成了历史的基础，考察道德、哲学、宗教、意识形态都必须以此为基础。由此可见，马克思的市民社会概念里是不含黑格尔的抽象人性预设的，一切对人的经济行为与社会的经济现实的考察，都必须从它们存在的条件出发，即从生产力的发展阶段和生产关系的状况出发。

从历史观上来看，黑格尔的历史观是一种封闭的历史观，走向终结的历史表达的是资产阶级统治的永久持存，正如阿尔都塞认为的："在资产阶级历史观中，仅仅具有'历史'意义上的存在就只相当于一种'回忆'：历史是过时了的东西，是已经走到尽头和结束了的东西。"② 黑格尔是不考虑历史发展的"条件"的，因为条件就是让概念流动起来的精神动力，已被观念以内在化的方式消灭了，任何社会存在的条件都化作一种"偶然性"，所以黑格尔的历史观是封闭的单向历史观。马克思的历史观则不然，无论是青年时期的"偏斜"式自由还是无产阶级力量的发现抑或是《共产党宣言》的革命幽灵，都是指向实现人类真正的自由与解放的开放式道路。阿尔都塞认为，社会条件在马克思这里是复杂整体存在的真实条件，是其客观性依据，并在复杂整体的结构中得以呈现。③

3. 多元化矛盾与多元决定

有两位马克思主义者以其独特的魅力吸引了阿尔都塞，一是中国的毛泽东，二是俄国的列宁。阿尔都塞在毛泽东于 1937 年为反对党内教条主义而作的《矛盾论》著作中发现，毛泽东关于主要与次要矛盾，矛

---

① 阿尔都塞．保卫马克思［M］．顾良，译．北京：商务印书馆，2016：86.
② 路易·阿尔都塞．黑格尔的幽灵：政治哲学论文集 I［M］．唐正东，吴静，译．南京：南京大学出版社，2005：268—269.
③ 参见阿尔都塞．保卫马克思［M］．顾良，译．北京：商务印书馆，2016：178.

盾的主要与次要方面、矛盾的对抗性与非对抗性、矛盾发展的不平衡等理论，是地地道道地对马克思主义哲学的发展。列宁关于俄国是帝国主义链条的最薄弱环节的理论，解答了革命何以发生于俄国且取得胜利的革命现实问题，也是用发展的马克思主义矛盾观所得出的分析。正是由于在俄国发生革命的原因远超俄国之外，帝国主义阶段的资本主义暴露出赤裸裸剥削的真正面目，工业垄断升级为具有强大杠杆的金融垄断，导致对工人和殖民地的剥削加剧，战争既是资本主义清除扩张之路障碍的手段，更成为受到剥削的全世界无产者联合起来的新的契机。在列宁看来，如此多的难以调和的矛盾，构成了俄国革命的客观条件（帝国主义国家的疲劳）与主观条件（共产党在斗争中的日益强大）。在阿尔都塞看来，列宁的分析正好印证了马克思所认为的"正是坏的方面引起斗争，产生形成历史的运动"①。

阿尔都塞认为，社会两个极端的对抗阶级的矛盾所体现的生产力与生产关系的矛盾可以看作一般矛盾，决定着革命的特殊形势，然而其本身并不能直接创造革命爆发的条件，还必须借助于内外"环境"和"潮流"的具体情形，有的矛盾属于上层建筑，有的矛盾属于国际环境，有的矛盾又属于交往方式的物质改变，也就是说，复杂多变的冲突因素汇聚为促进革命爆发的统一体，当统治阶级已经无力维持政权的统治，而因为各种矛盾而统一的反抗力量发起总攻时，就是革命胜利的历史时刻。因此，整个矛盾的过程无法从抽象的统治阶级与被统治阶级的对抗中获知，而是每一个方面都有诸多矛盾的运动，众多矛盾都在为同一个目的而起作用，即使矛盾的各方对立的原因、意义与活动方式不同，但不同层次、不同方面、不同立场的矛盾会"汇合"成强大的反抗力量，诸多矛盾的分化、转化、统一的过程也会集中表现于最主要矛盾的状况，不能将整个过程视为一般矛盾的直接结果。"我们可以说，这个'矛盾'本质上是多元决定的。"② 阿尔都塞将社会看成一个有机体结构，矛盾是社会有机体的固有属性，与该机构的存在条件和制约领域紧密相连，在一定的社会运动中与社会各方面及各层次属于互相嵌入式相互决定状态，历史实践中的所有矛盾都表现为多元决定的矛盾，这是马克思的矛盾观区别于黑格尔的本质所在。马克思所论述的社会的现实不仅包括

① 马克思恩格斯文集：第1卷［M］.北京：人民出版社，2009：613.
② 阿尔都塞.保卫马克思［M］.顾良，译.北京：商务印书馆，2016：78.

生产力与生产关系的统一性，还包括习俗、传统、民族精神、意识形态，等等，经济基础决定上层建筑的过程并非直线式一蹴而就地完成的，一是经济因素是最终决定因素，并非单一的决定因素，它与上层建筑的关系紧密互嵌；二是上层建筑具有作用惯性，不是一下就能改变的，在未彻底改变之前，它不断产生着旧的生产关系的存在条件，如果新的社会制度没有彻底改造旧的上层建筑时，它甚至会产生旧政权复辟的条件，历史上的复辟事件已经证明了这一点。

小　结

阿尔都塞是如何成为马克思主义者的呢？阿尔都塞说："我是通过库雷热和昔日在里昂的抵抗运动成员（勒塞夫尔等人）才得以了解共产主义的"①，还是通过其妻子埃莱娜的斗争经历接触到共产党的。阿尔都塞早年信仰宗教，于是理论上通过了解费尔巴哈打开了理解青年马克思的眼界。他通过阅读费尔巴哈的《基督教的本质》、翻译费尔巴哈的著作而对其有了较为深入的理解。通过阅读马克思青年时期的著作《1844 年经济学哲学手稿》，在《思想》杂志上提出了马克思的反人道主义的主题。在接触马克思思想之后，阿尔都塞认为，"我越来越确信，黑格尔和费尔巴哈的哲学对于马克思自己的概念的发展，直至其系统的表达，都既提供了'支点'，又构成了认识论障碍"②。这种状况使得人们向马克思提出了许多马克思自己没有提出也不会提出的问题，形成了令人难以理解的"历史想象力"，阻碍了"自己思考"③，因此，阿尔都塞需要根据马克思唯物主义的基石，不断关注历史的创造和革新，做到"绝不自欺欺人"。这一点支撑着阿尔都塞建立起了与马克思以及马克思主义之间的联系。正如阿尔都塞自己认为的："我所做的只不过是试图让马克思的理论文本就其本身和对我们而言都变得可以理解，因为它们即便不是在某些重要问题上存在漏洞，也往往是晦暗不明和自相矛盾的。"④""'不自欺欺人'，这个提法在我看来始终是惟一的关于唯物

---

① 阿尔都塞. 来日方长 [M]. 蔡鸿滨，译. 上海：上海人民出版社，2012：221.

② 阿尔都塞. 来日方长 [M]. 蔡鸿滨，译. 上海：上海人民出版社，2012：225-226.

③ "自己思考"这个说法是对康德和马克思的双重引用，语出康德"回答一个问题：什么是启蒙？"以及马克思《资本论》第 1 卷序言等多处。

④ 阿尔都塞. 来日方长 [M]. 蔡鸿滨，译. 上海：上海人民出版社，2012：236.

主义的定义；而通过'自己思考'（马克思重述的康德的话），我试图使马克思的思想对一切真诚的、有伦理需要的读者来说变得清晰而严格。"①

　　总体说来，阿尔都塞到达马克思所走的是一条"迂回"之路，是从斯宾诺莎、马基雅维里、卢梭那里迂回到达马克思的。② 第一，斯宾诺莎关于"三种知识"的理论让阿尔都塞发现了关于宗教意识形态的理论，阿尔都塞将这种宗教意识形态理论当作一种"思维器官"，他认为："这个'思维器官'把世界翻转过来，把原因当作目的，把全部思想都放在它和社会主观性的关系中来理解。这是多么彻底的'清污去垢'啊！"③ 斯宾诺莎关于意识形态的思想在阿尔都塞的《意识形态和意识形态国家机器》中有较为深刻的体现。第二，通过研究17、18世纪的政治哲学，阿尔都塞发现，在面对一个冲突的世界时，霍布斯是通过国家的绝对权威来结束丛林世界的"每个人对每个人的战争"的，这是保障财产和人身安全的不容置疑的做法。卢梭面对这样的冲突，则另辟蹊径地用"契约"这种民主的方式找到实现国家的目的，毋宁说是一种永恒的公意。但是，卢梭在《论人类不平等的起源和基础》中，阐述了不合法的契约的涵义，它只是富人的充满想象力的诡计和借口，为的是达到降服穷人的目的，并将其上升为一种普遍的精神，阿尔都塞认为这只是一种关于意识形态的理论而已。很显然，从霍布斯到卢梭的理论中，阶级斗争的领导权都在掌握着这套话语体系的阶级手中。卢梭认为人类文明的进步与道德的堕落是同一条道路，他坚决地反对启蒙理性主义哲学家的看法，即认为人类的知性可以通过理智的进步而改良，这也是马克思一直反对的"哲学"，阿尔都塞认为这种"哲学"是一种意识形态的谬误。第三，阿尔都塞认为，马基雅维里在"在许多方面都比马克思走得更远"④，因为马基雅维里思考了概念中政治行动的条件和形式。他考虑到了任何形式下特有的真实性偶然条件，故意大利民族的统一是需要一个"无德"之人来完成，这种把残破的自身分裂国家得以重组的洞见对现有的政治形式具有极大的借鉴价值。

---

① 阿尔都塞．来日方长［M］．蔡鸿滨，译．上海：上海人民出版社，2012：237.
② 出自阿尔都塞本人的话："但是在谈到马克思本身之前，我必须谈谈我似乎怎样从斯宾诺莎、马基雅维利和卢梭那里迂回的：他们是我通向马克思的'康庄大道'。"见阿尔都塞．来日方长［M］．蔡鸿滨，译．上海：上海人民出版社，2012：231.
③ 阿尔都塞．来日方长［M］．蔡鸿滨，译．上海：上海人民出版社，2012：231.
④ 阿尔都塞．来日方长［M］．蔡鸿滨，译．上海：上海人民出版社，2012：236.

阿尔都塞的政治经济学批判思想是从资本主义生产条件的再生产出发，揭示了在现有物质生产力的限度内，作为生产关系—生产力统一体的生产方式决定了资本主义生产结构的再生产，也就是说在经济基础（下层建筑）决定上层建筑的"归根到底起决定作用"的前提下，上层建筑决定着资本主义生产关系的再生产。阿尔都塞认为政治经济学批判应以资本主义生产方式的整体结构为对象，古典经济学只是在人本学框架内解读既定的经济事实，这样的事实"客观性"本质上是对真理的遮蔽。意识形态国家机器就是资本主义生产关系再生产本身，它产生、维护、发展着意识形态，让意识形态发挥出物质化的力量，保证了资本主义生产关系再生产的社会条件。在现有的工业文明高度发达情况下，意识形态国家机器不断用强制性与非强制性力量再生产着资本主义物质生产得以持续的社会条件（资本主义生产关系），因此，无产阶级的解放运动不能机械地走暴力革命夺取国家政权的老路，而应先夺取意识形态国家机器的力量，再通过暴力革命夺取国家政权，真正实现无产阶级的统治。本书认为，不能机械固化阿氏政治经济学批判思想的政治解放途径，当生产力的状况不同时，也就是生产方式的结构内的因素对比发生变化时，不可忘记阿氏的多元决定思想，应回到事情的情形本身，研判无产阶级革命的薄弱环节，无论是对资产阶级政权发动革命还是对资产阶级的意识形态国家机器发动总攻，这两方面应作为革命的两个对象，只有"科学地"（根据具体情形）对现有物质生产方式的结构进行正确分析，才能实现无产阶级政治的经济与哲学实现。

阿氏的政治经济学批判所针对的是 20 世纪中后期的资本主义社会的发展状况，阿氏主张在上层建筑中先行革命的思想对马克思的政治经济学批判是一个有益补充。阿氏在考察俄国革命与中国革命时，比较认同中国革命的策略，中国共产党的革命路线、方针、政策与革命的武装斗争是密切结合的，甚至在革命失利的情况下，都牢牢统一了根据地的革命思想，实现了革命意识与武装斗争的高度统一。阿氏看到了"密切联系群众"对无产阶级革命的重要性，应当说，阿氏针对两个对象的革命观，既是对马克思思想的继承，也是对列宁、毛泽东思想的继续发展，毕竟，中国共产党领导的新民主主义革命的胜利已经充分证明了这点。

第十章　鲍德里亚符号政治经济学批判思想初探

导　语　鲍德里亚其人与其书

一　鲍德里亚其人

让·鲍德里亚（Jean Baudrillard，也译作让·波德里亚、让·博德里亚尔、尚·布希亚，1929~2007），法国著名哲学家、后现代主义思想家、西方马克思主义的杰出代表人物[①]。鲍德里亚于 1929 年 7 月 27 日出生在法国东北部的兰斯，他的祖父母是农民，父母是公务员。高中毕业后，鲍德里亚在巴黎高等师范院校的入学考试中落榜，而后又在大学教师资格考试中失意，这使得他对当代西方主流文化的积怨日益加深。20 世纪 60 年代初期，鲍德里亚开始在一个中学里教授德语，此时他开始受到莫斯（M. Moss）人类学的影响，同时也初次留意到巴塔耶（Georges Bataille）的哲学。1966 年鲍德里亚在高等实验学院参加罗兰·巴特（Roland Barthes）的研讨课，并在列斐伏尔的指导下完成了社会学博士学位论文《社会学的三种周期》。同年，他赴巴黎第五大学担任助教，不久之后就转任教于巴黎第十大学教授社会学，直至 1986 年。1986 年鲍德里亚转至多芬大学（巴黎第九大学）任教，

[①] 本章内容参见张雄，李京京.鲍德里亚政治经济学批判思想初探［J］.世界哲学，2020（4）：15-24；李京京.鲍德里亚符号政治经济学批判思想初探［D］.博士学位论文，上海：上海财经大学，2020.

直到 1990 年辞职退休。鲍德里亚的第一任夫人是露西（Lucile Baudrillard），生有一儿一女。1995 年，鲍德里亚第二次结婚，新人为玛蒂（Martine Dupuis），是一位杂志摄影编辑。这显然与鲍德里亚后来对摄影的爱好相关。2007 年 3 月 6 日，鲍德里亚因病去世。

二　鲍德里亚其书

鲍德里亚早期意欲将传统的马克思主义政治经济学批判理论与符号学、结构主义结合起来，以此来发展一种新马克思主义社会理论。他重点对消费社会中主体所遭遇的异化、当代资本主义社会的商品符号化、定位于指意系统的符号学理论进行深刻揭示，他的研究涉及家庭环境、建筑、艺术、媒体等各种现代现象。鲍德里亚在这一时期的代表作有《物体系》（1968）、《消费社会》（1970）、《符号政治经济学批判》（1972）等。

而后，鲍德里亚将符号学运用到对大众媒介的研究之上，他站在后现代的立场，由对现实真实的研究转向对超现实世界，即一个由拟像所构成的世界的研究。他认为在仿真社会中，模型和符号建构着经验结构，模型与真实之间的差别被摧毁，真实的基础均已消失，这表明鲍德里亚开始对传统西方哲学的形而上学理论进行解构。这一时期的代表作有《生产之镜》（1973）、《象征交换与死亡》（1976）、《论诱惑》（1979）、《拟像与拟真》（1981）、《致命的策略》（1983）、《他者自述》（1987）、《冷记忆》（五卷，1986～2004）、《终结的幻想》（1991）、《罪恶的透明》（1993）、《完美的罪行》（1996）、《美国》（1997）、《不可能的交换》（1999）、《恶的智能》（2004）等。纵观鲍德里亚的整个学术生涯，其是西方马克思主义政治经济学批判与后现代主义的最著名作者之一，他"20 岁是荒诞玄学家，到 30 岁是情境主义者，到 40 岁是乌托邦主义者，到 50 岁横跨各界面，到 60 岁搞病毒和转喻"（鲍德里亚语）。

第一节　鲍德里亚政治经济学批判的背景溯源

一　后工业与后现代：符号政治经济学批判的缘起

与马克思政治经济学批判揭露的工业社会中资本与精神的对立关系相呼应，鲍德里亚批判后工业社会中符号与精神的对立关系，创立了符号政治经济学批判。不同于 19 世纪以机器大工业为主的生产性社会，鲍德里亚的新型研究视角，受他所处的历史背景的制约，这主要反映在经济、政治、哲学三个领域。

（一）经济背景的研判：大众消费时代的来临

根据桑巴特《社会科学百科全书》的"资本主义"词条中对资本主义的分期，与以手工业为标志的早期资本主义、受利润与经济理性支配的全盛时期的资本主义不同，同后工业齐格蒙特社会相对应的资本主义社会是"晚期资本主义"，形式与技术在晚期资本主义社会中占据主导。发达资本主义由生产社会向消费社会过渡。以机器大工业为根基的现代社会，实质是以"生产者"和"士兵"为主要成员的"生产者社会"，而人类当下处于以消费者的角色来组织社会成员的"消费者社会"中。这主要表现在以下几个方面。

其一，福特主义加速了消费主义的来临。"消费社会始于 1913 年福特汽车公司的流水线生产出第一辆汽车之时，它的整体性兴起与福特主义紧密相关。"① 1914 年福特引入了一天 5 美元、工作 8 小时的制度，为劳动者提供了充足的收入与闲暇时间。法国调节学派阿吉列塔认为，福特主义将工薪阶层的消费纳入生产制度中，从而创造了工薪阶层的消费模式。福特创造的工薪阶层的消费模式最先挑起了大众对消费的关注；它实行标准化、自动化的流水线生产模式，大规模生产每个工人都消费得起的廉价汽车，而后这一模式又延伸至其他家庭耐用消费品的生产中。物的丰裕是消费社会的前提，正如鲍德里亚在《消费社会》中开宗明义指出的，"恰当地说，富裕的人们不再像过去那样受到人的包围，而是受到物的包围"②；福特主义的收入分配与再分配制度，使资本主义的社会阶级结构呈热气球状分布，中产阶级占社会大多数，富人与穷人占较小比重。丹尼尔·贝尔认为，中产阶级的特征在于，它通过消费不断将一种生活标准重新界定为生活方式，因而是消费社会形成的重要基石。

其二，资本主义国家通过"二战"后的重建进入了经济异常繁荣的时期，工人的工资得到大幅提升。劳动生产率在机器、信息设备、电脑的应用下迅猛提升，劳动组织方式的优化、流水线作业对劳动强度的增加，使法国

---

①　参见罗钢，王中忱，主编 . 消费文化读本［M］. 北京：中国社会科学出版社，2003：前言 .
②　让·鲍德里亚 . 消费社会［M］. 刘成富，全志刚，译 . 南京：南京大学出版社，2014：1.

在 1949~1973 年的周实际工资以平均每年 4% 的速度增长。在人均实际收入达到较高水平后，大众购买力与消费水平随之提高，人类进入"大众高消费时代"。大多数劳动者有能力获取除食物、住房、穿着等维持基本生存以外的消费物，娱乐、健康、度假等新型消费方式，房产、汽车等家庭耐用品的生产与消费普及化，这些使"消费主义"成为社会的最典型特征。正如马克思在《资本论》第 3 卷所预见的，资本主义由第一大历史图示向第二大历史图示转变，银行信用制度的发展与股份制公司的出现，改变了社会结构，出现了以经理、技术雇员、工程师、办公室白领为代表的"新"中产阶级，较高的薪资使他们与工人群众区分开来，成为"工人贵族"以及消费主力。在福特主义条件下，收入分配结构使资本主义成为一个热气球形社会，处于中间部位的是具有中等收入水平的"新"中产阶级，他们成为经济持续和稳定增长的动力。"实际上，这就是大众消费的逻辑。"①

其三，后福特主义使消费由单一的商品消费向服务消费扩延，消费形式多元化。与后工业社会的"时空压缩"与"灵活积累"特征相适应，后福特主义主张加快交换与消费的步伐，压缩消费的运转周期，消费的重心逐渐脱离商品消费，转向教育、健康、休闲、娱乐等短暂易逝的服务消费。消费形式的多样化广泛地刺激了人对变化不居的消费欲望的追逐。

具体而言，后福特主义促进了消费领域以下几方面的发展。一是后福特主义使电子技术与小批量、个性化生产相联合，付款方式更加便捷，电子银行、信用卡等方式使大众消费更为便利，线上线下购物的结合使消费主义成为当下最盛行的生活方式。二是后福特主义调动了市场经济中的时尚要素，从而加速了消费品更新迭代的速度，它通过服饰、小饰品、家居装饰成为消费的新潮，人们的休闲方式、健康、运动、游戏、录像等等风格化的活动逐渐走向了大众的视野。三是娱乐消遣活动大大缩短了消费的寿命，人们更倾向于参观海洋馆、游园、听音乐会、看电影、健身等即兴消费、一次性消费，它们所耗费的时长远比电冰箱、彩电、汽车等家庭耐用消费品短得多，这使得资本家提供短暂易逝的各种服务型消费成为可能，从而大大缩短了消费的周期。四是市场经济中的快餐文化凸显一次性物品的优势。"正如阿尔文·托夫勒（1970 年）那样的作者所取的称呼，一个'一次性物品充斥'

①　罗伯特·阿尔布里坦，等主编. 资本主义的发展阶段——繁荣、危机和全球化 [M]. 张余文，主译. 北京：经济科学出版社，2003：24.

的社会的推动力，在 1960 年代期间开始明显起来。"① 这表明工业时期传统的价值观、稳定的生活方式、社会关系、生存方式都不再是坚不可摧的了，人们以生产与消费的经济方式加速了整个社会的发展进程。五是资本主义市场中充斥着科学技术制造出来的各种形象、意象，它们有益于塑造商品的短暂性。

其四，自 1954 年开始，西方国家逐渐将电子材料运用到生产过程中，由此引发了科学技术对剩余价值领域的占领。一方面，科学工作者、技术人员与企业管理者等脑力劳动者成为价值与剩余价值的创造者；另一方面，军备经济为自动化提供了技术前提。脑力劳动使得生产效率不断提升，因而人类的发明创造呈现加速增长的趋势；资本与科学技术之间是相辅相成的，资本的扩张本性，为这些被持续革新的技术的应用提供了可能性。"根据麦克格劳—希尔公司所做的一项调查，在 1963 年的美国制造业中，制造业百分之八十的投资资金是用于购买自动化或先进设备的。"② 因而，在分析晚期资本主义生产的新现象时，鲍德里亚一方面指出："最少的劳动，最高的工资：这就是口号。"③ 另一方面，他认为死劳动取得对活劳动的霸权，是技术革命加速化所产生的必然结果。

其五，技术革命促进了社会收入的大幅增加，作为工业社会消费动因的需要让位于希求与可支配收入。丹尼尔·贝尔在《后工业社会的来临》中，明晰了以"生存—需要—希求—可支配收入—奢侈品"为主线的消费阶梯。他认为，在后工业社会中，用于满足人最简陋水平的生理性需求的"需要"，让位于由个体品位差异而造成的心理性希求。对需要的消费满足人最简陋的生理需求，而希求则是关乎个体品位、建构社会地位的心理欲望，因而贝尔此处的希求即欲求。在当下消费的动力机制中，需要让位于希求，人们对社会地位、声望、权力的欲求成为消费的主因，它驱使消费者时刻在时尚、流行杂志的品位中追逐社会认同感，消费主义成为资本主义主流的生活模式。人们可支配收入的增多，使"消费主义"成为一种生活方式，媒体通过对时尚、美食、休闲的操控，来打造不同于 19 世纪贵族阶层的名流

① 戴维·哈维. 后现代的状况——对文化变迁之缘起的探究 [M]. 阎嘉，译. 北京：商务印书馆，2003：357.
② 参见厄尔奈斯特·曼德尔. 晚期资本主义 [M]. 马清文，译. 哈尔滨：黑龙江人民出版社，1983：221-222.
③ 让·波德里亚. 象征交换与死亡 [M]. 车槿山，译. 南京：译林出版社，2012：24.

显要。

其六，20 世纪西方经济学关于消费观念的历史变迁，使消费逐步成为拉动资本主义市场经济发展的主引擎。凡勃仑早在 1899 年的《有闲阶级论》中提出"炫耀性消费"这一新观点，因此成为 20 世纪最早重视消费的经济学家。他指出，有闲阶级在经济意义上的最根本特征是从事能够为财富和权力提供证明的荣誉性业务，而获得并保持荣誉的重要手段在于追求奢侈的、非必要事物的炫耀性消费，通过消费来夸示其声望与显赫的社会地位。消费不再是正统经济学中的理性行为，而是个体力量竞相炫耀的工具，西方经济学理论将消费作为维持社会再生产的一种生产力。经济学家哈伯勒在《繁荣与萧条》中表明，20 世纪上半叶，西方发达资本主义国家出现繁荣与危机此起彼伏的景象，经济学家普遍认为，经济危机的根源并非在于生产与供应过剩，而在于需求与消费的不足引发了连接生产与消费之间链条的中断。最早被马尔萨斯、西斯蒙第拥护的"消费不足论"，此时被霍布森（J. K. Hobson）、福斯特、凯恩斯等经济学家发扬光大。

20 世纪中后期，凯恩斯在《就业、利息和货币通论》倡导的国家干预经济理论逐渐失去活力，在西方经济学的推陈出新中，折中主义者萨缪尔森创立了最具前沿性的后凯恩斯主流经济学理论。萨缪尔森经济学的核心要义在于，它"能将严厉冷酷的市场运作规律与公正热心的政府监督机制巧妙地糅合成一体"[1]，只有发挥自由市场的内在活力才能解决凯恩斯主义失灵的状况。在此基础上，萨缪尔森通过"二元君主论"阐释了消费决定生产的市场经济运行机制：消费者与技术是在市场经济中发号施令的两大君主，他们最终决定市场生产什么、如何生产、为谁生产的三位一体的经济学基本问题。

以"二元君主论"为基石，萨缪尔森等从以下三方面确证了消费在当代资本主义经济中的核心统治地位：一是消费者通过货币选票来行使他在市场经济中的主权，并以此决定社会资源的最终用途，即生产什么与产品为谁生产；二是消费是当代资本主义市场经济最重要的组成部分，它在近年来已达到 GDP 的 2/3[2]；三是"消费行为对于理解短期商业周期和长期经济增长

① 保罗·萨缪尔森，威廉·诺德豪斯. 经济学（第 19 版）[M]. 萧琛，主译. 北京：商务印书馆，2018：XXV.
② 保罗·萨缪尔森，威廉·诺德豪斯. 经济学（第 19 版）[M]. 萧琛，主译. 北京：商务印书馆，2018：359.

都极为重要"①。一方面，国民消费的巨变导致社会总需求的急剧下滑，从而在短期内冲击商品产出与就业；另一方面，用于投资新资本品的那部分消费是市场经济长期稳定增长的推动力。因而，以消费带动生产是萨缪尔森所倡导的自由市场的内在运行机制。

综上所述，从福特主义挑起人们对消费的关注到后福特主义使"消费至上"成为资本主义社会的主潮，从凡勃仑的炫耀性消费到"消费不足论"再到萨缪尔森的"二元君主论"，20世纪西方社会为鲍德里亚提出以"消费社会"为轴心的符号政治经济学批判提供经济与经济学的历史与理论前提。

（二）科学技术前提：符号化的生存格律

第一次工业革命以机器生产代替了手工生产，第二次工业革命以电力与化学领域的革新为显著特征，我们正在经历的第三次科技革命，则以自动化、电子化、数字化、软件定制化为基础，这使产品的开发、生产、销售、服务呈现出网络化、影像化、符号化的特征，人类彻底步入了以媒体为交流中介的虚拟时代，并使消费呈现出"符号化"特征。这主要表现在以下几个方面。

其一，科学技术及其成果的转换，时刻刺激着人们对变动不居的消费欲望的追逐。米歇尔·波德认为，在20世纪下半叶，西方社会以创造物质设备与使用能源为主导的工业资本主义逐渐衰退，以发挥科学和技术的潜能、制造需求和消费为导向的"科技资本主义"②取而代之。科学技术使现代广告与传媒形象通过流行、时尚来引导、操纵人的消费欲望与趣味，使媒介制造出的拟真、拟像、符号等形象商品无孔不入地侵入人类的生活。人类处于前所未有的物、服务、商品的丰盛阶段，消费的世纪已经到来。广告、电视、电影等大众传媒技术在不断推翻先前构建起来的符号、形象、意象，这些符号、形象具有空间的短暂性与即刻传播的特征，成为资本不间断地创造利润的流变的、虚幻的方式，整个市场经济在大众的爱好、流行、时尚的引导下生产并销售各种形象，因而，鲍德里亚将后现代的美国社会想象成一个非确定性的、充斥着各种运动、形象、广告的技术仿真的社会，消费建立在

---

① 保罗·萨缪尔森，威廉·诺德豪斯．经济学（第19版）[M]．萧琛，主译．北京：商务印书馆，2018：379.
② 米歇尔·波德．资本主义的历史——从1500年至2010年[M]．郑万磊，任轶，译．上海：上海辞书出版社，2011：338.

熊彼特所言的破坏性创新的基础之上，而这些创新逐渐成为一种商业性的优势，越好地复制形象的地方市场就做得越大。

其二，在以科技和创新为竞争力的时代，消费具有以下特征：芯片电脑使我们的汽车、家用电脑、工具都配备极速的微处理器，数据库与信息系统使家用电器通过编程而达到远程控制；20世纪后期物理学领域的量子理论、相对论、光学、材料科学等理论弱化了自然资源与地域对产品的限制，使企业在全球范围内制造标准化产品、不断开发新产品、提高产品的品质成为可能；电视的宽带扩展技术使家庭购物频道成为分割消费市场的手段；互联网技术的发展，使电脑新增了游戏、保健、娱乐、消费的应用程序。第三次科技革命扩展了消费的渠道，丰富了消费的对象。

其三，1970年前后资本主义进入了灵活积累时期，电子技术的应用缩短了生产的周转时间，加快了交换与消费的速度。大卫·哈维认为，时空压缩是后现代社会的重要特征，科学技术的更新加快了信息流动速度，使销售技术日益合理化，它们与电子银行、信用卡、计算机交易一同缩短了商品交换的时间。时尚成为开发大众的消费欲求、加快消费速度的重要手段，它覆盖了服装、装饰品、休闲娱乐、流行等消费的全面领域。最后，大众传媒技术的发展，使消费市场中遍布为塑造短暂性而生成的形象，消费行为具有符号性和意象性特征。一方面，大众对媒介形象的消费具有短暂性和易传播的特征，企业通过对街头文化、美食、音乐、时尚等领域的形象、符号的创新来建构自身的商业优势。另一方面，消费者要在形象范围内塑造自己的政治身份，生产拟真、拟像的媒介因而成为政治权利的工具。鲍德里亚认为，当下人类主要对"符号、形象、信息"进行消费，在"媒介的挽歌"中，他更进一步揭露了媒介的意识形态功能。

二　后政治与非理性：符号政治经济学批判的政治与哲学前提

（一）政治的前提：意识形态、技术政治、消费政治

消费由经济领域向政治领域延伸，它"不仅要在结构的意义上被界定为交换体系和符号体系，同时还要在策略的意义上被界定为一种权力机制"①。在以符号、大众媒介为载体的"超真实"理念下，资本主义的国家权力组织形式、阶级、意识形态等领域发生重大变化，这种变化的趋势体现

---

① 让·鲍德里亚. 符号政治经济学批判 [M]. 夏莹，译. 南京：南京大学出版社，2015：93.

了国家权力运行方式的变革。

第一，资本与劳动间的斗争关系出现了缓和，中产阶级的出现模糊了马克思时代的劳资关系的界限，国家的政治活动与事件超越了传统的阶级斗争的格局。当代资本主义通过消费、符号伪造了民主与自由的假象，劳资之间的矛盾冲突得到缓和，大多数无产阶级转化为摆脱阶级斗争与意识形态观念的中产阶级，以暴力性、冲突性的阶级斗争作为"政治"几何场所的时代已经终结。一方面，政府部门通过持久性的通货膨胀、新增非营利部门、大力发展服务业等手段增加就业机会，缓和了劳资关系之间的激烈冲突。在20世纪60年代与70年代之间，由政府部门提供的就业机会，就占到服务业新增就业的1/3。另一方面，后工业社会的阶级结构发生了重大变化。在《后工业社会的来临》中，丹尼尔·贝尔阐述了马克思在《资本论》第3卷中描绘了资本主义的第二大发展图示，资本主义的社会结构发生了重大变革：随着银行制度的出现，资本积累不再仅仅依赖于资本家个人的积累，而是通过全社会资金的储蓄而获得；股份制企业的发展，使企业的管理权与所有权分离，因而产生了一种新型工作，即指挥劳动；由以上两者导致的办公室人员与白领阶层队伍不断壮大。晚期资本主义的这三种结构性变革，导致了以企业经理、技术人员、办公室白领为主力军的"新"中产阶级应运而生。高薪资与社会地位的提升，弱化了他们的阶级斗志。1968年法国五月风暴中，正是由工人组成的工会挽救了资本主义制度。因而，鲍德里亚认为，后工业社会的工人阶级已经堕落，工人有组织地、自发地罢工，仅是无要求无谈判的停工，是为罢工而罢工。"全部劳动纪律都消失了，两个世纪以来的工业殖民地强加给欧洲的所有道德和实践的标准都瓦解了，都被遗忘了，而且从表面上看没有经过努力，没有真正意义上的'阶级斗争'。"[1]

第二，晚期资本主义的权力主体发生了变化。丹尼尔·贝尔从五个方面对后工业社会的特征进行了总体性概括，其轴心原理在于：技术人员在职业分布中占据主导；理论知识成为领导阶层决策制定的源泉，决策制定目的在于科学技术的革新。"深信技术的无限威力，这是晚期资本主义资产阶级意

---

① 让·波德里亚. 象征交换与死亡 [M]. 车槿山，译. 南京：译林出版社，2012：33.

识形态的一种特殊形式。"① 技术理性成为一种意识形态，异化劳动的阶级统治，让位于技术的无形统治。鲍德里亚洞见到后工业社会中技术理性的统治权，因而生成了其后期思想的技术形而上学与技术的悲观主义。鲍德里亚在《符号政治经济学批判》中指出："媒介主导了意识形态的市场化和商品化"②，后者是前者的执行者。从后期著作中，鲍德里亚展现出悲观的技术决定论色彩。工业时代的政治经济学是"真实"的物，符号政治经济学则是符号物的伪真实、仿真，是幻觉化、虚拟化。在《完美的罪行》中，鲍德里亚认为，当代高科技的发展，为人类在各个方面追求生活的完美提供可能，在计算机、医疗、美容的帮助下，人类的各种缺陷都是可弥补的。然而，计算机病毒的入侵、克隆人的伦理道德问题，也是高科技对人类的报复，人类面对这种报复束手无策。将技术物置于人类世界的中心，是命定的策略，技术超越人成为权力主体。

第三，媒体、符号对意识形态领域的介入变得更加萦回、更加喜闻乐见、更加大众化。在资本的符号抽象化阶段中，人与人之间的关系以电子媒体为中介，批判理论的革新之处在于补充说明"由社会依赖于大量媒体以及消费的转变带来的统治本质的变化"③。一方面，媒体通过广告、电影、流行、游戏所投射出的影像万花筒来构建新型的生产和剥削体制。另一方面，鲍德里亚认为，"消费的主体，是符号的秩序"④。消费的意义结构将符号—物分门别类地整合到等级分明的体系中，并使这些体系形式化，它们成为衡量消费者社会身份地位、划分阶级的标准。因而，资本对劳动生产的统治权力被符号、能指、媒介的意识形态功能所取代。

第四，在以符号、仿真为社会组织原则的"超真实"的晚期资本主义社会中，传统的国家的实体定位受到冲击，国家的政权组织形式呈现符号化、逻辑化、概念化、虚拟化特征。统治阶级通过符号、媒介意识形态对大众进行无意识的精神驯化，它使国家的本质大大超越了列宁意义上进行阶级

---

① 厄尔奈斯特·曼德尔. 晚期资本主义 [M]. 马清文，译. 哈尔滨：黑龙江人民出版社，1983：592.

② 让·鲍德里亚. 符号政治经济学批判 [M]. 夏莹，译. 南京：南京大学出版社，2015：228.

③ 斯蒂文·贝斯特，道格拉斯·科尔纳. 后现代转向 [M]. 陈刚，等译. 南京：南京大学出版社，2002：121.

④ 让·鲍德里亚. 消费社会 [M]. 刘成富，全志刚，译. 南京：南京大学出版社，2014：198.

压迫的实体性暴力工具，而演变为"超真实"意识形态的操控者。阿尔都塞认为："意识形态是具有独特逻辑和独特结构的表现（形象、神话、观念或概念）体系，它在特定的社会历史地存在，并作为历史而起作用。"① 这表明：其一，意识形态是一种外在的假象，它不同于科学因而不来源于现实且不反映真实的历史，它是一种虚假的意识、一种虚无，以一种想象、歪曲的方式反映历史现实；其二，意识形态是统治阶级所虚构出来的一种价值观与神话，它完全受统治阶级利益的支配。阿尔都塞认为，资本主义的国家结构可以分为两种，一种是马克思与列宁所强调的警察、军队等暴力性的国家机器，工人阶级在此屈服于资产阶级的暴力性镇压，另一种则是当下的意识形态机器，涵盖了家庭、教育、艺术等社会生活的方方面面，主要通过传媒、思想教育等方式培养出资本主义社会所需的社会角色。意识形态是贯穿于符号政治经济学批判之政治界面的核心范畴，鲍德里亚前期强调的是消费与符号的意识形态功能，后期则侧重于对拟真、数字代码、网络、媒介等技术理性的意识形态性质的解读。

第五，消费成为新型的政治操控方式。"鲍德里亚将列斐伏尔所表述的'消费被控制的官僚社会'通俗而夸张地表达出来，他提出了消费意识形态与符号控制的政治学理论。"② 这句话强调了列斐伏尔的以下两种观点：一是列斐伏尔认为当下社会的政治官僚主义与日常生活中的消费运作方式相关联，工人阶级在日常消费行为中遭到了与生产领域中同等程度的奴役与剥削，而消费意识形态在加剧这种剥削关系的同时又生产出较少的强制性；二是在"消费被控制的官僚社会"中，消费行为与消费品的符号相关，一切客体物都成了没有所指的空洞的能指，由美丽、时尚、流行、媒介等次体系构成的符号系统成为当下资本主义进行政治操控的意识形态。列斐伏尔有关消费、符号意识形态的官僚体制影响了鲍德里亚对政治界面的解读，在鲍德里亚看来：一方面，消费至上经济界面的出现引来了政治界面发展的新形式、新样态，政治界面的权力运作方式远离了传统的范畴、内涵，资本主义的统治意识主要通过消费意识形态表现出来。

（二）哲学的前提：后现代主义思潮的兴起

至 20 世纪 50 年代末，两次世界大战打乱了世界秩序，它使大众开始对

---

① 路易·阿尔都塞. 保卫马克思 [M]. 顾良，译. 北京：商务印书馆，1984：201.
② 参见让·鲍德里亚. 消费社会 [M]. 刘成富，全志刚，译. 南京：南京大学出版社，2014：代译序 3.

西方工业革命以来的理性主义价值观产生深度质疑：理性使人类深陷进步与灾难的二律背反中，这也印证了尼采"上帝死了""重估一切价值"的非理性主义预言，打破了西方人对理性认识能力的无限信仰，后现代理论因而转向对西方理性主义传统的颠覆。从哲学领域来看，鲍德里亚所处的时代是西方后现代主义哲学兴起的时代，他从符号论哲学上升到形式化工具主义的追问有着从实体存在论走向主观化、意象化存在论的哲学指向。

后现代主义思潮消解了永恒的意义、绝对的真理与不变的本体，解构了笛卡尔"我思故我在"所呈现的主—客二分的哲学程式，破除了主体对"理性""本真"的终极追问与反思，它使物自体消融于现象之中、存在消融于表象之中，一切存在物都被展现、挑动为碎片化的复制品、镜像、拟像。存在的主观性、意向性特征与先验性的终结带来了鲍德里亚的符号政治经济学批判的形式化的哲学逻辑。

第一，丹麦的索伦·克尔凯郭尔对启蒙理性与传媒造成的"公众幻像"的揭示为非理性主义与鲍德里亚的幻化、形式化的后现代批判奠定了基础。一方面，大众传媒尤其是报纸生成了非现实化与抽象化的社会逻辑。报刊把想象的"公众"伪装成包含一切的实体，个人在阅读后自认为获取了信息，但公众获得的实质上是统治阶层为激发公众消费而蓄意制造的思想和舆论。媒介通过操控社会舆论的方式而非强制力形成对社会更加有力的控制，生成了神秘化的意识形态控制权，亦即后来葛兰西所谓的"霸权"。在克尔凯郭尔的理论中包含了鲍德里亚幻化世界的"超真实"元素。在"公众注意"的时代中，报刊等媒介把所有的现实都改编成戏剧，它使真实的个人生活在非真实化、抽象化、空无的虚幻世界中，公众由无关联、无宗教思想的个人组成，克尔凯郭尔将公众范畴归为"空白"、"无"与"海市蜃楼"，鲍德里亚称之为"'黑洞'或'不透光的星云'"[①]。另一方面，他对现代性的反思及理性主义逻辑进行批判。他把反思作为"危险者"，认为它是诱导人民落入逻辑陷阱的牢笼，遮蔽了真实具体的个人乃至整个时代，唯有充满激情、灵感与主动性的宗教精神才能冲破理性反思的束缚。在克尔凯郭尔划分的审美、伦理、宗教三个存在阶段中，激情与非理性要素始终优于理性要素。他拒斥启蒙理性与科学为主体获取客观真理的无误方法，以及黑格尔立

---

① 斯蒂文·贝斯特，道格拉斯·科尔纳. 后现代转向 [M]. 陈刚，等译. 南京：南京大学出版社，2002：60.

足于绝对真理与客观真理的知识体系，认为它们相较于艺术的洞见、道德伦理的律令及宗教话语而言，并无存在的意义。

第二，尼采对科学理性之于人的价值提出了质疑，他认为，人类"对真理的意志"追求是对自我权力意志的一种伪装。鲍德里亚于1983年在一个访谈中指出："在不停地绕过意识形态、激进的批评和弗洛伊德的马克思之后，你会看到我的著作中，我回到了我起步时的那些作家，他们是尼采与荷尔德林。"① 尼采对西方理性主义的抨击为鲍德里亚转向"超级现实主义"与"虚拟的真实"的资本主义新阶段奠定基础。一方面，尼采认为，建立在现代科学基础之上的机械行为模式，使个体如同"木偶"般同质化并整齐划一，在科学面具的遮蔽下真实的人反而成为幻象。"尼采先于鲍德里亚的后现代理论声称类象是如此流行以致很难在人、行为假象与真实个人之间作出区分。尼采断言，现代角色的扮演者如此驯服，以至他们'宁愿是原件的复制'，正如鲍德里亚所言，仿佛复制品比'原件'更为'可靠'与'真实'。"② 他拒斥以静力学为基础的实证主义科学观，它的确定性不适用于动态的世界。另一方面，作为坚定的启蒙理性批判家，尼采对理性主义宣称的客观事实与绝对真理进行查审，拒斥此种普遍主义的哲学程式。他在霍克海默、阿多诺之前，对启蒙理性进行辩证解读。尼采认为，在西方现代性的黄昏中，理性成为否定生命的新神话，它把一切锁定在"客观性""真理"的同质性与绝对化牢笼中。尼采认为世界是以"我"为镜向你展示出的东西，但他并未把真理完全拒斥为一种幻觉，真理的规则是主体根据自我的目的和需要所呈现的预定和谐。尼采将理性主体视为动机与冲动的混合体，一些不言自明的真理实质是人权力意志的一种升华，每一行动都以生命及主体的思想为前提，存在的仅仅是主体的需要，尼采因而赋予真理以主观性与形式化特征。尼采对理性主义的批判影响了鲍德里亚对真理的看法，符号、符码、拟像、拟真、仿真概念的提出实际上追问了一个深刻的道理：绝对真理是否存在，即作为存在的存在本身是值得怀疑的。

第三，胡塞尔对理性主义时代的范畴、教条、原理提出质疑与批判。

① M. Gane. *Baudrillard Live*: *Selected Interviews* [M]. London & New York: Routledge, 1993: 37.
② 斯蒂文·贝斯特，道格拉斯·科尔纳. 后现代转向 [M]. 陈刚，等译. 南京：南京大学出版社，2002：75.

当下纯粹追寻"理性""客体"的实证科学成为统治世界的意识形态，它导致人们对主体及生活世界的遗忘，因而"实证主义可以说是将哲学的头颅砍去了"①。以此为前提，胡塞尔一方面提倡将哲学的重心转移到纯粹经验直观所能把握到的生活世界中来；另一方面，他对传统形而上学主观与客观的地位进行倒置，颠覆了笛卡尔"思中之物"的奠基性地位，认为主观精神的意向性是绝对的，而与主观意向性无关的"物自体"是不存在的。胡塞尔对理性地位的颠覆，对生活世界、主观意向性的高扬，为鲍德里亚视觉化、表象化、"超真实"的符号本体论奠定基础。

与胡塞尔忧患理性化的客体的泛滥所引发的危机不同，鲍德里亚批判的是主观化的客体将一切存在锁定在幻化、主观意向性的牢笼之中的资本主义新现实。一方面，鲍德里亚把一切存在都视作符号、编码、程序，他不再反思符号背后本真的物、实体，而是揭示当下人类被符号化、幻化的新境遇，政治经济学批判归根结底是一种符号论追问；另一方面，在人对存在物进行命名的进程中，一切存在物变成了幻化、主观性、意向性的客体，它们被还原为主观形式化的概念、语词、符号，他转向对"超真实"的符号化、形式化世界的批判。

三 符号、异化与象征：政治经济学批判的理论前提

鲍德里亚的符号政治经济学批判理论深受霍克海默、阿多诺、马尔库塞、哈贝马斯、列斐伏尔、德波等西方马克思主义代表人物思想的影响，具体表现为以下几个方面。

（一）幻化的前提：日常生活与景观幻象

列斐伏尔从感性的世俗世界出发，批判了斯大林主义对马克思主义做出的教条式简化，提出了几种当下异化现象的新形式：日常生活不再是私向化的而是社会性的；日常生活受到媒体、信息、技术的支配；符号代替了物的使用价值，人们消费物，其实是在消费物所代表的符号本身。

其一，信息属于一个确定性的产业，它被我们生产、消费、买卖。在政治向度上，信息装置是一种意识形态。它"把实证知识还原成信息会导致这样的后果：让批判性的和理论的思维消失，所以，所有的思维都消失了或者逃往非

---

① 胡塞尔. 欧洲科学的危机与超越论的现象学 [M]. 王炳文，译. 北京：商务印书馆，2001：19.

法和暴力的避难所"①。官僚机构运用媒体传递他们所需的信息，形成了技术垄断，使社会按照它的指令运行。因而，信息技术的权威代替了政治学成为一种意识形态，这为鲍德里亚提出符码的阶级逻辑与意识形态功能奠定了基础。

其二，列斐伏尔的异化理论为鲍德里亚的符号异化提供了理论依据。对异化概念的探析，可追溯到黑格尔辩证法的"异化""对象化""外化"中去，马克思对黑格尔思辨的异化形式进行改造，揭露了资本主义社会的异化劳动现象。如卢卡奇所揭示的，随着20世纪经济全球化与商品市场的扩展，商品拜物教渗透到资本主义生产的最深处。列斐伏尔分析了资本主义社会的商品交换，认为在黄金以形式取代物性后，整个商品物体系中形成了一种等价物制度，使形式的变换掩盖了商品的物质性维度，商品沦为抽象的形式。② 因而，商品拜物教归根结底成为形式对人的异化。他将马克思经济领域的异化扩展到生产力、生产、人与自然、人与自身的关系中，日常生活不再具有个体性特征，而是受到资本、技术的全面支配，且这种符号、形式、技术的异化成为一种无意识的意识。

其三，列斐伏尔在《现代社会的日常生活》中提出了"被控消费的官僚社会"③，这为鲍德里亚通过剖析当下资本主义的消费现象，提出符号政治经济学批判理论提供了前提。一方面，在经济领域，列斐伏尔认为消费对象已不再是真实的物，而是由广告、宣传所制造出的符号，人成为由符号堆积而成的意象性的消费主体。与感性现实相关的真实指涉物不存在了，符号成为消费的所指，消费社会中实存的只有符号间的相互指涉。另一方面，消费的意识形态替代生产的意识形态是政治领域的主要特征。在消费社会中，工人阶级未洞见到由符号构建的消费结构，因而未意识到交换、消费、虚假需求的满足是被剥削的途径。消费仅仅是资产阶级企图通过较少的强制性，加剧其对工人阶级剥削程度的工具。鲍德里亚认为，消费社会中民主与自由是一种假象，它通过消费制造平等的幻象，实现符码体系的意识形态控制权。

另外，从早期的《消费社会》到后期的《完美的罪行》等诸多著作中，

① 亨利·列斐伏尔.日常生活批判（第三卷）[M].叶齐茂，倪晓辉，译.北京：社会科学文献出版社，2018：662.
② 参见亨利·列斐伏尔.日常生活批判[M].叶齐茂，倪晓辉，译.北京：社会科学文献出版社，2018：588.
③ Henri Lefebvre. *Everyday Life in the Modern World* [M]. New Brunswick & London：Transaction Publishers，1971：60.

鲍德里亚的许多论点与德波在《景观社会》中的论述有着相似之处。在德波的理论中，人的视觉是主体用以与整个世界打交道的渠道与方式，而鲍德里亚继承了德波的这种观念，并将其发展为一种后现代主义的观念，认为主体是通过不确定的、幻象化的、视觉化的、表象化的、无限聚集的符号与整个客观世界相联系的，这是一种典型的后现代主义的观点。在德波这里，景观、景象（sight）意味着主体并非与真实的客观世界相关联，掌权者通过"景观"这一权力的自画像对权力被剥夺者实行权力的控制。也就是说，在德波这里，景观通过一种"善"的外观展现在被控制者面前，而景观实质上是统治阶级用以控制民众的邪恶工具，而作为权力的执行手段与工具，德波从善、恶二分的基础上探讨当代社会中景观的二重性特征，然而到了鲍德里亚这里，符号幻象的善恶性质已经变得无关紧要了。在拟真的秩序中，"超真实"不再被看作一种虚假的存在，它本身就是现实或者真实，我们也不再从超真实的秩序之外探讨社会权力的运行机制，"超真实"的符号秩序本身就是政治权力真实的显现。

（二）符码与阶级：符号的阶级区分逻辑

鲍德里亚借用了罗兰·巴特的理论，实现了符号学与政治经济学批判的联姻。巴特将符号定义为能指与所指的统一体，两者是"纯"相关的，两者相结合的过程即符号化过程。能指是符号的表达面，所指是其内容面。鲍德里亚将符号的能指与所指关系运用到政治经济学中，创立了符号价值体系。它与马克思的批判有相似的逻辑路径：经济交换价值与使用价值间的比值，等同于能指与所指间的比值。同时它对传统政治经济学批判理论有三个维度的改造：在马克思那里，只有交换价值批判的理论，鲍德里亚将符号政治经济学批判延伸至对使用价值的批判；阐明能指与交换价值体系的关系、所指与使用价值体系的关系，将符号形式放入商品形式中，从而形成对能指拜物教的批判；最终，以象征交换理论对晚期资本主义的符号价值体系进行解码。与此同时，资本主义意识形态也已植入符号价值体系之中。当代社会的意识形态母体，是消费的差异性符号生产出来的。这些符号被灌输到一整套普遍模型中，只有通过媒介，符号的生产与交换才能够实现。媒介是一种强制模式，在这种模式中，符号/形式被重述，各类事件都被整合入普遍性的符码体系中，进入媒介即是被一套符码所操控。在媒介控制下，消费社会的意识形态源于统治阶级对符号载体——媒介的垄断。

凡勃仑的有闲阶级论与鲍德里亚符码的阶级区分逻辑有内在关联。凡勃仑从非实体意义上看待劳动与财富，认为它们是区分等级和社会地位的标志。地位卑下的下层人民从事生产性劳动，处于社会上层的有闲阶级则从事非生产性劳动。"从事生产性劳动既然是贫困与屈服的标志，它同在社会上取得崇高地位这一点就冰炭不相容了。"① 有闲阶级对财富的掠夺与使用，以及对精美物品的一定数量与高品质消费，是他们阶级身份与高社会地位的证明，反之则代表着他低贱的社会地位和对有闲阶级的屈从。有闲阶级超豪华宴会的根本目的在于对其身份和地位的炫耀。鲍德里亚承接了凡勃仑以劳动、财富与消费区分社会等级的分析范式，以物的符号物编码把社会区分为不同的阶级。在《符号政治经济学批判》第一章中，鲍德里亚具体阐释了符号与阶级之间的内在相关性。他认为，物是海德格尔意义上被人的存在座架的物，这类物的功能并非基于其有用性，而在于其建构的特定社会符号体系。物建构了符码，社会和个体按照自身所需的方式来利用符码，而不是被动地追随符码指令，物因而保留了自身的差异性和强制性。鲍德里亚认为："符码中隐藏了严谨的社会逻辑，虽然它从来不说出来，但却可以依据每种社会地位的特殊逻辑来重建和操控……通过物，一个分层的社会出现了，并且如同大众媒介一样，物似乎在对每个人说话。"② 这意味着这种差异性需用阶级的话语来言说，而非在现象学的意义上对其解读。

（三）象征与死亡：巴塔耶与莫斯的理论前提

巴塔耶的经济学理论与莫斯的礼物交换，为鲍德里亚政治经济学批判的终极旨归——象征交换与死亡——提供依据。与以实物为客体的等价交换不同，象征交换发生在非实用性领域，因而具有非等价性特征，它将生产、劳动者、使用价值这些范畴排除在生产、交换领域之外。鲍德里亚指出："象征不是概念，不是体制或范畴，也不是'结构'，而是一种交往行为和社会关系，它终结真实，它消解真实，同时也就消解了真实与想象的对立。"③ 鲍德里亚的这一视角与巴塔耶反功用和实用性、反经济理性的"普遍经济学"以及莫斯的礼物交换有关。巴塔耶与莫斯对鲍德里亚的影响主要集中在以下几个方面。

第一，与传统经济学不同，巴塔耶主要论述的是过剩、献祭和耗费问题。

---

① 凡勃仑. 有闲阶级论 [M]. 蔡受百，译. 北京：商务印书馆，2005：33.
② 让·鲍德里亚. 符号政治经济学批判 [M]. 夏莹，译. 南京：南京大学出版社，2015：17.
③ 让·波德里亚. 象征交换与死亡 [M]. 车槿山，译. 南京：译林出版社，2012：186-187.

巴塔耶认为消费活动可以分为两类：其一是维持个体生命延续所需的最低消耗；其二是诸如宗教膜拜、葬礼仪式、婚礼仪式等非生产性耗费，这些活动并不以社会再生产为目的，而以其自身为目的。他认为，经济理性是从物的使用价值出发，将有用性与消费相结合，而忽视了非生产性消耗。另外，鲍德里亚肯定了巴塔耶的耗费与死亡观，认为唯有暴死才能使符号政治经济学终结。

第二，以非实体性为特征的象征交换原则如何持续？鲍德里亚不满于巴塔耶的单向耗费的"太阳经济学"，引入了莫斯的礼物交换，赋予象征交换原则以双向度。他通过对原始部落社会的考察，发现象征性的礼物交换是原始社会的重要礼仪。送礼是为了显示个人的社会地位与威望，还礼是为了避免受礼者被动地处于地位卑下的境地。这种双向互动保证了人与人之间馈赠与回馈的交互性，使送礼与还礼成为不言自明的强制性社会法则。这种平衡性与双向性，阻隔了使用价值的出场，是象征交换得以持续的前提。莫斯所说的这种送礼与还礼的礼节一直延续至今。这一方面意味着以礼物馈赠为特征的象征交换并非局限于莫斯所分析的古代社会中，它在当代社会中仍具有普遍性特征；另一方面是象征性交换在古代社会占据主导地位，然而在现代性社会中，等价交换的市场经济关系占据了主导地位，象征性交换失去了支配性地位，这种互惠性与可逆性的社会组织方式被以经济意义与经济价值为主导的生产组织方式所取代，亦即象征意义被经济原则所取代。

第二节　鲍德里亚政治经济学批判思想概述

一　经济向度的分析：需求—欲求

鲍德里亚政治经济学批判的前提与根据建立在对经济界面变化的深刻分析中，这种变化鲜明地表现为从需求走向欲求的经济事实。从欲望经济学分析视角来看，鲍德里亚所面对的经济社会现实有着重要的变化，这主要表现在以下三方面。

（一）物的丰裕：大众文化消费的兴起

在 20 世纪后期的西方社会中，物的丰裕使消费超出了市场经济的范围，扩展到艺术、审美、流行、时尚等大众文化的各个领域，一切事物都被展现、被编排为可消费的商品，大众消费成为振兴资本主义经济的一种生产力。鲍德里亚在《消费社会》中开宗明义地指出："我们处在'消费'控制

着整个生活的这样一种境地。"① 在物的包围之下，后工业的消费具有以下
四个特征。一是由物品所带来的快乐和愉悦的精神消费超越单一物的存在和
物的实体性消费成为消费的主导形式，流行、时尚、休闲、游戏等形式满足
消费者精神享受的欲望，它们为消费逻辑增添了心理主义与文化主义的要
素，鲍德里亚将研究聚焦于由玻璃橱窗透射出的连锁心理反应中来，他不是
从消费物的特殊用途上来看物，而是从意义视角下去看全套的物。艺术家并
非以物自身的原貌来描绘消费物，而仅仅是刻画一些作为消费物载体的缩略
词、商标、标语、形象，这一行为始终遵循非现实主义或超现实主义
（surrealism）的律令，在这一视角下，电冰箱、汽车、住房除作为日用品
外，还暗含着与商号、商标相联结的集体意义观念，以便使消费者陷入盘算
商品的境地。二是归根结底，消费的对象不是物，而是关系本身。"在物品
构成的系列中，自我消费的是关系的理念，而系列便是在呈现它。"② 可见，
消费者不单单从使用价值、质量去判断商品的属性，而是从抽象的商品的符
号、品牌、商标去看全套的物，人对品牌的追求、崇拜、淘汰引领人类生活
的意义世界。三是大众传媒借助广告、橱窗、电视等媒介所展示的符号、信
息、画面来诱惑消费者，从而激发他们潜在的购物冲动。广告通过具有社会
认同性的阶层、地位与等级的划分，来激发人内心的深层欲望。它的目标不
是培养人消费的自觉意识，而是在无意识、无压迫、无强制的情形下对人进
行消费的诱劝，亦即"温柔地对你进行掠夺"③。正如博尔斯坦所言，广告
是超越真伪的，它的艺术在于制造劝导性陈述。其次鲍德里亚将广告比作
"神话"和"咒语"，它通过对自我实现之预言的方式，表明以语言性符号
为载体的广告是一种效用模式，它有待人们日后对其加以证实。广告的目的
是制造一种符号的伪构境，是关于消费的"象征和幻象"，是"超真实"
的，是对人下意识欲望的控制。四是鲍德里亚认为，后工业社会消费的另一
个重要特征在于将身体作为"最美的神话"，身体的消费成为大众文化消费
最美丽、最光彩夺目的组成部分。在经历了弗洛伊德式的身体、性解放后，
身体的消费伴随着广告、电视传媒等大众文化的宣传中介重新出场。鲍德里
亚指出："人们给它套上的卫生保健学、营养学、医疗学的光环，时时刻刻

① 让·鲍德里亚. 消费社会 [M]. 刘成富，全志刚，译. 南京：南京大学出版社，2014：5.
② 尚·布希亚. 物体系 [M]. 林志明，译. 上海：上海人民出版社，2001：224.
③ 鲍德里亚. 酷回忆Ⅱ [M]. 张新木，等译. 南京：南京大学出版社，2000：60.

萦绕心头的对青春、美貌、阳刚/阴柔之气的追求，以及附带的护理、饮食制度、健身实践和包裹着它的快感神话——今天的一切都证明身体变成了救赎物品。"① 这表明：其一，在消费市场上人的身体被当作一片有待开发的"处女地"，它披着苗条、健康、美丽符号的外衣构建了拜物逻辑，美丽始终以一种价值/符号的模态进行运作，对于女性而言，它是一种宗教式的绝对命令，而身体的色情始终依赖严格的时尚逻辑而存在；其二，后工业社会通过保健、化妆、按摩等休闲消费解放了大众的消费冲动，身体的开发、消费、销售遵循一种经济效益的逻辑程式；其三，"这种身体与物品的同质进入了指导性消费的深层机制"②，与先前灵魂包裹人的身体相区别，消费社会中布道者通过"皮囊包裹身体"的圣歌不知疲倦地向大众倾销救赎身体的消费理念，身体这一被关切之物成为最美的消费品；其四，以美丽的伦理为核心的身体消费将一种功用性的交换被欲望、享乐的符号交换所覆盖，美丽成为资本的一种工具、形式，消费因而实现了功用与形式的结合。

（二）消费的动机：从需求到欲求

鲍德里亚认为，消费新现象产生的根源在于：主体的消费动机已由工业社会的刚性需求走向后工业社会的冲动的欲求。

传统的需求范畴有三个理解要义：其一，它与可支配的消费能力直接关联，可支配收入的多少决定了需求水平的高低；其二，传统的需求具有刚性特点，欲望是生活必需品的支付与购买，它与人的吃、穿、住、行等生活第一需要相联系，这种需求显示了不得不购买的特征，换句话说，为了维持生命的延续，它也是一种本能的需求；其三，传统的需求与生产不仅相关，而且由生产直接决定，它与一定的生产力发展的水平相联系，在很大程度上，生产决定了需求的向度、高低水平，以及需求内容的丰富性程度。

法兰克福学派的马尔库塞认为，晚期资本主义通过在消费文化领域操控人的需要和欲望来达成资本剥削的目的，他以欲望的压抑性反升华为视角展开资本主义的政治经济学批判逻辑。德勒兹与加塔利将政治经济学批判建立在对欲望生产与流通的分裂分析基础上，认为欲望、无意识超越物质生产、利益成为社会存在的基本实体，欲望是一部生产社会历史现实本身与情感、

① 让·鲍德里亚. 消费社会 [M]. 刘成富，全志刚，译. 南京：南京大学出版社，2014：121.
② 让·鲍德里亚. 消费社会 [M]. 刘成富，全志刚，译. 南京：南京大学出版社，2014：127.

力比多能量的动态机器。20 世纪中后期，晚期资本主义进入物的丰裕的社会，消费突破了市场经济的范围，广泛侵入人类日常生活的各个领域，鲍德里亚从心理的、文化的视角对消费的动机进行更深层追问，提出以欲求为前提的符号政治经济学批判理论，正如凯尔纳等所言，"迄今为止，鲍德里亚的思想发展轨迹可被概括为：［试图］描绘出主体在面对一个客体和符号世界时所使用的感知和欲望框架"①。

　　与马克思所处的工业社会不同，鲍德里亚所处时代的人的需要有三种变化。一是现行的大多数需要都是被灌输、操纵的虚假需求，传统的理性化需要成为无效性概念。马尔库塞在《单向度的人》中指出：虚假需要是受外界支配的抑制性手段，它企图将资产阶级的剥削、压迫、非正义永恒化。以虚假需求为前提，鲍德里亚认为，在富足的社会中，传统需要的理性化特征被消解，人的需要被异化了，它纯粹作为资本主义体系自身逻辑运演所需的生产力而存在，确定性、真实的个体需求已经消失。二是精神消费超越物质消费成为资本主义社会经济增长的决定性因素（精神享受、休闲、对时尚的追求、审美的需要）。在后工业社会中，消费者不再单独从使用价值的角度将物看作简单商品，而是从物的符号中潜藏的，能够彰显社会地位与声望的意义链上去看全套的商品，消费者对一物品的需求是对意义的欲求，与精神消费相适应的是建立在心理匮乏基础之上的、永远无法被满足的欲求逻辑，瓦格纳姆的"我羡慕，所以我存在"② 成为当下人类最坚固的信仰。三是大众传媒消费是消费社会的最显著特征，它通过电视、广告、新闻等媒介所投射出的形象、符号、信息来激发个体深层次的消费欲望，大众媒介的煽动是后工业社会的异化逻辑生成的基础，以时尚、流行、媚俗为主导形式的大众文化成为消费社会的重要组织原则。

　　鲍德里亚所处的时代正是晚期资本主义消费至上的时代，这种特征在经济学家贝克尔的思想中被指定为一种非理性所充斥的消费世纪，消费欲望的冲动代替了传统的刚性需求。他于 1962 年在《非理性行为和经济理论》一文中认为，现代经济学中涉及大量的非理性行为，他对非理性的冲动做出解释："一种观点认为，货币冲动造成一系列混乱的、无法引导的变化；另一

---

① 道格拉斯·凯尔纳，斯蒂文·贝斯特. 后现代理论——批判性的质疑［M］. 张志斌，译. 北京：中央编译出版社，2011：125.

② 鲁尔·瓦格纳姆. 日常生活的革命［M］. 张新木，等译. 南京：南京大学出版社，2008：22.

种观点认为，过去的情况很少允许当前的变化或选择。种种非理性的行为存在于这两种极端之间，这些行为部分地取决于过去的冲动，部分地取决于当前的冲动。"① 这表明：在市场行为中，非理性的繁荣导致人的欲望、本能、冲动等非理性情感获得进一步释放，它为刚性需求的消费向即时购买的欲求消费的转变提供了一些理论分析的前提与根据。鲍德里亚认为与消费社会相适应的是永不餍足且非理性的欲求逻辑。

欲求是一种非理性的冲动购买行为。它是在一定的情景下，或受某种广告的唆使，或受宣传标语的鼓动，或受某些音响、图片、故事情节的驱动而产生的即兴购买的非理性冲动行为。它不是生活所迫必须要购买，而是一时冲动，由一种好奇心或心理上的愉悦而带来的一种消费行为。具体的消费特征表现在以下四个方面。其一，在《物体系》中，鲍德里亚通过家具、色彩、材质、古物、收藏品等物的真实生活体验，回应了当下人对物的功能性需求以外的非理性的、主观的气氛价值、模范价值、象征价值、文化价值的欲求，它"使我们逐渐摆脱动物必需品的严酷现实和我们那赤裸裸的需求……"②，以人内心的欠缺、不饱和状态为前提。其二，消费者的欲求是被解放了的非理性的、不可抑制的购物冲动，它从原则上反对一切约束性标准，它所追求的是一种一时激发的情感的狂热，是利益的即时决定。其三，欲求是对客观效用、自然目的的摧毁，它使符号价值完全凌驾于使用价值之上，由此生成了只重符号而忽视品质的消费机制。鲍德里亚指出："人们从来不消费物的本身（使用价值）——人们总是把物（从广义角度讲）当做能够突出你的符号……"③ 物的符号价值，即物的代码所表征的风格、声望、权力、社会地位等内涵，消费者对名誉、地位的炫耀与张扬以及对自我身份的认定支配了他们的购买行为。其四，在鲍德里亚看来，商品生产者不再认定社会的传统生产与消费的逻辑：生产什么消费什么的格式，而是"通过先于生产行为本身的手段（民意测验、市场研究）"④，来检测购物者的消费欲求，并跟随社会整个消费的时尚、品位、动机、偏好去组织生产，经济运行模式由传统的生产决定消费转向以消费引领生产。

① 贝克尔. 人类行为的经济分析［M］. 王业宇，陈琪，译. 上海：上海三联书店，1993：190.
② 让·鲍德里亚. 消费社会［M］. 刘成富，全志刚，译. 南京：南京大学出版社，2014：23.
③ 让·鲍德里亚. 消费社会［M］. 刘成富，全志刚，译. 南京：南京大学出版社，2014：41.
④ 让·鲍德里亚. 消费社会［M］. 刘成富，全志刚，译. 南京：南京大学出版社，2014：52.

　　从传统的刚性需求转向冲动的欲求，有着更深层次的欲望范畴的分析。马斯洛最早提出了需求的多层次理论，他将人的需求欲望区分为生理的欲望、安全的欲望、情感与归属的欲望、尊重的欲望、自我实现的欲望。显然，传统的刚性需求属于马斯洛的基本需求层次。而欲求的欲望则包含了马斯洛较高实现的欲望层次。后现代学者德勒兹与加塔利认为，在当下资本主义市场经济中，欲望成为比物质生产、利益、需要更为重要的范畴，资产阶级通过对欲望、无意识的操纵对社会进行有效且稳固的控制。利奥塔在《力比多经济学》中展开了关于欲望政治与欲望哲学的政治经济学批判。力比多经济学是肯定欲望、力比多能量流通与释放的生命哲学：欲望在家庭、车间、经济体制、国家的绑缚下被辖域化为范畴、价值、行为模式，削弱了力比多的多样性与强度，正如无产阶级的解放必须消解劳动的异化，利奥塔通过政治与艺术实践将欲望从异化状态中解放出来。他经济学的核心要义在于制造力比多效果，即新的欲望流与欲望强度。

　　鲍德里亚将弗洛伊德对梦的运演的解析路径运用到消费行为中来，以不断开发欲求、满足欲求的社会心理学代替"主体—实体物—真实需求"的消费"神话学"。拉康曾将欲求划分为需要、要求、欲望的三等级，它们分别以具象的物、非具象的缺失、"无"为对象。在这种三元结构中，人的需要分别是本真的、异化的、无法满足的。[1] 鲍德里亚试图确认的是拉康第三等级的需要，即主体对经济关系之外的社会意义、地位、声望、等级的欲求。首先，消费行为呈现"去经验化"与心理化趋势。鲍德里亚认为，在当代工业社会中，对高贵加以确认的古物、彰显社会地位潜在变动性的时尚等消费新形式表明：纯粹表征声望价值的物恋—物取代了资本—物，消费者沉迷于为物的社会阶层分层逻辑所确证的文化妥协中，消费成为追求社会升迁的文化活动、精神活动。其次，符号—物不仅是物自身所是的东西，它是一种稀缺、缺席的精神性替代品，是欲望在表征符号物之象征意义的能指链条中的再现。"欲望也正在被抽象化、被分割为一些需要，以使其能够与满足的手段（产品、影像、符号—物等等）具有同质性，以增加消费力。"[2] 主体与欲求间的关系成为购买与消费的关系。需要作为"一种恰当的、公

---

① 参见让·鲍德里亚. 符号政治经济学批判［M］. 夏莹，译. 南京：南京大学出版社，2015：1.
② 让·鲍德里亚. 符号政治经济学批判［M］. 夏莹，译. 南京：南京大学出版社，2015：91.

平的、调节功能的概念"①，它的等价交换逻辑与符号—物的差异性区分逻辑处于对立状态，不能阐明主导消费的深层动机、偏好、期望。因而，主体对物恋的对象物的欲求，企图以文化消费拒斥并消解现实劳动过程中的矛盾与差异性，它以符号的普遍交换为依据，颠覆了工业社会的主体—实体物—真实需求的功能神话。

（三）符号的本质："超真实"的资本逻辑

鲍德里亚对经济界面的分析，不是就经济谈经济，而是要深入政治经济学批判的资本概念的追问上。在他看来，符号逻辑决定了人们的冲动欲求，根本原因在于符号逻辑背后受资本逻辑的操控，这主要表现在以下几方面。其一，资本的剥削机制由生产领域向消费领域扩延，消费者在享受丰盛与舒适的同时，也成为新的被剥削者，他认为："个体不再仅仅是拥有劳动力的奴隶。它确实也进行生产。挖掘出这一点，资本也发现了一种新形式的农奴：作为某种消费力量的个体"②，这种消费力量隐喻着对大众传媒工具的运用。其二，在消费社会中，商品符号实质上就是资本符号，生产社会的经济剥削以资本的垄断为前提，而消费社会中大众文化霸权地位的确立则以符码的垄断为基础，它通过消费产生符号利润，因而，资本的逻辑显现了资本的符号逻辑的存在，没有资本对一切符号、符码的幕后操纵，符号、符码将成为没有情节的空洞存在，是资本赋予了符号、符码的象征意义以及情节故事，产生了特有的好奇和愉悦，促使大众做出冲动购买行为。资本的这种欲求购买通过反复激励、名牌复制、对大众情绪的反复感召，因而获得了由这种热情和冲动带来的额外回报，这种回报并不来自习俗的预期，而是来自当下的非理性冲动。其三，我们可以看到，资本与大众媒介，即与影像逻辑、情节逻辑、画面感效益相结合，从而引起了人们对某一符号、品牌的关注力、想象力、崇拜力，这成为后工业社会的资本逻辑的生产过程。鲍德里亚认为，广告等媒介的目的"正是要透过形象投射的社会机制，来建立真实的生产和剥削的体制"③。这里资本的逻辑表现在：消费即生产，剩余价值不是来自劳资雇佣关系的生产性行为，而是来自个体欲求购买的消费性行为，它同时也是剩余价值的生产过程，被纳入资本生产的逻辑之中。不同的

① 让·鲍德里亚. 符号政治经济学批判［M］. 夏莹，译. 南京：南京大学出版社，2015：70.
② 让·鲍德里亚. 符号政治经济学批判［M］. 夏莹，译. 南京：南京大学出版社，2015：93.
③ 尚·布希亚. 物体系［M］. 林志明，译. 上海：上海人民出版社，2001：197.

是，它不是工厂劳资雇佣关系的直接剥削的结果，而是个体的消费者自身通过特有的媒体中介形式而产生的多余消费、剩余价值的再生产过程来完成的。这正是晚期资本主义不间断地生产剩余价值的一个鲜明的特征，也是鲍德里亚对经济界面变化分析的动机所在。

鲍德里亚符号政治经济学的资本逻辑又表现在他的《象征交换与死亡》一书提出的"仿真的政治经济学"之中，他认为当代资本主义社会新型的生产方式导致了资本剥削的新型逻辑程式，这主要表现在以下四个方面。

其一，鲍德里亚认为我们当下所交换的是非确定的、浮动着的"拟真物"，鲍德里亚认为当代资本主义社会中商品交换价值结构发生了变革。在"古典"的阶段，索绪尔语言学中的"能指"与"所指"同商品交换的价值体系之间遵循严格的对照逻辑。也就是说，商品的使用价值严格对照语言学中的"所指"，即语言的功能维度；而商品的经济交换价值、社会必要劳动时间之下的等价交换性则对应于能指，即语言的结构性。这时语言学中的每个词项都有自己所对应的指称物，正如每一种交换价值（能指）都有自己所对应的使用价值（所指），两者之间有着十分严密且完整的对应关系。鲍德里亚认为当下经济的价值结构建立在实体、真实物的生产、等价关系等确定性的真实内容的终结之上。"仿真的意思是从此所有的符号相互交换、但绝不和真实交换。"① 也就是说语言学中的符号不再固定地指称某一特定的物，而是从这种严密的一一对应的秩序中解放出来，符号的能指只是按照随意性的、偶然的、不确定的原则进行交换，而主宰这种市场交换的是符号与符码的浮动。这无疑是对先前的确定性的等价交换的原则的超越。

其二，在马克思时代经济交换原则被质疑的前提下，生产是一种无原型的勾兑，是符号代码的仪式。鲍德里亚对劳动（生产）进行了准确的定义，他指出："劳动（包括休闲形式的劳动）按照一种无所不在的代码，作为根本的压迫，作为控制，作为对某些受到调节的时间和地点的永久占领，侵入了全部的生活。"② 这意味着当下的生产是一种新型的生产，它是将符号的代码嵌入人类日常生活的各个领域，在这种代码生产的维度上以对大众形成最高强度、最严密的控制，仿真是它的主要特征。换言之，生产最根本的特征表现为它是没有原型的，它能够根据复制品本身进行持续的复制、无限的

① 让·波德里亚.象征交换与死亡［M］.车槿山，译.南京：译林出版社，2012：4.
② 让·波德里亚.象征交换与死亡［M］.车槿山，译.南京：译林出版社，2012：14.

复制。这种生产的无限复制的原则首先由西方马克思主义学者本雅明提出。他在《机械复制时代的艺术作品》一书中首次提出了由技术引发的生产复制原则在当代的重要意义。鲍德里亚认为，在西方社会中，本雅明与麦克卢汉是具有先见之明的社会理论家，他们两个最先跳出了由培根开启的、将技术作为一种生产的理论框架。这两位学者是将科学技术作为资本生产的中介，以及生产的方式和界定生产的原则。本雅明从艺术、电影、摄影的维度论证了科学技术在 20 世纪成为人类进行符号生产的一种手段、形式与中介，他认为我们对所有的存在物都能够进行复制以及无限地再复制。正如鲍德里亚所言："本雅明和麦克卢汉看得比马克思更清楚：他们认为，真正的信息，真正的最后通牒就是再生产本身没生产则没有意义；生产的社会目的性丧失在系列之中。仿象压倒了历史。"① 在这里鲍德里亚强调的是以网络、时尚、流行、电视、广告等大众媒介为代表的技术加工过程成为社会再生产的阶段，它无条件地吸收并覆盖了全部的生产，并肆意地改变着生产的目的，这种仿真的、"超真实"的生产方式最终决定了我们所交换与消费的物的性质，这种再生产的机制也从根本上改变了工业社会的劳动者与商品的特质。

其三，生产本身是一种模式的生产，它不是机器工业时代资本家通过直接的、真实的劳动，对生产者进行剥削，在拟真的秩序中，这种剥削是通过抽象的、随意性勾兑的符号模式的生产来实现的。因而鲍德里亚指出："这是起源和目的性的颠覆，因为各种形式全都变了，从此它不是机械化再生产出来的，而是根据它们的复制性本身设计出来的，是从一个被称为模式的生产核心散射出来的。"② 如果说在伴随着文艺复兴而出现的第一级仿象——仿造的秩序中，仿制品意味着主体对自然、对实体的仿造，那么在第三级仿象——仿真的秩序中，存在的生产则是没有拟像、镜像，没有回声、没有表象的生产模式，这是人类运用技术设备进行随意性的移动、存储与复制，仿真的技术成为生产的真正巫术。正如鲍德里亚在《消费社会》的结论中描述的，大学生在镜子中的映像被打破之后，大学生自己就倒下并死去了。在这里，鲍德里亚强调的是生产来源于一种模式，它所参照的并不是真实的存在，而是表象、是虚假的能指符号，这是当下社会中最为真实的生产原则。

---

① 让·波德里亚. 象征交换与死亡 [M]. 车槿山，译. 南京：译林出版社，2012：71.
② 让·波德里亚. 象征交换与死亡 [M]. 车槿山，译. 南京：译林出版社，2012：72.

其四，最重要的是，鲍德里亚通过仿真的经济学阐述了"超真实"社会的资本剥削机制。"政治经济学批判开始了，它的参照是社会生产和生产方式。只有生产的概念才能通过对劳动力这一特殊商品的分析来暴露一种剩余（剩余价值），这种剩余带来了资本的理性动力，并且带来了革命的理性动力。"① 工业资本主义社会中马克思所提出的革命的出路，正是要废除他所批判的、以物质性生产为基础的剩余价值生产、资本生产的逻辑程序。鲍德里亚在这里强调传统的政治经济学从一开始就是同生产的概念、范畴紧密结合在一起的，斯密、李嘉图以及马克思的能够加以量化的、物质性的政治经济学批判已经不再适用于我们这个非物质性的符号政治经济学批判了，以商品为核心的生产理论也已经过时了。他认为晚期资本主义社会中的大众仍处于资本的难以辨认的统治中，资本的统治方式是通过符号的生产来制造符号剩余价值、符号利润。

二　经济的政治本质：符号—意识形态—政治的仿真性

鲍德里亚透过对以欲求的消费为轴心的资本符号化逻辑的剖析，旨在从经济关系的分析上升到对当下资本主义社会新型政治本质的合理透视。在鲍德里亚的著作文献中似乎只字不提传统政治学讨论的核心问题：国家的本质、权力的构成、阶级压迫的工具、党派的划分等。这给我们一种幻觉：他似乎不理会政治，其实他对政治的重新解释有着深刻之意，他在《符号政治经济学批判》《象征交换与死亡》中明确地阐发了由现实经济界面所带来的新的政治本质的显现，新的政治寓意被它解读为符号统治、政治的意识形态化、媒介的意识形态功能与政治的仿真性，这里包含着四层意思。

（一）符码的统治：政治的隐蔽性

鲍德里亚通过对消费社会的商品世界的符号化、幻化的透视，彻底解构了传统政治学的话语体系。但他并非不讲政治，而是在意识形态的符号、符码的逻辑序列中将政治细化，深刻地说明了经济变化的现实导致当下资本主义社会政治的模糊性、隐蔽性和隐喻性。他在《符号政治经济学批判》中赋予政治以新的内涵："今天政治不再存在于某种特殊的'领域'，也没有任何定义。现在已经到了发现一些潜在的形式，转移与浓缩，简言之，政治

---

① 让·波德里亚. 象征交换与死亡［M］. 车槿山，译. 南京：译林出版社，2012：8-9.

的'运作'的时候了"①，这句话具有以下三层含义。

首先，政治的统治就是符号的统治，这种符号的统治实际上是政治权力与文化资本的结合。符号实现了政治权力的传递与转换，"符号语言的特权是最后的统治阶段"②。这表明其一，资本主义社会的政治权力与经济权力相连接，它生成于生产差异性的符号/价值的特定的社会劳动中。在符号政治经济学中，物的使用价值变得模糊，符号的交换价值体系作为一种意识形态将社会统合起来。其二，"在消费中，在被普适化的符号交换中，我们将为发现一种真正的政治改造的途径建立基础"③。人们以阶级的语法来言说符码，它将某些特定的社会阶层化约为一些特定的符号，从而对整个社会金字塔进行等级分层。其三，鲍德里亚认为符号的神秘体系构建了以意识形态为核心的政治统治，他指出："当代（资本主义的、生产本位主义的、'后工业的'）社会系统为把它们的社会控制、为它们'工作'的政治经济矛盾进行的政治意识形态调节，建立在哪些伟大的平等原则或民主原则之上……然而该系统更有效地依靠的，是一种无意识的一体化调节机制。"④鲍德里亚在这里强调的是当代资本主义社会所采取的是一种非政治化的政治体制，政治的非政治化源于符号的编码规则对物进行肆意诠释从而组合为一种"新现实"，这使得所有激进的社会矛盾都被消解在符号意指的游戏中，因而所有传统的政治统治方式都失去了活力，所有的政治价值都烟消云散了。这种政治运作的新范式、符号所引发的政治权力的转换与马克思时代以阶级剥削的方式对大众进行暴力性的统治不同，因而在晚期资本主义社会的历史背景下，将普通的大众作为暴力性的历史革命的承载者是毫无意义的，因为革命的理性原则只同传统的压制性社会具有直接的关联，而当下非暴力性统治的社会已不具有先前暴力性革命的矛盾、冲突、斗争及阶级斗争所需的政治场域。

其次，在符号统治下，革命意味着模式的对立与矛盾关系的运作，"在编码层次上是不可能有革命的——或者说，革命每天都在发生，那就是

---

① 让·鲍德里亚. 符号政治经济学批判 [M]. 夏莹，译. 南京：南京大学出版社，2015：290（注释）.

② 让·鲍德里亚. 符号政治经济学批判 [M]. 夏莹，译. 南京：南京大学出版社，2015：143.

③ 让·鲍德里亚. 符号政治经济学批判 [M]. 夏莹，译. 南京：南京大学出版社，2015：41.

④ 让·鲍德里亚. 消费社会 [M]. 刘成富，全志刚，译. 南京：南京大学出版社，2014：78.

'模式的革命',它们是非暴力的而且不影响其他"①。鲍德里亚从以下两个向度表明了以文化革命、符号秩序的革命替代暴力性的阶级革命的合理性、合法性:其一,符码的政治功效在于使一切排斥性的对立、冲突消解在符号的发送与接收过程中,原本激进的社会矛盾变得中立化,这一特殊的政治场域使符号政治经济学批判同压制性社会的、以消除社会矛盾为目的的革命原则相决裂;其二,与资本的激进逻辑、符号的统治相关联的不再是经济—政治的革命,而是扩展到日常生活的艺术、审美、流行、广告、时尚、休闲等诸多大众文化领域的文化革命,它以颠覆现行的符号编码规则与模式为目的。

最后,在模式的归置下,传统政治的内涵被消融在大众日常生活的各个领域。"通过相同的、不分场所的整合操作,一切都成为'政治',也成为'意识形态'。社会杂闻是政治,体育是政治,艺术就更不用说了:到处都是阶级斗争的论证。"② 这句话有两层意思:其一,政治并非消失了,它存在于大众消费的一切领域;其二,政治不可能自我消失,只是我们对当下政治的看法要给予新观察、新思考、新查审。在鲍德里亚看来,生产社会是一个商品、科学技术、市场、资本不断向外扩张的外爆场域,而仿真的后现代社会则是一个内部"熵"的持续增加的内爆场所,它是各事物的界限、区域不断被消解的过程,政治意识形态同经济、娱乐、文化之间的区分边界消失了,一切社会现实都内爆在政治意识形态或大众传媒所制造的"超真实"的镜像、影像之中。这表明:鲍德里亚并非远离了政治,而是使政治、经济、文化、大众传媒相互渗透,并融解在我们日常生活的事实中,政治因而变成了隐喻、变成了符号、变成了幻觉。

(二) 阶级的转换:暴力革命的瓦解

鲍德里亚指出,"工人阶级不再是反抗和冲突的黄金标准,也不存在革命指涉的主体"③。无产阶级退化了的反抗意识服务于资产阶级的改良主义,它在加强资产阶级的统治权力中逐渐反对自身,真正的无产阶级消失了。在当下资本主义社会中,将阶级斗争的暴力革命看作颠覆当前符号化的生产方式、资本剥削方式的出路,"只是政治唯意志论幻象的一部分"④。鲍德里亚

---

① 让·鲍德里亚. 消费社会 [M]. 刘成富,全志刚,译. 南京:南京大学出版社,2014:78.
② 让·波德里亚. 象征交换与死亡 [M]. 车槿山,译. 南京:译林出版社,2012:45-46.
③ 鲍德里亚. 生产之镜 [M]. 仰海峰,译. 北京:中央编译出版社,2005:126.
④ 鲍德里亚. 生产之镜 [M]. 仰海峰,译. 北京:中央编译出版社,2005:126.

认为在晚期资本主义社会中工人阶级与青年学者是不可能联合起来反对资产阶级并进行暴力性的革命运动的，原因有二。其一，工业革命与机器大生产所引发的社会劳动水平的提升，大大改善了工人的生存环境与生活质量，一大部分工人阶级转换为掌握了知识与技术的新中产阶级，福特主义与后福特主义也使得他们的闲暇时间大大增多，工人的劳动条件得到了制度化的保障，这使得一部分工人丧失了无产阶级的斗志，他们沉迷于资产阶级为他们带来的经济利益与社会福利之中，因而不能够成为阶级反抗的主体。其二，鲍德里亚认为，将工人阶级界定为一个阶级就意味着赋予工人以独特的社会身份。对于机器大工业时代的工人而言，对机器的崇拜、对劳动工具的保护是他们的天职，而对资本的占有与剩余价值生产过程中占据主导地位的就必然是资产阶级。机器大工业时代的城市首先必然是一个生产的场所，是通过工业化的商品来进行对工人的剥削与控制的场所，而今天城市的境况发生了改变。首先它是一个符号消费的场所，是一个不断激发大众欲望的场所，大众在自我欲望不断地被满足的前提下弱化了其自身的消极性与反抗性。其次，在《象征交换与死亡》一书中，鲍德里亚认为当下资本主义社会的城市与自由竞争的资本主义社会被工人及工人郊区的红线所环绕的城市不同，后者是记录阶级斗争、破坏机器、展示生产消极性的历史场域，但它仅仅代表机器大生产的时代，它的生产的首要逻辑已经被符码逻辑所取代，它是大众被符号监禁的场域，是充斥着消费者与被消费者、符号的编码者与译码者、休闲者与被休闲者的"自由化"的场域。再次，商品生产时代的革命根基存在于各个社会进程的相互关联之下，人与人之间必须通过协作才能够实现生产或者消费等经济进程，而在当下符码的社会中人与人之间只是与符号打交道，主体与主体之间是相互隔离的，因而很难会形成工人的联合体，更不用说工人阶级的联合斗争了。从这一意义上讲，鲍德里亚认为当代资本主义社会的经济新现实已经不具备将无产阶级联合起来的条件，因而阶级斗争失去了社会基础。

（三）符码的反抗：走向范式的革命

鲍德里亚将中产阶级描述为"一种阶层社会中存在的漂浮的关节点，它是正在整合和同化的阶层，也就是说，它同时被工业无产阶级和小农阶级的社会宿命排除在外，然而，也因此没能够享有任何既定的社会地位"①。

---

① 让·鲍德里亚.符号政治经济学批判［M］.夏莹，译.南京：南京大学出版社，2015：18.

在当代资本主义社会中，医生、律师、职业经理人、工程师、设计师等一大批中产阶级如雨后春笋般崛起，丹尼尔·贝尔甚至预测到掌握高科技知识的中产阶级将成为未来社会的掌权者，在后工业的市场经济中甚至出现了中产阶级"持股"的现象。这些诸多因素使得越来越多的雇佣工人走向中产阶级的阵营，这种情景又导致了中产阶级的阶级意识的迷失。正如吉登斯指出的："阶级认同已经瓦解了，基于身份的阶级区别已经失去了其传统的支持。"① 这意味着西方社会已经不从社会劳动分工的角度来区分社会阶级，而是从收入、生活方式、消费方式的角度来区分人群，中产阶级在这一境遇下应运而生。在统治阶级对消费的鼓吹下，他们认为自己获得了平等的消费选择权。这种抽象的"平等主义"淡化了中产阶级的阶级斗争观念，再加上资本主义社会在教育、文化、政治法律、道德方面取消了由出身、民族、种族、性别所带来的不平等，这使得阶级的反抗意识与资本主义社会的形式平等格格不入，中产阶级逐渐遗忘了他们所承载的历史使命与阶级意识。

在真正无产阶级消失的前提下，大众对符号统治的反抗最终走向"范式"的文化革命。鲍德里亚认为革命的出路应当在暴力革命之外寻找。当代资本主义社会不仅仅通过父性的、暴力性的手段来控制大众，它同时也以一种母性的、恩赏的手段来对社会加以整合，这意味着鲍德里亚要与传统的马克思主义的革命主张相决裂。他在《游戏与警察》一书中认为：暴力革命的原则是一种理性的原则，它必然要以消除激烈的社会矛盾为目的，因而仅仅与父权的暴力压迫性社会相连接。而我们与压迫性社会处于不同的理论与政治氛围中。传统社会所秉承的统治是通过权力的道德与政治意识的强制性而实现的，而当下资本主义社会所秉承的统治理念是一种具有生命力的、社会体制自身的压制，它以一种合理性与合法性的外观显示出来。因而鲍德里亚指出："可能当代社会再一次成了一个符号统治的社会，由此导致了对于某种'文化革命'的需要，它包含了整个意识形态生产的过程——而对此进行分析的理论基础只能来自符号政治经济学。"② 这表明符号政治经济学的政治反抗形式在于改变符号逻辑的非暴力性的革命，这种革命具有以下三个特征。

其一，鲍德里亚对革命的分析引入了弗洛伊德的精神分析的内容，认为

---

① 安东尼·吉登斯. 社会学：批判的导论 [M]. 郭忠华，译. 上海：上海译文出版社，2013：49.

② 让·鲍德里亚. 符号政治经济学批判 [M]. 夏莹，译. 南京：南京大学出版社，2015：150.

当下资本主义社会中人的解放是对人的欲求的解放。鲍德里亚认为晚期资本主义社会的权力体系，通过虚假的需要体系造成了消费的抽象化及其对大众的极端异化，个体在需要的消费与需要的满足中所获得的快乐与自由是被强制获得的，在这里作为消费内驱力的人的欲望同时是被控制的欲望。换言之，在后工业社会中人并不真正地拥有他所有的欲求，消费者自身只是作为体系所必需的环节而被生产出来。在这一情形下，鲍德里亚认为当下社会中人的解放可以说是主体的欲求、身体等方面的变革（mobilisation），这里所谓的变革就与暴力性的革命区分开来。在这存在着资本主义体系对主体欲望的"受控的反升华"，作为内驱力的人的欲望、高层次的需求始终被压制着，鲍德里亚在这里所提倡的是要消解消费的符号体系对自我的意识、道德、自主性的压抑，从而激发本我（id）（即人类最原始的、本能的欲望和冲动）作用，解放受人格所支配的自我（ego）与受道德伦理、社会规范所支配的超我（superego），使人沉溺于道德伦理原则控制之外的消费的快乐、自由、快感之中。鲍德里亚指出："从不存在爆发性的革命，而只有一种受控的解放，一种获取最大利润的变革。"① 这表明资本主义社会中人的解放应当是对这种"压抑性的升华"的一种解放。

　　其二，鲍德里亚在《生产之镜》中认为，从政治经济学到符号政治经济学的过渡中，在政治上表现为商品形式的霸权转化为符号形式的霸权，因而社会的革命存在于对所有社会关系、象征关系进行驯化的符号体系中。与工业社会中价值的"商品卖淫"不同，后工业社会的剥削形式扩展到通过符号交换价值对大众的制约之上，而这种支配的方式显得更为微妙与隐蔽，但是符号的幻化的政治统治秩序比工业社会的生产、资本的剥削更具有极权性。这种对资本主义的政治、经济、文化、教育、医疗等各行业进行全面操控的符号结构，与理性化、数量化的经济交换价值的操作结构相比，前者构成的意识形态结构更为根本。这表明符号的形式对大众的控制能够散布到社会的各行各业，且能够以无意识的方式侵入人的头脑，并且看起来是毫无恶意的。也就是说在鲍德里亚看来，马克思所说的与生产利润为主导方式的剥削关系仅仅能够透析资本主义社会历史的早期阶段，而对于晚期资本主义而言，符号/价值范式对人的日常生活进行了全面的布控。鲍德里亚认为这种符号体系导致社会越来越碎片化的技术理性的体系，超越了经济关系的剩余

---

① 让·鲍德里亚. 符号政治经济学批判［M］. 夏莹，译. 南京：南京大学出版社，2015：94.

价值、利润、剥削的领域对社会进行整体的驯化，鲍德里亚认为："颠覆在这里产生了，这也是在别处的反抗，然而矛盾仍然在体系的内部发挥发生作用。"[①] 反抗已较少地指向对生产领域的剩余价值的掠夺，而是转为符码的强制性。当下资本主义控制体系的核心不再是生产而是符号体系，因而政治反抗的模式也发生了改变，由过去劳资关系的对立导致的阶级斗争转向了对符码规则制定权的争夺。

其三，鲍德里亚主要阐释了三类社会群体对符码体系的反抗。一是他将青年、学生作为符号体系的重要反抗力量。晚期资本主义社会对社会青年的歧视并不只是通过经济剥削实现的，而是他们不能够通过符号的语言来进行言说，不能使自己被倾听。青年与学生已经被排挤到符号体系的边缘地带，它们处于对符码秩序不满与不负责的境遇之下，由于他们被排斥在符号的游戏之外，因而他们进行社会反抗、"革命"的目的在于获取游戏规则的制定权，以废除当下符码战略所具有的歧视、等级区分的结构化功能。二是女性作为不被记号所标注的符码同样是当下资本主义社会中符码的反抗力量。在这里鲍德里亚继续发展了他在《消费社会》与《符号政治经济学批判》中所提出的身体消费、身体拜物教的理论，认为他要建构一种被马克思所忽视的性政治经济学。在《生产之镜》中，鲍德里亚认为符码的秩序将性看作指示个体社会身份的标记，男性的性别强制成为平等原则的标志，而妇女的反抗则是要废除这种标志男性性别的符码。三是在当下种族歧视空前严峻的情况下，鲍德里亚认为标识种族的符码是比资本剥削更为彻底的掠夺方式。符码体系为黑人与白人的结构性区分提供理论支撑，黑人的对象化是符码的对象化，它以一种比生产方式的压迫更具控制力的方式出现在社会结构中。无论黑人拥有多少财富，也无论他们从事何种职业，种族的代码始终将他们作为社会底层的民众来看待。

（四）政治的仿真性：媒介对意识形态的执行

商品的符号内涵通过大众传媒的中介形式加以显现，我们因而不是直接与现实的政治关系打交道，而是经过媒介意识形态的转换来学习和读写政治的内涵，大众传媒的运作使得人们不得不就范于现实政治的一切要求。鲍德里亚的技术政治思想受西方学者的影响颇深：马克斯·韦伯认为资本主义的统治主要是以形式理性构建资本主义的官僚统治体系。海德格尔认为，人处

---

① 鲍德里亚. 生产之镜 [M]. 仰海峰，译，北京：中央编译出版社，2005：120-121.

于技术模型所构成的座架中，"现代科学和极权国家都是技术之本质的必然结果，同时也是技术的随从"①。霍克海默与阿多诺认为，启蒙运动的实质是通过人的理性来摧毁形而上的神话，以重获人的主体能动性，然而人在运用工具理性来使自然界为我所用时，工具理性也成为控制人的手段，因而，启蒙反而成为塑造工具理性神话的途径。马尔库塞将韦伯的形式理性改造为技术理性，并赋予"作为社会控制和统治形式的技术学"② 以意识形态的合法性，在技术对政治、经济、文化的统治下，发达工业社会的人成为丧失否定与批判能力的单向度的人。而鲍德里亚的政治学解释文本重在讨论"超真实"世界中的国家本质如何显现的问题上。媒介传递了国家本质的所有方面，正如鲍德里亚所言："媒介并非意识形态的一个主导因素，而只是它的执行者"③，媒介对意识形态的执行主要体现在以下三方面。

其一，媒介导致了消费信息传播进程中能指与所指的分离。媒介的技术程式使信息作为信息消费而存在，它对世界进行随意的剪辑与拼接，并赋予信息以商品化性质，即包装与曲解的功能。因而，技术即是在显现的层面被隐藏起来，但它实质对感性的社会关系有决定性作用。首先，技术使媒介隐藏了真正的信息，换言之，媒介即信息，信息的内容在一定程度上是它真实的功能：它意在影响人类深层的等级、习俗结构的变革。信息媒介所传播的并非单个的场景，而是潜藏在场景背后的深刻内涵。媒介消费并非以内容为主导，而以其深层次的社会结构形式为主导。其次，信息媒介传送过程中发生了能指与所指的断裂，鲍德里亚称之为漂浮的能指。在消费媒体的中介之下，媒介的能指与所指不存在理性化的逻辑对应关系或确定性的因果关系，存在的只是作为广告符号的能指与作为宣传对象的所指之间的联想与随意性嫁接。失去了确定性、固定的所指，符号就成了漂浮的能指流，最终通过主体对能指的再语境化塑造出与符号相符合的语言情景，实现对所指的宣传。因而，技术媒介的运行者可任意对符号能指与所指进行关联，这种关联的不合理性与能指和所指之间的断裂反而是合理的。

---

① 海德格尔. 海德格尔选集 ［M］. 孙周兴，选编. 上海：生活·读书·新知上海三联书店，1996：429-430.

② 赫伯特·马尔库塞. 单向度的人——发达工业社会意识形态研究 ［M］. 刘继，译. 上海：上海译文出版社，2008：126.

③ 让·鲍德里亚. 符号政治经济学批判 ［M］. 夏莹，译. 南京：南京大学出版社，2015：229.

其二，大众传媒的广告形式弥补了政治机构的缺陷，它对大众的心理动机进行内在控制。鲍德里亚认为，与符号的编码技术相适应，"一种全新的政治策略正在诞生，它是与'技术结构'及垄断生产的发展同步的"①。技术资本、垄断资本实质上通过大众传媒把政治要素、元素全部化解在商品之中、广告之中，以此来操纵人的欲望、兴趣和偏好，最终从总体上控制社会的整体进程。晚期资本主义国家通过电视节目对大众进行监控管理，电视本质上是技术资本的一种表现形式。鲍德里亚指出，"电视传媒通过其技术组织所承载的，是一个可以任意显像、任意剪辑并可用画面解读的世界的思想（意识形态）。它承载的意识形态是，那个对已变成符号系统的世界进行解读的系统是万能的"②。电视依据大众文化意识形态的编码规则将影像、信息传送出来，这种剪辑、显像的技术结构带来了消费者世界观及价值观的转变。

其三，大众媒介作为"意识工业"强制性地运用符号/形式将政治输出出来。恩泽斯伯格曾把当下的媒介作为一种"意识工业"，把传媒传输者与接受者的关系，类比为统治阶级与被统治阶级的关系。而鲍德里亚指出："媒介不是一组传播信息的技术，而是模式化的强制"③，没有象征性事件能够脱离这种模式体系。在这一政治体系中，一切现象都被符号/形式再次组合，在符码操控的政治模式下被重新阐发，也即，以技术媒介为中介，政治在社会事件的各个范畴中被映射出来。以符码系统为前提，鲍德里亚将信息的传递者定义为编码者，将信息的接受者作为解码者，一方具有言说与制造符码的权力，而另一方则只能被动地接受与选择。

在广告、电视、影像等电子媒介的引领下当代社会最终走向以"超真实""超现实"为特征的仿真模式的政治经济学。"超真实"是指"没有原型和真实性的真实，由一种真实的模塑制造的真实"④，是一种由数字、代码、模式、信息、媒介制造的持续复制、永远再现的仿真秩序，在这里，政治不再表现为对峙力量间的暴力性冲突，而是通过民意调查、测试等极端

---

① 让·鲍德里亚. 消费社会 [M]. 刘成富，全志刚，译. 南京：南京大学出版社，2014：167.

② 让·鲍德里亚. 消费社会 [M]. 刘成富，全志刚，译. 南京：南京大学出版社，2014：114.

③ 让·鲍德里亚. 符号政治经济学批判 [M]. 夏莹，译. 南京：南京大学出版社，2015：238.

④ Jean Baudrillard. *Simulacra and Simulation* [M]. Ann Arbor：The University of Michigan Press，1994：1.

戏拟的滑稽表演达到完美地操纵社会代表制的欲望的目的。鲍德里亚指出："测试和全民公决是仿真的完美形式：答案是从问题中归纳出来的，它事先就被设计好了。因此，全民公决从来都只是最后通牒：这是单向性问题，它恰巧不再是发问，而是立即强加一种意义，循环在这里一下子就完成了。"①这种以切割、质问、煽动、勒令为中介的政治的仿真性主要显现为以下几个方面。

其一，"这个政治超级现实主义阶段的特点就是二项系统与民意调查游戏的必然结合，民意调查游戏是政治游戏的替代性等价关系之镜"②。整个仿真的政治领域进入了大众传媒的问/答二元图示、民意测验中，一切社会实体都消失了，大众成为没有自我意识、完全听从民意调查话语的空虚的存在。因而，民意测验所参照的是公众舆论的镜像，它沦为一种"超真实"的政治实体。

其二，测试是资本主义体系的一种策略性幻觉，在测试中，大众始终是沉默的。测试描绘的仅仅是将能量或信息返回到测试问题的出发点上，这一模式在体系内持续循环并永恒地现实化。本雅明曾从技术维度对电影艺术进行分析，证明电影的作用实质是不允许观众对它进行发问，它本身是一种回答，是一种对大众的形塑。测试是统治阶层最基本的社会控制方式，大众在对测试解码的过程中从问题中找寻出答案，答案因而是可提前预测的，以问/答呈现出来的测试是统治者提供了答案的剧本，问题是单向性的，它的本意并非发问，而是将一种符合统治阶级的"意义"强加到大众的意志中。"每个信息都是一种裁决……两极之间差距的仿真，就像符号内部的仿真效果一样，只不过是策略性幻觉。"③ 所有的媒介都会对物体和信息进行剪辑，从而达到限定、切割接受者信息的目的，这种形塑的超真实逻辑终结了真实与想象之间的对立，实质上，测试通过剪辑、切割、煽动、强制的形式来维持着资本主义社会关系的稳定性。

其三，资本主义的普选制度是最典型的大众传媒，它实质是统治阶层进行权力垄断的表现。当下资本主义社会的民主制以多党轮流执政的程式稳定下来，然而，这种两党间对立仿真的二元调节机制超越了政治代表与被代表

① 让·波德里亚.象征交换与死亡［M］.车槿山，译.南京：译林出版社，2012：81.
② 让·波德里亚.象征交换与死亡［M］.车槿山，译.南京：译林出版社，2012：85.
③ 让·波德里亚.象征交换与死亡［M］.车槿山，译.南京：译林出版社，2012：81.

的原则，它只是纯粹形式的民主，是虚假的民主，是政治理性的模糊映像。鲍德里亚指出："其实，作为民主信条的个人'自由选择'恰好通向自己的反面：投票变得极其强制……"① 在普选这一两党对立的仿真游戏中，民众随机、盲目的投票行为酷似"猴子在投票"。

第三节　哲学的深刻追问："形式化"人类境遇的查审

鲍德里亚的符号政治经济学批判宣布了以消费为社会存在的本体，以符号、媒介为政治统治载体的新资本主义时代的到来，它通过对当下资本主义社会经济现实与政治本质的透视，实质上想要在哲学上说明、显示当代人类的生存境遇，即"形式化人类"的异化存在的事实。他认为，人类当下生活在主观精神意向性的现实框架中，符号、符码、镜像显现了主体的新型生存方式：人主观心理层面的一切想象、幻象都呈现为现实、主宰着现实，而西方哲学传统的实在本体论是一种坚固的教条、原理，它应当被以符号、能指、拟像为主导的形式化逻辑取代，鲍德里亚因而赋予了形式以本体论意义。

一　从亚里士多德到康德：形式化的哲学依据

鲍德里亚指出："符号政治经济学批判试图分析符号/形式，正如政治经济学批判是对商品/形式的分析一样。"② 这表明：20世纪末西方资本主义走向后现代社会，其显著特征表现为大众媒介技术、数字代码技术、信息技术共同构建了形式化的生活世界。这种形式化具体表现为数字、符码、逻辑、范畴等工具理性对世界的侵蚀、对世界的定义及其对客观存在的替代。这使我们回想到：古希腊时期的亚里士多德最早发现了形式与质料之间是定义与被定义、决定与被决定的关系，他指出："质料只含有发展的可能性，它需要形式化，正是形式的作用，它才现实化，转变为现实。"③ 这意味着在构成事物的质料因、形式因、动力因、目的因中，亚里士多德强调形式的第一性，他认为：一切事物都是被形式化了的质料，质料是构成事物的原料

① 让·波德里亚. 象征交换与死亡 [M]. 车槿山，译. 南京：译林出版社，2012：81.
② 让·鲍德里亚. 符号政治经济学批判 [M]. 夏莹，译. 南京：南京大学出版社，2015：189.
③ 托马斯·阿奎那. 亚里士多德十讲 [M]. 苏隆，编译. 北京：中国言实出版社，2003：56.

与最终基质，而形式是某一特定事物与他物相区分的边界，是事物的本质，它对质料的构成起了积极的、主动的、主导性的作用。一方面，在亚里士多德的形而上学理论中，形式与质料是构成实体的两种本原，两者不是构成某一实体的两种相互独立的成分，而是紧密结合在一起的；另一方面，在构成实体的两大本原中，形式以目的的方式决定着质料的本质，形式也只在显现了的质料中才能够显现自身。这就使得世界上的可感之物都成为由形式与质料共同构成的复合物。以我们日常生活常见的事物为例：一块面包是一个实体，它是由面粉的质料与面包的形式共同构成的，是面包的形状、形式最终构成了面包的本质。如果没有面包的形式，作为质料的面粉也只能是面粉，从面粉这一质料到面包的形式中潜藏着一种质的飞跃，面包的本质最终是由它的形式所决定的，而不是由面粉的质料所决定的；一块砖头的本质也是由砖头的形式所赋予的，泥土在成为砖头之前只是普通的泥土，并没有什么特别的地方，泥土只有以砖头的形式为目的被进行塑造，才能够从本质上成为造房子的砖头，因而是形式最终使砖头成为一个实体，泥土只是构成砖头的质料，砖头的形式决定着泥土这种质料的组织方式及其本质。形式是具体可感的实体在形成的过程中所依循的原则，所有可感实体都由形式所决定，我们也可以说实体是由形式所产生的。

　　亚里士多德在对具体实体进行研究的语境下展开了对"质料"与"形式"的探讨，他认为形式对质料的能动作用体现在形式与质料同"隐德来希"（entelecheia）的关系中。希腊语"隐德来希"原意为"可能性及未曾实现的将来"[①]，是"一种事物对世界的位置，即为了成为某物而做出的态势，在转化时，形式一定会离开物体，并返回到其他物体上面；'隐德来希'是表现物与状态完美统一的最高形式"[②]。它是指物的完成、完满状态，是事物内部潜藏的变化精神及其运动的内在源泉，它驱使事物由可能性的质料走向现实的形式。换言之，亚里士多德认为，实体的可能性依附于质料，而它的现实性则依附于形式，在这一意义上，"隐德来希"完整地描述了事物的进化过程，这一语词的一个重要内涵在于通过形式与质料起作用的"变化"。在这一变化的进程中，形式是实现质料潜能的推动者，它始终有着"隐德来希"的吸引力，并通过这种力量能动地对质料、实体加以赋形。

---

①　托马斯·阿奎那.亚里士多德十讲［M］.苏隆，编译.北京：中国言实出版社，2003：67.
②　托马斯·阿奎那.亚里士多德十讲［M］.苏隆，编译.北京：中国言实出版社，2003：65.

因而，形式是使一物成为该物的本原，唯有通过形式才能使质料实现其自身的价值。总体而言，形式与质料的关系问题是亚里士多德理论中的一个核心问题。从表面上来看，质料是构成一个具体实体的物质性的元素，而形式是构成可感实体的非物质性元素，前者似乎是构成可感实体的最根本的、能动性的本原。然而亚里士多德的"四因说"将二者的地位进行了翻转，在他看来，形式并非与构成可感实体的物质质料相分离的，而是深深嵌入物质对象中的逻各斯，它始终决定着质料这一"潜在的实体"的生成方式。亚里士多德用潜在性与现实性来表述具体实体的生成过程，以我们以上所说的面包与砖头为例，面包的形式使面粉具有了成为面包的潜能，这种"隐德来希"的引力或是潜能始终引导着面粉由一种"潜在性"的质料走向"现实性"的面包实体；砖头的形式同时赋予了泥土生成为砖头的潜能。这种潜能引起了泥土形式的不断变化，并最终生成为泥土的形式。因而在亚里士多德的理论中，对于具体的可感实体的生产过程而言，形式是具有决定性的、能动性的第一要素，它始终引导着作为实体生产的物质元素的质料的发展方式。在这里我们需要注意的是，形式并不仅仅是质料运动的最终结果，它始终贯穿在质料走向形式的整个过程当中，但只有泥土最终成为砖头时砖头的形式才能够实现，它标志着砖头形式最终的完成。

在此之后，中世纪哲学家奥古斯丁强调"上帝作为时间之外的创造者导致了宇宙的创生"[①]。他更侧重于亚里士多德的"四因说"的哲学，看重作为形式因的上帝和作为质料因的被创造对象，认为它们共同构成了生生不息的发展圣史。在他看来，上帝从无中创造了物质性的与精神性的质料，它们是无形式的变化主体。与此同时，上帝在创世之初也创生出能够孕育出动植物的"种子"，它是引发有机体、质料变化的动因、潜能，奥古斯丁称其为"逻各斯"。显然，奥古斯丁在这里借助于亚里士多德的"形式因"与"质料因"，把上帝作为"形式"，把天体、水土等活的有机体作为"质料"，由于形式是能动的，质料是被动的，因而只有上帝才能决定一切感性的存在，上帝赋予了一切存在的意义和价值。具体而言，奥古斯丁对亚里士多德"四因说"中形式与质料之间关系的承继主要体现在以下三个方面。其一，亚里士多德认为一切事物都是被形式化了的质料，形式起决定性的作

---

① 大卫·福莱，主编. 从亚里士多德到奥古斯丁［M］. 冯俊，等译. 北京：中国人民大学出版社，2003：493.

用。而奥古斯丁赋予上帝以形式的属性，"上帝从无中创造无形的质料，作为变化的主体"①。其二，亚里士多德认为质料是构成事物的基质，而奥古斯丁同样认为物质性与精神性存在都是由质料衍化而来的，而在所有的时间点都会由质料不断地生成活的有机体，这种逐渐的生成过程贯穿了整个世界历史的进程。其三，奥古斯丁对亚里士多德所提出的形式与质料同"隐德来希"的关系进行改造，亚里士多德认为形式始终以一种"隐德来希"的力量引发质料的运动变化，而奥古斯丁则认为使活的有机体保持运动变化的是一种逻各斯（logoi，rationes，causales，seminales），上帝将其与其他物质元素共同创造出来，它是有机体发生变化的一种非物质动因，奥古斯丁将其表述为种子、潜能，它实质上与亚里士多德的"隐德来希"具有同样的属性。

　　近代以来，人类进入了知识论的反思阶段，德国古典哲学家康德第一个对形式化范畴进行质疑，他的"形式"是对感觉经验进行统一与综合的主观性范畴。康德认为，与普遍逻辑将所有的表象都转化为概念不同，在先验的逻辑中，人们通过先天时间、空间等纯粹直观的作用获得感性对象的表象，但人的认识并不能够停留在这种关于表象的感性杂多之上。"不过我们思维的自发性要求的是先将这杂多以某种方式贯通、采纳和结合起来，以便从中构成知识。这一行动我叫作综合。"② 这里所说的综合是指人在认识活动中通过思维将对象的感性杂多、各种不同的表象进行分析，在纯粹先天综合判断的基础之上形成关于感性对象的概念。在概念的分析与把握的过程中，我们需要的并非感性事物的表象，而是先天的十二范畴对表象的综合。只有十二范畴对感性的杂多进行整理之后，人在感性直观中所获得的不同表象才能够获得真正的统一性。在这里，范畴成为人先天的知性知识得以产生的中介性工具，它是先天综合知识产生的必要前提。

　　显然，在康德的认识论中，如果没有先天的范畴对感性直观进行加工，那么它们仅仅就是一些杂乱而无序的知觉判断，而不能够形成统一的、具有普遍必然性的知性判断。但总体而言康德是从辩证的视角看待人的知性认识

① 大卫·福莱，主编. 从亚里士多德到奥古斯丁 [M]. 冯俊，等译. 北京：中国人民大学出版社，2003：93.
② 康德. 未来形而上学导论 [M]. 李秋零，译. 北京：中国人民大学出版社，2013：63.

与物自体之间的关系的。一方面，康德指出："一切感性直观都从属于范畴，只有在这些范畴的条件下感性直观的杂多才能聚集到一个意识中来。"①这意味着人在认识的过程中必须将经验直观中被给予的表象的杂多纳入诸范畴的统觉的统一性中来，即通过运用主观、先验的十二范畴对混沌的、离散的、没有因果关系的、不具有必然性判断的一些自在之物的认识材料加以梳理，才能够形成直观的统一性并取得有规律的认识。另一方面，康德认为："我们毕竟只是在和我们的表象打交道；自在之物本身（不考虑它们用来刺激我们的那些表象）会是怎样的，这完全越出了我们的知识范围之外。"②康德在这里强调的是，主体虽对对象之间的因果关系有所了解，但由于人们大脑中的认识必须借助于概念、范畴的形式去整理认识的对象，所以必然会发生二律背反的问题：既有可以认识的、可以把握的自在之物（刺激我们感官的杂多表象），又有不可把握的自在之物。显然，康德看到了先天范畴对感性杂多的整理，能够使主体产生对质料有因果联系与规律性的认识，但最后又必然导致作为第一存在的自在之物的性质发生改变，即物自体会出现增加和减少的这一认识事实。

二 虚无的存在：人类的形式化与形式化人类

20世纪鲍德里亚站在智能化社会存在的思辨平台上看到了如此重要的事实。一是人类的对象化劳动越来越被凝结为符号价值及其仿真意义，物的概念、符号代替了物的本身存在的意义和价值，这使得概念、范畴的能动性上升为脱离实体存在的范畴系列、体系及其运动的主观精神现象学的图式。二是人类对存在的追问越来越远离实体本体论的追问，从而进入主观精神心理层面的符号、符码的游戏，真实的存在的第一性变为虚幻存在的主体价值，真实的乃是虚假的，幻觉的乃是真实的，这种心理学意义上的主观精神意向的活动使这个世界走向更加"脱实向虚"的荒诞境地。三是鲍德里亚在《符号政治经济学批判》一书中深刻地揭示了他与马克思的政治经济学批判有着三点不同。首先，马克思批判的时代具有生产型、机器大工业和剩余价值论的自由资本主义生产方式，而鲍德里亚分析的是晚期资本主义经济界面的新变化、新样态、新趋势，特别是智能化劳动与生产和分工使得传统

① 康德. 三大批判合集（上）[M]. 邓晓芒，译. 北京：人民出版社，2009：85.
② 康德. 三大批判合集（上）[M]. 邓晓芒，译. 北京：人民出版社，2009：155.

的机器工业的生产序列、商品序列及其消费序列显得十分粗糙、呆板和落后。其次，他也从现实经济问题分析着手，上升到对经济问题的政治本质领域的追问，由消费型社会追问到符号、媒介成为国家权力的核心及其意识形态的灵魂，这种政治本质的新变化在于：不是赤裸裸的一个阶级与另一个阶级的对抗，而是在变化了的心理层面、文化层面所表现出的矛盾对立、心理冲创、文化拒绝以及恶心、反感等。正如鲍德里亚所言："显然，从来都不存在纯粹对立的两个文化阶级：但是一种纯粹的文化阶级策略确实存在着。社会的现实（依赖于经验的调查）使得等级以及每个社会'类型'所对应的不同地位显现出来。但是社会的逻辑（依赖于一种文化体系中的理论分析）使得两个对立的方面显现出来，不是同一发展过程的两'极'，而是对立的两个相互排斥的方面，这两种对立不是一种形式上的对立，而是社会歧视中排他的/区分的两个方面。"① 在这里，鲍德里亚强调的是文化模式、心理要素成为界定当下阶级策略的重要依据。再次，鲍德里亚对经济问题的政治本质的反思上升到形而上的哲学追问，实际上有着工具主义意义上的形式化的人类存在论的批判指向，这与现代西方哲学现象学分析具有一定的"家庭相似性"：一切存在都进入"虚无"境地，物自体的实体意义消失了，一切都归咎于主观精神的意向性"冷记忆"，他认为"客观性成了占主导地位的道德价值。但这不会持续太久的，因为说到底，拟像和虚拟将战胜所有的价值"②，虚拟、主观幻觉统治一切，从而构成了当下"完美的罪行"，他指出："事物本身并不真在。这些事物有其形而无其实，一切都在自己的表象后面隐退，因此，从来不与自身一致，这就是世界上具体的幻觉。"③ 在这里，鲍德里亚想要向世界说明的是："形式化人类"与"人类的形式化"已构成当代人类现实生活的境遇及其未来命运的遭遇。

所谓"形式化人类"是指，在劳动、生产、分工、交换的驱动下，人类的本能存在越来越转向智能化存在，范畴、数字、科技、创新构造了"第二自然"的人类社会，工具理性意义上的进步使人类越来越使用范畴、符码、图像达到自身存在的高度自觉与自信，因此亚里士多德式的形式对质

---

① 让·鲍德里亚. 符号政治经济学批判［M］. 夏莹，译. 南京：南京大学出版社，2015：48-49.

② 让·波德里亚. 冷记忆 1995-2000［M］. 张新木，陈凌娟，译. 南京：南京大学出版社，2013：10.

③ 让·博德里亚尔. 完美的罪行［M］. 王为民，译. 北京：商务印书馆，2014：7.

料的主动性、能动性、统摄性凸显，以至于导致了如此异化：人类越来越远离"原始丛林的本能行为"，而与各种形式化的工具理性越来越近，这是人类自身进化的一大进步。但是，这种对符号、符码、数字、芯片的依赖越来越严重，从而较大地限制了现代人的自由、自主，为生命价值的实现带来了极大障碍。可见，鲍德里亚的政治经济学批判是对人类进入消费社会的经济思辨，又是对智能化时代资本主义社会政治走向隐蔽性、间接性、虚假性乃至仿真性的深刻揭示，更是对当代人类走向智能化时代后形式化的生活方式与精神的自由与彻底解放的呼吁。

所谓"人类的形式化"是指人类生活的现实遭遇已经被彻底的工具理性的形式化所左右，表现为刻板的生存方式（符号左右了我们的生活及生命意义和价值追求），自由的机器进化论（从人是机器走向机器是人，符号、符码成为生活世界的逻各斯中心主义的追求），人类精神活动空间越来越失去灵感、直觉、创新的本能（失去一切人的本真存在，形式创造人类，人类却越来越显得某种意义上的软弱无能）。

由此可见，鲍德里亚认为当下人类用一种主观化、意象化的东西看待当下的世界，这种意象化表现为人类用符号、范畴、逻辑界定事物，先有这种界定，才有事情的发生，这种形式成为主体，质料反被视为形式化的结果、由形式所决定，鲍德里亚认为，后现代社会追求的是肤浅与表面化的符号、形式，传统形而上学超验性的、深层次的实体、存在、真实、真理成为坚固且无意义的观念、思想和认识教条。进一步说，鲍德里亚的符号经济学与符号政治学的体系实质上进行的是一种哲学本体论的革命：从西方传统形而上学不断追求"存在之存在"的本体论走向视觉化、表象化的本体论。认为人类当下生活在主观精神意向性的现实框架中，一切符号、符码、镜像显现了人类一种新型的生存方式：人主观心理层面的一切想象、幻象都呈现为现实，主宰着现实，这主要体现在三个方面。

第一，鲍德里亚认为，当下人类企图识别实存的物体、实体的做法是徒劳的，一切作为物体的客体、事实都无异于主体对它们的幻觉。他指出："在消费的普遍化过程中，再也没有灵魂、影子、复制品、镜像。再也没有存在之矛盾，也没有存在和表象的或然判断。"① 这句话有两层含义：一是

---

① 让·鲍德里亚. 消费社会［M］. 刘成富，全志刚，译. 南京：南京大学出版社，2014：197.

符号化、形象化的消费程式使人不再追问存在自身，消费社会的特征在于"反思""思考"的缺席，这意味着西方传统形而上学的先验本体论的终结；二是实质上实体、事物自身并不真在，它们都消隐在表面现象之后，因而一切实在都消失了，影像、镜像成为虚拟的实在，人们以一种超现实的、幻觉化的方式生活。

第二，在符号、媒介所构建的仿真秩序中，真实已经消散和衰竭，它认为由符号所生产出的幻象、假象，真与假是同一的。鲍德里亚认为，在被符号任意操控的后现代社会中，"所谓'真实'并不存在。如果真实能够自我确认（也就是说它确实'存在'），那是因为它已经通过某种操控而被指认了，被抽象化和被合理化了，这种操控将真实放入一个与自身等同的等式之中"①。这表明：在符号政治经济学中，符号是空洞的、无根的能指，实体性的、真实的指涉物是一种人为构造的幻想、是一种拟像。因而，真实完全笼罩在符号的阴影之下，符号的幻象、假象即现实、真实自身，真与假在符号之镜中融为一体。鲍德里亚认为，当下图像最能够表达真实与非真实之间界限的消失。在他看来，数字的、虚拟的照片是从真实世界中解放出来的，由数字技术构建的照片与真实的底片之间并没有实质性的区别，在这一意义上，所有真实存在的物体都不再有独特性，这意味着在场与不在场、存在与不存在之间的区别消失了，这种二元对立的关系随着媒介技术、数字技术时代的来临而终结了。我们甚至可以说数字与图像是"超真实的物"对真实存在物的充盈与扩增。鲍德里亚因而认为摄影是对世界本真状态的显现，因而原始意义上的摄影（并非人们当下利用美图秀秀、光影魔术手拍摄或者加工过的摄影图片）是"不经人手"就能够完成的，在这里没有任何人为的仿真技术的介入，它自身即客观真理和现实。

第三，在超级现实主义的秩序中，由计算机、数字、代码技术生产出来的"超真实"的拟像、镜像、符号、景观甚至比真实更加真实。鲍德里亚将"超真实"概念澄明为：它"就是一种没有原型和真实性的真实，由一种真实的模塑制造的真实"②。"超真实"从复制性的中介（如影像、广告）出发，完全处于数字代码、符号、媒介技术制造的持续复制、永远再现的仿

① 让·鲍德里亚. 符号政治经济学批判［M］. 夏莹，译. 南京：南京大学出版社，2015：208.

② Jean Baudrillard. *Simulacra and Simulation*［M］. Ann Arbor：The University of Michigan Press，1994：1.

真秩序中。而在这一影像、模拟优先的"超真实"世界中，地图的模型生产着真实的疆域，迪士尼这一意象性场所代表着真实的美国，而现实的洛杉矶和美国却不再是真实的，"超真实"的影像、模型比现实更加真实，复制品比原创更加真实。

鲍德里亚在他后期的著作《完美的罪行》一书中呈现了"超真实"秩序对真实秩序的超越，他开宗明义地指出："假如没有表面现象，万物就会是一桩完美的罪行，既无罪犯、无受害者，也无动机的罪行。其实情会永远地隐退，且由于无痕迹，其秘密也永远不会被发现。"① 在这里，鲍德里亚强调的是以下两点。其一，完美的罪行在于当代社会的科学技术为大众制造出一种真实并不实存的幻觉。只要不存在表象，那么就不存在表象背后的真实，虚无就能够永恒地延续下去，真实就能永远被无情地加以掩盖，在这种情况下，所有的物都是有其形而无其实的。技术理性是完美实施罪行的工具，它对本真世界中的自然、人等一切事物的真实性进行掩盖，整个世界都充斥着景观、幻象、符号的罪恶，"超真实"的事物完全掩盖了真实的意义。其二，鲍德里亚在这里强调的是由技术媒介塑造的仿象、拟像比真实更加真实。他指出："我们生活在一个信息愈多，而意义则愈加匮乏的世界中。"② 信息的无限繁殖以及符号的无限扩张导致包含信息与符号的虚拟先行，各种虚假的信息、符号的视觉冲击消解了它们自身真实的内容与意义，后者成为不足挂齿的，甚至是不存在的。各种调查数据也不是从实际真实的实践中分析、调查得来的，人类一切生产、生活的节奏都必须依据各种预定好了的数据而完成。在这一意义上，"超真实"的数据、信息、符号不仅仅比真实更加真实，它还支配着真实。

小　结

鲍德里亚作为符号政治经济学批判与当代西方后现代主义的大师，他的思想如同流星一般进入大气层，破碎并散落在各个关键性领域。这些领域包括会计学、美学、商业研究、全球媒体、电影理论、流行文化以及任何可以

① 让·博德里亚尔. 完美的罪行 [M]. 王为民，译. 北京：商务印书馆，2014：6
② Jean Baudrillard. *Simulacra and Simulation* [M]. Ann Arbor：The University of Michigan Press，1994：79.

被视为后现代主义标题下的主题。具体而言，鲍德里亚的思想产生了以下几个方面的影响。

其一，当今世界工业化的发展正是基于计算机、软件、休闲、网络技术等"软"行业，这是一个充满虚拟现实的世界，资本在电子图景中快速流动，鲍德里亚探索电子图景的理论得到了广泛应用。大卫·莫利（David Morley）和凯文·罗宾斯（Kevin Robins）在《认同的空间》中认为当下人类主体陷入了一种鲍德里亚所指出的自主与服从的两难困境，人类成为被动的消费者，受制于众多的广告乃至整个消费体系，鲍德里亚所说的人类沉溺或迷失于虚拟现实或其他人造的世界就变得尤为重要。保罗·罗德伟（Paul Rodaway）在《探索超现实中的主体》一文中描述了不同的思想家对"主体正在与被情境化的世界相分离"的不同观点，他将鲍德里亚同德里达、詹姆逊的观点进行了比较，描绘了一幅"超主体"或"反主体"的图景，鲍德里亚的"超真实"概念为作者提供了至关重要的批判工具。

其二，鲍德里亚为我们审视当代文化和近代历史提供了有效的衬托。他不仅是一个对未来的后现代预言家，同时也是一个对当代的批判家。基思·詹金斯的《为什么历史？道德和后现代性》以及米根·莫里斯的《太早·太晚》都对鲍德里亚的"超真实"概念以及城镇的博物馆、旅游空间、模拟的历史场所做出了讨论，这意味着鲍德里亚可以被用于构建全新的、本土化的后殖民主义研究方法，而不必依赖于主要的欧洲思想观念。

其三，鲍德里亚将理论与表演融合在一起，他把他的讨论转移到世界范围内的多媒体事件，他拍摄的照片是超真实与真实、电子与有机体的古怪结合，这在尼古拉斯·舒尔保格所编辑的《让·鲍德里亚：艺术和工艺品》一书中可以看到。这不仅体现了鲍德里亚美学评论的广泛性，同时也表明鲍德里亚的作品可以用来研究电影和摄影领域。

其四，鲍德里亚的理论在实践领域也有着广泛的吸引力。在迪夫·赫尔姆的文章中，作者将鲍德里亚对病毒和"不可能交换"的理论应用于循证护理领域；诺曼·B.麦金托什等人将鲍德里亚关于拟像的理论应用于财务理论；吉娜·格兰迪将鲍德里亚拟像和"超真实"的概念应用于批判和建模当代商业管理研究；肯特·德拉蒙德的《消费卡拉瓦乔》一文也深受鲍德里亚影响，认为卡拉瓦乔商品化的原因之一在于当代文化是由"拟真"的统治时代构造了绵延不断的图像流。总而言之，鲍德里亚的思想、观念推动了传统知识研究领域的转变，并为未来的进一步分析提供了工具。

第十一章 哈贝马斯政治经济学批判思想要义探析

导 语 哈贝马斯其人与其书

一 人物生平

尤尔根·哈贝马斯（Jürgen Habermas，也译作于尔根·哈贝马斯或哈伯马斯，1929 年 6 月 18 日至今）是当代著名哲学家、法兰克福学派第二代领导人、西方马克思主义重要领军人物。哈贝马斯 1929 年 6 月 18 日出生于德国杜塞多夫一个中产阶级家庭。早年在纳粹党集权统治的生活经历致使他产生了强烈的批判意识。从 20 岁开始，他先后进入哥廷根大学、苏黎世大学、伯恩大学分别学心理学、历史学、经济学、哲学等学科，最终获得哲学博士学位。他的博士学位论文题为《论谢林思想中的矛盾》。1955 年，26 岁意气风发的年纪，他就早早进入德国社会批判的重镇——法兰克福学派社会研究所，成了法兰克福学派的正式成员。工作不久，被破格指定担任第一代领导人阿多诺的助理。1962 年，哈贝马斯凭借《公共领域的结构转型》获得海德堡大学的教授资格。1964~1971 年，一直担任法兰克福学派哲学教授，在此期间，其思想在声势浩大的学生运动中产生了一定的影响。但在学生运动的后期，他的思想与学生领袖产生了分歧。最终，哈贝马斯离开了法兰克福，前往慕尼黑，担任科学与技术世界生活条件研究所所长。在法兰克福的数十年间，是哈贝马斯科研成果最为丰富的时期，其中就包括他的重要哲学理论——交往行为理论。在 1983 年，哈贝马斯重回法兰克福大学担任哲学与社会学教授，并于 1994 年光荣退休。哈贝马斯有着知识分子的理想与情怀，晚年一直活动于学术与公共领域，发出有良知的声音。2001 年，72 岁的哈贝马斯受邀到访中国，在京沪多所高校发表了 7 场重要演讲，在中国学术界造成了一时轰动，形成了"哈贝马斯热"。在 2008 年全球金融危机之后，哈贝马斯接受德国《时代》周报采访，提出："西方自由主义的私有化幻想已走到尽头。欧盟需要通过有层次的一体化展现自身的力量。"[①] 令人欣慰的是，2019 年，哈贝马斯迎来了90 岁寿辰，并在自己奋斗一生的法兰克福发表了题为《再论道德与伦理的关系》的演讲。

二 哈贝马斯的代表作

作为法兰克福学派的第二代领导人，哈贝马斯致力于社会批判领域，但他并不是对前人理论的简单复述与补充，而是进行了重大的改造并提出了自身的完备理论。总的来说，其学术思想与理论成果主要有四个方面。

其一，重新制定研究对象：用对科学技术的批判取代对资本主义的批判。哈贝马斯认为，前人理论强调了理论的批判性，但没有确立正确的批判对象。因为在哈贝马斯所处的时代，科学技术已经成为新的意识形态对经济、政治、社会等多方面产生了重大影响，重新认识科学技术才是至关重要的。哈贝马斯对于科学技术的批判态度主要是在对马尔库塞《单向度的人》一书的诸多回应中产生的。这方面的代表作有《作为"意识形态"的技术与科学》《现代性的地平线》等。

其二，将"左"倾激进主义引向资产阶级改良主义。经过 20 世纪声势浩大的学生造反运动，哈贝马斯认为"左"倾激进主义是法兰克福学派的重大弱点。他的解决方案是提出通过一系列的改良措施解决社会主要矛盾。与当时马尔库塞提出的对资本主义进行"大拒绝"形成了强烈的对比。这方面的代表作有《公共领域的结构转型》《合法化危机》《旧欧洲·新欧洲·核心欧洲》《关于欧洲宪法的思考》。

其三，沟通社会批判理论与实证主义、科学主义的关系。法兰克福学派的批判传统拒斥实证主义最终使得批判理论缺乏客观性与精确性。哈贝马斯试图打破这种局面，在两者中建立沟通桥梁。哈贝马斯在这方面做了大量的

① 赵光锐. 哈贝马斯谈新自由主义破产后的世界秩序［J］. 国外理论动态，2009（3）.

工作，其代表作有《认识与兴趣》《交往与社会进化》《交往行为理论（第一卷）：行为合理性与社会合理性》《交往行动理论（第二卷）：论功能主义理性批判》《在自然主义与宗教之间》《事实与格式》《包容他者》《理论与实践》《对话伦理学与真理的问题》。

其四，对马克思主义的改造与重建。法兰克福学派两大重要人物——哈贝马斯与马尔库塞，经常被学界拿来做比较。对于马克思主义的态度，马尔库塞致力于恢复、重述被人们遗忘、曲解的马克思主义哲学，哈贝马斯则致力于改造与重建马克思主义哲学。孰是孰非不予置评。这一时期的代表作有《重建历史唯物主义》《后民族结构》《后形而上学思想》。

第一节 哈贝马斯政治经济学批判思想源流

哈贝马斯所处时代背景可以从他 2008 年接受《时代》周报采访时看出，他谈道："金融危机以后，私有化的幻想已走到尽头，新自由主义用市场命令征服生活世界的妄想终将落空。而欧盟想要在世界舞台上发出不一样声音，需要通过有层次的一体化来展现自己的力量。"① 新自由主义的泛滥即为当时重要的时代背景，在哈贝马斯看来，新自由主义的错误在于：认为市场经济凌驾于一切，国家只是经济的帮手，应当将政治的影响降到最小化。这一想法在苏联解体后成为空前高涨的胜利情绪，它将一项经济政策鼓吹为一种世界观，经过时间的发酵，最终全面渗透人类的生活世界。但是，哈贝马斯深刻地指出，自 20 世纪 90 年代以来，资本主义内部不再有大的变革，其合法性危机日渐显露，最直接表现为：巨大的分配不均、社会不公以及制度失灵，特别是爆发的金融危机给社会弱势群体带来了巨大灾难。

当代世界正面临资本主义所带来的困境、病症。哈贝马斯揭露了晚期资本主义国家、市民社会的本质，表明资本逻辑依旧宰制人类生活世界的冷酷真相。更为深刻的是，哈贝马斯呼吁从对社会政治与经济的分析中回归到人本主义，通过对现代性下人类理性分裂的揭露，人类被物化的扬弃，最终实现人的自由而全面的发展。即追求人类经济活动中的"政治"与"哲学"的双重实现，这正是马克思主义哲学的精髓——政治经济学批判。

---

① 赵光锐. 哈贝马斯谈新自由主义破产后的世界秩序 [J]. 国外理论动态，2009（3）.

一　马克思主义哲学的精髓：政治经济学批判

哈贝马斯作为西方马克思主义代表人物，其思想与马克思主义哲学有着极其深厚的渊源。他早年读到卢卡奇的《历史与阶级意识》中关于现实世界的物化理论之后，激动不已，于是致力于从事马克思主义哲学的研究。他的思想牢牢抓住了马克思主义哲学的核心，即政治经济学批判。

政治经济学批判的思想并不是僵死的教条，它是一个经过历史辩证运动的生成过程。具体来说，政治经济学批判的核心纲领如下。

第一，政治经济学批判以"社会历史现实"为基础。

政治经济学批判以"感性对象性"作为批判的前提，深刻揭示了政治经济学批判是一种历史理论，或者说其带着历史的视阈。何谓历史的视阈？即从政治经济学批判角度，一个经济学的范畴，或者一条经济学的定律，必须在它所承载的历史阶段上才有充分的适用性，离开了它的特定感性对象，规律必定失效。并且，从特定历史阶段中抽象出的经济规律，也是一个随着历史进程演化而不断运动、生成的过程。历史上那些著名的国民经济学家们，以亚当·斯密、大卫·李嘉图为代表，试图从 18、19 世纪的工业社会中揭示经济现象的"真理"——国家即市场、人人皆商人的市场经济原则，并将这样一条抽象原则奉为颠扑不破的金科玉律。换句话说，国民经济学家将市场经济原则奉为圭臬的前提条件是：隐秘地承认历史过程是一条直线运动！即历史是必然的、无变化的。所以，由"直线的历史"所承载的经济规律必将是"由来如此，且永远如此"。以至于后来的资产阶级国民经济学家会发出"资本主义不朽"的论断。发现这一重大隐秘前提的正是马克思。在马克思看来，这种"无变化的、直线的"历史即一种"无历史"的态度，这种"无历史"的态度认为从经济现象中抽象出来的原则、规律可以毫无例外地被普遍化。当理论与现实不符合时，并不是理论出错了，而是现实没有符合理论成立的诸多限制条件。这样一来，在理论与现实中形成了一道不可逾越的鸿沟。理论自顾于构建自己完美的柏拉图体系，现实怎么样，理论根本不暇顾及。

国民经济学家将经济规律无条件地普遍化隐秘地包含着"无历史"的态度。这一后果必将导致从现实中抽象出的理论，最终成为不能观照现实的空中楼阁。而政治经济学批判所代表的优越性正是敏锐地洞察到这一点。历史的真相，正如马克思所说，是有变化的偏斜运动。在某一特定历史阶段中所承载的人类文明创造活动，它的诸多表象，经济体制、政治形态、文化内核等都有其独特的一面，即所谓的"历史的世俗基础"。它展现的一切质素并非永恒的，而是一个历史过程的运动，即必定会经历由产生到发展、发展到巅峰、巅峰到覆灭的运动过程。换句话说，以历史的态度审视人类的文明创造活动，即承认历史是自由的，历史并不是无变化的，或者说它的变化并非能够预见的直线运动。简言之，历史的真相是"偏斜"，即自由的运动。建立在人性质素上的诸政治、经济、文化形态因其特定的历史而"生"，也因其特定的历史演化而"变"。马克思的政治经济学批判，其超拔之处在于牢牢抓住了他所处时代的社会历史现实：西方社会前现代向现代性的过度，现代性从前现代社会中的萌芽、发育和自为的运动。

政治经济学批判是一种历史理论。它与"无历史"的理论相比，具体深刻在哪里？列举一例，一般来说，西方经济学将"劳动"定义为："劳动指人们花费在生产过程中的时间和精力……对于一个发达的工业化国家来说，劳动曾一直是最熟悉和最重要的生产要素。"① 这对于一个现代人来说，理解起来毫不费力。我们自信满满地以为这就是"劳动"范畴的全部意义所在。可是，我们有没有想过，之所以能够毫不费力地理解，正是因为我们处于现代性的工业社会。而"劳动"的这种定义，其实只是对于这一经济现象做出的一般性的语言描述。换句话说，经济学对于"劳动"这一范畴的描述，隐去了工业社会存在的前提。它的来历与发展、过去与未来是神秘的。一言以蔽之，它是"无历史"的。

正如马克思所言："它（指国民经济学）把私有财产在现实中所经历的物质过程，放进一般的、抽象的公式，然后把这些公式当做规律……它没有指明这些规律是怎样从私有财产的本质中产生出来的。国民经济学没有向我们说明劳动和资本的分离以及资本和土地的分离的原因。"②

国民经济学家将资本家的逐利行为作为经济规律的前提，并且认为这是天经地义的。如亚当·斯密的理性经济人假设，是经济学能够成立的前提。同样，国民经济学家将自己虚构的原始社会猎人和渔夫的分工和交换作为"事实"。马克思将其比喻为："神学家也是这样用原罪来说明恶的起源，就是说，他把他应当加以说明的东西假定为一种历史形式的事实。"③ 但以政

---

① 保罗·萨缪尔森，威廉·诺德豪斯. 经济学［M］. 萧琛，主译. 北京：商务印书馆，2013：8.
② 马克思恩格斯文集：第 1 卷［M］. 北京：人民出版社，2009：155.
③ 马克思恩格斯文集：第 1 卷［M］. 北京：人民出版社，2009：156.

治经济学批判来看，理性经济人、分工与交换这些"前提"正是为了阐明私有财产本质而要加以论证的东西，国民经济学家只关注以自己的眼界看到的"现象"，认为这是从事实出发。政治经济学批判指出，这些前提、事实是历史运动的产物，它并非理所当然，而对其论证的目的在于这是经济概念、规律上升到"事物本身"的跳板。

政治经济学批判是这样阐述"劳动"这一范畴的，马克思指出："私有财产的主体本质，作为自为地存在着的活动、作为主体、作为个人的私有财产，就是劳动。"[①] 在工业革命的前期，"劳动"在社会中所变现出的社会现实为：劳动者生产的产品越多，劳动者本身就越贫穷；劳动者创造的价值越多，劳动本身的价值就越少。马克思认为，劳动生产的过程是对象化的过程，而社会现实表明，对于劳动者来说劳动产品成为对立、异己的东西。这种异己的东西本身表现出独立的力量，反过来奴役、支配劳动者，这一过程就是劳动的异化。这一过程从劳动产品本身扩大到作为物质资料的外部世界。劳动产品成了异己之物，表明劳动活动也成了异化的活动，即马克思所说："只要肉体的强制或其他强制一停止，人们就会像逃避鼠疫那样逃避劳动。"[②] 最后，异化劳动主宰了一切劳动活动，劳动者只在执行自己的动物机能时才感觉到自己的存在，于是异化劳动成为人自身的全面异化。可以看出，政治经济学批判的思想伟力在于从社会现实出发，即劳动在工业革命前期表现为劳动者生产的产品越多，劳动者就越贫穷，揭示出因劳动过程包含的对立因素而展开为异己的力量。这一力量由对劳动者的否定最终形成对人自身价值的彻底否定。这是国民经济学家所不能达到的原则高度。

第二，政治经济学批判的方法——以辩证法取代外部反思。

由于历史上的诸多原因，对辩证法的阐述首先要澄清对辩证法的诸多误解。通俗意义上的辩证法即为普列汉诺夫式的形式上的反思，即主观意识从现象界中"抽象出"普遍规律，用以加诸任何内容之上。此种方法与康德谈论的知性科学的方式如出一辙：将纯知性范畴加诸感性杂多上。此种方法被黑格尔称为"外部反思"，即没有深入其本体论实质。总的来说，这种将实质内容视为杂多而仅在形式上做阐述的方法并非辩证法，甚至是反辩证

---

① 马克思恩格斯全集：第 3 卷 [M]. 北京：人民出版社，2002：289.
② 马克思 . 1844 年经济学—哲学手稿 [M]. 刘丕坤，译 . 北京：人民出版社，1979：47.

法。另外，马克思的辩证法与黑格尔的辩证法是不同的，后者是绝对者即思辨实体的自身运动。但值得注意的是，马克思否认思辨实体的存在并不意味着承认辩证法是向用形式处理质料的倒退。

那么，何为政治经济学批判意义上的辩证法呢？对于辩证法，深入其本体论基础而言，即为实体内容的自身展开过程。马克思认为的实体性内容不同于黑格尔的思辨实体，其表述为："因此，黑格尔陷入幻觉，把实在理解为自我综合、自我深化和自我运动的思维的结果。"① 实体性内容，马克思称之为"实在主体"："实在主体仍然是在头脑之外保持着它的独立性；只要这个头脑还仅仅是思辨地、理论地活动着。因此，就是在理论方法上，主体，即社会，也必须始终作为前提浮现在表象面前。"② 可以看到，马克思将被黑格尔神秘化的"实体"揭示出来——实体即社会。这里的"社会"并不能作常识性的理解，而应深入其本体，将其阐发为具有特定的现实的社会。现实即本质与实存的统一，特定的现实，就是实在主体自身运动过程中所经历的特定时期，它有其鲜明的特征。辩证法的核心纲领就是：立足于特定的社会现实，去把握实在主体的自身运动。

马克思写就《资本论》立足的特定社会现实是 19 世纪的现代工业社会。本文的重点在于：要阐述哈贝马斯的政治经济学批判思想，就要立足于哈贝马斯所处时代的"实在主体"，即 20 世纪中叶至今，他所处时代的重要特征是西方工业文明从工业社会转换为后工业社会。战后发达资本主义国家是如何完成此转型的，我们要将它作为"实在主体"的自我运动来加以研究和描述。

二　法兰克福学派的社会批判理论传统

哈贝马斯作为法兰克福学派的第二代领导人，其思想继承了法兰克福学派的社会批判理论。霍克海默与阿多诺合著的《启蒙辩证法——哲学断片》树立了社会批判的纲领，书中认为现代性的诸多病症并非启蒙传统的单纯反面，而是其固有特性的展开。"启蒙"中包含有自身否定的本质环节，从而走向自己的反面，最终导致启蒙的自我毁灭。其表现为两次世界大战、纳粹主义、种族屠杀等人类犯下的种种暴行。

---

① 马克思恩格斯文集：第 1 卷 [M]. 北京：人民出版社，2009：159.
② 马克思恩格斯文集：第 8 卷 [M]. 北京：人民出版社，2009：25—26.

何为启蒙？康德认为它是必须永远有公开运用自己理性的自由。法兰克福第一代领导人认为，启蒙精神是一种"支配""统治"的"主人精神"。如人类运用工具理性对自然界的支配以及对人与人的支配。这一精神的进步意义在于马克斯·韦伯对于宗教和神话的"祛魅"。但其自身包含的"作为主人的精神"使之退步为一种新的神话。这种新的神话表现为：主体与自然客体的二元对立——作为意识的主体与作为质料的客体；数的统一性对质的差异性的抹杀——整个世界都可以通过数的理性精密计算而量化。霍克海默认为启蒙传统导致极权、霸权主义产生的原因在于：启蒙让自然界成为纯粹的客观物质世界，人类在不断改造自然的过程中权力欲望不断变大，启蒙对待万物，就像独裁者对待人。

如康德所言，起初，启蒙的核心纲领在于运用理性的自由代替传统神话的非自由，在于唤醒世人，不受神话的魅惑，以知识取代幻想。并且，理性主义最终喊出了振聋发聩的口号——知识就是力量。但霍克海默指出，这一口号暴露了启蒙的真正野心与目的，即对外部世界的支配与统治，而理性也被降格为实现这一目的的手段，即工具理性。

启蒙传统内在逻辑的展开即理性主义在黑格尔那里达到了顶点。"知识"在黑格尔的《精神现象学》那里完成为"绝对知识"。"绝对知识"的核心原则在于强调：意识的对象无非自我意识。而人，作为自我意识的存在是对其作为对象的存在的统治与支配，这种统治与支配即表明了人的非对象性与虚无性。启蒙传统终将导致虚无主义的必然性，最先预言到这一点的是尼采：上帝死了，超感性世界崩塌、瓦解了。当启蒙传统的内在否定性没有展开的时候，人们以为尼采是在说疯话，当人类经历过第一次世界大战的深重苦难时，人们似乎全都理解了尼采。虚无主义是对启蒙传统下的理性主义发展到极致的彻底自我否定。可以说，启蒙最初表现为公开运用理性的自由，其运动过程的表现却是外在的和异己的，理性的自由运用最终体现为理性对于对象的强制，这一强制的最终表现为虚无主义（即理性）对于自身的彻底否定。

三　哈贝马斯政治经济学批判的历史世俗基础

哈贝马斯是法兰克福学派的第二代领导人。他的思想承接学派第一代领导人树立的核心纲领：对现代性社会的反思与批判。两次世界大战的爆发，人类经历了史无前例的自相残杀。现代性的病症彻底爆发，以西方启蒙运动流传下来的理性主义传统宣告彻底破产。在法兰克福学派第一代领导人看来，现代性发育的根源在于启蒙运动传统，启蒙运动的进步意义在于祛除笼罩在人类上空的神话之魅，人类终于可以抬起头，不借助一切外部的东西，仅凭人类理性自身的力量主宰一切外部世界，这是伟大的人类精神的自我革命。但是，启蒙运动的内在传统中包含着否定性的因素，即主宰一切的"主人精神"，终究使得"启蒙"倒退为一种新的神话。这种精神使得现代性在自身运动中逐渐走向自己的反面，其表现为：理性变成了为达到权力的目标而使用的手段；自然界成了工具理性处理的质料；人与人之间的关系因劳动异化而发生全面异化。人从"神话"的奴隶变成人自身的奴隶。于是，人类精神陷入了权力斗争的永恒旋涡中终究不能得到解放。这是法兰克福学派第一代领导人的深刻洞见。

哈贝马斯作为接过社会批判理论这一面大旗的得力干将，自然继承了前辈的思想精神。前文也谈到，政治经济学批判的核心纲领是：立足于特定的社会现实，去把握实在主体的自身运动。那么哈贝马斯所面临的特定社会现实是什么呢？马克思在《德意志意识形态》里谈道："大家知道，德国人从来没有这样做过，所以他们从来没有为历史提供世俗基础，因而也从来没有过一个历史学家。法国人和英国人尽管对这一事实同所谓的历史之间的联系了解得非常片面——特别是因为他们受政治思想的束缚——，但毕竟作了一些为历史编纂学提供唯物主义基础的初步尝试，首次写出了市民社会史、商业史和工业史。"①

特定的社会现实就是为"当下"历史提供的世俗基础，即"当下"的社会史、商业史和工业史。哈贝马斯作为 20 世纪 20 年代末出生的人，面临的世俗基础，总的来说，是工业时代向后工业时代的转变。"后工业时代"一词最早出现在 1973 年美国社会学家丹尼尔·贝尔的《后工业社会的来临》一书中。从此不管是在政治、经济还是学术领域，"后工业时代"一词得到了广泛的使用与普及。贝尔认为，人类社会之所以进入了后工业时代，是因为社会历史的世俗基础已经进入一个全新的技术"轴心时代"。即"这一时期出现了使历史就此转折的世界轴心"②。"轴心时代"一词最早是哲学家亚斯贝斯用来比喻公元前 5 世纪前后世界上出现的为今后人类社会奠基的

---

① 马克思恩格斯全集：第 3 卷 [M]．北京：人民出版社，2002：32.
② 丹尼尔·贝尔．后工业社会的来临 [M]．高铦，等译．南昌：江西人民出版社，2018：16.

四大文明类型：古中国、古印度、古希伯来和古希腊。贝尔认为后工业社会对于人类将产生的变革足以被称为"第二个轴心时代"。

为何贝尔会将后工业时代称为"第二个轴心时代"呢？

首先，后工业时代的来临，改变了科学与技术的关系，科学知识的发现不再是某一些天才的创举，因为这些天才大多不关心科学本身的发展，而是由基于普遍认同的范式所结成的科学共同体的对于整个学科的共同努力，如20世纪的重大发现——在通信、生物技术、材料科学等领域都来自20世纪物理学和生物学的革命。这些领域的革命大大促进了技术的进步，从而使第三产业即服务业的体量飞速增长。其中，由于服务业的迅猛扩张，贝尔将该领域重新细分，即第三产业交通运输与公共事业；第四产业贸易与金融；第五产业医疗健康与教育。这一分类表明了，革命性技术的应用使生产效率惊人地提高，进而社会财富惊人地增长。贝尔认为，工业社会是通过剥削劳动者，通过战争、掠夺财富而来的零和游戏。而后工业时代，人类历史上第一次实现了社会财富的增长不靠对工人阶级的剥削来完成。

其次，技术的变革使专业性和技术性人才的就业得到了极大提高，使教育成为社会阶级流通的重要通道。劳动者摇身一变成为社会重要力量的人力资本。贝尔认为，工业的发展依靠节约劳动的机器设备，以资本取代劳动；而后工业时代以知识价值论为基础，知识是发明和创造的原动力，产生了规模递增效益，通过投资较少、产出更多的新替代品来节省资本。

最后，后工业时代会导致社会关系（即财产和权力）的变革。工业时代的社会关系主要是与家族继承相关。而后现代社会主要是与教育和人力资本相关。他认为，受到高等教育的人才将成为社会地位和权力的基础。工业社会下子女对家族企业的继承传统将被职业经理人、股份制公司制度打破，公司的所有权会日渐分散。贝尔甚至断言，社会将走向一个没有资本家的资本主义制度，或者说资本主义制度仅限于经济制度的架构中。并且，产业工人的萎缩、资本家与工人角色的互相渗透，会导致出现一个"新的阶级"，即以科学家、学者、社会各行业精英为代表的新贵阶级。因为，后工业时代的核心动力是具有革命性的技术，这种技术的产生依靠的是科学的发现，而这些科学就掌握在这个新阶级里。

贝尔在书中将后工业时代的社会分为三个领域，即"技术经济领域、政治领域和文化领域"。其中，技术经济领域有科学家、学者和精英团体主导，是最核心的领域。它能够左右政治领域与文化领域。当主权与权威政治不能适应新经济技术时，旧的社会结构就会分裂。比如欧盟的经济一体化和政治分散化。当然，这是贝尔的一种构想。由掌握科学的社会精英组成的团体、机构在现实中可能会受到官僚主义的压迫与威胁。对于这一点，贝尔没有给出对策。贝尔认为，新阶级所追求的始终是真理，他们不会像工业社会那样将人类引入残酷的丛林法则中。

所以，我们可以看到，哈贝马斯所面临的社会世俗基础已经翻转为技术的轴心时代。社会历史的现实即实在主体的自身运动已经进入一个新的样态。所以他认为，马克思和老一辈的法兰克福学派理论家未能把握后工业时代的真谛，理论方法亟须革新。哈贝马斯认为，法兰克福学派第一代领导人对工具理性的批判进而彻底否定了启蒙传统和现代性，最终走向了悲观的批判，而现在要做的，是重建理性、重建现代性。他认为，要重建理性只能从传统的形而上学翻转为语言学的路径，通过普遍语用学的建构，将交往行为的有效性要求和规范原则作为社会批判理论的理性基础，形成交往理性。交往理性是语用学意义下对后工业时代的实在主体的反思。他所理解的交往行为是以社会规范为基础，主体间通过语言交往达到彼此的谅解与合作。所以这个合理社会规范很重要，必须到"生活世界"中来发现。交往理性可以将对客观世界的"认知"、在社会规范中的"道德"以及在传达情感的"审美"中统一起来，因此，内在于语言交往的交往理性体现了"认知—工具、道德—实践、审美—表现"三个不同维度，是理性概念的拓展。同时，哈贝马斯通过构建商谈伦理以期实践交往理性。交往行为理论的核心纲领是主体的"对话"。只有通过对话、商谈，人与人之间关系的调整，才有可能实现共同规范的认可。

我们看到，工业时代的社会世俗基本在近几十年来历经变革，按照丹尼尔·贝尔的理解，由劳动价值论翻转为知识价值论，社会现实也翻转为技术的轴心时代。处于这样一种时代，对于工具理性的批判是必要的，但一味地批判只能陷入法兰克福学派第一代领导人的悲观中。目前，最重要的是重建人类的理性，哈贝马斯将理性翻转为交往理性，交往理性是语用学路径下对生活世界的"认知—工具、道德—实践、审美—表现"的三重实现。其实现路径可以由商谈伦理学来完成。而哈贝马斯能有这样深刻的洞见，正是体现了以社会现实为基础的政治经济学批判思想。

第二节　哈贝马斯政治经济学批判思想要义

一　经济界面分析：晚期资本主义市民社会的状况及危机

哈贝马斯断言，晚期资本主义社会依然存在着经济危机。那么，在国家干预与科学技术作为生产力的经济制度下为什么还存在经济危机，哈贝马斯认为，虽然科技的进步能够大力推动生产力的发展，并且国家干预能够给予劳动阶级补偿纲领，有效抑制生产过剩所带来的经济危机，但是，晚期资本主义的市民社会同自由资本主义社会一样，其本质（即追求资本增殖）并没有改变。这一过程中，利润最大化的运转过程始终是自发的、盲目的。晚期资本主义的经济运行方式与自由资本主义没有区别，尽管国家干预试图将无序、盲目的资本运动进行修正，但这并不能改变经济危机的逻辑。雇佣劳动与资本交换的不平衡本性，必然导致利润率下降，最终引发经济危机。并且，经济危机会进一步蔓延至社会生活的各个领域。所以，哈贝马斯以对作为"社会历史基础"的经济领域的批判为起点，揭露了晚期资本主义社会爆发四重危机的必然性。

（一）晚期资本主义社会的经济危机

自由资本主义社会的系统危机是生产过剩的经济危机。随着资本家的竞相逐利，超额利润消失。资本家在追逐相对剩余价值的过程中，不变资本的投入量增大，剩余价值率提升。换句话说，生产的产品越来越多，但是随着不变资本投入的增多，即对劳动力的需求越来越少，工人的工资下降到一个极其低廉的程度，最后工人被迫失业，流离失所。一方面，企业造出来的产品越来越多；另一方面，失业的工人越来越多。这样一来，制造出来的产品实现不了使用价值的交换，生产剩余越来越多。经济链条中最重要的一环出现了断裂，企业开始纷纷倒闭，工人失业，企业关闭，机器停止运转，市场混乱。最终爆发生产过剩的经济危机。

进一步分析，生产过剩源于资本主义的基本矛盾，即社会化生产和劳动资料私人占有的矛盾，体现于以下几点。第一，生产能力的无限扩大与民众消费能力的相对缩小的矛盾。资本家为了追逐超额剩余价值，必定会想尽办法提高劳动生产率，不然就会被自由竞争所淘汰。这样一来，生产出来的产品会越来越多。但是，资本家发现提高绝对剩余价值是有限的，为了劳动生产率的提高，增加不变资本的投入才是最佳的选择。这样一来，剩余价值率越来越高，企业需要的工人越来越少，劳动力市场的供给就会出现过剩，工人的工资会越来越低，甚至面临着失业的风险。资本家给工人的工资甚至只是将他们维持在不饿死的状态。相对于被生产出来的大量产品而言，工人由于低廉的收入而拥有的消费能力就会越来越低。第二，单个企业生产的有序性与社会生产的无序性。生产的有序性要求一个企业里组织结构的各个环节要密切配合，工人与机器配合，生产者与管理者配合，因为各个方面都要受到资本家的支配，所以在单个企业里，这种有序性、组织性是可以得到保证的。但是，从整个社会来看，无数的资本家之间是自由竞争的竞相逐利的关系。他们视彼此为敌人，整个社会的状态是无组织性、无序性的，大家为了获取超额利润都疯狂地生产，不会考虑社会能否消化这些产品。当经济形势好的时候，就会掩盖生产剩余的问题。随着生产的发展，失业的工人越来越多，消费能力越来越萎缩的时候，生产剩余的问题就会大面积的爆发，从而引发经济危机。

自由资本主义的经济危机是周期性的。它会经历危机—萧条—复苏—繁荣—新危机这几个阶段。当产品过剩危机爆发之后，工厂倒闭，机器停止运转，大量人口失业，这时经济处于萧条的时机。这时候经济收缩，投资环境恶劣，市场供给与需求必定萎缩，物价下跌，大家都把钱攥在手里。这样持续一段时间，失业人口过多，劳动力市场必然会很廉价，资本家又开始慢慢做生意，货币市场的借贷慢慢开始流动，经济慢慢复苏。人们发现经济开始好转，纷纷将钱投入流通领域，消费与投资渐渐增多，工厂重新开工，这样的过程再一次重复，直到经济过热，产生新一轮的危机。哈贝马斯认为，自由资本主义的经济危机可以概括为"投入"的危机，即不变资本与可变资本投入比例的变化，导致机器增多、工人相对减少，加上人口的增多，最终社会化生产的扩大与劳动力消费能力下降的失衡引发生产力过剩的经济危机。

在晚期资本主义社会，经济危机会以新的形式展开。哈贝马斯认为，经济活动最重要的两个范畴是"投入"与"产出"。自由资本主义的危机产生于"投入"环节，可以称为投入危机。在晚期资本主义社会，由于生产剩余价值的方式发生了变化，不变资本的跌价与平均利润率下降趋势受阻，生产剩余的危机不大可能爆发。晚期资本主义的危机产生于"产出"的危机。即产品被生产出来之后，其使用价值在分配上产生的危机。

在"产出领域"爆发的经济危机，主要有三个方面的表现。

第一，持续的通货膨胀。在自由资本主义社会，生产过剩必然导致物价的下跌。但在晚期资本主义社会，这种现象不易发生，反而是持续地通货膨胀。这是因为，由于垄断企业的存在，为了维持高的垄断价格，企业通过缩减产量而稳定住产品的价格，并且，由于国家干预的存在，政府可以在经济收缩的时候通过刺激居民投资与消费来抑制物价的下降。这样一来，物价下跌的现象消失了。虽然，轻微的通货膨胀对于经济体发展来说并不是一件坏事。但是，哈贝马斯认为，以通货膨胀为手段进行财富分配的方式只有利于垄断资产阶级而不利于劳动人民。对于持续不断的通货膨胀，民众的政治诉求就变成了单一的涨工资。表面上，这是民主政治的胜利。在哈贝马斯看来，这只是无产阶级进一步妥协的象征。

第二，与通货膨胀相伴的是生产的停滞。哈贝马斯认为，当通货膨胀达到了一定的程度，社会生产成本的增加、原材料的上涨、工人工资的上涨，必然会导致工厂的停工、生产的停滞。这种停滞的表现就是停滞不前的经济增长率和高失业率。哈贝马斯认为，从长期来看，晚期资本主义社会都处在这种停滞的状态。

第三，严重的财政赤字。与以往不同，晚期资本主义社会的财政赤字会贯穿整个生产的各个阶段。国家调节会触及经济的更广和更深的方面。国家会在经济萧条的时候刺激经济，经济过热的时候给经济降温。刺激经济主要通过政府财政与信用杠杆，政府财政的投入需要政府发行大量的国债，这个数量将是自由资本主义社会的数倍。哈贝马斯列举了国家刺激经济的几个具体方面：通过军备与航空航天等非居民消费性产品的支出；对与直接生产相关的产品的投入，比如铁路、公路基础设施建设；对与间接生产相关的产品的投入，如住房、医疗、教育；对低收入群体的财政转移支付；对环境修复的支出。这些支出必将是一笔很大的费用。不断地发行国债，以债养债必定会导致货币金融领域的信用危机。

哈贝马斯认为，晚期资本主义的"产出危机"表现在产品的分配上，国家干预的作用必定会让产品分配尽可能地变多，由此带来的问题是持续的通货膨胀与政府债务危机。虽然旧的经济危机——由不变资本投入不断扩大与可变资本投入不断缩小导致生产过剩的"投入危机"——被国家干预缓和了。但新的经济危机也产生了。为了让产出能够被社会完全消化，国家对经济不断地刺激，但这也引发了"滞胀"与严重的财政赤字。这个时候，"经济危机"已经转移到了政治上，形成了"政治危机"。政治危机即政府对经济的干预造成了严重的财政赤字，甚至一度威胁到政府的政治权力是否还稳固、合理的问题。哈贝马斯认为，晚期资本主义的这种新形式即国家干预试图解决经济危机，然后这种危机最后转移到政治领域，形成了政权是否合理的"合理性"危机。

（二）"晚期资本主义"的合理性危机

哈贝马斯认为，国家的力量干预经济系统，必定希望制定出某些合理的行政规则，用这些规则来驾驭经济系统。然而这种想法与实际又是矛盾的。在现实的经济运行之中，个体资本家的目的依然是获取最大的利益，这必然导致他们的相互竞争。当权者在制定规则的时候，如果想保持独立，与资本家走得太远，那么就会信息不灵；如果与资本家走得太近，让一些资本家协作政策制定，那么就可能存在一些力量庞大的利益集团将公共管理部门的某些部分利己主义化。这样一来，行政决策的制定就存在合理性的危机。即一方面，政府希望制订合理的计划，让资本家形成集体的意志，干预经济的偏差；另一方面，资本家之间的利益冲突终究不可能形成计划的、有序的经济活动。更有甚者，一些大的利益集团还可能利用国家机器，将自己的私有化利益凌驾于公共管理部门之上。国家要制订计划，为经济的增长而承担责任。那么，在遭受经济危机的时候，一些巨大的利益集团就可以毫无顾忌地让国家来承担它们的亏损，即所谓的大而不倒。这就在政策的合理性上出现了两难的抉择：是要否定自己的责任，还是要接受私有化利益的绑架。

具体来说，哈贝马斯认为，晚期资本主义行政系统计划模式的矛盾会引发以下六种矛盾。

第一，生产能力日益扩大与民众需求日益缩小的矛盾。资本主义诞生以来，这一状况都存在。但是晚期资本主义社会，由于垄断企业力量的强大与科技的应用，社会化生产的能力比以往任何时代都强大。虽然由于最低工资与股份制企业的存在，阶级矛盾得以缓和，但相对于其强大的生产能力来说，民众的需求还相当弱小。政府干预试图解决这一问题，但由此引发的严重财政赤字导致其决策的合理性受到了质疑。

第二，政治系统的公平要求与资本家利益冲突之间的矛盾。政府干预的目的就是想让社会的各生产部门在经济活动中有计划、有序地进行，让各个部门协调合作，实现经济的稳步增长。然而事实上，资本家赚取超额利润的动机一直没有改变。整个经济体的运行过程依然是盲目的、无序的。这似乎是政府力所不能及的领域。

第三，社会化大生产的巨额资本需求与私人资本的有限性之间的矛盾。晚期资本主义，社会化生产所需的资本巨大，这是私人资本的积累能力所达不到的。特别是对于基础设施的建设，这些项目周期长、资本量大，并且利润率低。于是政府出面通过发行国债的方式解决这一问题。但这也进一步加重了财政赤字的危机。

第四，科学研究社会化与私人资本有限性之间的矛盾。随着科技的进步，科学研究的领域也越来越复杂，对于专业化、跨学科研究的要求越来越多。这是私人资本所不能解决的问题。于是政府建立起了各个部门的科研院所，确保科学技术的研究能够顺利进行下去。但是，哈贝马斯认为，政府在这方面的作为并没有想象中的那样成功。

第五，国家与垄断集团之间的矛盾。想要国家干预力量强大，就需要扶持国家垄断资本进行扩张，同时，为了经济运行的健康发展，私人资本的扩张也要得到保护。这样一来，国家试图通过国有资本让经济计划有序发展的想法与私人垄断资本之间利益冲突的矛盾就暴露出来，变得不可调和。

第六，发达国家与发展中国家之间的矛盾。哈贝马斯认为，为了对原始材料、自然资源进行获取，晚期资本主义国家发起了一轮新殖民主义。为了对发展中国家进行经济、政治、军事的渗透，特别是在经济领域，它一定会加大扶持国有资本与垄断资本的扩张，使其走向国际化。这终将会加深国与国之间的矛盾。

哈贝马斯认为，晚期资本主义社会，不属于政治系统的一些外部因素的出现，会导致三种趋势，使得行政系统必然不能做出合理性的决策。

第一，不管是公共部门还是垄断部门，进行合理决策的条件改变了。

要进行合理决策，肯定首先要善于分析特定环境下的客观因素是什么。但在晚期资本主义社会中，这种客观因素正在消失。客观的因素一旦消失，人们在做决策的时候就不会有合理性可言了。特别的，由于人们的兴趣大多在政治领域，其决策将政治的因素考虑得过多。"大企业进行决策时物质和时间上的选择余地如此之大，以致投资政策取代了由客观因素决定的合理选择。因此，高超的管理必然是从政治角度来进行判断和决策，而不是采用由推理确定的行为战略。"① 特别的，在晚期资本主义社会中，行政系统面对

① 尤尔根·哈贝马斯. 合法化危机［M］. 刘北成，曹卫东，译. 上海：上海世纪出版集团，2009：66.

经济领域的"停滞"与"膨胀"的时候，其将面临巨大的矛盾选择。一方面，面对经济的停滞萧条，需要采取宽松的财政与货币政策：扩大政府财政支出，运用赤字的手段，增加货币供给，降低基准利率刺激投资，刺激社会借贷的积极性，等等。当这些政策一旦运用下来，必定使经济体如同气球一样膨胀起来。另一方面，当经济体过热、通货膨胀严重的时候，就要采取紧缩的财政政策与货币政策：缩减政府财政支出，使财政转亏为盈。在货币政策方面，央行减少货币的供给，让基准利率上升，使得社会借贷成本上升，抑制投资的过热发展。这种政策一旦采用，就会使市场萧条，可能会引发新的经济萧条的危机。这似乎像一个物体的两面一样，一旦把握不好"度"，就会对社会经济发展产生重大的破坏。因此行政管理机构几乎很难走出这样一种两难的境地。于是只有放弃由客观因素决定的合理性决策，因为两难境地使理论似乎都变得不那么合理。凯恩斯主义是一种需求理论，认为经济危机的产生是社会有效需求的不足。而采用扩张的财政、货币政策就能很好地弥补需求这个缺口。当行政系统通过扩张的政策来克服经济衰退，用紧缩的政策来克服通货膨胀时，结果并没有看到"滞涨"的永远消退，而是愈演愈烈。在晚期资本主义社会中，有人坚持以萨缪尔森与拉宾为代表的主流经济学派，有人坚持以弗里德曼为代表的货币主义学派，也有人坚持供给学派的理论。他们的这些理论主张当中，甚至有互相矛盾与攻击的地方。可见这是一种病急乱投医的策略，并没有严格的客观因素、合理性。

　　同样，晚期资本主义社会还面临着提高税率成为福利国家，还是减少社会公共支付成为发达经济体的两难选择。哈贝马斯认为，晚期资本主义国家成为福利体系国家的原因是想要取得广大老百姓的支持，这有助于缓和阶级矛盾与巩固自己的统治。而另外一种截然相反的政策即高税率政策，在20世纪50年代以后，长期的社会高福利的支出使得政府债台高筑，并且这也严重打击了资本家攫取利润的积极性。晚期资本主义国家说到底代表的是大资本家的利益。所以，国家政策就开始减少对于底层老百姓的公共支出，降低福利标准。但这样一来，新的矛盾又出现了。普通大众不满待遇的减少，纷纷罢工罢市。所以政府同样面临着这样一个两难的境地，且没有两全其美的办法。

　　第二，晚期资本主义社会出现了强调使用价值的劳动取代抽象劳动的趋势。

　　强调使用价值的劳动去替代抽象劳动在晚期资本主义社会就是极端职业化的体现。在晚期资本主义社会，社会分工越来越精细，社会行业、部门的不断扩大表明了专业化的工作也越来越多。政府机构制定政策是一种复杂的抽象劳动，需要考虑到社会的方方面面。所以政府机构的政策制定者不应当是一些固定的专职人员，制定政策的机构也不应当是专职机构。但现实却恰恰相反，制定政策已经被完全职业化了。政府机构的一些人员专门负责制订计划，并且他们以此为谋生手段，其性质与制造工具的工作一样。他们通常满足于通过对收集到的数据进行处理和加工，这种情况下怎么能制定出合理性的政策呢？所以，哈贝马斯认为，在晚期资本主义社会，做出合理性政策的可能性是越来越小了。

哈贝马斯还具体剖析了晚期资本主义的政策机构。这些政策机构雇用了大量的专职人员，他们编制的计划主要是：对国家未来经济发展前景进行中长期的预测，制定具体的经济任务、目标，拟定实现任务的手段、政策。出乎意料的是，这些专职人员所拟定的政策并不能发挥人多力量大的集思广益作用。专职人员是需要生活的，他们会受到资本家的影响。通常一个政策最开始的制定是从垄断资本集团来的。这些垄断资本集团制定出对本集团有利的政策，然后将这些方案送给国家高级机关里的专家进行审核，看是否能跟国家总政策保持一致性。专家们的政策依据考虑的是如何让这个国家机器持续不断地运转下去。特别地，这些专家大多是一些技术工作者。虽然他们对自然科学非常精通，擅长以技术手段去处理对象，但他们对于社会科学的认知必定不会那么强，这也影响到政策制定的合理性问题。具体来说，具有科学主义精神的专家所做出的政策大多会将目光专注于事实判断，而轻视价值判断与规范性的准则。这在表面上看来是具有充分事实依据的，但与社会合理性政策还相差甚远。

第三，非就业人口相较于就业人口增加了。

哈贝马斯认为："不能通过劳动力市场进行自我再生产的非自立人口，即儿童和学生、失业者、接收福利救济的人、没有职业的家庭妇女、病人。这些群众也可能产生类似在具体劳动环境中出现的那些定向模式。"① 这表明了晚期资本主义社会是一个贫富差距极大的社会。如果将社会的财富比作一个金字塔的话，每一层代表个人收入 1000 美元的经济差距，那么这堆积起来的金字塔将会比埃菲尔铁塔还高。最可怕的是，社会大多数人处在金字

① 尤尔根·哈贝马斯. 合法化危机 [M]. 刘北成，曹卫东，译. 上海：上海世纪出版集团，2009：66.

塔的最底层，其中不乏失业者与待救济者。自第三次科技革命以来，社会经济结构发生了重大的改变。传统工业已经没落，取而代之的是新兴的工业与服务业。这种新兴结构中，资本的有机构成也发生了显著变化。这对劳动力的需求产生了重要的影响：有机构成的提高，不再需要那么多的劳动者，于是一大部分人被迫失业，出现了机器取代劳动者的现象；同时资本会不停地追加，这样一来，相对于占大多数的无机资本，劳动者的生存处境会越发艰难。哈贝马斯认为："资本主义就业系统中的这些异物，随着生产的社会化而大量增加，它们对行政管理机构制订计划有一种阻碍的作用。"① 因为这会影响到政府机构对于合理政策的选择，比如对成为福利国家还是刺激经济增长的国家进行选择。同时，非就业人口是被排除在政治经济政策之外的。政府的政策计划主要关注的是国家经济的发展问题，而这些人口并不能对经济的发展起推动作用。他们并不属于参与到经济活动中的，被政策、计划所考虑的个人。所以，这样一大群人事实上是排除在政府计划之外的。更严重的是，他们还游离在社会的边缘，资本主义社会的原则是以利益至上的，如果社会对这一部分人的福利救助做得不好，又或者社会的不公平现象越来越多的话，那么社会的稳定就会出现很大的问题。这是政策制定者所需要考虑的重要问题。

（三）晚期资本主义社会的合法性危机

哈贝马斯将经济危机里论述的财政赤字现象视作广义的运用。他认为政府制定的政策出现了合理性"赤字"，同理，人民信任的动摇也揭示了其合法性的赤字。合法性指的是人民对于政权的认可与信任。而政权的稳固程度就依赖于人民在多大程度上认可政府。哈贝马斯认为，晚期资本主义国家大多已经拥有社会福利和民主模式，并且在解决合法性问题上有一定的积极作用，它能够使社会合法化过程更加稳定化与持续化。但是，在解决了自由资本主义社会所产生的合法性危机之后，在晚期资本社会，产生了新的合法性危机，即一个国家如果推行高福利与民主政策，那么，它是否有能力抑制经济系统出现的周期性失调。如果对于经济危机处理得不好，就会引发新的合法性危机问题。晚期资本主义国家在大众眼里，已经肩负起了发展经济的重任。这一责任能不能履行好，成为新的合法性基础衡量的标准。而面对这一

---

① 尤尔根·哈贝马斯.合法化危机［M］.刘北成，曹卫东，译.上海：上海世纪出版集团，2009：67.

重大的任务，晚期资本主义国家的唯一政策就是实行国家干预，用一种制定纲领的行政方式来干预经济活动的运行。

所以，国家制定经济干预政策的目的在于获得民众的忠诚，而国家在实施这一政策的过程中，其合法化任务会受到四个方面的挑战。

第一，国家与经济间的关系由于目标的不同而产生冲突。当经济危机产生的时候，国家层面会有不从经济情况与利润角度出发的投资考虑，因为这涉及社会稳定的问题。

第二，在全球化的背景下，国际资本与劳动力的流动对民族国家产生了一定的影响。民族国家的合法性问题的解决方法在于必须处理好经济利益与本国国民忠诚度之间的关系。如果政府完全以民族主义决策为第一要义的话，那么一些超民族层次的利益就不会那么容易获得。

第三，到了20世纪中叶，民族同一性在欧洲国家发展得十分迅猛，那个时候利用民族主义手段确实能稳固一定的合法性基本。但到现在，这种民族意识被过分激励的地方已经出现了一定程度的消退。世界的系统一体化机制成为一种更强大的力量，它强调了不管是市场经济、新闻媒介还是科学技术、人际交往等都要在世界范围内连接在一起。

第四，世界市场的发展也不利于政府对于意识形态工作的开展。虽然现在的大众媒体对于舆论的影响变得越发重要，但是仅借助这一单一手段所取得的效果毕竟是有限的。

所以，哈贝马斯指出，正是因为这些限制的存在，资本主义社会很难找到自身合法性的基础。他指出："倘若国家在这些限制条件下不能成功地把资本主义经济过程功能失调所带来的后果保持在选民可接受的界限之内，倘若国家也不能成功地降低自己的可接受性的临界值，那么，出现各种合法性之丧失的现象则是不可避免的。"[①]　其中，围绕分配问题展开的斗争显得尤为重要。人们有权利去追求自己渴望的金钱、地位、自由，而在晚期资本主义社会里，这种追求的手段主要表现为对于商品的消费，这反映了晚期资本主义社会主要的生活方式。哈贝马斯并没有对这种生活方式做过多的批判。他只是认为，为了迎合资本主义社会制度而形成的这样一种以消费至上的生活方式，并不能给予民众充分的对于支持合法性的理由。

哈贝马斯还谈到了政治干预对于社会文化传统也产生了意想不到的副作

---

① 尤尔根·哈贝马斯. 交往与社会进化 [M]. 张博树，译. 重庆：重庆出版社，1989：197.

用。在晚期资本主义社会动用国家干预的力量之后，政治系统首先将自己的影响力扩展到经济领域。然而，这并没有结束，国家干预对社会文化系统也产生重大的影响。当政策合理性不断扩大的时候，文化传统就会逐步遭到破坏。哈贝马斯认为，文化传统必须脱离政治的控制，因为文化传统对于合法性基本十分重要。而传统一旦被政治破坏就不会通过行政手段再生。并且，政治对于文化传统的操纵还有其他意想不到的副作用，其中最重要的表现是政治会入侵到公共领域当中。

合法化危机是从晚期资本主义的整个系统中转移过来的。最开始的危机发生在经济领域，但由于国家干预的介入，国家承担起了取代、补充市场的任务。这样一来经济系统的危机似乎被解决了。但在哈贝马斯看来，危机并没有解决，只是从经济系统转移到了行政系统。现在的危机是要在国家干预的宏观背景下，让社会公共部门维持价值生产的秩序等行政管理问题。政府进行经济干预是有动因的，其诱因在于获得合法性的基础。而政府将行政权力引入经济领域中，必然会让人们产生政府在经济领域的举措是否合理的质疑，由此引发对执政合法性问题的质疑。前文已谈到，经济领域的危机已经通过国家干预的手段而转移到了执政者的政策是否合理的合理性危机上了。假如政府应对危机时，处理失败了，那就会面临民众对于执政者是否称职的质疑的合法性危机。具体来说，为了保证合法性的基础，最难把握的就是对阶级结构的政策。各个阶层为了自身的利益进行社会生产，势必会产生冲突和矛盾。运用分阶层征税和定向返税的政策也只是一种暂时的策略。总的来说，一方面，经济危机通过国家干预发生转移，阶级间直接的暴力冲突得到了相当程度的缓和。同时，阶级妥协的政策也弱化了阶级矛盾的尖锐性。但另一方面，阶级冲突在某种程度上又变得尖锐，因为政府的干预政策参与其中，当政策出现失当，民众明显会对执政者的合法性产生怀疑。

晚期资本主义的执政者同样意识到了这个问题。即政策运用是否得当关系到自身执政的合法性根基。于是执政者试图让自身的行政管理系统尽可能独立于合法性系统。即他们试图让政策的好坏不与合法性挂钩。具体的做法是用政治手段制造意识形态的内容。在社会的一些具体的领域如审讯、专家鉴定、法律用语甚至在广告语中，在民众的潜意识里被赋予了正面向上的积极情绪，并同时赋予另一些内容以消极的色彩。说得简单一点，就是用制造意识形态的方式让民众相信政府政策制定如果出现什么不妥当的地方，也与其执政的合法性基础没有关系。但是，哈贝马斯认为，虽然这样做能够在一定程度上稳固民众的忠诚，但意识形态是制造不出"意义"来的，并且，社会文化系统会站出来强烈反对这种行政控制的手段。一旦执政者的这种获取合法性的方式被揭穿，那么行政系统就不能够独立于民众的合法性评价之外。

哈贝马斯认为，晚期资本主义的执政者想要维护好合法性的根基，重点取决于文化传统的力量。社会文化传统虽然脆弱，但也有自身生长的空间。只要是在无强制、自发的条件下，社会文化传统就能够延续下去并保持其充分的生命力。其中，批判性的思维虽然可能会破坏传统文化的自发性特征，但可以将传统文化保持在一个具有反思性的高度。正是因为具有反思性、批判性，传统文化才能够保持自身的活力不衰。这样才能够让文化传统得以良好延续，并且个人和群体正是在这种延续中才能识别自身与对方。但是，文化传统如果经过技术主义将其作为工具使用的话，文化传统就会丧失这种力量。而晚期资本主义社会的行政管理以及市场经济的运用对于文化的利用态度恰好导致了人文精神的贬值。原本社会文化传统是可以弥补执政者的合法性危机的，但行政管理系统对于文化传统的不当使用使得这种弥补的可能性被大大降低了。

（四）"晚期资本主义"动因危机

哈贝马斯将晚期资本主义文化系统概括为"民众明哲保身主义"与"家庭—职业明哲保身主义"。明哲保身主义是指民众虽然对于政府的行政管理系统有一定的兴趣，但并没有过多的热情参与到合法化的过程当中去，尽管西方民主制度为他们提供了很多的机会，但社会文化系统给人们的一种理念就是社会并不需要过多的人投入政治领域的工作当中去。家庭—职业明哲保身主义是对民众明哲保身主义的一种补充。即让大多数人相信在消费中就能安逸度过一生。而职业的规划就应该不断奋进，获得人生价值的自我实现。简单来说，民众明哲保身主义就是社会文化系统让民众不问政治、不参与政治，让他们善于选择避开政治、保全自己；家庭—职业明哲保身主义就是要让人们的所有精力都花在工作的不懈奋斗之中，为的是确保家庭生活的安逸与舒适。

那么，传统因素是如何生成这两种动因模式的呢？具体来说，首先对于民众明哲保身主义，哈贝马斯认为是资产阶级传统的"形式民主"产生了民众明哲保身主义。阿尔蒙德和维巴也曾讨论过这种形式民主。他们认为："加入精英们要大权在握和作出权威性的决策，那就必须限制平民百姓的介入、活动和影响。平民百姓必须将权力拱手让给精英们，让他们来统治。为了建立精英政权，市民百姓要少出头，不介入。这就要求庶民大众既要积极主动，又要不过分介入，对他们俯首帖耳。"① 所以要让普通民众保持一种既介入又不过分介入的状态，就是要制造一种混合的政治文化。这种形式民主文化就是一种混合的政治文化。它要求公民积极地参与民主意志的形成过程。但同时，资产阶级的政治文化又给民众输入了意识形态，减少民众参与政治的期望，并且还保留了前资产阶级传统的极权主义模式，进一步将普通民众拒之门外。这些传统还可以通过家庭和学校教育传给下一代。特别是对于在资本主义社会中占大多数的中产阶级，他们的职业精神符合"新教伦理精神"，这种传统道德与下层阶级的非强制服从、宿命论等传统交织在一起。

　　哈贝马斯认为，资产阶级文化并不会自我繁殖，所以他们的文化都有其传统的根源。而现在的资本主义社会并不会再产生这两个动因模式了。原因在于"民众和家庭—职业的明哲保身主义，深深扎根其中的前资产阶级传统的残余，正在不可逆转地被摧毁"②。其中，哈贝马斯将为社会文化系统提供动因的传统分为前资产阶级传统和资产阶级传统。首先是前资产阶级传统被摧毁了，哈贝马斯将其归结为以下几点。

　　第一，传统世界观与晚期资本主义的社会结构不相容。晚期资本主义的社会结构出现了几个显著的变化。比如职业的科学化与复杂化，服务业部门的扩大，交往领域由行政机构来调节，社会文化的商业化，等等。这些变化使合乎目的理性的行为得到充分发展，同时交往理性行为变得日渐萎缩。一方面，合乎目的理性的行为指明确的目标在既定条件下能够实现的行为，它涉及的是人与自然的关系；另一方面，交往理性行为指人与人以语言为媒介的相互作用，它涉及的是人与人的关系。所以，可以看到，这种趋势与传统的世界观是不相符的。在传统的世界观中，无论是伦理的、宗教的还是哲学的，强调的都是人与人之间交往的关系。随着晚期资本主义社会结构力量的不断增强，合乎目的理性的行为变得异常庞大，甚至已经侵蚀到了人与人的交往理性行为之中，那么传统世界观的没落也在情理之中了。

　　第二，传统世界观与科学系统不相容。由于社会结构的变化，传统的世

<hr>

① 加布里埃尔·A. 阿尔蒙德、西德尼·维巴. 公民文化——五个国家的政治态度和民主制度 [M]. 张明澍，译，北京：商务印书馆，2014：78.

② 尤尔根·哈贝马斯. 合法化危机 [M]. 刘北成，曹卫东，译. 上海：上海世纪出版集团，2009：79.

界观已经处于消亡状态。再加上与现代科学系统在认识上的分歧，这种消亡的速度被进一步加剧。科学体系规则从一个公民进入学校教育开始就已经慢慢形成。在这种日积月累的影响下，科学精神最终会沉淀为一种公共意识并对个人起到心理层面的深刻影响。有三个趋势表明了传统世界观与科学主义意识是存在分歧与冲突的：首先，传统世界观在晚期资本主义社会已经慢慢失去了解释世界、自然、历史的能力，它的这种重要的功能已经让位于科学认识的综合能力，或者让位于艺术审美；其次，新教伦理受到了自由主义的冲击，而实践问题已不再有真理性可言；最后，道德体系已经成为具有功利主义味道的世俗道德，目的在于为传统资产阶级的利己动因服务。

为晚期资本主义的社会文化系统提供动因的传统，不仅包括前资产阶级传统，还包括资产阶级传统。哈贝马斯认为，如果前资产阶级传统被摧毁了，但后者能够保持完整，那么民众明哲保身主义与家庭—职业明哲保身主义两种动因还可以继续存在下去。但事实上，当前资本主义传统被摧毁的时候，资产阶级传统也在劫难逃。即"与明哲保身主义倾向直接有关的一些资产阶级意识形态组成部分，也由于社会变革而正失去根据"①。

二　政治界面批判：晚期资本主义社会国家及意识形态本质揭示

政治经济学批判的"真金"在于立足于社会世俗基础。哈贝马斯对于晚期资本主义社会的批判就是从对其国家结构、原则的全面剖析展开的。他对自第二次世界大战以来的西方发达资本主义国家出现的重要趋势做了较为全面与详尽的概括。资本主义国家也是一个处于不断发展与变化的事物。因此晚期资本主义社会与自由资本主义社会之间已经出现了诸多方面的不同。而哈贝马斯所提出的晚期资本主义危机理论正是在对晚期资本主义与自由资本主义之间的比较中展开的。他对于晚期资本主义社会的组织原则的分析就是对其出现的新的重要特征的剖析。综合起来看，哈贝马斯认为，晚期资本主义社会在政治方面出现了三大主要的特征：第一，国家干预活动增强；第二，公共领域出现结构转型；第三，科学技术成为新的意识形态。哈贝马斯认为这系列的变化表明了生产关系出现重大调整，因此晚期资本国家在哈贝马斯看来是一个崭新的概念。晚期资本主义社会化程度提高，科学技术迅猛

---

① 尤尔根·哈贝马斯. 合法化危机［M］. 刘北成，曹卫东，译. 上海：上海世纪出版集团，2009：3.

发展，使得私人垄断资本已经很难再靠自身力量实现剥削与统治。于是资本主义的生产方式转向为国家垄断发展，虽然这种生产方式作为对于市场经济的调节并没有突破资本主义的本质原则，但哈贝马斯认为，这导致了资本主义生产方式在局部上的质变。这表明哈贝马斯对于晚期资本主义社会的批判从以经济领域的批判为起点上升到政治领域的批判。

（一）国家干预活动增强

自 1873 年世界经济出现大萧条以来，再加上贸易政策的改变，自由资本主义的市场原则走到了尽头。在国际贸易领域，原本信奉着贸易自由的发达资本主义国家都开始遵循贸易保护主义的原则。同时，在国内的市场经济中，尤其在资本密集型的行业，垄断资本的托拉斯联盟也逐渐增强。其中，股份制公司的建立成为资本集中化的一个有效的工具，在德国和美国的国家企业中表现得尤为突出。它们在垄断、资本集中的程度上甚至超越了老牌资本主义强国——英国和法国。哈贝马斯分析，这可能是因为英国的自由资本主义的根基牢固。所以在从自由资本主义到垄断资本主义的转变中，其自由交换原则的转化出现了较大阻碍。相反，德国与美国的工业资本主义是到了帝国主义时期才"自发地"发展起来的。

在 19 世纪后半叶，整个国际范围内出现了对于商品经济市场竞争机制的限制。其限制的方法多样，或采用资本集中方式，将大型垄断企业康采恩化；或直接依靠垄断价格或者特许生产、经营来瓜分整个市场。哈贝马斯认为："在商业资本和金融资本的发展过程中，市场交换从未充分实现自由化，这是扩张趋势和紧缩趋势的相互作用造成的。"[1] 这种过程逐渐打破原本市民社会所认为的权力中立的假象。为何说这是假象？因为在自由资本主义时期，即小商品经济模式下，在市场中参与交换的个体被赋予的权力都是对等的，他们都将自由竞争、价格独立的原则奉为圭臬，所以没有任何人能够在其中产生支配他们的权力。"如今，事与愿违，竞争并不完全，价格也不独立，于是，社会权力集中到了私人手中。"[2] 在垄断资本中行为的集体组织机构之间、个体与个体之间就出现了依赖关系和压迫关系，它们彼此交错在一起形成了一个比自由交换系统复杂得多的关系网。这种集中在一起的社

---

① 哈贝马斯. 公共领域的结构转型 [M]. 曹卫东，等译. 上海：学林出版社，1999：172.

② J. H. Bunzel. Liberal Theory and the Problem of Power [J]. *The Western Political*，Bd. XIII，1960，S. 374f-188.

会组织关系中的依赖、压迫关系就撕开了原本的自由竞争、价格独立的假象。

当公平交换的假象被民众意识到之后，一方面，支配别人的权力在垄断经济中不停扩大；另一方面，公共领域就成了民众对于自身利益受到侵害的合法诉求途径。公共领域确保了民众参与政治的可能性，无产阶级也可以通过对自己合法利益的公开争取而扩大自己的影响力。这个时候，政治系统为了让市民社会稳定，采取了政府干预的措施——对无产阶级进行经济补偿。具体来说，民众通过组织工会在劳动力市场形成自己的力量，还通过社会主义政党在立法上维护自己的利益。而同时，资本家也通过自己的力量与这一过程进行对抗。公共领域就成了协调两者组织利益冲突的有效途径。这样一来，政府干预的出现使得国家又增添了一项新的功能，即社会福利政策的制定。并且，在第二次世界大战爆发之前，为了让社会福利政策的制定充分精确与高效，数理方法开始应用到经济学领域。这也是国家干预行为出现让政治系统职责从解决"实践问题"转化为解决"技术问题"的重要表现。

总的来说，哈贝马斯认为，在自由资本主义时期，个体间是在自由交换、价格独立的原则下进行经济活动的。这种活动一直持续到垄断资本主义的产生。垄断的产生表明市场经济的原则并不是平等的，垄断企业可以对其他企业进行支配，也可以对参与生产的工人进行支配。这样一来，民众意识到了自由交换的假象。政权为了维护自己的稳定，留出了公共的领域，让民众可以通过此渠道来自由表达自己的诉求，并且通过劳动力市场的工会组织的建立，在社会主义政党中通过立法的诉求来维护自己的利益。这样一来，政治系统就出现了一项新的功能，即通过公共福利政策的制定来使经济发展的过程稳定而持续。政策性的制定需要的是精确的量化结果，所以在国家层面上，数理方法被运用到经济学领域。这将两个阶级原本的经济对抗转入政治领域的对抗。并且，哈贝马斯认为，公共领域的讨论也被固化了下来，表现为讨论的内容变成了如何提高市民社会公共福利待遇的技术问题。所以，原本在自由资本主义社会中，社会制度是要将政治的因素排除在外，政府只要能够建立好市场经济，对于经济活动就不要去干预，因为自由交换的原则是能够顺利保持这个系统的稳定发展的。而到了晚期资本主义社会，这个原则被打破，民众意识到了这只是个假象。于是，社会制度就重新被政治化了，国家干预主义进入了经济系统之中，公共领域的结构也发生了转型，即从"实践问题"转化成了"技术问题"。

进入 19 世纪后期，资本主义国家的发展出现了两个重要的特征："第一、国家干预活动增加了；国家的这种干预活动必须保障资本主义制度的稳定性；第二、科学研究和技术之间的相互依赖关系日益密切；这种相互依赖关系使得科学成了第一位的生产力。"① 国家干预是对经济发展过程中的持续性失衡做出调整。自由资本主义是一种以等价交换为核心原则的放任自由型经济制度。它的生产关系是建立在公平交换、按劳分配等私有制基础上的。换句话说，自由资本主义的社会制度框架是非政治化的。国家干预活动改变了公平交换的原则，社会的制度框架被重新赋予了政治的含义。

具体来说，哈贝马斯认为，国家干预对于晚期资本主义生产关系的改变主要表现为四个方面。

第一，为了让资本主义制度有序运转，国家就要保证民法以及财产法的建立；国家需要维护市场经济的运转，如反垄断法的制定，实行充分就业，稳定物价等；国家需要满足经济运行的前提条件，例如保障公民的教育、交通运输体系的建立；国家还需要让本国经济在国际上崭露头角，例如制定合理的国际贸易政策与关税政策；国家还需要增强自己的军事国防能力来维护自己国家的主权与领土的完整，对内要维护社会的稳定，这些也是让资本主义市场经济有序发展的重要前提保障。

第二，资本主义的生产过程要求法律系统能够不断适应资本积累过程中产生的新形式，比如新的银行法、商业法的制定，税收制度的调节等。哈贝马斯认为，国家在此过程中的作用应当是对市场发展过程出现失当、失衡时的一种补充。国家不能直接去干预经济过程的发展，因为这样会影响到社会的组织原则和阶级结构。

第三，晚期资本主义对生产关系的影响不单是要用国家去补偿市场的行为，有时候可能会取代市场的行为。对市场做补偿的行为还是将经济系统作为一个独立的整体来考虑。而对市场的取代原则指的是当经济发展内部动力不足的时候，依靠政府的手段，使资本积累的过程持续下去。通过创造新的经济增长点来达到这一目的。比如可以通过政府对于军工产业购买来刺激经济，或者是以国家之力投入对科学技术的研究，通过科学技术的进步来促进生产力的发展。哈贝马斯认为，这种手段改变了原有的经济的独立性，公共

---

① 尤尔根·哈贝马斯. 作为"意识形态"的技术与科学 [M]. 李黎，郭官义，译. 上海：学林出版社，1999：58.

部门的出现标志着政治与经济这两个系统的结合。

第四，国家干预会对自由市场经济发展产生的失衡后果做出补偿。这也是晚期资本主义社会政治系统的主要职责，哈贝马斯所谓的政治系统由原来的旨在解决"实践问题"转变为解决"技术问题"。具体来说，经济系统如果出现了大的问题，就会引起资本家团体与劳工团体的矛盾冲突，可能进一步造成社会的不稳定。政治系统的作用就是为了消除经济系统失衡所带来的不稳定因素。所以，政治系统从阶级矛盾的冲突入手试图弥补这种不公，或者补偿无产阶级应有的权利。宏观经济上，政府要消除由自由经济带来的负外部性，即企业发展经济对环境所产生的破坏；政府还要通过补贴、价格限制等手段保持利润率低的行业，如农业、采矿业；此外，政府还要听取工会、选民以及改良主义政党的意见，对于税收、转移支付进行调节，保障低技术工人以及贫困失业人口的生活。哈贝马斯认为，这样的成果是工人阶级为了在政权上实现自己的价值而争取到的。他们首先争取的是结社、集会的权利，进而扩大到提高工资、改善工作环境、增加社会福利，最后是要求提高教育、医疗等的权利。在晚期资本主义社会，这些诉求在政治系统中都被纳入了"技术问题"的层面，而政府解决这些问题的动机是为了维持社会系统的长久稳定。

哈贝马斯认为，上述四种国家对经济系统的补充、干预行为并不是晚期资本主义社会特有的。在自由资本主义社会中，政府也参与了前两类的行为。只是不同点在于自由资本主义社会将经济系统看作一个独立的体系。政府对于法权的建立、市场的保护、教育与国防等的开支是经济系统能够合理运行的前提。政府将这些前提条件创造好了之后，就不会去过多干预经济系统的独立运作，这正是资本主义社会运行的核心原则。即以自由交换为意识形态，市民社会决定一切，社会制度是非政治化的。而在晚期资本主义社会，政治系统是对市场功能失调的一种填补，它直接干预整个资本的积累过程。所以晚期资本主义的国家干预行为打破了原有市场经济的独立性，将政治系统与经济系统结合在了一起。哈贝马斯认为，这打破了原有的社会制度结构，形成了一种新的社会权力格局，即原来建立在自由市场原则的社会制度重新被政治化。

（二）科学技术作为新的意识形态

1. 新范式："劳动"与"相互作用"的构建

马克斯·韦伯用"合理性"的概念来规定资本主义的经济活动形式。

合理性指人们从事经济活动，其指导原则不是情感和传统而是理性。这样的活动被称为目的理性活动。在经济领域的目的理性活动最终渗透到社会的各个领域，最终使得整个社会不断"合理化"。并且，这一过程是与科学和技术的进步联系在一起的。当社会"合理化"伴随着科技进步渗透到社会各个制度中时，旧的、传统的、宗教的世界观也转化成了世俗化和非神化的世界观。

在资本主义社会，由科学技术制定的合理化标准被运用到了经济系统和行政管理系统当中，所以它们之中的活动是目的理性活动。马尔库塞认为，技术合理性的本质是要获得一种更好的支配能力，由此原则下进行的经济的、政治的目的理性活动的目标在于控制和监督。所以，这种"合理性"活动的目的是让政治统治的不合理性更加巩固。

哈贝马斯试图通过对合理化概念的重述来批判前人的观点。哈贝马斯构建了一套新的范畴——"劳动"与"相互作用"的关系来分析资本主义社会。哈贝马斯将"劳动"概括为目的理性活动。指按照理性的原则通过技术的、合理化的手段达到设立的目标。它解决的问题是为了达到某种目的所选择的手段如何最优化。具体的，目的理性活动分为工具活动和战略活动：工具活动指运用技术原则，以经验知识为基础，以期让事件符合自己的预测，它追求的是经验符合自己预测的真实性；战略活动指以分析的知识为基础，以期在众多行为中，分析出行为在规范的制约下合适与不合适，它追求的是行为、手段符合规范的正确性。

交往活动在至少两个主体间进行，交往的目的是主体能够在规范原则下达到相互的理解与承认。哈贝马斯用这两种行为在社会系统中谁占主导来区分资本主义社会的诸系统。哈贝马斯认为，交往行为活动的领域称为制度框架，制度框架通过规范来指导社会交往活动；工具行为活动的领域称为系统，系统通过理性化、合理化来指导工具活动。由于目的理性活动的目标是由社会规范制约的，所以，一般的，一个社会的制度框架束缚着目的理性活动的系统。

2. 新范式下对于社会的分析

第一，对传统社会的分析。一般的，传统社会有三个主要的特征：有中央集权的统治；资源分配上具有阶级性；存在其中的世界观，不管是神话、宗教还是道德，其目的就是让统治具有合法性。当传统社会的技术得到发展，通过社会分工产生剩余产品时，文明社会就产生了。文明社会是建立在神话、宗教或形而上学上的。哈贝马斯认为，这种制度框架具有"优越性"，即在这种制度框架下活动的目的理性系统是不会公开威胁到社会的合法性基础的，这是传统社会的制度框架与现代社会的最大区别。

第二，传统向现代的过渡。传统社会中主体间的交往形成了社会制度框架。其包含的原始神话、宗教和形而上学的世界观为社会提供了规范准则，这些主体间交往活动所遵循的准则制约着目的理性活动，并且为政治统治提供了强有力的合法性。随着生产力的革新，目的理性的系统得到持续发展，甚至超出了社会制度框架合法性所能容纳的范围。于是，社会的交往活动与工具活动产生了对立，制度框架与目的理性系统也随之产生了对立。属于传统社会的神话的、宗教的规范原则在生产力的革新过程中受到了极大的挑战，换句话说，传统社会的合法性发生了动摇。哈贝马斯认为，随着生产力的发展，市场原则的出现，资本价值增殖机制的形成，一种崭新的制度即自由主义的、工业主义的制度诞生了。新的制度框架表明了一种新的交往活动：财产所有者通过市场进行等价交换，市场必然要保障交换的公平与合理。这种新的等价交换的原则成了资本主义社会的意识形态，并且为社会提供了新的合法性。具体来说，传统社会是建立在中央集权的阶级统治下，即它的统治是政治的。资本主义社会建立在社会劳动的基础上，它的合法性是通过自下而上的等价交换获得的，它的统治是经济的。

第三，"劳动"对"相互作用"入侵。哈贝马斯认为，传统社会是建立在宗教的、神话的意识形态下的政治统治，资本主义社会是建立在平等交换意识形态下的经济统治。到了晚期资本主义，社会出现了两大重要的特征：科学技术成了第一生产力和国家干预活动增强，其出现改变了社会的格局。

自由资本主义制度是建立在自由交换的经济活动之中的，它把自身从政治中解放出来形成了市民社会。这个时候，政治成为上层建筑对社会起间接的作用。国家干预之所以说改变了这种格局，指的是在私人资本增殖的过程中，国家拥有了一个新的角色，它通过社会和经济的政策行使着对经济系统的稳定与调节的作用。

这样一来，那种原先的作为自由交换的意识形态就瓦解了。资本主义社会的整个经济、政治、文化都是建立在这样一种世界观上，由于这种意识形态瓦解，资本主义社会的合法性遭遇了空前的危机，此刻急需一种新的意识形态来弥补合法性的缺位。因此补偿纲领代替了自由意志，这是对资本主义社会的核心原则的改变。具体来说，补偿纲领通过最低工资法、对贫困人口的福利等政策来维护社会的稳定。但是，哈贝马斯指出，这样一来，国家的活动目的仅在于维持宏观经济的稳步发展。他认为政治的作用是一种消极性的，因为它的作用是通过对经济活动的修正来让社会系统远离危机的倾向，即政治的作用不是解决何为正义、何为美好生活等实践问题，而仅仅是用来解决技术问题。

哈贝马斯认为，在传统社会政治可以用来解决实践问题，比如讨论人们对于美好生活的定义，所以它与主体的交往活动紧紧联系在一起，它关涉到一个社会会形成何种的制度框架。而晚期资本主义社会，国家干预活动的目的在于解决市场失灵的问题，这种政治活动已经不关心实践问题的讨论，而仅仅将政治限制于技术问题的解决，通过怎样的手段、方式去解决民众的贫困，如何实现整个国民财富的最大化。换句话说，对于在制度框架里的民众所遵循的规范原则已经作为前提确定下来，政治的任务只是讨论如何去实现它。这样一来，实践问题是不需要讨论了，广大的居民就被非政治化了。这种统治方式如何获得民众的认同，哈贝马斯认为，科学技术起了关键的作用。

3. 科学技术对晚期资本主义社会的影响

晚期资本主义另一重大特征是技术的科学化。在自由资本主义社会，技术的进步也是存在的，但它的进步方式是自发性的，且过程很缓慢。随着工业化规模的扩大，技术与科学的结合越发紧密。到了晚期资本主义，出现了国家主导的方式来推动技术的科学化。具体表现为国家委托科研机构在军事领域与航空航天领域的一系列技术革新。然后这种新的科学技术最后又回流到民生领域对其造成影响。哈贝马斯认为，这种革新使马克思的劳动价值论学说的客观条件不复存在了，因为科学技术在这些领域的作用太强大了，以至于它成为一种独立的构成价值的元素。哈贝马斯认为，作为从事简单重复领域的劳动力对于价值的形成已经不那么重要了。

生产力的发展是与社会目的理性活动紧密联系的，当科学技术一跃成为第一生产力时，生产力表示为一种日益增长的技术支配力量的潜力。哈贝马斯认为，生产力的改变使劳动与相互作用的界限越来越模糊。本质上，科学技术涉及的是目的理性活动的领域。科学技术在维护社会系统时，是没有能力回答诸如私人资本的价值增殖形式本身是否合理规范等问题的。科学技术进步所带来的变化是：它成为一种独立的变数，能够影响到目的理性活动里的子系统。这样一来，就产生了一种普遍的社会意识，即社会的发展似乎是由科学技术的发展逻辑决定的。甚至在政治领域，关于民主意志形成的实践问题不再讨论，取而代之的是如何进行投票选举领导人。哈贝马斯认为，这种技术统治论最终会渗透到公众的意识之中，交往领域的实践问题可以通过理性技术来解决。长此以往，人类在文化领域的自我理解渐渐被自我物化所替代。科学技术正在成为一种新的意识形态，将社会领域的交往活动转化为以目的理性为导向的工具活动，并且，能够让公众在意识上模糊交往活动与工具活动的区别。

哈贝马斯认为，晚期资本主义的这两种趋势同时也使马克思学说的两个重要范畴即"阶级斗争""意识形态"不存在了。在自由资本主义社会，马克思通过劳动价值论揭露了资本主义等价交换的最大谎言，使阶级矛盾形成了公开的冲突。哈贝马斯认为，在晚期资本主义社会，为了维持社会的稳定，统治者的利益考量不再仅是自身的利益。他们要让民众形成这样一种看法，即民众与统治者是处于同等的位置上。过去那种暴力的、经济剥削的、政治压迫的赤裸裸的关系不存在了。在晚期资本主义社会，甚至没有明确的界限去区分何谓特权阶级。但是，这并不是阶级矛盾的消失，而是矛盾的潜伏。哈贝马斯认为，这是科学技术作为第一生产力所带来的。

科学技术成为第一生产力，其生产力不再表现为一种具有解放性的力量。哈贝马斯强调，科学技术作为新的合法性基础，它的作用比旧的意识形态更加难以抗拒。因为对于统治阶级这一方，它能够为其利益得到合理性辩护；对于无产阶级这一方，它能够将实践问题还原为技术问题，能够保障民众在物质生活上的满足，压制了民众解放的诉求。

具体来说，哈贝马斯认为，科学技术为统治者赢得合法性基础的方式并不是作为意识形态。意识形态回答的是何谓"美好生活"等实践问题，那么，在公众的政治舆论领域就可以运用反思去批判这种意识形态。现在，科学技术让技术问题取代了实践问题，即私有资本增殖的形式，社会分配、补偿的形式等问题不需要讨论，这种方式并不是一种强制，而是让公众形成这样一种意识：实践问题并不重要，我们关心的是如何在技术上实现经济增长与公平分配。

新旧意识形态有两方面的区别。

第一，旧的意识形态是建立在资本关系上的一种剥削和压迫。并且，统治阶级对阶级对抗采用的镇压形式被民众所意识到。而新的意识形态是建立在自由交换与政治分配上的，这在一定程度上确保了民众对于政权的认同。

它不再表现为剥削和压迫的公开化。科技统治的意识就是让民众意识不到阶级之间的残酷压制。

第二，旧的意识形态是建立在虚假的"自由交换"基础上，随之在政治上建立起一系列能够保证自由交换的法权制度。科技作为统治的意识是建立在满足个人的物质需求基础上的。关于什么是"美好生活"的实践问题的讨论变得不重要。换句话说，让民众变得非政治化，民众所关心的只是金钱与时间的公平分配。

总的来说，旧的意识形态中，政权的合法性基础是与交往活动联系在一起的，民众关心的是实践问题；新的意识形态中，政权的合法性基础是与工具活动联系在一起的，民众的非政治性倾向使得他们关心的是如何让个人需求得到补偿等技术问题。所以，在技术统治的意识中，全部道德、规范问题被排除在日常生活之外。旧的意识形态是建立在日常的交往活动中，这种技术统治论的思想使得交往活动失去了作用。哈贝马斯认为，这是人在目的理性活动范畴中以及在有适应能力的行为范畴中的自我具体化或自我对象化。即这种科学物化的力量使得人们在目的理性活动的领域赢得了客体的力量，人们的意识活动中实践问题和技术问题的差别也随即消失了。

因此，科技作为新的统治意识使得人们失去了日常交往活动的兴趣。日常交往活动决定了社会化与个体化的形式，它可以反思统治的交往问题。随着交往活动的消失，人们对工具活动兴趣的增强带来的是技术支配力量的增大。

哈贝马斯认为，马克思的意识形态与阶级学说在晚期资本主义时代不适用了。所以其唯物主义基本假设亟待革新。他认为："生产力和生产关系之间的联系，似乎应该由劳动和相互作用之间的更加抽象的联系来代替。"[①]哈贝马斯认为，制度框架在自由资本主义社会表现为生产关系，所以生产关系的范畴不能描述自由资本主义以外的社会。并且，生产力并不是如马克思所说的那样一直是解放的潜力，因为晚期资本主义社会科学技术作为第一生产力，科技进步促使生产力不断进步，而这个时候科技进步使统治的合法性更加牢固，所以生产力的进步不再能引起解放运动。哈贝马斯认为："依据制度框架（相互作用）和目的例行活动（广义的"劳动"）之

---

① 尤尔根·哈贝马斯. 作为"意识形态"的技术与科学 [M]. 李黎，郭官义，译. 上海：学林出版社，1999：71.

间的普遍关系发展起来的坐标系，更适宜于重建人类历史的社会文化发展阶段。"①

三　哲学界面追问：哈贝马斯对于理性的拯救

哈贝马斯对于晚期资本主义经济与政治向度的探讨是面向晚期资本主义社会的。其中揭露出了晚期资本主义社会的诸多方面所存在的病症。换句话说，这种探讨是向外求的。这些病症的产生在哈贝马斯看来最深刻的原因在于人的理性自身。人的理性在晚期资本主义社会的这种生产方式下分裂了，理性从萌芽、发展、辉煌到对理性的反思、批判是一个漫长的过程。其中哈贝马斯也提出了自己的拯救理性的途径，即实现交往理性的合理化。

从前人对于理性的批判之中可以看到，理性自身就其本质而言是一种赤裸裸的权力。理性表面上追求的是普遍性，而实际上将一切事物作为主体征服的对象，尽一切努力去维持自我的膨胀。而理性的他者最初被理解为一种解放的力量。拯救理性的力量并不是自身，而是要求助他者，这是一种很自然的设想。而理性的这种能力变得越大，就会毁灭得越快。启蒙辩证法就阐述了理性自身是如何具有这种毁灭的动力的。其实理性就是一种为了将自身的权力发挥到最大的强制力量。

尼采的工作总的来说是消解了康德对于理性所建构起来的庞大体系。他阐述了康德的纯粹理性批判、实践理性批判以及判断力批判是如何失去了基本的纽带的，这说明了现代性的本质是理性的分裂。外在自然、内在自然以及社会所构建的空间最后都是理性试图将其还原为纯粹权力的场所。而社会实践的目的在于让这种权力不断地显现出来。这样一来，理性的他者就会为被剥夺了的地位而抗争，试图寻找到先于存在的那些东西。理性的他者在这一过程中首先表现出的是破坏与报复的力量。表现为社会生活的总体性遭到扭曲之后主体所感受到的痛苦与磨难，还表现为主体间关系遭到破坏之后感受到了因果宿命般的命运。所以，理性的他者是遭到理性压迫的主观自然的生命力，在伦理道德领域的迷狂、幻想、放纵等现象，也是审美领域的去主体中心化的一种以肉体为核心的审美经验。

但是，在哈贝马斯看来，前人立足的激进理性批判仍然是以主体哲学为

---

① 尤尔根·哈贝马斯. 作为"意识形态"的技术与科学 [M]. 李黎，郭官义，译. 上海：学林出版社，1999：72.

主的，而理性批判正是要摆脱这一主题。企图用理性的他者去克服理性困境的做法只能表明理性他者也都是权力理性的镜像。那些以为将意识哲学的范式统统排斥就能直接迈入后现代的人，并不能摆脱以主体为中心的理性。在对传统理性主义的批判中，最早的浪漫派试图用主体在迷狂时的临界经验来实现对理性的超越。而哈贝马斯认为，神秘主义最后在绝对者面前盲目了；审美主义在绝对者面前变得震惊和晕眩。而这个源头即绝对者是被解构之后的一个模糊的轮廓。这种状况，从尼采到海德格尔以及福柯，都没有改变过。这是一种没有膜拜对象的膜拜行为，同时让人还保持了对于未来不确定性的激情。这种似乎具有宗教—审美的精神，在当代知识分子当中表现得尤为明显。

　　然而，哈贝马斯认为，具体来说，只有当理解范式，即建立在交往与承认间的主体间性的范式，取代传统的关于理性的自我意识的范式时，后现代对理性的解构才会显现出作用，才能够对西方以主体为中心的理性进行具体的批判。这种批判抛弃了以往回到古希腊的方式，从现代性中释放了自身的强大力量，将矛头直指以笛卡尔为开端到康德集大成的意识哲学。对于这种以主体为中心的逻各斯中心主义，尼采的批判是具有划时代意义的。具有认知、实践力的主体不是自身的主人，而是依赖于超主体的天命、偶然结构、话语创造力等因素。所以逻各斯是西方传统中错误的天命。尼采的分析给予了充满不确定性的未来以希望，理性内部的逻各斯被打破，逻各斯就只能去听从理性的他者。哈贝马斯提出的理性他者是这样一种批判，它批判了逻各斯的抽象概念，认为逻各斯是脱离了语言的虚无缥缈的普遍主义。最重要的是，要将主体间的理解作为日常交往的唯一目的，而在传统意义上的理性思想则是对日常交往实践的一种压抑与扭曲。总的来说，传统的理性被理解为人对物质世界的主宰关系，即主体征服客体。这样一来，理性只能停留于本体论、认识论和语言分析的层面。在本体论上，被还原为事物的总体性；在认识论上，被还原为认识、运用事物；在语义学上，被还原为用断言命题把握事物真实性。

　　从柏拉图到波普尔以来的语言分析哲学，达成了这样的一种共识，即认为"只有语言呈现事态的功能才是人的一种垄断能力。由于人和动物一样都有所谓的召唤功能和表达功能，因此，只有再现功能对于理性具有构成意义"[①]。

---

① 卡尔·奥托·阿佩尔.人类语言的罗格斯特征：语言行为理论的哲学意义［M］.钟汉川，译.杭州：浙江大学出版社，2018：364.

哈贝马斯认为，对于语言的分析，如果我们离开判断或命题的层面，扩大到语言行为和对命题的交往使用，那么我们会发现，语言的三种功能，即召唤功能、表达功能、再现功能，具有同样的源头与价值。言语行为可以建立这样一种结构，在这种结构中，关于事态的陈述、人际关系的建立、言语者的意图，这三种因素都能够交织在一起。总的来说，言语行为理论能够对意义理论、交往行为理论的本体论前提、理性概念自身等产生重要的影响。更重要的是，它为工具理性批判指明了另一种方向。具体分析如下。

对于意义理论。从弗雷格到达米特和戴维森的真值语义学，以及胡塞尔的意义理论，它们的核心原则还是逻各斯中心主义。他们特别强调用命题的真实性来解释语言观念。即想要理解一个命题，我们就要去寻找命题成真的条件是什么。特别的，"想要理解意向性命题和命令式命题，相应地，也就要了解成功的条件"①。之后的语用学的发展，克服了之前将语言仅仅理解为对事物的单纯反映的单一理解。所以，容纳了语用学的意义理论认为，意义与有效性有着内在联系，但这种有效性并不是单纯指语言分析的真值。我们可以从三种不同的有效性角度来对语言行为进行一个总体性的把握。可以对语言行为所坚持的真实性提出质疑；对语言行为规范表达的语境的正确性提出质疑；对表达意向的真诚性提出质疑。这样一来，意义与有效性所涉及的就是一个关于语言的更丰富的内容，而不仅仅去判断命题的真值。

对于"交往行为理论的本体论前提"。语言行为可以分为三类：记述式语言，描述的是对客观世界的断言命题；调节式语言，描述的是我们应当去服从的规范世界；表现式语言，描述的是主观经验的世界。三种语言行为方式都跟有效性有关，对有效性的承认就会被接受，反之会被拒绝。主体可以通过认知、想象或命题建立起对应的"世界"，而"世界"又是这种对象、现存物的总体。这样一来，在语言行为概念的扩展下，"世界"概念的本体论基础也被拓宽了。对于第三人称的客观事物会有一个客观世界，对于应当接受或遵守的事物有一个规范世界，对于第一人称的主观事物有一个主观的世界。

对于理性概念。根据西方哲学的传统，我们认为理性是具有语言与行为能力的主体的根本品质。理性能够产生出知识，而意识哲学的知识观又认为

---

① 厄恩斯特·图根哈特. 语言分析哲学导论 [M]. 黄敏，译. 广州：中山大学出版社，2009：363.

知识是关于客观事物的。只要理性能够在通往成功与真理的道路上找到行之有效的准则，那么具有理性的主体就可以运用这些准则对客观世界进行支配。哈贝马斯认为，如果理性知识是为了实践交往，那么理性有效性就取决于交往主体间是否能达成承认与理解。"交往理性发现，其标准在于直接或间接兑现命题真实性、规范正确性、主观真诚性以及审美和谐性等有效性要求所使用的论证程序。"① 哈贝马斯将交往理性描述为"一种用语用学的论证逻辑，来明确一种程序主义的理性概念"②。交往理性既有道德—实践的内涵，也有审美—表现的内涵，它比以工具—认知为内涵的目的理性的概念要丰富得多。交往理性展现的是一种话语所具有的非强制的一体化力量与一种共识。这种共识并不是有限的主观观念，而是克服掉孤立的主体之后的一种去中心化的世界观。

　　哈贝马斯认为，西方传统所认为的认知—工具理性是交往理性的派生因素。但在现代社会中，它已经独立于生活世界的交往结构了。以主体为中心的理性是一个社会化的产物，是对交往理性的分化和僭越。所以，哈贝马斯认为，交往理性的潜能在资本主义社会中所处的状态是既被释放，又被破坏。这种释放又破坏的状态使得马克斯·韦伯使用的命名的实用理性和形式理性处于共生与依赖之中。而交往理性虽然具有程序主义的特征，但它能够进入社会生活过程中。因为理解行为能够成为主体间的协调机制，而交往行为是建立在理解基础上的。交往行为网络既构成了社会生活再生产的中介，又依赖于生活世界的资源。

　　在交往行为理论中，生活世界与日常交往实践结合在一起。哈贝马斯认为，它与马克思主义所提出的社会实践有所不同。但"两者所要履行的是同一项使命：把理性实践理解为体现在历史、社会、肉身和语言中的理性"③。

　　但是交往行为理论是不同于实践哲学的。哈贝马斯认为，实践哲学并没有跳脱出主体哲学二元对立的思维模式。萨特认为，历史是主体的创造物，

---

① 于尔根·哈贝马斯. 现代性的哲学话语［M］. 曹卫东，译. 南京：译林出版社，2011：367.

② 于尔根·哈贝马斯. 现代性的哲学话语［M］. 曹卫东，译. 南京：译林出版社，2011：367.

③ 于尔根·哈贝马斯. 现代性的哲学话语［M］. 曹卫东，译. 南京：译林出版社，2011：369.

而主体又是在历史的进程中创造的；舒茨认为，作为客观对象的社会笼罩在主体身上。总之，一种思想如果没能超脱主体哲学，那么它就无法跳出二元对立的窘境。后来，实践哲学发生的语言学转向也没能为其带来范式革命。但卡斯托利亚迪斯的语言哲学方法还是为实践哲学做出过贡献的。他认为社会和先验主体一样分为创造者与被创造者。而在创造的过程中，想象力非常重要。而想象作为意义的源泉又体现在主体相互作用的语言世界当中。是语言揭示了意义的视阈，在这个视阈当中，具有认知与行为能力的主体在和人与物的交往过程中积累起了自己的经验。语言的揭示功能如同先验意识的创造性，但它并没有先验主体的纯粹形式与超越性。语言构成的世界观在不停地变化之中，在这之中表现为存在、权力或是想象。同时又被赋予为拯救者、审美的震惊或是创造性的迷狂。但是，卡斯托利亚迪斯所表述的语言世界观具有某种先验的痕迹，即认为现实世界的实践内容已经被语言系统所先验地规定起来了。

交往行为理论并不是与历史唯物主义相悖的另一种唯心主义。因为人们会产生质疑，对于交往行为有效性的要求会不会是纯粹理性的唯心主义的死灰复燃。哈贝马斯认为，纯粹理性是后来人们给自己披上的一层语言外衣。其实纯粹理性是体现在生活世界与交往行为中的一种理性。具体来说，不同主体间的行为或计划通过语言的交往联系在一起之后，对于交往有效性的检验在生活实践中就显得格外重要。其中，主体间所达成的共识可以通过其有效性的程度来衡量，这样一来，交往行为与生活世界语境也联系在了一起。交往的有效性实际上具有两面性：一方面，它需要普遍适用，所以它要打破任何一个局部的语境；另一方面，主体间通过语言交往，最终达成共识与承认，都是建立在特定的语境下的，所以有效性又必须在特定的语境下才能被提出来。总的来说，交往的有效性需要打破一切局限性，但同时又要落实到一定的具体的时空当中，这种约束力才能形成特定的语境表现在日常生活实践当中。主体间在日常语言交往的过程中都有着自身的有效性要求，主体间的有效性各有各的不同，所以他们之间的融入会发生冲突。各自所要求的有效性与实际的社会实践的有效性既有冲突，又是主体间语言交往的基石。每个主体都希望自身交往的有效性能够形成命题和规范并且能够超越特定的时间与空间，但同时这种有效性还要在特定的日常社会交往的语境下显现出来，在实践中得到接受或被拒绝。哲学家阿佩尔就称之为"现实的交往共同体与理想的交往共同体的交织"①。

　　哈贝马斯强调，交往实践自身内部即交往理性也具有反思性，但这种反思性不同于传统的理性。传统主体的理性反思指主体与客体相互作用之后再与自身建立起联系。哈贝马斯认为这种反思是属于前语言的孤立的反思，交往理性的反思性表现在交往过程的语言与行为中。主体间提出了有效性的要求，会对这些交往有效性的可行与否进行论证。于是主体间就各自的有效性要求展开争论，这就是交往行为关涉于自我的一种反思。在这样的反思过程中，主体间性的关系也在对于有效性的支持者与反对者的争论中进行了再生产。主体间性关系通过对公认的有效性准则的实践来调节自我的关系。于是我们看到，理想与现实的关系、理论与实践的关系，都在主体间的语言交往中被勾连起来。在这整个过程当中，只要主体间的交往有效性假设建立，那么日常生活的语境就已经形成了。所以用于假设的纯洁语言是必不可少的。哈贝马斯认为，交往的有效性论证与语境的生成性是有内在联系的。从语言交往的参与者的视角出发，能够发现其对有效性所达成共识的过程也是语境的逐步生成过程。语境的生成被理解为有效性要求与权力要求的混合现象。有效性要求的影响是自柏拉图以来的传统观点，即认为理性的能力是超越一切属性的解放力量，而权力要求的影响则是站在唯物主义的立场揭露纯粹理性的想象性。但哈贝马斯认为，交往行为理论并没有做这么简单的判断，即没有将有效性关系简单还原为权力。交往行为理论认为，有效性的真假辩证关系是建立在交往沟通的成功与失败的辩证关系之上的。

　　主体间语言交往的目的在于理解与相互承认，而交往理性为主体间能够达到这一目的提供约束的力量。同时，也明确了普遍的生活方式。这种普遍的生活方式是一种建立在相互理解、承认的基础上所达成的生活状态，这种生活状态，并非像巴门尼德区分无知与真知那样，将理性与非理性看作截然不同、毫无联系的两种东西。所以，在日常生活交往实践中，谎言、背叛、欺瞒也与理性有关，是理性走向了自身的反面。我们要认识到，对于有效性要求的真诚性、正确性、真实性等的破坏，是能够影响到交往理性这个总体的。对有效性的追求自然是少数人才能攀登的艰苦道路。但是对于有效性的破坏，会影响到作为总体的合理生活结构，这同样也会对造成破坏的这些人

----

①　卡尔·奥托·阿佩尔. 哲学的转型 [M]. 钟汉川，译. 杭州：浙江大学出版社，2016：258.

有所影响。这类似于青年黑格尔所讲的伦理总体性，犯罪是对伦理总体性的破坏，但对于伦理总体性的破坏就是对罪犯个人本身的破坏。只有深刻地认识到这一步，才能恢复这种伦理总体性。交往理性继承了这种看法，即"在动荡不定的现实生活关系中，形成了一种由于背叛和复仇的辩证关系而导致的矛盾心理"①。所以，由于交往理性作为总体具有一种约束的特征，即它会对日常交往实践以及社会文化的生活方式结构起到肯定或否定的作用。

同时，交往理性也受到特定的历史时期、社会环境以及主体经验的影响。换句话说，交往理性是与生活世界紧密联系在一起的。生活世界能够为交往理性提供丰富的资源，相当于为其提供了一种直观的知识。哈贝马斯认为，将其理解为直观的知识是一种理论上的处理手段。这种知识并不是严格意义上的理性知识。它是指生活世界中的诸如社会背景、人际团结、科学技术等的混合物。生活世界为交往行为的参与者主体提供了有效的资源，参与者之间以此来达到相互承认与理解的目的。它类似于主体哲学中一般意识所具有的综合作用。交往理性的创造性活动表现为相互理解的内容。具体的生活方式就是主体哲学所追求的同一性。交往理性同时与生活世界的传统、社会实践以及主体的独特经验交织在一起。所以展现出来的生活方式并非单一的，而是多方面的。这是生活世界的总体性的结构。但是这些丰富的生活方式只有主体间通过交往实践，并且以互相理解与承认为目的的情况下，才会对主体有深刻的影响。以理解与承认为取向的交往行为能够对生活世界进行再生产。哈贝马斯认为，生活世界的普遍结构在历史进程中很重要。因为它是生活世界合理化的结果，也是主体间交往行为中的理性潜能得以充分释放的重要标志。

第三节　政治经济学批判的理论成果

一　构建交往行为合理化的理论逻辑框架

实现交往合理化的一个重要步骤就是要改变社会的舆论结构，以达到社会的合理化。其实交往合理化的核心就是主体间在交往的时候处在一种无强

---

① 于尔根·哈贝马斯. 现代性的哲学话语［M］. 曹卫东，译. 南京：译林出版社，2011：31.

制性的真诚的环境之中，从而达到互相的理解与一致。所以，要实现交往的合理化，首先是要建立起主体间能够真诚对话的良好的环境。但是，哈贝马斯认为，晚期资本主义社会缺少这样的环境。晚期资本主义的一大特征是国家干预的增强。国家干预就是一种权力的调节，国家用这样的权力来操纵社会的舆论结构，主要目的是让自己推行的政策能通过舆论的正面宣传而被老百姓所接纳。这样一来，主体间的对话与交往就受到了国家权力的强制性的压迫与操纵，自由与真诚更是无从谈起了，于是人与人之间发生误解、不信任、矛盾、冲突就是在所难免的事情了。哈贝马斯认为，想要让主体间的对话与交往达到相互的理解与一致，只有首先排除掉这种以国家权力意志对社会的调节。而国家权力的调节主要表现在制造社会舆论方面，所以排除国家权力的干预就是要改变社会的舆论结构。而同时，"有些交往结构是所有生活世界共有的"①。这些结构包括人的存在结构、社会制度结构与传统的结构。所以交往行为存在的环境是人类的生活世界。而当晚期资本主义社会中众多劳动者与消费者，通过与国家机器、政治与经济领域不断发生相互作用的时候，那么生活世界就被以国家权力干预为主导的经济、政治领域所"殖民化""异化"了。一般的社会状况下，生活世界是不会听任这种情况的摆布的，受到压抑的生活世界的抵抗方式就是爆发一系列的社会运动。

晚期资本主义社会中生活世界的状况是非常复杂的。资本主义货币与权力的不断发展，使社会系统与生活世界的割裂越来越明显了。晚期资本主义社会已经在系统的领域形成了强大的经济体系与行政管理体系，这些体系之间也是相互作用与联系的，并且不断地通过对生活世界的压制而与周围的世界相互交换。一旦经济体系发展壮大成了一种独特的增长的力量，社会现代化的进程就会不断地入侵生活世界的领域中。这样一来，合理的交往行为的展开就受到了极大的阻碍。因为"交往行动者总是在他们的生活世界的视野内运动；他们不能脱离这种视野"②。生活世界中的交往行动是与传统世界观不一样的另外一种状况。传统交往中，参与者以传统的世界观为基础进行语言的对话，其中对话的内容可能属于客观世界的东西、规范世界的东西，或者是主观世界的东西。而以生活世界为视野的交往的不同之处在于，

---

① 尤尔根·哈贝马斯. 现代性的地平线 [M]. 李安东，段怀清，译. 上海：上海人民出版社，1997：72.

② 尤尔根·哈贝马斯. 交往行动理论（第二卷）：论功能主义理性批判 [M]. 洪佩郁，蔺青，译. 重庆：重庆出版社，1994：173.

借助生活世界，交往参与者的对话不会直接涉及传统世界观的东西。讲话者与倾听者同时处于生活世界当中，如果他们谈话的内容遇到了先验的东西，主体间可以通过沟通而达到与生活世界的适应性。同时，他们还可以运用批判和实证的方式来排除对话时候所遇到的意见不一致的情况，最终目的在于取得一致意见。所以交往行动者在他们的生活世界视野内运动是十分必要的。

生活世界就是能够促进交往主体相互理解过程的重要的背景，而合理的交往行为又可以对生活世界进行再生产。生活世界的再生产分为象征性的再生产和物质的再生产，而交往行动本身可以被看成一种媒介。正是通过这种媒介，生活世界就可以进行再生产。具体来说，交往行动的内部可以描述为参与者有目的地进行理解的活动。当一个主体给另一个主体下达一道命令的时候，另一个主体接受了这个命令，双方达成了对于生活世界中某一个东西的理解，同时又协调了他们的行动。这种交往是同时服务于参与者的信息与行动的协调。主体提出的要求被另一个主体接受，并且达到了理解与一致，就可以说这是主体采取了肯定的态度。当然另一个主体也可以完成同样的事情。所以哈贝马斯认为，参与者都具有了这种双重的权限，即对于别人的命令可以理解，而自身也可以对别人发出命令。所以这种双重权限的理解就是建立在交往的主体不是以自我为中心按照自己的成就行事的，而是以互相的理解为目标的基础上，努力达成意见的一致，即"只有当交往日常实践在一个生活世界关系中进入，通过文化传统，机制秩序和权限决定，关于语言意见一致的形成才可以协调"①。

因此，生活世界为交往行为提供了直观的环境与丰富的资源。而解释过程就是交往主体试图达到相互理解与一致的一种尝试。主体想要实现其沟通的目的，就需要生活世界中有某种共同认可的东西作为保障。所以生活世界可以与人的交往行为产生关联，借助这种关联，参与者可以很好地判断当时的语言交往过程应持肯定还是否定的态度。当然这一过程也需要语言理解的功能作用于其中。而语言行动不但可以服务于对状况和事件的说明，让言语者同客观世界发生关联，还可以建立个人间的关系，言语者以此同人与人之间相互作用的社会世界发生关联，同样还可以服务于自我的表达，这个时候

---

① 尤尔根·哈贝马斯. 交往行动理论（第二卷）：论功能主义理性批判［M］. 洪佩郁，蔺青，译. 重庆：重庆出版社，1994：300.

言语者是与自身有关的主观世界发生关联的。

　　经过对生活世界和资本主义现代化过程的分析，得出了这样的普遍结论："即一种越来越合理化的生活世界，同时是依赖于和受调整于越来越复杂形式组成的行动领域如经济和国家管理活动的。"① 晚期资本主义社会想要避免物质再生产过程中的严重不平衡性，即避免国家干预政策所暴露出来的合理性危机，就要牺牲掉生活世界象征性再生产的阻碍，象征性生产指的是对主体统一性的生产。社会内部的经济、政治系统病态式地发展越快，那么系统命令对于生活世界的控制也就越严重，即生活世界对于"形式组成的行动领域"的依赖性越强。

　　哈贝马斯认为晚期资本主义能够摆脱四重危机的关键是实现交往行为的合理化。实现交往行为合理化的另一个途径是建立共同承认与重视的道德规范。建立道德规范的第一步就是要改造社会的"舆论结构"，从而达到交往的合理化。具体来说，交往行为的合理化就是要让行为主体能够进行没有外在压迫与强制的真诚的对话，目的在于求得理解和意见一致。即要想实现交往行为的合理化，就要建立一个良好的有效沟通的环境，这种环境就是生活世界能够提供的。但是在晚期资本主义社会，哈贝马斯认为这种环境被系统所入侵，很少存在了。主要原因是晚期资本主义社会存在着国家权力的干预，国家运用自己的权力来营造良好的舆论，目的在于使自己的政策能够在群众中收获良好的口碑，维护自己的政治合法性基础。因此，在这样的环境下，主体间的交往必然受到国家强制力的压迫，失去了自由与真诚对话的心态，最终会造成人与人的误解、不信任、矛盾和冲突。所以，在这种情况下，只有排除掉国家权力的调节，才能够使得参与交往对话的行为主体不必再以目的为导向来强行影响交往对象的独立判断。由于国家权力的调节主要体现在舆论制造方面，所以排除强制权力的调节就是要改变舆论的结构。

　　那么，如何对晚期资本主体社会的舆论结构进行改造。哈贝马斯认为，应当改造到这样一种状态，即能够使国家公民以舆论为媒介反过来去影响国家的干预，并将国家的权力改造成为一种合理性的而非强制性的权威。能够让社会舆论的结构不受到经济的、政治的制度系统的强制干预，成为一种真正能代表民众发出公共声音的独立平台。对于社会舆论的改造还需要主体本

---

① 尤尔根·哈贝马斯. 交往行动理论（第二卷）：论功能主义理性批判 [M]. 洪佩郁，蔺青，译. 重庆：重庆出版社，1994：397.

身的努力，即需要社会全体成员能够建立起一套共同认可与重视的行为规范标准，即规范原则的确立对于主体间的正常交往是必不可少的。规范准则能够对主体产生引导与约束，所以规范准则的存在是维系交往正常进行的关键所在。哈贝马斯指出："交往行为与有目的—合理的行为不同，它遵循着主体之间的相应规范。这些规范表现了主体之间对对方行为的期望，这样在交往行为中，理解当然地有了合理的基础。"①

哈贝马斯对交往行为合理化的规范准则进行了详细的论证。他认为，从事交往行为的主体在生活世界中对于某一件事物进行对话并试图相互理解的时候，就必须考虑到种种的有效规范性的要求。虽然人们在对话中进行论证的形式可能会发展得不完全，人与人之间也可能存在对于理解的理智过程的差异，但根据规范准则论证来达到交往行为的方式是任何社会文化生活中都存在的形式。根据规范进行论证是对相互作用的一种调节，让人们认识到主体间的交往是以理解为目的的反思过程。"它们从按照理解定向的行动的种种前提借助我们在程序性层次发现的那些实用的前提。维持有估量能力的主体互相承认的相互性已包含在论证的那种行动之中。"② 由于生活在社会文化形式中的主体都会彼此发生交往行为，所以主体必定会相互之间发生理解的关系，而进行这方面的理解与达成一致，就必须从承认共同的规范准则开始。不然就不可能同他人发生相互作用的关系，甚至无法同人进行对话、探讨与争论。即主体间一旦发生交往，就必然有某一规范准则作为保障。而哈贝马斯所说的"以论证手段来继续交往行为"指的是主体所具备的一定理智的水平。所以哈贝马斯认为交往合理化需要普遍的规范标准的同时，也强调主体本身需要一定的理智的论证基础。

哈贝马斯认为主体间实现交往合理化需要遵循相互承认的规范准则意味着一种相互作用。指的是交往行为合理化是发生在相互作用的过程中的，这种相互作用就是一种主体间的内在作用，主体间的相互承认与相互理解。相互性是交往行为的内在结构，而主体间的商谈对话就是交往行为建立的关系。所以谈话双方的相互性就是交往行为合理化的基础，表现为每一个谈话者都有可以自由表达自己相信的东西。其中，具体有如下的一些规则："每

---

① 尤尔根·哈贝马斯. 重建历史唯物主义 [M]. 郭官义，译. 北京：社会科学文献出版社，1994：33.
② 薛华. 哈贝马斯的商谈伦理学 [M]. 沈阳：辽宁教育出版社，1998：12.

一个具有对话与行动的主体都可以参加商谈讨论。每一个人都可以使一主张成为问题。每个人都可以使每一主张引入商谈讨论。每人都可以表示他的态度、愿望和需要。并且，没有一个讨论者可以通过商谈讨论内或商谈讨论外支配性强制被妨碍体验到自己已经确定的权利。"①

可以看到，哈贝马斯为合理的商谈交往提供了一套程序性的保证。这些样式体现了交往行为的相互性，这种主体间的相互性保证了主体的平等权利，是一种无压迫、无强制的商谈的相互性。

由此看来，对于共同的规范准则的承认与遵守是实现交往行为合理化的前提。那么这些规范准则具体是指什么呢？即主体间应承认与遵守什么样的规范准则呢？哈贝马斯认为建立规范准则的核心在于普遍化原则。普遍化原则即能为交往主体所普遍接受遵守的准则。"每个有效的规范都必须满足以下条件，即：那些自身从普遍遵循这种规范对满足每个个别方面的意趋预先可计产生的结果与附带效果，都能够为一切有关的人不经强制地加以接受。"②这种规范标准的普遍原则揭示的就是主体间的相互性，即要求交往主体的对话与行为是在相互尊重与相互承认下进行的，只有这样主体间才没有压迫与强制，才会达到理解与一致。商谈对话作为交往行为的重要手段，在这个过程中，主体可以发现商谈伦理的真正要点，可以找到普遍化原则的内容。因为这种交往行为是一种反思的形式，以理解、一致为目的的交往结构中，相互承认与理解已经是一种共识了。"无论日常中，还是在哲学伦理学中，一切伦理学观念都以这种相互性与承认关系为中心。恰如康德述诸理性事实，商谈伦理的这一要点确实具有一种自然主义的内涵；只是它并不使自己落于某以自然主义的谬误推理。"③ 所以，哈贝马斯将商谈对话看作交往行为的重要形式，并且以此为手段达到主体相互理解、意见一致的有效途径，而主体间的相互性与承认关系即主体间能够普遍接受的规范标准。

二　对马克思政治经济学批判的批判：重建历史唯物主义

哈贝马斯认为交往行动理论是对历史唯物主义的重建。"重建似乎意味着回到在此期间已经腐朽了的最初状况上。但是，我对马克思和恩格斯的兴

---

①　薛华．哈贝马斯的商谈伦理学 ［M］．沈阳：辽宁教育出版社，1998：14.
②　薛华．哈贝马斯的商谈伦理学 ［M］．沈阳：辽宁教育出版社，1998：2.
③　薛华．哈贝马斯的商谈伦理学 ［M］．沈阳：辽宁教育出版社，1998：22.

趣并不是教条主义的，也不是历史—语言学的。重建似乎意味着对一种在此期间已被人们所抛弃了的传统的更新，马克思主义没有必要复兴。我们所说的重建是把一种理论拆开，用新的形式重新加以组合，以便更好地达到这种理论所确立的目标。这是对待一种在某些方面需要修正，但其鼓舞人心的潜在力量仍然没有枯竭的理论的一种正常态度。"① 哈贝马斯作为法兰克福学派的代表人物，同时也是一个马克思主义者。他认为晚期资本主义社会的状况与马克思所处的自由资本主义时代大有不同，所以马克思的理论亟待革新，而重建历史唯物主义的宏远目标既是交往行动理论的出发点，也是落脚点。

哈贝马斯对于社会的真正革命动因概括为：晚期资本主义社会所引发的新的冲突，它不同于自由资本主义社会的无产阶级因受到剥削与压迫而产生的冲突，也不同于马尔库塞指出的对于社会边缘人群所引发的冲突。真正的晚期资本主义所爆发的社会冲突应当是由于国家干预试图让民众非政治化，即让他们只满足于物质方面的需求，对参政议政不感兴趣。同时通过科技统治论的隐蔽的意识形态作用将人的行为变成单一的工具行为。因此冲突爆发的领域应当是被政治舆论所控制的社会公共领域。前文已经谈过，晚期资本主义社会的公共领域已经发生了转型，即从代表公民发出自由的诉求的平台转变为政府用来控制舆论的平台。所以，哈贝马斯认为，只有公共领域的冲突才能反映出人类工具行为的合理化与交往行为的不合理化，才能反映出技术问题与交往实践问题的差异。政府通过国家干预的政策试图掩饰这种差异。政府通过对公共领域的掌控，通过舆论来告诉民众什么是人们所需要的生活形式。"但并没有讲到倘若我们知道了在可获得的潜力条件下能够怎样去生活，即我们究竟想要怎样去生活。"②

所以我们可以看到，哈贝马斯认为，晚期资本主义社会的真正革命动因应当是：首先，并不是自由资本主义的阶级冲突，也不是发生在边缘人群中的冲突；其次，晚期资本主义社会利用科技统治论的意识形态控制了公共领域的舆论，导致了民众对于国家干预合法性的质疑；最后，国家通过舆论的宣传，试图让人们相信工具—合理活动的进步，即工具行为的进步就是一种资本主义社会结构的解放，这也引起了民众的质疑。至于具体应当依靠哪些

---

① 尤尔根·哈贝马斯. 重建历史唯物主义 [M]. 郭官义，译. 北京：社会科学文献出版社，1994：3.

② 尤尔根·哈贝马斯. 走向一个合理的社会 [M]. 张博树，译. 重庆：重庆出版社，1989：120.

力量来进行革命，哈贝马斯认为："现在，只有在大中学生的某些集团中才能产生出旨趣一致的涉及新的冲突领域的潜在的抗争。"①

具体原因是有以下几个。首先，学生是一个特殊的群体。他们生活的旨趣是并不依靠生产来养活自己，也并不需要得到国家干预的福利补偿。在美国，那些对学生运动表现出积极性的群体，大多处在一个衣食无忧的状态。其次，对于学生这个群体，政治系统对于合法性所做的辩护是不起作用的。福利国家用补偿纲领来替代旧的意识形态，试图通过这种手段来维持统治的合法性。而哈贝马斯认为，政治运动中的学生群体大多是人文科学出身的，他们能够识破技术统治论背后的真正目的，因此不会被这种意识形态所同化。最后，学生群体起来抗争的原因并不是生存的贫困或者是政治上的压迫，而是自身的高素养所导致的自发的行为。学生们进行斗争并不是为了求得更多的社会补偿纲领，而是将矛头直指这种补偿纲领制度本身。出生在资产阶级家庭的学生，他们的教育大多是在自由的环境中培养起来的，因此在从小的生活环境中，他们大多不会受到经济方面的压迫，也不会受到资产阶级道德的强制灌输。即他们更不容易沉湎于以目的—合理的活动为价值导向的生活方式当中。所以他们是不能容忍工具行为对于交往行为合理化的生活世界的入侵的，不能容忍将交往实践的问题排除在非政治化的公共领域以外。哈贝马斯指出，晚期资本主义社会在国家干预与科学技术的作用下，个人似乎很难再获得以往的正面评价与成就了。从长远来看，"学生们的抗争会不断地摧毁这种正处于风雨飘摇中的按成绩分配的意识形态，并从而会瓦解只是建立在非政治化基础上的、早已脆弱不堪的先进资本主义社会的合法性基础"②。

在哈贝马斯看来，在晚期资本主义社会中，要摆脱以发展生产力、获得物质财富的极大丰富为奋斗目标，一定要做好如下两件事情。

第一，消灭过度消费和异化消费。哈贝马斯认为正是因为在晚期资本主义社会中，人们将追求物质财富作为人自身的奋斗目标，才会出现过度消费的普遍现象。所以在晚期资本主义社会中进行的大多数消费都可以说是一种过度的消费。过度消费所带来的后果有很多，其中最直接的就是过

---

① 尤尔根·哈贝马斯. 走向一个合理的社会 [M]. 张博树，译. 重庆：重庆出版社，1989：120.

② 尤尔根·哈贝马斯. 走向一个合理的社会 [M]. 张博树，译. 重庆：重庆出版社，1989：122.

度消费会让社会的物质生产体系越来越膨胀。市场经济的机器高速运转，这样对于自然界来说是一种超负荷的状态。并且，过度消费最后就会导致异化消费。哈贝马斯认为，晚期资本主义与自由资本主义的一个最大的区别就是：晚期资本主义通过国家政策的干预来缓解经济危机的爆发，从而通过不断地消费刺激，包括用商品来区分人的阶级以及对于广告宣传的大量投入，歪曲了人们本质想要的东西，使人们认为追求物质的消费就是自身对于幸福生活的满足。这就是被异化了的消费，即人们受到了商品拜物教的支配，从而用物质消费的多少来衡量一个人生活的幸福程度。所以在异化消费的作用下，人对于商品的渴望越来越贪婪。商品并没有为人提供更好的服务，而是反过来，人成了商品拜物教的奴隶。所以，哈贝马斯认为，要在晚期资本主义社会实行变革，以摆脱将发展生产力作为第一目标的做法，首先就是要让人们抛弃在物质追求上贪婪的想法。要真正地让自己的生活与商品拜物教彻底的决裂。当人们没有了对物质生活的挥霍无度的要求以及贪婪的、永无止境的消费追求的时候，那么违反人性的异化劳动就会减少。所以，"消灭过度消费、异化消费，就是对人们的需求和欲望的一种深层次的革命。这场革命将不但改变人们的生活的方式，而且改变人们生活的性质"①。

第二，控制科学技术的发展速度。晚期资本主义社会的一大特征是科学技术成为第一生产力。科技革命对于生产力的发展是飞跃性的，再加上国家行政的强力性，科学与技术的发展作为一项国策在军事与航空航天等领域发挥出了重要的作用。但哈贝马斯认为，科学技术无节制的发展也会给人类带来灾祸。科技发展会带来产能过剩与消费的无节制，人类必然会掠取更多的自然资源，人类的生产分工也必然会越来越细化。这样一来，不但会带来人的异化，即人的存在从追求真、善、美的完全体中分裂了，还会对自然环境、生态系统产生巨大的破坏。哈贝马斯认为，想要改变晚期资本主义以发展生产力为唯一目标的另一种方式，就是要改变社会对于高生产的追求。高生产与高消费是紧密联系在一起的。应当用小规模的生产去取代晚期资本主义的那种大规模的生产，使生产过程尽量地分散化与民主化。小规模的生产可以充分调动每一个人的属人本性的创造能力，并且对资源的要求也较少，可以很好地保护生态环境资源。进一步来说，晚期资本主义社会对于高生产

---

① 陈学明. 哈贝马斯的"晚期资本主义"论评述［M］. 重庆：重庆出版社，1993：390.

的要求之所以能够达到，是科学技术的进步作用带来的。因此要改变这种高生产的社会组织形式，就要合理控制科学技术的发展规模。人们不但要改变过度消费、异化消费的心理倾向，还要将对于科学技术发展的控制作为晚期资本主义社会变革的重要切入点，将其作为实现人类自由、解放的有效途径。

总的来说，哈贝马斯认为，在晚期资本主义社会，为了不将发展生产力作为第一目标，需要做的就是消灭过度消费、异化消费，并且控制科技发展的速度和生产规模的大小。那么，这样一来会不会让科技倒退，使人们重新回到贫困的生活中去呢？哈贝马斯认为这是不会的。因为对于过度消费、异化消费的限制是要消灭社会上的多余的消费，并不是让人们完全放弃物质上的生活要求，并不意味着要求人们退回到一贫如洗的状态中。哈贝马斯强调的是，对物质消费的满足要在符合人性的基础上进行，不能成为商品拜物教的奴隶。并且，对于科学技术发展的限制并不是要完全取消科学技术的发展，而是要将科学技术的发展限制在对人本性伤害最小的基础上。因此，这两种途径并不会导致人们回到一无所有的状态。

"哈贝马斯特别赞赏弗洛姆对人类基本的生存方式的划分，即划分占有和存在两种生存方式。"[①] 对于将生产力作为人类奋斗目标所体现的并不是"存在"的生存方式，而是"占有"的生活方式。所以晚期资本主义社会占主导地位的生存方式是"占有"而不是"存在"。总的来看，晚期资本主义社会是一个以利润与权力为核心的社会，对于物质财富的积极占有成了个人人生价值实现的唯一手段。并且，置身在其中的每一个人都因为过度消费而成为消费机器。人在工作的时候，其目标就是拼命地赚钱；人在闲暇的时候，其目标就是疯狂地消费。他们不是在消费，就是在消费的路上。这种欲望对于人的驱动已经成为强制性的、非理性的目的。所以哈贝马斯认为，要改变这样一种受奴役的状态，就是不要将发展生产力作为人类奋斗的唯一目标。"弗洛姆曾经把指导现代资本主义社会的基本原则归纳为'为获得最大效率与产量而奋斗'。资本主义的效率原则，即用最可能小量的资源达到最大的效果。"[②] 因此这必然导致个人的属人本性的力量的丧失，导致对真正美好生活的探讨与追求的过程的丧失。可以看

---

① 陈学明. 哈贝马斯的"晚期资本主义"论评述 [M]. 重庆：重庆出版社，1993：391.
② 陈学明. 哈贝马斯的"晚期资本主义"论评述 [M]. 重庆：重庆出版社，1993：392.

到，在对待资本主义社会民主制度的态度上，哈贝马斯与法兰克福派前辈的看法大相径庭。然而在对于生产力发展的看法上，他则是完全继承了其法兰克福派前辈的观点。

小 结 人物思想的影响

作为法兰克福学派第二代灵魂人物，哈贝马斯在当今思想界中的影响力是无法撼动的。如托马斯·麦卡锡所说："在人文学科或社会科学领域，还没有哪个领域没有感受到他的影响。无论在宽度上，还是在广度上，在大量专业文献中，他都是大师。"哈贝马斯在 2008 年接受德国《时代》周报采访时谈道："金融危机以后，私有化的幻想已走到尽头，新自由主义用市场命令征服生活世界的妄想终将落空。而欧盟想要在世界舞台上发出不一样声音，需要通过有层次的一体化来展现自己的力量。"新自由主义认为市场经济凌驾于一切之上，国家只能是经济的帮手，政治的影响当最小。这一想法在苏联解体之后成为一种空前高涨的胜利情绪。这一情绪将一项经济政策鼓吹为一种世界观，从而全面渗透到人类的生活世界。但是，自 20 世纪 90 年代以来，资本主义内部就不再有大的革命运动了，哈贝马斯早已断言这是晚期资本主义社会迟早会面临的合法性危机。它最直接的表现就是巨大的分配不均、社会不公以及制度失灵、金融风险给弱势群体带来的巨大灾难。他认为，解决这一问题的方法，不是资本主义的内部改良，也不是无产阶级的革命，而是通过语言的媒介建立共同遵守的商谈伦理准则从而实现交往理性的合理化，从而达到人与人的相互尊重和理解。

当代人类面临着资本主义带来的危机困境，哈贝马斯通过对晚期资本主义的组织原则与四重危机的分析与批判，揭示出社会系统对生活世界殖民的真相，同时为人类寻找出另外一种可能性。更为深刻的是，他的要旨在于将人类从被经济系统和政治系统的桎梏中解放出来，回归到人本主义，通过对现代性下人类被物化的扬弃，以期最终实现人的交往理性的自由。即追求人类经济活动中的"政治"与"哲学"的双重实现。这也正是马克思主义哲学的精髓，即政治经济学批判。

哈贝马斯思想体系的完成在于交往行为理论的提出，一方面揭示了晚期资本主义社会的精神毒瘤，另一方面设计了一套消除并达到人与人相互理解，实现交往合理化的方案。由于这一理论切中时弊，从而产生了广泛的影响。政治经济学批判的思想是要从经济领域的研究达到政治与哲学的实现。而哈贝马斯对于晚期资本主义的批判正是从经济危机的研究开始的。他认为晚期资本主义社会出现的两大趋势，即科学技术作为第一生产力和国家干预的强化，使晚期资本主义社会陷入经济危机、合理性危机、合法性危机以及动因危机的全面爆发。这两种趋势形成了对生活世界的入侵，使生活于其中的人与人的交往受到了经济和政治的种种命令的控制和支配，以至于不能达到相互谅解和信任，最终爆发冲突与对立。所以人与人的理解与一致是交往行动理论的唯一目的。哈贝马斯提出了普遍语用学的方法来达到这一目的。其中，理解与一致的前提是大家都要有认同的规范，于是哈贝马斯又提出商谈伦理学，试图在人与人之间建立起一套普遍的规范系统。哈贝马斯的交往行为理论具有极大的价值。它不仅包含深刻的社会学、伦理学、语言学、人类学、心理学、政治学的思想，还着重发展了政治经济学批判的研究方法。只要环顾四周，冲突、动荡、不理解、不和谐的现象一直存在，哈贝马斯的交往行为理论就有深刻的现实指导意义。

参考文献

一　马克思主义经典著作类

1. 马克思恩格斯文集：第 1–10 卷［M］. 北京：人民出版社，2009.

2. 马克思恩格斯全集：第 1 卷［M］. 北京：人民出版社，1956.

3. 马克思恩格斯全集：第 2 卷［M］. 北京：人民出版社，1957.

4. 马克思恩格斯全集：第 3 卷［M］. 北京：人民出版社，2002.

5. 马克思恩格斯全集：第 4 卷［M］. 北京：人民出版社，1958.

6. 马克思恩格斯全集：第 12 卷［M］. 北京：人民出版社，1962.

7. 马克思恩格斯全集：第 13 卷［M］. 北京：人民出版社，1962.

8. 马克思恩格斯全集：第 17 卷［M］. 北京：人民出版社，1963.

9. 马克思恩格斯全集：第 20 卷［M］. 北京：人民出版社，1974.

10. 马克思恩格斯全集：第 23 卷［M］. 北京：人民出版社，1972.

11. 马克思恩格斯全集：第 26 卷［M］. 北京：人民出版社，1973.

12. 马克思恩格斯全集：第 30 卷［M］. 北京：人民出版社，1995.

13. 马克思恩格斯全集：第 31 卷［M］. 北京：人民出版社，1998.

14. 马克思恩格斯全集：第 42 卷［M］. 北京：人民出版社，1979.

15. 马克思恩格斯全集：第 46 卷［M］. 北京：人民出版社，1979.

16. 马克思恩格斯全集：第 47 卷［M］. 北京：人民出版社，1979.

17. 马克思，恩格斯. 共产党宣言［M］. 中共中央马克思恩格斯列宁斯大林
著作编译局，编译. 北京：人民出版社，2009.

18. 马克思. 1844 年经济学哲学手稿［M］. 中共中央马克思恩格斯列宁斯大林著作编译局，译. 北京：人民出版社，2000.

19. 马克思，恩格斯. 德意志意识形态（节选本）［M］. 中共中央马克思恩格斯列宁斯大林著作编译局，编译. 北京：人民出版社，2018.

20. 马克思. 资本论：第 1 卷［M］. 中共中央马克思恩格斯列宁斯大林著作编译局，译. 北京：人民出版社，2018.

21. 列宁. 帝国主义是资本主义的最高阶段［M］. 中共中央马克思恩格斯列宁斯大林著作编译局，编译. 北京：人民出版社，2014.

22. 列宁评经济浪漫主义［M］. 中共中央马克思恩格斯列宁斯大林著作编译局，译. 北京：人民出版社，1957.

23. 列宁全集：第 24 卷［M］. 中共中央马克思恩格斯列宁斯大林著作编译局，编译. 北京：人民出版社，1990.

24. 列宁. 哲学笔记［M］. 中共中央马克思恩格斯列宁斯大林著作编译局，译. 北京：人民出版社，1974.

25. 毛泽东选集：第 1 卷［M］. 北京：人民出版社，2009.

二　经典译著类

1. B. 曼德维尔. 蜜蜂的寓言［M］. 肖聿，译. 北京：商务印书馆，2016.

2. H. 马尔库塞，等. 工业社会与新左派［M］. 任立，编译. 北京：商务印书馆，1982.

3. M. 莫斯. 社会学和人类学［M］. 余碧平，译. 上海：上海译文出版社，2003.

4. W. W. 罗斯托. 经济增长的阶段［M］. 郭熙保，王松茂，译. 北京：中国社会科学出版社，2012.

5. 阿尔都塞. 保卫马克思［M］. 顾良，译. 北京：商务印书馆，2016.

6. 阿尔都塞. 来日方长［M］. 蔡鸿滨，译. 上海：上海人民出版社，2012.

7. 阿尔都塞. 哲学与政治：阿尔都塞读本［M］. 陈越，译. 长春：吉林人民出版社，2003.

8. 阿尔文·托夫勒. 未来的冲击［M］. 蔡伸章，译. 北京：中信出版社，2006.

9. 阿瑟·赫尔曼. 苏格兰：现代世界文明的起点［M］. 启蒙编译所，译. 上海：上海社会科学院出版社，2016.

10. 安东尼·吉登斯. 社会学：批判的导论［M］. 郭忠华，译. 上海：上海译文出版社，2013.

11. 保罗·萨缪尔森，威廉·诺德豪斯. 经济学（第19版）[M]. 萧琛，主译. 北京：商务印书馆，2018.

12. 鲍德里亚. 生产之镜 [M]. 仰海峰，译. 北京：中央编译出版社，2005.

13. 鲍德里亚. 物体系 [M]. 林志明，译. 上海：上海人民出版社，2001.

14. 贝克尔. 人类行为的经济分析 [M]. 王业宇，陈琪，译. 上海：上海三联书店，1993.

15. 布阿吉尔贝尔. 布阿吉尔贝尔选集 [M]. 伍纯武，梁守锵，译. 北京：商务印书馆，1984.

16. 布哈林. 世界经济与帝国主义 [M]. 杨伯恺，译. 上海：辛垦书店，1934.

17. 查尔斯·布鲁尼格，马修·莱温格. 现代欧洲史——革命的年代1789—1850 [M]. 王皓，冯勇，译. 北京：中信出版集团，2016.

18. 大卫·库尔珀. 纯粹现代性批判——黑格尔、海德格尔及其以后 [M]. 臧佩洪，译. 北京：商务印书馆，2004.

19. 大卫·理斯曼，等. 孤独的人群 [M]. 王崑，朱虹，译. 南京：南京大学出版社，2002.

20. 戴维·哈维. 后现代的状况——对文化变迁之缘起的探究 [M]. 阎嘉，译. 北京：商务印书馆，2003.

21. 丹尼尔·贝尔. 后工业社会的来临 [M]. 高铦，王宏周，魏章玲，译. 南昌：江西人民出版社，2018.

22. 丹尼尔·贝尔. 资本主义文化矛盾 [M]. 赵一凡，等译. 北京：生活·读书·新知三联书店，1992.

23. 道格拉斯·凯尔纳、斯蒂文·贝斯特. 后现代理论——批判性的质疑 [M]. 张志斌，译. 北京：中央编译出版社，2011.

24. 厄尔奈斯特·曼德尔. 晚期资本主义 [M]. 马清文，译. 哈尔滨：黑龙江人民出版社，1983.

25. 厄内斯特·曼德尔. 权力与货币：马克思主义的官僚理论 [M]. 孟捷，李民骐，译. 北京：中央编译出版社，2002.

26. 凡勃伦. 有闲阶级论 [M]. 蔡受百，译. 北京：商务印书馆，2002.

27. 弗兰西斯·哈奇森. 道德哲学体系 [M]. 江畅，舒红跃，宋伟，译. 杭州：浙江大学出版社，2010.

28. 弗兰西斯·哈奇森. 论美与德性观念的根源 [M]. 高乐田，黄文红，杨海军，译. 杭州：浙江大学出版社，2009.

29. 弗兰西斯·哈奇森. 逻辑学、形而上学和人类的社会本性［M］. 强以华，译. 杭州：浙江大学出版社，2010.

30. 弗里德里希·李斯特. 政治经济学的国民体系［M］. 陈万煦，译. 北京：商务印书馆，2009.

31. 弗里德里希·李斯特. 政治经济学的自然体系［M］. 杨春学，译. 北京：商务印书馆，1997.

32. 弗里德利希·冯·哈耶克. 个人主义与经济秩序［M］. 邓正来，编译. 上海：复旦大学出版社，2012.

33. 弗里德曼. 实证经济学论文集［M］. 柏克，译. 北京：商务印书馆，2014.

34. 格·阿·巴加图利亚，维·索·维戈茨基. 马克思的经济学遗产［M］. 马健行，等译. 贵阳：贵州人民出版社，1982.

35. 广松涉. 资本论的哲学［M］. 邓习议，译. 南京：南京大学出版社，2013.

36. 哈贝马斯. 公共领域的结构转型［M］. 曹卫东，等译. 上海：学林出版社，1999.

37. 赫伯特·马尔库塞. 单向度的人——发达工业社会意识形态研究［M］. 刘继，译. 上海：上海译文出版社，2008.

38. 赫伯特·马尔库塞. 理性和革命：黑格尔和社会理论的兴起［M］. 程志民，等译. 上海：上海世纪出版集团，2007.

39. 赫伯特·马尔库塞. 马尔库塞文集（第二卷）：走向社会批判理论［M］. 高海青，陶焘，译. 北京：人民出版社，2019.

40. 赫伯特·马尔库塞. 马尔库塞文集（第六卷）：马克思主义、革命与乌托邦［M］. 高海青，等译. 北京：人民出版社，2019.

41. 赫伯特·马尔库塞. 马尔库塞文集（第五卷）：哲学、精神分析与解放［M］. 黄晓伟，高海青，译. 北京：人民出版社，2019.

42. 赫伯特·马尔库塞. 马尔库塞文集（第一卷）：技术、战争与法西斯主义［M］. 高海青，冯波，译. 北京：人民出版社，2019.

43. 赫伯特·马尔库塞. 审美之维——马尔库塞美学论著集［M］. 李小兵，译. 北京：生活·读书·新知三联书店，1989.

44. 赫伯特·马尔库塞. 现代文明与人的困境——马尔库塞文集［M］. 李小

兵，等译．上海：生活·读书·新知三联书店上海分店，1989.

45．黑格尔．法哲学原理［M］．范扬，张企泰，译．北京：商务印书馆，2009.

46．胡塞尔．欧洲科学的危机与超越论的现象学［M］．王炳文，译．北京：商务印书馆，2001.

47．霍布斯．利维坦［M］．黎思复，黎廷弼，译．北京：商务印书馆，1985.

48．霍克海默，阿多诺．启蒙辩证法［M］．渠敬东，曹卫东，译．上海：上海人民出版社，2006.

49．霍克海默．批判理论［M］．李小兵，等译．重庆：重庆出版社，1989.

50．加里·S. 贝克尔．家庭经济分析［M］．彭松建，译．北京：华夏出版社，1987.

51．加文·肯尼迪．亚当·斯密［M］．苏军，译．北京：华夏出版社，2009.

52．卡弗．政治性写作：后现代视野中的马克思形象［M］．张秀琴，译．北京：北京师范大学出版社，2009.

53．坎南，编．亚当·斯密关于法律、警察、岁入及军备的演讲［M］．陈福生，陈振骅，译．北京：商务印书馆，1962.

54．坎南，编．亚当·斯密全集：第6卷［M］．陈福生，陈振骅，译．北京：商务印书馆，2014.

55．康德．三大批判合集上［M］．邓晓芒，译．北京：人民出版社，2009.

56．康德．未来形而上学导论［M］．李秋零，译．北京：中国人民大学出版社，2013.

57．克里斯托弗·J. 贝瑞．苏格兰启蒙运动的社会理论［M］．马庆，译．杭州：浙江大学出版社，2013.

58．克里斯托弗·贝里．苏格兰启蒙运动中的商业社会观念［M］．张正萍，译．杭州：浙江大学出版社，2018.

59．孔德．论实证精神［M］．黄建华，译．北京：商务印书馆，2001.

60．魁奈．魁奈经济著作选集［M］．吴斐丹，等译．北京：商务印书馆，1979.

61．李嘉图．李嘉图著作和通信集：第一卷［M］．郭大力，王亚南，译．北京：商务印书馆，1962.

62．列斐伏尔．日常生活批判［M］．叶齐茂，倪晓辉，译．北京：社会科学文献出版社，2018.

63．卢卡奇．理性的毁灭［M］．王玖兴，等译．济南：山东人民出版社，1988.

64. 卢卡奇. 历史与阶级意识 ［M］. 杜章智，等译. 北京：商务印书馆，1996.

65. 卢卡奇. 历史与阶级意识 ［M］. 杜章智，等译. 北京：商务印书馆，2018.

66. 卢卡奇. 列宁 ［M］. 张翼星，译. 台北：远流出版事业股份有限公司，1991.

67. 卢卡奇. 卢卡奇自传 ［M］. 李渚青，莫立知，译. 北京：社会科学文献
    出版社，1986.

68. 卢卡奇. 民主化的进程 ［M］. 张翼星，夏璐，译. 北京：中国人民大学
    出版社，2016.

69. 卢卡奇. 青年黑格尔（选译本） ［M］. 王玖兴，译. 北京：商务印书
    馆，1963.

70. 卢梭. 爱弥儿 ［M］. 李东旭，译. 北京：中国社会出版社，1999.

71. 卢梭. 论人类不平等的起源 ［M］. 高修娟，译. 上海：上海三联书
    店，2014.

72. 卢梭. 社会契约论 ［M］. 李平沤，译. 北京：商务印书馆，2011.

73. 鲁道夫·希法亭. 金融资本——资本主义最新发展的研究 ［M］. 福民，
    等译. 北京：商务印书馆，1997.

74. 鲁尔·瓦格纳姆. 日常生活的革命 ［M］. 张新木，等译. 南京：南京大
    学出版社，2008.

75. 路易·阿尔都塞，艾蒂安·巴里巴尔. 读《资本论》 ［M］. 李其庆，冯
    文光，译. 北京：中央编译出版社，2017.

76. 路易·阿尔都塞. 黑格尔的幽灵：政治哲学论文集 I ［M］. 唐正东，吴
    静，译. 南京：南京大学出版社，2005.

77. 路易·阿尔都塞. 论再生产 ［M］. 吴子枫，译. 西安：西北大学出版
    社，2019.

78. 路易·阿尔都塞. 孟德斯鸠：政治与历史 ［M］. 霍炬，陈越，译. 西安：
    西北大学出版社，2020.

79. 路易·阿尔都塞. 政治与历史：从马基雅维利到马克思 ［M］. 吴子枫，
    译. 西安：西北大学出版社，2018.

80. 罗伯特·阿尔布瑞顿. 政治经济学中的辩证法与解构 ［M］. 李彬彬，
    译. 北京：北京师范大学出版社，2018.

81. 罗伯特·阿尔布里坦等主编. 资本主义的发展阶段——繁荣、危机和全
    球化 ［M］. 张余文，主译. 北京：经济科学出版社，2003.

82. 罗森塔尔. 马克思"资本论"中的辩证法问题 ［M］. 冯维静，译. 北

京：生活·读书·新知三联书店，1957.

83. 罗素. 西方哲学史（上卷）[M]. 何兆武，李约瑟，译. 北京：商务印书馆，1976.

84. 罗素. 西方哲学史（下卷）[M]. 马元德，译. 北京：商务印书馆，1976.

85. 洛克. 政府论 [M]. 叶启芳，瞿菊农，译. 北京：商务印书馆，1964.

86. 马丁·海德格尔. 尼采[M]. 孙周兴，译. 北京：商务印书馆，2003.

87. 马丁·杰伊. 法兰克福学派史 [M]. 单世联，译. 广州：广东人民出版社，1996.

88. 马克·A. 卢兹. 经济学的人本化：溯源与发展 [M]. 孟宪昌，主译. 成都：西南财经大学出版社，2003.

89. 马克·布劳格. 凯恩斯以前的 100 位著名经济学家 [M]. 冯炳昆，译. 北京：商务印书馆，2008.

90. 马克斯·韦伯. 新教伦理与资本主义精神 [M]. 马奇炎，等译. 北京：北京师范大学出版社，2018.

91. 马塞罗·默斯托. 马克思的《大纲》——《政治经济学批判大纲》150 年 [M]. 闫月梅，等译. 北京：中国人民大学出版社，2011.

92. 孟德斯鸠. 论法的精神（上卷）[M]. 许明龙，译. 北京：商务印书馆，2009.

93. 米歇尔·波德. 资本主义的历史——从 1500 年至 2010 年 [M]. 郑方磊，任轶，译. 上海：上海辞书出版社，2011.

94. 米歇尔·博德. 资本主义史——1500—1980 [M]. 吴艾美，等译. 北京：东方出版社，1986.

95. 内田弘. 新版《政治经济学批判大纲》的研究 [M]. 王青，等译. 北京：北京师范大学出版社，2011.

96. 尼·拉宾. 马克思的青年时代 [M]. 南京大学外语系俄罗斯语言文学教研室翻译组，译. 北京：生活·读书·新知三联书店，1982.

97. 尼科洛·马基雅维里. 君主论 [M]. 潘汉典，译. 北京：商务印书馆，2009.

98. 诺曼·戴维斯. 欧洲史 [M]. 郭方，刘北成，等译. 北京：世界知识出版社，2007.

99. 欧根·文得乐. 弗里德里希·李斯特传 [M]. 梅俊杰，译. 北京：商务印书馆，2019.

100. 欧内斯特·莫斯纳，伊恩·辛普森·罗斯，编. 亚当·斯密全集：第 7 卷 [M]. 林国夫，等译. 北京：商务印书馆，2014.

101. 帕特里夏·沃哈恩. 亚当·斯密及其留给现代资本主义的遗产 [M]. 夏镇平，译. 上海：上海译文出版社，2006.

102. 佩里·安德森. 西方马克思主义探讨 [M]. 高铦，等译. 北京：人民出版社，1981.

103. 皮埃尔·罗桑瓦隆. 乌托邦资本主义——市场观念史 [M]. 杨祖功，等译. 北京：社会科学文献出版社，2004.

104. 琼·罗宾逊，约翰·伊特韦尔. 现代经济学导论 [M]. 陈彪如，译. 北京：商务印书馆，2009.

105. 让·鲍德里亚. 符号政治经济学批判 [M]. 夏莹，译. 南京：南京大学出版社，2015.

106. 让·鲍德里亚. 消费社会 [M]. 刘成富，全志钢，译. 南京：南京大学出版社，2014.

107. 让·波德里亚. 冷记忆 1995-2000 [M]. 张新木，陈凌娟，译. 南京：南京大学出版社，2013.

108. 让·波德里亚. 象征交换与死亡 [M]. 车槿山，译. 南京：译林出版社，2006.

109. 让·博德里亚尔. 完美的罪行 [M]. 王为民，译. 北京：商务印书馆，2014.

110. 萨伊. 政治经济学概论——财富的生产、分配和消费 [M]. 陈福生，等译. 北京：商务印书馆，2009.

111. 尚·布希亚. 酷回忆 Ⅱ [M]. 张新木，等译. 南京：南京大学出版社，2000.

112. 斯蒂芬·贝斯特，道格拉斯·科尔纳. 后现代转向 [M]. 陈刚，等译. 南京：南京大学出版社，2002.

113. 斯皮格尔. 经济思想的成长 [M]. 晏智杰，等译. 北京：中国社会科学出版社，1999.

114. 斯塔夫里阿诺斯. 全球通史：从史前史到 21 世纪 [M]. 吴象婴，等译. 北京：北京大学出版社，2017.

115. 斯坦利·L. 布鲁，兰迪·R. 格兰特. 经济思想史 [M]. 邸晓燕，等译. 北京：北京大学出版社，2008.

116. 汤姆·洛克莫尔. 非理性主义：卢卡奇与马克思主义理性观 [M]. 孟丹，译. 北京：中国人民大学出版社，2016.

117. 托马斯·阿奎那. 亚里士多德十讲 [M]. 苏隆，编译. 北京：中国言实出版社，2003.

118. 威廉·配第. 赋税论 [M]. 邱霞，袁磊，译. 北京：华夏出版社，2013.

119. 西美尔. 货币哲学 [M]. 陈戎女，等译. 北京：华夏出版社，2018.

120. 西美尔. 金钱、性别、现代生活风格 [M]. 顾仁明，译. 上海：学林出版社，2000.

121. 西斯蒙第. 政治经济学新原理 [M]. 何钦，译. 北京：商务印书馆，1964.

122. 西斯蒙第. 政治经济学研究：第一卷 [M]. 胡尧步，等译. 北京：商务印书馆，2009.

123. 席勒. 叙事经济学 [M]. 陆殷莉，译. 北京：中信出版集团，2020.

124. 休谟. 人性论 [M]. 关文运，译. 北京：商务印书馆，2016.

125. 休谟. 休谟政治论文选 [M]. 张若衡，译. 北京：商务印书馆，1993.

126. 亚当·弗格森. 文明社会史论 [M]. 林本椿，王绍祥，译. 杭州：浙江大学出版社，2010.

127. 亚当·斯密. 道德情操论 [M]. 蒋自强，等译. 北京：商务印书馆，1997.

128. 亚当·斯密. 法理学讲义 [M]. 冯玉军，郑海平，林少伟，译. 北京：中国人民大学出版社，2017.

129. 亚当·斯密. 国民财富的性质和原因的研究 [M]. 郭大力，王亚南，译. 北京：商务印书馆，2011.

130. 亚当·斯密. 亚当·斯密哲学文集 [M]. 石小竹，等译. 北京：商务印书馆，2015.

131. 亚历山大·布罗迪，编. 苏格兰启蒙运动 [M]. 贾宁，译. 杭州：浙江大学出版社，2010.

132. 亚诺什·科尔内. 反均衡 [M]. 刘吉瑞，邱树芳，译. 北京：中国社会科学出版社，1988.

133. 伊安·罗斯. 亚当·斯密传 [M]. 张亚萍，译. 杭州：浙江大学出版社，2013.

134. 伊林·费彻尔. 马克思与马克思主义 [M]. 赵玉兰，译. 北京：北京师范大学出版社，2018.

135. 尤尔根·哈贝马斯，等. 旧欧洲·新欧洲·核心欧洲 ［M］. 邓伯宸，译. 北京：中央编译出版社，2010.

136. 尤尔根·哈贝马斯. 包容他者 ［M］. 曹卫东，译. 上海：上海人民出版社，2002.

137. 尤尔根·哈贝马斯. 关于欧洲宪法的思考 ［M］. 童世骏，译. 上海：上海人民出版社，2013.

138. 尤尔根·哈贝马斯. 合法化危机 ［M］. 刘北成，曹卫东，译. 上海：上海世纪出版集团，2009.

139. 尤尔根·哈贝马斯. 后民族结构 ［M］. 曹卫东，译. 上海：上海人民出版社，2002.

140. 尤尔根·哈贝马斯. 交往行动理论（第二卷）：论功能主义理性批判 ［M］. 洪佩郁，蔺青，译. 重庆：重庆出版社，1994.

141. 尤尔根·哈贝马斯. 交往行为理论（第一卷）：行为合理性与社会合理性 ［M］. 曹卫东，译. 上海：上海人民出版社，2004.

142. 尤尔根·哈贝马斯. 交往与社会进化 ［M］. 张博树，译. 重庆：重庆出版社，1989.

143. 尤尔根·哈贝马斯. 理论与实践 ［M］. 郭官义，译. 北京：社会科学文献出版社，2004.

144. 尤尔根·哈贝马斯. 认识与兴趣 ［M］. 郭官义，李黎，译. 上海：学林出版社，1999.

145. 尤尔根·哈贝马斯. 在自然主义与宗教之间 ［M］. 郁喆隽，译. 上海：上海世纪出版集团，2013.

146. 尤尔根·哈贝马斯. 重建历史唯物主义 ［M］. 郭官义，译. 北京：社会科学文献出版社，1994.

147. 尤尔根·哈贝马斯. 作为"意识形态"的技术与科学 ［M］. 李黎，郭官义，译. 上海：学林出版社，1999.

148. 尤尔根·哈伯马斯. 事实与格式 ［M］. 童世骏，译. 台北：台湾商务印书馆，2003.

149. 于尔根·哈贝马斯. 后形而上学思想 ［M］. 曹卫东，付德根，译. 南京：译林出版社，2001.

150. 约翰·奈斯比特. 大趋势——改变我们生活的十个新方向 ［M］. 梅艳，

译. 北京：中国社会科学出版社，1984.

151. 约翰·伊特韦尔，等编. 新帕尔格雷夫经济学大辞典：第一至四卷 [M]. 陈岱孙，等译. 北京：经济科学出版社，1996.

152. 约瑟夫·E. 斯蒂格利茨. 美国真相：民众、政府和市场势力的失衡与再平衡 [M]. 刘斌，刘一鸣，刘嘉牧，译. 北京：机械工业出版社，2020.

153. 约瑟夫·熊彼特. 经济分析史 [M]. 朱泱，等译. 北京：商务印书馆，1991.

三　其他著作类

1. 陈岱孙. 从古典经济学派到马克思——若干主要学说发展论略 [M]. 北京：商务印书馆，2014.

2. 陈学明，等. 西方马克思主义对人的存在方式的研究 [M]. 天津：天津人民出版社，2019.

3. 陈仲华，杨镜江，主编. 精神生产概论 [M]. 北京：北京燕山出版社，1992.

4. 初见基. 卢卡奇：物象化 [M]. 范景武，译. 石家庄：河北教育出版社，2001.

5. 复旦大学哲学系现代西方哲学研究室，编译. 西方学者论《一八四四年经济学—哲学手稿》[M]. 上海：复旦大学出版社，1983.

6. 林晨辉. 危机时刻——200 年来的经济大动荡 [M]. 北京：中央文献出版社，1998.

7. 陆俊. 马尔库塞 [M]. 长沙：湖南教育出版社，1999.

8. 罗钢，王中忱，主编. 消费文化读本 [M]. 北京：中国社会科学出版社，2003.

9. 秦喜清. 让-弗·利奥塔——独树一帜的后现代理论家 [M]. 北京：文化艺术出版社，2002.

10. 孙伯鍨. 卢卡奇与马克思 [M]. 南京：南京大学出版社，1999.

11. 孙周兴选编. 海德格尔选集（上下册）[M]. 上海：上海三联书店，1996.

12. 汪丁丁. 经济学思想史讲义 [M]. 上海：上海人民出版社，2012.

13. 汪民安，陈永国，张云鹏，主编. 现代性基本读本 [M]. 开封：河南大学出版社，2005.

14. 徐大建. 西方经济伦理思想史：经济的伦理内涵与社会文明的演进 [M]. 上海：上海人民出版社，2020.

15. 衣俊卿，周凡，编. 新马克思主义评论 [M]. 北京：中央编译出版社，2012.

16. 张伯霖，等编译. 关于卢卡契哲学、美学思想论文选译 [M]. 北京：中国社会科学出版社，1985.

17. 张江伟. 欲望、利益与商业社会：从曼德维尔到斯密 [M]. 杭州：浙江大学出版社，2020.

18. 张雄. 历史转折论——一种实践主体发展哲学的思考 [M]. 上海：上海社会科学院出版社，1994.

19. 中国社会科学院哲学研究所西方哲学史研究室，编. 国外黑格尔哲学新论 [M]. 北京：中国社会科学出版社，1982.

四　报刊文章类

1. 白乐. "看不见的手"的流变——访哈佛大学历史与经济学研究中心主任罗斯柴尔德 [N]. 中国社会科学报，2013-11-08（A03）.

2. 陈学明. 对"西方马克思主义"的新认识 [J]. 教学与研究，2008（9）.

3. 陈学明. 西方马克思主义研究在当今中国之意义 [J]. 思想理论教育，2016（3）.

4. 丰子义. 马克思现代性思想的当代解读 [J]. 中国社会科学，2005（4）.

5. 霍克海默. 社会哲学的现状与社会研究所的任务 [J]. 王凤才，译. 马克思主义与现实，2011（5）.

6. H. 马尔库塞，论具体哲学 [J]. 王宏健，译. 哲学分析，2017（1）.

7. 姜圣复. 跨国公司——当代占统治地位的企业制度形态 [J]. 财经问题研究，1998（6）.

8. 刘倩. 马尔库塞的政治经济学批判思想探析 [D]. 博士学位论文，上海：上海财经大学，2020.

9. 李京京. 鲍德里亚符号政治经济学批判思想初探 [D]. 博士学位论文，上海：上海财经大学，2020.

10. 梅俊杰. 弗里德里希·李斯特学说的德国、法国、美国来源 [J]. 经济思想史学刊，2021（2）.

11. 梅俊杰. 在赶超发展视野下重新解读李斯特经济学说 [J]. 社会科学，

2021（3）.

12. 余源培. 构建以人为本的财富观［J］. 哲学研究，2011（1）.

13. 张雄. 从经济哲学视角看市场精神［N］. 光明日报，2019-05-13（15）.

14. 张雄，曹东勃. 拜物逻辑的批判：马克思与波德里亚［J］. 学术月刊，2007（12）.

15. 张雄. 政治经济学批判：追求经济的"政治和哲学实现"［J］. 中国社会科学，2015（1）.

16. 张雄. 构建当代中国马克思主义政治经济学的思考［J］. 马克思主义与现实，2016（3）.

17. 张雄，刘倩. 马尔库塞的政治经济学批判思想探析［J］. 马克思主义与现实，2020（2）.

18. 张雄，李京京. 鲍德里亚政治经济学批判思想初探［J］. 世界哲学，2020（4）.

19. 张雄，朱璐，徐德忠. 历史的积极性质："中国方案"出场的文化基因探析［J］. 中国社会科学，2019（1）.

20. 张雄. 对经济个人主义的哲学分析［J］. 中国社会科学，1999（2）.

21. 张雄. 经济学为理性主义传统站好最后一班岗——一个跨世纪方法论置换问题的思考［J］. 社会科学，1995（11）.

22. 张雄. 马克思政治经济学批判思想缘起及其发展逻辑［J］. 哲学研究，2021（6）.

23. 张一兵. 西斯蒙第人本主义经济学的哲学解读［J］. 洛阳师专学报，1998（6）.

五　英文文献

1. Douglas Kellner. *Herbert Marcuse and the Crisis of Marxism* ［M］. California：University of California Press，1984：142.

2. Henri Lefebvre. *Everyday Life in the Modern World* ［M］. New Brunswick & London：Transaction Publishers，1971.

3. Herbert Marcuse. *Heideggerian Marxism* ［M］. Lincoln：University of Nebraska Press，1984.

4. H. M. Robertson. *Aspects of the Rise of Economic Individualism* ［M］. Cambridge：Cambridge University Press，1933.

5. Jean Baudrillard. *Simulacra and Simulation* ［M］. Ann Arbor: The University of Michigan Press, 1994.

6. Katona. George. *Mass Consumption Society* ［M］. New York: McGraw-Hill, 1964.

7. M. Gane. *Baudrillard Live: Selected Interviews* ［M］. London & New York: Routledg, 1993.

8. William S. Wilkerson, Jeffrey Paris. *New Critical Theory: Essays on Liberation* ［M］. Lanham: Rowan & Littlefield Publishers, Inc. , 2001.

后　　记

　　政治经济学批判思想史考察，是一个充满着学术挑战和创新的事业。研究主题虽然新颖，但内容极为繁杂、历史跨度长、人物众多、文献浩瀚，实属研发难度系数高。为确保整个书稿的历史与逻辑相统一，大量研究都是在个人钻研、集体讨论、会议交流的基础上完成的。

　　此课题研究共经历了五个阶段。第一阶段是主题构思和头脑风暴阶段。深化政治经济学批判范畴的思考，老中青学者济济一堂，围绕课题主题展开充分研讨，旨在打开思路，追求理念创新，思想架构新颖，做到三个统一：一是多种学科跨学科交流的统一；二是人物思想历史背景与思想个性精准定位的统一；三是突出重点与一般交代的统一。旨在弄清课题研究的框架，思想纵横的脉络，和应当创新的理论重点。第二阶段是认真收集资料阶段，通过各种网络媒体平台、图书馆、书店、杂志检索与课题研究的相关书籍和论文，包括外文资料等。第三阶段课题总体分解若干部分落实人员分工阶段。成立课题组，撰写全文内容的相关成员依次分别为：张雄教授前言和导论，付冬梅博士第一和第二章，陈阵博士第三和第四章，王骏卿博士第五章，平成涛博士第六章，雷芳博士第七章，刘倩博士第八章，王斌博士第九章，李京京博士第十章、何林峰博士第十一章。他们大多数都是经济哲学专业博士毕业，受过良好的专业训练。第四阶段是课题督导阶段。在各章拟定框架和撰写提纲基础上由张雄教授分别督导数遍。应当说，课题总设计和每章内容思想构架均由张雄教授负责。每章内容撰写都在他的精心指导下完成的。从而确保了全书稿思想逻辑的首尾一贯性。第五阶段是集中讨论阶段，研发初稿打印成册，先由张雄教授审阅，同时相互提出修改意见，然后分别修改。最终定稿。需要指出的是，课题研发过程中，刘倩博士承担所有编务工作，魏南海博士、王斌博士承担了课题结项的相关财务和申报工作，他们任劳任怨的工作态度，值得肯定和点赞。在此一并致谢。

准确地说，此成果是集体智慧的结晶，每个人都分别承担了独自撰写的部分，体现了学术研究的和合精神。感谢大家的支持，感谢团队的合作，感谢学校科研处的呵护，感谢学界同仁的激励，感谢国家哲学社会科学规划办的赞助！

张　雄

2022 年 12 月 25 日

上海财经大学同新楼

图书在版编目（CIP）数据

政治经济学批判思想史研究 / 张雄等著 . -- 北京：
社会科学文献出版社，2023.10
ISBN 978-7-5228-2149-8

Ⅰ.①政… Ⅱ.①张… Ⅲ.①马克思主义政治经济学
-研究 Ⅳ.①F0-0

中国国家版本馆 CIP 数据核字（2023）第 134104 号

政治经济学批判思想史研究

著　　者 / 张　雄　等

出 版 人 / 冀祥德
责任编辑 / 周雪林
责任印制 / 王京美

出　　　版 / 社会科学文献出版社（010）59367126
　　　　　　　地址：北京市北三环中路甲 29 号院华龙大厦　邮编：100029
　　　　　　　网址：www. ssap. com. cn
发　　　行 / 社会科学文献出版社（010）59367028
印　　装 / 三河市东方印刷有限公司

规　　　格 / 开　本：787mm×1092mm　1/16
　　　　　　　印　张：30.75　字　数：533 千字
版　　　次 / 2023 年 10 月第 1 版　2023 年 10 月第 1 次印刷
书　　　号 / ISBN 978-7-5228-2149-8
定　　　价 / 128.00 元

读者服务电话：4008918866

N